国際法のダイナミズム

小寺彰先生追悼論文集

岩沢雄司
森川幸一
森　肇志
西村　弓　編

謹んで　故　小寺彰先生に捧げます

　　　　　　　執筆者一同

目 次

第1部
国際法の法源・国内法との関係

国際法の国内適用可能性……………………………………岩沢雄司　3
　　小寺教授と対話しながら
客観的制度……………………………………………………山本　良　25
　　――その国際法上の意義と現代的展開に関する一考察
「国境安定性の原則」の意義と射程…………………………西元宏治　47
　　――「境界を確立する条約」の処分性・対世性をめぐって

第2部
国家・個人・国際組織

国際法における内的自決権の現代的意義 …………………伊藤一頼　103
重大な人権侵害が問題とされる場合における第三国
　　による非軍事的な一方的強制措置の法的性質 ………岩月直樹　131
　　――「第三国による対抗措置」についての批判的考察
アジア地域人権秩序構想の批判的考察 ……………………寺谷広司　165
　　――特に「裁判官対話」論に着目して
麻薬新条約における「引き渡すか訴追するか」原則……安藤貴世　193
　　――テロリズム防止関連条約における同原則と比較して
国際立法における国家と国際組織の「パラレリズム」
　　の機能と限界……………………………………………植木俊哉　217
　　――ILCによる条約法と国際責任法の立法化作業を素材に
国際機構との関係における国家の管轄権について………水島朋則　241
　　――欧州人権条約における「管轄権」概念の分析

第3部
国家責任

非国家実体の国際有害行為に対する国家責任法の
　対応 ……………………………………………… 兼原敦子　265
国家責任法上の行為帰属基準の射程 ………………… 藤澤　巌　293
　──代表の概念を例に
国際法上の完全賠償原則 ……………………………… 玉田　大　313
　──ホルジョウ定式の再検討

第4部
海洋・宇宙

奴隷取引船舶への干渉行為 …………………………… 森田章夫　335
　──19世紀英仏間関係を中心として
200海里以遠における大陸棚制度の本質 …………… 許　淑娟　353
　──大陸棚に対する権原付与の均一性
民間の船舶に対する沿岸国の措置と国際裁判 ……… 河野真理子　385
国連海洋法条約の紛争解決手続と海洋境界画定紛争 … 西村　弓　409
国際海洋裁判所勧告的意見管轄権についての一考察 … 高柴優貴子　437
宇宙空間におけるスペースデブリによる損害の
　未然防止と国際環境法 ………………………… 堀口健夫　457

第5部
国際経済

WTO協定における「ポスト差別義務」の位置 ……… 北村朋史　487
　──TBT協定に着目して

WTO 補助金紛争における法廷経済学 ………………… 阿 部 克 則　513
広域 FTA を通じた規制協力と規制整合性の
　可能性と課題 ……………………………………… 中 川 淳 司　533
国際投資協定における国家間手続の今日的機能 ……… 小 畑　　郁　561
　──協定解釈に対するコントロール可能性を中心に
人権法の観点から見た投資条約批判の検討 …………… 濵 本 正太郎　583
　──国連人権理事会独立専門家による批判を中心に
為替操作と国際法 ………………………………………… 中 谷 和 弘　603

第 6 部
安全保障・武力紛争

「戦争状態」理論の再検討 ……………………………… 和 仁 健太郎　627
　──伝統的国際法は平時・戦時の二元的構造の国際法
　　だったのか？
海上法執行活動に伴う use of force の概念 …………… 森 川 幸 一　651
「被許可型」軍事活動における関係当事者の同意の
　意義 ………………………………………………… 酒 井 啓 亘　679
　──平和活動型多国籍軍の実効的実施に向けて
集団的自衛権概念の明確化 ……………………………… 森　　肇 志　703
　──援用事例とニカラグア事件判決
交戦の不法性と交戦者の不法性 ………………………… 黒 﨑 将 広　731
　──米国クヴィリン事件最高裁判決の理論構成
核不拡散条約 6 条の分析視座 …………………………… 林　　美 香　749
　──「パラダイム国際法」が示唆するもの

小寺彰先生　略歴　771
小寺彰先生　主要業績一覧　781
あとがき　801

執筆者紹介（五十音順）

阿部 克則（あべ よしのり）　　学習院大学教授
安藤 貴世（あんどう たかよ）　　日本大学教授
伊藤 一頼（いとう かずより）　　北海道大学准教授
岩沢 雄司（いわさわ ゆうじ）　　国際司法裁判所裁判官
岩月 直樹（いわつき なおき）　　立教大学教授
植木 俊哉（うえき としや）　　東北大学教授
小畑 郁（おばた かおる）　　名古屋大学教授
兼原 敦子（かねはら あつこ）　　上智大学教授
河野 真理子（かわの まりこ）　　早稲田大学教授
北村 朋史（きたむら ともふみ）　　東京大学准教授
黒﨑 将広（くろさき まさひろ）　　防衛大学校准教授
酒井 啓亘（さかい ひろのぶ）　　京都大学教授
髙柴 優貴子（たかしば ゆきこ）　　立命館アジア太平洋大学准教授
玉田 大（たまだ だい）　　神戸大学教授
寺谷 広司（てらや こうじ）　　東京大学教授
中川 淳司（なかがわ じゅんじ）　　東京大学教授
中谷 和弘（なかたに かずひろ）　　東京大学教授
西村 弓（にしむら ゆみ）　　東京大学教授
西元 宏治（にしもと こうじ）　　専修大学教授
濵本 正太郎（はまもと しょうたろう）　　京都大学教授
林 美香（はやし みか）　　神戸大学教授
藤澤 巌（ふじさわ いわお）　　千葉大学教授
許 淑娟（ほう すぎょん）　　立教大学准教授
堀口 健夫（ほりぐち たけお）　　上智大学教授
水島 朋則（みずしま とものり）　　名古屋大学教授
森川 幸一（もりかわ こういち）　　専修大学教授
森田 章夫（もりた あきお）　　法政大学教授
森 肇志（もり ただし）　　東京大学教授
山本 良（やまもと りょう）　　埼玉大学教授
和仁 健太郎（わに けんたろう）　　大阪大学准教授

第 1 部

国際法の法源・国内法との関係

国際法の国内適用可能性
小寺教授と対話しながら

岩 沢 雄 司

Ⅰ　はじめに
Ⅱ　国際法の国内適用可能性
Ⅲ　国際法の間接適用

Ⅰ　はじめに

　小寺彰教授（以下，敬称略）は，『法学教室』に連載した論稿をまとめて2004年に『パラダイム国際法』を刊行した1)。本書は，国際人権法，国際環境法，武力紛争法など触れていない分野がないわけではないが，国際法のほぼ全分野を網羅している。「国際法の解釈適用の在り方を示す」ことを目的としており，「国際法の基本構成」という副題が付けられている。小寺は本書で国際法の様々な分野において新しい視点を提示した。『パラダイム〔認識枠組〕国際法』という書名は，本書に誠にふさわしく，この書名を考えた著者に脱帽する。

　小寺は，本書の第5章で「条約の自動執行性：国際法の国内法上の効力——2つの『自動執行性』」について論じた。国際法の国内における直接適用可能性が，国際法の重要問題であることを認めたといえる。本章で小寺は，「岩沢

---

1)　小寺彰・パラダイム国際法——国際法の基本構成（2004）（本論文において小寺の所説は本書の頁で示す）。

説」にかなり詳しく触れ，一部では同意しつつも，一部では疑問を呈した。小寺の疑問や批判は誤解に基づく場合が少なくない。そこで本稿では，小寺の疑問に答えながら，国際法の国内適用可能性に関する拙論を改めて簡単に解説する。その際，「小寺説」を逆に批判することもあるが，再反論いただけないのは大変残念である。

　筆者は1985年に『条約の国内適用可能性』という研究書を刊行した。小寺がいう「岩沢説」は本書に依っている。筆者はその後2016年に「国際法の国内適用」という大部の英文論文を刊行した。ハーグ国際法アカデミーで行った講義に基づく本論文では，分析対象を条約以外の国際法（慣習国際法，国際組織の決議，国際裁判所の判決等）にも広げ，1985年以降に現れた判例学説の分析を行った。前著での主張を若干修正した部分もあるが，基本枠組は変えていない。国際法の国内適用可能性に関する拙論の詳細は，1985年の前著ではなく，2016年の拙稿を参照していただきたい[2]。

II　国際法の国内適用可能性

1　直接適用可能性の概念

(1)　直接適用可能性の概念

A　直接適用可能性の概念とその発展

　国際法を国内で実現するのに，国内立法者（議会や行政府）がその内容をさらに詳細に定める法律や命令を制定する必要があることは多い。これを国際法の国内「実施」と呼ぶ。これに対して，国内の法適用機関（裁判所や行政府）が，国際法を適用することを国際法の国内「適用」という。国際法の国内適用可能性，すなわち国内における直接適用可能性（direct applicability）とは，国際法が国内において裁判所や行政府によってそれ以上の措置（法律や命令による具体化）なしに直接適用され得るかという問題である。条約は軍事同盟，中立など，そもそも国内関係の規律を目的としていないものが少なくない。19世紀後半

---

[2]　岩沢雄司・条約の国内適用可能性——いわゆるself-executingな条約に関する一考察（1985）。Y. Iwasawa, "Domestic Application of International Law", Recueil des cours de l'Académie de droit international de la Haye, Vol. 378（2015）, pp. 9–261（2016年刊）（本稿において私の所説は本論文の頁で示す）。

以降，労働条件，特許，著作権，人権，通商など国内の生活領域を規律する条約が多くなったが，その全てが国内で直接適用され得るわけではない。これは条約と国内法の定立過程の違いに主な理由がある。条約は各国代表の合意に基づいて成立する。諸国が明確な規定に合意できず，成立した条約は妥協の結果，抽象的一般的な原則を述べるに留め，その具体化を各国の国内法に委ねることが少なくない。

　国際法の直接適用可能性は，1950年のフジイ事件によって一躍注目を浴びるに至った。この事件の原告（日本人）がカリフォルニアで土地を購入したところ，外国人土地法に基づいて州に没収された。カリフォルニア控訴裁判所は，外国人土地法は人種又は皮膚の色に基づいて日本人を差別しており，国連憲章に反すると判示した[3]。この判決はアメリカの学界や政界に大きな衝撃を与え，論議を巻き起こした。学界では，国連憲章は何らの立法なしに直接適用され得る条約か，いわゆる自己執行的な（self-executing. 自動執行的とも訳される）条約か，どのような条約が自己執行的な条約かが議論された。1952年にカリフォルニア州最高裁は，国連憲章は自己執行的ではないから，それと抵触する州法に取って代わらないと判示した。裁判所は，条約が自己執行的か否かは条約の文言によって表明された当事国の意思によって決まるとした。そして，憲章55条及び56条は自己執行的と意図されたというには不明確にすぎると判示した[4]。この事件をきっかけに，自己執行的という用語は，ヨーロッパ諸国や日本など条約が国内的効力を持つ国で広く用いられるようになった（Iwasawa, 29頁）。

　しかし，ヨーロッパの学者は，この概念を，アメリカの判例学説ではなく，常設国際司法裁判所のダンチッヒ裁判所の管轄権に関する勧告的意見によって基礎づけた（Iwasawa, 30頁）。ダンチッヒ自由市の鉄道職員が，ダンチッヒとポーランドの間に結ばれた鉄道職員に関する協定を根拠としてポーランド鉄道局を相手にダンチッヒ裁判所に金銭上の請求訴訟を起こした。職員協定が個人の請求の根拠となるかが問題となり，国際連盟理事会は常設国際司法裁判所に

---

[3]　Fujii v. State, 217 P.2d 481（Cal. Dist. Ct. App. 1950）.
[4]　Fujii v. State, 242 P.2d 617（Cal. 1952）.

勧告的意見を求めた。裁判所は，この問題に対する答えは締約国の意思にかかるとした。「十分に確立した国際法の原則によれば，職員協定は，国際条約であるから……私人の直接の権利義務を創設し得ない……。しかし，締約国の意思に従い，国際条約の真の目的が個人の権利義務を創設し国内裁判所によって執行され得る確定的な準則を当事国が採択するにあるということもあり得る。当事国の意思……が，決定的である」。このように述べて，職員協定は「直接適用され得る（directly applicable）」と結論した5)。

B　2つの意味

小寺は，自動執行性の概念は「2つの異なる意味で使われている」という。第5章に「2つの『自動執行性』」という副題が付けられているように，これは小寺の立論の核心部分である。小寺によれば，「第1は条約の国内的実施のための概念である」。「条約のまま実施が可能なために国内立法が必要ではない」条約が，自動執行性を持つ条約と呼ばれる。これに対して，「第2は条約を裁判所が適用する際の概念である」。「『独立の』裁判基準として裁判所が用いることのできる条約が，第2の意味での『自動執行性』をもつ条約と呼ばれる」。第1の意味で実施立法が必要かは「政策当局の判断に大きくゆだねられる」。それに対して，「裁判所が条約を適用法規として用いることができるかどうかは法解釈の問題」である（小寺55-56頁）。

自動執行性及び直接適用可能性という概念は様々な意味で用いられており，混乱がある。その1つは，立法の必要なしに執行されることを「自己執行的」とするもので，アメリカでしばしば見られる用法である。自己執行的な条約は何らの立法の必要なしに執行されるのに対して，非自己執行的な条約は議会が立法を行わなければならないといわれる（Iwasawa, 54-57頁）。このような用法は混乱を招くので避けるべきことには，筆者も同意する。しかし，自己執行的の概念は他にも様々な意味で用いられている（Iwasawa, 135-37頁）。この用法だけを取り上げて，自己執行的の概念が異なる意味で用いられていることを指摘することの意義は何か。

---

5)　ダンチッヒ裁判所管轄権，1928年3月3日，勧告的意見，1928 PCIJ, Ser. B, No. 15, pp. 17-18.

自動執行的を「立法の必要なしに執行される」と捉えると，小寺のいう第1の意味と第2の意味は重なり合い，同じ事柄を違った面から見ただけのことになる。現に小寺は，「条約の国内実施を議会が行うべきか，又は裁判所が行うべきかが，アメリカにおける条約の『自動執行性』の基準だと考えるのが適当であろう」とし，第1の意味と第2の意味の自動執行性は，「アメリカでは原則として一致している」という（小寺62頁）。そして，その点では「条約の『自動執行性』をめぐる基本的な法状況は，日本とアメリカは同一と見ることができる」という（小寺64頁）。そうであるなら，自動執行性の第1の意味と第2の意味が区別されないことが大きな問題であるように論じる意義は何か。
　他方で小寺は，「条約の国内実施における『自動執行性』の問題が，裁判所における条約の『自動執行性』の問題とまったく無関係かどうかは改めて問わなければならない点であろう」とも指摘する（小寺57頁）。しかし，第1の意味で自動執行性を持たない条約でも，「国家間関係のみにかかわるようなもの等については，国内的実施のために特段の立法がなされないこともある」，「実施立法がないことをもって条約の『自動執行性』が肯定されたことにならないのは言うまでもない」ともいう（小寺67頁注22）。
　条約を国内で十分に実現するために立法が必要かという問題は，条約が適用され得るかという問題とは，関係ないわけではないが，同じではない。小寺がいうように，国内立法がなされないからといって，条約が直接適用され得るとは限らないし，逆に，直接適用され得る条約でも，立法することがある（国連国家免除条約を実施した日本の法律など）。なお，小寺は自動執行性の第2の意味を「『独立の』裁判基準として裁判所が用いることのできる」ものと捉えるが，国内において条約は裁判所だけでなく行政府によっても適用されること，直接適用可能性は行政府の適用においても問題になることも指摘しておく。
　C　直接適用可能性と自動執行性
　小寺は，「第2の意味での『自動執行性』に代えて『直接適用可能性（direct applicability）』の概念を用いるべきだという有力説」があると述べて，拙著を引用する。「しかし，『直接適用可能性』の概念は元来がヨーロッパ共同体（EC）法上の概念であって，効果と基準の双方において第2の意味での『自動執行性』とは異なるために，『直接適用可能性』の概念を用いるとかえって混

乱を引き起こす可能性が高い」と考え,「本書では従来どおり『自動執行性』の概念を用いる」という（小寺56頁）。

直接適用可能性の概念が,"元来はヨーロッパ共同体法上の概念である"というのは,正しくない。ヨーロッパの学者は,1950年代に自己執行的という概念を取り入れる際に,常設国際司法裁判所のダンチッヒ裁判所管轄権事件を参照した（前述）。またヨーロッパでは,憲法規定が直接適用され得るかという問題（日本憲法における「プログラム規定」論）が,直接適用可能性という概念を用いて論じられている（Iwasawa, 137頁）。

1957年欧州経済共同体設立条約は,「規則は直接適用可能である」と定めた（189条2項。欧州連合運営条約288条2項）。そして,欧州連合（EU）では,規則だけでなく,欧州連合運営条約,命令,決定,及び欧州連合が締結した条約の規定が直接適用され得るかが頻繁に問題になる。そして,規則の全ての規定が上述の意味で直接適用可能ということはあり得ないので,欧州連合運営条約288条2項にいう「直接適用可能」は「直接の国内的効力」を意味するとされ,上述の意味の直接適用可能性には「直接効果（direct effect）」という用語が併せて用いられる。このようなEU法の発展によって,直接適用可能性の概念はわかりにくくなった（Iwasawa, 94-96頁）。

ところが,自己執行的（自動執行的）という概念は,直接適用可能性の概念以上に,様々に異なった意味で用いられており,非常な混乱がある。特に,自己執行的という用語を用いると,国内適用可能性と国内的効力が混同されやすい。自己執行性（自動執行性）ではなく直接適用可能性の概念を用いるべきという私の主張は,それが主な理由である（Iwasawa, 138頁）。

(2) 国内的効力との区別

小寺の第5章の表題は,「条約の自動執行性：国際法の国内法上の効力」である。同章の中の論述においても,小寺は,条約が国際法上「当事国に国内的に直接的に適用することを義務づけた」かどうか（小寺66頁）と,「当事国に国内法上の効力を持たせることを義務づけ〔た〕」かどうか（小寺60頁）を,同義に用いている。条約の国内における直接適用可能性と効力を区別せず,同義に用いている。しかし,国際法の国内適用可能性と国内的効力は峻別されなけ

ればならない。

　自己執行的又は直接適用可能という言葉は，小寺に限らず一般にも，国内的効力の意味で用いられることが多く，注意が必要である。特に，自己執行的という言葉は，何らの立法の必要なしに自動的に国内で法としての効力を持つという意味で用いられることが非常に多い。アメリカや日本のような自動的受容の国では，条約は批准，公布されれば特別の立法の必要なしに国内で効力を持つから自己執行的である。これに対し，ドイツのような承認法受容の国では，条約は国内で効力を持つには承認法という立法が必要で，立法の必要なしには国内的効力を持たないから自己執行的でない。イギリスのような個別的受容の国では，条約は法律等によって個別的に受容されなければならず，立法の必要なしには国内的効力を持たないから自己執行的でないといわれる。つまり，条約はアメリカや日本では自己執行的だが，ドイツやイギリスでは自己執行的でないといわれる。このような用法の下では，自己執行的という言葉は，条約がその性質上直接適用に適していることではなく，条約が立法なしに国内的効力を持つという，条約の国内受容に関する憲法体制を表すものとなる。自己執行的という言葉は，このように，直接適用可能という意味のほかに，自動的に国内的効力を持つという意味で用いられることがあり，とても紛らわしい。

　自己執行的という概念は，アメリカで直接適用され得る条約と直接適用され得ない条約を区別する概念として現れたものであり，条約の性質を表す。アメリカでも，全ての条約が直接適用され得るという意味で自己執行的なわけではない。逆に，ドイツやイギリスでも，条約がそれ以上の措置の必要なしに直接適用され得るという意味で自己執行的なことはある。直接適用可能や自己執行的という言葉を国内的効力の意味で用いるのは，国内適用可能性と国内的効力の混同を招くので避けるべきである (Iwasawa, 139-41頁)。1993年シベリア抑留事件東京高裁判決（小寺も引用する）は，国際法の国内的効力と国内適用可能性をはっきり区別していて，評価できる[6]。

　それ以上の措置がとられる必要なしに直接適用され得るという意味の直接適用可能性は，国内法についても同様に問題になる。国内法においても下位規範

---

6) 東京高判1993・3・5訟月40巻9号2027, 2061-62頁。

による具体化を必要とする規定（生存権を定める日本国憲法 25 条など）が存在する。国際法の規範が国内で法的効力を持つならば，直接適用可能性の問題は，条約だけでなく，慣習国際法や国際組織の決議についても同じように生じる。制裁を課す国連安保理決議が増えているので，その国内における直接適用可能性が近年論議を呼んでいる。

　小寺は，「国際慣習法の国内法上の効力についても，『自動執行性』の概念が用いられるべきだとする論者〔岩沢〕とそうでない論者〔Jordan J. Paust〕が存在するが，この点は条約の自動執行性の応用問題と見られる」という（小寺 55 頁注1）。しかし，Paust は，何らの立法の必要なしに国内的効力を持つという意味で自己執行的という概念を用い，「慣習国際法は生来的に〔inherently〕自己執行的である」と論じたのであって，慣習国際法に自己執行性の概念が用いられるべきでないと主張したわけではない（Iwasawa, 200 頁）。慣習国際法にも直接適用可能なものとそうでないものがある（Iwasawa, 200-04 頁）。シベリア抑留事件で東京高裁は，1949 年ジュネーブ第三条約（捕虜待遇条約）66 条及び 68 条が定める自国民捕虜補償原則と内容が同じ慣習国際法の国内適用可能性を否定した7)。小寺がいう「応用問題」が，慣習国際法にも自動執行的なものとそうでないものがあることを認める趣旨なら，それは正しい。

(3) 国内適用可能性と国内的効力の関係

　条約が国内的効力を持つ国でも，直接適用可能な条約のみが国内に受容され国内で法的効力を持ち，直接適用可能でない条約は国内的効力を持たず，国内法令によって実施されなければならないと考える判例学説が少なくない。国内的効力を持つかどうかという問題は，直接適用可能な国際法についてのみ生じる。憲法は条約が国内的効力を持つと規定している場合でも，その規定は直接適用可能な条約のみを対象とする規定であると主張される。この説は，国際法の国内適用可能性を国内的効力の前提とする。

　しかし逆に，国内的効力が国内適用可能性の前提であると考えるべきである。国際法が国内で効力を持つことは，直接適用されるために必要である。国内的

---

7)　同上 2062 頁。

効力が直接適用可能性の前提である。しかし，国内的効力を持つ全ての国際法が直接適用され得るわけではない。直接適用は，国際法が国内で発揮し得る効果の1つにすぎない。国際法が国内的効力を持つとされている国においては，全ての国際法が国内的効力を得ると考えるべきである。直接適用可能な条約のみが国内的効力を持つという説の下では，同じ国際法が請求の仕方によって直接適用可能であったりなかったりするという「相対的把握」は困難になる。また，直接適用可能でない国際法の規定が国内で持ち得る他の効果が排除されてしまいかねない。

(4) 個人の権利義務創設

ダンチッヒ裁判所管轄権事件の影響で，直接適用可能な国際法とは，「個人の権利義務を創設し国内裁判所によって執行され得る」ものといわれることが少なくない。個人の権利義務の創設が直接適用可能性の概念に必要な構成要素とされるのである。

しかし，国際法が国内で直接適用されるのは，個人の権利又は義務を創設している場合には限らない。国際法が裁判所や行政府の権利義務を定めているとき，裁判所や行政府は，それが個人の権利義務を創設しているか否かにかかわらず，適用することができる（国家免除に関する規則など）。個人の権利義務創設が直接適用可能性の概念に必要な構成要素であると考えるのは適当ではない。個人の権利義務を創設する国際法のみが直接適用可能であるとすると，国際法が国内で直接適用される場合の一部しか捉えられない。小寺の自動執行性の定義も，個人の権利義務の創設を必要な構成要素に含めていない。

2 国内法の問題

ダンチッヒ裁判所管轄権事件の影響で，国際法の直接適用可能性を決定するのは国際法であるといわれることが少なくない。条約が直接適用可能かどうかは，条約当事国の意思によって決まる。したがって，それは国際法の問題である。国際法が直接適用可能か否かは，国内法にとっては所与の区別であるといわれる。

しかし，条約が直接適用可能であると当事国が意図することはほとんどない。

国際法の国内における効力や序列が国内法の問題であり，国によって異なることは広く認められている。それならば，国際法の国内における直接適用可能性も，同じように国内法の問題というべきである。

　小寺は，条約の自動執行性を区別する基準として「国際法上の基準」と「国内法上の基準」を区別する。「国際法上の基準」とは「主観的基準」のことであり，「国内法上の基準」とは「客観的基準」のことであるという（小寺58-66頁）。しかしながら，国際法の国内適用可能性を決定する基準として，"国内法が"主観的基準と客観的基準を設定することがあるので，「主観的基準」を「国際法上の基準」，「客観的基準」を「国内法上の基準」と呼ぶのはミスリーディングである。

　小寺は，「岩沢雄司は，条約の『自動執行性』について，『国際法上の基準』が存在することを否定する」と理解し，「しかし，条約の『自動執行性』が国際法上の問題ではないと主張するためには，条約自身が加盟国に国内法上の効力を付与する義務を負わせることを，国際法が禁じているか，またはそういう事態が理論的にありえないことを証明しなければならない」と批判する（小寺60頁）。拙論についてのこの理解は誤解であり，小寺の批判は全く当たらない。

　小寺の「国際法上の基準」は，条約が国際法上"当事国に国内的に直接適用することを義務づけたか"という独自の特殊な基準である。そして小寺は，「『国際法上の基準』によって条約が『自動執行性』をもつ場合が極めて限られている」ことを認める（小寺63頁）。もしそのような条約があれば，国内適用可能性の決定に当たって同条約が直接適用を義務づけていることを考慮すべきことを，私も否定しない。小寺は「国際実施の仕方を条約が規定することまで国際法上禁じられているとは言えない」ことを強調するが（小寺60頁），私もそれが禁じられるとは考えていない。

　私が国際法の国内適用可能性が「国内法の問題である」というのは，国際法の国内適用可能性の"決定基準が国内法によって定められる"ことを意味する。2013年に東京高裁は，「〔直接適用可能性〕を認めるか否かを含めて，協定の国内的実現の手段方法は各加盟国の判断に委ねられたものと解されている」と述べ，直接適用可能性が国内法の問題であることを認めた8)。ただし，各国が定める決定基準は，ほぼ共通する。当事国の意思が基準とされることは多く，

そのときは当事国の意思を解釈する必要がある。当事国の意思の解釈が問題になり得ることを私も否定しない（Iwasawa, 150-57 頁）。その意味では，小寺が「岩沢〔も〕国際法上の〔基準〕と国内法上の〔基準〕を想定して議論している」と捉える（小寺 58 頁）のは，間違っていない。しかしながら，条約が直接適用可能であると当事国が意図することはほとんどなく，ましてや条約が当事国に直接適用を義務づける場合は EU 法を除いてはない（この点は後に再論する）。

多くの国では，国際法が国内で直接適用されるためには十分に明確であることが必要とされる。ところが，規範が直接適用するのに十分に明確かどうかの判断は，各国の法的伝統によって異なり得る。こうして，同じ国際法がある国では直接適用可能だが，他の国では直接適用可能でないということがあり得る。国際法の国内適用可能性は国内法の問題だから，国内適用可能性を否定しても，国際法に違反することにはならない。ある国が国際法の国内適用可能性を否定しても，他国がその国の国家責任を問う実践は見られないことが，それを証明する。

小寺は，小寺のいう「国際法上の基準」によって条約が自動執行性を持つ場合が「極めて限られている」ことを認める（前述。小寺 63 頁）。また，「国内法上の基準」は，「各国憲法体制がどのような法政策をとっているかの問題であり，各国で条約が法源としてどのように位置づけられているか，また条約の実施についてどのような体制が適当だと判断するかによって決定される」ことを認める（小寺 67 頁）。こうして小寺も，国際法が直接適用に適しているかの判断が国によって異なりうること，国際法の国内適用可能性が国内法の問題であることを，事実上認めている。

3 直接適用可能性の基準

国際法は，国内的効力を与えられたことに基づいて，他の国内法と同様に，原則として直接適用可能と推定されるべきである。そうすると，直接適用可能性を"根拠づける"基準ではなく，"排除する"基準が検討されるべきことにな

---

8) 東京高判 2013・11・27 判タ 1406 号 273, 278 頁。

る。

　直接適用可能性の基準は，主観的基準と客観的基準に分けられる。この2つを区別することは，国内判例や学説の多く（山本草二など）によって認められている。小寺は，条約の自動執行性を区別する基準として「国際法上の基準」と「国内法上の基準」を区別し，「国際法上の基準」を主観的基準と，「国内法上の基準」を客観的基準と同視した（前述）。

(1)　主観的基準

　小寺にとっての主観的基準は，「国際法上の基準」である。自動執行性の「『国際法上の基準』として『主観的基準』と呼ばれているもの」は，「条約自身が締結国に『自動執行性』を与えるように義務づけるか否かということ」である。他方で，条約が締結国に自動執行性を与えるように義務づけるか否かが問題なので，これを主観的基準と呼ぶと「誤解が生ずるおそれがある」とも述べており，主観的基準と「国際法上の基準」を同視することへの躊躇も見せる（小寺59頁）。いずれにしても，小寺の主観的基準は，"条約が当事国に自動執行性を与えるように義務づけるか否か"であり，極めて狭い概念である。

　バーゲンソルは直接適用可能性を「条約が当事国に直接適用を義務づけること」と定義した[9]。直接適用可能性をこのように狭く定義することは問題だが (Iwasawa, 134-39頁)，小寺は，バーゲンソルのこの定義を自動執行性の「国際法上の基準（主観的基準）」として取り入れたといえる。そして，バーゲンソルにならって，常設国際司法裁判所は，ダンチッヒ裁判所管轄権事件勧告的意見において，「条約が実際に加盟国に国内法上の効力を義務づけたことを認めた」と解した。小寺によれば，同事件で問題になった鉄道職員協定6条は，条約が当事国に国内法上の効力を持たせることを義務づけた「数少ない例である」。裁判所は，「解釈の結果，条約がその『自動執行性』を当事国に義務づけうる場合があると判断した」。しかし，条約自身が自動執行性を与えるように義務づける場合は「実際上はまれ」であり，EC設立条約が「そのまれな例外

---

[9]　T. Buergenthal, "Self-Executing and Non-Self-Executing Treaties in National and International Law", Recueil des cours de l'Académie de droit international de la Haye, Vol. 235 (1992), pp. 303, 317-21.

に当たる」という（小寺 58-60 頁）。

　国際法では，その国内における効力・直接適用可能性・序列のすべてが国内法によって決定される。これに対して，EU 法においては，EU 法に国内法上の効力を与えることは加盟国の義務である。EU 法は加盟国の国内において必ず法的効力を持たなければならない。また，EU 法の直接適用可能性（直接効果）は，EU 法の解釈問題として欧州司法裁判所によって決定される。直接適用可能性が国によって異なることはない。さらに EU 法は，加盟国に対して，国内法（憲法を含む）に対する EU 法の優位を承認することを義務づける。このように，EU 法においては，その国内における効力・直接適用可能性・序列の全てを，EU 法が決定する。EU 法はこの点で極めて特殊であり，国際法と大きく異なる。

　これに対して，ダンチッヒ＝ポーランド鉄道職員協定は，EU 法のような特殊性を持たない伝統的な条約である。同事件で常設国際司法裁判所は，同協定が個人の請求の根拠となるかという問題に対する答えは「当事国の意思」にかかるとし，当事国の意思を解釈して，同協定は「直接適用され得る」と結論した。条約の直接適用可能性は，当事国の意思によって決定されるという意味で，国際法の問題であると捉えたといえるが，条約が「加盟国に国内法上の効力を義務づけたことを認めた」とはいえない（Iwasawa, 32-36 頁）。

　いずれにしても，「国際法上の基準（主観的基準）」が"条約が締結国に国内法上の効力を与えるように義務づけるか否か"だとすると，小寺自身も認めるように，これを満たす条約はほとんどなく，基準としてあまり意味がない。私見では，主観的基準は当事国や国内立法者などの"意思"に関わる基準であり，客観的基準は明確性などその他の基準である。

　A　当事国の意思

　国内判例や学説の多くが，当事国の意思を直接適用可能性の基準とする。それによれば，条約は直接適用され得ないと推定される。しかし，当事国が反対の意思を表示すれば，推定が覆され，条約は直接適用可能となる。当事国の意思が決定的である。

　しかし，このような形で当事国の意思を基準とすると，ほとんどの条約は直接適用可能でないことになってしまう。当事国は条約が国内でどのように実現

されるかに関心を持っていないことが多く，直接適用可能と意図されたことを実証するのは，ほとんどの場合不可能だからである。特に多国間条約では，そのような当事国の意思は，条文の中でも準備作業の中でも，確認できないのが普通である。そこで，当事国の意思を直接適用可能性の基準として維持しようとする論者は，当事国の意思を条約文言の明確性などから導き出す。条約が明確な文言で起草されているのは，当事国がそれを国内で直接適用できるように意図したためだという。しかし，このようにして導き出された当事国の意思は，事後に法適用機関が創り出した"擬制的な"意思にすぎない。そうまでして当事国の意思に固執する意味はない。慣習国際法については，ましてや当事国の意思は基準になり得ない。

ただし，"排除基準"としてなら，当事国の意思も意味を持つ。当事国が条約の中で直接適用可能性を否定する意思を表示したならば，その意思は尊重されるべきだからである。

B　国内立法者の意思

国際法の国内適用可能性は，国内立法者の意思によっても排除され得る。国内立法者が，特定の国際法規範は直接適用され得ず，法律等によって実施されなければならないという意思を表明することがある。自動的受容の国の議会は，条約を承認する際に，条約が直接適用されず，法律等で実施されることを条件とすることができる。オーストリアでは，憲法50条2項がその旨を明文で定めており，この手法は「履行留保」と呼ばれる。承認法受容の国では，議会が条約を承認する際に承認法の中で，条約は国内で直接適用され得ない旨を定めることができる（1980年EU契約債務準拠法条約に関するドイツの承認法2条2項など）。国際法の国内適用可能性を排除する国内立法者のこのような意思は，尊重されなければならない。

国際法の直接適用可能性は，原則として，政府の意思によっては排除されないと考えるべきである。憲法等によって国際法が国内的効力を持つ国では，政府がその意思によってその直接適用可能性を排除できることを認めるには慎重でなければならない。諸国の裁判所は，国際法の直接適用可能性は裁判所自らが判断する問題と捉え，行政府の見解を参考にするが，決定的とはみなさないのが普通である。

小寺は,「『主観的基準』という呼称は,各国の条約締結権者,具体的には条約締結時の政府や議会の意思を指すと混同されるおそれがある——各締結権者の意思なら……『国内法上の基準』に当たる」という(小寺58頁)。政府や議会の意思を「国内法の基準(客観的基準)」と捉えるのは,「国際法上の基準(主観的基準)」を"条約が締結国に国内法上の効力を与えるように義務づけるか否か"と狭く定義したことの論理的帰結である。しかし他方で,小寺は,「政府または議会が締結時にどのように判断したかを重要視する国家もありうる」ことを認める(小寺67頁)。主観的基準を小寺のように狭く定義するのは適当とはいえない。政府や議会の意思も,意思に関わるので,主観的基準とみなすべきである。

(2) 客観的基準
　小寺の「第2の基準」は,客観的基準である。小寺によれば,条約が自動執行性を義務づけていない以上,「客観的基準は『国内法上の基準』と呼ぶのが適当であろう」(小寺58頁)。そして,「『国内法上の基準』によって条約の『自動執行性』を認めるという実践をリードしたのはアメリカである」という(小寺61頁)。しかし,フジイ事件でカリフォルニア州最高裁が,条約が自己執行的か否かは「当事国の意思によって決まる」としたように,アメリカでも,条約が自己執行的かは当事国の意思(主観的基準)によって決まるとする判例学説は多い。
　小寺は,「第2の基準」(客観的基準)は,「国内法上適用すべき基準を満たしているか否かである」という(小寺66頁)。小寺のいう「国内法上適用すべき基準」とは何か。小寺は続けて,「第2の基準は各国憲法体制がどのような法政策をとっているかの問題であり,各国で条約が法源としてどのように位置づけられているか,また条約の実施についてどのような体制が適当だと判断するかによって決定される」と説明する(小寺67頁)。しかし,この説明によってもなお,条約の自己執行性が具体的にどのように決定されるかはっきりしない。小寺はさらに,「条項の『明確性』や『完全性』を条約の『自動執行性』の基準とする国家もあろうが,政府または議会が締結時にどのように判断したかを重要視する国家もありうる」とも述べるので(小寺67頁),「第2の基準」(客

観的基準）の中核は，条項の明確性と完全性のようである。政府又は議会の意思については，既に検討した。小寺はこれを客観的基準とみなすが，私見によれば主観的基準である。

A 明確性

国際法が国内で直接適用され得るかを決定する基準は，規範の明確性であるとされることは非常に多い。私見によれば，明確性には，規範の内容の明確性と完全性の2つの面がある。内容の明確性とは，規範の内容が明白かつ確定的でなければならないことである。一般的抽象的な原則を定めるにすぎない規定は，直接適用され得ない。規範の内容の明確性の根拠は，法治国家原則に求められる。それは2つの考えに基づいている。第1は，権力分立の原則である。法の定立は立法府の任務であり，不明確で国に広い裁量の余地を残している規範を司法府又は行政府が適用すると，実質的に法の定立を行うことになり，立法府の権限を侵害する。第2は，法的安定性，信頼保護，適正手続の原則である。私人は自己のどのような行為にどのような法的効果が付与されるかを予測することができなければならない。この原則は，特に私人の権利を制限する規定について作用する。

他方で，規範の完全性とは，国際法を執行するのに必要な"機関や手続"が定められていることである。国際法それ自体が必要な機関や手続を定めていないときは，それを適用するのは実際上困難である。例えば，条約が「権限のある当局」への文書の提出等を定めていて，国内法が権限のある当局を指定していないときは，その条約は実際上適用できない。しかし，国内で必要な機関や手続を定めるなどの"補足措置"（規範の内容を具体化する実施措置とは異なる）がとられれば，そのような国際法も適用できるようになる。

小寺は完全性を，「条約規定が完全でなければならないこと，具体的には条約の執行に必要な機関や手続が定められていなければならないこと」と説明しており（小寺65頁），私見を支持するといえる。その上で，「条約規定の『完全性』の意味をはっきりと示したのが，『シベリア抑留事件』東京高裁判決である」と述べ，同判決を評価する（小寺66頁）。本件で東京高裁は，国内適用可能性の判断基準については，「条約締約国の具体的な意思如何が重要な要素となることはもとより，規定内容が明確でなければならない」とし，実体的要件，

手続要件，国内における既存の制度との整合性等「細部にわたり詳密に規定されていない」場合には，その国内適用可能性は否定せざるを得ないと述べた上で，その基準に照らして自国民捕虜補償原則の国内適用可能性を判断し，否定した[10]。このように，判決は明確性を論じており，完全性を明確性から区別していない。それなのになぜ小寺はこの判決を「完全性の意味をはっきり示した」とみなすのか理解しがたい。

また小寺は，「規定の『完全性』が，『明確性』とは別に『自動執行性』の要件と扱われるのを理解するのはなかなか難しい」といいつつ，「『明確性』の語から……『完全性』を含むと解することは語感的に無理があるのではないだろうか。明確性と完全性は異なる要件と解釈した方が分かりやすい」という（小寺65頁）。しかし，多くの国内判例や学説は，規定の明確性を国内適用可能性の要件とみなし，完全性を要件としない。完全性を明確性に含めて考えるからである。1985年の拙著で私が，明確性の中に「狭い意味」の明確性と完全性を区別したのは，そのような理由からである。明確性が完全性を含むと解することは「語感的に無理がある」とはいえないと考える。

小寺は，「条約の『自動執行性』の有無は条約の実施に関する国内の権限分配（権力分立）の問題に関係するものだとも言えるかもわからない」という一方で（小寺57頁），「岩沢が主張するように，①『権力分立の原則』と，②『法的安定性の原則』を根拠にして，条約の『自動執行性』を判断するのは妥当な解釈と言える」と述べ，私見を支持する。ただ私と少し異なり，「①『権力分立の原則』は，……（完全性）を，また，②『法的安定性の原則』は，……（明確性）を要求するととらえることができる」という（小寺65頁）。私見によれば，明確性の根拠は，第1に権力分立の原則，第2に法的安定性，信頼保護，適正手続の原則にある。他方で，国際法を執行するのに必要な"機関や手続"が定められていないとき，すなわち完全性を欠いているときは，その適用が実際上困難なだけである。

B 事 項

国際私法，知的財産権，二重課税回避，人権などに関する条約は直接適用可

---

[10] 東京高判，前掲注(6)2061-62頁。

能であると主張されることがある。しかし、これらの条約も文言によっては直接適用され得ない。国際法が扱う事項は、それ自体は直接適用可能性を決定する基準にはならない。しかし他方で、国際法が扱う事項は、国内適用可能性を排除する基準にはなる。憲法が特定の事項に関して、議会が制定する狭義の法律によって規律することを求め、国際法の国内適用可能性を排除することがある。例えば、多くの憲法が罪刑法定主義を定める。そして、それは議会が制定する狭義の法律で犯罪や刑罰を定めることを意味するのが普通である。そうだとすると、刑法に関する国際法の国内適用可能性は、憲法によって排除される。刑法に関する国際法は直接適用され得ず、法律による定めが改めて必要となる。小寺はこの点には簡単にしか触れなかった。

  C　政治的紛争処理手続

　条約が国際紛争処理手続を備えていることそれ自体は、国内適用可能性を排除する理由にはならない。しかし、紛争処理手続が政治的又は柔軟で、国が政治的考慮に基づき二国間で紛争を収拾することを認めているときは、条約の国内適用可能性が否定されることがある。国内裁判所がそのような条約を適用して国の措置を違法と判断すると、国が外交関係に関して有する裁量を制約すると考えられるからである。2013年豚肉差額関税事件で、東京高裁は、WTO協定の国内適用可能性を否定したが、その理由として以下を挙げた。WTO協定の内容はガットより明確になったが、「交渉を通じた柔軟な紛争解決の余地が排除されたわけではなく、規律の柔軟性が残っている」し、直接適用可能性を肯定すると、立法及び行政による裁量権の行使が司法審査によって制約されることになり、「権力分立の観点からも好ましいものとはいえない」[11]。

  4　相対的把握

　条約は直接適用可能なものとそうでないものに二者択一的、絶対的に区別されることが少なくない。そして直接適用可能でない条約は、そもそも国内に受容されず国内的効力を持たないといわれる。直接適用可能でない条約は国内に受容されないから、国内法との抵触は生じない。直接適用可能な条約のみが、

---

11)　東京高判、前掲注(8)278頁。

国内法に優先する。裁判所は，国内法が直接適用可能でない条約に適合しているかの司法審査を行うことはできない。直接適用可能でない条約は，国内法の解釈基準にもならない。

　国際法の国内適用可能性は，このように絶対的に捉えられるべきでない。同一の国際法規範が，国に対する請求（社会保障給付など）の根拠としては直接適用され得ないが，国からの侵害（刑事訴追，課税など）を排除する根拠としては直接適用され得るというように，請求の仕方，適用のされ方によって，国内適用可能性の結論は異なり得ると考えるべきである。東京高裁は，この説を受け入れ，条約の国内適用可能性は，当該条約規定の内容及び性質を基礎として，「訴訟における請求や主張の形態なども勘案して」判断すると述べた[12]。

　直接適用は，国際法が国内で持つ効果の1つでしかない。国際法は国内において，直接適用以外の様々な効果を発揮し得る。国際法が直接適用可能でなくても，裁判所は，国際法に照らして国内法の司法審査をすることができる。一般的な原則しか定めておらず具体化を要する国際法も一定の枠を定める。裁判所は，国内法が国際法の枠を超えていないか審査し，枠を超え国際法に反する国内法の適用を拒否することができる。また国際法は，直接適用可能であるか否かにかかわらず，国内法の解釈基準になり得る。

III　国際法の間接適用

　国際法が国内法の解釈基準となることを国際法の間接適用と呼ぶ。間接適用とは，国内の法適用機関（裁判所や行政府）が，国際法を国内法の解釈基準として参照し，国内法を国際法に適合するように解釈することである。国内立法者が国際法の内容を法律などでさらに詳細に定めてその国内的実現を図ること（国内実施）とは異なる。国内法の国際法適合解釈の原則は，多くの国で認められている。1996年南アフリカ憲法は，その旨の明文の規定を置いた（233条）。また，憲法の人権規定は国際人権法に適合するように解釈されなければならない旨を明文で定める憲法もある（スペイン10条2項，ルーマニア20条1項など）。

　小寺は，「条約がその実施立法の解釈基準等として間接的な効果を及ぼす場

---

12)　同上。

合があるが，ここでは『自動執行性』の概念に含まないこととする」とした（小寺56頁）。国際法の間接適用は，直接適用とは異なる。間接適用を「自動執行性」の概念に含める用法はない。アメリカでは，非自己執行的な条約は，直接適用され得ないにしても，国内法の解釈基準となるかという形で問題にされる。

　国内法が国際法を実施するために制定されたものであるとき（小寺のいう「実施立法」）は，国際法がその解釈基準とされるべきことは当然である。国内法が国際法とは独立に制定されたものである場合は，どちらが前法かが問題とされることがある。国内法が後法であれば，立法者は国際義務に違反するつもりはなかったと擬制することによって，国際法を解釈基準とすることが正当化されるが，国内法が前法だと，そのような擬制が使えないからである。そのため，国内法が前法のときは，国際法の解釈基準としての効果が否定されることもある。しかし，国が国際法に違反し国家責任を負うことは避けるべきだから，たとえ国内法が前法であっても，国内法を国際法に適合するように解釈すべきである。この原則は，国内法が不明確なときに使われるのが普通だが，国際法に抵触するように見える国内法を国際法に適合するように解釈して，国際法に反しないように適用するためにも使われる。また，国際法は，国内法規定全体の解釈基準になるだけでなく，「公序」「不法行為」など国内法における一般概念を補充する機能も持つ。

　国際法の間接適用においては，参照される国際人権文書の法的性格はそれほど問題にされない。参照されるのは，国際法上の拘束力がある条約，慣習国際法，国際組織の決議，国際裁判所の判決，国際機関の司法判断等に限られない。未批准の条約や国際組織が採択する国際人権文書（世界人権宣言，被拘禁者処遇最低基準規則など）は，形式的には拘束力を持たないが，それが慣習国際法化しているか問題にされずに，参照される。国際労働機関の委員会が出す報告や国際人権機関が出す文書（見解，一般意見，総括所見）も参照される。ただし，参照される文書の国際法上の効力の違いによって，国内法の解釈基準としての権威は自ずと異なる。

　国際法の間接適用が果たす役割は極めて大きく，これによって事実上直接適用と同じ結果がもたらされることがある。国内裁判官は，国際法に習熟してい

ないこともあって，国際法を直接適用することには必ずしも積極的でない。これに対して，間接適用の手法によって国内法を解釈するという建前の下で，かえって大胆に国際法に依拠することがある。

　人権規定の私人間効力（第三者効力）については，人権規定は私人間関係にも直接適用できるという説と，民法などの私法規定を通じて間接的に適用されるという説がある。日本の憲法学には，国際法の国内適用における「間接適用」と人権の私人間適用における「間接適用」は別の問題と捉える傾向がある。しかし両者は，国際法の内容が国内法の解釈に反映されるという点で共通しており，本質的な違いはない。実際に，EU法では，間接効果（間接適用）は，主に私人間効力の場面で有効性を発揮している。すなわちEU法では，国内法をEU法に適合するように解釈することが間接効果と呼ばれ，直接効果（直接適用）と区別される。そして，差別禁止などを定めるEU指令（Directive）は水平的直接効果はない（私人間に直接適用することはできない）が，間接効果はある（国内法はそれに適合するように解釈されなければならない）とされる。

このような客観的制度は，決して過去のものではない。南極や深海底のように，現代の国際関係においても客観的制度の諸要件を具備しているといってよいものが存在する。そればかりか，近年は地域との関連が希薄なものに関してまでも，客観的制度の候補であることが学説上主張されるようになっている[8]。ところが，現代の客観的制度の例とされるものに関しては，議論も多い。客観的制度の確立が，従来に比して認められがたくなっているかのような印象がある。たしかに，大国がリーダーシップを発揮するような状況は相対的に克服されたものの，他方で国際社会の一般利益は次第に明確化されてきた。にも拘らず，客観的制度をめぐる議論状況は逆に混迷を深め，その結果国際法の動態性は失われてしまったかのような様相を呈している。これはなぜか。本稿はこうした問題に応えようとするものである。このような問題意識に基づき，本稿は初めに客観的制度の具体例を取り上げて，その特徴を指摘し類型化を試みる（Ⅱ）。次に，こうした客観的制度が第三国に対してもつ法的効果に関する代表的理論を取り上げて検討する（Ⅲ）。さらに，客観的制度の現代的展開を踏まえて，非領域的な客観的制度の主張を批判的に検討するとともに，現代においては客観的制度の設定がなぜ困難にまみえるのかを客観的制度内在的に検討する（Ⅳ）。

Ⅱ　客観的制度の代表例と類型化

　国家慣行を検討してみると，確立した客観的制度として議論が存在しない，かなりの例を挙げることができる。ここではその類型化を念頭におきながら，代表的なものを取り上げることにする。

1　客観的制度の代表例
（1）地域の共同利用[9]

(ア)　国際河川の自由航行　　1885年に署名されたベルリン会議一般議定書

---

[8] 大河内美香「領域的制度の第三者効力（一）」社会システム研究所紀要（中央学院大学）5巻1号（2004），110頁。

[9] Waldock, Sir Humphery, "Third Report on the Law of Treaties" (hereafter "Waldock Ⅲ"), Ⅱ *YBILC* (1964), p. 29 による。

は、「通商の自由」に関して述べた第1条第1項において、コンゴ川などの河川の航行の自由を規定した。こうした規定はもちろんアフリカに限定されたものではなく、当時のヨーロッパの国際河川について多く見られたものである10)。これらの条約はその後改定されたり他の条約により代替されたりしたが、航行の自由自体は維持された。ここで注目されるのは、こうした条約が当初から一般的な性格をもつ国際制度（international regimes）を形成するものとみなされていた点である。この点は以下の事例により例証される。すなわち、ベルリン会議一般議定書に関して、同議定書に基づき慣習が成立したとは考えにくい署名後わずか2年に、コンゴが制定した政令がコンゴ川の自由航行と両立しないとの理由で米国が抗議を行った。米国は同議定書の非当事国であったが、同国が抗議を行う権利をもつこと自体に関しては、いずれの国家からも異議申立てはなされなかったという。

　(イ)　国際運河の自由航行　　同様に、海を結ぶ人工的通路である国際運河の場合も、当該運河に関わる条約締結後、短期間のうちに当該条約が対世的効力をもつことが諸国家により承認されている。例えばスエズ運河の場合、コンスタンチノープル条約締結当初より、条約の当事国と非当事国の区別なく自由航行が保障されることが認められてきた。また、1956年のエジプトによるスエズ運河国有化の際にも、エジプトは運河の自由航行が影響を受けないことを強調した。しかも、注目すべきは諸国家がかかる国際制度の法的基礎を慣習ではなく、条約においていた点である。また、キール運河に関しては、常設国際司法裁判所（PCIJ）は、ウィンブルドン号事件判決において次のように述べている。すなわち、「全世界の諸国の利益のために、（ヴェルサイユ）条約に基づいてバルト海へのより容易なアクセスを保障することを当事国が意図した結果、同運河は国際水路となった」11)。ウォルドック（Waldock）が指摘するように、この言明を額面通りに受け取るとすれば、PCIJはキール運河の国際的地位は慣習や承認ではなく、条約自体の力によって設定されたと考えていたといえよう12)。

---

10)　David, E., Commentary to Article 34 of the 1969 Vienna Convention, in *The Vienna Convention on the Law of Treaties: A Commentary*（Corten, O. and Klein P. eds.）, Vol. Ｉ, 2011, p. 890.
11)　The S.S. "Winbledon", *PCIJ, Serie A*, No. 1, 1923, p. 22.

(2) 地域の中立化・非武装化

(ア) 永世中立国　武力紛争において国家が中立の立場を表明するのとは異なり，国家が国際法上中立の立場をとることがある。スイスがその代表的な例である。スイスの場合，1815年に8カ国が行った宣言に基づき永世中立国となり，後にスイス自身もこの宣言を受諾した。また，オーストリアの場合は，同国が国内法に基づき一方的に行った中立宣言を他の諸国が承認することにより中立が実現した。

(イ) 地域の非武装化　客観的制度の先例としてつとに名高いのは，オーランド諸島事件である13)。1856年にロシア・フランス・英国間で締結された条約により，オーランド諸島に対して当時領域主権を有していたロシアは同島の非武装化の義務を負った。その後，ロシア革命に伴い1917年にフィンランドが独立し，オーランド諸島も同国に帰属した。しかし，住民の多くがスウェーデン系であることから，スウェーデンは住民投票により同島の帰属が決定されるべきことと，非武装化の義務が存続することを主張した。そのため，この問題が英国により国際連盟理事会に持ち込まれたのである。

国際連盟理事会は，法律家委員会を設置してこの問題を扱った。同委員会は，オーランド諸島の非武装化の義務が存続することを認め，同島の非武装化は「領域に関する明確な国際的決定」（definite international settlement relating to its territory）14)であると述べた。本件は，要するに属地的義務の承継の問題である。田畑茂二郎教授が指摘されたように15)，かかる属地的義務が当然に承継

---

12) Waldock Ⅲ, p. 30.
13) Report of the International Committee of Jurists entrusted by the Council of the League of Nations with the Task of Giving Advisory Opinion upon the Legal Aspects of the Åland Islands Question, *League of Nations Official Journal*, Special Supplement (October 1920), No.3, pp. 3f (hereafter called "Report of the International Committee of Jurists"). なお，田畑茂二郎「オーランド諸島事件」国際関係法辞典〔第2版〕(2005)，102頁，森川俊孝「国際制度の対世的効果」横浜国際経済法学2巻1号 (1993)，5-8頁も参照。ただし，オーランド諸島事件以前にも，フランス・オランダ間の要塞やサルディニアからフランスへのニースおよびサヴォイの割譲に関してヨーロッパ全体の利益の観点から決定がなされた事例が条約に関する国家承継条約法典化の際に指摘されている (Para.(31), Commentary to Article 11, Draft Articles on Succession of States in respect of Treaties between States, Ⅱ *YBILC* (pt.1) (1974), p. 205)。
14) Report of the International Committee of Jurists, p. 18.
15) 田畑茂二郎「オーランド諸島事件」田畑茂二郎＝太壽堂鼎編・ケースブック国際法〔新版〕

の対象となるかどうかは，実定国際法上不明瞭な部分があった。もっとも，ローカライズされた形でのヨーロッパの平和と安全という一般利益の観点から非武装化の義務の存続が認められた点が，本件を客観的制度に関する重要な先例となしたといえよう。

(3) 新たな国際的実体の形成

クラクフ（Kraków）やダンチッヒ（Danzig）自由市のように，条約に基づき国家またはそれに近似する国際的実体（entity）が形成される場合がある。これらは，条約に基づく特別な制度の下に国際的な実体が形成された例である。また，国際連盟の下での委任統治や，国連の下での信託統治も，国際組織の権威の下に設定された客観的制度の例である。後者は南西アフリカの法的地位に関する勧告的意見で論じられたので，すぐ後で取り上げることとする。

2 客観的制度の基本的要件と類型化

以上，代表的な客観的制度の例を取り上げて概観した。それらが極めて多様な形で現れることが理解されるであろう。もっとも，「客観的制度」と称される国際法上の制度には，それら全体を貫くいくつかの基本的な要件ないし特徴を指摘することも可能である。初めに，先ほど取り上げた代表的かつ伝統的な例から明らかなように，客観的制度はすべて地域に関連し，その法的地位を規定したものである点を指摘できる。この点で，客観的制度は立法条約としての性格をもつ多数国間条約と区別される。すなわち，客観的制度が立法条約と同一視されてこなかったのは，客観的制度が地域に結びついたものとして構想されてきたからに他ならない[16]。同様に，かかる性格は客観的制度と国際組織を区別する指標でもある[17]。

第2に，客観的制度は，国際社会の一般利益（general interest）を念頭において，当事国により当該制度を作ろうとする意思に基づき設定されるものであ

(1987) 90-93 頁。

16) 客観的制度の場合，当該地域に対して特定の当事国がしばしば権限をもつが，立法条約の場合はその限りではない（Fernandez de Casadevante Romani, C., "Objective Regime" IV *EPIL* (Wolfrum, R. ed.), 2011, p. 912)。

17) 森川・前掲注(13)3頁。

る。この点で，客観的制度はもっぱら条約当事国の個別的利益のみに奉仕する国際地役 (international servitude) と区別される[18]。確かに，オーランド諸島事件においてスウェーデンが同島の非武装化は国際地役であると主張したように[19]，客観的制度と国際地益の区別が必ずしも正確に認識されず，実際には非常に近接するような場合もある。しかし，例えば国際組織による領域の管理は，明らかに国際地役とは異なるものといえよう。

　最後に，客観的制度は条約により設定されるが，当該条約により形成された法関係は契約的なものではなく，対世的な一般的地位をもつ。したがって，当事国の意思を離れた客観的な存在となる点が重要である。この点は，南西アフリカの法的地位に関してICJが述べた勧告的意見と，それに対するマクネア (McNair) の個別意見に余すところなく示されている[20]。すなわち，国際連盟の解体に伴い，旧委任統治地域であった南西アフリカの地位がどのように評価されるかがこの勧告的意見の焦点であった。多数意見は，ドイツの敗戦に伴う同国の海外領土を処理するにあたって，非併合と現地住民の福祉と発展が重要な原則であり，委任統治はかかる原則を実現するための国際制度であったという。そして，それは契約関係をはるかに越えるものであったと述べている[21]。小寺教授が指摘されたように，この多数意見よりもさらに徹底的に委任統治の客観的性格を主張したのがマクネアの個別意見であった[22]。それによると，「国際関係の歴史を顧みれば，ときおり一群の大国，あるいは大国小国を含む多数の国家集団が多数国間条約によって新たな国際制度 (international regime) を創設する権限をもつ。すると，それによって創設された制度がすぐに当該条約の当事国の範囲を越えた受容と持続性を獲得して，客観的な存在になる。かかる権限は，何らかの公的利益が関係するときに行使され，それはしばしば大

---

18) Klein, *supra*(n.1), p. 1355.
19) Report of the International Committee of Jurists, pp. 16-17.
20) これ以前にも，「ダンチッヒ自由市のILO加入」に関する諮問意見におけるフーバー (Huber) 判事の個別意見は，「(ヴェルサイユ) 条約によって設定された制度 (system) は最終的かつ当事国の意思からは独立したものである」と述べ，制度の趣旨が客観性にあることを示している (*PCIJ, Serie. B*, No. 18, 1930, p. 29)。
21) International Status of South-West Africa, *ICJ Reports*, 1950, pp. 131-132.
22) 小寺彰・WTOの法構造 (2000) 75-78頁。

戦後の平和処理の過程で行使されることがある」。このように述べた後に，マクネアはオーランド諸島事件やウィンブルドン号事件にふれる。そして，前者の非武装化の義務の「客観的性格」や，後者の国際制度を設定することによってバルト海へのアクセスを促進することを条約当事国が意図して，全世界の使用のために永久に捧げられた「あらたな制度」としてのキール運河の地位といった特質は，委任統治に関しても「一層強く当てはまるように思う」[23]と述べたのであった。このような，国家間の契約的な合意の解消にも拘らず分解されないような制度としての性格が，客観的制度の要件ないし特徴なのである。

次に，客観的制度は，いくつかの観点から類型化することもできる。第1に，当該制度を設定する条約の当事国の中に当該領域に対する領域主権をもつ国家が含まれている場合とそうでない場合がある。客観的制度が当該領域に関する領域主権の行使の制限を伴うような場合，当該条約の当事国の中に当該領域に対して領域主権をもつ国家が含まれているか否かは，客観的制度の成立に決定的な意味を持つことが推測されよう[24]。また，主権でなくても，当該地域に対して管轄権をもつ国家が含まれている場合も，以上の議論を類推することが可能である。第2に，最近の客観的制度の有力な候補である南極や深海底を想起すれば分かるように，客観的制度の対象とされる地域が国家領域内に所在するときもあれば，国家管轄権を越える地域において所在する場合もある。

しかし，本稿にとってもっとも有用と考えられる類型化は機能に着目したもので，「政治状況の安定化」を目的とした客観的制度と，「地域の共同利用」を目的としたものという区別である[25]。もとより，かかる区別は截然たるものではなく，一種の傾向を示すものでしかない。また，客観的制度の中には，いずれの類型に属すのかにわかには判断しがたいものもある。しかし，こうした非一義性にも拘らず，かかる類型化は有用である。なぜならば，客観的制度をめぐる議論の核心は当該制度が第三国に対して有する効力という点にあるが，機能面に着目した客観的制度の分類は，第三国の関与の程度の濃淡を反映しているからに他ならない。すなわち，政治状況の安定化を目的とする客観的制度

---

23)　Separate Opinion by Sir Arnold McNair, *ICJ Reports*, 1950, pp. 153-155.
24)　森川・前掲注(13)4頁。
25)　Klein, *supra* (n.1), p. 1354.

の場合は，第三国の関与はどちらかといえば消極的なものに留まる。これに対して，地域の共同利用を目的とする客観的制度の場合は，第三国の関与は通常より積極的である[26]。こうした点は，客観的制度の法的効力を正当化する議論に一定の関連をもつと考えられる。また，以上の類型化は，後ほどふれるように客観的制度に関する議論の現代的展開のほとんどが後者に関するものであるという点でも，重要であるといえよう。

以上の点が，客観的制度の実例を踏まえた上での共通の特徴と類型化の試みであるといえよう。それでは，こうした客観的制度が当該条約の第三国に対してもつ法的効力は理論的にいかなる形で説明されてきたのであろうか。次に，この点に関する代表的な学説を検討する。

Ⅲ 客観的制度と第三国――法的効力の理論的整理を中心として

条約法条約第34条は，「条約は，第三国の義務又は権利を当該第三国の同意なしに創設することはない」と規定して，*pacta tertiis* の原則を法典化した[27]。この原則の国際関係における妥当性に対する問題提起もないわけではないが[28]，客観的制度の第三国に対する法的効力は，通常この原則と対立すると理解されてきた。そのため，当該効力を正当化するために，従来いくつかの理論的説明がなされてきた[29]。それらは多岐にわたるが，以下では代表的な理論を3つに類型化した上で検討することにする。

1 客観的制度の第三国に対する法的効力に関する学説[30]

(1) 条約法条約アプローチ

条約法条約の草案第34条（現第38条）に付されたコメンタリーは，条約法条約の中に客観的制度に関する条文を設けるべきか否かに関してILCで議論

---

[26] *Ibid.*, p. 1356.
[27] Para.(1), Commentary to Article 30, ILC Commentaries, p. 226.
[28] *See*, Oppenheim, L., *Editorial Introduction* to Roxburgh, R., *International Convention and Third States*, 1917, v f.
[29] Klein, *supra*(n.1), pp. 1356-1357.
[30] 以下の学説の類型化は，Simma, B., "From Bilateralism to Community Interest", 250 *RCADI* (1994), pp. 359-363 を参考に，若干修正を施したものである。

の対立があったことにふれ，第三国の権利の創設に関して規定した第32条（現第36条）および第34条（現第38条）が「対世的に効力をもつ条約上の義務および権利の創設に関して法的基礎を提供する」31) と述べた。この立場は，条約法条約の枠内で，客観的制度の問題を解消しようとするものである。つまり，*pacta tertiis* の原則の例外として，この件に関する「特別な概念あるいは条約法上の制度」を設ける必要は無いという立場である 32)。

　ILCでの議論をもう少々仔細にたどると，ウォルドック第3報告書において提案された客観的制度に関する第63条 33) に対して支持を表明したのは，わずかにフェアドロス（Verdross）とロゼンヌ（Rosenne）程度であった 34)。他の多くの委員は，第三国の権利および義務について規定した第62条が既に存在するため，第63条は不要であるとするか，条文自体に対して批判的だった 35)。特に，第63条の2項(b)は，客観的制度を創設する条約が締結されたときに当該条約の非当事国は一定期間内に抗議または異議を申し立てないと当該条約が創設する制度を黙示に受諾したものと見なされると規定していたが，これに対してヒメネス・ド・アレチャガ（Jimenez de Arechaga）が展開した以下のような批判は，委員の間に概ね共有されていたといえよう。すなわち，同項(b)は，

---

31) Para.(4), Commentary to Article 34, *supra*(n.7).
32) Danilenko, G.M., *Law-Making in the International Community*, 1993, p. 63; 実際，客観的制度を設定する条約の中には，加入条項を備えているものもある。この場合，もともとは第三国だった国家が当該条約の加入条項に基づき加入すれば，この国家に関して当該条約が効力をもつことは当然であり，客観的制度の第三国に対する効力の問題自体がなくなる。
33) ウォルドック第3報告書第63条は，以下のように規定する。
　第63条　客観的制度を規定する条約
　　第1項　条約は，その文言および締結の状況から，当事国の意図が一般利益に基づいて特定の地域，国家，領域，地方，河川，水路，又は特定の海域，海床もしくは空域に関する一般的義務及び権利を形成するものであるときは，客観的制度を創設する。但し，当事国はその構成員の中に当該条約の主題に関して領域的権限をもつ国か，あるいは当該規定に合意した国を含むものとする（以下，省略）。(Waldock Ⅲ, p. 26)
34) Para. 50 (Verdross), para. 54 (Rosenne), Ⅰ *YBILC* (1960), pp. 99, 103–104.
35) トムシャット（Tomuschat）によれば，客観的制度を認めれば，かつての「ヨーロッパ協調のような制度の遡及的な復権と復活」に繋がり，その最も顕著な現れ方はベルリン会議であって，同会議はアフリカの大部分の分割を規定した一般議定書を採択したのだった，というのが大方のILC委員の受け止め方だったという (Tomuschat, Ch., "Obligations arising for States without or against their Will", 241 *RCADI* (1993), p. 245)。

抗議または異議申立てをしない限り当該条約に拘束されることになるという極めて厳しい罰則の下に，締結されたすべての条約の検討を諸国家に課すものであるが，それは明らかに既存の法の法典化を越えるし，漸進的発達としても認めがたい。疑いなく，国家は現行の状況，すなわち客観的制度を設定する条約が採択されたとしても，他の諸国家にとってそれは他者間の行為（res inter alios acta）であって，必要が生じるまではいかなる立場をとるかは自由であるという状況を好むであろう，というものであった[36]。その結果，客観的制度に関する条文は削除された。

客観的制度の第三国に対する効力を条約法条約の枠内で説明しようとするこの立場によれば，第三国の権利が創設される場合は第36条に基づいて，また第三国の義務を創設する場合は第38条に規定された慣習によることになる[37]。後者を重視すれば，結局この立場は条約法条約の枠内では問題が収まらないことを認めていることになる[38]。そこで，次に一般国際法に基づくアプローチを検討する。

(2) 一般国際法アプローチ

客観的制度が第三国に対してもつ法的効力を，慣習や歴史的凝固（historical consolidation），明示または黙示の承認，黙認などによって正当化しようとする立場がある。また，他国の国際法上合法的に行われた行為を尊重する義務も，この類型に含めて考えることができよう[39]。こうした多様な概念をまとめるとすれば，一般国際法に基づくものということができる。

この立場をとる例として代表的なのは，条約法に関するハーヴァード草案（1935）である。同草案は，第18条に対する注釈において次のように述べる。すなわち，条約は第三国に対して義務を課すことはできないという原則に対す

---

36) Para. 21 (Jimenez de Arechaga), I *YBILC* (1960), p. 101.
37) Simma, *supra*(n. 30), p. 360.
38) マルゴシア・フィッツモーリスは，「その結果条約法条約の規定によってカヴァーされる客観的制度は，一部でしかない」と述べる（Fitzmaurice, M., "Third Parties and the Law of Treaties", 6 *Max Planck Yearbook of United Nations Law* (2002), pp. 75-76)。
39) この立場をとるのは，ILCによる条約法条約法典化の際のウォルドックの前任者であったフィッツモーリス（Fitzmaurice）である（Fitzmaurice, Sir G., "Fifth Report" II *YBILC* (1960), pp. 97-100)。もっとも，この報告と草案は時間の関係でILCでは審議されなかった。

る例外は,「国際的決定」としての性格をもつ多数国間条約の場合には認められると述べる論者も存在する。しかし，こうした条約は，法原則に基づいて正当化されるのではなく，名宛国の黙認やかかる条約が国際社会の一般利益に奉仕することを意図したものであるという点で正当化される，という[40]。確かに，客観的制度の実例とされるものの中でも，相対的に過去のものを取り上げる限りでは，以上に示されたいずれかの立場によって正当化することが可能であろう。例えば，パナマ運河を創設したヘイ・ポーンスフォート条約（1901）の準備作業を検討すると，当初米国側には第三国に対して単なる特権はともかく実際の権利までをも付与する意図はなかったとされる[41]。しかし，時間の経過とともに同運河の自由航行が確立し，今日では何ら議論のないことはいうまでもない[42]。その意味で，一定の説得力をもつことは否めない。

もっとも，この立場は客観的制度が創設されたときに，それに対して諸国家が示してきたとされる態度とは一致しない。例えば，ウォルドックは，こうした条約が締結されると，当初から，あるいは慣習が形成されたとは考えにくい短期間のうちに，条約の非当事国が当該条約を法的基礎として国際的なレジームが形成されたと見なしていることを指摘している[43]。つまり，条約の中でも一定の類型のものは，それ自体を根拠として第三国に対する法的効力をもつとされてきていることと平仄が合わないのである。

(3)「公法理論」アプローチ

そこで，最後に取り上げられるのが公法理論（Public Law Theory）アプローチと称されるものである。客観的制度の正当化としては，この立場が最も有力であるとされる[44]。例えば，ルテール（Reuter）は，「特定の問題に関して主要な利害を持つ多くの国家を十分に代表する諸国家の集団から合意あるいは制

---

40) Comment to Article 18 "Treaties and Third States", 29 *AJIL, Suppl.* (1935), p. 922.
41) Waldock Ⅲ, p. 29.
42) ロクスバーグ（Roxburgh）は，パナマ運河の自由航行の法的基礎を慣習に求めている (Roxburgh, R., *International Convention and Third States*, 1917, p. 71)。また，ILC はスイスやオーストリアの中立の地位は慣習国際法に基づくものであると暗黙裏に想定している，という (Bindschedler, R., "Permanent Neutrality of States" in Ⅲ *EPIL* (Berrnhardt, R. ed.), 1997, p. 1011)。
43) Waldock Ⅲ, p. 29.
44) *Cf.*, Klein, *supra*(n.1), p. 1357.

度が生じるときは，かかる合意や制度は第三国に対しても効力を生じることがある」と述べている。そして，こうした方式がウィーン会議議定書などで用いられてきたことにふれている 45)。南西アフリカの法的地位に関する勧告的意見については既にふれたが，同時期に発表された条約法に関する著作では，マクネアは次のように述べている。すなわち，国際社会が立法機関を欠いていることを想起すれば，個別国家が国内において立法府を通じて行うさまざまなことは，（国際社会では）条約を通じてのみ行うことができる。時おり，一群の国家がリーダーシップの責任を負い，世界の，またはその一部の利益のために領域的ないしその他の取決めを行ってきたことは驚くにはあたらない。厳密にいえば，当初はこうした条約は当事国だけを拘束するが，一定の期間の経過と他の諸国の黙認により条約の基本的な要素が強化され，当初は一部分事実上の (de facto) 状況だったものを法的な (de jure) ものに転化せしめる，と述べている 46)。

2　客観的制度に関する理論の批判的検討

以上に取り上げた代表的学説は，いうまでもなく理論的に純化されたものであるが，現実の法現象は多様である。そのため，客観的制度として一括されるものすべてに対してそれらの諸学説が等しく説得的な説明能力をもつかどうかは難しい問題である 47)。「客観的制度とは学説が作り出したものに他ならない」48) という端的な指摘は，当たっている側面がないとはいえない。また，これらの学説は完全に相互に排他的であるというわけでもない。なぜならば，条約法条約の枠内で客観的制度を説明しようとする立場であっても，第三国に

---

45) Reuter, P., "Principes de droit international public", 103 *RCADI* (1961), pp. 448-449.
46) McNair, Lord, *Law of Treaties*, 1961, p. 259.
47) Subedi, *supra* (n. 3), p. 168; 例えば，地域の共同利用を目的とする客観的制度の場合，第三国に対する加入条項を設けているものがある。こうした客観的制度を対象とする限りでは，条約法条約アプローチの妥当性を認めることができる。また，客観的制度の代表例は過去に遡るものが多いため，こうした例を対象とする限りでは，一般国際法アプローチが妥当しよう。条約に基づいてダンチッヒのような国際的実体が形成される場合や委任統治に関しては，公法理論アプローチの説得力が首肯される。
48) Cahier, Ph., "Le Problèmes des effets des traités a l'égard des Etats tiers", 143 *RCADI* (1974), p. 677.

義務を課すタイプの客観的制度の場合は条約規定の慣習国際法化のプロセスを援用せざるをえない49)。また,公法理論として一括される立場であっても,それは一見したところ受ける印象ほどユニラテラルな性格をもつわけではない50)。そこには第三国による何らかの形での意思の表明を求めようとする穏健な立場とそうではないもの51)が混在しており,とりわけ近年では穏健な立場の方が有力であると指摘されている52)。いうまでもなく,こうした傾向は,大国による恣意的な法形成に対する批判を汲んだものといえよう。

確かに,ウォルドックの議論はマクネアの見解をなぞってはいるものの53),客観的制度の成立のためにはタイムリーな異議申立てが存在しないことを条件としている。また,クライン(Klein)の場合も,第三国は時宜にかなった異議申立てをしない限り特定の諸国家に対して対世的に行動する資格を帰属させたという考え(「帰属による代表理論」(representation by attribution))54)であって,希釈化されたとはいえ何らかの国家の意思の表明を模索する傾向が顕著である。

---

49) 条約法条約第35条は,第三国に義務を課す場合は,当該義務を第三国が「書面により」明示的に受け入れることを条件としている。ILC採択草案ではこうした要件はなく,ウィーン会議でのベトナム提案によりこの部分が追加された。同提案に対しては,一般国際法上国家が合意を示すのは何も書面に限定されないという立場から英国が反論したように(Sinclair, *supra* (n. 6), p. 101),かかる要件が一般国際法上確立しているか否かは議論がありうる。しかし,第三国が自国に対する義務を黙示に受諾する場合を含めるのであれば,条約法条約の枠内で議論は完結せず,一般国際法を援用せざるをえない。

50) ルテールは,後に公表した条約法の教科書の客観的制度を扱った部分において,より直截に,国際社会では必ずしも主権平等が貫かれず,大国による事実上の国際的な支配(gouvernements internationaux de fait)があることを認める。もっとも,いかなる「客観的状況」または「客観的地位」といえどもそれ自体では対抗力をもたず,他国による承認によって対抗力を獲得すると述べている(Reuter, P., *Introduction au Droit des Traites*, 1985, pp. 104-106)。また,マクネア自身は少数の国家による公法的性格をもつ法の定立が濫用されやすいことを認め,連盟や国連等の組織との連携が望ましいことにもふれている(McNair, *supra* (n. 46), *loc. cit.*)。

51) モスラー(Mosler)は,全世界あるいは特定の地域の諸国にとって客観的制度の維持から生じる利益が非常に明白である場合は,当該制度を黙認すべき義務が存在するということも大いにありうる,と述べている(Mosler, H., "The International Community as a Legal Community", 140 *RCADI* (1974), p. 236)。

52) Fitzmaurice, *supra* (n. 38), p. 71; 条約規定の慣習国際法化を扱った条約法条約第38条に関しても,個別国家の意思表示が必要であるという立場がウィーン会議で一定の支持を得たことに関して,村瀬信也「ウィーン条約法条約第38条の意義」同・国際立法(2002)114-117頁参照。

53) 森川・前掲注(13)18頁。

54) Klein, *supra* (n. 1), p. 1357; *ditto*, *Statusvertrage im Völkerrecht*, 1980, s. 209f.

ここでいう意思の表明とは，通常は「黙認」55)と称されるものと考えてよい。もっとも，プレアビヘア寺院事件（1962）のように国際紛争を前提とした文脈で機能する黙認や条約法条約第36条が前提とするものは，特定された少数の国家間のものであり56)，その機能は「合意」に近似する57)。これに対して，公法理論において言及される意思の表明は，具体的な文脈における黙認とは異なるものとして理解すべきであろう58)。なぜならば，客観的制度が設定されると，全世界の諸国が個別具体的な合意と同じ意味で黙認したと考えるのは過度な擬制に他ならないし，黙認によって第三国との間に合意形成が認められるのであれば，結果的に公法理論自体を否定するような奇妙な結果となってしまうからである。

　そうなると，つまるところ客観的制度の第三国に対する効力の問題の核心は，条約を起源とする対世的効力をもつ法形成が，北海大陸棚事件（1969）以降つとに理解が進んだ条約規定の慣習国際法化とは異なるプロセスとして理解されるべき国際法上の特別の法形成の現象として認識しうるか否かということにある。そして，その鍵は従来は領域との関連にあった，といえよう。かかる関連によって，制度の合理性が担保され，条約に基づく対世的効力をもつ法の急速な形成が承認されてきたからに他ならない59)。例えば，マクネアは公法理論に基づいて国際運河に関して説明が可能であることを認めつつ，より魅力的な説明はこうした水路がもっている国家間のコミュニケーションを促進するという固有の目的であるという。そして，国際運河を開設すると，若干の国の私法において認められているような元来は自然に形成された利得や便宜（some natural advantages or facilities）が，公に使用する意図によって一般化するのと同様のプロセスが生じるという。また，条約に基づく国際的な実体の形成に関

---

55) N.S.M. Antunes, "Acquiescence" in Ⅰ *EPIL*（Wolfrum, R. ed.）, 2012, p. 53.
56) Salerno, F., "Treaties establishing Objective Regimes" in *The Law of Treaties beyond the Vienna Convention*（Cannizzaro, E. ed.）, 2011, p. 237.
57) Antunes, *supra*（n. 55）, p. 53.
58) 従来争われていた個別的な法状況や帰結が今後問題とされないために行われる国家の確認行為（Frowein, J.A., "Recognition" in Ⅳ *EPIL*（Berrnhardt, R. ed.）, 1999, p. 42）である。
59) 本稿ではまとまった検討の対象とする余裕はないが，ILCが法典化を行った条約についての国家承継条約（1978）が第12条で客観的制度を認めているのは，このことを物語っているといえよう（森川・前掲注(13)12-15頁 ; Subedi, *supra*（n. 3）, pp. 172-174）。

しても，第三国は新たな実体を承認する義務を負うわけではないが，さりとて無視することもできないと述べて条約が作り出した状況が対世効力をもつことを述べている60)。

もとより，領域との結びつきだけが制度の合理性を担保するわけではなく，国際社会の発展により別の形で合理性が担保される可能性はある。しかし，従来は領域との結びつきに基づく合理性が客観的制度の存立する基盤であって，それが一般化するプロセスをいかに性格規定するかということ自体はあまり関心が払われてはこなかったということができよう。ところが，今日ではこうした関連性が希薄であるか，関連性を全くもたないような条約が客観的制度として主張されるようになった。その結果，客観的制度と隣接概念との境界はむしろ不分明なものとなった。また，かかる主張は，究極的には自らの存立基盤を脆弱化する結果を招くことになってしまうように思われる。そこで，節を改めてこの問題を扱うことにする。

Ⅳ　客観的制度の現代的展開とその提起する問題

1　全般的状況

1990年代から21世紀初めにかけて，客観的制度に関する研究が相次いで公表された61)。客観的制度に関する問題関心が再び高まっていることの証左である。そうした研究の背後に控えるのは，客観的制度を過去のものとしてではなく，現代的に捉え直そうという問題意識と，それと密接に結びついた一般法形成への希求である。

(1)　「地域の共同利用」への議論のシフト

その第1の特徴が，地域の共同利用を目的とした客観的制度への傾斜である。すなわち，第二次大戦以降も，政治状況の安定化を目指しいくつかの客観的制度が設定された。その例として，1962年のラオスの中立化62)や1971年の

---

60)　McNair, *supra* (n. 46), p. 266; ルソー (Rousseau) は，国家間のコミュニケーションに関する条約として，いくつかの例を挙げている (Rousseau, Ch., *Principes Généraux du Droit International Public*, tome Ⅰ, 1944, pp. 481-483)。
61)　*Eg.*, Barnes, *supra* (n. 2), Subedi, *supra* (n. 3), Fitzmaurice, *supra* (n.38).
62)　*Cf.*, Barnes, *supra* (n. 2), p. 128.

ベルリン4カ国協定（Quadripartite Agreement)63) を挙げることができる。もっとも，こうした例は伝統的な客観的制度の類例に漏れないためか，必ずしも注目されていないようである。

　これに対して，地域の共同利用を目的とする客観的制度は，それまでにない展開を見せているといえよう。すなわち，その代表的な例とされるのは南極と深海底である。これらはいずれも国家管轄権を越える地域に設定されたものでもある。そのため，古典的な客観的制度の定義にはうまく当てはまらない。また，これらの地域はいずれも詳細な条約規定の対象となっている点が注目されるが，そこでは「利用」という側面と同時に──あるいは，それ以上に──「規制」的な側面にも重点がおかれている。こうした傾向は，資源の開発だけでなく，その保護が国際社会において擁護されるべき重要な課題として浮上したことと平仄を合わせるものといえよう。もっとも，これらの地域が客観的制度として性格規定しうるかどうか自体に関して，実は議論が多い64)。資源の利用が対象となっている関係上，条約の非当事国が異議を申し立てることは避けられない65)。その結果，こうした地域が客観的制度として性格規定できるかどうかが問われているのである。

(2) 「機能的」客観的制度

　もう一つ指摘できるのは，地域との関連が希薄か，関連を全くもたないようなものが客観的制度として主張されるようになった点である。その嚆矢は，1948年の国連損害賠償事件であった。同事件の勧告的意見において，当時未だ国連に加盟していないイスラエルに対して国連の法人格が対抗できるかどうかに関して，ICJは「国際社会の大多数を代表する50カ国が国際法に従って客観的法人格をもつ実体を誕生させる権限をもった」66) と述べた。いうまで

---

63)　Cf., Frowein, J.A., "Berlin (1945-91)" in I *EPIL* (Wolfrum, R. ed.), 2012, pp. 895-896.
64)　Barnes, *supra* (n. 2), pp. 107, 110.
65)　南極に関して，南極条約の締約国が対世的に妥当する法的レジームを設定しようという主張は永らく争われてきておらず，同条約は一般的に受諾しうるものと見なされてきた。ところが，締約国が南極の天然資源の開発のための法的枠組を作ろうとした途端，他の諸国は締約国の権限を激しく争うようになった，という (Tomuschat, *supra* (n. 35), p. 246)。
66)　*ICJ Reports*, 1949, p. 185; 当時，ICJが国際組織の法人格を客観的制度という観点から論じようと意図していたかどうかは定かではない。もっとも，ド・ヴィシェールは，早くからこの問題を客観的制度の例として取り上げている (*cf., Théories et Réalités en Droit International Public*, 1953,

もなく，国際組織自体は機能的主体であるが，客観的法人格に関するICJの意見がさしたる抵抗もなく受け入れられたように思われるのは，国連の創設が国際的な実体の誕生の文脈で理解しえたからに他ならない。

ところが，今日では宇宙条約（1967），国連公海漁業協定（1995），船舶からの海洋汚染の防止に関する条約および1978年議定書（MARPOL73/78），オゾン層を破壊する物質に関するモントリオール議定書（1987）などのような従来の客観的制度の枠組を越えた，地域との関連が極めて希薄な条約が客観的制度の候補として論じられるようになっている[67]。確かに，これらの条約の中には第三国に対して影響を及ぼす可能性がある規定をもつものがあるが，その法的評価に関しては議論がある。また，さらなる先端的な主張としては，人権条約[68]や安保理決議[69]を客観的制度の例として取り上げるものもある。2002年の陸・島・海洋境界紛争（1992年9月11日判決の再審）においては，エルサルバドルにより「国際法廷（中米司法裁判所―引用者注）の判決は客観的制度を構成する」との主張も行われた[70]。

このように，伝統的な例とは大きく様変わりしたものが客観的制度として主張されるようになった理由としては，以下が考えられる。すなわち，今日では国際社会全体の利益が相対的に明確化されてきており，それらを擁護すべきことに関しても諸国家間に一定のコンセンサスが存在する。もっとも，国際法形成のプロセスは依然として旧態のままである。そこで，こうした規範の一般化を図ることを目論んで，客観的制度をかりて一般性の正当化が図られるようになってきたのである。その主張の核心は，国際社会全体の利益の擁護に関わる場合，多数国間条約により対世的義務が極めて短期間に形成されることが可能であり，形成されるべきであるという点にある。

---

p. 315, fn.1）。

[67] これらの条約をめぐる議論に関しては，Barnes, *supra*（n. 2），pp. 109–128; Fitzmaurice, *supra*（n. 38），pp. 116–121 参照。

[68] Riedel, E., "Questionnaire Human Rights and the Unity and Diversity Divide" in *Unity and Diversity in International Law*（Zimmermann, A. and Hofmann, R. eds.），2006, p. 127; see also, Shaw, M.N., *International Law*（5th ed.），2003, p. 886.

[69] Fernandez de Casadevante Romani, *supra*（n. 16），p. 914.

[70] *ICJ Reports*, 1990, p. 105.

もっとも，こうした主張が国家実行に裏付けられた説得力あるものかというと疑問であって，その主張は未だ学説上のものに留まるといえよう。国家管轄権を越える地域に設定された点で伝統的な例とは対照をなしているものの，現代における客観的制度の例あるいは最有力な候補と考えられる南極や深海底についてですら，諸国家の見解は一致してはいない。いわんや，地域との関連が希薄な条約を客観的制度として主張することは，未だ *lex ferenda* の主張に留まるというべきである。また，かかる主張は結局客観的制度と対世的義務の近似を招くため，客観的制度という概念自体の固有の存在理由を損なう形に働くおそれがあろう。では，南極や深海底に関して，それらについてすら客観的制度としての性格に対する問題提起がたえないのはいかなる理由に基づくのであろうか。この点を最後に取り上げる。

2　客観的制度創設に伴う現代的課題
(1)　手続的側面

　かつては少数の国家によって設定される客観的制度が国際立法に代替する役割を果たした。しかし，今日ではいかなる国家が国際社会の一般利益を実現する資格をもつのかが必ずしも明瞭ではないのは，いうまでもない。個別国家が，自らの判断により国際社会の一般利益に基づいて客観的制度を設定しようとすれば，その意図が濫用されやすいことは明らかである[71]。このような場合，原則としては利害関係諸国による外交会議を通じて国際社会の一般利益の同定と，いかなる法の定立が望ましいのかが決定されるべきであって，特定の国家が「自らの選任による国際社会の一般利益とみなされるものの擁護者」(self-appointed guardians of what they see as a community interest) として振る舞うことが認められるかどうかは容易な問題ではない[72]。例えば，南極条約は前文で南極地域がもっぱら平和的目的のために利用され，南極が国際的な不和の舞台または対象とならないことが全人類の利益であることを認めているが，だから

---

71)　Proelss, A., "The Personal Dimention: Challenges to the *Pacta Tetiis* Rule" in *Research Handbook on the Law of Treaties* (Tams, C.J. et al. eds.), 2014, p. 245.

72)　Simma, *supra* (n. 30), p. 364; トムシャットも，個別国家が国際社会の受託者 (trustee) として行動することに関して，抑制的な立場を示している (Tomuschat, *supra* (n. 35), p. 247)。

といって元々の締約国である12カ国が国際社会の一般利益の受託者（trustee）として行動する資格を当然にもつというわけではない[73]。かつてのように，大国が国際社会の利益を代弁することが実態として容認されていたときとは異なり，今日では組織化された国際社会を通じて一層客観的な形で特定の国家が対世的に行動する資格をもつことが明確化される必要がある。今日において，客観的制度が国際法のダイナミズムを体現するためには，こうした相対的に透明な手続を踏むことが必要であって，そうでない限り公法理論の想定するような客観的制度の成立はなかなか望むことが難しいであろう。

(2) 実体的側面

それ以上に客観的制度の成立を困難にしている原因は，南極や深海底に関する条約を一瞥すれば明らかなように，国家はかかる条約に加入すると当該地域の利用が可能となると同時に一定の義務も負う結果となる点である。この点に関して，ちょうど条約法条約が条約と第三国に関して規定した同条約第34条以下で，権利を付与する場合と義務を課す場合を截然と区別した規定を設けたことに対して提起された以下の批判[74]が，そのまま当てはまるように思われる。すなわち，実際には一つの条約中に権利と義務が複雑に絡み合っていることが少なくなく，権利の付与に関して複雑な条件が課されれば，当該権利の付与は容易に義務に転化してしまうので，その結果条約法条約の仕組みもうまく働かない，という批判である。南極や深海底のように，現代における客観的制度としての要件を具備していると考えられる地域に関してすら議論が多いのは，これらの条約の規定から生じる以上のような問題が伏在しているからだといえよう。

V　おわりに

以上検討してきたように，現代において客観的制度の成立が容易には認められがたくなってきているのは，手続的側面と実体的側面の双方に理由を見いだすことができよう。地域との関連が希薄な客観的制度の主張は，制度の合理性

---

73) Tomuschat, *supra* (n. 35), p. 247.
74) Chinkin, Ch., *Third Parties in International Law*, 1993, p. 40.

に対して問題をなげかけるがゆえに，その傾向に更に拍車をかけているように思える。それゆえ，客観的制度という形では国際法の動態的な性格は現れがたくなっている状況にある。もっとも，慣習というプロセスを通じて南極や深海底が漸進的に対世的な効力を獲得する可能性は，もちろん存在する。客観的制度の候補として主張されるその他の多数国間条約に関しても，然りである。もとより，国際法のダイナミズムは客観的制度の設定においてのみ発揮されるわけではない。したがって，他の形での国際法の動態性の発現と併せて，引き続き注視していく必要があるのである。

「国境安定性の原則」の意義と射程
―― 「境界を確立する条約」の処分性・対世性をめぐって

西 元 宏 治

I　はじめに
II　学説における「国境及び境界安定性の原則」
III　「国境及び境界安定性の原則」の法典化
IV　法典化条約採択後の国家実行と国際裁判
V　結びにかえて

I　はじめに

1　問題の所在

　国際法上，国家領域は，領域主権に基づく国家の支配・管轄が及ぶ地理的範囲であり，各国家は，それぞれの国家権能が行使される範囲を特定するために，隣接する関係諸国との間で明示的または黙示の合意により，具体的な「境界 (boundary)」を示す必要がある。かつては，地理や自然環境による自然な境界が，国家の支配・管轄が及ぶ地理的範囲の限界線として機能した場合も少なくなかったが[1]，今日，国家管轄権の機能分化と国家領域についても領域制度の多元化が進むなかで，国家の支配・管轄が及ぶ地理的範囲の限界線も，国家

---

1) 1984年メイン湾境界画定事件において国際司法裁判所（以下，「ICJ」）は，「境界画定は，海洋であろうと陸上であろうと，法的・政治的な作為であって，仮に自然的境界の存在が認められる場合であっても，後者が必然的に前者に従うことにはならない」としている (*ICJ Reports 1984*, p. 277, para. 54 [hereafter *Gulf of Maine* case])。

間の合意に基づく条約などの手段によって，より明確で具体的な境界の画定・確認が行われることが一般化している[2]。

　本稿で後述するように，今日，「boundary」の指し示す内容は，通常「国境」と表現される主権国家間に設定される包括的な領域的管轄権の限界線としての境界に限定されない。植民地間の行政的境界線をはじめとして，海洋を含む多元化した領域制度あるいは関税線のような機能分化した各種の国家管轄権の境界線を含む，より広義の国際的な境界を含みうることが想定されている。そのため，本稿では，過去の国際裁判などで文脈上，明確に包括的な領域的管轄権の限界線としての「国境」であることが明らかである場合や用法上「国境」を用いるのが適切と思われるもの以外は，より広義の概念としての「境界」を「boundary」の訳語として用いることとする。

　いずれにしても領域性を基盤とする国家間秩序において，国家領域の空間的な範囲に法的安定性が求められることは言うまでもない。国連憲章2条4項は，武力不行使の原則を規定する際に，すべての加盟国に対し，いかなる国の領土保全又は政治的独立の尊重を求めており，国際法上違法な武力行使による領土・国境の変更を具体的に禁止の対象としている[3]。

　無論，領土保全の原則，あるいは「国境不可侵の原則 (principle of the intangibility of boundaries)」は，国家間の関係の法的安定性を図るためのものであるが，国境の不可変を意味するものではない[4]。自決権の行使による新国

---

[2] 山本草二は，国境画定の方式について，公海などの国際公域に対して領海などの国家領域を一方的に設定する場合と領土・領海が近隣諸国と接している境界について条約などの合意によって設定する場合と国際裁判による決定に委ねる場合の3つに分類する（山本草二・国際法〔新版〕(1994) 308-310頁）。しかし，後2者は，仲裁裁判を典型として事前・事後の合意に基づき管轄権の行使がなされるものであり，両者を判然と区別することは適当ではないと考え，本稿では，国際裁判の判決も広義の合意による国境の設定の一形式に含めて検討の対象とする。

[3] 桜井利江「境界制度およびその他の領域的制度に関する条約の国家承継──旧ソ連・東欧諸国の実行を素材として（一）」九州国際大学法学論集3巻1号 (1996) 17-21頁；松井芳郎「国際法における『領域』と『国境』──その変容のきざし」東アジア近代史（特集「境界」認識の変容と活用──国境把握をめぐる知識の現在形）17号 (2014) 61-63頁。

[4] Alain Pellet, "The Opinions of the Badinter Arbitration Committee: A Second Breath for the Self-Determination of Peoples", *European Journal of International Law*, Vol. 3 (1992), p. 180；桜井利江「国家の解体に伴う国境再編と国際法──ウティ・ポッシデティス（*uti*

家の成立5)や合意に基づくなど国際法上有効な境界線の改変方法の適用を一律に禁止するものではない6)。

例えば，一方的な分離独立を含め地域における大きな政治的変動を伴うことが少なくない新国家の誕生に際しては，「ウティ・ポシディーティス原則 (principle of *uti possidetis*)」の存在が，国家間の領域関係の安定性を保障するものとして広く認められている。この原則は，分離独立に伴う新国家とその周辺諸国との領域関係の安定全般において，独立時点の領域的境界を尊重する原則であるが，同原則の固有の機能は，植民地内あるいは植民地間における「行政的境界線を真の意味における国境への転換をもたらす」7)点にあるとされる。植民地時代における行政的境界の現状を独立後の国境とみなすことによって，独立国と宗主国以外の国々による通常の領域取得に関する国際法の適用を排除し，新たな国家の誕生に伴う混乱を縮減し，国家間関係の安定を図るものであるとされる8)。

このようにウティ・ポシディーティス原則によって分離独立・新規独立後に新たに国際的な境界線に転換された国境線も含め，国家間の領域関係の安定を図る原則のひとつとして，国家間の境界全般についてその維持や保護を目的とする「国境及び境界安定性の原則 (principle of the stability of boundaries)」9)の

---

possidetis) 原則の一般慣習法規性」九州国際大学法学論集 4 巻 3 号（1998）107-116 頁。
5) 桜井・前掲注(3)18-21 頁，奥脇直也「現状承認原則の法規範性に関する一考察」中央大学法学新報 109 巻 5＝6 号（2003）48-67 頁。
6) 前掲注(2)参照。
7) Frontier Dispute (Burkina Faso v. Republic of Mali), Judgment, *ICJ Reports 1986*, p. 566, para. 23 [hereafter *Frontier Dispute* case]; Land, Island and Maritime Frontier Dispute (El Salvador v. Honduras: Nicaragua Intervening), Judgment, *ICJ Reports 1992*, pp. 386-387, para. 42.
8) 奥脇・前掲注(5)39-71 頁。松井芳郎「試練にたつ自決権——冷戦後のヨーロッパの状況を中心に」桐山孝信ほか編著・転換期国際法の構造と機能——石本泰雄先生古稀記念論文集（2000）470-477 頁。但し，その一般法としての性格に対する批判として，桜井・前掲注(4) 75-132 頁参照。
9) 既述のように boundary は一般に「国境」と訳され，「principle of the stability of boundaries」も「国境安定性の原則」と訳されてきたが，後述するように本原則の適用対象の外延は，包括的な領域的管轄権の限界に止まらないものであると思われるので，広義の境界もその適用対象に含まれるものとして，本稿では「国境及び境界安定性の原則」を訳語として用いることとする。

存在が領域帰属・境界画定紛争などに際して指摘されてきた10)。

2 国際裁判における「国境及び境界安定性の原則」

国際裁判においても，領域帰属や境界画定に関する紛争は，主要なテーマであり続けてきた11)。様々な機会に，裁判所は，境界条約や条約によって画定された境界の独自の法的性質について判決のなかで言及してきた12)。

(1) 境界条約の目的と機能

トルコとイラクの国境紛争に関するローザンヌ条約3条2項に関する勧告的意見（1925年）で，常設国際司法裁判所は国境条約や国境の画定に関する条約に関する規定の解釈適用の目的は，「正確，完全かつ明確な国境を確立することにある」とした13)。

またICJは，プレア・ヴィヘア寺院事件に関する事件（1962年）（以下，寺院事件）において，「一般に二国間で国境を画定するときには，そ・の・主・要・な・目・的・

---

10) *See generally*, Kaiyan Homi Kaikobad, "Some Observations on the Doctrine of Continuity and Finality of Boundaries", *British Yearbook of International Law*, Vol. 54 (1984), pp. 119–141; Malcolm N. Shaw, "The Heritage of States: The Principle of *Uti Possidetis Juris* Today", *British Yearbook of International Law*, Vol. 67 (1997), pp. 81–97; Geoffrey Marston, "The Stability of Land and Sea Boundary Delimitations in International Law", in Gerald H. Blake (ed.), *Maritime Boundaries* (1994), pp. 144–167.
11) 領域帰属紛争と国境画定紛争の概念区分とその意義については，許淑娟「領土帰属法理の構造——権原と *effectivités* をめぐる誤解も含めて」国際問題 No. 624 (2013) 21–22頁；吉井淳「領域帰属に関する紛争と国境画定紛争」杉原高嶺編・紛争解決の国際法——小田滋先生古稀祝賀 (1997) 88–91 頁を参照。
12) Shaw (1997), *supra* note 10, p. 84; Malcolm N. Shaw, "Boundary Treaties and their Interpretation", in Eva Rieter, and Henri de Waele (eds.), *Evolving Principles of International Law: Studies in Honour of Karel C. Wellens* (2012), p. 263; Malcolm N. Shaw, "The International Court of Justice and the Law of Territory", in Christian J. Tams, and James Sloan (eds.), *The Development of International Law by the International Court of Justice* (2013), p. 166; Alberto Alvares-Jimenez, "Boundary Agreements in the International Court of Justice's Case Law, 2000–2010", *European Journal of International Law*, Vol. 23, No. 2 (2012a), pp. 495–515; Alberto Alvares-Jimenez, "The International Court of Justice's Use of the Vienna Convention in the Interpretation of Boundary Agreements: 2000–10", *Journal of International Dispute Settlement*, Vol. 3, No. 2 (2012b), pp. 413–414.
13) *PCIJ Series B*, No. 12, 1925, p. 20.

の一つは安定性（stability）と終局性（finality）を達成すること」14）が，合意に基づく国境画定の意義であるとして，有効に成立した合意に基づく国境画定の法的性質について判示した。

(2) 境界の法的性質

さらに1994年リビア＝チャド領土紛争事件では，両国間の国境を画定する規定を含む1955年条約には20年の有効期限が付されていたが，ICJは次のように判示した。

> 「1955年条約にはそこで規定されている国境が暫定的なものであるという示唆はどこにもなく，むしろ最終的なものだとみるべきものである。国境の設定は事実であり，独自の存在であり，条約と運命をともにしない。一度合意されたのであれば，国境は恒久性（permanence）を有する。それ以外のアプローチでは，国境の安定性という基本的原則を危うくしてしまうであろう。」15)

このように条約によってなされた境界設定については，暫定的なものであるとの意思が明確に示されていない限り，恒久性を有すると判示され，通常の条約関係とは異なる合意に基づく国境の法的性質が示されるとともに，その根拠は国境及び境界安定性の原則に求められ，続けてその恒久性について次のように述べた。

> 「条約により確立された国境は，条約自体が必ずしも享受しない恒久性を得る。条約は境界の存在に影響することなくその存在を終了することができる。当事国が条約を終了させようと，当該境界は存続する。無論当事国が合意により境界を変更することは可能である。しかし，合意による境界は，その恒久性をその境界が合意された条約の存在に基礎づけられるものではない。」16)

また，国際裁判のなかには，本原則に基づく終局性への考慮から，有効に成立した条約による境界画定（delimitation）から逸脱するような境界線作成の作

---

14) *ICJ Reports 1962*, p. 34.
15) *ICJ Reports 1994*, p. 37, paras. 72-73 [hereafter *Territorial Dispute* case]. 本件の詳細については，国際司法裁判所判例研究会「判例研究・国際司法裁判所 領土紛争事件（リビア／チャド）」国際法外交雑誌97巻1号（1998）75-93頁参照。
16) *Territorial Dispute* case, *supra* note 15, p. 37, para. 73.

業の結果 (demarcation) を承認するものも存在する 17)。

先の寺院事件では、条約に示されたタイ＝カンボジアの国境である分水嶺とタイ政府自身が作成に関与し、また各国関係者にも広く配布されていた地図の記載内容との不一致に対する評価が争点となった。この際、ICJ は、以下のような理由によって、条約発効後、一定の期間・手続を経た国境線は終局性を有し、条約の規定に示された国境とは異なるものであっても、確立した国境への異議申立ては、条約当事国によるものも、その終局性によって遮断されるとした。

> 「そのように確立された線が、いつでも、そして絶えず利用し得る手段を問題とされ、また基本条約の条項に依拠して不正確な点を発見し、いつでもその訂正が要求されるのであれば、このことは不可能である。そのような手続は無限に続く可能性があり、そしてありうる誤謬が今後も発見されるかもしれない限り、終局性に到達することはできない。」18)

(3) 条約により確立された境界の第三国に対する効力

さらに、仲裁判決のなかには、国境を設定した隣接する二国間の関係に止まらず、国境や領域の法的地位に関する条約の効力について、次のように述べるものもある。

> 「二国間で締結された境界や領域に関する条約は、第三国を害するものではない (res inter alios acta)。しかし、この特別なカテゴリーの条約は、対世効 (effect erga omnes) を有するものであり、必然的に第三国に影響を与える法的現実 (a legal reality) を示している。」19)

原則として、国際法上、その合意の効力は当事者間のみにしか及ばない。しかし、先のリビア＝チャド領土紛争事件で判示されたように、国境は、国境を

---

17) 国家管轄権の場所的範囲の最終的作成・確認に関わる作業とその概念区分については、吉井・前掲注 (11) 99-100 頁参照。本稿では、特に断りのない限り、通常、条約によって行われる場所的範囲の限界の画定 (delimitation) を対象とする (Robert Jennings, and Arthur Watts (eds.), *Oppenheim's International Law, Volume 1, Peace Parts 2 to 4* (1995), p. 662)。
18) *ICJ Reports 1962*, p. 34.
19) Award of the Arbitral Tribunal in the first stage of the proceedings between Eritrea and Yemen (Territorial Sovereignty and Scope of the Dispute), Decision of 9 October 1998, *RIAA*, Vol. 22, p. 250, para. 153 [hereafter *First award between Eritrea and Yemen*].

画定する条約とは独立した存在として恒久性を有するとされ20),また上記の仲裁判決では,当該合意の当事国ではない第三国に対しても効力を有するとの言明がなされ,その対世効を認めたものとして一部の学説においても引用されている21)。

以上のように,国際裁判では,国境及び境界安定性の原則に基づき,境界画定の終局性や境界の恒久性を保障するとともに,「合意は拘束する (*pacta sunt servanda*)」を原則とする条約法のなかで,その例外として境界条約とその合意によって成立した境界の独自の性格を認める判示がなされてきた。

3 法典化条約における「国境及び境界安定性の原則」

後に詳述するように従来の国家実行や慣習法を成文化かつ定式化したものとして各種の法典化条約でも,包括的な領域的管轄権の限界線としての国境に止まらない,国家間の境界の安定性に関わる規定が存在する。

まず,1969 年に採択された「条約法に関するウィーン条約」(以下,条約法条約)では,条約の終了原因として「事情の根本的な変化」(62 条)を規定し,その例外として「条約が境界を確立している場合 (if the treaty establishes a boundary)22)」(同 2 項(a))には,この原則の例外とされることが明記された。

また条約法条約に続き 1978 年に法典化された「条約についての国家承継条約」(以下,国家承継条約)23) においても,その 11 条において,「条約により確

---

20) *Territorial Dispute* case, *supra* note 15, p. 37, para. 73.
21) Gillian D. Triggs, "International Law and Territorial Boundaries", in Victor Prescott, and Gillian D. Triggs, *International frontiers and boundaries: Law, politics and geography* (2008), pp. 170–171; Olivier Corten and Pierre Klein (eds.), *The Vienna Conventions on the Law of Treaties: A Commentary*, Vol. 2 (2011), p. 1421; Shaw (2012), *supra* note 12, p. 239.
22) 条約法条約の日本語の公定訳では,「establish」に対して,国内法における登記官による有権的な土地境界確定制度と同様に,「確定する」との訳語があてられている。しかし,本稿では,合意を原則とする国際法上の陸上及び海上の境界,そしてその作成の法的性質の違いを明確にするために,後述する法典化条約や国際裁判の判決を含め「establish」を「確立する」と訳すこととする。
23) なお国家承継については,「国の財産等についての国家承継条約」(1983 年採択,未発効)が存在するが,本稿における「国家承継条約」は,すべて「条約についての国家承継条約」を指す。

立された境界 (a boundary established by a treaty)」は，国家承継の影響が及ばないとする規定がおかれた。

さらに，1986年に採択された「国と国際組織との間又は国際組織相互の間の条約についての法に関するウィーン条約」（以下，国際組織条約法条約）においても，条約法条約と同様に，その62条で「条約が境界を確立している場合 (if the treaty establishes a boundary)」（同2項(a)）には，この原則の例外とされることが明記されている。

4 本稿の目的

以上のように，国際法上，条約によって確立した境界を保護する原則の存在は広く認められている一方で，国境及び境界安定性の原則については，学説においても先に依拠した判決を含む様々な領域帰属や境界画定紛争に際しての断片的な言明や法典化条約における規定の存在を指摘するのみで，必ずしも明確な根拠や適用範囲の外延について明らかにされてこなかった。条約法条約発効から30年余りを経て，近年相次いで刊行された各種のコメンタリーにおいても，その記述の大部分は，一連の規定に関する国際法委員会（以下，「ILC」）における審議や事情変更の原則の例外的な位置づけについて言及した国際裁判の判示が断片的に言及されているに過ぎない[24]。

本稿では，主に学説，法典化条約における審議過程，そして関連する国際裁判において，本原則がどのように語られて，検討されてきたのかを手掛かりとして，国境及び境界安定性の原則の意義と内容を明らかにするとともに，その根拠・論理構成の再確認をすることを目的とする。

II 学説における「国境及び境界安定性の原則」

1 国境及び境界安定性の原則の意義・内容

領域法の専門家であるShawは，いくつかの論考のなかで，国境及び境界安

---

[24] *See e.g.*, Mark E. Villiger, *Commentary on the 1969 Vienna Conventions on the Law of Treaties* (2009), pp. 775–776; Corten and Klein (eds.), *supra* note 21, pp. 1421–1424; Oliver Dörr and Kirsten Schmalenbach (eds.), *Vienna Convention on the Law of Treaties: A Commentary* (2012), pp. 1089–1094.

定性原則の具体的な構成要素として3つの点について言及している25)。

(1) 同意の重要性

領域の帰属・変動が，原則として領域権原の概念によって規律されるのに対して26)，国際法は，権原を有する近隣諸国との境界の画定については，原則として関係国の合意に委ねている。他方で，領域帰属紛争であっても，特に，紛争当事者間に条約などの合意や同意が存在する場合には，領域帰属紛争と境界画定紛争との処理基準の差異は相対的なものとなる27)。

前述のように，今日，多くの国家は安定的な境界画定の手段として何らかの条約を締結し，境界の画定や関連する事項の管理を行っている。Shaw は，この点を踏まえ，同意は，国境及び境界の安定性の根拠であり，前提条件であるとし，ここから原則の内容について2つの点を導いている28)。

第一に，境界の画定に関連する当事者間の同意や合意が条約の形で存在する場合，当該条約の規定及びその解釈が重要視される29)。そしてその解釈適用にあたっては，条約による境界画定の完全性，安定性及び終局性を保障する解釈が原則とされる30)。

第二に，境界画定における同意の重視は，条約の形式以外の同意や合意の排除を意味するものではなく，特定の境界の有効性や存在について条約以外の当事国の行動や態度などによって明示・黙示の承認が生じうるとされる31)。

---

25) Shaw（1997），*supra* note 10, pp. 75-154; Shaw（2012），*supra* note 12, pp. 239-263; Shaw（2013），*supra* note 12, pp. 151-176.
26) 国際法上の領域権原に関する基盤と構造については，許淑娟・領域権原論（2012）参照。
27) 小寺彰・パラダイム国際法（2004）126-127頁。また国境画定紛争における条約や文書などの紛争当事国の合意が重視されることにつき，許・前掲注(11)21-22頁。*See also, Frontier Dispute* case, *supra* note 7, p. 563, para. 17.
28) Shaw（1997），*supra* note 10, pp. 79-87.
29) *Ibid.,* pp. 84-85. *See also, Frontier Dispute* case, *supra* note 7, p. 586, para. 63. 領域帰属紛争と国境画定紛争の相対性を論じた本件において，裁判部は，いわゆる *effectivités* と様式論に基づく権原の関係について述べた本段落において，前者に対する後者の優位，とりわけ条約などの文書上の権原の優位について述べている。本段落の詳細な分析については，許・前掲注(26)229-231頁，またその「誤用」については許・前掲注(11)28-30頁参照。
30) *See generally,* Kaikobad, *supra* note 10, pp. 119-141; Shaw（2012），*supra* note 12, pp. 239-263; Alvares-Jimenez（2012a），*supra* note 12, pp. 495-515.

実際，過去の国際裁判においても，条約以外の当事国の行動や態度が境界の画定に重要な役割を果たしてきた[32]。例えば，ドバイ＝シャルジャ境界仲裁(1981年)やカタール＝バーレーン海洋境界画定・領土問題に関する事件(本案・2001年)などでは植民地時代になされた境界の画定に関する当局による決定・裁定について，これらの措置の法的性質それ自体よりも，関係当事国の同意やその後の行動から黙認・承認を引き出すことによって境界画定の根拠としている[33]。

　いずれも具体的な境界線作成(demarcation)に関する事例であるが，先の寺院事件でも，条約に示された国境線とは異なる地図上の国境に対する長年にわたるタイの抗議の欠如が，当該地図の作製にも参加したタイの黙認とされ，この地図上の線が最終的な国境とされた[34]。また，1988年のタバ石柱仲裁事件では，「関係当事者が共同で境界線の作成を行った場合には，仮に逸脱や不一致が存在していたとしても，実際に作成された境界線が真正の解釈(authentic interpretation)とされる」[35]ことが認められている。

　他方で，次項で検討する条約解釈の問題とも関連して，このような条約以外の当事国の行動や態度による合意／同意の認定は，当事国間の領域関係の安定性を維持する観点からのものであり，明示された境界に対する事後的な黙認・承認による修正については，安易に推定されるべきではないとする[36]。

---

31) Shaw (1997), *supra* note 10, pp. 84-85; Kaikobad, *supra* note 10, pp. 121-146.
32) Shaw (1997), *supra* note 10, p. 85; Kaikobad, *supra* note 10, pp. 121-126. *See also*, I. C. MacGibbon, "The Scope of Acquiescence in International Law", *British Yearbook of International Law*, Vol. 31 (1954), pp. 143-186.
33) *ILR*, Vol. 91, pp. 576-577, pp. 584-585; *ICJ Reports 2001*, pp. 77-84, paras. 114-141, pp. 90-91, paras. 164-165.
34) *ICJ Reports 1962*, p. 33.
35) *RIAA*, Vol. 20, p. 56, para. 210. なお本件の詳細については，長谷川正国「エジプト及びイスラエル間の一定の境界柱石紛争に関する仲裁判決の研究(1)・(2・完)——いわゆるタバ仲裁判決の国際法的意義」福岡大学法学論叢40巻3＝4号(1996) 457-505頁，41巻1号(1996) 107-154頁参照。
36) Shaw (1997), *supra* note 10, p. 85. Kohenは，エリトリア＝エチオピア国境画定委員会事件(2002年)が境界条約の解釈適用に関連する諸要素のなかで「事後の実行」の概念を拡大しすぎたために，境界を成立させた当事国の合意の解釈手段としての「事後の実行」と条約締結時の当事国の意思との区別が曖昧化し，国境の安定性を害することになった例外的な事例と評価する(Marcelo Gustavo Kohen, "Keeping subsequent agreements and prac-

(2) 境界条約の解釈

既述の通り，国際裁判所は，いわゆる領域帰属や境界画定に関する紛争における条約解釈に際して境界の安定性の確保の重要性について繰り返し言及し，こうした境界条約やその解釈に関する判示が，境界条約やその条約の解釈が有する固有の性格の証左ともされてきた[37]。

条約法条約では，国境及び境界安定性の原則自体は解釈原則として法典化の対象とはされなかった。ICJ は，1989 年の仲裁判決事件（1991 年）以降，条約法条約 31 条から 33 条に規定された条約解釈に関する一般規則に準拠する形で関連する条約の解釈を行ってきたが[38]，条約法条約の解釈規則の導入によって従前の境界条約やその条約の解釈に関連して示された諸原則が考慮されなくなったわけではない[39]。条約法条約の解釈規則の枠組みのなかで，「文脈によりかつその趣旨及び目的に照らして」関連する条約の解釈を行う際に，国境及び境界安定性に関わる原則を条約の解釈の際に考慮の対象としてきた[40]。

条約解釈一般の目的は，条約の文言の意義とそこに示された当事国の意思を明らかにすることであり[41]，他方で，境界条約の目的は，前述のように，安定的かつ終局的な境界を画定することにある[42]。国際裁判では，境界条約の

---

tice in their right limits", in Georg Nolte (ed.), *Treaties and Subsequent Practices* (2013), pp. 42-43）。また条約解釈，特に条約法条約解釈規則における「事後の実行」の意義については，拙稿「条約解釈における『事後の実行』」本郷法政紀要 6 号（1997）207-240 頁参照。
37) Alvares-Jimenez (2012a), *supra* note 12, pp. 495-515; Shaw (1997), *supra* note 10, pp. 92-93.
38) 拙稿「条約の解釈規則――リビア＝チャド領土紛争事件」小寺彰ほか編・国際法判例百選〔第 2 版〕（2011）121 頁。Shaw (2012), *supra* note 12, pp. 251-252.
39) こうした法典化の対象外であった諸原則やその相互関係，その他解釈の際に考慮されるべき要素の検討については，Matti Koskenniemi, "Fragmentation of international law: difficulties arising from the diversification and expansion of international law: Report of the study group of the ILC" (2006).
40) 拙稿・前掲注(38)。また，こうした条約法条約に法典化された解釈規則に対する過度の依存が批判する見解として，Separate Opinion of Judge Oda, Kasikili/Sedudu Island (Botswana v. Namibia), *ICJ Reports 1999*, p. 1118, para. 4 参照。
41) 条約法条約解釈規則の枠組みにおける条約解釈の目的としての「当事国の意思」については，坂元茂樹「条約法法典化における解釈規則の形成とその問題点」関西大学法学論集 27 巻 6 号（1978）886-945 頁；拙稿・前掲注(36)207-240 頁；山形英郎「条約解釈目的と条約解釈手段」法学雑誌（大阪市立大学）56 巻 3＝4 号（2010）425-459 頁参照。
42) こうした境界条約の解釈が有する 2 つの側面に関する見解の相克は，リギタン島・シパ

解釈の2つの側面に基づき，条約法条約の解釈規則に示された枠組みのなかで，条約による境界画定の完全性を推定する「完全性の原則」[43]や締結時の事情に照らして条約の規定を解釈する「同時性の原則」[44]などによって，条約法条約の解釈規則を補完し，当事国の合意に基づく終局的な完全かつ明確な境界が示されてきた。

(3) 境界条約の客観化

以上に加えて，Shaw は国境及び境界安定性の原則の帰結として，「客観化 (objectivization)」という表現を用い，合意によって確立された境界は，条約の存続に関わらず，「客観的事実（objective reality）」となるとする[45]。

Shaw は，ここで「客観化」という表現を，第一に，条約は一度確立した場合には，条約から独立した法的状態・事実として存続する，すなわち境界の画定に関する合意はその発効と同時に履行され，履行によって生じた状態は，最早，条約関係やその存在に依存せず，当該条約の当事国であっても境界画定後の異議の申立ては遮断されるという意味において，第二に，条約によって確立された境界は対世的な効力を有し，当該条約の当事国以外に第三国にも及ぶという2つの意味合いで用いている[46]。

ダン島主権事件における多数意見と Franck 判事による反対意見の対立に見出すことができる。多数意見は，ボルネオ島におけるオランダとイギリスの勢力圏の境界を確定した 1891 年条約の趣旨目的について，完全性と終局性を主張したインドネシアに対し（paras. 49-52），2島が当時ほとんどその存在を知られていなかったこと（para. 51）と 1891 年条約には，より正確な境界線を設定することを予定する規定（第5条）（paras. 65-74）が存在することから，1891 年条約による海上の境界画定と両島の帰属の決定を否定した（*ICJ Reports 2002*, pp. 651-662）。これに対して，Franck 特任判事は，「完全性の原則」の優位に基づく 1891 年条約の解釈を主張し，ボルネオ島上に設定された境界線を海上に延長することによる両島の帰属の決定を主張した（Dissenting Opinion of Judge ad hoc Thomas Franck, *ibid.*, pp. 702-706, paras. 36-46）。本件の詳細については，国際司法裁判所判例研究会（許淑娟）「判例研究・国際司法裁判所 リギタン島とシパダン島の主権に関する事件（インドネシア／マレーシア）（判決・2002 年 12 月 17 日）」国際法外交雑誌 111 巻 4 号（2013）653-679 頁。

43) Alvares-Jimenez (2012b), *supra* note 12, p. 413; Shaw (1997), *supra* note 10, p. 86; Kaikobad, *supra* note 10, pp. 119-141.
44) Shaw (2012), *supra* note 12, pp. 252-255. *See e.g.*, Ethiopia/Eritrea Boundary Commission, Final Award (13 April 2002), PCA Case No. 2001-01, 2002, paras. 3.5, 4.14.
45) Shaw (1997), *supra* note 10, p. 87; Shaw (2012), *supra* note 12, pp. 239-244.

Shaw 自身は，こうした客観化について，ICJ によるリビア＝チャド領土紛争事件（1994年），ニカラグア＝コロンビア間の領域及び海洋境界画定事件（以下，ニカラグア＝コロンビア事件）（先決的抗弁・2007年），コスタリカ＝ニカラグア航行権事件（2009年）などの判示に言及するものの[47]，その根拠・論理構成には議論の余地が残されているとして，自らの立場を明らかにはしていない[48]。しかし，その上で，こうした客観化を支持する概念・原則を示している。

　Shaw がここで挙げるのが，条約による境界の設定を物権的権利の取引とみなすという物権類推のアプローチであり[49]，Shaw は，これらを裏書きするものとして境界条約を事情変更の原則の例外とする条約法条約 62 条 2 項(a)や同じく条約に関する国家承継の原則の例外とする国家承継条約 11 条の存在を指摘している[50]。

2　学説における物権類推への批判と法典化条約の評価

　以上のような Shaw の見解は，国境及び境界安定性の原則に関する一般的な見解に沿ったものであると思われるが，ここで示された物権類推の妥当性，条約法条約や国家承継条約における例外的な位置づけの意義については，疑問を投げかけるものも少なくない。

(1)　Geoffrey Marston

　イギリスの外交文書に通暁し，外交実践の観点から国際法上の主要な概念を再評価する論考を著してきた Marston は，1994 年に国境及び境界安定性の原則に関する論考を発表している[51]）。

　この論考のなかで，Marston は，主に条約法条約の観点から本原則について検討を行っている。

---

46)　Shaw（1997），*supra* note 10, pp. 87-92; Shaw（2012），*supra* note 12, pp. 239-243.
47)　*Ibid.*
48)　Shaw（1997），*supra* note 10, p. 88.
49)　*Ibid.*
50)　*Ibid.*, pp. 88-92.
51)　Marston, *supra* note 10, pp. 144-167.

条約法条約の規定のうち，Marston は，条約の有効性の原則（42条），条約の実施によって生じた権利・義務及び法的状態は条約終了の影響を受けないとする原則（70条)52)，また境界を確立する条約は事情変更による条約の終了の例外とする規定（62条）を境界の安定性を支持する内容を有する一方で，強行規範に関する 53 条及び 64 条や条約の無効の効果に関する 69 条 53) については，一定の場合には，条約によって確立された境界の安定性に影響が及ぶ可能性があるとした 54)。

　他方で，Marston はさらに境界の対外的な安定性，いわゆる対世的な効力については，一方的な境界の設定であるウティ・ポシディーティス原則の適用によって旧植民地における行政区域の境界が国際的な境界線，すなわち国境に転換された場合以外には，他国に対して対抗し得ないとし 55)，また国境が条約によって設定された場合であっても，国境の対世性は「合意は第三国を益しも害しもせず (*pacta tertiis nec nocent nec prosunt*)」原則や条約と第三国との関係に関する 34 条の規則とは両立しないものであり，仮にその例外を構成するのであれば慣習法にその根拠が求められなくてはならないとした 56)。

　この点について，Marston は条約法の原則の例外としての位置づけを正当化する可能性のある論拠として Shaw も言及した処分的条約の概念と国家承継条約について検討を加えている 57)。

　国際法における処分的条約とは「物的権利（real rights）を創設する条約」であり，物的権利とは，領域に付着する属地的な権利（localized rights）であるとともに，対世的に妥当するものであるとされる 58)。そして，こうした処分的

---

52) 70条1項(b)では「条約の終了前に条約の実施によつて生じていた当事国の権利，義務及び法的状態は，影響を受けない」と規定される。
53) 69条2項(a)は「いずれの当事国も，他の当事国に対し，当該行為が行われなかつたとしたならば存在していたであろう状態を相互の関係においてできる限り確立するよう要求することができる」と規定する。
54) Marston, *supra* note 10, pp. 145–148.
55) *Ibid.*, p. 149.
56) *Ibid.*, p. 149.
57) *Ibid.*, pp. 150–151.
58) Arnold D. McNair, "So-Called State Servitudes", *British Yearbook of International Law*, Vol. 6 (1925), pp. 111–127; Arnold D. McNair, "The Functions and Differing Legal Character of Treaties", *British Yearbook of International Law*, Vol. 11 (1930), pp. 100–118; D. P.

条約の法的効果は，当事国の意図に基づき，ある地域に法的地位を永続的に設定することであり，これらの条約によって領域的に設定された制度は，「領域的制度（territorial regime）」と呼ばれる59)。無論，当事国によるこのような意図のみによって条約当事者間の関係を超えて，このような効果が認められるわけではなく，Marstonも指摘するようにその根拠となる類推や論理構成の妥当性は問われなくてはならない60)。

Marstonは，こうした国際法上の物権類推の妥当性について，国際法における領域・領土とは，国内法における土地・不動産のようなものではなく，国家管轄権の空間的範囲の問題であり，境界条約を国内私法のアナロジーで理解することは誤りであるとする61)。

次いで，国家承継条約11条の存在は，条約法における「合意は第三国を益しも害しもせず」原則に広範な例外を設けるものではなく，あくまで新たに独立した国家と先行国との間で境界条約を締結した第三国との間の領域関係の現状に国家承継が影響を与えないことを確認したに過ぎないとする62)。

Marstonは，これらの検討から境界条約を条約と第三国との関係についての条約法の一般規則の例外とするには説得力のある根拠は見出せないと結論する。合意に基づく境界には対世的な効力があるとする意見は多いことは認めるものの，その意義は，第三国の抗議のない条約によって設定された境界は黙示の承認がなされやすいということに止まるとする63)。

O'Connell, *The Law of State Succession* (1956), pp. 49-63; Paul Reuter, *Introduction to the Law of Treaties* (1995), pp. 121-129;森川俊孝「国際制度の対世的効果」横浜国際経済法学2巻1号（1993）3頁。

59) 前注の諸文献などに基づく森川の分析によれば，特定の領域の法的地位を定め，あるいは制度を設定し，対世的な効果を有する条約は，領域的条約（territorial treaties），処分的条約（dispositive treaties），物的条約（real treaties），属地的条約（local or localized treaties）等と呼ばれ，こうした条約は，その機能・目的から①境界画定条約や割譲条約，②その領域の利益のために領域制度を設定している条約及び③一群の国家の利益，あるいはすべての国際社会の一般利益のための領域制度（客観的制度・国際的処理）などに分類される（森川・前掲注(58)3-4頁）。

60) Marston, *supra* note 10, p. 150.

61) Marston, *supra* note 10, p. 150.領域権原における「ドミニウム的把握」とそれを基盤とする様式論の限界については，許・前掲注(26)27-94頁参照。

62) Marston, *supra* note 10, pp. 150-151.

すなわち，Marston は，国境及び境界安定性の原則の意義は否定しないものの，その対世的な効力の内実は，処分的な効果によって，ア・プリオリに対世効を有するというようなものではなく，周辺諸国を含む利害関係を有する諸国からの抗議の欠如＝黙認などを通じて承認されるものであり，こうした黙認や承認が成立するまでの間は，第三国との関係は，対抗的なもの（opposable）に止まると捉えている[64]。

(2) Paul Reuter

また Reuter も，条約法に関する著書において，領土問題の解決を図った条約は伝統的に例外的な扱いを受けてきたことは認めるものの，境界条約を含めて特定の条約を事情変更の原則をア・プリオリに同原則の例外とすることには明確な理論的な根拠がないとする[65]。さらに境界条約や領域条約の特殊性を論証・正当化する際にしばしば言及される処分的条約の概念やその前提となる国際法への物権的概念の導入についても疑義を呈している[66]。

Reuter によれば，国際法上の物権的条約とされる条約には，境界条約のみならず，中立や非軍事化，国際水路などの国際交通に関わるものなど，様々な政治的・経済的な利害に関わる条約が含まれており，国内法における物権概念との類似性のみで説明できるものではなく，個々の条約の非当事国への効力・影響についても別途の説明が必要とされることになる[67]。

条約法条約 62 条 2 項(a)の法典化も含めこれらの条約に共通する要素は，地域の安定と平和を維持するためになされた近隣諸国の妥協の重要性であり[68]，そのこと自体が国内法上の物権概念を一括して導入することの妥当性を保障することにはならないとする。むしろ，各種条約の個別の事情，つまり具体的な

---

63) *Ibid.*, p. 159.
64) *Ibid.*, p. 159.
65) Reuter, *supra* note 58, p. 189.
66) *Ibid.*, pp. 125–129.
67) *Ibid.*, p. 189. See e.g., ILA, *The Effect of Independence on Treaties: A Handbook* (1965); United Nations, *Materials on Succession of States* (United Nations publication, Sales No. E/F.68. V.5).
68) Reuter, *supra* note 58, pp. 189–190.

利益の内容や法的関係を勘案することなく，分権的構造を有する国際法に物権概念を導入することは，その論拠を曖昧にすることになると批判した 69)。

こうした Reuter の見解は，「客観的制度」の先例として言及されるオーランド諸島事件で国際連盟法律家委員会が示した見解とも重なるものでもある 70)。

この事件に際して，Max Huber をメンバーとする3名の国際連盟法律家委員会が同諸島の非武装化義務の承継と条約の非当事国も含む対世的な効力を認める上で強調した根拠は，単なる条約上の属地的な義務ではなく，オーランド諸島の軍事的重要性とそのヨ・ー・ロ・ッ・パ・的・性・格・の・客・観・的・存・在・という同諸島をめぐる個別的かつ明白な地域の安全保障上の利益であった 71)。また，本件でスウェーデンは1856年条約が「物的地役 (real servitude)」を創設し，非武装化の義務は同諸島の領域に付着するものであると主張したが，法律家委員会は，国際法上，「物的地役」の存在は一般に認められるものではないとしてその主張を否定した 72)。

3 小括：処分的条約の妥当性と法典化条約の射程

このように，Marston や Reuter に共通するのは，国境及び境界安定性の原則の重要性は承認するものの，その客観性や対世性の根拠とされた物権的権利のアナロジーの妥当性に対する批判であり，本原則の法典化とされる一連の規定に対する慎重かつ限定的な評価であった。

前者については，仮に国際法上，境界条約やそれに基づく境界の法的性質について，処分的効果や物権的権利としての性質が一定程度認められるとしても，競合する権利主張する第三者との関係において，個人の土地所有権を保障する

---

69) *Ibid.*, pp. 125-129.
70) *League of Nations Official Journal, Special Supplement,* No. 3 (October 1920), pp. 3-19.
71) *Ibid.*, pp. 17-19.
72) *Ibid.*, pp. 16-17. 本件の詳細については，家正治「オーランド諸島事件」松井芳郎編集代表・判例国際法〔第2版〕(2006) 53-60頁参照。また，国家承継や条約法に対する脱植民地化の影響について研究を進める Craven は，オーランド諸島事件におけるフィンランドの義務の継続は和平処理を行った大国による処分的権能 (dispositive authority of the powers) によるものであると評価する (Matthew Craven, *The Decolonization of International Law: State Succession and the Law of Treaties* (2009), p. 181)。

各種の法律及び手続が整備された国内法制度における概念や効力がそのまま妥当し得ないことは明らかである73)。他方で，国境及び境界安定性の原則という観点からすれば，当事国の合意によって成立した境界が第三国に対して相対的な部分が残るとして，どのような範囲で第三国の影響が認められ，いかなる論理・根拠をもって，国際裁判で述べられている境界の終局性や恒久性が認められるのかという問題は，この原則の具体的な適用範囲に関わる問題としても，なお検討されなくてはならない。

この点につき，Reuter は物権的権利といった一律の概念構成ではなく，対世効という同一の効果に着目しつつも，そうした取り極めを成り立たせた，より個別具体的な利害関係やその調整を生み出した外交的・政治的現実を重視する。そして，条約法条約における事情変更の原則の例外としての 62 条 2 項(a) についても第二次世界大戦の戦勝国の地位を保障するためのものと断じている74)。

いずれにしても，国境及び境界安定性の原則は，その存在と意義については広く認められる一方で，この原則の適用範囲や第三国への影響に関わる論理構成については学説においても不明確なものに止まっている。

Ⅲ　「国境及び境界安定性の原則」の法典化

冒頭で述べたように，1960 年代から本格化し，1980 年代半ばまでの間に採択された 3 つの法典化条約において，「条約が境界を確立している場合」あるいは「条約により確立された境界」には，条約法あるいは国家承継法の原則に対して例外としての位置づけが与えられ，そのこと自体が国際法上の国境及び境界安定性の原則の存在証明ともされてきた。

---

73) 田畑茂二郎「国家の独立と条約の承継――その序説」国際法外交雑誌 67 巻 6 号（1969）27–39 頁，吉井・前掲注(11)85 頁。Reuter, *supra* note 58, p. 126; Marston, *supra* note 10, p. 150.
74) Reuter, *supra* note 58, pp. 189–190.

1 1969年条約法に関するウィーン条約

(1) 条約法条約62条2項(a)をめぐる審議

一連の法典化の嚆矢となった条約法条約では、条約の一方的な終了原因である事情の根本的な変化に関する62条のなかで[75]、例外として以下のように規定されている。

第62条 事情の根本的な変化
　2 事情の根本的な変化は、次の場合には、条約の終了又は条約からの脱退の根拠として援用することができない。
　(a) 条約が境界を確立している場合

この規定のもととなった草案22条5項(a)及び(b)は、Fitzmauriceの後を受けて報告者となったWaldockによって、1963年の第2報告書のなかで提案されたもので、境界条約や領域的制度に関する条約を事情変更の原則の例外とするものだった[76]。

この案に関する委員会、そして各国代表による議論は次のように大別することができる。

第一のものは、国境及び境界安定性の原則の存否やこの例外を一般規則として規定することに対する懸念だった。例えば、Eliasは領域的権利や境界の尊重を認めつつ、事情変更の原則の例外に関する個別の判断を裁判所に委ねるべきであると主張した[77]。Agoも境界条約も含め特定のカテゴリーの条約全体を除外することに疑念を呈した[78]。また、特に自決権との整合性から、境界条約一般を除外する条文化に反対するものも少なくなかった。各国の代表から

---

75) ILCにおける法典化作業の詳細と条約法条約62条の成立の意義については、坂元茂樹「条約法条約における『事情変更の原則』(一) ~ (三)」琉大法学30号 (1982) 81-109頁, 32号 (1983) 127-162頁, 36号 (1985) 161-193頁及び北村朋史「国際法における事情変更原則の法的根拠」国際関係論研究27号 (2008) 52-64頁参照。また、海洋境界への適用可能性に対する関心から同62条の意義を検討したものとして、Snjólaug Árnadóttir, "Termination of Maritime Boundaries Due to a Fundamental Change of Circumstances", *Utrecht Journal of International and European Law*, Vol. 32 (2016), pp. 94-111.

76) ILC, Second Report on the Law of Treaties, by Sir Humphrey Waldock, Special Rapporteur, *ILC Yearbook 1963*, Vol. II, pp. 79-85.

77) *ILC Yearbook 1963*, Vol. I, p. 147.

78) *Ibid*., p. 143.

のコメントのなかには，過去の国際裁判や国家実行から境界条約をこのような例外として取り扱うことを確認できないとする意見すら存在した[79]。

次いで，このような一般規則としての位置づけに対する批判だけではなく，国境及び境界安定性の原則や境界条約の法的性質や例外としての根拠に関わるものも存在した。ILCのメンバーのなかにも，そもそも条約の実施によって生じた状態は条約の終了の影響を受けないので，境界や領域的権利の保護は草案28条で対応可能であると述べるものもあった[80]。Briggsも履行済みの条約の規定については，そもそも事情変更の原則の影響が及ぶものではないとして，先の発言を支持した[81]。

さらに，こうした意見に対しては，境界・領域に関する条約のなかには，継続的な権利義務を規律するために適用され続けるものもあり，条約が履行済みであるというだけで境界を確立する条約を事情変更の原則の例外とすることは説明がつかないとの反論も出された[82]。実際，領域帰属・境界画定紛争の際には，条約に規定された境界画定プロセスの完了自体等が紛争の主要な論点となることも少なくない[83]。

Waldockも，本規定の目的は，すべての履行済み条約を事情変更の原則の例外とすることではなく，特に境界画定条約や割譲条約については履行済みであるか否かに関わらず，特に安定性を要するカテゴリーの条約であることから条約の一方的な終了の例外として否定する必要があると，その意図を説明した[84]。

このように，Waldockは，境界条約の法的性質に関わる問題は，少なくと

---

79) ILC, '65th Meeting of the - Committee of the Whole' United Nations Conference on the Law of Treaties (26 March – 24 May 1968) (11 May 1968), UN Doc. A/CONF. 39/C. 1/SR. 65, p. 379. また62条全体に関する議論については，北村・前掲注(75)60–62頁。
80) *ILC Yearbook 1963*, Vol. I, p. 150. なお草案28条は，最終的に「条約の終了の効果」に関する70条1項(b)として前掲注(52)のように規定された。
81) *ILC Yearbook 1963*, Vol. I, p. 146.
82) *Ibid.*, p. 158.
83) 例えば，カメルーン＝ナイジェリア境界画定事件では，条約に基づき設置されたチャド湖域委員会による境界画定作業の評価が主要な論点のひとつであった (*ICJ Reports 2002*, pp. 334–355, paras. 40–70)。
84) *ILC Yearbook 1963*, Vol. I, p. 158.

も現在の70条1項(b)に関わるもの，つまり国際法上有効に成立した条約の実施によって生じていた法的状態の保護一般に関わる問題であるとの認識を示すとともに，境界画定・割譲条約は，その重要性ゆえに条約の実施によって生じていた法的状態の保護一般とは区別され，事情変更の原則の例外として規定されるべきであるとした[85]。

(2) 条約法条約62条2項(a)の意義

以上のような審議を経て，草案59条の表現は，当初提案されていた「境界を固定する条約（treaty fixing a boundary）」から「境界を確立する条約（treaty establishing a boundary）」に変更されたが，Waldockの提案通り，事情変更の原則の例外とすることになった。

最終コメンタリーによれば，この草案の修正によって同条の適用範囲に境界画定条約（delimitation treaties）だけでなく，割譲条約（treaties of cession）も含まれることになった[86]。つまり，条文として「境界を確立する条約」と表現されるものの，条約の類型としては，境界画定条約のみならず，領域権原の帰属に関する条約も含まれると解されることになった。

また，本規定は，「事情の根本的な変化は，次の場合には，条約の終了又は条約からの脱退の根拠として援用することができない」との表現が用いられており，あくまで「条約によって確立された境界」は事情変更の原則の例外として同原則を理由とする条約の終了・脱退の適用を免れることを示した限定的な規定になっている[87]。このことは，条約法条約の無効原因の網羅主義（同42条）の範囲内に限られるものの，事情変更の原則以外の条約の終了または条約からの脱退の根拠として条約の有効性を問題とすることを排除するものでないと解される[88]。最終コメンタリーにおいても，自決の原則の正当な運用のための条件が存在する場合には，本規定は自決の原則の適用を排除しないとされ

---

85) *ILC Yearbook 1966*, Vol. I (1), p. 86.
86) ILC, "Draft Articles on the Law of Treaties: Text as Finally Adopted by the Commission on 18 July 1966", *ILC Yearbook 1966*, Vol. I (1), p. 259.
87) 奥脇・前掲注(5)56頁。
88) Marston, *supra* note 10, pp. 147-149.

ている89)。

　元来，最終コメンタリーでは，62条と同2項(a)の規定の意図・目的として，事情変更の原則の要件を明確にすることによって，条約の平和的な変更を可能にするとともに，同原則の適用範囲から「境界を確立する条約」を除外することによって，新たな摩擦が生じる可能性を防ぐことにあるとしていた90)。こうした起草の意図は，国境及び境界安定性原則の重要性に対する認識を示したものではあるが，例外としての「境界を確立する条約」の法的性質を示したものではなかった。結果として，同コメンタリーでは，あくまで事情変更の原則の例外としての位置づけに限った記述しかなされなかったために，境界を確立する条約が有するとされる客観性などの法的性質が「合意は第三国を益しも害しもせず」の例外として条約当事国以外の国々に与える影響が明確にされることはなかった。

(3)　62条2項(a)における「境界を確立する条約」の射程

　以上のような本規定の性格とともに，割譲や境界画定についての定義や本規定の適用範囲，具体的には62条における「境界を確立する条約」の意義については，最終コメンタリーに述べられている通り，規定が示す「条約（treaty）」に境界画定条約・割譲条約が含まれるとしても，適用対象となる「境界（boundary）」の意味する範囲については，規定自体，あるいは同コメンタリーにおいても述べられていない。無論，論理的には，領域権原の帰属は境界画定の前提となるものであるが，この規定に含まれるとする割譲条約についてもその範囲が明確ではないため，本規定に含まれる領域権原に関わる条約の範囲も明確なものではない91)。

　また，本規定の最終コメンタリーで言及された先例は，上部サヴォアとジェクスの自由地帯事件（1932年)92)のみに止まり，学説などで国境及び境界安定性の原則に関する代表的な事例として引用される寺院事件などについて同コメ

---

89)　*ILC Yearbook 1966*, Vol. II, p. 259.
90)　*Ibid.*
91)　Árnadóttir, *supra* note 75, p. 103.
92)　*PCIJ Series A/B*, No. 46, 1932, pp. 96-173.

ンタリーでは一切言及されなかった。そして,自由地帯事件で問題となったのは,包括的な管轄権の限界線としての国境線ではなく,国境線とは別途設定された「関税線」の存続と国境線と関税線との間に創設された「自由地帯」と称される「領域的制度」の法的地位であった[93]。

このような最終コメンタリーにおける自由地帯事件への言及は,62条2項(a)の適用範囲について,本規定が対象とする「境界」が,国家の管轄権の包括的な限界線としての国境線以外の各種の境界線をすべて対象とするものなのか,または,こうした境界線の種類に関わらず,境界条約のみならず,「領域的条約」に含まれる一群のカテゴリーの条約全体を含むものなのか,という疑問を生じさせることになる。さらに前者については,一定の境界に限られる場合には,いかなる条件・基準によってその範囲が確定されるのかという問題を伴うことになる。

後者の領域的制度に関する条約については,同規定の審議過程において,アメリカがこの草案の適用範囲から関税条約を除くべきではないとして,草案の改正案として「領域的地位を確立する条約 (treaties establishing territorial status)」とする提案が行われていた[94]。このアメリカの提案は,保護の対象を単なる境界条約から領域的権利を含む各種の条約に広げることを意図したものと思われるが[95],同じく国際河川の利用に関する条約を同条の適用対象とすることを求めたスイスなどによって支持されたものの,こうした「境界を確立する条約」に対する拡張的な理解は,自決権の立場とは相容れないものとして最終的に採択されることはなかった[96]。但し,前述の最終コメンタリーの記述に従えば,その範囲は明確ではないものの,この規定における「条約」には,少なくとも境界の確立に関わる範囲で,割譲条約など一定の領域権原に関わる条約も含まれうることは否定されないことになる。

---

93) 自由地帯事件の先例的な意義の不明瞭さについては,Craven, *supra* note 72, p. 181 参照。
94) Villiger, *supra* note 24, pp. 775-776.
95) United Nations Conference on the Law of Treaties, 1st and 2nd Sessions (26 March - 24 May 1968 and 9 April - 22 May 1969), Official Records, p. 367.
96) United Nations Conference on the Law of Treaties, 2nd Session (9 April - 22 May 1969), Official Records, pp. 369-370, 382.

(4) 条約法条約の法典化における対世効をめぐる議論

先に62条2項(a)の法典化をめぐる審議や最終コメンタリーにおいて、境界を確立する条約が有するとされた客観性などの性質について明確な議論を見出すことができなかったと述べたが、条約法条約の法典化では、62条2項(a)に至る草案以外に関する条文についての議論に際して、領域的条約の対世効の問題について不十分ながら検討がなされていた[97]。

Waldockの前任者であるFitzmauriceは、1960年にILCに提出した第5報告書において、合法かつ有効な条約によって生じた法的・事実的状態を承認かつ尊重するという一般国際法に基づく義務によって、処分的条約等の領域的条約の対世効について説明を試みた[98]。すなわち、国際法上合法かつ有効な行為から生じる法的・事実上の状態について、すべての国家に承認かつ尊重する義務が存在するというものである。条約法条約にも70条1項(b)があるように、一般的な法秩序の下で、このような論理の存在は否定し得ないものであるが、条約法条約の審議や多くの領域帰属・境界画定紛争で問われてきたのは、単なる事実関係ではなく、特定の境界や領域帰属の法的根拠、そして関連する合意の有効性やその法的効果であり、極めて一般的な「合法かつ有効な条約によって生じた法的・事実的状態を承認かつ尊重する義務」の存在に言及するのみでは、境界や領域の法的性質をめぐって現実に問われている問題への応答を回避しているに過ぎないことになる。実際、最終コメンタリーにおける62条2項(a)における「境界を確立する条約」の例外としての位置づけは、自決権の問題を含め、こうした条約が合法かつ有効なものであるか否かという段階からの議論を前提としたものとなっている。この点は、次項で検討する国家承継条約においても、同様であると思われる。

報告者がWaldockに変更されてからは、条約の第三国への効力との関係で領域的制度についての検討が行われた。その議論の過程では、自決権の観点からの制限的な立場だけでなく、ともに対世的効力を有するとされる境界画定・

---

97) Shabtai Rosenne, *Developments in the Law of Treaties 1945-1986* (1989), pp. 73-76；森川・前掲注(58)10-12頁；村瀬信也「ウィーン条約法条約三十八条の意義」同・国際立法——国際法の法源論 (2002) 113頁。
98) *ILC Yearbook 1960*, Vol. II, pp. 97-100. 森川・前掲注(58)17頁。

割譲条約と客観的制度の次のような法的性質の違いが指摘されている99)。すなわち、客観的制度は、一般利益や共通利益に基づくものであり、そうした条約の性質自体からその効果が導かれるものであるのに対し、境界・割譲条約は、「その目的が当事国だけの利益を規制すること」であり、その履行によって生じた事態によって客観的効果が生じるものとされ、両者が有する同一の効果に異なる法的根拠を指摘し、異なるカテゴリーに属する条約とされた100)。

境界画定・割譲条約にしても、客観的な制度を含む領域的条約にしても、実際には、関係当事国に明示あるいは黙示の同意、あるいは対抗関係といった個別性に基づいて確定される問題を国内法の物権概念などで再構成することによって101)、その法的効力に一般性・客観性を持たせることを試みるものである。特に客観的制度については、先にReuterが指摘したように、様々な政治・経済的な利害に関わる多様な法的関係を一律に構成する概念とする試みのなかには、上記に述べられた一般利益や共通利益による機能的な正当化だけでなく102)、主要な利害関係国による立法的な権能を認め、一部の国々によって作り出された事実上の状態を法的な状態に転換させる効果があるとする立場も存在する103)。

こうした学説における不一致に加え、条約法条約の法典化作業には、新たに

---

99) 森川・前掲注(58)11-13頁。
100) 森川・前掲注(58)11-12頁。*ILC Yearbook 1964*, Vol. II, p. 32.
101) 森川・前掲注(58)17頁。
102) この点について、Waldock自身も客観的制度の対世効について、自動的に生じるものではなく、当該条約の非当事国による明示的または黙示的同意、あるいは抗議の欠如などによって生じるものであるとの説明を行っている。*ILC Yearbook 1964*, Vol. II, p. 32.
103) 「国際的処理(International Settlement)」の概念については、Ronald Roxburgh, *International Conventions and Third States* (1917), pp. 56-57; McNair (1930), *supra* note 58, pp. 101-105, pp. 112-116 を参照。条約法条約の法典化におけるこの概念をめぐる議論については、小寺彰「国際機構の法的性格に関する一考察(一)——国際機構締結条約を素材として」国家学会雑誌93巻1=2号(1980)35-52頁参照。また、森川・前掲注(58)は、この概念に由来する「客観的制度」の対世効果の理論構成について検討を加えた論考である。なお、こうした条約の非当事国に対する拘束力の問題を当該事項に利害関係を有する有力国の権限の問題と捉える立場のうち、新国家の誕生を含む領域秩序に関するものについてCrawfordは「国際的処分権能(International Dispositive Powers)」という概念の下に、1815年から2005年までの国家実行について検討を加えている(James P. Crawford, *The Creation of States in International Law* (2nd Edition, 2006), pp. 504-564)。

独立したアジア＝アフリカ諸国が多く参加していた。そして，歴史的にも，それらの国々が主権平等の原則がないがしろにされた政治状況のなかで締結された境界や領域に関する条約の多くは，国際社会や領域国が一般利益や共通利益を享受するものであったとしても，欧米先進諸国によって植民地や保護国とされた国々の領域主権を制限する内容をもつものであった104)。

結果として，条約法条約の法典化では，ILCのなかでも多くの委員が一定の条約について条約上の権利義務に対世効が生じることを認めるものの，客観的制度という一律の概念構成によることを否定した105)。また，条約法条約の法典化作業に参加したアジア＝アフリカ諸国を含む諸国も「厳格な同意原則」を支持し，条約と第三国の問題は現在の34条以下の規定に委ねられ，いわゆる対世的効力を有するとされる国際制度については，領域的制度だけでなく国際機構の客観的法人説なども含めて法典化されることはなかった106)。

(5) 小括：「境界を確立する条約」の処分性と対世性をめぐる議論の錯綜

国境及び境界安定性の原則を法典化したとされるこの規定をめぐる一連の議

---

104) Craven, *supra* note 72, p. 178. 例えば，ILCでの法典化作業に先立って国際法協会 (ILA: International Law Association) で作成された前掲注(67)に収録されている処分的条約と境界条約の多くは，欧米諸国と非欧米諸国との間で締結された，非欧米諸国の領域主権を制限する内容の地役条約や植民地間の境界条約で占められている (ILA, *supra* note 67, pp. 352-367)。

105) *ILC Yearbook 1964*, Vol. I, pp. 96-109. 森川・前掲注(58)12頁，特に注41参照。また，Cravenも客観的制度の対世効の法的構成についてILC内の見解の相違が甚だしかったため，委員会として特定の立場を前提とすることを断念したとする (Craven, *supra* note 72, p. 175)。

106) 自由地帯事件の先例的な意義も，一般的には条約による第三国の義務または権利の創設には，第三国の同意を前提とする点に見出されている (拙稿「自由地帯事件」杉原高嶺＝酒井啓亘編・国際法基本判例50〔第2版〕(2014) 100-101頁参照)。条約の慣習法的効力（草案34条）の問題について論じた村瀬は，条約法条約の法典化で貫徹された「厳格な同意原則」は，その後の国家承継条約，最恵国条項に関する条文草案，国際組織条約法条約などのその後の法典化作業においても維持されたとする（村瀬・前掲注(97)113頁）。なお草案34条（現38条）の最終コメンタリーでは，条約規定の慣習法化による第三国に対する効力に関する問題と客観的制度の対世効の問題は区別されるべきであるとされた (ILC, "Draft Articles on the Law of Treaties with commentaries", United Nations Conference on the Law of Treaties, 1st and 2nd Sessions (26 March - 24 May 1968 and 9 April - 22 May 1969), Official Records. Doc. A/CONF. 39/11/Add. 2 (1971), p. 51, para. 4)。

論と規定・表現及び最終コメンタリーの内容は，全体として，この規定の意義の射程が限定的なものであることを示していた。

規定から導かれる意味は，「境界を確立する条約」は無効原因としての事情変更の原則の適用から除外されることであり，条約法条約に規定された他の条約の無効・終了原因の適用や第三国に影響を及ぼす条約の権利義務関係に関する主張の可能性は残されることになる。

そして，その審議の過程において，「境界を確立する条約」の安定性，条約関係として成立した境界・領域関係の維持・保護の重要性に対する認識については広く一致が存在したものの，この原則に関する一般的な国家慣行の存在も含めその保護の在り方や本規定の適用範囲については必ずしも明確な見解が示されたわけではなかった。但し，境界条約と条約によって確立された境界の法的性質について，条約の履行による処分的効果によって生じた客観的事実によって，当事国間の条約関係からは独立した存在となるという論理構成に基づく見解が Waldock も含め多くの委員によって支持され，条約法を法典化する文脈では，境界条約の有する処分的効果に依拠する見解が取られたと考えられる。

他方で，Marston が指摘したこうした客観的事実が当事国以外にいかなる効力を及ぼすのかという対世効の問題については，62条2項(a)との関係ではほとんど議論されることはなかった。むしろ，学説などで処分的条約と同一のカテゴリーで論じられ，同じく対世効を有するとされる客観的制度の概念とその対世効は，前述のような経緯によって条約法条約では法典化されることはなかった。但し，対世効に関する議論が行われる過程で，客観的な制度の対世効は，その目的である一般利益や共通利益，あるいは，それらを代表する国々からなる立法的な権能から導かれるものであり，第三国は直接的にこれに拘束されるものであるのに対し，境界条約は「その目的が当事国だけの利益を規制すること」から，その対世効については客観的制度とは異なる論理が求められるとの指摘も存在した[107]。

こうした事情変更の原則の例外における議論と客観的制度における対世効に関する議論を重ね合わせると，境界条約は「その目的が当事国だけの利益を規

---

[107] 森川・前掲注(58)11-13頁；*ILC Yearbook 1964*, Vol. II, p. 32.

制すること」にあり，その継続性・安定性を保障することが国際社会の一般的な利益に適うとしても，そのこと自体から第三国が拘束されるわけではなく，対世的な効果が認められるには，独自の論拠が求められることになる。そして，この点に関する学説及び法典化作業における主要な論拠とされたのが，その履行によって，第三国にも影響を及ぼす，客観的な法的状態を生じさせるという，伝統的に「処分的条約」とされた一群の条約の類型や特定の条約の履行に関わる処分的効果の概念であったことは明らかであろう。

2　1978年条約についての国家承継条約[108]

条約法条約に続き1978年に採択された国家承継条約でも，境界を確立する条約の例外的な取扱いに関する規定がおかれた。

(1)　11条の審議とその背景

条約の国家承継については，先行国と承継国の法的継続性に対する見解をめぐって，①いわゆる「継続性の原則（principle of continuity）」に基づき，先行国と承継国との間に法的継続性を重視し，先行国が第三国と締結した条約を包括的に継承する立場と，②新独立国の政治的独立性などを重視し，先行国と承継国の間に「合意は第三国を益しも害しもせず」を適用し，先行国が第三国と締結した条約は後継国を拘束しないとする，いわゆる「クリーン・スレートの原則（clean slate principle）」を主張する立場が対立してきた[109]。

同条約の法典化作業には，条約法条約同様，新たに独立したアジア＝アフリカ諸国も数多く参加していたため，この2つの立場をめぐって新興独立国と先進国の対立は先鋭化することになった。結果として同条約の法典化では分離独立については継続性の原則，新規独立に関してクリーン・スレートの原則が採用されたが[110]，他方で，この2つの立場の違いにも関わらず，境界条約及び

---

108)　本条約の締結に至る全体的な経緯については，中川融「条約に関する国家承継ウィーン条約について（一）〜（三）」駒澤大学政治学論集11号（1980a）1-29頁，12号（1980b）12-41頁，13号（1981）17-42頁。特に11条については，桜井・前掲注(3)10-28頁。
109)　条約の承継については，山本・前掲注(2)312-313頁，田畑・前掲注(73)1-60頁，小松一郎・実践国際法〔第2版〕（2015）305頁。また法典化時における問題状況については，桜井・前掲注(3)2-6頁参照。

境界制度について条約法条約における処分的効果の論理が引き継がれれば、継続性の原則の立場を取った場合でも、クリーン・スレートの原則の立場を取った場合でも、結果として先行国と関係国の間に存在する領域的現状は維持されることになる 111)。

条約の国家承継についても報告者を務めた Waldock も、国家承継をめぐる国家間の対立と継続性の原則とクリーン・スレートの原則を中心とした様々な見解の相違のなかで、学説・国家実行ともに条約によって確立された境界の存続は国際法上の一般規則として支持されていると述べつつ、1968年の第1報告書の段階で新国家の成立・分離に際しての国家間の領域関係の安定という観点から、条約それ自体の承継ではなく、「条約によって確立された法的状態 (legal situation established by the treaty)」の存在を前提とした規定の起草を行っていた 112)。

審議の過程で一部のアジア＝アフリカ諸国から植民地主義の遺産である人為的な境界を温存するものとして批判にさらされたものの、同規定は、Waldock が ICJ の判事に選出された後も、最終草案に至るまで大幅な修正は行われず、当初提案された草案とほぼ同様の規定が最終的な規定として採択された 113)。

第11条　境界制度
国家承継は、それ自体として次のことに影響を及ぼすものではない。
(a) 条約により確立された境界
(b) 条約により確立された境界制度に関する義務及び権利

(2) 11条の意義

11条はその表現として、条約法条約62条と同様に、「国家承継は、それ自体として次のことに影響を及ぼすものではない」と消極的な表現がなされてお

---

110) 同条約は、1996年に発効したものの、当事国は22カ国に止まり、日本は参加していない。
111) 桜井・前掲注(3)2-4頁。また、O'Connell は、この問題は、元来、相続（国家承継）の問題でも契約（条約法）の問題でもなく、（国内法のアナロジーに基づき）「信託 (equitable property)」の問題であるとすら評する (O'Connell, supra note 58, p. 49)。
112) ILC Yearbook 1968, Vol. II, pp. 92-93; Craven, supra note 72, pp. 181-186.
113) 中川・前掲注(108a)23-29頁；桜井・前掲注(3)10-13頁；Shaw (1997), supra note 10, pp. 89-92; Craven, supra note 72, pp. 186-187.

り，少なくとも文言上，既存の境界の受入れを義務づけるものとはなっていない。こうした条約の有効性と国家承継の関係については，14条でも確認されていることであるが114)，改めて本規定でも，条約により確立された境界は，国家承継の影響を受けないと述べ，国家承継以外の事由による影響を排除するものではないとされている115)。

本規定の最終コメンタリーでも，「(本規定は) 現状維持の単なる保障ではなく，その現状が維持しうることを意味するものに過ぎない。自らが同意したのではない条約の効力を認める意味ではない。条約は承継時に持っていた効力を維持する。しかし，もし承継の理由に争いがあれば，条約の有効性であろうと，継続性であろうと，いかなる理由を援用しても争うことができる」116)（傍点筆者）と述べられており，「国家承継の発生そのものは，既存の境界に争いがある場合，それを認める効果を持つものではないし，承継時に確立していた境界線の性格を奪うものでもない」117)ことが確認されている。

つまり，条約の恒久性，あるいは境界の客観化の根拠のひとつとして言及される，この規定の意義は，まず，承継された境界を終局的なものとして受け入れることを一般的に義務づけたものではなく，そして国家承継以外の国際法上の他の事由に基づく境界に関する主張を一般的にも遮断するものではない118)。あくまで，条約によって生じた法的状態としての領域的現状について国家承継が行われる先行国と承継国の間でその法的地位が維持されることを確認したに過ぎない119)。

(3) 小括：条約法条約と国家承継条約の差異

上記のように，国家承継条約11条では，その例外としての位置づけを条約

---

114) 本条約14条では，「この条約のいかなる規定も，条約の有効性に関するいかなる問題についてもいかなる点でも何ら予断を与えるものではない」と規定している。
115) 桜井・前掲注(3)11-13頁，Shaw (1997), *supra* note 10, p. 90.
116) ILC, Final Draft Articles on succession of States in respect of treaties, *ILC Yearbook 1974*, Vol. II, Pt. 1, p. 201, para. 20.
117) *Ibid.*, para. 17.
118) 桜井・前掲注(3)11-13頁。
119) 同上。ILC, *supra* note 116, pp. 201-202.

の終了原因としての事情変更の原則に限定し，積極的な義務の表現を取らなかった条約法条約62条2項(a)と同様に，「条約により確立された境界」は「それ自体として国家承継の影響を受けない」との消極的な表現が採用された。

しかし，国家承継条約11条と条約法条約との間には一定の差異も存在する。同11条は，条約法条約が事情変更の原則の例外を「条約が境界を確立している場合」としているのと異なり，国家承継の影響を受けない対象は「条約により確立された境界」とされており，条約と条約によって生み出された状態を別個のものとして捉え，後者を対象としている[120]。この点について，最終コメンタリーでは，当初は事情変更の原則に言及するなどして条約法条約との連続性を明確にした規定が検討されたものの，本規定における問題は，条約の効力の継続の問題ではなく，承継国に譲渡された権利及び義務の問題であり，その対象は境界条約ではなく，条約によって確立された法的状態に関するものであることを明確にすることを意図したとしている[121]。つまり，この規定は条約の承継について述べたものではなく，条約の履行（処分的効果）によって生じた境界が，条約とは独立した客観的な状態として存在するがゆえに，国家承継の影響を受けないという趣旨を明確にしたものであるといえる。

また，客観的制度の対世効の法的根拠について詳細な検討を行った森川が指摘するように，客観的制度を含む領域的制度については，条約法条約では，対世効に関する論理構成も含めて法典化が否定されたにも関わらず，国家承継条約では，境界条約と同じく条約の履行によって生じる法的状態が承継されるとの論理に基づき，12条（その他の領域的制度）として法典化されることになった[122]。

このように，国家承継条約では，条約の処分的効果の法的帰結としての境界・領域的制度の客観性に依拠するとの立場が明確にされた一方で，ILCの審議では，条約それ自体と条約が生み出した状態が判然と区別可能なものなのかという疑問が呈されていた。過去の裁判例に見られるように，既に双方が有効と認める合意が存在する場合であっても，具体的な境界の位置について争いが

---

120) Shaw (1997), *supra* note 10, p. 90.
121) ILC, *supra* note 116, p. 201, para. 18.
122) *Ibid.*, p. 206. 森川・前掲注(58)14頁。

発生した際には何よりもまず条約が参照されることは言うまでもない。また条約法条約の法典化の過程で指摘されたように，境界条約には関連する境界・領域的制度について継続的な義務が規定されることも少なくない123)。

こうした点について，最終コメンタリーは，ILC内で条約とそれによって確立された境界を峻別する考え方は「仮構的に過ぎる (artificial)」という疑念が呈されたことが紹介された124)。また特に国家承継に関わらない国々に与える影響という点では，境界条約は立法的な効果によって条約とは独立した・法・的・・事・実・上・の状態を作り出すとの委員の見解も記されているが，これらの見解に対する委員会としての結論には特に触れることなく，様々な見解を並記するのみで議論の収束や方向性が示されることはなかった125)。

3　1986年国際組織条約法条約

(1)　62条の審議

境界に関する条約の法的位置づけが最後に法典化の対象とされた国際組織条約法条約（1986年採択）では，最終的な条文として以下のものが採択された126)。

第62条　事情の根本的な変化
　2　事情の根本的な変化は，条・約・が・境・界・を・確・立・し・て・い・る・場・合・，二以上の国と一若しくは二以上の国際組織との間の条約の終了又は条約からの脱退の根拠として援用することができない。（傍点筆者）

(2)　62条の意義

規定それ自体としては，条約法条約62条の規定・表現が踏襲されているが，

---

123)　条約法条約における62条2項(a)における議論でも，Waldockは，境界画定・割譲条約は，必ずしも条約上の義務の履行によって終了するものではないとの指摘も行い，境界条約と当該条約に基づく境界との関係が，独立したものとは限らないと解せる発言も残している。しかし，この点に関してWaldock自身の見解やILCでの議論は敷衍されることはなかった (ILC, "Summary Record of the 697th Meeting" (11 June 1963), UN Doc. A/CN. 4/SR. 697, p. 158)。
124)　ILC, *supra* note 116, p. 201, para. 19.
125)　*Ibid.*, paras. 19–20.
126)　本条約の審議の経緯については，谷内正太郎「国際機関条約法条約採択国連全権会議」国際法外交雑誌85巻4号（1986）374–389頁参照。

同条約の最終コメンタリーでは，こうした表現上の類似にも関わらず，まさに条約法条約から踏襲された「境界を確立する条約」の意義が改めて問われることになった127)。同コメンタリーは，条約法条約の最終コメンタリーと委員会における議論の内容を確認する一方で128)，当時進行中であった国連海洋法条約（以下，「UNCLOS」）における各種の海域制度に関する議論の影響を受け，改めて同条の示す「境界（boundary）」の範囲について疑問が投げかけられた。

具体的には，本規定における「境界」は，慣習上，「陸上の国家領域の限界（the limit of the land territory of a State)」を示すものであるとした上で，この規定における境界には，より広範な各種の管轄権に関する空間的限界を含みうるものであるとした。その具体例として，関税線，領海の限界線，大陸棚や排他的経済水域の境界線，休戦ラインが挙げられた129)。

そして，これらの境界線のなかには，特定の事項や目的に関するものと包括的な管轄権の線引きを図るものとがあり，両者は明確に区別される必要があるとし，その上で，UNCLOSにおける海域制度との関連で，次のような疑問を提示している。すなわち，領海の限界線は「国家領域の真の限界線（a true limit of the territory of the State)」であるとしても，その他各種の海域を画定する線のすべてが，62条の適用範囲に含めて保護すべきものなのか，各海域の限界線には，それぞれ特徴があり，一定の場合には，それらの境界線が62条による保護の対象には含まれない場合もあるとしている130)。

このように最終コメンタリーは，本規定の具体的な適用範囲が，原則として包括的な管轄権の限界線としての陸上の境界（land boundary）が本規定における「境界」であることを明らかにするとともに，海洋境界（maritime boundary）についても領海については国家領域の限界線としての「境界」に含まれるとした。

他方で，このような領域主権とは直接かかわりない，機能分化した各種の管

---

127) ILC, Final Draft Articles on the law of treaties between States and international organizations or between international organizations, *ILC Yearbook 1982*, Vol. II, Pt. 2, pp. 60-62.
128) *Ibid.*, p. 60.
129) *Ibid.*, pp. 60-61, para. 5.
130) *Ibid.*, p. 61, para. 6.

轄権に関する境界線にも安定性原則による保護が及びうることにも言及しているが131），いくつかの事例が列挙されるのみで，本規定の適用範囲に関わる基準・条件について新たに付け加えられることはなかった。

4 「国境及び境界安定性の原則」の法典化の意義と射程

以上，1960年代から1980年代半ばまでの間に採択された3つの条約とその成果について検討を行ってきた。

法典化の審議の過程では，一貫して国境及び境界安定性の原則の重要性は広く認識されたものの，特に条約法条約の法典化において，境界条約及び条約により確立された境界を一括して他の条約とは区別して例外的な扱いをするか否か，あるいは例外的な取扱いを支持する立場においても，境界を確立する条約を含む，処分的条約，あるいは「領域的条約」といわれる一群のカテゴリーの条約全体の法的性質について見解の不一致が存在した132)。

しかし，一連の審議の結果，境界条約及び条約により確立された境界には，条約一般に与えられる「条約の実施によつて生じていた当事国の権利，義務及び法的状態」（70条1項(b)）以上の特別な扱いが必要であるとして，学説上，処分的効果，すなわち，境界条約の履行により，当事者間の条約関係とは独立した客観的な法的状態が形成されるという考え方に基づき62条2項(a)は事情変更の原則の例外として規定された。但し，条約法条約では，境界を確立する条約を除き，「領域的条約」に含まれる一群のカテゴリーの条約全体が認められたわけではなかった。これらの条約と境界条約は同じく対世効を有するとされる客観的制度などについては，対世効の法的構成から異なるカテゴリーに属する条約とされ，その概念の妥当性などをめぐって否定的な評価がなされた結果，「条約と第三国」の関係は「厳格な同意原則」に基づく34条以下の規定に委ねられることになった。

結果として，条約法条約の法典化では，国境及び境界安定性の原則に基づき，条約当事国間に生じる境界に対する終局性とは別に，境界条約の処分的効果に

---

131) *Ibid.*, pp. 60–61, paras. 5 and 7.
132) Craven, *supra* note 72, p. 180.

よって生じた法的状態が，いかなる効果を第三国に与えるかについては明らかにされなかった。また，この規定の適用範囲の境界を確立する「条約」には，最終コメンタリーに境界画定条約と割譲条約が含まれるとされるのみで，事情変更の原則の例外とされるべき「境界」の具体的な内容は示されなかった。

続く国家承継条約では，境界は境界条約から独立した存在であるゆえに，先行国と承継国，そして先行国との間で境界画定を行った隣接国との間の領域的現状は，国家承継の影響を受けず，恒久性を有するという立場が条文にも明確に示された133)。但し，ここでの恒久性，すなわち条約から独立した存在としての境界・領域的制度が，国家承継という特別の関係を超える先行国と承継国，そして先行国との間で関連する境界・領域的条約を締結した国々以外の第三国に対してどのような法的関係が生じるかについては触れられていない。また，11条における恒久性は，寺院事件でICJが条約当事国であるタイに対して判示した終局性の認定によって確立した国境への異議申立てを遮断するというような趣旨のものではなく，国家承継に関係する国々の間に存在する領域的現状に変化は生じないことを記述するもので，関係国に対して承継された境界の承認や受入れを義務づけるものではないとされる134)。最終コメンタリーでも，この規定は境界を設立した条約や境界の継続性について国際法上の主張を妨げるものではないことが明確に述べられている135)。

そして，3つの法典化条約のなかで最後に1986年に採択された国際組織条約法条約では，その適用範囲として，陸上における包括的な国家管轄権の限界線としての国境を原則としながらも，海洋についても，領海の限界線は国家領域の真の限界線としてその対象に含まれるだけでなく，その他の機能分化した海域制度や管轄権の境界線も含まれうることが示されたが，その適用の基準・範囲について特段の議論は見られなかった。

これまで，国際裁判・学説等で示されてきた国境及び境界安定性の原則の内容を確認し，またその実定法規とされる一連の法典化条約の条文作成における

---

133) 桜井・前掲注(3)12頁。
134) Shaw (1997), *supra* note 10, p. 90; 桜井・前掲注(3)11-13頁。
135) ILC, *supra* note 116, pp. 201-202, paras. 17 and 20.

議論を中心にその根拠などを検討してきた。

　その結果は，国境及び境界安定性の原則の法典化とされる一連の規定は，いずれも限定的な表現が用いられたものであり，極言すれば，条約法条約・国際組織条約法条約については，「条約が境界を確立する場合」を事情変更の原則による一方的な終了の例外とし，また国家承継条約については，既存の境界は，その領域的現状の法的性質は問わず，国家承継の影響を受けないと述べたに過ぎなかった。そのため，学説や国際裁判において，従来，本原則に関連して言及されてきた事柄がどの程度含まれていたのかを明らかにするものではなかった[136]。

　他方で，一連の審議では，合法的に成立した条約関係に基づく国境及び境界の安定性の具体的内容である終局性，恒久性，そして対世効について，境界・領域的条約の履行による処分的効果によって，条約から独立した法的状態となるために，条約当事国双方に対して，境界は終局性を有するとされ，次いで，国家承継では，上記のように条約から独立した法的状態であるがゆえに，国家承継は，それ自体として境界に影響を及ぼすことはなく，恒久性を有するものとして扱われた。

　しかし，単純な物権アナロジーやかつての大国によるある種の立法的権能を前提とせずに，条約法の文脈における非当事国たる第三国，そして国家承継という特殊な状況にある先行国と承継国の関係を超えた他の国々との関係で，処分的効果とされるものによって創出された領域的現状や法的現実と表現されるものがどのようなものとして理解されるのかについては疑問が残されることになった。

Ⅳ　法典化条約採択後の国家実行と国際裁判

　いずれにしろ，多くの法典化条約同様，国境及び境界安定性の原則，そしてその法典化としての一連の規定の意義についても，現在も進行中のプロセスと

---

136) 例えば，法典化条約の対象とされた境界は，「条約 (treaty)」によって確立された場合に限定されている。そのため，広義には合意・同意に含まれるものであっても，厳格に文言を解すれば，黙認や承認を含め条約以外の方式で設定された境界は法典化条約の規定の適用は受けないことになる (Shaw (1997), *supra* note 10, p. 90)。また前掲注(2)で指摘した国際裁判の判決による境界画定もこの規定の適用を受けないことになる。

して，その後の国家実行や国際裁判の解釈実践などによって，法典化では明らかにされなかった部分について，どのような法的構成が展開されているのかが検討されなくてはならない。

以下，今後の課題の提示に向けて，法典化後の関連する国家実行・国際裁判を瞥見したい。

1 法典化条約の関連規定に関する国家実行
(1) 旧ソ連・東欧諸国における国家承継

3つの法典化条約の採択後，1980年代後半以降に旧社会主義圏で進行した国家の解体や新国家の誕生に関わる境界制度（国家承継条約11条）及び領域的制度（同12条）の承継やウティ・ポシディーティス原則の一般国際法規範性を検討した桜井によれば[137]，バルト三国などを除けば，境界制度については，旧ソ連及び東欧諸国の解体後も，ほぼ11条の内容に沿う形で既存の境界制度が承継・維持された一方で，国家承継条約11条の境界の承継と同様の論理で法典化された同12条については，その承継に際して共通利益の考慮などに基づき選択的に継承されており，12条の内容に沿う一般的な慣行の存在は確認できないとする[138]。

こうした11条と12条に関連する国家実行の差異が境界条約と領域的制度に関する法的信念の差異によるものなのか，あるいは，Reuterが指摘したようなそれぞれの条約をめぐる経緯や個別・具体的な利益衡量の結果によるものなのかなどについては，より詳細な検討を必要とすると思われる[139]。

---

137) 桜井は，国際裁判や多くの学説で一般慣習法規とされている国家の分離独立におけるウティ・ポシディーティス原則について，旧ソ連，東欧諸国の国家解体の国家実行の検討から，解体前の国際的な境界線については同原則に基づく境界の継続性が見出される一方で，解体前の行政的な境界線の国際的な境界線への転換については，一般慣習法に足る国家実行や法的信念は見出せないとしている（桜井・前掲注(4)112-116頁）。

138) 桜井利江「境界制度およびその他の領域的制度に関する条約の国家承継——旧ソ連・東欧諸国の実行を素材として(二)」九州国際大学法学論集3巻3号（1997）73-75頁。

139) 桜井によれば，ドイツ政府は，旧東ドイツが締結した二国間条約について，地理的状況，相互協力の程度及び利益などを考慮要素として協議をした結果，すべての領域的制度に関する二国間条約の終了を宣言した。他方，多数国間条約であるオーデル川の航行に関する条約については，新たな状況に応じるため1998年に追加議定書が締結された。さらに，同政府は，領域制度に関する条約について，国家承継の影響を受けないのは，法的義務の根拠とし

(2) 海洋境界に関する日本の条約実行

条約の承継以外の分野にも，条約の処分的効果に関連して，日本と韓国が1974年1月に署名した2つの条約のうち，大陸棚の境界画定を内容とする「日韓大陸棚北部境界画定協定」については，有効期間を定めないことによって条約の処分的効果を意図したのに対し，石油・天然ガス資源の共同開発に関する「日韓大陸棚南部共同開発協定」については50年の有効期限を設定し，処分的効果を意図しないことを明確にしたとされている[140]。

大陸棚の境界画定の法的性質について，既にICJは，1978年の時点で，陸地の境界線と同様に，主権的権利の行使の範囲に関わる問題として安定性と永続性を有し，事情の根本的変化によって影響を受けないものとの見解を示していた[141]。こうした見解は，ニカラグア＝ホンジュラス間の領土・海洋境界画定事件（2007年）[142]，また近年のバングラデシュ＝ミャンマー海洋境界画定事件（2012年）[143]やバングラデシュ＝インド海洋境界画定事件（2014年）[144]などの仲裁判決でも踏襲されている。

他方で，1989年のギニア・ビサウ＝セネガル海洋境界仲裁事件では，多数意見に対して[145]，自らILCのメンバーでもあったBedjaoui判事は，条約法条約及び国家承継条約の双方の規定・表現及び起草過程の検討ならびに自決権の観点から，ウティ・ポシディーティス原則や条約法条約及び国家承継条約における関連規定の適用対象には，領海を超えた海域の海洋境界（maritime delimitation）は含まれないとの見解を示している[146]。

ての条約ではなく，条約によって創設された領域制度そのものであるとの見解を示している，という（桜井・前掲注(138)71-72頁）。
140) 小松・前掲注(109)139頁。他方で排他的経済水域について，1996年7月の日本のUNCLOS批准後の1998年11月に締結された「漁業に関する日本国と大韓民国との間の協定」には有効期間が設定されている。
141) Aegean Sea Continental Shelf (Greece v. Turkey), Judgment, *ICJ Reports 1978*, pp. 35-36, para. 85.
142) *ICJ Reports 2007*, p. 735, para. 253.
143) ITLOS Case No. 16, 14th March 2012, para. 95.
144) PCA, Case, No. 2010-16, para. 216.
145) *ILR*, Vol. 83 (1990), pp. 43-46, paras. 80-85.
146) *Ibid.*, pp. 59-62, paras. 24-29. 先に紹介した論文のなかでも，Marstonは，結論として海洋の境界にも安定性原則が適用されるとの見解を取るものの，陸地と海洋の境界には事実及

国際組織条約法条約における最終コメンタリーでも，国境及び境界安定性の原則は，原則として陸上の境界を適用対象とするものの，海洋境界への本原則の適用を一律に排除されることはなかった。が，同時に，UNCLOSで新たに設けられた海域制度に関わる境界線に一律にこの原則を適用することには疑念を呈していた。近年刊行された研究者によるコメンタリーのなかでも，領海との法的性質の違いから，大陸棚や排他的経済水域については，条約法条約62条2項の適用対象とはならない可能性が指摘されている147)。

　しかし，UNCLOSによる新たな海域制度の境界についてILC自身が述べたように，各種の海域制度が安定性原則の対象に含まれるか否かは予めILCが決めるものではなく148)，新たな外延の形成は，安定性原則の諸要素や関連する基準・原則を踏まえた，各種の海域制度の法的性質に対する各国の理解やそれに基づく法政策や条約実行の集積のなかに見出されるべきものであると思われる149)。

　び法的な差異が存在することを指摘している（Marston, *supra* note 10, pp. 152-157)。他にも，陸地の境界と海洋の境界の画定のプロセスにおけるUNCLOSにおける関連規則の存在（特に「衡平な解決の達成」)（UNCLOS 83条）や第三国による権利主張が与える影響などの差異を指摘するものも存在する（Lucius Caflisch, "The Delimitation of Marine Spaces between States with Opposite and Adjacent Coasts", in René-Jean Dupuy and D. Vignes (eds.), *A Handbook on the New Law of the Sea* 2（1991), p. 426; Hugh Thirlway, "The Law and Procedure of the International Court of Justice 1960-1989（Part Six)", *British Yearbook of International Law*, Vol. 65（1995), pp. 20-22; Julia Lisztwan, "Stability of maritime boundary agreements", *Yale Journal of International Law*, Vol. 37（2012), p. 153; Árnadóttir, *supra* note 75, p. 94. *See also*, *Gulf of Maine* case, *supra* note 1, para. 20; *Frontier Dispute* case, *supra* note 7, para. 47; *First award between Eritrea and Yemen*, *supra* note 19, p.240, para. 112. いずれにせよ，両者の差異の詳細については，稿を改めて検討したい。

147) Dörr and Schmalenbach (eds.), *supra* note 24, p. 1093. 小寺も海洋の法的性質を論じた際に，国家領域として領土と一体とされる領海であっても，その法的性質は領土とは異なる以上，国家管轄権の行使の適用範囲の幅だけで接続水域や排他的経済水域などの各海域制度の差異を判断するのは，それぞれの海域の固有の性質を捨象する単純化であると批判する（小寺・前掲注(27)118頁）。

148) ILC, Final Draft Articles on the law of treaties between States and international organizations or between international organizations, *ILC Yearbook 1982*, Vol. II. Pt. 2, p. 61, para. 6.

149) なお旧ユーゴスラビア解体以前には同国の内水であった海域の境界画定が問題となったクロアチア＝スロベニア仲裁事件（2017年）では，スロベニアは，国家承継条約11条は，承継前に創設された客観的状況に適用されるものであり，内水である湾の閉鎖線もこの対象

2 国境及び境界安定性の原則に関する国際裁判

前述の国家実行や国際裁判が関連する法典化の規定の具体的な適用範囲に関わるものであるのに対して，国境及び境界安定性原則を支える具体的な要素である終局性・恒久性・対世性や関連する法典化された規定の意義自体に関わる判示もいくつか示されている。

(1) 「国際法の原則」としての「領域的制度の恒久性」

学説のなかには，法典化条約採択前後の国際裁判の判示のなかに，法典化された規定の意義が単なる例外としての限定的な意味合いから，こうした領域的現状を尊重すべきとする，より一般的な義務への転換を見出すものも存在する。先に通説的見解として紹介したShawは1996年の論文のなかで，国家承継条約11条の解釈が限定的なものに止まることを認めつつも，チュニジア＝リビア大陸棚事件 (1982年) やブルキナ・ファソ＝マリ国境紛争事件 (1986年) などの国際裁判から，これらの規定が条約に基づく境界や領域的現状を尊重する義務を意味するものとなりつつあると指摘した[150]。

しかし，このうちブルキナ・ファソ＝マリ国境紛争事件は，法典化条約の規定の対象に境界画定条約と割譲条約の双方が含まれると述べたに過ぎず，規定の法的性質について言及したものではない[151]。

もう一方のチュニジア＝リビア大陸棚事件では，当事国間に陸地の境界の恒久性及び安定性について争いは存在しないことを確認する文脈で，確かに「境界及び領域に関する条約が法律上 (*ipso jure*) に継続するという規則は，1978年の国家承継条約においても具体化されている」と判示されている[152]。しか

に含まれると主張した。これに対してクロアチアは，海洋境界はその性質上第三国にも影響を与えるものであり，内水の設定も国際法に合致した方法で行われ，国家の解体などの変化に対応しなくてはならないと反論した。仲裁廷は，結論として，湾の一体性を重視し，湾全体が両国によって承継されるものであるとするとともに，湾内における両国の境界線については，UNCLOSに関連する規定がないことから，陸上と同様の基準が適用され，当事国間の合意とウティ・ポシディーティス原則に基づいて設定されると判示した (PCA Case No. 2012-04, para. 334 and paras. 801-914)。

150) Shaw (1997), *supra* note 10, p. 90.
151) *Frontier Dispute* case, *supra* note 7, p. 586, para. 17.
152) ICJ Reports 1982, pp. 65-66, para. 84.

し，この判決は，国家承継条約11条における承継の対象を境界及び領域に関する条約と捉えたものであり，Ⅲ2で示した法典化の審議で同11条及び12条を採択させた論理とは異なるだけでなく，その後の関連する国際裁判における事案のなかでも一般的な立場とはいえない。

　むしろ，本稿も含め，多くの学説・判例で引用される1994年のリビア＝チャド領土紛争事件では，リビアとチャドの旧宗主国であるフランスとの間で締結された1955年条約自体が期限付きの条約であることを認める一方で，国家承継条約に言及することなく，同条約や条約法条約の法典化の際に前提とされた境界の条約からの独立性と恒久性を明言している153)。そして，こうした立場は，近年の島嶼の帰属と海洋境界画定をめぐるニカラグア＝コロンビア事件（先決的抗弁・2007年)154) や両国の国境を形成する国際河川の航行に関する権利をめぐるコスタリカ＝ニカラグア航行権事件（2009年)155) でも先例として踏襲されている。

　特に近年の2つの事件は，ともに国家承継に関する事案ではないが，係争対象となった境界・領域的制度について，「条約によって確立された領域的制度（territorial regime）は，条約自身が享受しない恒久性を獲得し，領域的制度を創設した条約に依存することなく存続すること」が「国際法の原則（principle of international law)」であると明言されている156)。これらの判決の特徴は，条約法条約・国家承継条約で区別された境界制度とその他の領域的制度を特に分けることなく，「領域的制度（territorial regime)」という言葉を用いて，その対象をリビア＝チャド領土紛争事件における「境界（boundary)」よりも拡張している点であり157)，次いで，先行するリビア＝チャド領土紛争事件の判決を引用するのみで，慣習法や法典化条約の存在その他の根拠・法源には言及していない点である。

---

153)　*Territorial Dispute* case, *supra* note 15, p. 37, paras. 72-73.
154)　*ICJ Reports 2007*, p. 861, para. 89.
155)　*ICJ Reports 2009*, p. 243, para. 68.
156)　*Ibid*.
157)　もっともⅢ1で述べた通り，条約法条約62条2項(a)においても「境界を確立する条約」には領域権原に関する条約も含まれるとされており，リビア＝チャド領土紛争事件における判示からも境界と領域制度を明確に峻別する意図はなかったとも解することもできる。

かつて小寺は，国際法の法源について論じた際，国際司法裁判所規程 38 条における「法の一般原則」を国際法・国内法を問わずに法システムに内在する原則（「法の基本原則」）と「国際法の原則」に分け，後者の「国際法の原則」について，主権平等原則や武力不行使原則などの国際社会で広く認められた慣習法とともに，国際法上の主要な制度の本質が含まれると指摘した 158)。そして，これらの国際法上の制度の本質としての「国際法の原則」は，法システムに内在する原則であり，そして，その内在性ゆえに，慣習法の諸要素など特定の性質を決定する根拠を必ずしも示さずに認定されるとした 159)。
　上記の判決における領域的制度に対する裁判所のアプローチは，小寺の指摘する後者に該当するものであり，処分的効果に基づき，条約とは自律した法的事実から導かれる境界・領域的制度の恒久性を境界・領域的制度の本質として認定したものともいえる。

(2)　処分的効果の仮構性

　他方で，判決のなかには，条約とは独立した存在としての境界・領域的制度の恒久性という性質のみでは，対立する主張と関連する事実関係を整序しきれていないと思われる事例も存在する。
　現在も係争中であるガブチコボ・ナジマロシュ計画事件では，旧社会主義政権時代にチェコスロバキア＝ハンガリー間で締結されたドナウ川流域の総合的な開発に関する条約の履行が争われている。本案判決（1997 年）において，スロバキアは，チェコスロバキアの承継国であり，両国で締結された航行，水の供給，そして水門・ダムシステムの建設に関わる 1977 年条約の当事国であることを主張したのに対し，ハンガリーは，チェコスロバキアが消滅した結果，1977 年条約も終了したと主張した 160)。
　この点について，ICJ は，両者の対立を国家承継条約 34 条（国家の一部の分離の場合における国家承継）の問題ではなく，同条約 12 条の問題とした上で 1977 年条約をその性格から 12 条が規定する「領域的制度を設定した条約であ

---

158)　小寺・前掲注(27)30–31 頁。
159)　同上。
160)　*ICJ Reports 1997*, pp. 16–17, para. 14.

る」と認定し、それゆえにスロバキアは1993年1月1日以降も1977年条約が設定した義務に拘束されるとの判断を下した161)。このように裁判所は、条約の存続と義務の継続を区別し、条約の存否に関わらずスロバキアに義務を課すという、いわゆる処分的効果の概念に基づくという点ではハンガリーの主張を認めつつ162)、他方で、1977年条約の終了を主張したハンガリーの主張をしりぞけ、1977年条約の存続をも認定し、両者の間で回復されるべき基本要素を含む共同レジームであるとする判断を下している163)。

この点についての裁判所の判断は、当事国の一方に対しては、1977年条約が国家承継の影響を受けずに存続する義務の継続の根拠を1977年条約の処分性、すなわち国家承継条約12条への該当性に置きつつ、他の一方に対しては、実質的には条約が存続することによって条約に関わる一連の権利義務も承継されたとの判断を示したとも解せられる164)。

このように、恒久的な制度としての境界・領域的制度は、条約からは独立した存在とされる一方で、実際には、それを生み出した条約関係が複層的に存在することによって、当事国間の権利義務関係の動態や紛争処理過程における裁判所の論理の理解が可能になる。無論、これらは条約やそれによって創設された制度が対象とする個別具体的な法的関係に関わるものの、こうした状況における複層性がILCにおける条約法条約の法典化の審議過程で指摘された処分性の概念に回収されない境界・領域的条約における継続的な義務の存在や国家承継条約の最終コメンタリーでも指摘された境界・領域的制度の条約からの独立性及び恒久性を説明する概念としての条約の処分性の「仮構性」を示しているとも思われる。

---

161) *Ibid.*, pp. 69-71, paras. 116-123.
162) *Ibid.*, pp. 71-73, paras. 123-124.
163) *Ibid.*, pp. 76-80, paras. 132-147.
164) 国際司法裁判所判例研究会（酒井啓亘）「判例研究・国際司法裁判所 ガブチーコヴォ・ナジマロシュ計画事件（判決・1997年9月25日）」国際法外交雑誌99巻1号（2000）86-87頁。また、Ⅲ1で紹介したように、領域の制度に関する条約の承継については、国家実行のレベルでは明確な一般性は見出されていない。

(3) 国際裁判における境界の対世効

最後に残された対世効，特に陸上の境界の対外的な安定性に関わる2つの事例について触れたい。

①ブルキナ・ファソ＝マリ国境紛争事件（1986年）

陸上の境界で紛争当事国以外の第三国との三重地点（tripoint）の存在が問題となった本件では，両国と国境を接するニジェールの訴訟参加は拒否され，マリは，ニジェールの合意なくして，裁判所は三重地点の決定を行う権限を有しないと主張した。

この点に関してICJは，裁判所の任務は，付託合意の範囲内で係争地域全体における境界線を画定し，その終了点を示すことであり，三重地点を示すこと自体ではないとした上で，裁判所の決定に影響を受ける第三国の権利は，国際司法裁判所規程59条で保護され，本判決は，ニジェールに対して対抗できないと判示している 165)。

この判示は，限定された当事者によって対審的に進行される裁判手続の既判力の問題を語ったに過ぎないとも言えるが，裁判所は，この判示を述べる過程で，裁判所の司法機能が当事者間の交渉・合意形成の代替に過ぎず 166)，その拘束力の根拠は「合意は拘束する（*pacta sunt servanda*）」の原則に基づくとして，判決による境界画定は当事国間では拘束力を有するのに対して，第三国たるニジェールには対世効を有しないと述べ，合意に基づく境界線の相対的な効力により具体的な形で言及している 167)。

②イエメン＝エリトリア仲裁事件（第一段階・1998年）

本稿Ｉ2(3)でも言及した本件仲裁における判示（第153段落）は，第一次世界大戦の戦勝国が中心となり，中東全域をその支配・影響下においていたオスマン・トルコによる領域秩序の再編を試みたローザンヌ条約をめぐって述べられたものだった 168)。

---

165) *Frontier Dispute* case, *supra* note 7, para. 46.
166) *Ibid.*
167) *Ibid.*
168) 本仲裁の概要については，桜井利江「エリトリア／イエメン仲裁裁定」松井編集代表・前掲注(72)518-522頁。

この事件で，イエメンは自らの「原初的，歴史的または伝統的」権原に関する主張のなかで，後年，現在のイエメンを創設することになる Imam のこの時期における活動をその根拠のひとつとして主張した。

　この主張との関係で，仲裁廷は，周辺地域における Imam の活動が権原に関わるものであったとしても Imam はローザンヌ条約の当事国ではなく，同条約はイエメンに影響を与えることはなく (res inter alios acta)，さらに仮にイエメンが権原を保有していたとしても，ローザンヌ条約はイエメンの同意なくしていかなる権原も移転することはできないと述べ，条約による権原の移転についても「他国間の行為は第三国を害せず (res inter alios acta)」原則（以下，「他国間の行為」原則）に基づくことを確認している169)。次いで仲裁廷は，実際にはオスマン・トルコが紅海周辺の島々に対する権原を保有していたとした上で，「この特別なカテゴリーの条約は，対世効 (effect erga omnes) を有するものであり，必然的に第三国に影響を与える法的現実を示す」と述べている170)。

　Ⅰ2(3)で述べたように，仲裁廷の言明は，処分的効果という表現こそ用いないものの，明らかに境界・領域的条約は特別なカテゴリーの条約として，「第三国に影響を与える法的現実」を生じさせることを一般論として述べたものである。確かに，欧米列強とオスマン・トルコとの間で締結されたローザンヌ条約は，オスマン・トルコの解体によって生じた新たな領域的現状を法的な境界・領域秩序に転換するという当時の戦勝国の具体的な意図によって，まさに「国際的処理」を試みた条約であったといえるものかもしれない171)。しかし，ここで仲裁廷が語ったことは，当時における大国による領土処理の処分性ではなかった。

　仲裁廷は，先の言明に続き，仮定の形式を取りつつ，境界・領域的条約の効

---

169) *First award between Eritrea and Yemen, supra* note 19, p. 250, para. 153.
170) *Ibid.*
171) 但し，1815年から2005年までの大国の「国際的処分権能 (International Dispositive Powers)」の行使による領域秩序への関与の変遷を検討した Crawford は，第一次世界大戦の処理の段階で，大幅な裁量を有していた戦勝国であってもウィルソンによる14カ条の平和原則などの影響によって，その同意の内実が如何なるものであれ，ロシア領の一部であったベッサラビアの一例を除いて，新国家の承認を含む領域秩序の再編において同意原則が維持されていたと評価する (Crawford, *supra* note 103, pp. 514-518)。

果と紛争当事国が主張する権原との関係について，再び「他国間の行為」原則に言及しつつ，次のように述べている。

「仮に国家Ａが領域権原を有し，それを国家Ｂに移転するなら，国家Ｃが主張する権原が国家Ａのそれよりも有力なものでない限り，『他国間の行為は第三国を害せず』原則を援用することは法的に意味をなさない。」172)

こうした同一段落内で語られている全体を踏まえ，本件仲裁廷の言明の意義を考えれば，特別なカテゴリーの条約としての境界・領域的条約の対世的な効力から生じる法的現実とは，国際法上有効な権原が確立せず，当該条約に参加しない国々を含む複数の国が当該領域の権原に関わる主張が展開されている状況では，「他国間の行為」原則に基づき条約当事国における境界・領域的制度の終局性・恒久性とは異なる法的関係におかれることを確認するものに過ぎない。そして，こうした理解は，ブルキナ・ファソ＝マリ国境紛争事件における合意に基づく境界画定の相対効に関する判示，さかのぼれば，条約法条約の法典化の過程で62条2項(a)の規定は，あくまで条約の終了原因としての事情変更の原則の例外であり，自決権その他の国際法上有効な主張を妨げるものではないと確認されたこと，さらに，国家承継条約11条では，もし承継の理由に争いがあれば，条約の有効性であろうと，継続性であろうと，いかなる理由をも援用して争うことができると確認されたことと軌を一にするものである。

Ⅴ 結びにかえて

1 結 論

国家間の領域秩序を支える原則のひとつである国境及び境界安定性の原則とその帰結として「境界を確立した条約」や「条約により確立した境界」には，その解釈や法的性質について通常の条約とは異なる独自の性格が広く認められてきた。それらの具体的な内容である合意に基づく境界の終局性，恒久性，そして対世性については，境界・領域に関する条約の履行によって，当該条約自体とは独立した存在となるという，処分的効果の概念が大きな影響を与えてきた。

---

172) *First award between Eritrea and Yemen, supra* note 19, p. 250, para. 153.

他方で，伝統的に処分的条約，あるいは領域的条約と呼ばれた一群のカテゴリーの条約全体を支えてきた国内法上の物権的アナロジーや主要国がある種の立法的な権能を有するという考え方が，その国際法秩序における妥当性や主権平等や同意原則の観点から見直されるなかで，1960年代から本格化した条約法条約の法典化作業では，境界制度と同様に，対世的効力を有する客観的制度については，国家実行の存在は認められたものの，関連する規定の法典化は行われなかった。確かに境界制度については，領域秩序の安定性という国際社会の一般利益に対する考慮から，条約法条約・国際組織条約法条約において事情変更の原則による条約の終了原因の例外として，また，国家承継条約の法典化では，境界制度とともに領域的制度についてもクリーン・スレート原則の例外として法典化された。しかし，本稿における学説や法典化作業の検討からもこれらの規定の射程は限定的なものであった[173]。

　法典化条約採択後の国家実行については，本稿では限られた検討しかできなかったが，1980年代後半以降の旧ソ連・東欧諸国の解体に際して国家承継条約11条の境界制度については，ほぼ同規定に沿った国家実行が行われたものの，境界制度と同一の論理によって国家承継の影響を受けないとして法典化された同12条の領域的制度については，多くの条約で，協議などを経て個別の事情が考慮された結果として，条約の継続・修正・終了の決定がなされ，11条のような原則に沿った一般的な慣行は見出せず，法典化の成果と国家実行に乖離が存在することが指摘された[174]。

　このように法典化後の国家実行に関して境界制度と領域的制度とに差異が指摘される一方で，国際裁判では，1994年のリビア＝チャド領土紛争事件に示された「境界の独立性・恒久性」が，その後の判決において「領域的制度」をも含めその恒久性を「国際法の原則」として定式化される傾向が存在することが確認された[175]。

　と同時に，いくつかの判決のなかには，恒久性の前提となる処分的効果に基づく法的構成の仮構性が顕在化したと解される事例も存在した。特に一部の学

---

173)　本稿Ⅲ参照。
174)　本稿Ⅳ1参照。
175)　本稿Ⅳ2(1)参照。

説において境界・領域的条約の対世効を認めた判決とされるイエメン＝エリトリア仲裁事件では，境界・領域的条約を対世的な効力を有する法的現実を生じさせる特別なカテゴリーに属する条約であると述べる一方で，その法的現実が第三国に与える影響については，「他国間の行為」原則に言及されている。この意味を掘り下げる材料は，現状では必ずしも十分ではないが，第三国との間に生じる法的関係が，ア・プリオリに条約当事国や国家承継の関係国間における終局性や恒久性と同様のものではないことを示唆していることは明らかであると思われる 176)。

　以上のように，本稿の検討によって，国境及び境界安定性の原則は，その存在，あるいは必要性に対する諸国の広範な支持や条約解釈などにおける頻繁な言及にも関わらず，依然としてその具体的な内容の論拠や法的帰結，特に対世性については不明確な部分が残されていることが明らかになった。

　1960 年代から 1980 年代半ばまでの間に採択された 3 つの法典化条約の規定は，既述のように条約法及び国家承継法のなかでの境界・領域的制度を例外的に位置づけるものであったが，本原則から導かれる権利義務の具体的な内容や適用範囲を明確に示すものではなかった。

　法典化条約採択後の国際裁判では「条約によって確立された領域的制度の恒久性は国際法の原則である」というその法的性質に関する一定の定式化がなされた一方で，ガブチコボ・ナジマロシュ計画事件やイエメン＝エリトリア仲裁事件における判示は，条約から独立した法的事実としての境界・領域的制度の性質についての一貫した論理構成の困難さを示すものでもあった。

2　今後の課題

　もとより本稿の意図は，国境及び境界安定性の原則の存在意義や境界・領域的制度における物権類推に基づく処分性や処分的効果の概念のすべての有用性を否定することにあるわけではない。従来の国際法において，処分的条約の概念は通用し，一定の有用性が認められてきたことは間違いない。現在に至るまで国境及び境界安定性の原則においても，終局性・恒久性，そして対世性とい

---

176)　本稿Ⅳ 2(3)参照。

った具体的な効果の根拠とされてきた。しかし，領域秩序の安定性が国際法秩序において尊重されるべき重要な価値であるとして，単なる現状の維持が安定をもたらすわけではない。そこにはより明確な論拠や正当化事由が求められなくてはならない。他の社会システムと同様に，国際法も常にその内外から新たな変化にさらされるものであり，既存の原則が意味するところは問い直されなくてはならない。境界・領域的制度をめぐる処分性や処分の効果の概念についても，今後も同様の原則・概念として存在・機能しうるのかについては，より慎重に検討する必要があろう。

国際法の一体性・体系性を維持する観点から，「制度の本質としての国際法の原則」の重要性を指摘した小寺も，制度の本質としての国際法の原則がある種の「法の欠缺」と評価することの具体的な意味として，制度の本質としての国際法の原則には，一般的な意味での「法の基本原則」のような自明性は存在せず，そして時代とともにその制度の性質決定とそこから導かれる具体的な規律が変化する可能性を挙げている[177]。

国家承継条約の法典化の際に用いられた領域的現状，あるいはイエメン＝エリトリア仲裁事件における法的事実と称されたものを含め，法や制度に関連するあらゆる事象に常に明確な位置づけが用意されているわけではない。にもかかわらず，国際社会における領域秩序の安定性の重要性に鑑みれば，国境及び境界安定性の原則に対する自明視や「二国間性の推定」[178]に基づく紛争処理の類型化に埋没して，二国間の合意によって生じた法的事実としての境界が，条約や裁判の非当事国である国々との法的関係について，一般的かつ体系性のある法的構成が見出せないことを指摘することには意義があるだろう[179]。

境界画定と現状承認原則の関係について論じた奥脇は，二国間の合意や合意に基づく紛争処理の帰結として隣接する二国間の境界線が対世効を有することについて次のように説明する。奥脇によれば，権原の取得と維持のそれぞれに

---

[177] 小寺・前掲注(27)31頁。
[178] 「二国間性の推定」については，許・前掲注(26)211-212頁，許・前掲(11)22頁。
[179] Shawが境界安定の原則の根拠，そして前提条件として同意の重要性を強調したのも，こうした領域関係の法的構成の隙間に対しては，国際法は黙認や承認という消極的な対応しかないことを含意したものなのかもしれない（Shaw (1997), *supra* note 10, pp. 84-87; Marston, *supra* note 10 p. 159）。

ついて争われる領域帰属紛争と比較して境界画定紛争は安定しているという。その意味は，境界に隣接する国家相互間でそれぞれの領域の主要部分についての権原を認めているため，境界画定紛争は隣接する二国以外の第三国が関係する場合が少なく，また第三国に主張すべき利益は少ないことから，結果として，二国間の合意や合意に基づく紛争処理の帰結としての境界に対世効が認められてきたためであるとする180)。つまり，こうした事実上の対世効は，境界紛争の当事者間における一定の範囲での領域権原に対する相互承認と隣接する2カ国程度の国々しか利害を有さないという「二国間性の推定」に支えられていることになる。

さらに境界画定の前提となる領域権原の基盤構造を分析した許によれば，伝統的な領域権原の様式論の下では，領域権原を取得した国には当該領域に対する領域主権が認められるとともに，その領域主権は国際社会全体に対抗しうる対世効を有するとされる一方で，複数の国際法上有効な権原の主張が存在する場合に，様式論は択一的に権原の有効・無効を判断する思考様式のため，様式論自体に競合する主張を比較検討して，その適合性を判断する指針は存在しなかった181)。そのためベルリン議定書（1885年）以降，占有に求められる領域支配実効性の程度が引き上げられ，権原主張の相対的な重みが争われる過程で，様式論の相対化が進行し，私法類推に基づく「様式論＝対世性」の仮構性が顕わになるとともに，国際裁判などの紛争処理の局面においても，「主権の表示」や「*effectivités*」という，より動態的な概念が中心的な役割を果たすようになったと分析する182)。

現代の国際社会では，主権平等の原則や同意原則の規範性の高まりによって，一部の大国による領域秩序の維持に関する処分的権能が少なくとも正面から認められることは過去のものとなったと考えられる183)。結果として，当事国間の合意や判決の内部効果としての独立性や恒久性を外部効果である対世性に媒

---

180) 奥脇・前掲注(5)61-62頁。
181) 許・前掲注(26)88-94頁。
182) 同上，93-94頁。
183) 但し，Crawford は，国際社会が非集権的であり，同意原則を前提とするものであったとしても，今後も特定の状況において，このような処分的権能の形成と行使が行われることの可能性を否定しない（Crawford, *supra* note 103, p. 564）。

介するひとつの契機が失われたことになる。むしろ多極化が進行する現代の国際社会において，直接的な利害関係のある関係国の外交によって，奥脇や許が指摘した対世性の内実を支える，「二国間性の推定」が機能する状況が形成されるには，より一層の困難が予想される。当該境界や領域帰属に関する複数の当事者間の主張や解決に向けたフォーラムが「二国間性の推定」を前提とする状況に収斂せず，すべての当事国が「合意」の基礎となるべき条約やそれに代替する紛争解決手段に参加がないままに一部の当事国のみによって合意やそれに代替する手段によって領域帰属や境界画定が分節化されていった場合，本稿の検討によって明らかになった境界・領域的制度に関する法的構成の問題はより現実的な意味を有することになると思われる184)。

　いずれにせよ，国境及び境界安定性の原則や国家承継における領域的現状の尊重が一般的な原則として存在するとしても，今後もより具体的な状況において，こうした原則から導かれる境界・領域的制度の法的性質や関係国の権利義務の特定には何らかの中間項が求められることに変わりはない。先に述べたICJによる「条約によって確立した領域的制度の恒久性」の国際法の原則として認定も，こうした個別・具体的な紛争処理において適用可能な規律を導出する際のひとつの対応であると考えられる。そして，こうした言明は，今後も判決及び学説等で，法の存在や適用の根拠として援用されることになろう。
　しかし，再び国際法の原則に関する小寺の指摘に戻れば，裁判所による制度の本質としての国際法の原則への依拠は，実質上の法の欠缺を意味するものであると同時に，その言明は国際法の体系性を維持するためのある種の政策判断であり，最終的には諸国の行動によってその判断は支持されるものでなくてはならない185)。そして，そのためにもICJによって定式化された「領域的制

---

184) 例えば，南沙諸島をめぐる紛争のような同一領域における多数当事者による領有権や海洋境界画定が共通の基準・枠組みを共有しないままに一部の国々で進められた場合などが，こうした状況にあてはまると思われる。また，片面講和ともいわれたサンフランシスコ講和条約のように，一部の戦勝国によって戦後の領域と領域権原に関する請求権の処分がなされた条約規定の存在を根拠とする当該条約の非当事国に対する領有権主張の法的意義の問題にも関わると思われる。
185) 小寺・前掲注(27)36-37頁。また領域秩序の安定性の確保を国際裁判所の司法政策の観

度」の法的性質については，「二国間の推定」に基づく裁判所による個別の紛争処理における論理構成を超えて，より一般的かつ明確な正当化を可能にする論拠が示される必要がある。

　先に指摘した通り，ICJ によるある種定言めいた定式化も，特に関連する国家実行や条約の処分的効果について言及することなく，リビア＝チャド領土紛争事件で恒久性の対象とされていた「境界」が，条約によって確立された「領域的制度」にまで拡張されている。本来的に境界の安定が権原を含む領域関係の安定と不可分だとしても，この表現の変化が当該事案の個別の事情によるものなのか，より一般に境界・領域的制度の同質性・連続性を評価したものなのか，あるいは判決が言及する領域的制度がどのような基準によって画定されるのかも定かではない186)。

　先に挙げた小寺の指摘も含め，本稿における検討は，今日的な文脈に即して国境及び境界安定性の原則の根拠と適用範囲の明確化を図るという本来の目的を果たすことはできなかった。しかし，今後も，本原則に基づき，あるいはその具体的な適用として，ICJ によって改めて定式化された「領域的制度」の内容と外延を検討する際には，関連する法典化と国家実行の介離や，かつての処分的条約，あるいは領域的条約として一律に類型化された条約のなかに内包されていた処分性あるいは処分的効果の意義と今日的意義における「領域的制度」との連続性，あるいは非連続性については更なる検討が求められなくてはならない。

　そして，こうした制度の本質を問うことなしに，法と法に関する事実・状態をめぐる対立に対する応答が，単なる過去の裁判所による判示のパッチワーク

　　点から評価する見解として，酒井啓亘「国際裁判による領域紛争の解決――最近の国際司法裁判所の判例の動向」国際問題 No.624（2013）8 頁。
186)　ガブチコボ・ナジマロシュ計画事件においても，その処分的性格によって同一の条約のなかで恒久性が与えられるべき範囲については論点として残されている。同事件において，1977 年条約全体が国家承継条約 12 条における「領域的制度」と認定されたこと自体に対する疑問として，国際司法裁判所判例研究会（酒井啓亘）・前掲注(164)87 頁がある。また，Ⅳ 1(1)で指摘した通り，国家実行のレベルでも境界制度と領域的制度には差異が存在することが指摘されている。

や一般化への契機を欠いたままにICJによる定式化への依存に終始するのであれば，境界・領域秩序を含め本来国際法の体系性と安定性を維持すべき国際法の諸原則に関する研究それ自体が国際社会における法と外交との緊張関係に対する現実性を欠いたトートロジーに過ぎないことになろう。

第2部
国家・個人・国際組織

国際法における内的自決権の現代的意義

伊 藤 一 頼

I はじめに
II 内的自決権の概念に含まれる理論的意義
III 少数者の権利と内的自決
IV 先住民族の権利と内的自決
V おわりに

I はじめに

　国際法上の自決権は，1960年代の脱植民地化の文脈で重要な役割を果たしたことから，第一義的には，独立国家を新たに形成する権利（すなわち外的自決権）として想起されることが多い。しかし，自決権にはもう１つの側面として，既存の国家の枠組みを前提として，その内部で自己決定権の実現を求めていく「内的自決」のアプローチも存在する。この内的自決権は，よりインパクトの大きい外的自決権の陰に隠れがちであり，また国内統治の領域に関わる概念であるため，そもそも国際法規範としてどれほどの意味を持つのか明らかではない面もあった。ところが，近年では，内的自決の理念に関連する国際法上の規律や実践が急速な発展を遂げており，決して外的自決権の添え物のような副次的な扱いでは済まされなくなりつつある。それどころか，内的自決の理念は，伝統的な国家統治の原理に根本的な変容を迫り，また一般的な人権論が依拠している前提に挑戦する内容を含んでおり，それが理論面でもたらす衝撃は外的

自決権と比べても格段に大きいと思われる。そこで本稿では，現在までに内的自決権がいかなる理論上・実践上の発展を遂げてきたのかを広く俯瞰的に検討し，今後さらに精細な分析を行っていくための足掛かりとしたい。以下では，まず内的自決という理念に着目することで得られる理論上の知見を整理したうえで（Ⅱ），内的自決に関連する主要な国際規律の発展や各種主体の法実践を概観する（Ⅲ，Ⅳ）。

Ⅱ　内的自決権の概念に含まれる理論的意義

1　「多元社会」の状況を認識する

そもそも，現代の国際社会において，なぜ内的自決権という視点を持ち出して議論する必要があるのだろうか。自決権とは，他者により一方的に支配される状態を打破し，人々が自身に関わる社会的決定をみずからの参与の下に行うこと（すなわち自己統治）を意味するが，かかる自決権概念の発動を要請するような端的な〈支配―従属〉関係が広く世界に存在するのだろうか。また，仮にそうした状況が存在するとして，その是正を図るためには，個人を単位とする一般的な人権の保障（特に参政権を中心とする政治的権利の確立），もしくは政治体制としての民主主義の促進という観点から論じれば十分ではないのか。植民地支配を受けているわけでもない独立国家の内部の統治構造について，あえて自決権という概念に依拠して分析する固有の意義はあるのだろうか。これらの疑問に答えるためには，現代国家を構成する人的集団の内実に目を向け，それが近代以来の伝統的な統治原理に変容を迫っている様子を把握する必要がある。

言うまでもなく，近代国家の最も重要なメルクマールは，封建社会における分散的な権威構造や人々の間の身分制的な差異を解消し，単一の主権の下にすべての個人が「市民」という対等な地位を獲得する点にあった。こうした一元的・均質的な社会編成が貫徹された状態を前提とすれば，そこでは各個人に形式上平等な参政権を付与することこそが，自己決定・自己統治という理念を実現するための条件となる。もちろん，そうした民主的な統治体制においても，少数派となった人々は多数派の意思に従うことを求められるが，かかる少数派／多数派の構成は争点ごとに，あるいは時間の経過とともに変化しうるため，それが内的自決権の毀損に当たるとは通常考えられていない。

ところが，こうした近代国家モデルが想定する一元化された国民集団の形成が，実際には成就していない国も現代では多数存在する。特に，脱植民地化により生まれたアフリカ諸国では，植民地期の行政区画を引き継いだ国家領域の中に，いくつもの部族集団が同居を余儀なくされる形となった。これらの部族集団は，かつて西欧諸国が植民地統治を効率的に行うための手法として，在来の部族単位の秩序基盤をあえて人為的に温存してきたものであり，それは各部族集団の間に簡単には解消できない文化的異質性を植え付けた[1]。それゆえ，多くのアフリカ諸国では，人々の帰属意識は国家よりもむしろ個々の部族集団に向けられ，部族間には明確な自他の区別がなおも存続したのであり，これは各国に，アイデンティティを異にする諸集団の多元的並存という問題状況を投げかけることになった。また，例えば中東欧諸国や中央アジア諸国も，民族分布の複雑さや歴史的経緯ゆえに，国家領域内に多様な民族集団を抱えていることで知られるが，それ以外のほとんどの国々においても，程度の差はあれ国民内部に文化やエスニシティを異にする集団は見出しうる。

　このように国民集団が一元化されずに「多元社会（plural society）」の状態にある場合，そこで生じる重要な問題は，政治的な意思決定において人々は自己の所属集団の利益を基準として行動するため，多数派と少数派の構成が固定化され，相対的に規模の小さい集団は常に少数派の立場に置かれるという点である。こうした「構造的マイノリティ」に属する人々は，仮に他の多数派集団の人々と形式上平等な内容の参政権を付与されたとしても，実質的にはほとんど公的意思決定に影響力を及ぼすことができない。一般に，民主主義の指標として，複数政党制の下での秘密投票による定期的選挙という要素が挙げられるが，たとえこれらの条件を満たす政治体制であっても，多元社会では選挙自体が単に集団間の人口分布を反映するにすぎない結果となることが多い。したがって，個人を単位とする一般的な人権の保障や，形式的平等に基づく民主的選挙といった法制度を整えるだけでは，そこでなお生じうる集団間の〈支配―従属〉関

---

1) この点に関しては以下の拙稿を参照。伊藤一頼「脱植民地化プロセスにおける国家形成の論理――発展途上国における市民権概念への示唆」錦田愛子編・移民／難民のシティズンシップ（有信堂高文社，2016）37-41頁；伊藤一頼「自決権による国家形成が残した内政上の課題」平和研究 41 号（2013）40-44 頁。

係という問題状況を捉えることはできず，もしそうした近代的ないし古典的な人権保障のモデルにあくまでも拘れば，それはむしろ構造的マイノリティに属する人々の自己決定権に対して抑圧的な作用を営む恐れすらある[2]。

　以上を踏まえれば，少数派集団が国内の政治過程において他律的状況に陥ることを防ぐためには，「集団」を単位とする特別な権利や地位の保障が必要となることが理解されるであろう。この点に関して，すでに政治学分野では，多数決による対決型の民主主義モデルと対置される形で，マイノリティを含むすべての国内集団による権力分有（power sharing）とコンセンサスに基づく多極共存型民主主義（consociational democracy）が広く認知を受けている[3]。実際に各国での導入例も多いこうした多極共存型の政治制度に対し，少数派の自己決定権の保全という観点から法的根拠を与え，国際人権保障の枠組みの中に取り込むという点に，内的自決権の独特な存在意義があると言える。

2　国際的保障の対象となる「自由」の新たな次元

　内的自決権の概念に注目すべき第2の理由として，それが一般的な人権とは異なる自由の次元を指し示しているという点がある。近代立憲主義の下で発達した基本的な人権規範は，古典的自由主義に立脚し，私的自律の領域を確保しようとするものであり，私人の行動に対する国家の干渉を排除することに主眼がある。そこで追求される自由は，専ら政府権力の抑止によって獲得されるという意味で「消極的自由」と呼ばれ[4]，その実現を確保するメカニズムとして司法府による救済が重視されることになる。

　これに対して，自決権とは，自己に影響を与える公的決定の形成過程に自分自身が関与することを可能にする権利であり，統治作用それ自体への能動的な参入を追求するという意味で「積極的自由」の範疇に属する[5]。ここで重要

---

[2]　James Tully, *Strange Multiplicity: Constitutionalism in an Age of Diversity* (Cambridge University Press, 1995), p. 5.
[3]　その先鞭をつけた著作として，アーレンド・レイプハルト（内山秀夫訳）・多元社会のデモクラシー（三一書房，1979）参照。
[4]　Isaiah Berlin, "Two Concepts of Liberty," in Isaiah Berlin (edited by Henry Hardy), *Liberty* (Oxford University Press, 2002), p. 174.
[5]　バーリンは積極的自由に関して次のように述べる（*ibid.*, p.178）。「自分自身によって統治

なことは，各々の政治単位に属するすべての他者との関係において完全に対等な政治的参加能力が保障されない限り，積極的自由の理念は実現しえないという点である。なぜなら，仮にみずからが政治過程への参加を相当程度に認められていたとしても，もし自己より優越的に政治権力にアクセスしうる他者が存在すれば，決定にはその他者の意思がより強く反映されることになり，みずからが決定に影響力を及ぼす可能性が薄れてしまうからである。言い換えれば，政治的参加能力の面で政体構成員の間に格差がある状況では，政治過程とは結局のところ常に特定の人々がそれ以外の人々に対して決定権を行使するだけの装置と化すのである。

ここで問題となっているのは，単に国家との関係において私的自律の領域を確保するという意味での自由ではなく，他のあらゆる他者との関係において政治的な従属状態に立たされないという意味での自由である。均質化された国民集団の成立を前提として国家権力の制御の問題に関心を集中する近代自由主義の下では，こうした国民内部における相対的な権力格差の除去というもう一つの自由の側面に注意が向けられることは少なかった。しかし，かかる自由概念の起源は歴史的にはむしろ近代国家の誕生よりも古く，例えば西洋では古典古代から続く共和主義の伝統において，政治参加の非特権化により社会全体としての共通善の実現をめざすという考え方を見出すことができ，現代の政治理論はこれを「非支配としての自由（freedom as non-domination）」といった観念で捉えて再び大きな関心を寄せ始めている[6]。それはまさに，いかなる二者間の関係からも〈支配―従属〉の要素を取り除こうとする思想であり，そこでは誰もが公的事項に関して他者と同等の発言権を与えられ，すべての意見が他者の意見と同等の尊重の下に扱われることが理想の状態とされるのである[7]。

されることを欲する，あるいはとにかく自分の生活が統制される過程に参加したいと願う気持ちは，行動の自由な範囲を求める願望と同じく深い願望であり，そして恐らく歴史的にはそれ以上に古いものであろう。…『自由』という言葉の『積極的』な意味は，自分自身の主人でありたいという個人の側の願望からくるものである」。

[6] Philip Pettit, *Republicanism: A Theory of Freedom and Government* (Oxford University Press, 1997), ch.1; Richard Bellamy, *Political Constitutionalism: A Republican Defence of the Constitutionality of Democracy* (Cambridge University Press, 2007), ch. 4.

[7] Richard Bellamy, "The Republic of Reasons: Public Reasoning, Depoliticization, and Non-Domination," in Samantha Besson and José Luis Martí (eds.), *Legal Republicanism: Na-*

このように，他者との権力格差に敏感な積極的自由（ないし共和主義的自由）の概念に従えば，人々の間には政治的参加能力の面で実質的な対等性が確保されねばならないのであり，もし国民内部に構造的マイノリティが存在する場合には，多数派集団との不均衡を是正する何らかの措置が講じられるべきことになる。もっとも，マイノリティに対して国政上の拒否権まで付与するような仕組みは，かえって多数派の人々の自己決定権を損なう恐れがあるため，必ずしも適切とは言えない。ここではむしろ，仮に少数派の意向に反する意思決定であっても，それが少数派にとって合理的に受入れ可能な論拠（reason）を示すものであれば，その決定に少数派を従わせることは正当化されるという討議理論の考え方8)を出発点とすべきであろう。こうした討議理論が機能するためには，あらゆる公的事項がその論拠の合理性をめぐる反論に開かれていること（contestability），つまり，最初から多数決に依拠するのではなく，各陣営から提出された論拠の優劣に基づいて決定がなされることが前提条件となる9)。そのうえで，かかる討議のプロセスにおいて多数派と少数派の実質的な対等性を確保しうる仕組みこそが探求されるべきであり，それは，決定の結果を直接左右する拒否権のような形ではなく，マイノリティの発言力・影響力の低さを補うような措置であることが望ましい（例えば議席保証や投票権加重など）。

　積極的自由の理念から導かれる以上のような含意，とりわけ，「いかなる二者間においても政治的な〈支配―従属〉関係を生起させないこと」という基底的な命題は，専ら私的自律の領域に関心を向ける伝統的な人権論では視野に入りにくかった部分であり，そうした自由の特異な次元を可視化して国際人権保障の射程に組み込むうえで，内的自決権の概念は固有の意義を持つと言える。

3　外的自決権との連続性

　内的自決権の概念を用いるべき第3の理由は，そこで扱われる問題が，自決

---

　　tional and International Perspectives（Oxford University Press, 2009），p. 102.
8)　John S. Dryzek, *Foundations and Frontiers of Deliberative Governance*（Oxford University Press, 2010），p. 15.
9)　Ian Johnstone, *The Power of Deliberation: International Law, Politics and Organizations*（Oxford University Press, 2011），p. 14.

権のもう一つの側面である外的自決と密接に連続した関係にあることを明確にするためである。前述のように，特にアフリカにおける脱植民地化プロセスでは，必ずしも実際の民族・部族集団の分布とは合致しない形で，主に植民地期の行政区画を単位として国家形成が進められた。1960年代にかけて国際社会で植民地支配の正当性が急速に否認されたことで，国際法上の自決権は，早急かつ一律の独立国家化を要請する規範として発達を遂げたのであり，かかる迅速な国家形成を可能にするためには，民族分布の実質を捨象した形式的な基準に依拠せざるをえなかったのである10)。したがって，外的自決の力により成立した国家では，まさにその帰結として，国内に存在する異質な諸集団の間でいかにして対等な政治参加を確保するかという内的自決の課題が，いっそう深刻な形で現れてくることになる。

このように，外的自決の段階では棚上げにされた国民内部の自己決定権の問題を，事後的に改めて争点化するための視座として内的自決を位置づけるならば，そこでの権利主体が，外的自決の単位であった「国民全体」とは必ずしも一致しないことも容易に理解しうるだろう。確かに，自決権の主体を示す用語として戦後導入された「人民（people）」（国連憲章1条2項）の概念は，1960年代には専ら植民地支配下にある人々を意味するものとなり，それゆえ，植民地からの独立を果たした時点での単位のみが将来に向けても「人民」の地位を持ち続ける，との主張がとりわけ新独立国政府の側からなされてきた。しかし，自決権という理念の到達目標が自己統治の確立にあるとすれば，その適用範囲を植民地支配の打破までにとどめるべき理由はなく，実際に，侵略の定義に関する決議やウィーン人権宣言といった文書では，自決権主体たる人民を生み出す状況として，植民地支配だけでなく「その他の形態の他者支配（other forms of alien domination）」が挙げられている11)。よって，自決権を行使しうる単位

---

10) この点に関しては，伊藤一頼「脱植民地化プロセスにおける国家形成の論理」錦田編・前掲注(1)41-45頁参照。
11) 1974年の「侵略の定義に関する決議」（国連総会決議3314）第7条は，自決権の主体となる人民に含まれるものとして，「植民地体制及び人種差別体制，又はその他の形態の他者支配（colonial and racist regimes or other forms of alien domination）」の下にある人民を挙げる。1993年の国連世界人権会議で採択された「ウィーン宣言及び行動計画」の第I.2項も，自決権の主体として，「植民地支配もしくはその他の形態の他者支配，又は外国占領

や状況は決して固定的に捉えるべきではなく，むしろ現実に自己決定権が否定された状態にあるか否かを基準として，国内の諸集団も含め柔軟にその権利主体を画定していく必要があろう。

外的自決と内的自決をこのように連続的に把握する視点に立てば，もし既存の国家内である集団の自己決定権が完全に収奪される事態が生じた場合には，内的自決から外的自決へと再び局面が移行する可能性もおのずから視野に入ってくる。もちろん，一般には領土保全原則が自決権に優位するため，政治参加の面で構造的に不利な状況に置かれた人々も，まずは既存国家の枠組みの中で地位の改善を図ることが原則となる。しかし，そうした取組みが奏功せず，内的自決を達成する見込みが消失したうえ，政府から大規模かつ深刻な人権侵害を受けているような場合には，自己決定の機会を取り戻す最後の手段として分離独立に依拠することも許されるとする有力な考え方がある（いわゆる「救済的分離」論)12)。ここでは，国際法上の分離権の地位は一義的に定まるのではなく，むしろ内的自決の達成度に応じて相関的に評価されるのであり，その根底には，外的自決と内的自決の連動性・往還性の認識があると言える。また，友好関係原則宣言やウィーン人権宣言は，「その領域に属する人民全体を代表する政府」を有する国に関しては，自決権の存在にもかかわらず領土保全が尊重されると述べているが 13)，これも逆説的な形で，内的自決の度合いと分離独立の可否とが相関関係にあることを示唆するものであろう。

(colonial or other forms of alien domination or foreign occupation)」の下にある人民を挙げる。

12) 救済的分離の権利を支持する学説として，*see, e.g.,* Allen Buchanan, "Democracy and Secession," in Margaret Moore（ed.）, *National Self-Determination and Secession*（Oxford University Press, 1998）, pp. 14–33; John Dugard and David Raič, "The Role of Recognition in the Law and Practice of Secession," in Marcelo G. Kohen（ed.）, *Secession: International Law Perspectives*（Cambridge University Press, 2006）, pp. 94–137. 救済的分離をめぐる国家実行については，*see,* John Dugard, *The Secession of States and Their Recognition in the Wake of Kosovo*（Martinus Nijhoff, 2013）.

13) 1970 年の友好関係原則宣言（国連総会決議 2625）の「人民の同権及び自決の原則」第 7 項は，「人種，信条又は皮膚の色による差別なしにその地域に属する人民全体を代表する政府（a government representing the whole people belonging to the territory）」を有する国の領土保全は尊重されるとする。「ウィーン宣言及び行動計画」の第 I.2 項は，この前半の文言を「いかなる種類の差別なしに（without distinction of any kind）」に変えている。

以上のように，自決権という概念には外的自決と内的自決の両側面を想起させる働きがあるため，国際平面における独立国家の樹立と国内平面における対等な政治参加の仕組みの構築とが，相互に補い合いながら自己決定権の実現を支える関係にあることも，自決権概念の下で一段と統合的に把握されうるのである。

内的自決権の概念が持つ理論上の意義は概ね以上の通りであるが，それでは，同概念は国際法の実践において現実にどの程度の法的効果を発揮しえているのだろうか。国家の統治構造そのものに関わる問題である以上，当然ながら，内的自決の詳細な基準や厳格な拘束力を条約で定めることには慎重な態度をとる国も多い。しかし，例えば国際人権規約の一般的な自決権条項などは，履行監視機関による発展的解釈を通じて，内的自決の理念を含むものとして運用がなされつつある。また，周辺化された人々の自己決定権を回復するための規範として，少数者の権利や先住民族の権利が顕著な発展を見せている。これらの動きは，内的自決という考え方に対する認知の広がりを示すものであり，今後もそのさらなる進展が見込まれるとすれば，現在はそれに向けたダイナミズムのさなかにあると言える。そこで本稿では，こうした内的自決規範の動態的な成長を体現している主要な事例について，特に少数者の権利と先住民族の権利に焦点を当てながら，多数国間レベルと地域レベルの双方を対象に検討を加えることとしたい。

Ⅲ　少数者の権利と内的自決

1　多数国間レベルにおける発展

第1次大戦後の欧州では，帝国解体後の中東欧地域に民族自決原則を適用して幾つかの独立国家を誕生させることとなったが，同地域における民族のモザイク状況ゆえに国家内に少数者が発生することが避けられないため，かかる民族的少数者の権利保護を関係諸国との間で約束した条約が数多く締結されていった。しかし，後にドイツなどは，他国がこうした条約上の義務を履行せず同胞に抑圧を加えているとの主張を，周辺諸国に侵攻するための口実の1つとして利用した。そのため，第2次大戦後に芽生えた国際人権保障の構想において

は，民族性などの集団的特徴に基づく特別な権利保護という発想は原則として排除され，すべての個人に形式的に平等な権利を保障する「普遍的人権」の考え方が主流となった14)。

　その後，1966年に採択された国際人権規約では，自由権規約第27条として，少数者の文化的・言語的・宗教的権利に関する規定が設けられた。もっとも，同条における権利主体は，集団としての少数者自体ではなく，そこに属する者（person）とされており，あくまでも個人単位で人権を構成するという姿勢は保たれている。ただし同条は，かかる権利は「その集団の他の構成員とともに（in community with）」享有するものであるとも述べているため，これを全く無色の個人的権利と捉えることはできず，むしろ同様の特徴を持つ他の人々との間に何らかの共同体性があることが権利行使の前提条件となる15)。言い換えれば，同条は集団的権利を直接に認めるわけではないものの，国家内に文化やエスニシティを異にする複数の集団が存在しうること（つまり多元社会の構造）は事実として受け入れ，さらにはそうした集団間の差異を保存するための諸権利を保障しているのであり，その点で，普遍的人権の思想が立脚する均質化された国民集団という観念からは重要な転換を果たしている16)。

　また，脱植民地化の潮流の中で作成された国際人権規約は，その共通第1条において，人民の権利としての自決権を規定している。しかも同条の文言は，必ずしも植民地状況を前提としておらず，むしろ人々に自己決定の機会を恒常的・一般的に保障するという形で，内的自決の側面を含むと解しうる書法になっている。もっとも，同条はまさに集団的権利を扱う規定であるがゆえに，選

---

14)　国連でも少数者の権利保護に全く関心が払われなかったわけではなく，1946年には人権委員会の下に差別防止・少数者保護小委員会が設置された。世界人権宣言の起草過程では，この小委員会から，「明確な特徴を持つ民族的・言語的・宗教的集団」に属する者に特別な権利を保障する条項案が提出されたが，政府代表からなる人権委員会では支持を得られず，宣言には盛り込まれなかった。*Cf.* Patrick Thornberry, *International Law and the Rights of Minorities*（Clarendon Press, 1991）, pp. 133-134.
15)　*Ibid.,* p. 173.
16)　自由権規約委員会も，Lubicon Lake Band 対カナダ事件において，ある集団に属する多数の人々の個人的権利が同じ形で侵害されている場合には，それらの人々が集合的に選択議定書に基づく通報を行うこともできると述べ，第27条の権利が集団の文化の保護と密接に関わるものであることに理解を示している。*Chief Bernard Ominayak and the Lubicon Lake Band v. Canada,* CCPR/C/38/D/167/1984, 26 March 1990, para. 32.1.

択議定書に基づく個人通報の対象からは除外されており，仮に内的自決権の侵害に当たる事案があったとしても，それを直接の根拠として審査を求めることはできない。ところが，自由権規約委員会は，これは通報の受理可能性に関する形式要件にすぎないとして，実体審理では他の規定の解釈適用において第1条の内容をも参照しうるとの立場をとっている17)。それゆえ，第27条の少数者の権利のように形式上は個人的権利の体裁をとるものであっても，通報審査においては，集団として内的自決権の体系的な侵害を被っていないかが考慮されうるのである18)。

こうした少数者の権利及び内的自決の理念に関する意識の高まりは，国連総会が1992年に採択した「少数者の権利宣言（民族的又は種族的，宗教的及び言語的少数者に属する者の権利に関する宣言）」（国連総会決議47/135）においてさらに明瞭に現れることになる。同宣言の主要部分は次のように述べている。

第1条
 1. 国家は，各々の領域内において少数者の存在並びにその民族的，種族的，文化的，宗教的及び言語的な独自性を保護し，また，その独自性を促進するための条件を助成する。
第2条
 2. 少数者に属する者は，文化的，宗教的，社会的，経済的及び公的な活動に効果的に参加する権利を有する。
 3. 少数者に属する者は，自己の属する集団あるいは自己の居住する地域に関する全国的な，及び適当な場合には地域的な段階の意思決定に，国の立法に反しない仕方で効果的に参加する権利を有する。

この宣言においても，権利主体は依然として集団ではなく個人であり，それ

---

17) *J.G.A. Diergaardt et al. v. Namibia*, CCPR/C/69/D/760/1996, 25 July 2000, para. 10.3; *Gillot et al. v. France*, CCPR/C/75/D/932/2000, 15 July 2002, para. 13.4
18) なお，個人通報と並ぶ履行監視制度である国家報告においては，第1条も直接的にその対象となり，内的自決に関する詳細な情報の提供が必要であると自由権規約委員会は解している（UN Human Rights Committee, *CCPR General Comment No.12: Article 1 (Right to Self-determination)*, 13 March 1984, para. 3）。例えば同委員会は，コロンビアの報告書に対する見解において，コロンビアが，最も不利な状況に置かれた集団でも国家の政治過程に影響力を持てるような憲法改革を行ったことについて，少数者に対する完全な平等と民主的自由の保障による自決権の実現に向けた進歩だと評価した。*Report of the Human Rights Committee*, U.N. GAOR, 47th Sess., Supp. No. 40, U.N. Doc. A/47/40 (1992), p. 101.

ゆえ自決権についての明確な言及もない。しかし同宣言は，①少数者のアイデンティティを維持促進するための積極的な責務を国家に課し（第1条），また，②少数者が政治過程において有意味な影響力を発揮しうるよう，形式的に平等な参政権にとどまらない効果的な（effective）政治参加の権利が与えられねばならないと述べる（第2条）。ここには，政治参加における多数者との実質的な対等性をいかにして確保するかという，少数者の自己決定権の核心に関わる問題が，初めて明瞭な規範形式をとって現れていると言える 19)。これを受けて自由権規約委員会は，1994年に採択した一般的意見23において，少数者の権利の享有は「積極的な法的保護措置を要請し，また，少数者共同体の構成員が彼らに影響する意思決定に効果的に参加できることを保障する措置が必要になる」との認識を示すに至った 20)。それゆえ，「少数者の権利宣言」という非拘束的文書において案出された効果的参加権の概念は，現在では自由権規約第27条の解釈に取り込まれているのであり，例えばÁngela Poma Poma対ペルー事件の通報審査では，少数者が意思決定への効果的な参加の機会を与えられなかったことを理由に第27条の違反が認定されている 21)。

　もっとも，こうした少数者への特別な権利保障は，それが度を越えたものになれば，逆に多数者の自己決定権を消失させたり社会全体の利益や安寧を著しく損なったりする恐れがある。この点，自由権規約委員会は，少数者の権利に

---

19) 地域的レベルでは，欧州安全保障協力機構（OSCE）が1990年に採択したコペンハーゲン会合文書が，少数者に属する者の「公的事項への効果的参加の権利」を謳っており（para. 35），これが国連における宣言起草の際の土台となった。

20) UN Human Rights Committee, *CCPR General Comment No.23: Article 27 (Rights of Minorities)*, 8 April 1994, para. 7.

21) ここで自由権規約委員会は，少数者の文化的に重要な経済活動に干渉する措置をとる場合には，単に少数者に協議の機会を与えるだけでなく，情報に基づく事前の自由な同意（free, prior and informed consent; FPIC）を少数者から得る必要があると述べる。*Ángela Poma Poma v. Peru*, CCPR/C/95/D/1457/2006, 27 March 2009, para. 7.6. 一方，国の政策がマオリの漁業権を侵害したか否かが問題となったMahuika対ニュージーランド事件では，政府が事前にマオリの人々と綿密な協議を行っており，マオリ側の意見も政策に一部反映されたこと，またマオリの大部分は当該政策を支持しているとマオリの代表者が述べたことから，本件では意思決定過程への効果的参加が確保されており第27条の違反は認定できないとされた。*Apirana Mahuika et al. v. New Zealand*, CCPR/C/70/D/547/1993, 15 November 2000, paras. 9.5-9.8.

対する制約も合理的かつ客観的な正当化根拠があれば許容されるとの見方を示してきており 22)，少数者の権利保障と他の様々な社会的価値の追求は，互いに均衡を失しないよう比例原則的な要請に服することになる。また，少数者の集団的アイデンティティを保護する措置を講じれば，当該集団に属する個人の自由な文化的選択権が阻害されるとの批判もあるが，これについても自由権規約委員会は，少数者の個別構成員の権利に対する制約は少数者全体の存立と福祉の維持のために「必要 (necessary)」である限りにおいて認められると述べ 23)，一定の歯止めを用意している。このように，形式的平等に変更を加える特別措置は，それが集団間の非対等性を是正するうえで合理的に必要な範囲でのみ正当化されうるのであり，少数者の内的自決権をめぐる規範はこうした社会的バランスへの配慮も伴いつつ発展していると言える。

2 地域レベルにおける発展

(1) 欧　州

　欧州では，冷戦終結後に激化した中東欧地域の民族紛争に対処するため，少数者保護に関する国際規律の整備が重点的に進められてきた。その最大の成果の1つが，欧州評議会の下で 1994 年に採択され 1998 年に発効した「民族的少数者の保護に関する枠組条約」(以下「枠組条約」と略記する) である 24)。同条約は，少数者保護を主題とする初めての多数国間条約であり，第 1 条では少数者保護が国際人権保障の不可分の一部として国際協力の射程に含まれる (すなわち国際関心事項である) と述べている。従来より，二国間で少数者保護を相互に約束する条約は存在したが，その目的は，相手国内に居住する自民族が不利益を被らないようにするという相互主義的なものであった。これに対し，多数国間条約としての枠組条約は，少数者の権利保護を地域国際社会の共通価値として明確に掲げた最初の条約であり，自民族保護ではなく内的自決の理念その

---

22) *Sandra Lovelace v. Canada*, CCPR/C/13/D/24/1977, 30 July 1981, para. 16.
23) *Ivan Kitok v. Sweden*, CCPR/C/33/D/197/1985, 10 August 1988, para. 9.8.
24) 同条約の起草は，欧州評議会に設置された「民族的少数者の保護に関する専門家委員会 (DH-MIN)」ならびに「民族的少数者の保護に関するアドホック委員会 (CAHMIN)」において行われた (いずれも主に政府委員から構成される)。2018 年 4 月時点における同条約の当事国数は 39 カ国である。

ものが保護法益になっていると言える。

　もっとも，枠組条約の規定は，集団としての少数者やそこに属する個人に対し直接に権利を付与するような形式にはなっていない。それぞれの条文は，少数者保護に関して締約国が実現すべき結果を定める一方で，それをいかなる方法で達成するかについては各国に裁量を認める構成となっており，こうした各国独自の事後的な制度構築を想定する点に「枠組条約」という名称が用いられた理由もある 25)。それゆえ，少数者問題への対処のあり方に関して本条約が各国に干渉する度合いは，元来はそれほど高いわけではなかった。しかし，本条約には履行監視制度が設けられており，そこで各国の条約実施状況が広く国際的討議の対象となることで，各国政府に対話的な認識変容がもたらされ 26)，実際に多数の事案において少数者保護政策の転換を誘起してきたという実態がある。

　枠組条約の下で，各締約国は原則として5年ごとに，条約上の諸原則の実施のために行った立法その他の措置に関する完全な情報を報告書として提出する必要がある。これらの報告書に基づき，欧州評議会の閣僚委員会の下に設置された諮問委員会（個人資格の18名の専門家により構成される）が，各国の履行状況の検討と評価を実施する。諮問委員会は国家報告以外の情報源（少数者やNGO）にも依拠することができ，また現地調査を行うことも可能である。こうした検討を経て作成された諮問委員会の意見を踏まえ，閣僚委員会は各国の履行状況に関する「結論」をまとめるとともに，必要に応じて「勧告」も行う。諮問委員会は，これらの結論及び勧告の実施に関するフォローアップ審査を行う役割も担う。

　こうした国家報告審査において扱われる事項は多岐にわたるが，以下では少

---

25)　枠組条約に付属する解説文書によれば，少数者をめぐる状況は国ごとに多種多様であり，適切な対応策も個別的にならざるをえないため，「プログラム的」な性質の規定が採用されたのである。Council of Europe, *Explanatory Report to the Framework Convention for the Protection of National Minorities*, Strasbourg, 1.II.1995, para. 11.

26)　条約の履行確保において対話的な認識変容が有する意義については，*see, e.g.,* Thomas Risse, " 'Let's Argue!': Communicative Action in World Politics," *International Organization*, vol. 54(1), 2000, pp. 1–39; Jeffrey T. Checkel, "Why Comply? Social Learning and European Identity Change," *International Organization*, vol. 55(3), 2001, pp. 553–588.

数者の政治参加に関連する主要な問題のみ取り上げたい。まず前提的な論点として，いかなる集団が枠組条約による保護の対象になるのかという，少数者の定義に関わる問題がある。この点，条約中には少数者の定義に関する規定が存在しないため，締約国の多くは適用対象を限定する趣旨の留保や宣言を行っている。これに対して諮問委員会は，条約に定義がない以上，どの範囲の人々を適用対象にするかについては各国に「評価の余地」があるが，同時に，そうした評価の余地は国際法の一般原則および枠組条約第3条（少数者への帰属は各人が自由意思で決定できるとする規定）に適合的に行使されねばならず，とりわけ，「恣意的もしくは正当化されない区別（arbitrary or unjustified distinctions）」を生む形で行使されてはならないとの立場をとる27)。一般に，条約規定が「評価の余地」を含むとしても，国家の行為が裁量行使の合理的な範囲から逸脱した場合には審査機関により違法性の認定が下されうるのであり，諮問委員会の上記理解もこうした判断手法に沿ったものと考えられる。実際に，例えばデンマークが，枠組条約の対象は南ユトランドのドイツ人コミュニティのみに限られると宣言したことに対し，諮問委員会は，こうした領域的限定は，デンマークに歴史的紐帯を持つ他の人民（フェロー諸島やグリーンランド）およびロマの人々をアプリオリに排除するものであり，条約と整合的ではないと述べた28)。

次に，少数者の政治参加に関する最も中心的な規定として，枠組条約第15条は，「締約国は，民族的少数者に属する者が文化的，社会的，経済的生活及び公的事項に対し，とりわけそれが自己に影響を及ぼす場合に，効果的に参加するための必要な条件を創出する」と定めている。これに関して諮問委員会は，特に選挙制度をめぐる問題については各国が広い評価の余地を有するものの，他方で，もしその国自身が定めた基準に照らして少数者の適切な代表が実現されていないような場合にはそれを批判しうる，との立場をとる29)。それゆえ，例えばハンガリーに対する意見では，同国が憲法において少数者が議会に代表を送る可能性を一般的な文言で保障しているにもかかわらず，それを実施する

---

27) Rainer Hofmann, "Introduction," in Marc Weller (ed.), *The Rights of Minorities* (Oxford University Press, 2005), p. 16.
28) Advisory Committee Opinion on Denmark, ACFC/INF/OP/I(2001)005, paras. 16-25.
29) Advisory Committee Opinion on Hungary, ACFC/INF/OP/I(2001)004, para. 49.

ための関連法令が制定されないままになっている点につき懸念を表明している30)。また，選挙制度以外の問題に関しては，諮問委員会は，各国がみずから定めた目標や基準との適合性だけでなく，より直接的・客観的に，少数者の意思決定過程への参加水準が適切か否かを評価している。例えば，ルーマニアは少数者への諮問機関として少数者評議会を設置したものの，同評議会が政策決定に及ぼす影響力は十分とは言えないため，同評議会の勧告に政府が従わない場合にはその理由の提示を義務付けるなど，影響力を高めるための措置が必要であるとの意見を示した31)。

このように，諮問委員会の活動を通じて少数者の効果的参加権に関する基準は着実な発展を遂げているが，これに加えて，各締約国の国内裁判所においても枠組条約の趣旨を参酌した判断がなされることがある。例えばクロアチアの憲法裁判所は，少数者への特別な議席保障の合憲性が争われた事件において，同国の憲法が主権の不可分性や法の下の平等を規定しているにもかかわらず，それを枠組条約に照らして解釈し，議席保障を合憲だとした。同判決によれば，憲法及び枠組条約の規定に鑑みれば，形式的な平等原則の適用は必ずしも少数者の十分な保護を提供せず，むしろ少数者の特殊な性質や利益が無視され差別につながりうるため，古典的な個人の基本権という考え方に囚われずに，集団としての少数者に対し積極的な優遇措置を講じることが求められるのである32)。また，ルーマニア憲法裁判所も，枠組条約の「精神」に言及し，これを少数者の結社の自由の淵源として扱い，エスニシティに基づく政党や団体の結成は禁止されないと判断した33)。

---

30) *Ibid.*, para. 48.
31) Advisory Committee Opinion on Romania, ACFC/INF/OP/I(2002)001, paras. 65-66. また諮問委員会は，少数者への諮問機関を設置する場合には，国のすべての少数者集団が諮問機関に代表されるべきこと，諮問はアドホックな協議ではなく恒久的な制度として設けられるべきこと，なども指摘している。Advisory Committee Opinion on Norway, ACFC/INF/OP/I(2003)003, para.61; Advisory Committee Opinion on Sweden, ACFC/INF/OP/I(2003)006, para. 64.
32) Constitutional Court of the Republic of Croatia, 20 April 2001, U-I-732/98, paras. 9-10, quoted in Joseph Marko, "Effective Participation of National Minorities in Public Affairs in Light of National Case Law," *International Journal on Minority and Group Rights*, vol. 16 (4), 2009, pp. 638-639.
33) Constitutional Court of Romania, 2 April 1996, case no. 35/1996, in Official Gazette 4-11

欧州では，こうした枠組条約をめぐる諸動向に加え，OSCE の下に設置された民族的少数者高等弁務官の活動，特にそこで 1999 年に作成された「民族的少数者の公的事項への効果的参加に関するルンド勧告」も内的自決規範の発展にとって重要な役割を果たしているが，本稿では紙幅の都合により説明を省略する。

(2) アフリカ
　一般にアフリカ諸国は，自決権の国内的効果を認めることには消極的な態度を示してきたが，1981 年にアフリカ統一機構（OAU）首脳会議で採択された「人及び人民の権利に関するアフリカ憲章（バンジュール憲章）」には，次のような規定が存在する。

> 第 19 条
> 　すべての人民は平等であり，同一の尊重と同一の権利を享受する。ある人民を他の人民が支配することは，いかなる場合にも正当化されない。
> 第 20 条
> 　1. すべての人民は存在の権利を持ち，疑問の余地のない不可譲の自決権を有する。すべての人民はその政治的地位を自由に決定し，みずからが自由に選択した方針に従って経済的，社会的な発展を追求する。
> 　2. 植民地化され，又は抑圧された人民（colonized or oppressed peoples）は，国際社会が認めるあらゆる手段を用いて支配の桎梏からみずからを解放する権利を有する。

　注目すべきことに，第 20 条 2 項は，植民地人民に加えて「抑圧された人民」をも自決権の主体として位置付けている。OAU（現在ではアフリカ連合（AU））加盟国の領域内には，伝統的な意味における植民地人民はすでに存在しない以上，本規定の今日的な意義は，国内の被抑圧人民に対して解放の権利を付与することにある[34]。同様に，第 19 条が「ある人民による他の人民の支配」を禁止することも，AU 加盟国間の文脈では，伝統的な意味の植民地支配に対する非難ではなく，むしろ異質な民族集団を抱える国家の内的な統治形態に関する規範として理解する必要がある。それゆえ，ここで規定される諸人民間の尊重

―1996, No.75, quoted in Marko, *supra* n. 32, p. 627.
34) U. Oji Umozurike, *The African Charter on Human and Peoples' Rights* (Kluwer Law International, 1997), p. 54.

や権利の「平等」とは，国内の政治過程における諸集団の公平な代表性，あるいは特定集団に対する抑圧的な構造の排除を意味するものとなりうる。

　こうした解釈が成り立つためには，まず上記の条文に言う「人民」が，既存の国家の国民全体のみを指すのではなく，国内の諸集団をも含むという理解が確立されなければならない。この点，バンジュール憲章に基づいて設立されたアフリカ人権・人民権委員会（以下「アフリカ人権委員会」と略記する）は，幾つかの事件の通報審査を通じてそうした立場を示してきている。まず，両親がザンビア人の者にのみ大統領の被選挙権を与えるとする憲法改正が問題となった事案では，第19条違反を認定するためには，「ザンビア国民の中のある特定可能な集団が，その共通の血統や種族的起源，言語，文化的習慣を理由として」不利な影響を被ったという証拠を提示する必要があるとされた[35]。また，他の事件においてアフリカ人権委員会は，「人民」とは「ある国家の多数者 (majority) あるいは少数者 (minority)」を意味すると述べ，そうした国家内の部分集団を画定する要素として，言語，宗教，文化，占める領域，共通の歴史，種族的・人類学的要素，などを挙げた[36]。

　このように，一定の集団的特徴を持つ少数者がバンジュール憲章における「人民」に該当しうることは，現在では確立した解釈になっているのであり，実際にこうした集団に対する国内的な抑圧や自己決定権の否定が憲章違反を構成するとされた事例もある。例えば，モーリタニア政府による黒人住民の迫害と周辺化が第19条に違反するとの通報がなされた際，アフリカ人権委員会は，寄せられた情報だけでは違反を認定するには足りないものの，通報の核心は一部の人民による他の人民の「支配」の問題であるとして，モーリタニアの住民の特定の層に対する差別的行為の存在を確認し，非難するとした[37]。また，

---

35) *Legal Resources Foundation v. Zambia*, Comm. No. 211/98 (2001), para. 73.
36) *Sudan Human Rights Organization & Centre on Housing Rights and Evictions (COHRE) v. Sudan*, Comm. No. 279/03-296/05 (2009), para. 220. 本事件でアフリカ人権委員会は，バンジュール憲章における「人民の権利」とはアフリカ外部からの植民地支配への対抗にとどまらず，アフリカ諸国の内部における抑圧的支配の問題に対しても援用することができると明確に述べている（*ibid.*, para. 222）。
37) *Malawi African Association and Others v. Mauritania*, Comm. Nos. 54/91, 61/91, 96/93, 98/93, 164/97_196/97 and 210/98 (2000), para. 142. 他の事件でアフリカ人権委員会は，カメルーン政府が南カメルーン地域の住民に対し企業移転等の差別的な措置を課し，経済面で

カタンガ人民議会が、カタンガ人民のザイールからの分離独立を認めるよう要請した事件において、アフリカ人権委員会は、この状況に自決権が適用可能であることを認めつつ、ザイールの主権及び領土保全を尊重する義務があるとも述べ、「ザイールの領土保全に疑問が呈されるほどの人権侵害の具体的証拠や、カタンガ人民が憲章第13条1項で保障された統治への参加の権利を否定されている具体的証拠が欠けている以上、カタンガはザイールの主権及び領土保全と整合的な方式で自決を実施する義務がある」と結論付けた[38]。この判断は、国内の少数者の自決権が、基本的には内的自決の形で行使されるべきであるものの、内的自決が否定された場合には外的自決の局面に移行しうることを示唆していると言える。

以上のように、アフリカ人権委員会は、加盟国国内において特定の集団が構造的に抑圧され、もしくは統治から排除されている場合には、バンジュール憲章の違反が成立する可能性を認めている。それゆえ、自決権の国内的効果、すなわち領域内のすべての人々に統治への参与の機会を等しく付与することは、アフリカ諸国にとってもはや純粋な内政事項ではなく、もし政府の全人民代表性に重大な疑義があれば国際的な非難にさらされることを免れないのである。

IV 先住民族の権利と内的自決

1 多数国間レベルにおける発展

第2次大戦後の国際法の文脈において、「先住」の概念が最初に大きな展開を見せたのは、労働問題に関してであった。国際労働機関（ILO）は1957年に「独立国における先住民並びに他の部族民及び半部族民の保護及び同化に関する条約」（107号条約）を採択する。この背景には、経済社会的な開発政策の一部として先住民[39]の問題を捉える当時の認識があった[40]。つまり、先住民

の重大な悪影響を与えたことは、第19条違反を構成すると述べた。*Kevin Mgwanga Gunme and Others v. Cameroon*, Comm. Nos. 266/03 (2009), paras. 151-162.
38) *Katangese Peoples' Congress v. Zaire*, Comm. No. 75/92 (1995), paras. 26-28.
39) 後述のように、1980年代以降は自決権の主体としての意味も込めて「先住民族（indigenous peoples）」の呼称が用いられるようになったが、それ以前は「先住民（indigenous populations）」という用語が一般的であったため、本稿では時代ごとに表記を区別する。
40) 例えば1957年の国際労働会議（総会）において、ソ連の政府代表は先住民問題に関して

とは,国家共同体の社会経済的な日常に,歴史的理由から完全に統合されていない一部の「遅れた」住民であって,これを主流文化に早急に組み入れることこそが社会福祉に適う正しい政策であると考えられたのである41)。こうした思想の下で作成された107号条約は,先住民「問題」を統合によって「解決」するための政策指針という性格を帯びており,先住民を独自の人民としてその存続を図ったり固有の権利を認めたりするものではなかった。むしろ,先住性とは時間の経過とともに消失すべき特性として理解され,「未だ統合されていない (not yet integrated)」住民のみが先住民の定義に該当したのである (107号条約前文)42)。なお本条約は,先住民の文化や伝統的制度の保護に関する条文も幾つか含んでいるが,その一方で,かかる保護は先住民が「国の一般的な法律上の利益を受けることができないとき」にのみ講じられるべきであり (第3条1項),また,それが先住民の「隔離 (segregation) 状態を発生させ,又は長引かせる」ものであってはならないと述べる (同2項(a))。ここでは,先住民の文化的特徴の保護は,統合が完了するまでの間,一時的に先住民共同体の生活秩序を維持するための手段として捉えられているのである。

　しかし1970年代に入ると,世界の多くの先住民がみずからの文化的アイデンティティに関する自覚を強めてその保全を訴えるようになり,従来の同化主義的な政策,そしてその根底にある均質社会のモデルに対して挑戦する姿勢を鮮明にした。ここで先住民の人々は,独自の文化の保存と発展,自治や自律の

次のように述べた。「我々は,原子力や偉大な社会変革を見た20世紀という時代に,人類の文化の最善の成果から恩恵を受ける可能性を奪われ,過酷な経済的社会的抑圧のもとでの労働を強いられる,貧困な生活を続ける数億の人々の問題を扱っているのだ」(International Labour Conference, 40th session (Geneva, 1957), Record of Proceedings (1957), p. 408)。

41) ILO事務局が作成した報告書では,「統合とは先住民が,国家の制度的な基準や慣行,及び国民社会の社会経済的・文化的な価値や制度に適応することをいう」とされた。ILO, *Living and Working Conditions of Indigenous Populations in Independent Countries*, Report VIII(2) (1956), p. 108.

42) こうした先住性の定義の採用は,各国が,すでに国民統合が完了しているとの理屈で自国内の先住民の存在を否定する動きを生んだ。例えば日本も,政府の同化政策の成功により,アイヌは一般の日本人と同程度の作法・慣習・言語・生活文化水準に達するほどの顕著な進歩をみせたため,もはや先住民のカテゴリには入らないと述べた。Observations of the Government of Japan to the Questionnaire regarding Living and Working Conditions of Indigenous Populations in Independent Countries, ILO Archives ILC/418/1/35, pp. 1-2.

獲得，祖先伝来の土地や天然資源へのアクセスといった希求の法的基礎として，しばしば自決権の概念を援用するようになった。もっとも，これは分離独立の要求ではなく，むしろ国家との関係を再構築し，国内でみずからの共同体を自律的に規律・発展させる権利を求めるものであり，外的自決よりも内的自決に関わる主張であった。それゆえ，例えば国連に設置された先住民作業部会で長らく議長を務めたダイス教授も，先住民の自決権とは，有意味な参加に基づく交渉ないしその他の適切・平穏な手続を通じた「国家建設の延長（belated state-building）」であると表現している43)。また，こうした内的自決の理念への依拠は，「先住」性の本質を，外来者による支配という歴史的経緯よりも，国家の統治体制に含まれる構造的な差別や周辺化といった政治的従属の要素に求める見方をもたらした44)。これは，後述のように，必ずしも外来者支配の状況が存在しない国々においても，政治的影響力に乏しい集団がみずからを先住民として性格付ける余地を生むことになった。

　こうした潮流を受けて，ILO でも 107 号条約の見直しが進められ，1989 年に「独立国における先住民族及び部族人民に関する条約」（169 号条約）が採択された。これは，107 号条約の同化主義的傾向を排除し，それに代えて，先住民の文化や伝統的制度の尊重並びに意思決定過程への実効的な関与を謳うものである。この条約の作成に際して先住民の人々は，権利の集団的性格を明確にするため，従来の「住民（populations）」ではなく「人民（peoples）」の語を用いるよう要求した。しかし各国政府は，人民という表現は自決権と結び付き分離独立の主張につながりかねないとして慎重な姿勢を示し，最終的に条約文で

---

43) Erica-Irene A. Daes, "Some Considerations on the Right of Indigenous Peoples to Self-Determination," *Transnational Law & Contemporary Problems*, vol. 3(1), 1993, p. 9. 同教授はさらに，先住民の自決権とは，「先住民が，長い孤立と排除の時期を経て，国家を形作る他のすべての住民とともに，相互に合意された正当な条件において参加するプロセスであり，このプロセスは，他の住民のように市民として個人が同化されることを要求せず，むしろ，合意された条件のもとで別個の人民（distinct peoples）として国家において承認され受け入れられることを要求する」と述べる（*ibid.*）。

44)「先住性とは，血統的・文化的な系譜というよりも，上からあるいは外部から押し付けられた統治政策の結果であることが多い」。Rodolfo Stavenhagen, "Indigenous Rights: Some Conceptual Problems," in Willem Assies and André Hoekema (eds.), *Indigenous Peoples' Experiences with Self-Government* (IWGIA and the University of Amsterdam, 1994), p. 17.

は，人民の語を用いつつ，「国際法においてこの語に付随しうる権利について いずれかの意味を有すると解釈されてはならない」(第1条3項) という留保的 な規定を置いた。いずれにせよ，これにより本条約では，集団に属する個人で はなく「人民」自身が権利主体として位置付けられており，個人主義的人権観 の変容を促すうえで画期的な意義を持つことになった。

　このような先住民族 (indigenous peoples) への権利保障の中核をなすものは， やはり自決権の理念を体現する，政治過程への実質的な参与の要素であろう。 これに関して本条約は，政府が先住民族に直接影響しうる措置をとろうとする 場合には協議を行うよう義務付け (第6条1項)，さらに，かかる協議は誠実に， かつ状況に適する形式で，提案された措置に関する合意を達成する目的のため に行われなければならないとする (同2項)。また，先住民族の人身・制度・財 産・労働・文化・環境に対し，政府は必要に応じて特別な保護措置をとるよう 求められるが (第4条1項)，それは当該集団の「自由に表明された希望に反し てはならない」とされ (同2項)，そうした保護措置について具体的に規定する 諸条文においても参加や協議の必要性が重ねて述べられている (第17条2項な ど)。なお，ILOには履行監視制度が備わっているため，これらの義務の遵守 状況は客観的な検討に服することになる[45]。

　なお，国連においても，先住民族作業部会が起草を担った国連先住民族権利 宣言 (総会決議61/295) が2007年に採択された。本宣言は第3条において，国 際人権規約第1条1項と同一の文言により自決権を規定しており，先住民族が 自決権を保持することを明確に示したが，国家の領土保全の尊重をも同時に規 定し (第46条1項)，自決権を専ら内的自決に関わるものとして捉えている。 そのうえで，169号条約と同様に，先住民族が人民として集団的権利を有する ことを認め (前文)，個別条文でも先住民族自身を権利主体として位置付けて

---

45) 例えば，コロンビアが先住民族の伝統的居住地域で行った天然資源開発については，先 住民族との協議が不十分であり，「環境ライセンスの発行の後に先住民族と会合や協議を行 っても，それは169号条約第6条及び第15条2項に違反する」との指摘がなされた。Report of the Committee set up to examine the representation alleging non-observance by Colombia of the Indigenous and Tribal Peoples Convention, 1989 (No. 169), made under article 24 of the ILO Constitution by the Central Unitary Workers' Union (CUT), ILO Doc.GB.282/14/3 (2001), paras. 79, 90.

いる。保障される権利の内容は，169号条約と共通するものが多いが，内的自決権の行使のあり方として，政府の意思決定への参加（第18条）だけでなく，内部的及び地域的事項に対する自律（autonomy）または自治（self-government）の権利（第4条）をも認めている点は先進的である。なお，本宣言自体は法的拘束力を有しないものの，自由権規約第27条が規定する少数者の権利の射程には先住民族の権利保護も含まれているため，同条の解釈において本宣言が参照されることで，実質的に諸国は本宣言の遵守を求められることになる。169号条約を批准する国が未だ少ない[46]ことを考えると，本宣言には，同条約の規律を普遍化する意義もあると言えるだろう。

2 地域レベルにおける発展
(1) 米 州

1969年に採択された米州人権条約には，先住民族の権利保護に関する直接の言及はないため，履行監視制度における条約の発展的解釈が，かかる規範を生み出す原動力となってきた。まず，先住民族の伝統的な土地に対する権利については，米州人権条約第21条の一般的な財産権保障の規定から導出しうることを，米州人権裁判所の2001年判決が示した[47]。また，同じく土地に対する権利が問題となったSaramaka People対スリナム事件では，先住民族が居住する地域において政府が伐採・採掘権を外国企業等に付与したことにつき第21条違反が認定されたが，特に，政府は先住民族の構成員が居住地域内におけるあらゆる開発・投資・採掘に関する決定に効果的（effective）に参加できるよう確保する必要があるとされた[48]。加えて，政府は当該先住民族と能動的に協議する責務があり，これは情報を受領及び提供すること，及び当事者間

---

[46] 2018年4月時点での当事国数は22カ国であり，その大半を中南米諸国が占める。なお，ILO体制の特徴として，各加盟国は，批准しなかった条約についても，それに関連する自国の法律及び慣行の現況を事務局に定期報告する義務があるため（ILO憲章第19条5項(b)(e)），169号条約が非当事国に対して全く意味を持たないというわけではない。

[47] *The Mayagna (Sumo) Awas Tingni Community v. Nicaragua*, Judgment of 31 August 2001, Inter-Am. Ct. H.R., (Ser. C) No. 79, para. 148.

[48] *Saramaka People v. Suriname*, Judgment of 28 November 2007, Inter-Am. Ct. H.R., (Ser. C) No. 172, para. 129.

で常にコミュニケーションをとることを含むほか，かかる協議は誠実に，合意に到達する目的をもって，文化的に適切な手続で行わねばならない49)。さらに，とりわけ先住民族の居住地域の大部分に重大な影響を与える計画を決定する際には，政府は当該先住民族と協議するだけでなく，情報に基づく事前の自由な同意（FPIC）を得る必要がある50)。

　土地や天然資源に対する権利と関連しない，より一般的な政治参加の権利に関しては，YATAMA 対ニカラグア事件が重要な先例である。本件では，Miskito 族が主に支持する先住民族組織の YATAMA が地方選挙に候補者を立てようとしたが，ニカラグア選挙法上の要件を充足しないとして排除された。同法は，選挙に参加する政党は各々の地域の少なくとも 80% の選挙区において候補者を擁立しなければならないとしているところ，Miskito 族は地域の北部のみに集中的に居住しており，南部の選挙区において候補者を出すことができなかったのである。ここで米州人権裁判所は，一般的な参政権を規定する米州人権条約第 23 条などから先住民族の政治参加に関する権利も引き出しうるとの立場を示し，本件事案ではかかる権利が侵害されていると認定した。すなわち，ニカラグア選挙法の規定は，YATAMA の政治参加を不合理に制限する比例性を欠いた制約であり，南部地域において先住民族がマイノリティであって候補者を立てることが困難であるという事実を考慮しておらず，これにより先住民族は選挙に対等な条件で参加することを阻まれるような差別を被った51)。こうした認定を踏まえ，米州人権裁判所はニカラグアに対し，先住民族がその共同体の発展に影響しうる事項についての意思決定に対等な条件で参加できるよう，あらゆる必要な措置を講じることを要求した52)。

　このように，米州人権裁判所は，元来は先住民族の権利に言及していない米州人権条約の諸規定をかなり大胆に解釈し，実質的には 169 号条約や国連先住民族権利宣言の内容をほとんど取り込んでいると言える。

---

49)　*Ibid.*, para. 133.
50)　*Ibid.*, paras. 134, 137.
51)　*Yapti Tasba Masraka Nanih Asla Takanka ('YATAMA') v. Nicaragua*, Judgment of 23 June 2005, Inter-Am. Ct. H.R.,（Ser. C）No. 127, para. 223.
52)　*Ibid.*, para. 225.

(2) アフリカ

脱植民地化を遂げた後のアフリカでは，遠隔地からの外来者による支配が基本的には消滅したため，先住民族の権利に関する規範は適用されないと考えられていた。しかし，アフリカ人権委員会が 2000 年に設置した「アフリカの先住民・先住共同体に関する作業部会」は，2003 年に作成した報告書において，多くのアフリカ国家には先住民が存在するとして，その定義的特徴を 4 点にまとめた。その中に，時間的な意味での「先住」性は含まれず，むしろ「従属，周辺化，剥奪，排除，差別の経験 (an experience of subjugation, marginalisation, dispossession, exclusion or discrimination)」があることが 1 つの基準とされた [53]。この点に関して，同報告書は次のように述べる。

> 支配及び植民地化は白人の入植者・植民者によってのみ行われてきたわけではない。アフリカでは，植民地からの独立後も支配的集団が周辺的集団を抑圧してきたのであり，アフリカ国家におけるこうした今日の内的抑圧こそが，現代アフリカの先住運動が解決を目指しているものなのである [54]。

ここでは，まさに国家内の集団間における構造的な〈支配―従属〉関係の存在こそが「先住」性を生ぜしめる要因とされているのであり，そうした周辺化された状況に置かれた集団は広く先住民族として把握することが可能になる。上記の作業部会報告書も，先住性を有する集団の描写として，「発展の周辺に置かれ，支配的な主流の発展パラダイムから否定的に認識されている特定の集団であって，その文化や生活様式が差別を被り，その存在が消滅の脅威にさらされているもの」といった表現を用いている [55]。

作業部会が示したこうした先住民族の捉え方は，現在ではアフリカ人権委員会によっても支持されており，国家報告審査や通報審査などの場面で用いられ

---

[53] 他の 3 つの基準は，特定の土地の占有及び使用，文化的独自性に関する自主認識，別個の集団 (distinct collectivity) としての性格に関する自己同定及び他集団による承認，である。Report adopted at the Commission's 34th session, November 2003, reprinted as "Report of the African Commission's Working Group of Experts on Indigenous Populations/Communities," African Commission on Human and Peoples' Rights (ACHPR)/IWGIA, 2005, p. 93.

[54] *Ibid.*, p. 92.

[55] *Ibid.*, p. 87.

ている。例えば，約 6 万人からなる Endorois 共同体が，ケニアのリフトバレー地区の Bogoria 湖周辺から野生動物保護区の建設のため立ち退きを強いられた事案につき，アフリカ人権委員会は，これは当該共同体の先住民族としての権利（宗教・文化・財産・資源利用・発展の権利）の侵害に当たると判断している[56]。

V　おわりに

　本稿で見たように，内的自決は，未だ確立した内容や効果を有する規範とは言えない面も多々残してはいるものの，しだいに無視しえない理念として国際法上の地歩を固めつつあり，今後もその発展動向に注意を払っていく必要があろう。特に，少数者の権利や先住民族の権利といった概念は，それが自決権の理念と密接な結び付きを有することを明確に意識しなければ，単に部分集団のアイデンティティや利害のみに関わる特殊な規範だという誤った見方に陥りかねない。少数者や先住民族の権利とは，まさに主流社会に属する人々との相対的な権力格差の問題を扱うための概念なのであり，仮にこれを軽視して両者の間に政治的な〈支配―従属〉関係を生むようなことがあれば，その統治体制は全体として正統性を喪失しうるのである。ここでの問題の本質が，自己決定権の保障と自己統治の実現にあるのだとすれば，少数者及び先住民族の権利は，人権規範や政治理論の周縁ではなくむしろその中心に位置付けるべき要素となるであろう。

　なお，内的自決の促進は，国内の政治的安定化や経済社会の発展といった実践的効用をもたらすことも期待できる。もし一部の人々の意見を政治過程から排除すれば，その分だけ批判を受ける機会も減り，合理性に欠ける政策決定や部分利益との癒着が起こりやすくなるのであり，それは往々にして政治的対立や経済悪化の原因ともなる。これに対して，内的自決の促進により，意思決定過程において様々な集団の意見に応答せざるをえなくなれば，決定内容は彫琢を受けてしだいに合理化され，社会全体の共通善を反映するものとしての性格

---

56) *Centre for Minority Rights Development (Kenya) and another on behalf of the Endorois Welfare Council v. Kenya*, Comm. No. 276/03 (2009), para. 162.

を帯びてくるのである。もちろん，このように主張の説得性を基準とする討議的な政策選択がなされるためには，すべての者が実質的に対等な立場から発言権を行使することが必要であり，そこが内的自決規範の到達目標でもある。そしてそれは，単に少数者や先住民族の側がみずからの意見を政治過程に反映しうるというだけでなく，社会全体にとっても合理的で優れた内容の決定に到達できる可能性が増すという意味で重要なのである。

　ただ，自決権の概念を動員することが常に状況の改善をもたらすとは限らず，政治情勢によってはむしろ過度に問題を先鋭化させる恐れもある。特に，自決権の主張及びそれに対する反論が暴力の行使を伴った形態で現れないよう，何らかの安全装置を自決規範と並行的に発展させていくことが求められるであろう。また，内的自決は国内集団間のパワーバランスという政治的に敏感な問題を扱う規範である以上，その解釈適用を担う各種の国際人権機関は，必ずしも国家に対する規律を強める方向のみに意を用いるべきではなく，対象となる事項や事案の特性に応じて監督と謙抑のバランスを考慮することが望まれる。これらの点も含め，内的自決に関する規範は現在も発展の途上にあり，国内管轄事項と国際関心事項の配分についても幅広い変動の余地が残っている。こうしたダイナミズムの行方を見通すことは簡単ではないが，それが国家の統治構造と人々の自由に対してもたらす影響の重大性については，現時点で十分に認識可能なのであり，それを示すことに本稿の目的があった。

重大な人権侵害が問題とされる場合における第三国による非軍事的な一方的強制措置の法的性質
―― 「第三国による対抗措置」 についての批判的考察

岩 月 直 樹

I はじめに
II 「第三国による非軍事的な一方的強制措置」の国際法上の許容性
III 「第三国による対抗措置」 としての「第三国による非軍事的な一方的強制措置」：批判的検討
IV 「第三国による非軍事的な一方的強制措置」に関する実行とその評価
V 「重大な人権侵害が問題とされる場合における第三国による非軍事的な一方的強制措置」の法的把握：試論
VI おわりに

I はじめに

　人権保障が国際的に重要な課題となる中で，一国内における重大な人権侵害が問題とされる場合に，事態への適切な対応を当該国政府に求めて他国が一方的措置に訴えることがある。直近では，ベネズエラのマドゥロ大統領による非民主的な憲法改正の試み，そしてそれによる自身の独裁的支配の確立に向けた動きに対して国際的な懸念が広がる中，中南米諸国はベネズエラ大使に対する強制退去[1]や南米南部共同市場（MERCOSUR）における加盟国資格の停止措置を執るなどした[2]。これらの措置は各国家あるいは国際組織の判断に委ね

られた適法な手段による対応であるが，それを越えて通常であれば一般国際法上あるいは個別の条約上の義務に反する措置が執られる例も珍しくない。実際，米国はベネズエラ国民が民主主義を取り戻すことを支援するためとして，マドゥロ大統領をはじめとする政府高官の在米資産に対する凍結措置を決定するなどしている3)。

　こうした，一国による人権侵害が問題とされる状況への強制的介入として他国が非軍事的措置に訴える例は，第二次世界大戦以降に見られるようになった

---

1) ペルーのリマで開催された南米17ヶ国の外相会議において，制憲議会選挙を「民主主義的秩序を破壊するもの」であると非難する声明が出された後，ペルー政府は同国に駐在していたベネズエラ大使の追放を決定した。日経新聞2017年8月12日夕刊3面。
2) ベネズエラと共にMERCOSURを構成するアルゼンチン，ブラジル，ウルグアイ，パラグアイは，ベネズエラにおける民主主義の回復を求め，同国の加盟国としての資格を停止することを決定した。本措置はMERCOSURの構成文書の一つであるウシュアイア議定書第5条に従って決定された適法な措置とされる。See 〈http://www.oas.org/en/media_center/press_release.asp?sCodigo=E-062/17〉. See also Ernesto J. Rey Caro, "Suspension of a Member State in an International Integration Organization: Mercosur," Rüdiger Wolfrum, Maja Seršić, and Tripimir M. Šošić, *Contemporary Developments in International Law: Essays in Honour of Budislav Vukas*（2015）, pp. 138-150.
3) "US hits Nocloás Maduro with sanctions after Venezuela's 'sham' election," The Guardian, 31 July 2017, *available at* 〈https://www.theguardian.com/world/2017/jul/31/us-venezuela-sanctions-nicolas-maduro〉.
　大統領など国家元首の在外資産は，国家財産同様の免除を享有するものと考えられる。Sir Arthur Watts, "Heads of State," *Max Planck Encyclopedia of Public International Law* (Online edition), paras. 16-17（last accessed on August 20, 2017）.
　私人の在外資産は領域国の国内法に基本的には服するものの，没収はむろん凍結に留まる措置であっても，外国人財産保護に関する一般国際法に反するものと疑われる。See Geneviève Burdeau, "Le gel d'avoirs étrangers," *Journal du droit international*, vol. 124（1997）, pp. 39-43. 領域国が規制対象とするテロ組織に関与しているなど，資産保有者自身に原因を有する資産凍結措置であれば，必ずしも外国人財産保護に関する一般国際法に反するとまでは言えない。しかし，国籍国の行為を原因として執られる外交的措置の一環としてその国民・企業の資産が凍結される場合には，基本的には外国人保護に関する一般国際法に反し，対抗措置など国際法上の根拠に基づいて正当化される限りにおいて許容されることになる。中谷和弘「経済制裁の国際法上の機能とその合法性（二）」国家学会雑誌100巻（1987）678頁；Benedetto Conforti and Carlo Focarelli, *The Law and Practice of the United Nations* (5th ed., 2016), p. 270. 国籍国の行為を原因としてその国民・企業の権利が制限されることの理論的根拠（団体責任観念）については，次の拙稿を参照。「国際投資保護協定における投資家とその本国との法的関係――保護対象としての本国に対する従属性と紛争当事者としての主体性に関する一考察」村瀬信也先生古稀記念・国際法学の諸相（2015）572-581頁。

ものであるが4),2000年以降には,ジンバブエに対するEUによる資産凍結措置やコモンウェルス諸国によるジンバブエの構成国資格の停止措置(2002年より現在)5),ベラルーシに対する米国による資産凍結措置(2004年より現在)6),リビアに対する米国,スイスによる資産凍結措置およびアラブ連盟による加盟国資格の停止措置(2011年)7),またシリアに対するEU,オーストラリア,カナダ,日本,スイス,米国,トルコによる資産凍結措置およびアラブ連盟とイスラム協力機構による加盟国資格の停止措置(2011年より現在)8)など,単発的な実行以上のものとなってきている。実際,一部の国・地域はこのような介入措置を外交政策上の原則的方針として位置づけるなど,その積極的な利用をはかる態度を示している。例えばEU理事会は2004年に「制限的措置(制裁)の利用に関する基本原則」を採択し,対テロリズムおよび大量破壊兵器の拡散への対応と並んで,「人権,民主主義,法の支配およびグッド・ガバナンスの尊重」を確保するために,必要であれば非軍事的な一方的強制措置に訴えることとしている9)。

　こうした一国による人権侵害を問題として執られる「第三国による非軍事的な一方的強制措置」は,国連安全保障理事会(以下,安保理)による決定に基づいて執られているわけではない。また,措置の実施国は,自国民が問題とされる人権侵害の被害者となっているわけではなく,条約に基づく特別な法的関

---

4) See generally Elena Katselli Proukaki, *The Problem of Enforcement in International Law: Countermeasures, the non-injured State and the idea of international community* (2010), pp. 109-201; Martin Dawidowicz, "Third-party Countermeasures: A Progressive Development of International Law?," *Question of International Law*, vol. 29 (2016), pp. 3-15.
5) See Martin Dawidowicz, *Third-Party Countermeasures in International Law* (2017), pp. 203-211; Katselli Proukaki, *op. cit., supra* note 4, pp. 197-198; Christian J. Tams, *Enforcing Obligations* Erga Omnes *in International Law* (2005), pp. 224-225.
6) See Dawidowicz, *op. cit., supra* note 5, pp. 211-216; Katselli Proukaki, *op. cit., supra* note 4, p. 199.
7) See Dawidowicz, *op. cit., supra* note 5, pp. 216-220.
8) See *ibid.*, pp. 220-231.
9) "Basic Principles on the Use of Restrictive Measures (Sanction)," para. 5, *available at* 〈http://register.consilium.europa.eu/doc/srv?l=EN&f=ST%2010198%202004%20REV%201〉. EUでは共通外交安全保障政策として執る非軍事的な一方的強制措置を「制限的措置」(restrictive measures)と呼ぶ。

係が損なわれているわけでもない 10)。そのため，そのような「第三国」11) が，問題とされる人権侵害状況への対応として必要であるとの自己の主観的判断に基づいて通常であれば違法な措置にまで訴えることが，はたして現在の国際法の下で許容されるのかが問題となる。また許容されるとして，その正当性は現代の国際法においてどのように基礎づけられるのか，その法的性質も問題となる。それは必然的に，そうした措置が具体的にどのような場合に，どの程度において認められるのか，その規制条件を規定する。

　本稿では，人権侵害が問題とされる状況において，通常であれば違法とされる非軍事的な一方的強制措置（以下，本稿で「第三国による非軍事的な一方的強制措置」という場合には，このような措置を意味するものとする 12)）に第三国が訴える際に服する規制条件を含めた全体を論じることはできないものの，そのための前提的考察として現代国際法における「第三国による非軍事的な一方的強制

---

10) このような場合として国際法委員会は，(1)違反された義務が措置の行使国に対して個別的に負うものである場合，(2)違反された義務が国家の集団あるいは国際社会全体に対して負うものであり，かつ(i)措置の実施国に特に影響を及ぼすものである場合，あるいは(ii)当該義務の履行の継続について他のすべての国の立場を根本的に変更する性格のものである場合を挙げる（「国際違法行為に対する国の責任」に関する条文第 42 条。以下，単に「国家責任条文」とする）。*Yearbook of the International Law Commission 2001*, vol. II, part 2, pp. 117-119（*hereinafter Ybk ILC*）.

11) 国家責任条文にいう，いわゆる「被害国以外の国」（第 48 条）。See *ibid.*, pp. 126-128. 「被害国」と「被害国以外の国」との区別をめぐっては，次に挙げる文献が示すような問題があるが，さしあたり本稿では国際法委員会の区別を前提として，本文に示した基準により区別することとする。参照，浅田正彦「国家責任条文における義務の類型化と『被害国』概念——第 42 条と第 48 条の関係を中心に」松井芳郎ほか編・21 世紀の国際法と海洋法の課題（2016）44-77 頁，岩沢雄司「国際義務の多様性——対世的義務を中心に」中川淳司＝寺谷広司編・国際法学の地平（2008）123-170 頁。

12) 今日，このような措置は「対抗措置」と呼ばれることが多いが，法制度としての「対抗措置」は一定の制度目的の実現に向けられた措置としてその正当性を認められるのであり，単に「違法に対する違法」という側面を有することだけを捉えて対抗措置と呼ぶのは，用語法としては厳密さに欠ける。法制度を把握し，その適切な解釈適用をはかる上では，当該制度の制度目的に着目しなければならず，同一の側面を有するからといって安易に別個の制度を同一のものと見ることは慎まなければならない。このことは小寺先生がつとに指摘されていたところである。参照，小寺彰・パラダイム国際法（2004）217-218 頁。対抗措置の法制度としての機能については，次の拙稿を参照。「現代国際法における対抗措置の法的性質——国際紛争処理の法構造に照らした対抗措置の正当性根拠と制度的機能に関する一考察」国際法外交雑誌 107 巻（2008）204-237 頁。

措置」の許容性と法的性質について検討することとしたい。

II 「第三国による非軍事的な一方的強制措置」の国際法上の許容性

　「第三国による非軍事的な一方的強制措置」が許容されるかについては，学説上，少なくとも「重大な」人権侵害が問題とされる状況では認められるとする見解が有力に示されている 13)。例えば万国国際法学会は，1989 年に「人権保護と国の国内事項不干渉原則に関する決議」を採択し，重大な人権侵害が問題とされる状況においては，人権の集団的な保護を確保するためにすべての国は「外交的・経済的およびその他の非軍事的措置」に訴える権利を有するものとしている 14)。本決議には，「国際法によって許容されている措置」であるとあり，その理解の仕方によっては基本的に義務違反となるような措置は排除されているとも解しえないわけではない。しかし起草過程においては，1934 年に採択された「平時復仇に関する決議」が参照され，委員会に提出された草案では報復措置（国家の裁量に委ねられた，本来的に合法な措置）とともに非軍事的復仇措置（基本的には義務違反を構成するが，相手国の違法行為のためにその違法性が阻却される措置）が明示的に挙げられていた。全体委員会に提出された草案では両者を統合する形で「外交的・経済的および国際法によって許容されたその他の措置」へと文言が修正されたが，委員会の審議において非軍事的復仇措置がそれらに含められるべきことについては，多くの委員によって支持されていた 15)。

　また国家実行については，既に見たように，一国内における重大な人権侵害を問題として「第三国による非軍事的な一方的強制措置」が行われる例は少な

---

13) 軍事的手段による人道的介入を認める見解においては，非軍事的手段による介入は当然に許容されるものと考えられていると言えるが（むしろ，非軍事的手段を越えて軍事的手段による介入が認められるかに，人道的介入をめぐる議論の焦点がある。See Richard B. Lillich, "Forcible Self-help by States to Protect Human Rights," *Iowa Law Review*, vol. 53 (1967), pp. 334-338．それとは異なる議論として，後に見る「第三国による対抗措置」として正当化されるとの議論が近年，見られるようになっている。See *infra* III．
14) Institut de droit international, "Resolution on the Protection of Human Rights and the Principle of Non-intervention in Internal Affairs of States," *Annuaire de l'Institut de droit international*, vol. 63, tome II (1989), pp. 340-343 (Article 2).
15) See *ibid*., pp. 242, 248-249, 251, 258, 260-262.

くない。そしてそうした実行は欧米諸国に限られず，中東諸国についても見られる。またアフリカ諸国も自決権の侵害が問題とされる事案においては禁輸措置を執るなどしている16)。

　他方，中南米諸国は，人権侵害が問題とされる状況に対して基本的には違法とされる措置で応じることにはきわめて慎重な姿勢を示しており，裁量的措置として本来的に合法な措置で応じるに留まっている17)。しかし，先に挙げたベネズエラ情勢に対する米国の資産凍結措置については，中南米諸国も特に批判の対象としていない。これは，米国が軍事的措置の可能性をも示した際には，直ちにそれを国連憲章に反するとして厳しく批判したこととは対照的である18)。それをふまえるならば，中南米諸国としても，いかなる場合にも「第三国による非軍事的な一方的強制措置」が認められないとしているわけではなく，そうした措置が許容される場合があることを否定していないものと見ることができる。

　「第三国による非軍事的な一方的強制措置」の許容性については，どのような人権侵害が問題とされる場合であれば許容されるのか，特に人権侵害の「重大性」の意味とその認定基準などについて，さらに検討する必要はある。しかし，そうした規制条件に関わる問題にはここでは踏み込まず，そうした措置が許容される場合があることを確認した上で，次にその法的性質についてどのように考えることができるのかについての検討に移ろう。

---

16)　例えば，1960年代から1970年代にかけてアフリカ諸国は，ポルトガルによる植民地支配の継続を非難し，GATTに抵触するような通商制限措置を執った。Katselli Proukaki, *op. cit., supra* note 4, p. 126. また，南アフリカによるアパルトヘイトに対しても，通商制限措置のほか，南アフリカ船舶および航空機に対する港湾・空港利用禁止措置を行うなどしている。*Ibid.*, p. 167; Dawidowicz, *op. cit., supra* note 5, pp. 113-117.

17)　これには米州諸国機構憲章第19条が，「いかなる国も，他国の主権的意思に対する強制を加え，いかなる種類であれ自らの利益を得るために，経済的あるいは政治的な性格の強制措置を用い，あるいはその使用を促すことを認められない」としていることが関係しているかもしれない。しかし，本条文についてはほぼ死文化しているとも言われる。Barry E. Carter, "Economic Sanctions," *Max Planck Encyclopedia of Public International Law*（Online edition），para. 13.

18)　"Latin America Rejects Trump's Military Threat against Venezuela," The Japan Times, August 13, 2017, *available at* 〈https://www.japantimes.co.jp/news/2017/08/13/world/politics-diplomacy-world/latin-america-rejects-trumps-military-threat-venezuela/#.WZTiAa3AOV4〉.

III 「第三国による対抗措置」としての「第三国による非軍事的な一方的強制措置」：批判的検討

重大な人権侵害が問題とされる場合において第三国が非軍事的措置によって強制的に介入することが現在，国際法によっても許容されているとして，はたしてそれはどのようなものとして許容されるものと考えることができるのだろうか。その法的性質については，学説上，「第三国による対抗措置」(third-party countermeasures) として捉えることができるとの見解が提示されている。国際的人権保障のような，国際社会全体に対して負う対世的義務に違反している場合には，義務違反国以外のすべての国が対抗措置に訴えることが認められ，対象国（義務違反国）に対して負う義務に抵触するような措置であっても，それが対世的義務違反への対応として必要な限り，許容されるというわけである[19]。

こうした見解はもともと国際法委員会が国家責任条文の審議を進める中で，基本的人権や地球環境保護などの共通利益を保護することを目的として定められる対世的義務の場合には，その違反について必ずしも常に「被害国」が存在するわけではなく，そのために「被害国以外の国」にも責任追及に関与させることが法の漸進的発達として望ましいとの判断から，2000年の暫定草案において提示されたものである[20]。しかしそうした提案は必ずしも諸国家から広い支持を得られず，「革命的」でさえあるとの強い批判までうけることとなった[21]。それをうけて国際法委員会は当該提案を撤回し，対世的義務の違反に

---

[19] *E.g.* Santiago Villalpando, *L'émergence de la communauté internationale dans la responsabilité des Etats* (2005), p. 371; Giorgio Gaja, "Obligations *Erga Omnes*, International Crimes and Jus Cogens: A Tentative Analysis of Three Related Concepts," Joseph H.H. Weiler, Antonio Cassese, and Marina Spinedi ed., *International Crimes of States: A Critical Analysis of the ILC's Draft Article 19 on State Responsibility* (1989), p. 155. 上記の1989年決議に関する審議過程の中にも，このような見解が見受けられる。See Institut de droit international, *op. cit., supra* note 14, pp. 258, 243. See also Institut de droit international, *Annuaire de l'Institut de droit international*, vol. 63, tome I (1989), pp. 337-342.

[20] *Ybk ILC 2000*, vol. II, part 2, p. 70; *Ybk ILC 2000*, vol. I, p. 303, para. 7; *Ybk ILC 2000*, vol. II, part 1, pp. 101-106, paras. 386-406.

[21] *Ybk ILC 2001*, vol. II, part 1, pp. 90-94, especially p. 94 (Japan). See also *ibid.*, p. 18, para. 72.

対する「被害国以外の国による対抗措置」についてはいまだ国家実行が「限定的かつ萌芽的」(limited and rather embryonic) な段階に留まっているとした上で、今後の国家実行の発展に委ねる規定を置くに留めた（第54条) 22)。

このような国際法委員会の判断に対しては、しかし、一部の学説により厳しい批判が向けられている。例えばGajaは、国際法委員会による「被害国以外の国による対抗措置」に関する条文の撤回について、それはあくまで国家責任条文全体の採択をはかるための政治的妥協であったのであり、法の漸進的発達としては、やはり対世的義務の重大な違反に対する「被害国以外の国による対抗措置」が認められることを示すのが適当であるとする 23)。そしてGajaが報告者となり、万国国際法学会が2005年に採択した「国際法における対世的義務に関する決議」においては、先に挙げた1989年の決議 24) をふまえた上でより一般的に、「対世的義務の違反が、重大であると広く認められる形で発生した場合には、当該義務の相手国であるすべての国は、[…] 違反によって特別な影響を被った国に適用されるのに準じた条件に従って対抗措置に訴える権利を有する」、とされた 25)。

こうしたGajaおよびその提案をふまえて採択された万国国際法学会の決議は、「被害国以外の国による対抗措置」をめぐる国際法学会の立法政策的判断に対する批判であると言えるが、他方で、国際法委員会の立場を国家実行の評価という点で批判する研究が、近年相次いで示されている。例えばTamsは、国家実行が「不十分で未発達である」とする国際法委員会の立場は過度に慎重なものであって妥当ではなく 26)、むしろ国家実行の検討からは少なくとも大

---

22) James Crawford, *The International Law Commission's Articles on State Responsibility: Introduction, Text and Commentaries* (2002), pp. 54-56, 302-305. 参照、拙稿「国際法委員会による国際立法と法政策——国家責任条文による対抗措置に対する法的規制の試みを例に」法時89巻10号（2017) 37-39頁。See also Lino-Alexandre Sicilianos, "Countermeasures in Response to Grave Violations of Obligations Owed to the International Community," James Crawford *et al.* eds., *The Law of International Responsibility* (2010), pp. 1137-1148.
23) Institut de droit international, "Resolution on the Obligation *Erga Omnes* in International Law," *Annuaire de l'Institut de droit international*, vol. 71, tome II (2005), p. 105. See *ibid.*, pp. 89, 97.
24) *Supra* notes 14-15 and accompanying text.
25) *Ibid.*, pp. 288-289 (Article 5(c)).

規模あるいは組織的な対世的義務の違反に対しては第三国も対抗措置を行使する資格が認められていることを確認できる，とする27)。また，Katselli Proukaki また Dawidowicz は，国際法委員会よりも広く（また国家責任条文採択後の）関連する国家実行を検討した上での結論として，Tams と同様の見解を示している28)。

Tams 等による国家実行の分析，とりわけ Dawidowicz の詳細な国家実行の調査に基づく研究は無視しえない重要性を有するものではあるものの，しかしその結論の妥当性については，以下の点で首肯しがたい。

まず，Tams 等が示し，また本稿の冒頭においても認めるように，「第三国による非軍事的な一方的強制措置」に関する実行が認められること自体は確かであるが，こうした実行のすべてが国際法上正当な措置として認められているわけでは必ずしもない。彼等の検討が示すように，特に米国および EU 諸国は重大な人権侵害の場合に限らず，非合法な政府の転覆や国家テロ活動に関して制裁措置を発動するようになっているが29)，それに対し，政治的・経済的な強制措置は国の発展の権利および国民の人権を害するものであり，国連憲章および国際法に違反する許容されない措置であるとの批判が，非同盟運動諸国を中心に示されるようになっている30)。さらに，それら諸国の提案に基づき，国連総会では1993年以降隔年毎に，「発展途上国に対する政治的・経済的強制手段としての一方的強制措置」と題する決議が採択されている。そこでは，一方的強制措置が国の経済および発展を害するものであり，国際的な経済協力および無差別かつ開かれた多角的通商体制を損なうものであるとした上で，国連機関による許可に基づかない一方的強制措置は国際法に反するものであること，そしてそのような措置を発展途上国に課すことに対して国際社会は非難し拒否

---

26) Tams, *op. cit.*, *supra* note 5, p. 231.
27) *Ibid.*, p. 230.
28) Katselli Proukaki, *op. cit.*, *supra* note 4, pp. 201-209; Dawidowicz, *op. cit.*, *supra* note 5, pp. 239-255.
29) See Katselli Proukaki, *op. cit.*, *supra* note 4, pp. 135, 177-178, 181-182, 198.
30) See Alexandra Hofer, "The Developed/Developing Divide on Unilateral Coercive Measures: Legitimate Enforcement or Illegitimate Intervention?," *Chinese Journal of International Law*, vol. 16 (2017), pp. 186-211.

することが要請されると謳われている 31)。

　非同盟運動諸国はまた，一方的強制措置が対象国国民の人権を侵害することとなっているとして，「人権と一方的強制措置」と題する決議案を毎年提出し，国連総会によって採択されている。そこでは，「国際法および国連憲章に反して，テロ活動を支援しているとの誤った主張などの正当ではない口実の下で，加盟国を一方的措置のリストに掲載することは，加盟国とりわけ発展途上国に対する政治的・経済的圧力のための手段であるとみなし，そのような行為を非難する」ものとしている 32)。

　このような動きに対して米国は，そうした決議は「国際的な規範を害するような行為に対応する国際社会の能力」を損ねるものであり，一方的措置は多国間的措置と並び，外交政策，安全保障および国内的・国際的な目的を達成するための正当な手段である，として反論している 33)。EU 諸国もまた，「一方的強制措置は，一定の場合とりわけテロ活動，大量破壊兵器の拡散への対応，あるいは人権，民主主義，法の支配およびグッド・ガバナンスを確保するために必要な場合には許容される」とし，「制限的措置の利用に関する原則」は，先に挙げた国連決議にかかわらず認められるものとしている 34)。

　こうした主張は，しかし中国・ロシアから，その実施が措置実施国の政治的な目的に従ったダブル・スタンダードに基づくものであるとして，批判の対象とされている。両国は 2016 年に「国際法の促進に関するロシア連邦及び中華人民共和国の宣言」を採択し，その中で以下のような認識を示している 35)。

---

31) "Unilateral Economic Measures as a Means of Political and Economic Coercion against Developing Countries," UN Doc. A/Res/70/185（22 December 2015; adopted by 131（for）/2（against）/49（abstention））(preamble and paras. 2 & 3).
32) "Human Rights and Unilateral Coercive Measures," UN Doc. A/Res/71/193（19 December 2016; 133/54/6）(para. 3).
33) See Hofer, *op. cit, supra* note 30, p. 189.
34) *Ibid.*
35) The Declaration of the Russian Federation and the People's Republic of China on the Promotion of International Law（June 25, 2016), para. 6, *available at* 〈http://www.mid.ru/en/foreign_policy/news/-/asset_publisher/cKNonkJE02Bw/content/id/2331698 〉. See also Joint Communiqué of the 14th Meeting of the Foreign Ministers of the Russian Federation, the Republic of India and the People's Republic of China（April 18, 2016), para. 6, *available at* 〈http://www.mea.gov.in/bilateral-documents.htm?dtl/26628/Joint+Communiqu+of+the+1

国によるダブル・スタンダード及び自らの意思の他国への強制は一般的に承認された国際法の原則及び規則の誠実な実施とは相容れないとの見解を共有し、『一方的制裁』として知られる、国際法に基づかない一方的強制措置はそのような実行の一例であると考える。国連安保理によって採択された措置に加えて、国が一方的措置を実施することは、国連安保理による措置の趣旨及び目的を失わせうるものであり、その一体性と実効性を損ないうる。

　こうした非同盟運動諸国および中国・ロシアによる批判も、「第三国による非軍事的な強制措置」を一切否定し、重大な人権侵害が問題とされている場合においても認められないとしているわけでは、必ずしもない。それらの批判、またそれをふまえて採択された国連総会決議の要点は、国際社会の共通利益の保護に関わる対世的義務の違反であることを理由として、その違反に対する措置として「第三国による非軍事的な一方的強制措置」を一般的に正当化することに対する不信感、とりわけそのような主張に基づきつつ実際には特定国の政治的手段として用いられかねない（あるいは実際にそのように利用されている）という濫用の危険性にあると言える[36]。この点、「第三国による対抗措置」理論はまさにそうした不信感・危険性にもかかわらず、対世的義務違反の場合に適用される一般的な制度として「第三国による非軍事的な一方的強制措置」を正当化するものであり、その点で、以上に見た非同盟運動諸国などによる批判および総会決議に示された懸念を適切に考慮しているとは言いがたい。

　「第三国による対抗措置」理論に基づく国家実行の評価は、個別の事案に関する一つの説明としては成り立ちうるとしても、上記のような国際社会の全体的な動きをふまえて見た場合には、それらの実行が示す一側面（重大な人権侵害に対する「第三国による非軍事的な一方的強制措置」は、違法行為に対する違法行為としての側面を確かに有する）にのみ着目し、その過度な一般化をはかろうとするものであると言わざるをえない。

　以上の点をふまえるならば、「第三国による対抗措置」理論は依然、諸国家によって受け入れられるところとなってはおらず、国家実行を全体としてそう

　　4th+Meeting+of+the+Foreign+Ministers+of+the+Russian+Federation+the+Republic+of+India+and+the+Peoples+Republic+of+China〉.
36）　Hofer, *supra* note 30, p. 211.

した視点から捉えることには無理があるように思われる。そしてまた，実際，「第三国による対抗措置」を支持する論者による国家実行の評価については，個別の事案に関する説明としても，その妥当性には疑問がある。この点については，章を改めて論じることにしよう。

Ⅳ 「第三国による非軍事的な一方的強制措置」に関する実行とその評価

「第三国による対抗措置」は国家実行に照らしても既に実定国際法として確立したものであると主張する論者は，冒頭に挙げた2000年以降の4つの例についてもそれを支持する証拠であるとしている。しかし，それらの例を実際に同理論を支持するものとして認めることができるためには，国家実行においても「第三国による非軍事的な一方的強制措置」の正当性が，①「対世的義務の重大な違反」という特殊な違法性に求められており，また②そうした違反に対する責任追及のための措置として実施されている，ということが確認される必要がある[37]。というのも，それらの論者が「第三国による対抗措置」という場合，それは国際法委員会の提示した対抗措置概念を前提としており，国家責任の回復を違法行為国が行わない場合にその履行を促すための措置[38]を第三国が執ることができることが，国家実行によっても確認されるとしているためである[39]。そこで本章では，国際法委員会自身が「第三国による対抗措置」

---

[37] 筆者の見解では，対抗措置は「責任紛争」を含む国際紛争処理過程における紛争当事国間の衡平性を確保する必要性を基礎として認められるものであり，そのような衡平性確保が対抗措置の制度的機能である（参照，拙稿・前掲注(12)および拙稿「現代国際法上の対抗措置制度における均衡性概念——国際紛争処理過程における対抗措置の必要性に照らしたその多元的把握の試み」立教法学78号（2010）283-285頁）。しかしここで批判的に検討する論者の多くが，対抗措置を国家責任の追及手段とする国際法委員会の立場を前提としているため，「第三国による対抗措置」についても国際法委員会の立場を前提として検討することとする。

[38] See Crawford, *op. cit., supra* note 22, pp. 47-48.

[39] ただし，国際法委員会があくまで責任の「履行を促す」（induce to comply）ことを目的とする措置であり，他の手段では対応できない場合の暫定措置であるとするのに対し（see *ibid.*, pp. 281-287），「第三国による対抗措置」を支持する論者は，違反された義務を執行する（enforce）ための措置であることを強調する。Tams, *op. cit., supra* note 5, pp. 19-22; Katselli Proukaki, *op. cit., supra* note 4, pp. 68-77; Dawidowicz, *op. cit., supra* note 5, pp. 15-

を国家責任条文案で示し，諸国家もそのような法的主張の可能性を認識していたと言える2000年以降の実行のうち，紙幅の都合からジンバブエに対するEUによる制限的措置を特に取り上げ，はたしてそれがそのような法的主張に基づくものと評価しうるかを，上記の2点に注目しつつ，確認することとしたい。

1 EUによる対ジンバブエ制限的措置 [40]

1980年に英国から独立したジンバブエでは，白人少数者が独占して所有してきた農地改革がかねてから問題となってきた。2000年にはムガベ大統領が率いる政府は，無補償で土地を収用した上で，黒人農民に再配分することを定めた憲法改正案を提示したものの，国民投票により否決された。しかしその後，白人が所有する農地が違法に占拠されるなどの騒乱が起こり，それをうけて議会がそうした農地を無補償で収用する法案を可決するなどした。それ以降，ジンバブエの政治情勢は不安定化し，2002年の大統領選挙の際には，ムガベ大統領の反対勢力に対する脅しやメディアに対する妨害，さらには暴力的事態が拡大し，また表現の自由，結社の自由，集会の自由に対する深刻な侵害となるような法律が制定されるなどした [41]。

ジンバブエの農地改革をめぐる混乱に従来から懸念を示してきたEU諸国は，こうした事態の展開をうけ，2002年2月に「ジンバブエ政府は表現・結社・

34.

40) EU理事会の決定に基づき，EU加盟国によって実施された制限的措置は，国際組織としてのEUに帰属するが (see Frédéric Dopagne, *Les contre-mesures des organisations internationales* (2010), pp. 125-133)，だからといって個々のEU加盟国が当該措置について責任を問われなくなるわけではない。「国際組織の国際責任に関する条文草案」のコメンタリーで国際法委員会が示しているように，同じ一つの行為が国際組織とその加盟国の双方に帰属することは排除されない。*Reports of the International Law Commission, Sixty-third session*, UN Doc. A/66/10 (2010), p. 8, para. 4 (hereinafter *Reports of ILC 2010*). そのため，国際組織の決定に基づいて加盟国が実施した措置が，対象国と当該加盟国との義務に違反する場合には，加盟国による措置としての正当性が問われることとなる。EUによる制限的措置に関する決定および実施手続については，次を参照。Marco Gestri, "Sanctions Imposed by the European Union: Legal and Institutional Aspects," Natalino Ronzitti ed., *Coercive Diplomacy, Sanctions and International Law* (2015), pp. 70-102.

41) Dawidowicz, *op. cit., supra* note 5, p. 204.

平和的集会の自由といった人権の重大な侵害に引き続き従事しているものと判断する。そのため，当該違反が生じている限り，ジンバブエ政府に対する制限的措置を実施する必要があると認める」とした上で，武器禁輸措置や政府高官の渡航禁止，さらにコトヌー条約に基づく資金援助を停止する措置を決定した42)。これらの措置はいずれもジンバブエに対する国際法上の義務に反しないものであったり，あるいは関連条約の規定に従って実施された合法な措置であったが43)，EU理事会はそれらに加えてムガベ大統領の他，外務大臣および防衛大臣の個人資産を凍結する措置を執ることをも決定した44)。

こうした措置にもかかわらずジンバブエにおける状況は改善せず，むしろ事態は悪化した。こうした状況をうけ，2008年にEU諸国は安保理による審議を求め，その結果，安保理は反大統領勢力に対する暴力的活動とその結果としての死傷事件および何千万人もの人民が避難を強いられていることを非難し，ジンバブエ政府に対して政治活動および集会の自由を保障することを求める決議を採択した45)。ただし，国連憲章第7章に基づく非軍事的強制措置については，その必要性をめぐって安保理構成国の見解がまとまらず，現在に至るまで決定されるに至っていない。

安保理における非軍事的強制措置に関する審議においては，必ずしも直接的にEUによる制限的措置への言及がなされているわけではないが（措置の対象国であるジンバブエによる批判を除く46)），興味深い指摘がいくつか見られる。

まず2002年にEU諸国が制限的措置を実施した際，スペインを通じてジンバブエ情勢に対するEUとしての立場が安保理に通知されているが，そこでは「欧州連合はジンバブエ人民に対する人道的援助を維持するとともに，同政府に対する追加的な狙い撃ち措置の可能性を検討する」としていた47)。その後，憲章第7章に基づく非軍事的強制措置を支持する立場からフランスは，「危機

---

42) Common Position 2002/145/CFSP (18 February 2002); Council Regulation (EC) No. 310/2002 (18 February 2002); Council Decision 2002.148/EC (18 February 2002).
43) Dawidowicz, *op. cit., supra* note 5, p. 205.
44) *Op. cit., supra* note 42.
45) UN Doc. S/PRST/2008/23 (23 June 2008).
46) UN Doc. S/PV5933 (11 July 2008), p. 3.
47) UN Doc. S/2002/299 (20 March 2002).

を終結させるための誠実な政治的対話が始められるべきであるならば，ジンバブエ人民を保護し現在の政治的プロセスを阻害している者達にその責任を果たさせる（hold ... accountable）ためには，圧力も必要である」として武器禁輸措置など非軍事的強制措置を安保理として決定すべきであるとし，EUは既に実施している制限的措置を強化することを検討していることに言及した[48]。

しかしこれに対しては中国，ロシアの他，様々な国から消極的な見解が示された[49]。例えばインドネシア政府からは，「現段階で制裁措置を実施することは当事者間の対話を促すことにはならず」，むしろ「地域的組織や近隣諸国によって行われている調停を危うくすることになる」とされた[50]。またベトナム政府は，「現在の状況でジンバブエに国連憲章第7章に基づく制裁を科すことは，ジンバブエ情勢に対する解決を見いだす努力［…］を容易にするものではないだけでなく，主権国家の国内問題に対する干渉を認める危険な先例となり，国際法の基本原則と国連憲章に反することになる」とした[51]。これらの批判は直接的には，少なくとも現下のジンバブエ情勢に照らす限り，安保理による非軍事的強制措置は適切ではないとの見解として示されたものであるが，しかしそうであればなおさら各国が単独でそうした措置に訴えることは，不適当であるということになるだろう。実際，南アフリカは，南部アフリカ開発共同体（SADC）の首脳会議の声明に言及し，ジンバブエに対するすべての制裁を停止することが求められていることを指摘している[52]。名指しこそしていないものの，EUによる対ジンバブエ制限的措置の本件事情に照らした場合の適切性・妥当性に対する批判であったことは明らかである[53]。

---

48) *Op. cit., supra* note 46, p. 10. See *ibid.,* pp. 11（Costa Rica），13（Panama）.
49) *Ibid.,* pp. 9（Russia），13（China）.
50) *Ibid.,* p. 7.
51) *Ibid.* Also see *ibid.,* p. 5（Libya）.
52) *Op. cit., supra* note 46, p. 4. See Communiqué 2007 Extra-Ordinary SADC Summit of Heads of State and Government, 28th-29th March 2007, Dar-es-Salaam, *available at* 〈http://www.sadc.int/files/7513/5292/8388/SADC_Extraordinary_Summit_Communique-_March_2007.pdf〉.
53) Dawidowicz は，こうした批判をあくまで決議案に示された安保理による強制措置に対する批判と見ているが，本文に示したように，そのような見方は適当ではない。See Dawidowicz, *op. cit., supra* note 5, p. 210.

その後ジンバブエでは2013年3月に新憲法の制定に関する国民投票が行われた。EUは当該国民投票を「平和的かつ信頼できる」ものであると評価し、「民主的選挙に向けた重要な里程標を示すものであり、EUによる個人および団体に対する狙い撃ち的制限的措置の大部分を直ちに停止することを正当化するものである」との認識を示し、実際に制限的措置の解除を決定した[54]。ただし、ムガベ大統領の資産凍結措置など一部の制限的措置は、なお維持されている。

2 評　価

　EU理事会は2002年2月に対ジンバブエ措置を決定した際、ジンバブエ政府がその人民の人権を「重大に侵害している」ことを特に指摘し、「当該違反が生じている限り」制限的措置を継続するとした。これは、国際人権保障に関わる国際法上の義務違反を原因とし、当該違反の中止を制限的措置の目的としているとも言える。しかし、だからといってこれが「第三国による対抗措置」理論の具体的な適用例として実施されたと言えるわけではない。そう評価しうるためには、ジンバブエの義務違反によって生じた責任の追及としてEUが本件措置を実施していたということが認められなければならない。この点、前項で概観したところに照らすならば、本件措置は責任の追及としてよりもむしろ、ジンバブエ国内において表現の自由や集会の自由が制限され、基本的人権の民主的手続による保障が根本的に欠如しているという状況を問題とし、ジンバブエ政府にそうした保障に関わる同国の義務・責務を改めて認識させ、そうした基本的人権が保障されうる体制への復帰をその目的としていたと見るのが適当であろう[55]。

　このように言えるのはまず、EUがジンバブエ政府による義務違反の法的根拠を示さず、事実として表現の自由や集会の自由が保障されていない状況が存

---

54) Council Regulation (EU) No. 298/2013 (27 March 2013).
55) 国連安保理においてフランスは「その責任を果たさせる」(hold ... accountable) ために強制措置が必要であるともしているが (*supra* note 48 and accompanying text)、これはあくまでジンバブエ政府高官など国内統治に責任を有する個人あるいは国家機関の責務を指しており、ジンバブエの国家責任を問題としているわけではない。

在することを指摘するに留まっているためである。ジンバブエは1991年に市民的政治的権利に関する国際規約（自由権規約）の当事国となっており，表現の自由や集会の自由の侵害は当然，同規約違反を構成する。それにもかかわらずEUは，そうしたジンバブエによる人権侵害について同規約をはじめとする基本的人権保障に関する義務の根拠を示していない。EUによる制限的措置が責任追及のための対抗措置であると言えるには，国際法上の義務としての人権保障に反していることを問題として措置に訴えていることが認められなければならない。しかし本件において，EUとしては個々の人権保障義務の違反ではなく，むしろジンバブエにおける政治的状況・体制がそうした人権保障がそもそも果たされないようなものとなっており，人権保障義務の履行がおよそ見込めないような事実状況が生じていることを問題とし，それを是正するための対処手段として制限的措置に訴えていたと言える。

　むろんEU自身は自由権規約の当事国ではないが，ジンバブエの「義務違反」そしてそれに基づく国家責任を問題としているのであれば，一般国際法上の義務への言及が少なくともあるべきであろうし，また国連安保理における審議においてEU加盟諸国からも「国際法違反」としての人権侵害への言及が見られないのは，奇妙であろう。この点，フランス政府は先に見たように，ジンバブエにおける「危機を終結させるための誠実な政治的対話を始める」ために措置を執る必要があるとし，そのためにEUとして制限的措置を強化することを検討していることに言及しているが，これは本件措置は個々の人権侵害に基づく責任追及にではなく，むしろジンバブエにおける基本的人権が最低限度において保障されうる状況に復帰させることを目的としているとの認識を，フランス政府としても有していたことを示している。そしてまたこのことは，EU理事会がジンバブエで「平和的かつ信頼できる」憲法改正に関する国民投票が実施されたことを理由として，制限的措置の大部分を解除した事実によっても確認されよう。

　次に，EU加盟諸国が本件制限的措置を最初に実施した2002年2月の段階においては，国際法委員会による国家責任条文の作成作業は終了し，国連総会によってもそれに留意するとの決議が採択されていたにもかかわらず[56)]，EUおよびその加盟国のいずれからも当該措置を対抗措置として積極的に正当化す

る主張は見られなかった。これは本件に限らず,他のベラルーシ,リビア,シリアに対する事案でも同様であり,措置の対象国からEU加盟諸国等による一方的強制措置は国際法に反するものであると批判されながらも57),それに対して「第三国による対抗措置」として正当化するといったことはなされていない。また,国家責任条文に関する総会決議が採択された後,国連総会は同条文に関連する実行等の情報提供を求め,それにEU加盟諸国も回答を寄せているものの,これらの実行を「被害国以外の国による正当な措置」(第54条)に関わるものとして報告してはいない58)。

以上の点にもかかわらず,学説の中にこれらを「第三国による対抗措置」として評価する見解が見られるのは,次の二つの理由によるものと思われる。

一つには,これらの実行において措置の対象国が人権侵害に従事し,違法行為を行っていたことは否定しえないところ,問題とされる行為の違法性を特に強調し,もっぱらその点にそれらの措置の法的性質を見いだそうとしているためである。このような評価はしかし,先にも示したように,これらの実行が示す一側面を過度に一般化しようとするものであると言え,国家実行の評価のあり方として適当なものとは言えない。加えてまた,そうした見方は対抗措置概念の捉え方という点でも問題を有するものであると言わざるをえない。対抗措置に関する実行を評価する上では,それが国際法上の制度であること,つまり対抗措置は単に「違法に対する違法」という正当化の法理 (doctrine) であるに留まらず59),一定の法的機能を担った措置であることに注意しなければな

---

56) UN Doc. A/Res/56/83 (12 December 2001).
57) See *op. cit., supra* note 46, pp. 2-4 (Zimbabwe); UN Doc. S/2012/242 (Belarus).
58) See UN Doc. A/62/63 (9 March 2007); UN Doc. A/65/96 (14 May 2010); UN Doc. A/68/69/Add.1 (28 June 2013); UN Doc. A/71/79 (21 April 2016). なお,国家責任条文第54条のコメンタリーでは,関連する事例として,1998年のEU諸国によるユーゴスラビア(セルビア・モンテネグロ)に対する国有資産凍結措置および民間航空業務の停止を挙げており (*Ybk ILC 2001*, vol. II, part 2, pp. 138-139),また同条に相当する国際組織責任条文草案第57条のコメンタリーでは,2000年のEUによるビルマ政府高官の資産凍結措置が挙げられている (*Reports of ILC 2010, supra* note 40, p. 157, note 338)。
59) 対抗措置をもっぱら「違法に対する違法」に基づく相互主義的な正当化の法理として捉える見解がないわけではないが(例えば,Denis Alland, "The Definition of Countermeasures," Crawford *et al.* eds., *op. cit., supra* note 22, pp. 1127-1136; *idem*, *Justice privée et ordre juridique international: étude théorique des contre-mesures en droit international public*

らない60)。その点をふまえるならば,そのような措置に関わる実行と評価しうるためには,単に「違法に対する違法」という側面を有している,あるいはそのように説明ができるというだけではなく,それが国際法上の制度としての対抗措置に認められる法的機能の実現に向けられたものであると認めうるものでなければならない。しかし,対ジンバブエ措置については,そのようなものとは言えない。ベラルーシ,リビア,シリアに対する事案についても,この点は同様である。

　もう一つには,「第三国による対抗措置」として積極的に正当化されてはいないものの,これらの措置の正当性を根拠づける理由が他にないことから,間接的にこれらの事例を「第三国による対抗措置」として評価することができるとの論理に依拠しているためである。例えばDawidowiczは,ジンバブエに対するEU加盟諸国による制限的措置について,国連安保理における審理の際にそれら諸国による制限的措置に対する批判が示されなかったことを指摘し,それを根拠として,EU加盟諸国による当該制限的措置は「第三国による対抗措置」として正当なものと許容されていたと結論づけている61)。しかしこのような主張は,結論を先取りした推論と言わざるをえない。実際Dawidowiczは,別の事案(対シリア措置)について説明した際には,そうした「措置の正当性は,法的には,第三国による対抗措置によってのみしか説明されえないように思われる」(can seemingly only be explained)として,「第三国による対抗措置」の一例としての評価を国家実行それ自体の検討からではなく,他にその正当性を説明する論理が存在しないという外在的な根拠(そしてそれは単なる仮説でしかない)から導いている62)。こうした議論は,そもそも「第三国による対抗措置」としての許容性を国家実行に照らして判断すべきところ,他の正当化事由がないのであれば当然に「第三国による対抗措置」として正当化されることを所与の前提とするものであり,その点で国家実行の評価方法として問題があ

(1994), pp. 59, 206-216),妥当なものとは言えない。この点については,次を参照,拙稿・前掲注(12)211-216頁。
60) See *supra* note 12.
61) Dawidowicz, *op. cit., supra* note 5, p. 231. なお,先に示したように,このような評価自体が,必ずしも妥当なものとは言えない。See *supra* notes 49-52 and accompanying text.
62) Dawidowicz, *op. cit., supra* note 5, p. 231.

る63)。

　重大な人権侵害が問題とされる場合における「第三国による非軍事的な一方的強制措置」を「第三国による対抗措置」として説明することは，論理の上では確かにありうるものではある。しかしそれが唯一の説明であるのか，事案に照らして適切な説明であると言えるのかは別途，問われなければならない64)。

V 「重大な人権侵害が問題とされる場合における第三国による非軍事的な一方的強制措置」の法的把握：試論

　以上の検討から，重大な人権侵害が問題とされる場合における「第三国による非軍事的な一方的強制措置」に関する実行は，国際法委員会が2000年暫定条文で示したような国家責任の追及手段としての「第三国による対抗措置」を支持するものではないこと，またそうした実行を「第三国による対抗措置」の例として評価する見解は「対抗措置」を国際法委員会の定義に厳密に基づいて国家実行を評価しているわけでは必ずしもないことが明らかとなった。それはつまり，「第三国による対抗措置」という概念は，重大な人権侵害が問題とされる場合における「第三国による非軍事的な一方的強制措置」に関する実行を評価するための枠組みとしては，現実的妥当性を有していないということを示している65)。

---

63) 実際，Dawidowiczはこのような推論を国家実行に関する自らの評価方法であることを，明示的に認めている。Martin Dawidowicz, "Public Law Enforcement without Public Law Safeguards? An Analysis of State Practice on Third-Party Countermeasures and Their Relationship to the UN Security Council," *British Year Book of International Law*, vol. 77 (2006), p. 415. 同様の問題は，Tamsについても指摘することができる。Tamsは，「国家による分権的執行は，国際共同体の一般利益への服従を確保する唯一の（とはいえ必ずしももっとも適当であるわけではない）手段である」とし，国家実行等に関する自らの分析は，「条約に基づく制度から独立した執行方式としてはそうした分権的執行が唯一のものであるがゆえに，国際法の現状においてそれはなお不可欠なものであるということを前提としている」としている。Tams, *op. cit., supra* note 5, p. 7.

64) See Carlo Focarelli, "International Law and Third-Party Countermeasures in the Age of Global Instant Communication," *Question of International Law*, vol. 29 (2016), pp. 17-23; Tom Ruys, "Sanctions, Retortions and Countermeasures: Concepts and International Legal Framework," Larissa van den Herik ed., *Research Handbook on UN Sanctions and International Law* (2017), pp. 46-47.

65) 国際法委員会は，「第三国による対抗措置」はなお国家実行においては「限定的かつ萌芽

そうであるとすれば、そしてそうした実行を端的に国際法に反するものとしてその正当性を否定するのでないとすれば[66]、「第三国による対抗措置」という枠組みとは別の、新たな概念による把握が試みられなければならない。実際、「第三国による対抗措置」を積極的に主張する論者の議論は、表面的には国際法委員会の提示した対抗措置概念に依拠しているものの、実質的には「対世的義務の組織的・制度的不履行に対する集団的履行確保措置」とでも言うべき別の概念を提示しているように思われる[67]。本章ではこうした、「第三国による対抗措置」とは異なる、別の概念による「第三国による非軍事的な一方的強制措置」の法的把握の可能性について検討することとしたい。

1 「対世的義務の組織的・制度的不履行に対する集団的履行確保措置」としての把握の可能性

「第三国による対抗措置」を積極的に主張する論者に共通して見られるのは、対世的義務あるいは強行規範が今日の国際社会において有する重要性である。対世的義務や強行規範は国際社会の共通利益を保護するものであり、そうした利益が重大に侵害されている場合には、すべての国がそうした利益の保護、すなわち対世的義務の履行をはかるために関与することが認められるべきである、という。例えば Katselli Proukaki は、次のように主張する[68]。

> 国際法秩序はもはや抽象的な観念ではなく、共通の構造といかなる逸脱も許されな

的」であるとしたが (see *supra* note 22 and accompanying text)、それは単に国家実行が不十分であるということ以上に、国際法委員会が提示した法概念としての「第三国による対抗措置」、すなわち被害国以外の国による対世的義務違反に基づく国家責任の一方的強制措置による追及という考え方自体が新規なものであり、その現実的妥当性は必ずしも保証されていないことを率直に示したものであったと言える。

66) 大量破壊兵器不拡散に関するものではあるが、EU の制限的措置を国際法上の根拠を欠くものであるとするものとして、次を参照。Alexander Orakhelashvili, "Sanctions and Fundamental Rights of States: The Case of EU Sanctions Against Iran and Syria," Matthew Happold and Paul Eden eds., *Economic Sanctions and International Law* (2016), pp. 13-36; Pierre-Emmanuel Dupont, "Unilateral European Sanctions as Countermeasures: The Case of the EU Measures Against Iran," *ibid*., pp. 37-63.
67) See *supra* note 39.
68) Katselli Proukaki, *op. cit., supra* note 4, pp. 87-88.

い法原則に基づく共同体を確立するに至っている。これらの原則はすべての国家によって享有された最低限の共通項を構成し，それゆえにその侵害はすべての国の法的利益に対する攻撃となる。
[…]
　今日の世界においては，ジェノサイドや拷問が犯された場合に平然としていることはできないし，また法的に許されない。[…] 国際共同体が現状では国際法の実施と尊重をはかる権限を有する制度的仕組みについて合意できないならば，第三国に対抗措置に訴える権限を認めることによってそうした欠缺は埋められなければならない。

　これはつまり，対世的義務は国際社会が共通利益に基づく共同体へと発展したことを示すものであり，そのような国際社会の基本構造に関わる義務の履行については当然に個別的権利に関わる伝統的な方式を越えて，対世的義務が今日の国際社会において有する構造的な重要性にふさわしい方式が適用されてしかるべきである，とするものであると言える69)。そしてそうした方式として，対世的義務の履行が懈怠され，あるいはそうした義務をそもそも尊重しないような国に対しては，他国が一方的強制措置によってその履行を間接的に強制することで，国際共同体としての秩序を維持することが認められる，というわけである70)。

　こうした考え方において重要なのは，確かに対世的義務の不履行が問題とされる点で，そうした措置は「違法に対する違法」としての側面を有するものの，そのこと（のみ）に一方的措置が認められる原因を求めるものではない点にある。国際的人権保障に関わる対世的義務であっても，その履行は基本的には各国家に任され，その違反に対しても基本的にはそれぞれの国内手続に従って救済し，是正することが求められる。そうした各国による国内的人権保障に対して他国が介入することが認められるとすれば，それはそもそも国が国際人権保

---

69) See Katselli Proukaki, *op. cit.*, *supra* note 4, pp. 14-21. See also Claudia Annacker, "The Legal Régime of Erga Omnes Obligations in International Law," *Austrian Journal of Public International Law*, vol. 46（1994），pp. 156, 159-165; 中谷和弘「経済制裁と国際公益――第三国との関係を中心として」山本草二先生還暦記念・国際法と国内法（1991）541-550頁.
70) Dawidowiczは，第三国による対抗措置は，国際公共秩序（international public order）が損なわれた場合に，それを回復することを目的としているとする。Dawidowicz, *supra* note 5, p. 379. See also Christian J. Tams, "Individual States as Guardians of Community Interests," Ulrich Fastenrath *et al.* eds., *From Bilateralism to Community Interest: Essays in Honour of Bruno Simma*（2011），pp. 388-392.

障に関わる自らの義務をその国内において履行する意思を有しないとみなされるような場合であろう71)。そのような意味での「不履行」によって保護されるべき国際社会の共通利益が否定されていると言える場合には、当該国家に対して対世的義務を実施する責務があることを再認識させ、その履行に向かうよう方向づけるために、一方的強制措置に訴えることがすべての国に認められるとも考えられる。言い換えれば、そうした措置は、対象国によるその対世的義務の組織的・制度的な不履行に対し、その履行を確保することをその制度的機能として、他国によって行使することが認められる、というわけである72)。

このような考え方は、個々の違法行為・義務違反に基づく法的結果としての国家責任が依拠する「個々の違法行為に対するその法的帰結」という論理とは異なる、いわば「実効的な義務履行の確保」の論理に依拠するものである73)。

このような視点に立って重大な人権侵害が問題とされる場合における「第三国による非軍事的な一方的強制措置」を捉えるならば、それは対象国が基本的人権保障に関わる対世的義務74)の履行を組織的・制度的に懈怠しているとい

---

71) むろんこれは一般国際法上の場合であり、国家通報制度など個別の条約によって他国あるいは国際機関による介入が定められている場合は別である。See Louis Henkin, "Inter-State Responsibility for Compliance with Human Rights Obligations," Lal Chand Vorah et al. eds., *Man's Inhumanity to Man: Essays on International Law in Honour of Antonio Cassese* (2003), pp. 387-393.
　基本的人権保障の国内的実現は各国家に委ねられるものの、しかしそれが対世的義務として課されている場合にはもはや国内管轄事項と主張することはできず、その実現に向けて他国が強制的介入を行ったとしても、内政不干渉義務に反することにはならないとするものとして、次を参照。Karl Zemanek, "Human Rights Protection vs. Non-intervention: A Perennial Conflict?," *ibid.*, pp. 973-975. See also Henkin, *op. cit*, pp. 393-397.

72) Giorgio Gaja, "Do States Have a Duty to Ensure Compliance with Obligations *Erga Omnes* by Other States?," Maurizio Ragazzi ed., *International Responsibility Today: Essays in Memory of Oscar Schachter* (2005), pp. 35-36.

73) 「違法の論理」と「履行確保の論理」の違いについては、次を参照。兼原敦子「国際義務の履行を『確保する』義務による国際規律の実現」立教法学70号 (2006) 235-239, 265-266頁。

74) 一般国際法における対世的義務としての基本的人権保障の具体的内容については、さしあたり次を参照。The American Law Institute, *Restatement of the Law Third: The Foreign Relations Law of the United States*, vol. 2 (1987), pp. 161-175. Also see Katariina Simonen, "Internal Conflicts and Protection of Fundamental Human Rights as an Obligation *Erga Omnes*," *Finnish Yearbook of International Law*, vol. 10 (1999), pp. 192-200.

う意味における当該義務の「重大な」不履行に対して75),他国がその履行可能性を確保するために執る措置(対世的義務の組織的・制度的不履行に対する集団的履行確保措置)としての法的性質を有するということになろう。

2 現実的妥当性の評価
(1) 制度としての一般性と国家実行の特殊性

対世的義務の実効性を確保するためには、「対世的義務の組織的・制度的不履行に対する集団的履行確保措置」が必要であることは、否定しがたい。しかし、対世的義務が実定国際法において認められるものとなっていることと、そうした義務をどのような方法で実施すべきかは別の問題であり、そうした措置が現に国際法上の制度として認められているかは別途、確認されなければならない。

この点、例えばTamsは、バルセロナ・トラクション事件判決において国際司法裁判所が示した「対世的義務の履行に対するすべての国の法的利益」はあくまで一般的な概念でしかなく、それに基づいて具体的に国際裁判所へ提訴したり、対抗措置に訴えるためには、それぞれに個別の資格（standing）が別途、付与されていなければならないとする76)。その上でTamsは、「体系的あるいは大規模な対世的義務の違反」(systematic or large-scale breaches of obligations *erga omnes*) の場合に他国がそうした措置に訴える資格を有することを、国家実行から確認することができるとして肯定している77)。また、Dawidowiczは、「国家的共同体 (*res publica*) としての役割を担う国際的制度が存在していない以上、個々の国家はそれ自身の利益を守るためにだけではな

---

75) 国際法委員会は、国家責任条文第2部第3章が定める「一般国際法の強行規範に基づく義務の重大な違反」にあたる場合を、「義務の甚だしい又は体系的な不履行を伴う場合」と定義している。国際法委員会は対世的義務あるいは強行規範の現代国際法における承認に伴う特別な法的結果を定めることが適当であるとして、そうした特別な法的結果が認められる場合としてこのような基準を示した。See *Ybk ILC 2001*, vol. II, part 2, pp. 111-112, para. 7. 本稿の観点からもこうした基準による区別は妥当なものと思われるが、しかし国家責任の問題として扱うのは適当ではなく、国際法の基本的秩序の維持あるいは基本原則の履行確保という問題として扱うべきものと考えられる。
76) Tams, *op. cit.*, *supra* note 5, pp. 25-28, 202-204, 250.
77) Tams, *op. cit.*, *supra* note 5, p. 249.

く，公的利益を守るためにも，一見して違法な平和的な一方的強制措置を執ることが認められる」との考え方は政策的判断であり，対世的義務の概念からその履行確保措置の許容性を当然に導き出すことはできないとの認識を示した上で[78]，しかしそうした政策的立場は，少なくとも「対世的義務の広く認められた違反」(widely acknowledged breaches of obligations *erga omnes*) については，国家実行を通じて実定国際法となっているとする[79]。

先に検討したEUによる対ジンバブエ制限的措置などの実行が「第三国による対抗措置」を支持するものであるとするTams等の評価については，先に示したように同意できないとはいえ，彼等の主張を「対世的義務の組織的・制度的不履行に対する集団的履行確保措置」に関するものとみなすならば，それは確かに国家実行にも適合するように思われる。先に見たEUによる対ジンバブエ制限的措置についても，それが発動されたのはムガベ大統領に対立する勢力に対して政治的自由を奪う抑圧的な措置や暴力が加えられ，民主的手続を通じた統治および人権保障が確保されない状況が生じていたためであり，またそれが解除されたのは民主的選挙により政治的自由などを保障する方向へとジンバブエ情勢が改善したことが理由とされていた[80]。こうした措置についてはベトナムや南アフリカなどによる批判もあるが，それらの批判は措置の内容やタイミングなど，その具体的状況に照らした適切さ・妥当性に向けられたものであると言え，そうした措置の許容性を完全に否定するようなものであったわけではない[81]。

また，このような捉え方は，第三国による介入がなぜ「重大な違反」の場合に限られるのかについて，制度内在的な説明を示しうるものでもある。「第三国による対抗措置」は，理論的にはいかなる対世的義務の違反に対しても第三国が対抗措置に訴えることを認めることになるが，多くの論者は「重大な違反」の場合に認められるものとしている[82]。しかし，その理由は明らかでは

---

78) Dawidowicz, *op. cit., supra* note 63, pp. 344, 417–418.
79) Dawidowicz, *op. cit., supra* note 5, pp. 282–284.
80) *Supra* note 54 and accompanying text.
81) *Supra* notes 49–52 and accompanying text.
82) *E.g. supra* note 25 and accompanying text.

なく，国家実行によればとするに留まるなど，制度外在的な要因に求められている[83]。それに対して「対世的義務の組織的・制度的不履行に対する集団的履行確保措置」という捉え方の下では，そもそも個々の対世的義務の違反にではなく，国が対世的義務を履行する責務を放棄するような場合には，そうした責務を再認識させ，履行への方向づけをする必要性にその正当性根拠が求められる。そのため，第三国が一方的強制措置によって介入することができるのは，対象国が「対世的義務を履行する責務を放棄」しているような場合であり，「組織的・制度的」な不履行が現に認められる場合ということになる。「重大な違反」とは，このような場合を指すものとして，制度内在的な要因に基づく条件であるということになる。

しかし他方で，重大な人権侵害が問題とされる場合における「第三国による非軍事的な一方的強制措置」を「対世的義務の組織的・制度的不履行に対する集団的履行確保措置」として捉える見方の現実的妥当性については，次の点で看過しえない問題があることを指摘しなければならない。それは，重大な人権侵害が問題とされる場合における「第三国による非軍事的な一方的強制措置」に関する実行は，あくまで「重大な人権侵害」という特定の問題に関わる実行でしかなく，それを根拠として「対世的義務の組織的・制度的不履行」に関する一般的な制度の存在を肯定することはできないという点である。

「第三国による非軍事的な一方的強制措置」が行われた例として，大韓航空機撃墜事件[84]や在テヘラン米国大使館員等人質事件[85]など，「重大な人権侵害」とは異なる事案が挙げられることもあるが，その多くが「重大な人権侵害」の場合であることは否定できない[86]。他には軍事クーデターに対して行われた例も少なからずあるが[87]，それらも非合法な政府の変更ではなく，そ

---

83) See *e.g.* Institut de droit international, *Annuaire de l'Institut de droit international*, vol. 71, tome I, p. 199.
84) Dawidowicz, *op. cit.*, *supra* note 5, pp.149-154; Katselli Proukaki, *op. cit.*, *supra* note 4, pp. 163-165; Tams, *op. cit.*, *supra* note 5, p. 217.
85) Katselli Proukaki, *op. cit.*, *supra* note 4, pp. 141-144; Tams, *op. cit.*, *supra* note 5, pp. 226-227.
86) See Dawidowicz, *op. cit.*, *supra* note 5, pp. 283-284.
87) See *ibid.*, pp.126-127, 168-176; Katselli Proukaki, *op. cit.*, *supra* note 4, pp. 177-178, 181-182, 190; Tams, *op. cit.*, *supra* note 5, pp. 210, 221-222.

れによって基本的人権保障の最低限度の確保が危うくされたことが原因であると考えるならば[88]，ほとんどの場合が「重大な人権侵害」に関わるものであるということになる[89]。そうした特定の事案に関わる国家実行から，「対世的義務の組織的・制度的不履行に対する集団的履行確保措置」という一般的制度を導くのは，国家実行の評価として過度の一般化を試みるものとして，妥当なものとは認められないと言わなければならない。

(2) 自決権＝内的自決の尊重に基づく特殊制度としての把握

以上に論じてきたところからすれば，「第三国による一方的強制措置」の法的性質については，一国による基本的人権保障に関する義務の制度的・組織的懈怠という特定の場合に限って認められるものと，少なくとも現状では，捉えるべきである。むろんこのような結論は，他の場合に関する国家実行の不十分さに基づくものである限り，今後の国家実行の展開によって，基本的人権保障に関わるもの以外の，他の対世的義務の重大な違反の場合にも「第三国による一方的強制措置」が認められることを否定するものではない。

しかし，もし「重大な人権侵害」の場合に限ってこうした措置が認められることについて，基本的人権保障に関する義務に固有の事情があると言えるとすれば，「第三国による一方的強制措置」の可能性は，理論的にも，基本的人権保障に関する対世的義務の制度的・組織的懈怠という特定の場合に限られることになる。そして実際，そのように考えるべきであるというのが，本稿の筆者

---

[88] 例えば，スリナムにおける軍事クーデター後にオランダが非軍事的な一方的強制措置に訴えたのは，そのためであった。ただし本件では，オランダ政府は事情変更原則を正当化根拠として挙げている。See Dawidowicz, *op. cit.*, *supra* note 61, p. 405; Katselli Proukaki, *op. cit.*, *supra* note 4, pp. 133-134; Tams, *op. cit.*, *supra* note 5, pp. 227-228.

[89] 他には，1980年のソ連によるアフガニスタン侵攻，1982年のアルゼンチンによるフォークランド侵攻，1990年のイラクによるクウェート侵攻など，軍事的な侵略とされる事案において第三国が非軍事的な一方的強制力に訴えた例もあるが（See Dawidowicz, *op. cit.*, *supra* note 5, pp. 127-132, 140-149, 159-162; Katselli Proukaki, *op. cit.*, *supra* note 4, pp. 135-141, 156-163, 178-181; Tams, *op. cit.*, *supra* note 5, pp. 215-217, 219-221），これらは集団的自衛権が認められる場合であり，非軍事的措置もそうした自衛権の行使に包摂して捉えられる可能性がある。そのため，本稿の対象である重大な人権侵害が問題とされる場合における非軍事的な措置と当然に同様なものとしてみなすのは適当ではなく，別途そうした事案に特殊な点がないか個別的な検討を要する。

の,少なくとも現時点での考えである。

　人権侵害が問題とされる状況において第三国が一方的強制措置によって介入することが認められるのは,以上に論じてきたところからすれば,対象国が自ら組織的・制度的に基本的人権の保障を懈怠し,その責務を否定するような場合であった。このような場合はつまり,そうした措置の原因が個々の人権保障義務の違反にではなく,基本的人権の最低限度の保障が確保されない状況にあたる。具体的には,政治的自由に対する抑圧,基本的人権の保障制度としての民主主義の否定,そして民族的・宗教的少数者に対する暴力・虐殺行為をそのような状況として考えることができる。こうした場合は,為政者が国民自身(それが一部の少数者であるか否かを問わず)を政治的決定あるいはその保護の対象から排除する場合であると言え,その意味で「内的自決」としての自決権が脅かされるに至っている場合にあたるものと考えられる[90]。

　自由権規約および社会権規約の両国際人権規約がその第1条において自決権の尊重を掲げていることに示されているように,現代国際法において自決権は国際人権保障の基盤となっている[91]。この自決権について,国際司法裁判所は東チモール事件判決において,その尊重が現代国際法における基本原則となっていること,そしてまたそれが対世的権利(rights *erga omnes*)でもあること

---

[90] 自決権としての「内的自決」については,法概念としての意義や内容についてなお明確化されるべき点が少なくないとはいえ,民主主義的な政治参加の権利の保障をその重要な要素とすることが指摘されるようになってきている。See Thomas M. Franck, "The Emerging Right to Democracy," *American Journal of International Law*, vol. 86 (1992), pp. 52-56; Patric Thornberry, "Democratic or Internal Aspect of Self-determination with Some Remarks on Federalism," in Christian Tomuschat ed., *Modern Law of Self-determination* (1993), pp. 119-124, 134-137; Allan Rosas, "Internal Self-Determination," *ibid.*, pp. 225-252; Jean Salmon, "Internal Aspects of the Right to Self-Determination," *ibid.*, pp. 265-277; Steven Wheatley, *Democracy, Minorities and International Law* (2005), pp. 127-190. *Cf.* Jan Klabbers, "The Right to Be Taken Seriously: Self-Determination in International Law," *Human Rights Quarterly*, vol. 28 (2006), pp. 186-206; Jure Vidmar, *Democratic Statehood in International Law* (2013), pp. 138-169.

[91] 国際人権保障における基本文書である自由権規約および社会権規約の両国際人権規約は,その第1条に自決権を定め,それが国際人権保障の基礎であることを示している。See also Statement from representative of Maldives at Sixty-eighth General Assembly, Third Committee, 40th Meeting, November 5, 2013, *available at* 〈https://www.un.org/press/en/2013/gashc4085.doc.htm〉.

に特に言及している92)。そしてパレスチナ壁事件勧告的意見では，そのような基本原則であり，対世的義務としての自決権の尊重義務にイスラエルが違反したことを認定した上で，すべての国はイスラエルによるパレスチナの違法な占領を承認・援助しないことを義務づけられるとともに，「すべての国はまた，国連憲章と国際法を尊重しつつ，壁の建設によって生じているパレスチナ人民による自決権の行使に対する障害を終了させるよう取りはからうものである」，とした93)。このように述べる際，国際司法裁判所は友好関係原則宣言が「いずれの国も，憲章に従って，共同及び個別の行動を通じて人民の同権及び自決の原則の実現を促進する［…］義務を負う」（Each State has the duty...）こととしていることにも，特に言及している94)。

こうした国際司法裁判所の指摘は，自決権の尊重は単に領域国の義務であるだけではなく，その尊重が領域国によって果たされていない場合には，すべての国が領域国によるその尊重を確保することによって，対世的権利としての自決権の確保がはかられるように行動する責務を負っていることを示すものである95)。友好関係原則宣言では「いずれの国も，憲章に従った人権と基本的自由の普遍的な尊重および遵守を，共同および個別の行動を通じて促進する義務

---

92) *Case Concerning East Timor (Portugal v. Australia), Judgment of 30 June 1995, ICJ Reports 1995*, p. 102, para. 29.
93) *Legal Consequences of the Construction of a Wall in the Occupied Palestinian Territory, Advisory Opinion of 9 July 2004, ICJ Reports 2004*, pp. 199-200, paras. 154-159.
94) *Ibid.*, p. 199, para. 156.
95) See Gaja, *op. cit., supra* note 72, p. 35. See also Evan J. Criddle, "Standing for Human Rights Abroad," *Cornell Law Review*, vol. 100 (2015), pp. 324-329. なお，Criddleはこうした責務を，対象国の国民（自国政府による重大な人権侵害の被害者）による信託に基づくものとして捉えるべきことを主張しているが (see *ibid.*, pp. 297-318)，そのような見方は主権国家体制という現在の国際法がなお依拠する基本構造を無視するものであり，適当なものとは思われない。いかに領域国政府に問題がある場合であっても，国民の信託に基づく統治を主張しうるのは当該国政府の他にはありえない。See Nico Shrijver, "The Changing Nature of State Sovereignty," *British Year Book of International Law*, vol. 70 (1999), pp. 95-98. むしろここで言う「責務」は，国際共同体との関係において，諸国家が分担して担うべきものとして，対世的義務という形で託されたものと捉えられるべきであろう。国を人類共同体全体に対して責務を担う存在とする見方として，次を参照。See Eyal Benvenisti, "Sovereigns As Trustees of Humanity: On the Accountablity of States to Foreign Stakeholders," *American Journal of International Law*, vol. 107 (2013), pp. 295-333.

を負う」としていることからすれば、自決権の確保をはかる国の責務には、内的自決としての基本的人権を領域国が最低限度において保障することを確保するために行動すべきことまで含まれていると言える96)。

　国際司法裁判所は、そうした措置として通常であればそれ自体も国際法に違反する非軍事的な措置に訴えることまで認められるかについては、何も語ってはいない。しかし国家実行は、領域国によって基本的人権の保障が組織的・制度的に懈怠されている場合においては、他国がそのような措置に訴えてまで、領域国に基本的人権の尊重に関する自らの責務を自覚させ、内的自決の確保をはかることを認める方向に展開していると言える97)。

　以上に論じたところからすれば、重大な人権侵害が問題とされる場合における「第三国による非軍事的な一方的強制措置」の法的性質は、「現代国際法における基本原則としての自決権（内的自決）の確保のための非軍事的介入」という、特定の事案についてのみ認められる特殊制度して捉えられる98)。そし

---

96)　UN Doc. A/Res/25/2625 (24 October 1970), Principle 5, para. 3. See also Henkin, *op. cit., supra* note 71, pp. 394-397.

97)　このような立場から見れば、国が他国によりその外的自決（その制度的な保障としての領土保全、政治的独立）を否定されているような場合にも、第三国が非軍事的な一方的強制措置に訴えることは、当然認められるとも言える。ロシアによるクリミア併合に対するEU諸国などによるロシアに対する非軍事的な一方的強制措置は、まさにそうした例にあたると言える。See Dawidowicz, *op. cit., supra* note 5, pp. 231-238. ただし、ロシアによるクリミア併合は侵略にあたるとも言え、その場合の第三国による措置については別途、個別的な検討を要する（see *supra* note 89）。またいずれにせよ、もし国の一部の人民の内的自決が領域国政府によって尊重されず、それら人民が彼等自身の自決権に基づき外的自決＝分離独立を選択したのであれば、第三国もそれを尊重することが求められる。See Separate Opinion of Judge Yusuf, *Accordance with International Law of the Unilateral Declaration of Independence in Respect of Kosovo, Advisory Opinion of 22 July 2010, ICJ Reports 2010*, paras. 8-17; Separate Opinion of Judge Cançado Trindade, *ibid.*, paras. 173-176. ロシアによるクリミア併合の場合には、クリミアによる国民投票およびそれをふまえた独立宣言がロシアの違法な干渉の結果である限り、そうした例にはあたらない。See "Symposium: 'The Incorporation of Crimea by the Russian Federation in the Light of International Law," *Zeitschrift für ausländisches öffentliches Recht und Völkerrecht*, vol. 75 (2015), pp. 3-231.

98)　EUがジンバブエに対する制限的措置を国連安保理に通告した際、EUとしては「人道的援助」を行っていると指摘していたことは、この点きわめて示唆的である。See *supra* note 45 and accompanying text. なお、本稿の対象とする「重大な人権侵害が問題とされる場合における第三国による非軍事的な一方的強制措置」を「第三国による非軍事的措置による人道的介入」として捉えることもありうるが、「人道的介入」は武力的措置による介入に

てまた，それによる正当化が認められる場合は，そのような法的性質に即して，限定して考えることが求められよう99)。

Ⅵ　おわりに

本稿では，重大な人権侵害が問題とされる場合における「第三国による非軍事的な一方的強制措置」について，それを「第三国による対抗措置」として捉える見解を批判的に検討し，その上でそれに代わるものとして「現代国際法における基本原則としての自決権（内的自決）の確保のための非軍事的介入」と捉えるべきとの結論を示した。

このような検討を通じてはまた，「第三国による対抗措置」という概念あるいはそれに基づく議論が，たとえ理論的にはありうるものであるとしても，現状においては現実的な妥当性を認められるものとは言えず，むしろ現実に提起されている様々な問題を捨象させる（見えなくさせる）こととなる点で，大きな問題を伴うものであることが示された100)。

関するものとして固有の議論の蓄積があるため，さしあたっては控えることとしたい。参照，望月康恵・人道的干渉の法理論（2003）258-266頁。

99) 「民主主義の確保・回復ための軍事的介入」は武力不行使原則に反するものではなく，国際法上許されるとする見解もあるが（W. Michael Reisman, "Coercion and Self-determination: Construing Charter Article 2(4)," *American Journal of International Law*, vol. 78 (1984), pp. 643-644)，それに対しては厳しい批判があり（*e.g.* Oscar Schachter. "The Legality of Pro-democratic Invasion," *ibid.*, pp. 645-650)，また国家実行によっても支持されていないとされる（Claus Kreß and Benjamin Nußberger, "Pro-democratic Intervention in Current International Law: the Case of The Gambia in January 2017," *Journal of the Use of Force and International Law*, vol. 4 (2017), pp. 243-250)。本稿のように，重大な人権侵害が問題とされている場合に他国が一方的措置により介入することが認められるのは，当該他国が領域国政府に代わって内的自決を直接的に保障することにではなく，あくまで領域国政府に自らの責務を再確認させ，その保障に向けた行動をとるよう動機づけることに目的があり，その限りで認められるに留まるとの立場からも，たとえ民主主義に基づく内的自決が組織的・制度的に否定されているような場合であっても，第三国の個別的な軍事的措置による介入は認められないものと考えるべきである。

100) 文脈は異なるが，同様の問題を指摘するものとして，次を参照。小畑郁「国際責任論における規範主義と国家間処理モデル──法典化史の批判的考察」国際法外交雑誌 101 巻 (2002) 16-38 頁，兼原敦子「国家責任法の『一般原則性』の意義と限界」立教法学 55 号 (2000) 128-171 頁。また，抽象化された論理のために，本来制度的・手続的に規制されるべき高度の政治的判断が国家の主観的判断に委ねられることの危険性を指摘するものとして，次を参照。Maritti Kosikenniemi, "Solidarity Measures: State Responsibility as A New In-

本稿で見たように,「第三国による非軍事的な一方的強制措置」については,米国・EU 諸国を中心とする先進国と,非同盟運動諸国からなる発展途上国との間に鋭い対立が見られ,後者の国々からはそうした措置は国として発展する権利を侵害し,さらには国民の人権をも侵害するものであるとも批判されている。それに対して前者の国々からは,「第三国による非軍事的な一方的強制措置」は重要な国際法上の義務が重大に違反された場合への対処手段として重要性を有するのであり,それを否定することは国際法の実効性を否定することになるとの反論が示されている。このような米国・EU 諸国の反論は,一見したところもっともなものであるように見えるが,しかし現実には,先行違法行為の存在はもっぱら措置を行使する国の主観的な判断によるのであり,義務違反の「重大性」もまた主観的に判断されざるをえない[101]。発展途上国からの批判はまさにそうした主観性を問題視しない独善的態度に対する不信感に由来する[102]。「第三国による非軍事的な一方的強制措置」について国際法学の立場から応えようとするならば,こうした問題に目を向けた上で,対立する見解を相互に調整しうるような概念を提示することが求められよう。この点,「第三国による対抗措置」という概念・理論は,きわめて抽象化された規範論理にのみ基づく形式論となっており,独善的態度を擁護しこそすれ,それに対する批判的視点に欠けるところがあることは,否定しえない[103]。

　内的自決の保障が危ぶまれるような基本的人権に対する侵害が問題とされる場合には,米国・EU 諸国だけではなく,広範な国が一方的強制措置に加わっている。ただそうした措置が具体的にどのような場合に,どのような態様で,どの程度において実施するかぎりで許容されるのか,その規制条件をめぐって

---

　　　ternational Order?," *British Year Book of International Law*, vol. 72 (2001), pp. 355-356. なお,次も参照。中谷和弘「国際法治主義の地平——現代国際関係における国家責任法理の適用」山本草二先生古稀記念・国家管轄権 (1998) 144-145 頁。

[101]　See Denis Alland, "Countermeasures in General Interest," *European Journal of International Law*, vol. 13 (2002), pp. 1234-1236.

[102]　See Hofer, *op. cit.*, *supra* note 30, p. 211.

[103]　同様の問題は,「対抗措置」を国家責任法に位置づけて捉える見解についても,指摘することができる。この点については,次の拙稿を参照。「現代復仇概念の法的基礎とその変容——紛争処理過程における復仇の正当性」立教法学 67 号 (2005) 23-83 頁,拙稿「前掲論文」前掲注(12)。

は国々の間になおコンセンサスは見られない。「現代国際法における基本原則としての自決権（内的自決）の確保のための非軍事的介入」という本稿の提示する捉え方は，当該対立を現代国際法における「内的自決の保障」（その具体化としての基本的人権の保障）のあり方をめぐる問題として調整をはかる視点を提示するものである。基本的人権の最低限の保障をはかるための措置であるとして認められるためには，現実にそのような保障がはかられず期待もできないことを示すような組織的・制度的な侵害状況が明らかに認められる場合でなければならない。逆に，そのような措置によって対象国の国民の基本的人権が損なわれることは当然あってはならず，むろん対象国の自決権そのものを否定するようなことがあってはならない。

このような基本的視点に基づきつつ，重大な人権侵害が問題とされる場合における「第三国による非軍事的な強制的措置」の規制条件についてどのように考えることが，そうした措置をめぐる諸国家の対立の調整をはかる上で妥当なものであるのか，引き続き検討することが求められよう。そしてまたその際には，「第三国による非軍事的な強制的措置」は，それ自体として国際法の実効性を保障するものでは必ずしもないこと，そうした措置は国際機関を通じての対応等と併せてはじめて有用な手段として機能することにも注意しなければならないであろう[104]。

[付記1] 本稿脱稿後の2017年11月15日，ムガベ大統領は国軍により拘束され，自宅軟禁下に置かれた。その後，同国議会でも憲法上の権限濫用などを理由とする弾劾手続が開始されたことを受け，同大統領は同22日に辞意を表明し，新大統領には国軍に近いムナンガグワ前第1副大統領が着任することとなった。本政変は政権内部での権力争いによるものとされ，民主化への進展を期待することは難しく，逆に新大統領による強権政治が懸念されている。2018年1月現在，米国およびEUの対ジンバブエ制裁には特に変化は見られない。なお，米国はムナンガグワ氏を対象に含む経済制裁を従来から実施している。それに対して，EUは対ジンバブエ制限的措置の対象から同氏を2016年2月に解除している。

---

104) See Michael Akehurst, "Reprisals by Third States," *British Year Book of International Law*, vol. 44 (1970), pp. 14-15; Michael Reisman, "Institutions and Practices for Restoring and Maintaining Public Order," *Duke Journal of Comparative & International Law*, vol. 6 (1995), pp. 175-186.

［付記2］本稿脱稿後，山田卓平「対ジンバブエ制裁：『第三国対抗措置』の慣習法規則の形成に寄与しうるか」龍谷法学第50巻（2018年）1271-1320頁に接した。

＊本研究は，JSPS科研費JP18K01282による助成の成果を含む。

アジア地域人権秩序構想の批判的考察
―― 特に「裁判官対話」論に着目して

寺 谷 広 司

I　序
II　裁判官対話
III　可能な諸構想
IV　結　語

I　序

　人権の国際的保護・促進の法体制のうち地域によるものを論ずる際に，アジア地域については，地域条約をはじめ他地域に相当する秩序がないこと，あるいはASEAN人権宣言（2012年採択）のような萌芽的なものしかないことが否定的に描かれることが多く，更に秩序構築のための提案が行われることもある1)。グローバル化が喧伝されるとしても，世界は均一な仕方で密度を高め

---

*　本稿の元になった "The Debate over Reginal Approaches to Human Rights in Asia: A Suggestion from the Perspective of Judicial Dialogue" と題する報告を第6回アジア国際法学会研究大会（2017年8月25-26日，於ソウル）で行い，参加者から多くの示唆を受けた。また，科学研究費基盤研究（B）「ヨーロッパにおける多元的法秩序の調整メカニズム――制度設計と『裁判官対話』」（伊藤洋一代表）から多くを負っている。記して感謝申し上げる。

1)　概説書でそうした論及として，横田洋三編・国際人権入門（法律文化社，2008）29-30頁［富田麻里］，阿部浩己＝今井直＝藤本俊明・テキストブック　国際人権法［第3版］（日本評論社，2009）264-269頁，芹田健太郎＝薬師寺公夫＝坂元茂樹・ブリッジブック　国際人権法［第2版］（信山社，2017）53-56頁［芹田健太郎］等。欧語文献における関心は，一般には薄い。国際人権法の米国の代表的なケースブックであるP. Alston, R. Goodman

ているわけではなく，地理的近接性は依然として重要な要素である。他地域に在って，程度の差こそあれ有用に機能しているように見える体制が自らの地域にないことを問題だと考えること自体は，使命感に駆られるかどうかはともかく，少なくとも自然な発想の一つだとは言える。アジア地域における構想は少なくとも1960年代から議論がある[2]。より近時の基幹的文書としては1993年ウィーン宣言及び行動計画があり，「世界人権会議は，人権の促進及び保護のための地域的及び小地域的取極がまだ存在しない地域において，それを設立する可能性を検討する必要があることをここに改めて指摘する」（第1部37項）と規定している。

　他方，アジア地域の人権秩序の議論は，他の人権保障体制と比較してさほど学問的議論が蓄積していないようにも思われる。これには，考察の対象となる秩序が乏しいことに加えて，少なくとも3点の背景が考えうる。第1は，国際法は性質上，例えば，A国，B国というように抽象化された国家に等しく適用されるべきものだと考えられるために，その世界観は，普遍国際法と個別国家の二極構造を一次的なモデルとして想定しがちである。ここで，地域構想はややもすると中途半端な位置づけしか与えられない。しかも抽象化された国家像を脱しようとすると途端に，地域研究の知見を要するために，学問分野としては少なからず越境を求められかねず，躊躇しかねない。第2に，アジア地域における人権秩序は萌芽的であり，人権条約については存在しないために，論考の性質が自ずから政策的，更には政治的性格を帯びざるを得ず，一層ひどくは論者の独断，果てや夢想になりかねない。法が作用する前提ないし広く政治を含む議論は，あるべき法よりもある法を重視する国際法学の一般的傾向からは死角となりやすい。とはいえ，政策論・政治論が学問的でないということにならないことも当然のことである。第3は，日本に固有の事情ながら，地域秩序

(eds.), *International Human Rights: Text and Materials*, OUP, 2013 の地域取極の箇所（p. 899 ff.）には欧米阿の三地域しか言及がない。地域人権保障に関する包括的な D. Shelton による資料集（D. L. Shelton, *Regional Protection of Human Rights*, OUP, 2008）には取扱があるが，約1100頁中で50頁弱の割り当てに止まり，そもそもの制度化が未成熟なことと相まって，現況を反映している。

2) この頃の動向につき，山崎公士＝阿部浩己「アジアにおける人権保障機構の構想（一）」香川法学5巻3号（1985）5-13頁，参照。

のうち「アジア」に関わる困難である。周知のように，戦前・戦中の大東亜共栄圏の構想は，同じアジア地域の秩序構想に関する負の記憶であり，実際の政治において日本が対外秩序構築に消極的だっただけでなく，それに協力した学会においても同様であったように思われる。その学術的評価及びその反省を踏まえた秩序の構想は比較的最近まで待つ必要があったように思われる[3]。

　本稿は，アジア地域における国際的人権保障をより有効なものとするために，他地域のような地域的法体制があるべきなのか，あるべきだとすれば，それはどのような体制が望ましいのかについて考察することを目的とする[4]。地域体制が好ましいとする推定を立てたとして，存在しない対象を考察するための代表的アプローチは，アジアでの地域取極の国際動向を紹介し，既にできあがっている他地域の法体制とその地域的背景を基礎に地域体制の意義を一般化し，アジア地域で人権侵害等の具体的実情を加味しつつ当てはめることである。構成は多様でありうるが，従来の議論の多くはこのアプローチに属する[5]。他方，そうした考察の要素も併せて考慮しつつ，本稿が立論において特に手掛かりとするのは，この問題領域ではあまり論じられてこなかった近時特に欧州で

---

[3] 松井芳郎「グローバル化する世界における『普遍』と『地域』——『大東亜共栄圏』論における普遍主義批判の批判的検討」国際法外交雑誌102巻4号（2004）。なお，この論考が法整備支援プロジェクト（特に，この中心的拠点の一つである名古屋大学におけるプロジェクト）との関わりで述べられているのも，法整備支援がもつ秩序構築の意義を踏まえるなら興味深い。また，酒井哲哉・近代日本の国際秩序論（岩波書店，2007）第1章も参照。

[4] 本来，ここでいう「アジア」の射程は立論を確定する上で不可欠の要素であるが（横田洋三「国連および地域的機構を通しての人権保障」渡邉昭夫編・アジアの人権——国際政治の視点から〔日本国際問題研究所，1997〕241頁，等），本稿では基本的にいわゆるASEAN＋3（日本，中国，韓国）を中心とする地域を念頭に置いている。実際に論じられることが多いのがこれであるのと，インドを中心とする南アジア，イスラム圏を論ずるのが筆者の能力を超えているためであり，より拡張的なアジア地域圏の可能性を排除するものではない。

[5] 山崎公士＝阿部浩己「アジアにおける人権保障機構の構想（一）（二）（三・完）」香川法学5巻3号，6巻3号，7巻1号（1985-87），山崎公士「地域的人権保障体制とアジア・太平洋地域」国際法外交雑誌96巻3号（1997），小畑郁「東アジアにおける地域的人権保障制度への展望——ヨーロッパにおける憲法秩序化過程の一解釈を通じた試論」名古屋大学法政論集245号（2012），富田麻理「アジア地域人権機構設立の可能性——ASEAN等による地域機構の人権の保護・促進活動の検討をとおして」西南学院大学法学論集45巻3・4号（2013），P. Malanczuk, "Regional Protection of HumanRights in the Asia-Pacific Region", *German Yearbook of International Law*, Vol. 52, 2009; T. Baik, *Emerging Regional Human Rights Systems in Asia*, CUP, 2012, 等。

盛んな「裁判官対話（司法対話，judicial dialogue, dialogue des juges）」論[6]である。これには，従来の議論でそうした視角の論考が少ないことに加え[7]，幾つか重要な意義がある。第1に，既述のように無い制度を語るのは茫漠とした時評的議論になりやすい状況の中で，「裁判官対話」は既存の各国の裁判実践を基礎とするので，例えば一足飛びに地域人権条約を作る議論とはならず，それらの各国実践を中間点ないし考察の参照点として，あるいはある種の統合原理の中に位置づけることができる。それ故，その限りではより現実的な参照点を提供する。第2に，「裁判官対話」への着目は国内体制をより広く考慮することを期待できる。人権の保護・促進において国際条約・文書それ自体にもまして，実際に履行する国家の国内法体制が重要になる。もちろん，国際体制の設立自体が目的ではない。とするなら，「裁判官対話」への着目は，より素直で適切な焦点だと位置づけうるし，一層包括的な射程を有する議論を可能とするだろう。司法府の役割が強くなっている世界的傾向からも有望に見え，少なくとも考察に値するように思われる。

　なお，本稿の「裁判官対話」への着目は，従来の論法とは別の補助線を提供しようという範囲に止まり，例えば地域条約構想などとも両立可能である。それに伴い，アジア地域での具体的展開の紹介[8]，アジア地域での人権侵害の実情などは先行研究に委ねたい。また，「裁判官対話」は基本的には議論の手掛かりの一つであり，これが可能ないし望ましいという結論を先取りするものではない。この点，欧州システムの安易な導入になってはならない[9]。他方，その限界も踏まえた上で可能な方向性も示唆したい。

---

6) 日本ではあまり紹介のないこの議論については，「〔小特集〕『裁判官対話』の理論と実際」法律時報89巻2号（2017）55-81頁を参照。包括的論文集として，B. Bonnet (dir.), *Traité des rapports entre orders juridiques*, LGDJ, 2016. なお，本稿では具体的な裁判官への着目よりも司法機関一般の役割により多くの焦点が当たることに鑑み，「司法対話」の訳語を用いることも検討したが，従来の論考との混乱を避けるために「裁判官対話」の語を維持することにした。この点，英語の judicial の表現の方が便利である。
7) 近時の最も情報量の多い邦語論考として，須網隆夫「アジアにおける裁判官対話——韓国憲法裁判所の活動を中心に」法律時報90巻12号（2018），参照。
8) 比較的新しい状況も踏まえたものとして，富田・前掲注(5) 130-161頁, Malanczuk, *supra* n.(5), pp. 111-122; Baik, *supra* n.(5), pp. 155-232, 参照。
9) 本稿の「裁判官対話」の文脈で，批判的なものに，Onuma Y., *International Law in a Transcivilizational World*, CUP, 2017, p. 394.

アジア地域秩序の可能性は，実のところ故・小寺教授が強い関心を寄せた主題の一つである。研究領域としてみれば，彼が主領域とした経済法分野を中心に大いに注目されたが，同時に，組織化と関わる点で彼の国際機構法への初期からの関心とも交錯している 10)。これが彼独自の秩序への強い情熱とニヒルとも言いたくなる冷めた視線 11) という別の不思議な結合と共にある。本稿は，この主題を小寺教授自身がほとんど論じなかった人権 12) について考察する試みとも言える。

II 裁判官対話

1 裁判官対話の態様

「裁判官対話」には確立した定義がないように思われるが，概ねの共通了解として，裁判官同士の実際の意見交換や，裁判官の仕事の成果である判決文・意見の相互参照を指す 13)。ここにいう「司法（裁判官）」は司法機関のみならず，例えば自由権規約委員会委員のような準司法機関で法的判断を示すものを含む。「裁判官対話」の概念自体は，もともとフランス国内秩序における裁判所間の対話に端を発するとされるが 14)，国際的コンテクストに射程を広げる

---

10) 小寺彰「アジアにおける国際経済法秩序」法律時報74巻4号（2002）。また，同号の座談会「東アジア国家間秩序の展望」（須網隆夫＝小寺彰＝中村民雄＝藤原帰一）42-58頁も参照。この関心は晩年のTPP問題へと継続しており，TPPを「アジア太平洋の地域経済秩序作りだという点を押さえておかなければいけない」，「日米を包含した環太平洋の秩序作り」とする。小寺彰「日本抜きのアジア経済秩序はあり得ない」（日経ビジネスオンライン市村孝二巳「TPP亡国論のウソ」第3回，2011年11月9日）〈http://business.nikkeibp.co.jp/article/report/20111108/223698/?P=3&nextArw〉，小寺彰＝中富道隆「〔対談〕TPP交渉参加の行方」ジュリスト1456号（2013）ii頁，参照。

11) 晩年のエッセイ，すなわち国際状況を実務——国際法を常に遵守するとは限らない——優勢と捉えた上で学者の立場から，かつヨーロッパではない「周縁」の立場からの「憂鬱」を語ったエッセイ（小寺彰「国際法学者の憂鬱」書斎の窓No.606（2011））や，一方で裁判等を積極的に利用し，他方でそれを忌避する最近の日本政府の対応を「国家経営には成熟した対応」とするエッセイ（小寺彰「国際社会の裁判化」国際問題597号（2010））に，特にそうした傾向が窺える。

12) 代表作『パラダイム国際法——国際法の基本構成』（有斐閣，2004）で，人権や人道の章がないのはなぜだったのであろうか。

13) 須網隆夫『『裁判官対話』とは何か——概念の概括的検討」前掲注(6); A. Müller and H. E. Kjos, "Introduction", A. Müller (ed.), *Judicial Dialogue and Human Rights*, 2017, pp. 12-15.

とき,次の4つの諸関係で問題にすべき概念である。①一つは,純粋に国内で完結するもので,一国内の様々な裁判所同士のものである。それ以外は,国際平面でのもので,まずは,②Ａ国裁判所とＢ国裁判所のものである。例えば,Ａ国裁判所がＢ国裁判所判例を引用する場合はこの例である。更に,③国際裁判所と国内裁判所の間でも問題になる。例えば,自由権規約一般的意見をＡ国の裁判所が引用する場合である。④最後のものは,国際裁判所間である。例えば,ICJがICTYの判決に言及するような場合である。

「裁判官対話」は問題となる関係に応じて,その問題関心が異なっていた。②及び③は効果的な人権の保護・促進を目指している。特に③は国際法(主として国際条約)の国内実施として問題になってきた。②は国内法に基づく人権保護・促進であり,その効果を挙げるためになされ,比較法の課題と理解されてきたが,③とともになされることも多い。④は,実体規範の実施以前の実体規範の確定に関わり,フラグメンテーション問題が重要な関心となる。

アジア地域内での裁判官対話に関して言えば,前述のようにアジア全域でこれを支える人権システムは存在しない。近時,サブ・リージョナルなレベルでASEAN人権宣言などがあるに止まり,また,他地域の文書と比較して,これらには法的拘束力はない。従って,国際法に基づく③や④の制度上の基礎はないか,脆弱ないし部分的だと言える。②については,アジア圏でも旧コモン・ウェルスに属する国は別に考える必要があろう。判例法の英国のシステムが強く影響すると言うべきであろう。一般的可能性の点でより注目に値するのは,韓国憲法裁判所が主導するアジア憲法裁判所協会(The Association of Asian Constitutional Courts and Equivalent Institutions：AACC)である。韓国が欧州評議会の憲法問題に関する諮問機関であるヴェニス委員会(法を通じた民主主義のための欧州委員会)のメンバーとなったことを契機としている15)。憲法裁判所又はそれに相当する機関の関係者が集うこのフォーラムは,2012年にソウルで第1回会議が開かれて,2017年現在16の構成国がある16)。萌芽的ながらヨ

---

14) 伊藤洋一「国際人権保障をめぐる裁判官の対話」国際人権25号(2014)34頁。
15) インタビューを含めた詳細につき,須網・前掲注(7)75-77頁。ヴェニス委員会については〈https://www.venice.coe.int/webforms/events/〉；山田邦夫「欧州評議会ヴェニス委員会の憲法改革支援活動」レファレンス2007年12月号等参照。

ーロッパにおける裁判官対話に近い制度化だと思わる。

2 裁判官対話の基礎

裁判官対話が行われるための基礎は，主観的基礎と客観的基礎の大きく2つに分けて考えることが有用だと思われる。

(1) 主観的基礎

ここで主観的基礎とは裁判官対話の当事者から見た基礎である。当事者には，他国や国際機関の法実践を参照する側と参照される側の二者がある。前者が自国の法実践のための「輸入」だとすれば，後者は「輸出」である。特定の国がどちらかに振り分けられるわけではなく，あるときは参照側，別のときは被参照側となりうる。

主観的基礎の第1は，当事者，特に参照側が他国や国際機関の法実践を参照することを必要ないし少なくとも有用だと認識することである。もし何らの必要性や有用性が認識されないなら，裁判官対話は不要で，一国内の完結した司法実践で済むからである。必要性・有用性を認識する代表的事情の一つは，従来から行われているようにある国が別の国・地域の法を継受したような場合である。典型的には近代以降に日本が，各法分野でフランス法，ドイツ法，米国法に強く影響されつつ国内法を制定・改正していった場合で，母法への参照は必須でさえある。もう一つが，近時のより新しい現象で，複数当事者がより大きな法体制，国際条約の下にある場合で，典型的には，EU条約，EU運営条約や欧州人権条約の下にあるヨーロッパ各国と裁判所及び各国間の参照が挙げられよう。とりわけ後者の共通の枠組み内における対話については必要性・有用性が必ずしも明確でなかったり主権との衝突が問題になりやすかったりで，統治の重要な正統性の源泉である国内民主主義への拘泥を上回る利益があると

---

16) 〈http://www.aaccei.org/〉。構成国は，アフガニスタン，アゼルバイジャン，インドネシア，カザフスタン，韓国，マレーシア，モンゴル，パキスタン，フィリピン，ロシア，タジキスタン，タイ，トルコ，ウズベキスタン，キルギスタン，ミャンマーである。韓国憲法裁判所ホームページ〈http://english.ccourt.go.kr/cckhome/eng/interRelations/interSymposium/interSymposium.do〉も参照。

認識されることが重要になる。共通の条約体制の下，より良い統治（この文脈では人権保障）が可能となると認識されることで，条約体制を実施するための対話が求められ，翻って，この実践が実際に条約体制を強化する。この動態は循環的であるが，しかし，共通の秩序設定への強い政治的意思を駆動力としつつ，循環しつつ強化されている 17)。

　主観的基礎の第 2 は，当事者が裁判官対話の能力をもつこと，少なくともそれを涵養する意欲をもつことである。とりわけ被参照側に参照される意欲ないしその準備があるかが問題となる。裁判官対話として実現するためには，「法」が関係国に利用可能な仕方で表現されている必要がある。一つには何よりも，参照に値する主題を扱っていることで，そこでの解決策が参照する国にとって魅力であることが必要である。また，それが調査しやすい形で公開されていることが重要であり，より特定的には，参照する国と参照される国同士の関係にもよるが，参照側の理解可能な言語で書かれていること（特に英語で書かれていること），参照される側はこれを入手できる状態にしておくことが必要である（例えば，ホームページや検索が簡便なデータベースの設置）。EU は，加盟国全ての言語を公用語として，言語の障壁はより低いものとなっている 18)。

　何らかの意味での裁判官対話が行われるべきだと考えられるにもかかわらずそれがなされないとき，その要因の所在は参照側とも被参照側とも言いうる。参照側からすれば，参照側が被参照側相手国の法体系に関する文脈を外さないこと等のご都合主義的なつまみ食いになるリスクを警戒するが，これは同時に被参照側の情報公開性にも依存している。他方，例えば被参照側の情報が不十分だとしても，例えば，日本の裁判所が各国原語の法実践を日本語で直ちに役に立つ形で利用できる形で調査しておくようなシステム（例えば国立国会図書館の調査能力の強化）を作ることはできる。そもそもの動機の強さは決定的で，日本における欧米国内法の継受を顧みるなら，複数の異なる法系の接ぎ木が後に

---

17)　裁判官対話の典型例として，在監者の選挙権が挙げられよう。江島晶子「ヨーロッパ人権裁判所と国内裁判所の『対話』?」坂元茂樹＝薬師寺公夫編・芹田健太郎先生古稀記念・普遍的国際社会への法の挑戦（信山社，2013）参照。
18)　その背景は，言語使用の権利や多様性の尊重である。EU の多言語主義につき，〈https://europa.eu/european-union/topics/multilingualism_en〉。

つまみ食いとして問題化しようとも，参照はなされうる。

(2) 客観的基礎

ここで客観的基礎とは，主観的基礎に先だって存在する国際的・外的条件である。これについて，「裁判官対話」が「司法」と「対話」の2つの語義の結合であることに鑑みつつ，それぞれと概ね対応させて論じうる[19]。

客観的基礎の第1は「対話」であることに伴い，諸国家間に信頼関係があることである。裁判官対話は命令等ではなく対話であることによって，諸主体間には階層性がないことが求められる。階層性があるなら，上位の機関が下位の機関に命令なり授権するなりすればよい。対等な上で対話の必要性／有用性に導かれつつ，対話を行うためには，一定水準の信頼関係が前提となる。その上で相互の言及が，共に法を作り上げていくのが裁判官対話の特性である。

ここでいう信頼としては様々な種類・レベルが問題になり，外交関係における合意の遵守をはじめ，様々な分野に及びうる。この点，地域的取極は法の妥当の観点からは一般法に対する特別法であるということ以上の意義はないが，その運用に関わる政治的環境についてこうしたより特殊な考慮を要する。それは地域統合と安全保障の2つに関わる。国家という法人と同様に，属地性の原理によって性格づけられ，安全保障（関係者が武力攻撃をしないという信頼）がもつ意味は大きい。安全保障は，地域的統合にとっては条件というよりはむしろ目的だともいえるが，統合が過程的でありその段階が複数あることを考えれば，一定の安全保障の存在は，人権保障システムの共有という総じて高い統合を実現するための条件・基礎だといって良いだろう。ヨーロッパについて言えば，現状では民主的平和論が妥当するほどにその最低ラインは確保されている。また，共同体創設・維持の政治的意思が強固な基盤となっていると言えようが，共同体が外的に作成されたか，諸地域で自生的に生じたかは問題ではない。一定の共通性（宗教的，政治思想的，政治的，経済的，国の規模）はよくアジアに欠如しているとされるが，多様性自体はヨーロッパにおいても同様で，程度差と

---

[19] 以前の論考も参照されたい。寺谷広司「国際法における『裁判官対話』――その理論的背景」前掲注(6)63-69頁。

して把握されるだろう。

　客観的基礎の第2は，裁判官対話が「司法」によるものであることに伴い，それを行う国内において「法の支配」（rule of law）が確立していることだと思われる。もちろん「法の支配」自体は三権の全てで貫徹すべき原理と言えるだろうが，司法府はそれを最終的に確実にする機関である。ここで言及する「法の支配」は射程の広い概念と言わざるを得ないが，諸理解の最大公約数的な把握として，恣意的権力に対する法の優位を指す[20]。法の支配のうち，司法府の独立は特に重要な要素となろう。EUは，EU条約2条に掲げるEUの諸価値への重大な侵害に対する加盟国への制裁手続きを有するが（同条約第7条），実際，2017年12月にポーランド政府の進める司法改革が民主主義への脅威に当たるとして，ポーランドに対して制裁手続きがとられた[21]。

　この点で着目に値するのは，「法の支配」の構成要素とされることも多い民主主義との微妙な関係である。一方で，司法府が民主的意思と完全に切り離されたものであってはいけない。法の支配を単なる強者による統治としないために，民主主義は法の支配と密接に結びつき，実際，国際社会においてはこの2つは同時に称揚されることが多い[22]。この点，ヨーロッパにおけるEUをめぐる「民主主義の赤字」の議論[23]は，むしろ国内民主主義が一定段階にある上での争点であることを確認すべきであろう。他方で，基本的に多数者支配の性格を有する民主主義は法の支配と対立する恐れが十分にあり，理性的判断に裏付けられないポピュリズムや民衆独裁であってはいけない。特に人権とは親和的な「法の支配」とともにあるべきで，機構としてみた場合は司法権の独立

---

20) A. V. Dicey, *Introduction to the Study of the Law of the Constitution*（8th. ed., 1915 Liberty Fund ed.), pp. 107-122；ロザリン・ヒギンズ「国際司法裁判所（ICJ）と法の支配」横田洋三訳編・国際社会における法の支配と市民生活（国際書院，2008）特に25-28頁（なおこのシンポジウム講演原稿原文は〈http://archive.unu.edu/events/files/2007/20070411_Higgins_speech.pdf〉）等，参照。

21) European Commission, Commission Recommendation of 20. 12. 2017 regarding the rule of law in Poland complementary to Commission Recommendations (EU) 2016/1374, (EU) 2017/146 and (EU) 2017/1520, Brussels, 20. 12. 2017, C (2017) 9050 final.

22) 代表的には，"In Larger Freedom: Towards Development, Security and Human Rights for All" (A/59/2005), 2005, paras. 127-152.

23) 須網隆夫「超国家機関における民主主義——ECにおける『民主主義の赤字』をめぐって」法律時報74巻4号(2002)，等参照。

は確保されていなくてはならない。

　法の支配が民主主義と適切な距離と関係をもち，国内民主主義が一定程度実現しており，かつ正しく制御できていることが必要となる。

(3)　主観的基礎と客観的基礎の関係

　以上の主観的基礎と客観的基礎は，裁判官対話にとって重要な要素だが，実際に行われるかどうかは個別諸要素を踏まえた総合的な状況次第と言える。例えば，客観的基礎として信頼関係があっても裁判官対話が行われるわけではなく，例えば日本とニュージーランド，ガーナやブラジルの間には信頼があるだろうが，それぞれの法実践を参照して裁判官対話を行う可能性はあまり高くはないだろう。逆に，どんなに信頼関係がないとしても，準拠法選択のような場合には，参照されるべき状況はありうる。

　また，主観的基礎と客観的基礎は循環的であるともいえる。客観的基礎があればこそ，各国主体は他国の司法を有用だと考えるだろうし，実際に実践が起きることで，「信頼」も生まれ，他国の，あるいは多国間の法の支配も向上する。

3　アジア地域への示唆

　上述のように考察した一般論を踏まえつつ，アジアにおいて「裁判官対話」は進みうるのか。進めていくべきなのか。更には，統合度の高い共通の条約体制は可能か。望ましいか。

(1)　主観的基礎

　既に一定の重層的枠組みの下にあるヨーロッパと異なり，アジア地域では，各国家がより隔絶しており裁判官対話の必要性が意識されることはあまりないように思われる。日本を例にとれば，近代以降の継受は欧米からであり，他のアジア諸国を参照する必要性に乏しい。逆に，日本法を継受した諸国に対して，日本は影響を発揮できる立場にあるないしあったが，現実にはそれほどの状況になっているとは言いがたい[24]。また，日本の裁判所における条約への言及が増えている[25]としても近時の言及は普遍条約への言及に止まり，各国の実

践もその母法である欧米が中心であり，地域的に隣接しているだけの諸国への言及は少なくとも裁判所レベルでは共有されていない。法律上の根拠を求めても，裁判所を規律する裁判所法には専ら組織的側面しか言及がない。裁判所法に言及のある（同1条）憲法でも同様で（76〜82条），例えば国際社会で頻繁に言及される「法の支配」のような目的が言及されているわけではなく，前文のおける「人類普遍の原理」や国際社会における「名誉ある地位」に引きつける議論[26]が可能な程度である。近時，基盤として強調されるのは，ベクトルとしては逆の国民の司法参加である[27]。

前述の通り，枠組みが一定程度あってから必要性が認識され，必要性・有用性が認識されて更に統合が進むという過程を踏まえるなら，そもそも初期段階の一定の必要性の認識がどの程度ありうるかを問題にできる。特に，各国が別のアジア諸国を参考に立法したような場合は，解釈上も参照の価値があり，例えば，日本は旧植民地地域が近隣にあったり，法整備支援によって影響力を及ぼしうるので，一定の可能性は開かれている。同様に，コモンウェルス諸国同士はやりやすいし，少なくとも纏めて論じうる素地はある[28]。いずれにしても，共通枠組みに乏しいので参照する必要性に乏しく，全般的に言えば，参照は政治的な希望的表明に止まっているのが現状のように見えなくもない。この点，前述のアジア憲法裁判所協会を主導する韓国憲法裁判所は積極的である。韓国最高裁判所もまた「韓国のよく発達した法システムを世界の残りに促進していく」，「法的に進歩した国々からの知識やシステムを導入することによって韓国の法システムを改善する」といった将来像を明確に掲げている[29]。こう

---

[24] D. Law, "Judicial Comparativism and Judicial Diplomacy", *University of Pennsylvania Law Review*, Vol.163, 2015, pp. 953-962, 1024.

[25] 比較的近時まで概観したものとして，K. Teraya, "Realizing International Human Rights Treaties in Japan: A Suggestive Experience", in S. Kadelbach, T. Rensmann and E. Rieter (eds.), *Judging International Human Rights*, 2018.

[26] 濱本正太郎「裁判所は誰に語るのか――日本の裁判所における国際法・外国法の（不）参照」法律時報89巻2号（2017）77-78頁。

[27] 佐藤幸治・日本国憲法論（成文堂，2011）577-580頁。もっとも，こうした見直しの中で，司法を国際社会の文脈で捉える動きに繋がるとは思われる。

[28] 国内における裁判官対話の例ではあるが，例えば，P. J. Yap, *Constitutional Dialogue in Common Law Asia*, OUP, 2005.

[29] 〈http://eng.scourt.go.kr/eng/supreme/about/vision.jsp〉。なお，韓国大法院のホームペー

した点だけを捉えるなら，アジア人権裁判所の構想との関連で，「東北アジアにおいて，韓国以外にその主導権を取るに相応しい国はない」30) との評価があるのも，後述の構造的問題を別にするなら，理解できる。

裁判官対話を支える技術的側面も十分な状況とは言えないだろう。日本の裁判所が国際・外国の法的決定の参照に消極的な理由として，自国システムへの信頼が挙げられるが，他方，この優れているはずの判決・決定は，十分な仕方で「輸出」できる形とは必ずしも言えない31)。また，諸国間で，当該国の言語（例えば，韓国語，中国語）で書かれた法文を読むことは一般には困難である。アジア諸国間では英語が流布しており，英語による紹介もあるが32)，完全な翻訳であるとは限らず，単なる「紹介」を超えて，自国法令の解釈の参照に耐えうるものとするには，判例形成の文脈や，そもそも存在する原語と英語の差異を知る必要がある。しかし，後者は詰まるところ原語ができないと可能ではない。これらの事情が相まって，つまみ食いでない仕方で引用するだけの素地は乏しいと言えよう。

(2) 客観的基礎

第1に，アジア地域には階層性がないように見える点は裁判官対話の要件を

ジでは，司法交流（judicial exchange）と題する各国との交流が積極的に紹介されている。憲法裁判所では，アジア憲法裁判所協会加盟国に限られず，世界の憲法裁判所の紹介をするなど〈http://english.ccourt.go.kr/cckhome/eng/interRelations/worldConsJustice/worldConsJustice.do〉，ここでも国際的傾向が注目される。また，韓国がホストの第3回憲法裁判世界会議では，アジア人権裁判所が提案されるなど積極的である。D. Law, *supra* n.(24), pp. 962-976, も参照。

30) 須網・前掲注(7)77頁。

31) 日本の裁判所もホームページ上，英語で発信している〈http://www.courts.go.jp/english/〉。ただし，日本語版と比較すれば直ぐに情報量の差に気づくし，そもそも，翻訳を試みる際に意味が不明になる表現も少なくない。外国裁判官にも読まれていることは知られる（例えば，泉徳治「グローバル社会の中の日本の最高裁判所とその課題――裁判官の国際的対話」国際人権25号〔2014〕12頁）が，単発的だと言うべきだろう。

32) 例えば，韓国につき，最高裁〈http://eng.scourt.go.kr/eng/supreme/decisions/guide.jsp〉，憲法裁判所〈http://english.ccourt.go.kr/cckhome/eng/decisions/majordecisions/majorList.do#none〉があるが，紹介は要約レベルに止まる。中国につき最高人民法院には英翻訳はあるが〈http://english.court.gov.cn/cases.html〉同様で，最高人民検察院〈http://www.spp.gov.cn/flfg/sfjs/〉の方は，英語版がない（2018年3月24日時点）。

充たしているように思われる。中国や日本は実際の国力としてみれば抜きん出ていると言うべきだろうが，近世までの中華秩序の存在や近代における日本の帝国主義と比較すれば，遙かに主権国家平等の枠組みにあると言え，諸国の国力の差は，基本的にこの枠組みの下にある。

　しかし，アジア地域に，「対話」の前提である国家間の「信頼」が十分にあるだろうか。この点，信頼の有無や程度を何らかの基準を立てて評価するのは困難だとしても，社会的事実に照らして十分な信頼があるとは言いがたい。戦争の可能性が事実上なく，民主的平和論が妥当しうるように見えるヨーロッパと異なり，アジア地域には冷戦が残っているとさえ言え，これは半世紀に亘るEUのような経験には遙かに及ばない。朝鮮半島の2つの国家では，特に北朝鮮の核・ミサイル問題が地域の極端な脅威となっている[33]。領域紛争はそのまま平和への脅威に繋がりやすいが，早くからある竹島／独島問題に加えて，尖閣問題や南シナ問題のようにむしろ近時になって激化しているものは，信頼醸成がむしろ逆のベクトルを向いているとさえ言える。

　共通の人権保障システムを設けるほどの信頼関係が無いことは，とりわけ1990年代以前には論点化さえしない程だったというべきだろうし，その構造が今なお続いているといって良いと思われる。地域の枠組み設定には大国の積極的関与が欠かせず，その観点からは，特に中国と日本が注目に値する。中国は人権問題については永く不干渉原則を強調してきたが，この姿勢自体は大きく変わっていない。他方，日本は基本的に積極的ではない。ODA大綱によるより価値的な援助外交への転換はあったが，それはEUや米国のようなそれではないし，日本の「人権外交」という表現は，実際には相当部分，国際条約の国内履行が念頭に置かれているように思われる[34]。つまり，この地域では，他国に介入させないという他国への不信，他国へ及ぼそうとすることの効果

---

[33] 国連安全保障理事会決議 S/RES/2321(2016); S/RES/ 2371(2017); S/RES/2375(2017) 等。

[34] 対外政策の表現のレベルでも，より穏和的である「人間の安全保障」が同様に重要になっている。1992年の政府開発援助大綱で「人権」は基本理念や原則に言及をえていたが，2003年の改正政府開発援助大綱では「人間の安全保障」が基本方針として前面に出ている。2015年開発協力大綱の基本方針「人間の安全保障」ではより積極的に人権が言及される形になっている。なお，寺谷広司「人権外交の法理論——外交における国際法をめぐる一考察」柳井俊二＝村瀬信也編・小松一郎大使追悼・国際法の実践（信山社，2015），参照。

への不信の両方が根強い。

　この地域の統合が，基本的にはより下位のサブ・リージョナルなレベルで起きたのは，この基本構造のためだといえる。ASEAN人権宣言は，地域統合を主導できる大国が乗り出さないことの間隙を縫う動きだと位置づけられ，また司法外交に積極的な韓国も同様に位置づけうる。

　第2に，「司法」対話の基礎として，アジア地域に「法の支配」が根付いているだろうか。「法の支配」の定着の程度を客観化するのは一定程度可能だが[35]，ここでより正確に問題となるのは，関係国同士における「法の支配」の程度に関する主観的認識である。この点でも裁判官対話の基礎は不十分であるように思われる。各国の裁判所があるので客観的条件はそろっている[36]とするだけの議論は，大ざっぱに過ぎるように思われる。とりわけ問題となるのは，影響が自国にも及びうる論点につき他国における判断や姿勢が法の支配の観点から問題があるようなときである。東アジアについていえば，北朝鮮は依然として独裁体制の下にある。韓国の民主化は，そもそも1980年半ばまで待っての話であり，逆に，「慰安婦合意」をめぐる2015年日韓合意に文大統領が国民が情緒的に受け入れられないとコメントしたのは[37]，その後の対応とともに，日本側から見れば「法の支配」と両立しない[38]。裁判官対話は，一次的には民主的基礎と切り離される必要がある。近時，状況を複雑・困難にしているのは，2018年10月の韓国大法院による「元徴用工」判決[39]である。こ

---

[35]　この種の試み自体はあり，例えば，NGOである世界司法プロジェクト（World Justice Project）の「法の支配」指標は関連性が高い〈http://data.worldjusticeproject.org/#〉。統治権への制約，腐敗の欠如，人権など8つの指標からの評価で，2017-18年の113カ国での調査につき，例えば日本は14位，韓国20位，中国75位などとなっている。欧米諸国のランクが高く，アジア地域は低いが，そもそもアフリカなどについては対象になっていない。また，こうしたデータのうち，本稿の文脈で人権保障がより関係性の高い指標となる。

[36]　芹田健太郎・前掲注(1)54頁。

[37]　聯合ニュース2017年5月11日〈https://headlines.yahoo.co.jp/hl?a=20170511-00000077-yonh-kr〉（2017年5月18日アクセス）等。

[38]　日韓関係がアジア諸国間で特に着目に値するのは，同じ自由主義的・民主主義的価値を共有していると信じられ，冷戦期の歴史的にも同じ政治的陣営に属し，経済水準も相対的に近いという協力の条件が整っているはずだと考えられているのに，実際には必ずしも上手くいっていないためである。

[39]　2018年10月30日韓国大法院判決。なお，筆者は脱稿時までに大法院自身による英訳に

の判決は，一方で，日本への一般的ないし「国民的」反発の延長にありつつも，この判断自体が裁判官対話の担い手である司法府によるもののためである。また，中国の南シナ海領域紛争をめぐる行動はこれが地域の平和の脅威として裁判官対話の前提を崩すものであるだけでなく，仲裁法廷 40) での欠席戦術や判断への敵対的態度から同国への「法の支配」への信頼は困難だろう。全般的に言えば，各国内の司法実践が進行しているのが間違いないとしても，安全保障が直接に関わる領域問題，戦後賠償・補償問題がボトル・ネックとなっている。

　以上の困難は国家建設の進行や軌道修正によって変化しうるだろうが，やや時局的な内容を超えて，より巨視的な観点からも困難を指摘できる。一つには，ここで求められている「法の支配」がより高いハードルをもつことである。というのは，ここでは単純な地域統合ではなく，人権という各国の構成的原理に関わる内容について統合が問題になっているからである。更に，進化論的な見方に従って，統合が実現できると安易に言うのも難しい。というのは，例えば，戦後賠償問題に見られるように，むしろ以前は顕在化していなかった諸問題が，情報が容易に入手できるグローバル化時代において，国内民主主義の強化とその病理的な表現であるポピュリズムと共に，一層「統合」を困難にしている側面もあるのである。情報の共有は国際協調に有利となるとは限らず，調整の困難はむしろ増している。より根本的な問題は裁判官対話の担い手である司法府の機能的強化が，社会問題の解決にとってそもそも適切なのか，あるいはどういった形で適切になりうるかである。上記の「元徴用工」判決はこの点を印象的に示しており，個別国家の積極的司法主義が国家間関係を不安定にし，延いては「裁判官対話」の基盤にある国家間関係の信頼を毀損する結果となっている 41)。裁判官対話の言わば進化形である「司法外交」概念 42) は，明確性や

　　は接し得なかった。
40)　PCA Case No. 2013-19, In the Matter of the South China Sea Arbitration (The Republic of the Philippines v. The People's Republic of China), Award, 12 July 2016. また，翌日の，Liu Zhenmin 外務副大臣による記者会見につき〈https://www.fmprc.gov.cn/mfa_eng/wjbxw/t1381980.shtml〉。
41)　一層複雑なことは，司法積極主義が顕著な一方で，それへの政治的関与が強く取り沙汰される点である。韓国最高裁長官に対する文在寅大統領の指名では，司法の中立性も問題視され，既にこの時点で「元徴用工」判決への影響が指摘されていた（「徴用工裁判へ影響も」日本経済新聞朝刊，2017 年 9 月 22 日，8 面）。また，関連して，元徴用工の民事訴訟の進行

正義を基調とする「司法」と，柔軟性や現実的解決を基調とする「外交」の鵺(ぬえ)的結合であり，カーやケナンが批判した 43) リーガリズムの一層極端な形態のように思われる。

(3) 地域的取極であることに伴う問題

　以上，裁判官対話の前提としての主観的基礎と客観的基礎の2つの視点から論じてきたが，更なる問題点として，裁判官対話をアジア地域の特別レジームについて語っていることから生ずる問題を，追加的に議論する必要がある。それは断片化問題であり，地域的取極が一般法に対する特別法であることによって生じ，特別法の拡充が国際法の断片化を促進しかねない。断片化問題は，同一対象ないし関連する対象に対して，複数の判断権者が併存することで生ずる 44)。もともと，普遍人権条約の判断権者（主として条約監督機関）と各国のそれ（特に裁判所）の重複は問題化しており，これは「国際法と国内法の関係」として論じられていた。振り返ればこれも断片化の一種であった。

　この問題がアジア地域で特に問題とすべきだと考えられるのは，現に存在する ASEAN 人権宣言が普遍人権条約との齟齬を指摘されて，起草過程，採択当時以降，義務規定や制限条項の多さが強い批判の対象となっているためである 45)。また，先に言及したアジア憲法裁判所協会にしても，インドネシアや

　　遅延の疑いをめぐって，元最高裁判事2人への職権濫用容疑の逮捕状請求および棄却の動き等もある（例えば，「韓国最高裁前判事，地裁が逮捕認めず」朝日新聞夕刊，2018年12月7日，2面）。この点，一般論としても，司法積極主義がそのまま司法の独立を意味するわけでないことには注意を要する。いずれにせよ，前述の「東北アジアにおいて，韓国以外にその主導権を取るに相応しい国はない」という主張は，そうした制度的・構造的要因を考慮しておらず，一面的だと言わざるを得ない。

42) D. Law, *supra* n.(24), p. 943 ff.
43) E. H. Carr, The *Twenty Year's Crisis 1919–1939*, 2nd ed., 1946, Part Four; G. F. Kennan, *American Diplomacy*, expanded ed. 1984, p. 95. ff.
44) 多数の関連文献があるが，ここでは基本文書のみを挙げておく。ILC, A/CN.4/L.702; ILC, A/CN.4/L.682, 2006.
45) 採択直後の，多くの人権市民団体による共同の批判声明につき，〈https://www.hrw.org/news/2012/11/19/civil-society-denounces-adoption-flawed-asean-human-rights-declaration〉，〈https://www.fidh.org/spip.php?page=spipdf&spipdf=spipdf_article&id_article=12429&nom_fichier=article_12429〉。米国法曹協会 American Bar Association Rule of Law Initiative, *Experts' Note on the ASEAN Human Rights Declaration*, 2012; *The ASEAN Human*

マレーシア等の ASEAN 諸国，更には欧州人権条約の締約国であるロシア及びトルコ（しかも，欧州人権条約履行にとりわけ問題が指摘される両国）も参加しており，規範統合や履行確保の課題を残している。

 1990 年代以降特に意識されるようになったこの断片化問題は，より古くからある人権に関する根本問題，人権普遍性論争[46]と区別されつつも重ならざるをえない。そもそも，地域秩序を創出する背景に，「アジア的人権」観[47]が現に主張されてきたという事実もある。この，より包括的な論争はこの小稿で論じ切れるものではないが，断片化問題との類比で言えば，人権概念の一体性の危機に通じる。他方，人権はそもそもアジアに妥当しえないという主張はもはやとれないといえ，実際それ故に「アジア的人権」という仕方で対抗言説が生まれる。この主張は，それ故に健全な批判でもあり得るが，欧米中心主義的批判をどのように組み込んで人権を構想し，その上で制度化に繋げていけるのか課題が残る。

(4) 小 括

 以上のように，アジアの地域秩序構想は，実現のためには多くの困難が伴う。また，ASEAN 人権宣言やアジア憲法裁判所協会のような注目すべき動きがあるものの，それを設定する利益を明確には確定しがたい状況にある。アジア内の裁判官対話についてもそうであり，まして，他地域にはあるというだけでアジア人権条約を先行させようとするなら，夢想的でさえある。

Rights Declaration: A Legal Analysis, 2014.
46) 特に，アジアとの関係では，J.R. Bauer and D. A. Bell（eds.），*The East Asian Challenge for Human Rights*, CUP,1999 の諸論考参照。一般には，大沼保昭・人権，国家，文明――普遍主義的人権観から文際的人権観へ（筑摩書房，1998）特に第 4，5 章，J. Donnelly, *Universal Human Rights in Theory and Practice*, Cornell Univ. Pr., 3 rd ed., 2013 等参照。
47) リー・クアンユーやマハティールらの政治的指導者の諸発言のほか，より組織だったものとして 1993 年アジア地域会合の政府間文書であるバンコク宣言（in Report of the Regional Meeting for Asia of the World Conference on Human Rights（A/CONF.157/ASRM/8A/CONF.157/PC/59）），等。また，「文脈アプローチ（contextual approach）」と位置づけた上での動向として，K. Yakushiji, "Developments in the Acceptance and Implementation of Obligations Defined in Core UN Human Rights Conventions by East Asian and Southeast Asian Countries", *JYIL*, Vol.60, 2017, esp. pp. 266-276 も参照。

III 可能な諸構想

1 国連の普遍人権条約への参加――メイン・プラン

　上記を踏まえつつ，本稿が有力だと考えるあるべき道筋は，多くの論者とともに48)，地域秩序に拘ることよりも既存の普遍人権条約の活用を図るべきだというものである。言うまでもなく，地域人権体制の構築は人権保障のためのものであり，地域人権機構作り自体が目的となるべきない49)。先に記したウィーン宣言及び行動計画は，地域的取極の必要について述べる際に，同時に「地域的取極は，国際人権文書が規定する普遍的な人権基準とその保護を強化すべきである」（第1部37項）と規定している。

　この点，アジア地域において全体的には人権条約の締約が他地域に比べて十分ではないため，新たな秩序構築を模索する以前になすべきことがあるのを示している。2018年12月10日現在で172の締約国を数える自由権規約ですら，アジア地域には入っていない国がある（中国・シンガポール等）。ASEANの中心国の一つであるシンガポールは，小国が一般に国際法に頼るという通念に反して自由権規約や社会権規約だけでなく，拷問禁止や人種差別といったユス・コーゲンスに関わるような人権条約さえも批准しておらず，際立っている。また，それ自体は人権条約ではないが，人権侵害への重要な対処であるICCのローマ規程の批准国も同日現在で123カ国中，アジア太平洋地域は19カ国を数えるに止まる50)。

　普遍条約の活用という単純な方策は，アジアにおける人権秩序構築について上記で示した困難を補う重要な意義を有している。

　第1に，信頼関係が不十分であることとの関係での有用性である。当事者のみの制度構築が困難な場合に有効な方法は，第三者を交えた制度とすることである。この点，国連はもちろん欠点や限界を有するものの，現状で望みうる最

---

48)　代表的には，横田・前掲(4)241-242頁。
49)　例えば，山崎・前掲(5)89頁。
50)　現状の概観につき，K. Yakushiji, *supra* n.(47), esp. p. 275. なお，国際刑事裁判所による地域分類，情報による。〈https://asp.icc-cpi.int/en_menus/asp/states%20parties/Pages/the%20states%20parties%20to%20the%20rome%20statute.aspx〉

も適したフォーラムである。「裁判官対話」における「司法」は，より広く準司法的な法に基づく対話と理解することができ，国連がそのようなフォーラムを提供していると言える。自由権規約42条や人種差別撤廃条約12条などで一層明確なように，紛争解決において第三者の関与を基礎とする調停と同様の良さ[51]が全体として制度化としていると把握できる。もちろん，このことは人権監督機関が誤らないということを意味するわけではなく[52]，それは司法機関を含む全ての紛争解決機関と同様である。それでも第三者性を確保する点で相対的に良いとは言える。

　第2に，「法の支配」が十分に確立していないこととの関係での有用性である。国連の人権条約自体は拘束的であっても，監督機関の決定は拘束力がなく，形態として司法的決定に類似する個人通報制度における「見解」でさえ，自由権規約一般的意見33に示されるように，拘束力はない[53]。これは法学者の多くにとって不満足なのかもしれないが，拘束力のない意見の存在は，むしろ，高度な司法化が困難なアジアの実態に合致した履行のためのシステムのように思われる。さらに，先述した司法外交の弊害を減じうる。この点，「法の支配」にも程度差はあり，判断が常に拘束的・最終的である必要はない[54]。少なくとも「法の支配」の視角を導入すること，それを可視化することが，より重要なのである。

　第3に，断片化問題との関係での有用性である。国連システムの利用は，アジア地域を一般システムの中に組み込むことを意味している。これは断片化問題を回避する点からも重要である。また，人権の普遍性の観点からも，地域的特性はありうるのは間違いないとしても，人権の根本が変わるのは好ましくないだろう。アジア的人権論にどの程度の距離を置くかはともかく，それが無視できない程度で妥当し続けているアジアにおいて，比較的低い批准・加入率を

---

51)　一般には，J. G. Merrills, *International Dispute Settlement*, 3rd ed., 1998, p. 62. ff. 等参照。
52)　寺谷・前掲注(34)644-647頁。
53)　CCPR/C/GC/33, 2008, para. 13. また，岩沢雄司「自由権規約委員会の規約解釈の法的意義」世界法年報29号（2010），N. Rodley, "The International Court of Justice and Human Rights Treaty Bodies", M. Andenas and E. Bjorge (eds.), *A Farewell to Fragmentation*, 2015, pp. 88-91, 等参照。
54)　違うアプローチながら，同じ主張として，小畑・前掲注(5)313-314頁。

上げ，個別特殊性の考慮を普遍的人権の枠組み内で行うことは重要だと思われる。裁判官対話において国際性を重視するとしても，単純にアジア内における上記Ⅱ1の②（国家間）だけでなく，これが③（国家—国際裁判所）と組み合わさり，ないし結合することが重要である[55]。

また，普遍条約を活用する大まかな方針のうち，上記の理由からより特定的に望まれる指針が少なくとも2点ある。一つは，実体規範の観点から，自由権規約や社会権規約のような一般的な人権条約ではなく，ユス・コーゲンスに属し，国際社会でより一般的にその価値が共有されている規範に属する特定的な条約の重要性である。これは断片化問題の解消・軽減，人権の普遍性重視の方向性から肯定される。具体的には，人種差別撤廃条約，拷問禁止条約や強制失踪条約が重要である。特に強制失踪条約は，アジア・太平洋地域での批准国が6カ国しかなく，改善すべき余地が大きい[56]。もう一つは，実体規範を支える制度的仕組みの観点から，自由権規約第1選択議定書の批准等，個人通報制度への参加である。上記のように，個人通報制度の「見解」はそれ自体に拘束力がないが故に敷居が低く，他方で法的思考の普及や国内判断とは別の選択肢を示すことで「法の支配」を実質的に深化させる。

2　普遍条約の活用と併用しうる諸策

普遍条約の活用には上記のような利点があるが，「対話」促進の観点からすると，地域に関して言及されている諸策が普遍体制と両立しないわけではなく，多くの場合むしろ両立し，更にはその構想を強化しうる。別言すれば，諸々の方策は普遍主義に条件づけられた形で展開していくべきだと考えられる。

(1)　諸　策

諸策の第1は，既にそうしているように，裁判官対話の試みやそれをより制度化しようとする前向きな議論を継続的に試みること自体である。これにはシ

---

55)　学問分野で言えば，比較法学だけでなく国際法学の有用性が現れる。この点，例えばD. Lawの論述（*supra* n.(24)）には，普遍性からの視座が不十分である。

56)　そのための方策として，寺谷広司「人権条約システム参加の背景及び促進戦略とその理論的含意」法律時報9月号（2018）（特に82-85頁参照）。

ンボル的ないしトリガー的な意義がある。地域人権の枠組みが脆弱で法経験の一体性に乏しい状況からすると，事実上の見込みとして他地域におけるような展開は望めない。しかし，「対話」を続け，少なくとも続けようとするという事実そのものがシンボルになり得，現実の制度の実現を促しうる。トートロジカルではあるが，裁判官対話は法の支配の前提であり，帰結でもある。法的文書の作成，国際機構を作ろうとすることにはそうしたシンボル機能がある57)。本稿が必ずしも積極的ではないアジア人権条約の採択も，議論それ自体は秩序構築の触媒になる可能性もある。また，こうした作用は人権枠組み一般でなくても，例えば犯罪人引渡し条約58) のような個別の制度でも可能である。

　第2に，議論の継続自体を重視する延長として，人権分野に拘ることなく当該地域秩序自体の醸成を目指すことが挙げられる。これが人権保障を目指していないとしても，より強力な地域秩序の構築が最終的に人権保障に繋がるという考え方を前提としつつ，可能な法分野，成功体験を蓄積できそうな法分野からこれを開始することである。成功体験を積み上げることが，つまり成功していくこと自体が，関係者の信頼を醸成していくことに繋がる。ヨーロッパの経験に照らして言うと，ヨーロッパ統合は，資源管理・経済分野を中心に始まり（EEC），やがてEC, EUへと展開，この体制がEU基本権憲章（2000年）をもつまでに至り，同文書はEU条約及びEU運営条約と同等の価値を有する（2007年リスボン条約による改正後のEU条約6条）に至っている。これがストラスブール体制と併存して進行した59)。この点を新機能主義から説明しようとするかはともかく60)，アジア地域秩序が共通利益のうち超国家的であるより

---

57) 小寺・前掲注(10) 41頁，座談会・前掲注(10)49頁［小寺発言］。ヨーロッパ統合・立憲秩序の基盤に「シンボル」を見出す立場（小畑郁・ヨーロッパ地域人権法の憲法秩序化〔信山社，2014〕9-15頁）と類似して理解しうる。
58) 金平煥・東アジア逃亡犯罪人引渡しの法理――日中韓国際刑事協力論（信山社，2017）。
59) このパラレルな展開を特に欧州人権条約の重要性を強調しつつ描写したものとして，小畑・前掲注(57)15-30頁。
60) 新機能主義については，J. Klabberes, *An Introduction to International Organizations Law*, CUP, 3rd ed., 2015, p. 29；最上敏樹・国際機構論講義（岩波書店，2016）335-339頁，鴨武彦・国際統合理論の研究（早稲田大学出版部，1985）3-7, 77-81頁，等参照。なお，そうした説明の問題として，ヨーロッパ統合の文脈で，遠藤乾・統合の終焉――EUの実像と論理（岩波書店，2013）27, 353-354頁。

相互の個別国家利益の増進を図る分野から始まったのは自然なことであり，将来に向けても現実的であるように思われる。そのプロセスにおける最も重要な特徴は「コミュニケーションチャンネルを設定すること」にある[61]。これによって他分野から人権秩序へと繋がる路が開かれる。

第3は，各国における法の支配の強化である。国際協力・支援はどのような国際システムを構築する場合でもその基礎となるし，各種国際文書がそれを義務づけ，促進することもある。経済的な問題領域においてはもちろん（例えば，社会権規約2条，1986年発展の権利宣言4条，1993年ウィーン宣言及び行動計画第1部9項・10項4文等），より具体的な司法共助の義務（拷問等禁止条約9条，強制失踪条約14条等）まで，広く重要となる。国際的義務づけが必ずしもない一国による措置として，例えば日本の開発協力の一環として法整備支援は法の支配に直接に関わり[62]，移行期正義における協力（例えば，カンボジア特別法廷への協力）は，明示的な例となろう。また，一般にも重要性が指摘されている国内人権機関は，この文脈で特に重要になる[63]。国内諸権力に対して独立した機関として普遍条約の基準に準拠しつつも，当該国家において設立され，普遍と個別のバランスの上に立つ形での法の支配の強化に繋がる。

本稿が着目してきた裁判官対話は，それは国境を越えた司法機関間の横の連帯の醸成による法の支配の強化と位置づけられる。裁判所自身が直接的には民主的基礎をもたないとしても，民主主義社会の中で「法の支配」，権利の最後の擁護者のネットワークを構成しようとしている。例えば，香港終審法院が外国法を援用するのは，中国からの自立性を保ち，自らを強化するためであり，切実な事情を有することになる[64]。裁判官対話は，通常は行政府が規律する国家全体の関係でなく，そのうちの司法府同士の関係に属することに注意する

---

61) 小寺・前掲注(10)41頁，座談会・前掲注(10)49頁［小寺発言］。
62) 外務省・2017年版開発協力白書　日本の国際協力（2018）7頁，三菱総合研究所「法制度整備支援の評価（第三者評価）報告書（平成26年度外務省ODA評価）」(2015)，法務省のホームページ〈http://www.moj.go.jp/housouken/houso_lta_lta.html〉，等。各種機関・大学による活動まで多岐に及ぶ。一般には，鮎京正訓・法整備支援とは何か（名古屋大学出版会，2011）等，参照。
63) 山崎・前掲注(5)84-85頁；Malanczuk, *supra* n.(5), pp. 129-131 等，参照。
64) D. Law, *supra* n.(24), pp. 986-997, 1023-1024.

必要がある（司法間の外交）。つまり，裁判官対話は国家間における法ヘゲモニーをめぐる交渉というだけでなく，それぞれの国内秩序における権力分立・秩序のあり方の変化も意味している 65)。もっとも，こうした司法府同士のスクラムはアジア地域内に限定する必要はなく，本稿が考えるより普遍的な枠組みを通じた展開でも可能ではある。

(2) 普遍人権体制との関係における地域人権保障構想の意義

以上のように普遍条約の重要性と両立しえ，かつ普遍条約をより実効的とする諸策を確認した上で，改めて地域体制を位置づけ直すことができる。これには大きく 2 つの考え方が可能なように思われる。

第 1 に，地域体制の強化を人権実現という普遍的目的にとっての一プロセス，中間地点，ないし手段として理解することが可能だろう。これは進化論的理解を前提にしていると言って良かろう。アジア地域の参加率の低さや人権自体は普遍的目的であることを考えれば，こうした立場は説得的だと思われる。アジアの中でも地域としての経験を積み重ねてきた ASEAN を例外的なものと考え，その成果である ASEAN 人権宣言をそういった普遍条約への刺激や中間地点と位置づけて議論できるかもしれない 66)。

こうした理解は現実的であると評価できる一方で，否定的評価もありうる。かつて，ローターパクトは，世界人権宣言について，履行確保手段を備えた規約の採択を相当程度遅らせるか捨て去る要素となる危険を案じ，国連憲章からは後退し，幻想やシニシズムを助長しかねないと批判していたが 67)，中途半端な成果物として同様の批判がありうる。また，保護水準の低い法的文書を設

---

65) 例えば，司法消極主義をとるとされる日本では，一般には考えにくい状況ではあり，権力分立のあり方は基本構造化している。他方，変化も見られるのであり，論理的必然ではないものの，現象としていえば，国際人権法上着目に値する判決で司法府の積極役割が同時に論点化されているのは必然である。例えば，司法府が独立に国際的義務を負うと読める街頭宣伝差止め等請求事件（ヘイトスピーチ事件）京都地裁判決（2013 年 10 月 7 日）判時 2208 号 74 頁，参照。
66) イスラーム諸国も可能かも知れない。宗教的靭帯の強さは，世俗的な国家間枠組みを超えている。
67) H. Lauterpacht, "The International Protection of Human Rights", *Recueil des Cours*, Tom.70, 1947, pp. 100–101.

定することは，既述のように，断片化問題を悪化させかねない。現状でこれが大きな問題となっていないのは，逆説的にも，この法的性格が宣言的なものに止まるからである。宣言的なものに止まるなら，地域協力の成果としてのシンボル機能のみが残る。また，これも逆説的ながら，活動が不活発であることも都合が良くなる。

この点,「中間地点」は少なくとも2つの視点から考察されるべきで，一つは拘束力の完全性であり，もう一つは保護水準の高さである。前者のみが進行する場合に，断片化問題が深刻化する。また，後者の進行は，現実に各国がその水準に見合う実態を実現できるかが問題になる。いずれにせよ，アジア地域が現時点でヨーロッパのような高度な保障水準と司法的なシステムをもつようなロマンを急速に求めるような場合は困難が生ずる。

第2の理解は，こうした「中間地点」をむしろ積極的に位置づけ，普遍条約との組み合わせにおいて補完的な役割を果たせるのではないかと発想する。人権普遍性論争との関連では，第2の理解は第1のそれと比較して，地域性・個別性を重視する立場と共通し,「弱い文化相対主義」[68]に通ずる。これは多元論的理解を基盤としている。

地域を包含する国際メカニズムの議論は，実のところ，人権の国際保障の意義——なぜ人権を国内のみでなく国際的に保障するのか——という根本問題と連動する[69]。もし，人権の国際保障が好ましいなら，複数あることはより好ましいということになり，問題は役割の重複とコストの問題ということになる。この点，人権の国際保障は一つには，各国の保護水準が同等又はそれ以上の場合は各国による保障の担保，保護水準がより低い場合は人権水準の引き上げにある。特に前者について言えば，外国人，異なる人種の権利はとりわけ政治共同体から阻害されやすく漏れやすいと思われる。一般的に言えば，地域人権条約は人権保障の効能を上昇させる場合に意義を有し，阻害する場合は避けられるべきだろう。これ以外の場合は，地域枠組み設置自体を目的化しており，断

---

68) Donnellyやそれを支持してヨーロッパにおける「評価の余地」理論との関連を示すMalanczukを参照（Donnelly *supra* n.(46), Chap.6; Malanczuk, *supra* n.(5), pp. 132-135）。
69) ここではこの根本問題が関わってくるという関連性のみを記す。より包括的な考察が別途なされるべきであろう。

片化をもたらす地域主義に繋がる。普遍性を旨とする人権の理念に合わず，不適切であろう。他方，これは個々の権利や条項，制度の運用次第でもあり，概括的には述べ難い。

　人権の国際保障の存在意義から更にどのような地域体制なら有用であるかという議論へと連なる。この点，地域人権メカニズムの是非・意義を一般的には論じられない。欧州人権条約の場合は，概して保護水準の高い実体規定をより司法的な制度によって実現しており，自由権規約等の普遍条約との関係では，基本的には「特別法は一般法を破る」と考えれば良く，断片化は問題となり難い70)。米州人権条約の場合は，この点が欧州人権条約ほど明確ではないと思われるが，アメリカ地域に特徴的な問題を採り上げることが多いことや特色ある解釈原則を示していることは，地域条約の存在意義を示している71)。アフリカ人権憲章についてはアフリカ的価値の強調や，義務規定の豊富さは問題視されるべきだが，アフリカの，地域条約の樹立には，地域における自己統治としての意義がある。この意義自体はどの地域にもあると言うべきだが，アフリカの場合，植民地支配の歴史的経験から特に重要な意味をもつ。いずれにせよ萌芽的実行しか実現できないが故に，問題が顕在化していない。他方，後発性を活かし，平和への権利や環境への権利のように先進的な規定を有し，単純に後進性を指摘するのは誤っている72)。ASEAN人権宣言に鑑みるなら，アジアの現状は，敢えて引き寄せるならアフリカに類似しているようにも思われるが，実際にはどの方向を辿るかは明確とは言いがたい。現状からすると，少なくともヨーロッパ的なものは敷居が高すぎるが，ヨーロッパも1990年代までは司法的性格が低かった。アジア地域が，言わば世界人権宣言から国際人権両規約の過渡期に相当するようにも見える。

　全体としては，進化論的理解を意識しつつ，これを包含した形で多元論的理

---

70) また，紛争解決との関連では，個人通報手続において自由権規約委員会は欧州人権条約で取り扱われている事案を検討しない（自由権規約第1選択議定書5条2項(a)）。

71) T. N. Antkowiak and A. Gonza, *The American Convention on Human Rights*, OUP, 2017; 根岸陽太「プロ・ホミネ原則に基づく米州人権条約と憲法の関係」国際人権26号 (2015)。より一般的に，澤田（中井）愛子「ラテンアメリカ国際法の理論と実践」（東京大学博士学位論文，2016年提出）第6章等。

72) Onuma, *supra* n.(9), pp. 394-395.

解・補完論的理解から位置づけていくのが適当だと思われる。これは上記のように普遍条約への参加が主たる方向であるべきことに加え，人権が普遍的理念であり同時に地域の個別的要素を考慮すべきであるという一般論の反映である。

Ⅳ 結 語

　「裁判官対話」論を手掛かりに出発したあるべきアジア地域の人権保障に関する本稿の立場は，普遍人権条約を活用し，それを基軸として「対話」を推進すべきだというものである。本稿は多くの議論と両立的だが，それでも明示的に否定されるべき主張は，アジアにおける地域人権保障の性急な制度枠組みの構築である。これは現実的ではなく，十分な信頼醸成が必要である。もちろん，10年単位で見たときには状況が変わりえ，本稿を脱稿した2018年は，北朝鮮の核・ミサイル問題や戦後処理をめぐる日韓関係の悪化など東アジア地域の地政学的状況が極めて流動的であった。

　それでも，時局を超えて問題になる理論的な基盤を3点敷衍しておきたい。第1に，リーガリズムがもたらしうる弊害への警戒が必要である。一つには，それは進化論的理解と結合するときに起きる。「法の支配」が重要な一方で，法的拘束力の有無は一段階違う論点であり，この幻想に拘るのは現実的でない。「裁判官」対話を狭く絞って裁判自体を目的とする必要はない。「対話」は裁判官対話に限られず，そこで求められているのは「政治的対話」「国のリーダー同士の対話」を含んでいる。特にこの文脈では，欧州人権条約を絶対視しないことが必要で，法志向性の強いヨーロッパでさえ高度に司法的な現在の制度をもつのは1990年代に入ってからであった。更に，リーガリズムが広く外交一般・政治一般へと不用意に拡張されるときの問題性に留意する必要がある。行き過ぎた「司法外交」の展開は，実のところパワー・ポリティクスの亜種であり，裁判官対話そのものの基盤を傷つけかねない。

　第2は，「地域」を絶対視しないことである。地域人権条約は，法的にいえば普遍条約との調和において理解されるべきであり，より政治的に言えば，ヨーロッパへの単純な反発であるべきではないことである。地域条約や制度の構築自体を目標とすべきではない。人権保障が有効に行われるかどうかだけが基準である。仮に統合のシンボルの機能的意義を強調するとしても，この考えに

枠づけられていないなら，むしろ危険な地域主義となる。この点，この種の論考に多い一見すると使命感に駆られた論考には注意を要する。もちろん，古く特定国家のためのアジア地域構想も誤りである。正しい芽を胚胎させていた「大東亜共栄圏」が失敗した要因を，松井芳郎は，主観的意図はどうあれこれが日本の対アジア侵略戦争を正当化する目的で形成されたことに求めている[73]。この教訓を本稿の立場から表現するなら，一見逆説的ながら，普遍を反省的考察の立脚点として意識することが地域的成功の鍵である。

　第3に，「序」で記した事情で地域秩序問題は論じられ難い知的背景に鑑みつつ，継続的考察が必要だと思われる。これは，本稿で強調した「対話」の学問実践における表現である。この点，「対話」こそが，法制度構築の動態の核心にあるのだと思われる。素朴な形での指摘ではあったが，小寺教授が強調した協力というシンボルとそれに基づくコミュニケーションチャンネルの設定は，自己省察[74]や懐疑[75]といったこの文脈で指摘されてきた思惟の作用を社会化するメカニズムであり，そうした学問活動含む広い営為の文脈で理解されるべきである。これは，本稿が敢えてこの主題で裁判官対話を視座に据えた別の理由でもあり，そうした動態的過程論から見た諸制度の適切な在り方をより綿密に検討することが次なる重要な課題というべきである。

---

73) 松井・前掲注(3) 19 頁。
74) 同上，21 頁。
75) Onuma, *supra* n.(9), p. 421.

麻薬新条約における「引き渡すか訴追するか」原則
—— テロリズム防止関連条約における同原則と比較して

安 藤 貴 世

I　はじめに
II　麻薬新条約の概要
III　限定的な「引き渡すか訴追するか」原則の成立経緯
IV　おわりに

I　はじめに

　個人の国際犯罪への対処として，国際法はこれまでに様々な枠組みを構築してきたが，常にその中心には，犯罪者に「逃げ場」を与えず漏れなく処罰するという目的があると言える。個人の国際犯罪のうち，「国際社会全体の関心事である最も重大な犯罪」とされる4つの犯罪類型——集団殺害犯罪，人道に対する犯罪，戦争犯罪，侵略犯罪——に関しては，その処罰を確実なものとすべく，各国の国内裁判所を補完するものとして，冷戦終結後に国際刑事裁判所（ICC）が設立され，2003年に活動を開始した[1]。

　他方で，ICCの設立根拠である国際刑事裁判所規程の起草過程において，その対象犯罪から漏れたものとして条約犯罪があり，具体的には国際テロリズムおよび麻薬等の不正取引がこれに該当する[2]。国際社会はこれまでに，これ

---

[1] 国際刑事裁判所規程第5条1は，「裁判所の管轄権は，国際社会全体の関心事である最も重大な犯罪に限定する」として4つの対象犯罪を列挙する。
[2] 拙稿「国際刑事裁判所とテロリズム——国際刑事裁判所規程の起草過程におけるテロリズ

らを規制する多数国間条約を作成し，それぞれの条約において容疑者の処罰を確保するための「仕組み」を設定することにより，こうした犯罪に対処してきた。このうち国際テロリズムに対しては，テロリズムの国際法上の定義が確立していないことに鑑み，個別の犯罪類型ごとに多数国間条約が制定され（発効済みのものは計13条約），その処罰は「引き渡すか訴追するか（aut dedere aut judicare）」という原則に特徴付けられる。これは，容疑者が自国に所在する締約国（以下，容疑者所在国）に対し，当該犯罪との間に直接的な利害関係を有する締約国（犯罪の行為地国や容疑者の国籍国など。以下，直接利害関係国）にその者を「引き渡す」か，自国においてその者を「訴追する」かのいずれかを選択する義務を課すというものであり，これを初めて規定した航空機不法奪取防止条約（1970年。以下，ハーグ条約）以降，一連のテロ防止関連条約においてこの原則が定式化されてきた3)。その前提として，テロ防止関連条約はそれぞれに，属地主義，能動的属人主義，保護主義，受動的属人主義などに基づく管轄権の設定を，締約国に対し義務付けまたは許容し，できる限り広く管轄権を設定することにより敢えて各締約国の管轄権を競合させるとともに，容疑者所在国に対しては，直接利害関係国に容疑者を引き渡さない場合に自国の管轄権を設定する義務を課している。なお，テロ防止関連条約における容疑者所在国の裁判管轄権は，自国領域内に容疑者が所在するという事実のみに基礎付けられ，普遍主義に基づくものであるとの見解が学説上多数を占める4)。

ムの扱い」国際関係研究35巻2号（2015）1-19頁。
3) ハーグ条約第7条は「犯罪行為の容疑者が領域内で発見された締約国は，その容疑者を引き渡さない場合には，その犯罪行為が自国の領域内で行なわれたものであるかどうかを問わず，いかなる例外もなしに，訴追のため自国の権限のある当局に事件を付託する義務を負う。その当局は，自国の法令に規定する通常の重大な犯罪の場合と同様の方法で決定を行なう」と規定する。なおハーグ条約以降のテロ防止関連条約のうち，プラスチック爆薬探知条約（1991年）は爆薬探知のための識別に関する技術的な規定のみを有し訴追規定を含まない。
4) 小寺彰・パラダイム国際法（2004）98頁。小寺教授は，管轄権行使に関して古くから普遍主義が採用されてきたものとして海賊行為があるとしつつ，最近ではハイジャックや「人道に対する罪」等の国際犯罪についても妥当するという見解が強いとする。また国家管轄権の域外適用全般について論じたものとして小寺彰「国家管轄権の域外適用の概念分類」山本草二先生古稀記念・国家管轄権（1998）343-367頁。なお，テロ防止関連条約に規定された容疑者所在国の管轄権が普遍主義に基づくものかという点につき検討したものとして，拙稿「国際テロリズムに対する法的規制の構造——"aut dedere aut judicare"原則の解釈をめぐる

これに対し、ICCの対象犯罪から漏れたもう1つの条約犯罪である麻薬等の不正取引に関しては、麻薬単一条約（1961年）5)、向精神薬条約（1971年）、麻薬単一条約改正議定書（1972年）を経て、1988年に「麻薬及び向精神薬の不正取引の防止に関する国際連合条約」（以下、麻薬新条約）が採択された。薬物犯罪関連条約は、テロ防止関連条約と並び、実体法および手続法双方の面で精緻であり、犯人にセイフヘイブン（安全な逃げ場所）を与えないという観点から最も完成されたものであるとも指摘されるが6)、このうち1988年の麻薬新条約の訴追規定は、しばしばテロ防止関連条約における「引き渡すか訴追するか」原則と比して論ぜられる。すなわちテロ防止関連条約における同原則は、自国領域内に容疑者が所在し、直接利害関係国に容疑者を引き渡さないということのみを要件として、容疑者所在国に訴追義務を課すものである。これに対して、麻薬新条約の訴追規定は、容疑者所在国に対し自国領域内にいる容疑者を引き渡さない場合に訴追義務を課すという点においてはテロ防止関連条約と同じであるが、他方でその訴追義務は、犯罪行為が自国領域、船舶、航空機内において行われたという理由、または自国の国籍を有する者によって行われたとの理由に基づき容疑者を引き渡さない場合に限定される。つまり、容疑者の引渡拒否事由を限定したうえで、そうした理由において容疑者を引き渡さない場合に訴追義務を課すという構造を有する訴追規定であり、テロ防止関連条約におけるそれと比して「限定的」な「引き渡すか訴追するか」原則であると言える7)。

　学説整理を中心に」国際関係研究31巻2号（2011）61-70頁。
5)　それまでの9つの薬物関連条約を統合して1つにまとめたもの。
6)　皆川誠「薬物犯罪に対する国際的取締体制の特質」早稲田大学社会安全政策研究所紀要5号（2012）51頁。
7)　テロ防止関連条約における「引き渡すか訴追するか」原則と麻薬新条約における同原則との相違について指摘した先行研究として、田中利幸「麻薬新条約の国内法化のあり方——マネーロンダリングを中心として」横浜国際経済法学1巻1号（1993）201頁、尾崎久仁子「人権侵害行為に対する国家の刑罰権の行使とその範囲について」国際法外交雑誌102巻1号（2003）39頁、千田恵介「刑事に関する国際条約をめぐる諸問題」刑事法ジャーナルNo.27（2011）37-38頁、皆川・前掲注6)51-52頁、Stewart, David, "Internationalizing The War on Drugs: The UN Convention Against Illicit Traffic in Narcotic Drugs and Psychotropic Substances," *Denver Journal of International Law and Policy*, vol. 18, 1990, pp. 394-395, 398, Schutte, Julian J. E., "Extradition for Drug Offences: New Developments under the

容疑者を引き渡さない場合に，自国における容疑者の所在という点のみを以て訴追義務が課されるテロ条約型の「引き渡すか訴追するか」原則が，ハーグ条約以降の一連のテロ防止関連条約のほかに，拷問等禁止条約（1984年，第7条1），強制失踪条約（2006年，第11条1）等で取り入れられたのに対し，テロ条約型の同原則を変形させた，限定的な「引き渡すか訴追するか」原則は，麻薬新条約を最初の例として，OECD外国公務員贈賄防止条約（1997年，第10条3），児童売買選択議定書（2000年，第5条5），国際組織犯罪防止条約（2000年，第16条10），サイバー犯罪条約（2001年，第24条6），日韓犯罪人引渡条約（2002年，第6条2），国連腐敗防止条約（2003年，第44条11）等に規定されてきた。すなわち，麻薬新条約において初めて規定された限定的な「引き渡すか訴追するか」原則は，その後の，テロリズム以外の国際犯罪や人権に関する様々な多数国間ないし二国間条約に取り入れられ，その違反行為の訴追方式を規定する1つの系譜を成しているとも言える[8]。

　本稿ではこうした点を念頭に置き麻薬新条約に焦点を当て，同条約の起草過程に係る一次資料を手掛かりに，限定的な「引き渡すか訴追するか」原則の成立経緯を明らかにすることを目的とする。これは換言すれば，麻薬新条約がなぜテロ条約型の無条件の「引き渡すか訴追するか」原則を継承せずに，それを変形させた限定的な「引き渡すか訴追するか」原則を規定したのか，翻ってな

1988 U.N. Convention against Illicit Traffic in Narcotic Drugs and Psychotropic Substances," *Revue Internationale de Droit Pénal*, Tome 62, 1991, pp. 142-148 など。例えば千田は，引渡しか訴追のための付託かの規定には，引渡拒絶の理由を問わず訴追のための付託義務が生じる場合（1970年のハーグ条約以降のテロ対策諸条約等）と，自国民であることを理由として引渡しを拒絶した場合にのみ訴追のための付託義務が生じる場合という，大きく分けて2つの類型があると指摘する（千田・前掲37-38頁）。

[8] 麻薬単一条約および向精神薬条約は，自国民又は外国人により行われた当該犯罪が，犯罪行為地国又は容疑者所在国により訴追されると規定するものの（それぞれ第36条2(a)(iv)，第22条2(a)(iv)），両者ともに「締約国の憲法上の制限，法制及び国内法に従うことを条件として」との文言が掛かり，必ずしも訴追義務が生じる規定振りとなっておらず（千田・前掲注7)31頁の注25)，訴追の前提となる管轄権規定が存在し，テロ条約型の「引き渡すか訴追するか」原則から派生した形での限定的な同原則を初めて規定したのは麻薬新条約と言える。なお麻薬新条約は，容疑者所在国に訴追義務が課される引渡拒否事由として，犯罪行為が自国領域内等で行われた場合，容疑者が自国民である場合を挙げるが，限定的な「引き渡すか訴追するか」原則を取り入れたその後の条約はいずれも，訴追義務が生じる引渡拒否事由として容疑者が自国民である場合のみを挙げる。この点については本稿では扱わず別の機

ぜ麻薬新条約では，容疑者所在国に対し，容疑者を引き渡さない場合に普遍主義に基づく管轄権の設定を義務付けるに至らなかったのかという点を明確にすることにより，麻薬新条約が端緒となった限定的な「引き渡すか訴追するか」原則の法構造を明らかにすることであると言える[9]。

II　麻薬新条約の概要

1　条約成立経緯

　麻薬新条約の起草は，1984 年の国連総会決議 39/141 を直接的な契機として開始され，同決議では経済社会理事会に対し，国連麻薬委員会に草案の準備作業を開始すること等を命ずることが指示された[10]。その背景として，薬物の国際的な規制において，国境を越える犯罪組織などによる薬物の不正取引から生じる収益の問題は，これまでの薬物関連条約のいずれでも扱われておらず，薬物犯罪を資金面から取り締まるという新たな局面に対処する必要性が意識されたこと等が挙げられる。

　起草案は，国連麻薬委員会での 1985 年および 1986 年の会期における準備作業を経て，同委員会の事務局により作成され，意見聴取のために各国政府に回付された。その後 1987 年，1988 年の国連麻薬委員会，計 3 回の政府間専門家会合（1987 年 6 月～7 月，1987 年 10 月，1988 年 1 月～2 月），さらに準備会合（1988 年 6 月～7 月）での審議を経て，条約採択のための全権会議が 106 か国の

　　会に検討する。
9)　前掲注 7)に挙げた先行研究のうち，訴追規定の起草をめぐる議論について言及したものとして Schutte は，麻薬新条約が普遍主義や他の域外管轄権の原則に基づく刑事管轄権を設定する義務を含まない点において，航空機ハイジャックや人質行為，他の形態のテロリズム，拷問等の他の刑事法分野の既存の条約のパターンを踏襲していないとしつつ，条約の交渉過程において，当該条約の対象犯罪に対し広範な域外管轄権を設定する国際義務を形成することは多くの国家に受容されなかったと指摘する（Schutte・前掲注 7)p. 145)。また尾崎はこの点について，テロと異なり麻薬条約において普遍的管轄権設定の義務付けまでは必要ないとの起草者意思を示すものと述べる（尾崎・前掲注 7)39 頁)。但し訴追規定の成立経緯について一次資料にまで踏み込んで検討した先行研究は見出されず，限定的な「引き渡すか訴追するか」原則が麻薬新条約において導入された背景，理由は必ずしも明確となるに至っていない。
10)　UN Doc. A/RES/39/141（14 December 1984）. なお国連麻薬委員会は経済社会理事会の下部組織であり，53 か国により構成される。

参加のもとウィーンにおいて開催され（1988年11月～12月），最終的に1988年12月19日に，前文および34か条からなる麻薬新条約が採択されるに至った。

2 管轄権規定および訴追規定の概要

麻薬新条約は，まず対象とする犯罪行為を規定したうえで，これらを自国の国内法により犯罪化することを締約国に義務付けるが[11]，本条約の特徴として，犯罪から生じた収益の没収（第5条），監視付移転（第11条），更には職員の訓練（第9条），途上国支援（第10条）などに至るまで，犯罪行為の取り締まりのために様々な取組みが規定されていることが挙げられる[12]。また，犯罪行為の容疑者の実効的処罰のために第6条において犯罪人引渡しに関する詳細な規定を置いており，同条9では，先に述べた限定的な「引き渡すか訴追するか」原則を以下のように規定する。

第6条9
　締約国は，容疑者が自国の領域内において発見された場合において，自国の国内法に従って設定した刑事裁判権の行使を妨げられることなく，
　(a)　第3条1の規定に従って定められる犯罪につき第4条2(a)に規定する事由に基づいて当該容疑者の引渡しを行わない場合には，請求を行った締約国との間で別段の合意があるときを除くほか，訴追のため自国の権限のある当局に事件を付託する。
　(b)　第3条1の規定に従って定められる犯罪につき当該容疑者の引渡しを行わず，かつ，当該犯罪について第4条2(b)に基づく裁判権を設定している場合には，請求を行った締約国からその正当な裁判権を保持するための請求を受けたときを除くほか，訴追のため自国の権限のある当局に事件を付託する。

---

11)　第3条1において，①麻薬単一条約又は向精神薬条約に違反して，麻薬又は向精神薬を生産，製造，抽出，製剤，提供，販売のための提供，分配，販売，交付，仲介，発送，通過発送，輸送，輸出入すること，これらの行為のための所持又は購入，麻薬を生産するためにけし，コカ樹又は大麻植物を栽培すること，②これらの犯罪を組織若しくは管理し，又は資金を提供すること，③これらの犯罪により生じた財産に関するマネーロンダリング行為，を犯罪行為と規定する。麻薬新条約の特徴について，尾崎久仁子・国際人権・刑事法概論（2004）329-333頁，皆川・前掲注6)49-54頁を参照。
12)　監視付移転（コントロールド・デリバリー）とは，薬物の不正な移送が行われている場合に，当局がこれを知りながら監視のもとに薬物の移送を許容し，これを追跡して薬物犯罪の関与者を特定する捜査手法である。尾崎・前掲注11)332頁。

第6条9は，容疑者所在国が当該容疑者を引き渡さない場合の訴追義務につき規定するものであるが，本規定の前提となるのが，容疑者を引き渡さない場合の裁判管轄権について規定する第4条2である13)。まず第4条2(a)は，(i)犯罪が自国領域内または自国に登録された船舶若しくは航空機内で行われたこと，(ii)犯罪が自国の国民により行われたこと，のいずれかの理由により自国に所在する容疑者を引き渡さない場合において，自国の裁判権を設定するために必要な措置をとることを義務付ける。すなわち第6条9(a)は，第4条2(a)のもと予め設定された裁判管轄権を前提として，上記(i)または(ii)を引渡拒否事由とする場合において，訴追のため事件を当局に付託する義務を容疑者所在国に課すものである。

　これに対して第4条2(b)は，同(a)に挙げられた(i)，(ii)以外の理由で引渡しを拒否する場合に，締約国が裁判権を設定することを許容する。一連のテロ防止関連条約においては，容疑者所在国が容疑者を引き渡さない場合には，引渡拒否事由を問わず，外国人の国外犯の場合も含め一律に管轄権設定義務が課せられているものの14)，麻薬新条約では容疑者の引渡拒否事由を，先の2つの理由とそれ以外とに区別し，外国人の国外犯に関する後者の場合においては管轄権の設定を許容するに留まる。すなわち第6条9(b)は，第4条2(a)(i)および(ii)以外の理由で容疑者所在国が容疑者を引き渡さず，且つ，第4条2(b)に基づく裁判管轄権を予め設定している場合に，訴追のための当局付託義務を容疑者所在国に課すものである。

　なお，第6条9(a)，(b)に規定された訴追義務に関して，以下の3点に留意す

---

13) なお，第4条1は，(a)において，(i)犯罪が自国領域内で行われる場合，(ii)犯罪が自国登録船舶又は航空機において行われる場合に，裁判権設定義務を課す。さらに同(b)は，(i)犯罪が自国民又は自国領域内に常居所を有する者において行われる場合，(ii)犯罪が，自国が第17条の規定に従って適当な措置をとることについて許可を得た船舶で行われる場合，(iii)犯罪が前条1(c)(iv)の規定に従って定められる犯罪である場合において，当該犯罪を，同条1の規定に従って定められる犯罪を自国の領域内において行うために，自国の領域外において行うとき，という3つの場合において，裁判権の設定を許容する。
14) 例えばハーグ条約第4条2は，「犯罪行為の容疑者が領域内に所在する締約国は，1(a)，(b)又は(c)の場合に該当する他のいずれの締約国に対しても第8条の規定に従ってその容疑者を引き渡さない場合に当該犯罪行為につき自国の裁判権を設定するため，必要な措置をとる」と規定する。

る必要がある。第一に，(a)，(b)いずれにおいても容疑者所在国に課されているのは，実際に訴追する義務ではなく，「訴追のため自国の権限のある当局に事件を付託する」義務であり，多くの国家において検察当局が享有する権限との折り合いが付けられている15)。これはテロ防止関連条約における訴追規定と同様である。第二に，(a)，(b)それぞれにおいて，容疑者所在国に対する当局付託義務には，「請求を行った締約国との間で別段の合意があるときを除くほか」，「請求を行った締約国からその正当な裁判権を保持するための請求を受けたときを除くほか」という条件が付されている。これらの条件はそれぞれ性質が異なるものであり，(a)では，請求国と被請求国との間で共通の合意が存在する場合には，被請求国は訴追のための当局付託という国際的な義務から免ぜられるのに対し，(b)では，請求国による一方的な請求の結果として国際法のもとでの被請求国側の当局付託義務が消滅する。すなわち後者の場合，請求国からの異議がない場合においてのみ，国際法のもとでの義務への対応として，引渡しを拒否する被請求国による管轄権行使がなされ得ると言える16)。第三に，(a)，(b)いずれの場合においても，第6条9の冒頭にあるとおり，被請求国は自国の国内法に従って設定した刑事裁判権を自由に行使することができ，請求国はこれを拒否する権利を有しない17)。

Ⅲ　限定的な「引き渡すか訴追するか」原則の成立経緯

前章のとおり，容疑者を引き渡さない容疑者所在国に対し，例外なしに普遍的管轄権に基づく訴追義務を課しているテロ防止関連条約と比して，麻薬新条約における訴追規定は極めて複雑な構造を有している。

以下本章では，起草過程に係る一次資料を手掛かりに，特に政府間専門家会合（以下，専門家会合）および全権会議での議論の分析をとおし，麻薬新条約における訴追規定の成立経緯を明らかにする。なお起草案では，管轄権に関する

---

15) United Nations, *Commentary on the United Nations Convention against Illicit Traffic in Narcotic Drugs and Psychotropic Substances 1988* (E/CN.7/590), pp. 168-169.
16) Schutte・前掲注7)p. 147.
17) *Commentary on the United Nations Convention against Illicit Traffic in Narcotic Drugs and Psychotropic Substances 1988*, p. 169.

現行条約第4条は第2条bis, 訴追に関する現行条約第6条9は第4条8として規定されていたため, 以下の記述においてはそれぞれそのように表記する(但し専門家会合の段階では訴追規定は第4条6である)。

1 専門家会合

1987年に開催された2回の専門家会合では, 新条約において容疑者の引渡しに関する規定を設けることが支持され, これが薬物の不正取引に対する取組みにおいて鍵となる要素とされた。但し, 条約の対象犯罪すべてについて引渡しを義務化することにより, 新条約が既存の薬物条約における関連条文を補完・強化すべきとする立場と, 既存条約の該当規定に沿った条文を起草することの重要性を説く立場があり, この段階では, 引渡しに関する第4条は麻薬単一条約第36条および向精神薬条約第22条に類似する制限的な条文とすべきことが提案された[18]。結果として, 容疑者の引渡しを行わない被請求国に対し, 犯罪に対する管轄権を有し, 自国領域内で犯罪が行われた場合と同様の方法で遅滞なくその者を訴追することを義務付ける第4条6が起草されたが[19], これに対し, 1970年ハーグ条約で用いられたスタンダードな文言を採用するのが適切であり, 外交官等保護条約第7条および人質行為禁止条約第8条[20] に沿った文言へと再起草し,「引き渡すか訴追するか」原則が反映されるようにするべきとの提案がなされている[21]。

翌年開催された第3回専門家会合では, 第4条6について, 同規定の範囲は広過ぎるものであり, 管轄権規定第2条bisで規定された範囲を超えて域外管轄権を拡張している, 被請求国の義務は引渡しを拒否した者の訴追ではなく, 請求国が求めた場合に訴追のために事件を当局に付託することである, 他の国

---

[18] United Nations, Preparation of the New Convention against Illicit Traffic in Narcotic Drugs and Psychotropic Substances, *Report of the open-ended intergovernmental expert group meeting on the preparation of a draft convention against illicit traffic in narcotic drugs and psychotropic substances* (E/CN.7/1988/2 (Part II), 23 October 1987), p. 19, para. 115.

[19] 同上 p. 65, Annex II Article 4.

[20] いずれもテロ防止関連条約であり, ハーグ条約と同じ「引き渡すか訴追するか」原則を規定する。

[21] E/CN.7/1998/2 (part II), p. 21, paras. 128-129.

際条約におけるスタンダードな文言を念頭におくと，本規定は被請求国の当局による訴追方式まで決定すべきではない，といった異議が呈された22)。こうした意見を受け，被請求国が引渡しを拒否した理由に応じて区別を設けるという新たな提案がなされた。提案の趣旨は第一に，犯罪の領域性，容疑者の国籍・自国内での常居所性を理由として引渡しを行わない場合には被請求国に対し当局付託義務を課し，第二に，他の理由により引渡しを拒否する場合には被請求国は単に当局付託を選択する権限を有するというもので，本提案を反映した条文が第4条8(a)(i)および同(ii)として規定されることとなった23)。なお前者においては当局付託義務に，「請求国からの要請により」という条件が括弧書きで付されている。

　さらにこれに伴い，管轄権規定第2条bisにおいても，「容疑者の引渡しを行わない場合」について，その拒否事由に分けて管轄権の設定を規定する第2条bis2が新たに設けられた。すなわち上記の第一の理由により引渡しを拒否する場合には，容疑者所在国に対し管轄権の設定が義務付けられ（第2条bis2(a)），他の理由により引渡しを拒否する場合には管轄権の設定を許容するというものである（第2条bis2(b))24)。なお訴追に関する上記の第4条8(a)(i)および(ii)ともに，対応する管轄権規定第2条bis 2(a)および同(b)に言及したうえで，当局付託義務およびその権限について規定している。こうした草案に対し，引渡拒否事由として自国内に常居所を有する者を自国民と同じく扱うことへの懸念や，当局付託はいかなる場合にも義務的であるべきで，請求国からの要請の有無に条件付けられるべきではないという異議が示されたが25)，引渡拒否事由に応じて容疑者所在国による訴追を区別して規定するという発想は，すでに

---

22) *Report of the open-ended intergovernmental expert group meeting on the preparation of a draft convention against illicit traffic in narcotic drugs and psychotropic substances* (E/CN.7/1988/2 (Part IV), 8 February 1988), p. 14, para. 74. なおこの時点での第2条bisは，現行条約の管轄権規定第4条1(a), (b)（前掲注13)参照）とほぼ同じものである。

23) 同上 p. 15, paras. 76-77. 条文は同 p. 29, Annex II Article 4.

24) 同上 p. 25, Annex II Article 2 bis, paragraph 2. この段階では第2条bis2(a)は，容疑者が自国を常居所とすることを事由とする不引渡しの場合にも管轄権の設定を義務付けている。なお第2条bis1は，現行条約第4条1と同じ構造である。

25) *Report of the open-ended intergovernmental expert group meeting* (Part IV), p. 15, paras. 75, 81, 82.

専門家会合の段階で芽生えていたことが明らかとなる。

2 全権会議

専門家会合による草案では，引渡拒否事由に応じて訴追規定が分けて規定されていたが（第4条8(a)(i)および同(ii)），その後に開催された準備会合（1988年6月～7月）の議事録によれば，同会合において，第2条 bis に言及することにより第4条8が複雑なものとなるため，第2条 bis への言及を削除するとともに，第4条8(a)(ii)も削除すべきとの提案がなされ，多くの代表がこれに賛同したとある[26]。結果として準備会合終了時，すなわち全権会議開始時の草案第4条8では，第2条 bis2(a)への言及が括弧書きとされるとともに，専門家会合草案に規定されていた第4条8(a)(ii)は削除されている[27]。

訴追規定に関するこうした草案を前に，1988年11月～12月の全権会議では以下の2つの点が議論の焦点となった。すなわち第一に，容疑者を引き渡さない場合に容疑者所在国に課される当局付託義務が引渡請求国による要請に条件付けられるか否か，第二に，容疑者所在国に当局付託義務を課すに際して引渡拒否事由による限定を付すか否かという点である。なお，これらの論点については準備会合においても触れられたため，以下では同会合での議論も含めつつ，実質的かつ詳細な審議が行われた全権会議における議論を中心に検討を行う。

(1) 訴追要請の要否

①米国修正案　容疑者所在国に対する当局付託義務が引渡請求国による要請に依拠するかという第一の論点については，準備会合でも議論され，これに反対する立場から懸念が示された。具体的には，訴追に関する国際義務は無条件で，いかなる場合も強制的であるから，容疑者所在国が引渡しを拒否する場合には，「引き渡すか訴追するか」原則に従い当局付託義務が自動的に確保さ

---

[26] United Nations Conference for the Adoption of a Convention against Illicit Traffic in Narcotic Drugs and Psychotropic Substances, *Report of the Review Group on the draft Convention*（E/CONF.82/3, 20 July 1988）, p. 25, para. 114.

[27] 同上 pp. 58-59, Annex II, Revised text of the draft Convention against Illicit Traffic in Narcotic Drugs and Psychotropic Substances, Article 4.

れるべきであるとする主張である。さらにこうした立場は，民間航空不法行為防止条約（モントリオール条約）第7条や海洋航行不法行為防止条約（SUA条約）第10条は[28]，引渡しが拒否されれば，引渡請求国による要請の言及なしに容疑者所在国に当局付託義務を課していること，麻薬取引に関するキト宣言では，麻薬の不正取引が普遍的管轄権を生じさせる人道に対する罪として位置付けられていることを指摘する[29]。

全権会議では，これまでの草案では括弧書きとされていた本論点について，第4条8に規定された容疑者所在国に対する当局付託義務に，「請求を行った締約国により要請された場合には」という文言を追加する修正案が米国から提出された[30]。米国代表は，自国民引渡しを行う国々と，憲法や他の国内法，伝統的な理由からこれを行わない国々とのバランスを取ることの難しさを指摘したうえで，自国民の引渡しを拒否する場合，訴追を求められない限りは訴追が義務付けられるべきではなく，被請求国は訴追するか否かを選択し得るようにすべきと主張し，被請求国に対する当局付託義務は請求国による要請に条件付けられるという修正案の趣旨を述べている[31]。

この米国修正案に対し，テロ条約型の強固な「引き渡すか訴追するか」原則の導入を求める立場から，容疑者所在国に対する当局付託義務に前提条件を付すことへの懸念が示された。例えば，アルゼンチンはSUA条約を引き合いに，同条約が，容疑者を引き渡さない場合に，いかなる例外もなしに容疑者所在国に当局付託義務を課しているとして，草案第4条8も米国修正案もいずれも効果的ではなくそれらは強化されるべきであるとする[32]。同様に中国は，本条

---

28) いずれもテロ防止関連条約であり，ハーグ条約と同じ「引き渡すか訴追するか」原則を規定する。
29) *Report of the Review Group on the draft Convention*, p. 25, paras. 111–112.
30) United Nations Conference for the Adoption of a Convention against Illicit Traffic in Narcotic Drugs and Psychotropic Substances, *Report of the Committee of the Whole I* (E/CONF.82/11, 16 December 1988), Amendment submitted to article 4 by the United States of America (E/CONF.82/C.1/L.30) in *Official Records Vol. I* (E/CONF.82/16), p. 120.
31) United Nations Conference for the Adoption of a Convention against Illicit Traffic in Narcotic Drugs and Psychotropic Substances, *Summary records of meetings of the Committee of the Whole, Committee I*, 17th meeting, paras. 1, 3; 19th meeting, para. 26 in *Official Records Vol. II* (E/CONF.82/16/Add.1).
32) 同上 19th meeting, para. 41.

約は違法な薬物取引に対する強力なツールになるべきであるとして,「引き渡すか訴追するか」原則は,引渡しを拒否した国家に国内法のもとでの訴追を義務付けるものであり,もし同原則において訴追要請を条件とするならば当該義務が弱められてしまうと懸念する[33]。またコロンビアは,「引き渡すか訴追するか」原則においては,当局付託義務は,請求国による訴追要請からではなく,引渡しを拒否するという被請求国の決定から生ずるものであるとした[34]。

② **オランダ提案** 全権会議では米国修正案に反対する立場が多数を占めたが[35],これを支持する国もあり[36],同案をめぐる対立を解消させるべく,「請求を行った締約国により要請された場合には」という同案の文言を,「請求を行った締約国により別段の合意がなされたときを除くほか」という文言へと置き換えることがオランダから提案された。オランダによれば,本提案の趣旨は,引渡しが拒否されそうな場合に,請求国は引渡しを求める代わりに,国際刑事法に相応しくない手段により容疑者を自国の管轄権のもとに移そうとする可能性があるため,こうしたリスクを避け,「引き渡すか訴追するか」原則を尊重することにあるとする[37]。さらに,前提条件を完全に削除することは,むしろ国際的な組織犯罪の利益に資することになるため,これを完全に削除することには同意できないとする[38]。

このオランダ提案について全権会議の議長は,関連する2か国が交渉によって,被請求国における訴追が適当でないと決定できるとして,米国修正案をめぐって対立する双方の立場の妥協案であるとしたほか[39],多くの国が本提案を支持した[40]。さらに,請求国がさらなる権利や権限を有するのではとの懸

---

33) 同上 20th meeting, para. 26.
34) 同上 20th meeting, para. 23.
35) 本文に挙げた以外に西独:同上 19th meeting, para. 33,ジャマイカ:20th meeting, para. 22,フィリピン:20th meeting, para. 25,トルコ:20th meeting, para. 33,ギリシャ:20th meeting, para. 37 など。
36) フランス:同上 20th meeting, para. 34,日本:20th meeting, para. 38 など。
37) 同上 20th meeting, para. 30.
38) 同上。
39) 同上 20th meeting, para. 39.
40) オランダ提案を支持した国として,フィリピン:同上 20th meeting, para. 43,スペイン:20th meeting, para. 45,ジャマイカ:20th meeting, para. 46,ベルギー:20th meeting, para. 47,オーストラリア:20th meeting, para. 49 など。反対した国として,被請求国が当

念から,「請求を行った締約国との間で別段の合意があるときを除くほか」という文言へと修正され,これが合意されるに至った[41]。ここに現行の訴追規定第6条9(a)に規定された当局付託義務に対する条件部分が成立したと言える。

(2) 引渡拒否事由による制限の要否

訴追規定に関する第二の論点は,容疑者所在国に当局付託義務を課すにあたり,「第2条 bis2 (a)に規定する事由に基づいて当該容疑者の引渡しを行わない場合には」という,引渡拒否事由による制限を付すかという点に関するものである。これは換言すれば,特定の引渡拒否事由の場合のみに容疑者所在国に訴追義務を課すという「限定的」な「引き渡すか訴追するか」原則を導入するか,従前からのテロ条約型の無条件の同原則を引き継ぐかという論点に直接に結びつくものである。なおテロ条約型の同原則は,先に述べたとおり義務的な普遍的管轄権に基づくものであり,訴追規定に関する第二の論点はそうした管轄権を麻薬新条約において設定するか否かという点にも係るため,以下ではまず管轄権規定第2条 bis をめぐる議論について検討する。

①義務的な普遍的管轄権の設定をめぐる議論　　全権会議では管轄権規定第2条 bis に対し,管轄権の設定について北欧4か国とイスラエルからそれぞれ修正案が提出された。このうちイスラエル修正案は,犯罪行為地国や容疑者国籍国といった直接利害関係国に管轄権の設定および行使を義務付けるとともに,容疑者所在国に対し,直接利害関係国に容疑者を引き渡さない場合に管轄権の設定および行使を義務付けるものであり,テロ防止関連条約と同じく引渡拒否事由による区別を設けずに一律に義務的な普遍的管轄権を規定するものと言える[42]。イスラエルは本修正案について,容疑者の引渡しが行われない場合に

　　局に付託するには請求国側の同意が必要であると主張するメキシコ：20th meeting, para. 48 や,フランス：20th meeting, para. 42,エジプト：20th meeting, para. 55 など。

41)　同上 20th meeting, para. 60; 21st meeting, para. 22.

42)　*Report of the Committee of the Whole I*, Amendment submitted to article 2 bis by Israel (E/CONF.82/C.1/L.24) in *Official Records Vol. I*, pp. 108-109. なお,北欧4か国による共同提案は,「憲法上の制約と当該国家の法システムの基本原則に従って」という条件を付したうえで,引渡しを行わない場合に容疑者所在国に対し管轄権設定義務を課すものである。同 Amendment submitted to article 2 bis by Denmark, Finland, Norway and Sweden (E/CONF.82/C.1/L.23) in *Official Records Vol. I*, p. 108.

は,容疑者所在国は犯罪の行為地や容疑者の国籍に拘わらずその者を訴追すべきであり,こうした普遍的管轄権は薬物犯罪との闘いにおいて非常に有効な手段であるとする[43]。

全権会議において,テロ防止関連条約と同様の義務的な普遍的管轄権の設定に強硬に反対したのが,属地主義を管轄権行使の基本原則とする英米法諸国である。英国と米国はともに,テロリズムやハイジャック等に関する国際条約において義務的な普遍的管轄権を受容したことを認めつつ,それらの条約のもとでの近年の訴追数は薬物犯罪の裁判例に比して非常に少ないとする。また麻薬新条約への同概念の導入に反対する理由として,薬物犯罪が重大でないからではなく,裁判の件数や個々の裁判事例における性質があまりに異なると指摘する。両国によれば,同国のように管轄権を属地主義に基づかせ自国民引渡しを行う国家は特に,イスラエル修正案にあるような義務的な普遍的管轄権の導入に反対であり,当該犯罪の容疑者の訴追は,犯罪行為地国により最も効果的に達成され得るのである[44]。また英国は,薬物取引に関する犯罪者を処罰するために自国がなし得る国際貢献は,条約のもとでの容疑者引渡しと相互の司法共助を通してであると主張している[45]。

このように全権会議では,義務的な普遍的管轄権の設定をめぐり,「引き渡すか訴追するか」原則の適用範囲を制限すべきとしてこうした広範な域外管轄権の義務付けに強く反対する立場があった一方で[46],薬物犯罪は国際的な犯罪であり義務的な普遍的管轄権に服すべきと強調するモロッコや[47],イスラエル案に賛同するコロンビアやアルゼンチンなど同概念の設定を支持する立場

---

43) *Summary records of meetings of the Committee of the Whole, Committee I*, 18th meeting, para. 4.
44) 英国:同上 21st meeting, para. 66, 米国:21st meeting, paras. 79, 80, 83.
45) 同上 21st meeting, para. 67.
46) その他,義務的な普遍的管轄権の導入に反対する国としてパプアニューギニアは,薬物売買人が訴追から逃れるのを防ぐという条約目的の達成は,締約国の善意と訴追のための財源に依拠するが,条約を通して貧しい国々に普遍的管轄権を付与したからといって,そうした国々が,世界規模で証拠を集め容疑者を訴追するために必要な十分な財源を有するとは限らないと指摘する。同上 22nd meeting, para. 17.
47) モロッコは,現時点で自国において普遍的管轄権の概念は受容されていないとしつつ支持を表明している。同上 22nd meeting, para. 40.

も存在した[48]。他方で，本条約の起草の議論において多くの国が自国民の不引渡しを主張しており[49]，上記のような対立の中，管轄権規定については，「引き渡すか訴追するか」原則が適用される場合として，全権会議において管轄権の設定に関する本質的な異議が生じなかった2つの場合——犯罪が自国民により行われた場合，犯罪が自国領域内で行われた場合——を第2条bis2(a)において明示し，容疑者所在国に対しそうした理由において容疑者引渡しを行わない場合に管轄権設定を義務付けるという妥協が図られることとなった[50]。

なお管轄権規定に関しては，引渡拒否事由が犯罪行為地および容疑者の国籍以外に求められる場合に管轄権の設定を許容する第2条bis2(b)について，これを義務的なものとするか否かについても議論がなされ，義務規定とすべきとした国はごく僅かであったのに対し[51]，多くの国は任意規定とすべきと主張した[52]。例えば西独（当時）は，自国のように管轄権を広く規定する国家にとってすら広範なものとなるため，これを任意とすべきとしており[53]，これらの国々の立場が取り入れられ第2条bis2(b)は最終的に任意規定とされた。こうした議論を経て麻薬新条約の管轄権規定においては，テロ条約型の義務的な

---

48) コロンビア，アルゼンチンはイスラエル修正案，北欧4か国修正案双方を支持するとしている。コロンビア：同上 21st meeting, para. 70，アルゼンチン：21st meeting, para. 74.
49) 同上 15th meeting, para. 71. 自国民引渡しが国内法において認められないとする国として例えば，リビア：15th meeting, para. 39，モロッコ：15th meeting, para. 40，ヨルダン：15th meeting, para. 41，トルコ：15th meeting, para. 55，インドネシア：15th meeting, para. 58，タイ：15th meeting, para. 61，エジプト：15th meeting, para. 65，アフガニスタン：15th meeting, para. 68，イエメン：15th meeting, para. 76，クウェート：15th meeting, para. 87 など多数。
50) 同上 21st meeting, paras. 102-103. 例えば英国は，自国民を引き渡さない国々は国籍に基づく管轄権を有しているため，そうした国々が訴追のため自国の権限のある当局に事件を付託することは合理的であると指摘する。同 21st meeting, para. 68. なお，容疑者を引き渡さない場合に自国民のみならず自国内に常居所を有する者に対し管轄権の設定を義務付けることについては多くの国が異議を唱えたため，そうした場合の管轄権設定義務は第2条bis2(a)から削除されることとなった。同 22nd meeting, para. 42.
51) チェコ：同上 22nd meeting, para. 8，アルゼンチン：22nd meeting, para. 46 など。
52) 中国：同上 21st meeting, para. 76，カナダ：22nd meeting, para. 6，ジャマイカ：22nd meeting, para. 14，エチオピア：22nd meeting, para. 18，メキシコ：22nd meeting, para. 22，フランス：22nd meeting, para. 30，サウジアラビア：22nd meeting, para. 32，米国：22nd meeting, para. 33，オーストリア：22nd meeting, para. 41 など。
53) 同上 21st meeting, para. 101.

普遍的管轄権の設定は退けられることとなったのである。

②引渡拒否事由への言及をめぐる議論　第二の論点に関し，全権会議における訴追規定をめぐる議論は，引渡拒否事由を明示したうえで当局付託義務を課すという限定的な「引き渡すか訴追するか」原則を導入すべきとする立場と，そうした制限を付さずにテロ条約型の無条件の同原則を継承すべきとする立場に二分された。

(i) 引渡拒否事由を明示すべきとする立場　「引き渡すか訴追するか」原則の適用範囲を制限すべく引渡拒否事由の明示を支持する代表的な立場としてオランダは，引渡拒否の理由として第2条bis2(a)の事由——犯罪の領域性，容疑者の国籍・常居所性——は受容し得るが，他の域外管轄権を設定する義務は受容できないとして，引渡しを拒否した国に自動的に当局付託義務を課すことに反対する。さらに同国は，国際的な薬物取引では，容疑者がメンバーたる組織全体を突き止めるべく，被請求国は引渡しを拒否したり，当局付託をしたがらない場合があるという点において同犯罪はテロリズムやハイジャックとは異なるのであり，被請求国に対する当局付託義務は捜査における容疑者の有用性を消滅させるものであると主張する[54]。また，容疑者を引き渡さない場合に当局付託を自動的に義務付ける試みは，引渡しに対する管轄権の競合を生じさせるに過ぎず，それは麻薬密売人を利することになるとも指摘する[55]。

他方で管轄権に関するテクニカルな観点から，訴追規定における第2条bis2(a)への言及を維持すべきとする立場もある。例えば日本は，第4条8は管轄権の行使について規定するものであり，そのためには管轄権が設定されていなければならず，管轄権の設定について規定する第2条bisへの言及が削除されれば，管轄権の行使が妨げられると指摘している[56]。またスペインは，

---

54) 同上 19th meeting, paras. 46-47. その他，引渡拒否事由（第2条bis2(a)）への言及を支持する立場として，中国：20th meeting, para. 27 など。
55) 同上 19th meeting, para. 50.
56) 同上 22nd meeting, para. 61. これと同様の見解として準備会合においても，第2条bisへの言及が削除されれば，管轄権の唯一の根拠は締約国の国内法のみとなり，国内法が自国民に対する域外管轄権を規定しているか否かにより，条約締約国間での訴追義務の相互主義が確保されないとの懸念が示されている。*Report of the Review Group on the draft Convention*, p. 26, para. 115.

もし当局付託義務が課される引渡拒否事由が拡大されれば，管轄権の設定と当局付託義務との間に不一致が生ずるという懸念を示している[57]。

(ii) **引渡拒否事由を削除すべきとする立場**　テロ条約型の無条件の「引き渡すか訴追するか」原則を導入すべきとの立場から，第4条8における第2条bis2(a)への言及を完全に削除すべきと主張する国は複数見出される。例えばコロンビアは，いかなる理由であれ引渡しを拒否した国には訴追義務が生じるとして，第2条bisに言及しなくとも「引き渡すか訴追するか」原則には影響せず，さらに，そうした言及は不要且つ制限的であり，第4条8に規定された同原則を弱めることになると指摘する[58]。同様の見解としてアルジェリアは，第4条8の主たる関心はいかなる容疑者も訴追から逃れられないことを確保する点にあり，引渡拒否事由は重要でないとし，またアルゼンチンは，第2条bis2(a)への言及が維持されれば，条文全体が紙くず同然になると批判している[59]。

これと類似の立場としてスウェーデンは，北欧諸国は「引き渡すか訴追するか」原則を強く支持するとして，第2条bis2における引渡拒否事由の列挙はできるだけ包括的であるべきと主張しており[60]，このほかにも数か国から，引渡拒否事由に言及する場合には第2条bis全体を含め，これを広く規定すべきとする見解が示された[61]。

(iii) **両者の妥協案**　上記の(i)と(ii)の立場の対立を解消させるべく，両者の中間に位置付けられるものとして，第4条8における第2条bis2(a)への言及，すなわち引渡拒否事由を示す「第2条bis2(a)に規定する事由に基づいて当該

---

57)　*Summary records of meetings of the Committee of the Whole, Committee I*, 19th meeting, para. 63.
58)　同上 20th meeting, para. 24; 22nd meeting, para. 58.
59)　アルジェリア：同上 20th meeting, para. 40，アルゼンチン：22nd meeting, para. 59; 23rd meeting, para. 31. またフィリピンも当該部分の削除を主張した。同 22nd meeting, para. 60. なお西独（当時）は，第4条8の「引き渡すか訴追するか」原則を強化しようとするコロンビア，アルゼンチン，フィリピン等の意見に感謝するとしつつ，第2条bisへの言及を削除しても当局付託という一般的な義務を生じさせるに過ぎず，当局は拠って立つ管轄権がないことに気づき，同原則の目標は達成されないとする。同 22nd meeting, para. 62.
60)　同上 19th meeting, para. 57.
61)　西独（当時）：同上 19th meeting, para. 54，ジャマイカ：19th meeting, para. 59，ポルトガル：19th meeting, para. 62，インド：20th meeting, para. 7 など。

容疑者の引渡しを行わない場合には」という文言を，「当該犯罪について第2条bis2に基づく裁判権を設定している場合には」へと置き換えることが議長から提案された（以下，議長提案）[62]。本提案の趣旨は，被請求国の当局に付託される件数を最大化することにより規定を強化するとともに，当該当局がそれらのケースを扱うのに必要な管轄権を設定することにある[63]。

これを受けてオランダから，第4条8に対し以下の要素を追加することが提案された。すなわち，第一に，犯罪の領域性および容疑者の国籍以外の理由により引渡しを拒否する場合に管轄権の設定を許容する第2条bis2(b)に従って設定された管轄権に言及し，さらに当該管轄権が設定された場合にはそれが行使され得ることを明確にすること，第二に，被請求国が当局付託義務を免除される際の被請求国と請求国間の同意の内容を明確にすべく，「請求を行った締約国と，その裁判権行使のための権利の保持について合意した場合を除くほか」という文言を追加したうえで容疑者所在国に当局付託義務を課すことである[64]。これらの提案とともにオランダは，第4条8のもとでの当局付託義務は，被請求国の管轄権行使の主張が正当であると全権会議が認める場合についてのみ言及すべきであるとし，それは被請求国の属地的管轄権か容疑者の国籍に基づく管轄権に基礎付けられる場合であると主張している[65]。

全権会議では議長提案とオランダ提案をめぐる議論が収束せず[66]，第4条8に関する非公式会合が開催される運びとなったが，同会合では先の議長提案は支持を得られず，オランダによる更なる提案にメキシコが修正を施した案に基づき全権会議での議論が再開された。これは第4条8を(a)項と(b)項に分化させ，後者において，「容疑者の引渡しを行わず，かつ，当該犯罪について第2条bis2(b)に基づく裁判権を設定している場合には，請求を行った締約国からその正当な裁判権を保持するため反対されない限り」容疑者所在国に対し当局付託義務を課すというものである[67]。ここに，第4条8を引渡拒否事由に応

---

62) 同上 23rd meeting, para. 17.
63) 同上 22nd meeting, para. 63.
64) 同上 23rd meeting, para. 16.
65) 同上 23rd meeting, para. 15.
66) 同上 23rd meeting, para. 61.
67) 同上 25th meeting, paras. 38–40.

じて分けて規定するという専門家会合における提案が復活し，先のオランダによる主張——容疑者所在国に対する当局付託義務は，属地主義および能動的属人主義に基づく管轄権に基礎付けられる場合においてのみ設定されるべき——を踏まえ，第4条8(a)としてそうした場合に引渡拒否事由を限定したうえで当局付託義務を規定し，同(b)においてそれ以外の引渡拒否事由の場合の訴追について規定することとなったのである。なお，非公式会合でのオランダ提案は，第4条8(b)における被請求国の当局付託義務を請求国からの要請に基礎付けていたことから受容されなかったため，メキシコ修正案はこれとは逆に，請求国による反対がある場合には国際法のもとでの被請求国の当局付託義務は取り除かれることを趣旨としている[68]。

さらにメキシコ修正案にある，「請求を行った締約国から，……反対されない限り」という文言に対し，国内法に基づき設定した刑事裁判権を行使する権限への影響から多数の国がこれに懸念を示したため[69]，マレーシアから同文言を，「請求を行った締約国からその正当な裁判権を保持するための請求を受けたときを除くほか」へと変更することが提案された[70]。これを各国が支持するところとなり，現行の訴追規定第6条9(b)に規定された容疑者所在国の訴追に対する条件部分が成立するに至ったのである[71]。

IV　おわりに

麻薬新条約の訴追規定の起草をめぐる2つの論点はいずれも，従来のテロ条約型の無条件の「引き渡すか訴追するか」原則を継承するか，その適用範囲を制限すべく条件付の限定的な同原則を規定するかという点に帰着するものであった。

第一の論点については，テロ条約型の「引き渡すか訴追するか」原則を導入

---

68)　同上 25th meeting, paras. 46, 49.
69)　なお審議の過程において，第4条8冒頭の文言「自国の国内法に従って設定した刑事裁判権の行使を妨げられることなく」により，同項各パラグラフの規定は，各国が国内法に基づき刑事裁判権を行使する権限を害さないことが確認されている。同上 25th meeting, paras. 47, 65.
70)　同上 25th meeting, para. 58.
71)　同上 25th meeting, paras. 64–66.

すべきとの立場から，多数の国が，引渡請求国からの要請を前提として容疑者所在国に当局付託義務を課すべきとする米国修正案に反対し，結果としてこれが退けられたことが明らかとなった。他方で，米国修正案の代案として，請求国との間に合意が存する場合には容疑者所在国に訴追義務が課されないという条件が挿入された点において，テロ条約型の「引き渡すか訴追するか」原則からは「後退」したと言える。

　第二の論点についても，一連のテロ防止関連条約と同様に，引渡拒否事由に拘わらず容疑者所在国に対し例外なく義務的な普遍的管轄権を設定し，それに基づき無条件に「引き渡すか訴追するか」を義務付けるべきとする国家が一定数を占めていたものの，義務的な普遍的管轄権の導入により属地主義および能動的属人主義を超えて広範な域外管轄権を設定する義務を課すことに英米やオランダなどを中心とする国々が強硬に反対し，後者の立場に対し大幅な譲歩がなされたことが起草過程の検討により明らかとなった。すなわち，犯罪行為地国および容疑者国籍国といういずれの国からも異議が生じない2つの場合においてのみ，引渡しを行わない容疑者所在国に対し管轄権の設定が義務付けられ，訴追規定に関しても，そうした2つの理由により引渡しを拒否する場合においてのみ容疑者所在国に当局付託を義務付けるという非常に限定的な「引き渡すか訴追するか」原則が成立することとなり，義務的な普遍的管轄権およびテロ条約型の「引き渡すか訴追するか」原則の設定は退けられたのである。さらに，容疑者所在国が容疑者を引き渡さない場合に，属地主義および能動的属人主義以外の管轄権行使原則の設定が許容された一方で，起草過程の議論において，それらに基づく当局付託義務には，引渡請求国による裁判権保持のための一方的な請求がないことが前提条件として付されることとなり，実際に属地主義，能動的属人主義以外の管轄権に基づく訴追が行われるに至るには，非常に高いハードルが設定されることとなった。

　こうした訴追規定の起草をめぐる議論において注目されるのは，いずれの国家も薬物犯罪の容疑者を「確実に処罰する」という目的を同じくしていたものの，薬物犯罪との関連が深いとされるアルゼンチンやコロンビアなどの中南米諸国が，テロ条約型の言わば強固な「引き渡すか訴追するか」原則を導入することにより，その処罰の確保を目指そうとしたのに対し，英米やオランダを中

心とする国々が，テロ犯罪と薬物犯罪の性質の相違を認識・指摘したうえで，テロ条約型の同原則を麻薬新条約に導入することを強く拒んだ点である。

　特に後者の立場に関しては，テロ犯罪と比較した場合の薬物犯罪の裁判件数の多さという英米による指摘とともに，テロ犯罪と比べ薬物犯罪は「国際的な組織犯罪」という性質が強く，容疑者所在国に「引き渡すか訴追するか」原則を厳格に適用することが必ずしも容疑者の処罰の確保に繋がるわけではないというオランダによる指摘が注目される。すなわち一連のテロ防止関連条約では，テロ犯罪は政治性を有することが多く，行為地国や容疑者国籍国による処罰が必ずしも望めないとして，できる限り多くの直接利害関係国に管轄権を設定し，それらに優先順位をつけずに敢えて複数の管轄権を競合させるとともに，義務的な普遍的管轄権を前提として容疑者所在国に対し「引き渡すか訴追するか」を義務付けることにより，可能な限り広くテロリスト包囲網を張り巡らせその処罰を確保しようとする手法がとられている。これに対し，薬物犯罪が重大ではないために義務的な普遍的管轄権の設定を拒んでいるわけではないとする英米の主張にもあるとおり，麻薬新条約の起草者意識においては，薬物犯罪はテロ犯罪と比して重大性に欠けるからではなく，その裁判件数の多さや組織性などを主たる理由として，犯罪行為地国および容疑者国籍国に優先的な管轄権を設定し，容疑者の「引渡し」を核とするという手法により最も効果的な処罰が導かれ得ると判断されたと言える。すなわち，テロ防止関連条約および麻薬新条約はともに，犯罪者に対し「逃げ場」を与えないという点に焦点を当て作成されたものであることに相違ないが，それぞれの犯罪の性質に応じた・・より効果的な訴追方法を設定するという観点から，麻薬新条約においては，テロ条約型の訴追方式ではなく限定的な「引き渡すか訴追するか」原則が規定されるとともに，犯罪人引渡しなどに関する詳細な手続的規定や監視付移転といった捜査方法に関する規定など，より技術的な側面を強化した国家間協力体制による抑止が有効とされたのである。

　他方で，麻薬新条約において義務的な普遍的管轄権に基づく訴追規定を導入することへの各国の懸念や慎重な姿勢から，薬物犯罪がテロ犯罪と異なり，義務的な普遍的管轄権を導入してまで対処すべきものと捉えられていなかったことも否定できず，さらに，訴追規定の起草過程において多数の国が，自国が自

国民不引渡しの原則を取り入れていることを主張していた点などから，麻薬新条約における訴追規定は自国民の引渡しに代わるものとしての代理処罰的な側面を強く有すると言える。そうした点から，国際犯罪の類型化においてはテロ犯罪とともに「諸国の共通利益を害する犯罪」に分類されるものの，その処罰方式において普遍主義に基づく義務的な管轄権を導入したテロ犯罪が，「国際社会全体の法益を害する犯罪」に近い位置付けにあるのに対し，薬物犯罪はあくまでも普通犯罪としての色彩が強いとも言えよう。

なお麻薬新条約において導入された限定的な「引き渡すか訴追するか」原則は，先に述べたとおりその後，国際組織犯罪防止条約を初めとする様々な条約において取り入れられたが，例えば同条約第16条10では容疑者所在国の訴追義務は引渡請求国からの要請が前提とされており，また，訴追義務が課される場合の引渡拒否事由として挙げられているのは容疑者の国籍を理由とする場合のみとなっている。こうした点から麻薬新条約と比してより一層代理処罰的な側面が強まったとも言えるが，国際組織犯罪防止条約の前身ともされる麻薬新条約に関する本稿での議論が，その後の条約に対しどの程度まで一般化され得るかについてはさらなる検討が必要であり，この点については今後の課題と致したい。

筆者の国際刑事法分野への関心は，1990年代後半に同分野が大いに発展した際に，国際犯罪の処罰と普遍的管轄権をテーマとした研究へと導いてくださった小寺先生の御指導に端を発している。先生の御冥福をお祈りするとともに，学部時代から約20年にわたる御指導，御教示にこの場を借りてあらためて心から感謝の意を表したい。

国際立法における国家と国際組織の「パラレリズム」の機能と限界
―― ILC による条約法と国際責任法の立法化作業を素材に

植 木 俊 哉

Ⅰ　はじめに
　　――国際立法における国家と国際組織の「パラレリズム」の方法論
Ⅱ　条約法における法主体としての国家と国際組織
　　―― 1969 年条約法条約と 1986 年国際組織条約法条約の「パラレリズム」とその限界
Ⅲ　国際責任法における法主体としての国家と国際組織
　　―― 2001 年国家責任条文と 2011 年国際組織責任条文の「パラレリズム」とその限界
Ⅳ　おわりに

Ⅰ　はじめに
　　――国際立法における国家と国際組織の「パラレリズム」の方法論

　小寺彰先生が国際法の研究をスタートされ最初に発表された学術論文が，1980 年から 1986 年にかけて『国家学会雑誌』に掲載された「国際機構の法的性格に関する一考察（一）〜（四・完）――国際機構締結条約を素材として」であったことは，ここで改めて指摘するまでもない[1]。小寺教授の国際法上の

---

1) 小寺彰「国際機構の法的性格に関する一考察（一）〜（四・完）――国際機構締結条約を素材として」国家学会雑誌 93 巻 1 = 2 号（1980）1-62 頁，94 巻 3 = 4 号（1981）1-53 頁，95 巻 5 = 6 号（1982）52-107 頁，99 巻 9・10 号（1986）42-75 頁。なお，同論文では，"international organization" を意味する日本語として「国際機構」という言葉が用いられているが，本稿においては「国際組織」という表現を用いる。但し，小寺教授の論稿を（間接的な形を含めて）引用する箇所においては，原表記を尊重して「国際機構」という語を用いることとする。

問題関心は，国際法学全般の幅広い領域に及んでいたが，先生の国際法研究の「原点」が国際機構（国際組織）をめぐる国際法上の理論的課題にあったことは，忘れてはならない事実であろう。この論文は，国連の国際法委員会（International Law Commission；以下，「ILC」と略記）が起草して1969年に採択された「条約法に関するウィーン条約」が1980年に発効し，日本も翌1981年にこれに加入するという時代状況の下で，当時ILCにおいて条文草案をめぐる議論が佳境を迎えていた国際組織が締結主体となる条約（以下，「国際組織締結条約」と略記）2) に関する国際法上の諸問題を具体的素材として，国際法における国際組織の法的性格の究明を試みた研究であった。同論文では，国際組織締結条約を規律する国際法規範の内容が詳細に分析され，条約法の分野を具体的素材として国際法主体としての国家と国際組織の位相が鮮やかに浮き彫りにされていた。4回に分けて『国家学会雑誌』に連載されたこの小寺論文の第3回が公表された1982年，ILCは第34会期において国際組織締結条約に関する条文草案の起草作業を終え，その第2読草案を注釈とともに採択・公表した3)。同条文草案は，ウィーンで開催された外交会議において1986年3月に条約として採択され，「国と国際組織との間又は国際組織相互の間の条約についての法に関するウィーン条約」（以下，本稿では「国際組織条約法条約」と略記）となるが，小寺教授の前記論文の完結編となる第4回が『国家学会雑誌』に公表されたのは同じ1986年の10月であった。

　このように，小寺教授による前述の研究は，条約法という国際法の重要な一分野において，国際組織に対する規律が国家に対する規律といかなる共通性を有し，また差異を有するかという点に関して，ILCや外交会議を舞台とした国際組織条約法条約をめぐる立法作業の進展と同時並行して展開されたものであった。国家に対して適用される国際法規範の立法化作業がまず行われ，その後にそれとの対比の中で国際組織に適用される国際法規範が起草されるという事

---

2) 　なお，注(1)で述べたように，本稿においては "international organization" に相当する日本語として「国際機構」ではなく「国際組織」という語を用いるため，国際組織（国際機構）が締結する条約を指す日本語としては，原則として「国際組織締結条約」という語を用いる。但し，小寺教授の論稿を（間接的な形を含めて）引用する箇所においては，原表記を尊重して「国際機構締結条約」という語を用いることとする。

3) 　*Yearbook of ILC, 1982*, Vol. II, Part Two, pp. 17–77.

例は，小寺教授が1970年代後半から1980年代前半に考察対象としたこの条約法の分野に限られるものではない。その後，条約法と並ぶ国際法の重要な他の分野である国際責任法の分野においても，ILCは2001年に国家責任条文を採択し，その後2011年に国際組織責任条文を採択することとなった。このような国家間規則の延長線上にそれとの対比と類推の中で国際組織に関する規則を起草するという国際法上の方法論——これを本稿では（国際立法における）国家と国際組織の「パラレリズム」と呼ぶこととする——は，1960年代から1980年代にかけての条約法と，1990年代から2000年代にかけての国際責任法の双方において，それぞれILCにおいて用いられたものである。

しかし，このことはもちろん，国際法の立法化に関する以上のような手法が常に適切であることを意味するものではない。国家間法としての伝統的な国際法規則との「パラレリズム」によって国際組織に適用されるべき国際法規範の内容を規定しようという方法論は，国際法主体としての国家と国際組織がある種の類似性を有すると同時に本質的な異質性を有することに鑑みれば，大きな問題性を含むものと言わざるを得ないのである。

1980年代に公表された小寺教授による前述の論文は，条約法の分野における立法化作業を分析素材として取り上げ，国際組織に適用されるべき条約法の内容を国家間法としての条約法との「パラレリズム」に照らしてどのように規定すべきかという問題を深く掘り下げて検討したものであった。この論文の刊行から30年以上の歳月が流れた現在の時点で，小寺教授の思索の跡を振り返り，これをその後のILCによる国際責任法の分野における法典化作業と対比して検討することは，この30年の間の国際組織をめぐる国際法規範の発展の軌跡を検討する上でも有益な作業であると考えられる。本稿では，以上のような問題意識に基づき，国際組織条約法条約の起草・採択の過程をめぐる小寺教授の考察を取り上げ，さらにこれをその後の国際責任法に関する国家責任法と国際組織責任法の立法化作業と対比しつつ，国際組織法の特質の一端を探究することとしたい。

なお本稿では，小寺教授の論稿を（間接的な形であれ）引用する場合には「国際機構」という語を用い，それ以外の場合には「国際組織」という語を用いるが，これらは同義であり，条約法条約2条1項 (i) が規定する「政府間機関」

(intergovernmental organization) を意味するものである[4]。

II 条約法における法主体としての国家と国際組織
――1969年条約法条約と1986年国際組織条約法条約の「パラレリズム」とその限界

1 1969年条約法条約の採択と国際組織締結条約の位置づけ

条約は，国際慣習法と並ぶ国際法の主要な法源であり，国際司法裁判所の裁判準則としても第一に規定されているものである[5]。このように国際法の存在形態として最も重要なものである条約に関する国際法上の規範の体系としての条約法は，国際法理論上も，また同時に国際社会の実務上も，極めて重要な分野であることは改めて指摘するまでもない。国連総会の補助機関として「国際法の漸進的発達と法典化」を任務として1947年に設置されたILCでも，条約法の分野はその発足当初から法典化作業の重要なテーマの1つとして位置づけられてきた。ILCでは，1950年代から James L. Brierly, Sir Hersch Lauterpacht, Sir Gerald Fitzmaurice, Sir Humphrey Waldock といった世界の国際法学界を代表する各委員が条約法に関する起草作業の特別報告者 (Special Rapporteur) を務め，その集大成として，ILCは1966年に条約法に関する最終的な条約草案を採択した[6]。その後，1968年4月～5月及び1969年4月～5月にウィーンにおいて外交会議が開催され，1969年5月23日に「条約法に関するウィーン条約」（以下，「条約法条約」と略記）が採択された[7]。

その後，この条約法条約は1980年1月に発効をみたが，同条約が規律対象とする「条約」とは，「国の間において文書の形式により締結され，国際法によつて規律される国際的な合意（単一の文書によるものであるか関連する二以上の文書によるものであるかを問わず，また，文書の名称のいかんを問わない。）」（同条約2条1項 (a)）と定義され，この中で「国の間において」と明記

---

[4] この点に関しては，注(1)及び注(2)参照。なお，「条約法に関するウィーン条約」の日本語公定訳では，"international organization" は「国際機関」と訳されており，同条約2条1項 (i) の公定約では，「『国際機関』とは，政府間機関をいう。」と表記されている。
[5] 国際司法裁判所規程38条1項 (a)。
[6] *Yearbook of ILC, 1966*, Vol. II, pp. 177-187. 各条文に関する注釈は，pp. 187-274.
[7] 最終的に採択された条約法条約の正文は，*United Nations Treaties Series*, Vol. 1155, p. 331. 参照。

されていることから明らかなように，条約法条約は「国家間条約」のみを規律対象とするものであった。他方で，条約法条約はその3条で，「この条約の適用範囲外の国際的な合意」に関する規定を設けていたが，その1つとして「国と国以外の国際法上の主体との間において又は国以外の国際法上の主体の間において締結される国際的な合意」を挙げ，これが条約法条約の適用対象とならないということは「これらの合意の法的効力」に影響を及ぼすものではないことを明示的に確認していた8)。

以上のように，条約法条約が起草・採択された過程においても，国以外の国際法主体，とりわけ国際組織が締結主体となる条約（国際組織締結条約）が国際社会においては存在し，それが国際法上の法的効力を有することが確認されていたものと理解することができる。

2 1986年国際組織条約法条約における条約法条約との「パラレリズム」

(1) ILCによる国際組織条約法条約の起草と採択

条約法条約が1969年5月にウィーンで開催された外交会議において採択された同じ年の11月，国連総会は，国際組織締結条約に関するテーマを検討課題として取り上げるようILCに対して勧告する決議を早くも採択した9)。ILCは，1971年にフランスの著名な国際法学者であったILC委員のPaul Reuterをこの問題に関する特別報告者に任命し，国際組織締結条約に関する条約草案の起草作業が開始された10)。その後，特別報告者Reuterは，1972年のILC第24会期から1982年の第34会期まで，このテーマ（「国と国際組織との間又は国際組織相互間の条約の問題」(Question of Treaties between States and International Organizations or between two or more International Organizations)）に関する合計11の報告書を提出した11)。この間，1980年には第1読草案が採択され12)，

---

8) 条約法条約3条 (a)。
9) 1969年11月12日採択の国連総会決議2501 (XXIV) パラグラフ5。
10) 1971年7月5日のICL第1129会合において，ReuterがトピックスペシャルReporterに任命された。*Yearbook of ILC, 1971*, Vol. I, p. 287.
11) Reuterが提出した第1報告書から第11報告書については，1972年から1982年までのILCのYearbookにそれぞれ掲載されている。Analytical Guide to the Work of the International Law Commission, Question of treaties concluded between States and international

その後各国政府や関係国際組織からの意見やコメント等も踏まえて修正された第2読草案が，1982年のILC第34会期において採択された13)。

(2) 国際組織条約法条約における「条約と第三国」に関する規定

ILCによるこの国際組織条約法条約草案の起草過程において最大の法的論点として争われたのが，第2読草案の「条約と第三国又は第三者である国際組織」(Treaties and third States or third Organizations)と題する第3部第4節の34条～38条の中に置かれた36条 bis の条文であった。実際に，小寺教授は，先に紹介した『国家学会雑誌』に連載した論文の中で，この論文が「国際機構締結条約法条約（正式名称は「国家と国際機構間又は国際機構相互間の条約法に関するウィーン条約」）ルテール草案第三六条 bis に触発されたものである」(原文ママ)ことを明言している14)。1969年に採択され1980年に発効した条約法条約は，国家間条約に適用される規則を定めたものであったが，その中では第3部「条約の遵守，適用及び解釈」の第4節「条約と第三国」(Treaties and third States)に5カ条（34条～38条）が設けられ，34条で「第三国に関する一般的な規則」，35条で「第三国の義務について規定している条約」，36条で「第三国の権利について規定している条約」，37条で「第三国の義務又は権利についての撤回又は変更」，38条で「国際慣習となることにより第三国を拘束することとなる条約の規則」に関する規則が，それぞれ規定された。国際組織条約法条約の条文の起草過程では，このような条約法条約の諸規定との「パラレリズム」に基づく条文草案の作成が行われた。条約と第三国の関係に関する規定についても，国際組織締結条約が（条約当事者以外の）第三国又は第三者である国際組織に対して権利又は義務を規定する場合に，それがどのような条件の下でいかなる法的効果を有するかに関する諸規定が，条約法条約の34条～38条に倣って設け

---

organizations or between two or more international organizations, *Report of the Special Rapporteur,* http://legal.un.org/ilc/guide/1_2.shtml 参照。
12) 1980年にILCが採択した第1読草案の条文に関しては，*Yearbook of ILC, 1980,* Vol. II, Part Two, pp. 65-79.
13) 1982年にILCが採択した第2読草案の条文及びその注釈に関しては，*Yearbook of ILC, 1982,* Vol. II, Part Two, pp. 17-77.
14) 例えば，小寺・前掲注(1)「国際機構の法的性格に関する一考察（四・完）」56頁。

られることとなった。その結果として，1982年にILCが採択した国際組織条約法条約の第2読草案の第3部第4節「条約と第三国又は第三者である国際組織」34条～38条の規定は，条約法条約の第3部第4節「条約と第三国」34条～38条の規定をそのまま国際組織が条約当事者となった場合に置き換えたものとなった。しかし，その中で，この36条 bis の条文だけが，国際組織締結条約に関する独自の規則として第2読草案に残されることとなったのである 15)。

　第2読草案36条 bis の規定は，国際組織締結条約の効力は当該組織の加盟国に対してどのように及ぶかという問題，さらに具体的に換言すれば，「国際組織の加盟国は，当該国際組織が締結する条約の『第三国』にあたるか」，あるいは「国際組織が締結する条約の当該組織の加盟国に対する法的効力の問題は，加盟国を当該条約の『第三国』と捉えることによって処理することができるか」という問題に関係するものであった。

　国際組織締結条約において，①組織の加盟国は当該条約との関係で「第三国」として扱う一般規則のみによって規律されるべきか，あるいは，②国際組織の加盟国に関する特別の規則を設けるべきか，という問題は，ILCにおける同条約草案の起草過程においても，また同条約採択のためウィーンで開催された外交会議においても，最大の法的争点の1つとして議論されることとなった。①の見解を採る場合，国際組織条約法条約の「条約と第三国」に関する条約法条約第3部第4節の規定（34条～38条）をそのまま国際組織条約法条約34条～38条に置き換えれば足りることとなる。これに対して，②の立場を採る場合には，条約法条約34条～38条の規定を国際組織条約法条約の34条～38条に置き換えた上で，「条約と第三国」に関する国際組織条約法条約に独自の規定（国際組織の加盟国が国際組織締結条約により――当該条約の「第三国」であるにもかかわらず――権利を取得し又は義務を課される条件等に関する規定）を第2読草案36条 bis として置くことが必要となる。

　この点に関して，本議題の特別報告者であった Reuter は，ILC における議

---

15) 国際組織条約法条約34条～38条（ILC草案36条 bis を含む）の注釈に関しては，*Yearbook of ILC, 1982*, Vol. II, Part Two, pp. 42-48.

論の過程で，一定の妥協をしつつも国際組織条約法条約に固有な特別の規則を36条 bis として残すべきことを強く主張した。その結果，ILC が最終的に採択した同条文草案において 36 条 bis の規定は（暫定的にではあるが）残され，この点は最終的にウィーンでの外交会議に付託された16)。以上のような経緯をたどって ILC が最終的に外交会議に付託した 36 条 bis の規定は，次のような内容のものであった（なお，以下では小寺教授による訳文を引用する)17)。

「第三六条 bis （国際機構が当事者である条約により国際機構の加盟国に課される義務及び与えられる権利)

　国際機構の加盟国は，当該機構が当事者である条約の規定により当該加盟国に義務を課し又は権利を与えることを意図し，条約にその条件及び効果を規定し又はそれらについて別段の合意をし，かつ，次の条件が満たされる場合には，当該規定に係わる当該義務を負い又は当該規定に係わる権利を取得する。

(a) 機構の加盟国が，当該機構の設立文書又はその他の方法により，条約の当該規定により拘束されることについて一致して合意したこと。

(b) 条約の関係規定に拘束されることについての機構の加盟国の同意が，適宜に交渉国及び交渉機構に知らされること。」（原文ママ）

　本条約を採択したウィーンでの外交会議では，「条約と第三国又は第三者である国際組織」に関する第 3 部第 4 節の中に，国際組織の加盟国の義務又は権利に関する特則であるこの 36 条 bis の規定を残すべきか否か，また残す場合にはどのような内容の規定を残すべきかが激しく議論された。外交会議では，ILC が提出した 36 条 bis の規定に対して，同条に規定された要件を柔軟化する方向の 3 つの修正提案（オランダ提案，スイス提案，ILO・IMF・国連共同提案）と，逆にその同意の要件を厳格化する方向の修正提案（ソ連提案）の合計 4 つ

---

16) 小寺教授も，「国際法委員会の審議において，第三六条 bis は一九八〇年に終了した第一読会で唯一その採否について結論が得られず，一九八二年の最終会期でようやくまとまったものである。それが外交会議で一転削除という結末をむかえたのである。」（原文ママ）と指摘している。小寺・前掲注(1)「国際機構の法的性格に関する一考察（四・完)」70 頁注（三九三)。また，小寺・前掲注(1)「国際機構の法的性格に関する一考察（一)」18 頁注（四六)参照。

17) 小寺・前掲注(1)「国際機構の法的性格に関する一考察（四・完)」67 頁。なお，ILC が提出した最終草案 36 条 bis 及びその注釈については，*Yearbook of ILC, 1982*, Vol. II, Part Two, pp. 43-47.

の修正提案が提出され，さらに同条を削除すべきとの提案（オーストリア・ブラジル共同提案）もなされた[18]。このように同条に関する赤裸々な国家間の意見対立が露呈した結果，ウィーン外交会議では議長の下で開催された非公式協議の場で36条bisの削除が決定され，国際組織条約法条約の第3部第4節には国際組織の加盟国に関する固有の規則は置かれないことで最終的な決着が図られたのである[19]。

そのため，最終的に採択された国際組織条約法条約では，第3部第4節「条約と第三国又は第三者である国際組織」の中に置かれた34条〜38条には，国家間条約に関する条約法条約34条〜38条の規定を国際組織の場合に置き換えた規定のみがそれぞれ設けられ，条約法条約と国際組織条約法条約との「パラレリズム」が貫徹される結果となった。それでは，このような36条bisの削除という結末は，国際組織条約法条約に関して具体的にどのような帰結をもたらすこととなったであろうか。この点に関して，小寺教授は，次の2点を指摘している。第一に，国際組織条約法条約の起草に際してILCが36条bisの規定を設けることを提案した趣旨は，国際組織締結条約によって組織の加盟国が義務を負うための手続は，通常の第三国が義務を負うための手続よりも簡易なものにすべきであり，そのための特則を36条bisにおいて設けるという点にあった[20]。このような趣旨の36条bisが削除された結果，国際組織の加盟国が当該組織の締結した条約によって権利を付与され又は義務を課されるためには，国際組織条約法条約34条〜36条に規定された「条約と第三国」に関する一般規則に従って規律されることとなった。そのため，国際組織締結条約の条約関係に組織の加盟国が組みこまれることに一定の実質的制約が課されることとなったが，この点に関して小寺教授は適切であると評価している[21]。第二に，小寺教授は，36条bisのもう1つの法的効果として，国際組織締結条約

---

[18] ウィーン外交会議での審議の過程で出された36条bisに関するこれらの修正提案の具体的内容に関しては，小寺・前掲注(1)「国際機構の法的性格に関する一考察（四・完）」75頁注（四一六）参照。

[19] この点に関しては，小寺・前掲注(1)「国際機構の法的性格に関する一考察（四・完）」74頁注（四〇九）参照。

[20] 小寺・同上68-70頁。

[21] 同上70頁。

が当該組織の加盟国に発生させた義務又は権利の「撤回又は変更」に関して，国際組織条約法条約37条が規定する一般規則に従った処理を排除する，という点があったことを指摘している[22]。ところが，36条bisが最終的に削除された結果，国際組織締結条約が当該組織の加盟国に対して発生させた義務又は権利の「撤回又は変更」に関しても，同条約37条が規定する「撤回又は変更」に関する一般規則が適用されることとなった。この点に関して小寺教授は，加盟国に発生した義務又は権利の「撤回又は変更」に関して原則として加盟国の同意を要するとする同条約37条に基づく処理を適用することに関しては，問題があるとの指摘を行っている[23]。

3 国際組織条約法条約における「パラレリズム」の限界と国際組織の独自性
―― 「組織の規則」概念の位置づけとその機能

(1) 国際組織条約法条約37条3項

本章2の(2)で検討したように，1986年に採択された国際組織条約法条約の第3部第4節「条約と第三国又は第三者である国際組織」の規定（34条~38条）に関しては，条約法条約との「パラレリズム」という手法に従い，国家間条約を規律する条約法条約第3部第4節の条文を移植するという方法が基本的に採用された。しかし，この第3部第4節の条文の中にも，条約法条約には存在しない条項が1つだけ置かれている。それは，国際組織条約法条約37条3項である。37条は，本稿で先に紹介した通り，第三国（又は第三者である国際組織）に発生した義務又は権利の「撤回又は変更」に関する条文である。37条3項は，「前二項に規定された条約の当事者としての国際組織又は第三者である国際組織の同意は，当該組織の規則によって規律される。」と規定するものである。条約法条約と国際組織条約法条約のいずれの条約でも，37条1項では第三国（又は第三者である国際組織）が条約で義務を課された場合の当該義務の「撤回又は変更」に関する規則が定められ，37条2項では第三国（又は第三者である国際組織）が条約で権利を付与された場合の当該権利の「撤回又は変更」

---

22) 同上68頁。
23) 同上70頁。

に関する規則が定められている。37条1項と37条2項の条文の内容は，条約法条約が「国家間条約」に関する第三国の義務又は権利の「撤回又は変更」に関する規則を，国際組織条約法条約が「国際組織締結条約」に関する第三国（又は第三者である国際組織）の義務又は権利の「撤回又は変更」に関する規則を，それぞれ定めたものであり，条約の締結主体が国家であるか国際組織であるかという点の相違を除いては，基本的に両条約の内容は実質的に同一である。これに対して，国際組織条約法条約の37条3項は，国際組織条約法条約のみにしか存在せず，条約法条約にはこれに類する条項は全く置かれていないものである。国際組織条約法条約37条3項は，国際組織締結条約が第三者（又は第三者である国際組織）に及ぼした義務又は権利の「撤回又は変更」を行う場合には，「当該組織の規則」(the rules of that organization)に照らして当該国際組織による「同意」の有無を判断すべきことを定めている。この国際組織条約法条約37条3項は，条約法条約との「パラレリズム」という原則からはみ出た条項であり，国家とは異なる国際組織という法主体の特性を反映した条項として捉えることができる。そして，この「当該組織の規則」という概念こそ，国家間法としての条約法条約と国際組織条約法条約とを区別する際の鍵となる重要な概念として位置づけられるものである。言い換えれば，この「当該組織の規則」という概念は，国際法主体としての国際組織の任務や役割，機能の多様性を保証するための概念として機能するものであるが，この点については以下でさらに検討を行うこととしたい。

(2) 国際組織条約法条約27条及び46条

国際組織条約法条約には，上記(1)で紹介した37条3項以外にも，「当該組織の規則」という概念に基づいて条約法条約との「パラレリズム」を離れた規定を設けている部分がある。その例として，国際組織条約法条約の27条の規定及びそれに付随して46条の規定を挙げることができる。

条約法条約27条は，周知の通り，「条約の不履行を正当化する根拠として自国の国内法を援用することができない」という原則を明記した非常に重要な意義を有する規定である。国際組織条約法条約は，条約法条約との「パラレリズム」の手法に基づき，同条約27条1項に条約法条約27条と全く同一の内容の

規定を置いた。しかし他方で,国際組織条約法条約は,27条1項に続く同条2項に次のような規定を設けた。「条約の当事者である国際組織は,条約の不履行を正当化する根拠として当該組織の規則 (the rules of the organization) を援用することができない。」その上で,国際組織条約法条約は,27条3項に「前二項の規則は,第46条の規定の適用を妨げるものではない。」との規定を置いたが,この27条3項の条文は,条約法条約の27条後段と実質的に同一の内容のものである。このように,条約法条約27条が,国家間条約に関して条約当事国が自国の国内法を援用して条約上の義務を免れることを原則として認めず,その例外となるのは同条約46条の条件を満たす場合に限られることを定めているのと同様に,国際組織条約法条約27条は,国際組織締結条約に関して,条約当事国が「自国の国内法」(its internal law) を援用して条約上の義務を免れることを原則として認めないこと (27条1項) に加えて,条約の当事者となった国際組織が「当該組織の規則」(the rules of the organization) を援用して条約上の義務を免れることを原則として認めないことを定めた (27条2項)。そして,例外的に国内法又は国際組織の規則を援用して条約上の義務を免れることができる場合は,46条に規定された条件を満たす場合に限られることが明記された (27条3項) のである[24]。

次に,条約法条約と国際組織条約法条約の各46条について検討を行いたい。条約法条約は,46条1項において,「条約に拘束されることについての同意」が条約を締結する権能に関する国内法の規定に違反して表明されたという事実を,当該同意を無効にする根拠として援用することができないことを原則として明記しつつ,1項但書で「違反が明白でありかつ基本的な重要性を有する国内法の規則に係るものである場合は,この限りでない」と規定することによって,例外的に条約締結権限に関する国内法規則の違反が条約の無効原因として援用できる場合を定めた。援用が可能とされるためには,①違反が明白であること,②基本的な重要性を有する国内法に係る違反であること,が必要とされるが,どのような場合に違反が「明白である」とされるかについては,46条2

---

[24] 国際組織条約法条約27条の注釈に関しては,*Yearbook of ILC, 1982*, Vol. II, Part Two, pp. 38-40.

項が「条約の締結に関し通常の慣行に従いかつ誠実に行動するいずれの国にとつても客観的に明らかであるような場合」には違反は明白であるとされる，と定めている。これに対して，国際組織条約法条約は，やはり条約法条約との「パラレリズム」に従い，46条にも条約法条約と類似の規定を設けた。「条約を締結する権能に関する国内法 (internal law of a State) 及び国際組織の規則 (rules of an international organization) の規定」と題する国際組織条約法条約46条では，1項に条約法条約46条1項と全く同一の条文が置かれ，3項には条約法条約46条2項と実質的に同一の条文が置かれた[25]。他方で国際組織条約法条約の46条2項は，条約法条約との「パラレリズム」という国際組織条約法条約の基本的な立法手法を離れて，国際組織に固有の規則を定めた条項となっている。この国際組織条約法条約の46条2項は，「いずれの国際組織も，条約に拘束されることについての同意が条約を締結する権能に関する当該組織の規則 (the rules of the organization) に違反して表明されたという事実を，当該同意を無効にする根拠として援用することができない。ただし，違反が明白でありかつ基本的な重要性を有する規則に係るものである場合は，この限りでない。」と規定する。一見して明らかなように，この条文は，条約法条約46条1項が規定する国家間条約における無効原因としての「国内法」援用の否定という原則を，国際組織締結条約における無効原因としての「(国際) 組織の規則」援用の否定という原則に置き換えたものである。ここでは，国家における「国内法」(internal law of a State) に対比される概念として，国際組織における「(国際) 組織の規則」(the rules of the organization) が概念が位置づけられている点が注目に値するであろう。

---

25) 条約法条約46条2項と国際組織条約法条約46条3項は，いずれも「違反」が「明白」であるとされるための要件について規定する条文であり，条約法条約の46条2項は，「違反は，条約の締結に関し通常の慣行に従いかつ誠実に行動するいずれの国にとつても客観的に明らかであるような場合には，明白であるとされる。」と規定する一方，国際組織条約法条約46条3項は，「違反は，条約の締結に関し通常の慣行に従いかつ誠実に行動するいずれの国又はいずれの国際組織にとっても客観的に明らかであるような場合には，明白であるとされる。」と規定している。なお，国際組織条約法条約46条の注釈に関しては，*Yearbook of ILC, 1982,* Vol. II, Part Two, pp. 51-53.

(3) 国際組織条約法条約2条1項(j)における「組織の規則」の定義

以上のように，国際組織条約法条約では，国家間条約に関する規則を定めた条約法条約の諸規定との「パラレリズム」による起草という立法手法が採用され，規定の大部分においてそのような手法が貫徹されながら，いくつかの重要な点においてこの「パラレリズム」という手法から離れた国際組織に独自の規則が設けられることとなった。そして，これらのいずれの場合においても，「組織の規則」(the rules of the organization) という概念がその際の重要な基準として用いられていることが明らかとなった。それでは，この「組織の規則」という概念は，国際組織条約法条約の中でどのように定義されているのであろうか。

国際組織条約法条約は，同条約における「用語」の定義規定を2条1項に設けているが，ここでも基本的に条約法条約との「パラレリズム」が採用された。条約法条約では，2条1項の「用語」の定義規定の中で，(a)「条約」，(b)「批准」「受諾」「承認」及び「加入」，(c)「全権委任状」，(d)「留保」，(e)「交渉国」，(f)「締約国」，(g)「当事国」，(h)「第三国」，(i)「国際機関」，といった用語の定義が明記された。これに倣って，国際組織条約法条約2条1項でも，(a)「条約」から(i)「国際組織」までの9つの用語の定義が基本的に条約法条約に沿った形で規定され，その中で一部国際組織に固有の「用語」の定義を付加する方式が採られた[26]。このようにして，国際組織条約法条約2条の「用語」の定義に関しても，国際組織条約法条約は条約法条約との「パラレリズム」を部分的な修正を加えつつ基本的に維持したわけであるが，その中で国際組織条約法条約が条約法条約には存在しない「用語」の定義規定を1つだけ新たに設けた。国際組織条約法条約において新たに登場したこの概念こそが，国際組織条約法条約2条1項(j)が規定する「組織の規則」(rules of the organization) で

---

[26] 例えば，国際組織条約法条約2条1項 (a) の「条約」の定義規定の中では，条約法条約2条1項 (a) の「条約」の定義中にある「国の間において」という部分が除かれ，国際組織条約法条約2条1項 (b) の「批准」に関しては，国際組織に特有の批准形態である「正式確認行為」という用語の定義が (b) の2として追加された。さらに，同項 (e) の「交渉国」には「交渉国際組織」(negotiating organization)，同項 (f) の「締約国」には「締約国際組織」(contracting organization)，同項 (h) の「第三国」には「第三者である国際組織」(third organization) という用語の定義が，それぞれ追加して設けられた。

あった。国際組織条約法条約の2条1項(j)は,「組織の規則」の定義に関して,「『組織の規則』(rules of the organization)とは,特に,設立文書(constituent instruments),当該文書に従って採択された決定及び決議並びに当該組織の確立した慣行(established practice of the organization)をいう。」と規定している。この定義では,「当該組織の確立した慣行」が「組織の規則」に含まれるものとされている点が特に注目される。ILCが作成した注釈によれば,この国際組織条約法条約2条1項(j)の規定する「組織の規則」の定義は,同じようにILCが起草して1975年に外交会議で採択された「普遍的国際組織との関係における国家代表に関するウィーン条約」(Vienna Convention on the Representation of States in their Relations with International Organizations of a Universal Character)1条1項(34)で採用された「(国際)組織の規則」の定義規定に倣ったものである[27]。この2条1項(j)の注釈の中では,条約法条約27条や国際組織条約法条約27条1項において "internal law of a State"(国家の内部法)という文言が「国内法」を表すものとして用いられていることに関連して,「組織の内部法」(internal law of an organization)あるいは「組織の固有法」(organization's won law)という概念を「組織の規則」(rules of the organization)という概念に代えて用いることや,これらの概念相互の関係についてさまざまな議論が行われたが,最終的に国際組織条約法条約では2条1項(j)が規定する「組織の規則」という概念が用いられることとなった経緯が記されている[28]。

　国際法主体としての国際組織の特性を国家と対比して考えた場合,国際組織はその目的や機能,任務の内容等が国家と比べれば極めて多様であり,その有する具体的な権限等も多様である点が大きな特徴として指摘できる。国際組織条約法条約に盛り込まれた「組織の規則」という概念は,条約法条約との「パラレリズム」を基本とした国際組織条約法条約の作成過程において,国際組織の法的な意味でのこのような「多様性」を保証するための重要な法概念として機能することが期待されるものであったと評価することができよう。

---

27) *Yearbook of ILC, 1982*, Vol. II, Part Two, p. 21.
28) *Ibid.*

III 国際責任法における法主体としての国家と国際組織
―― 2001 年国家責任条文と 2011 年国際組織責任条文の「パラレリズム」とその限界

1 国家責任条文の起草と採択

以上，本稿のIIでは，条約法の分野を素材として，ILC が起草した2つの条約，具体的には 1969 年に採択された条約法条約と 1986 年に採択された国際組織条約法条約について，国家間条約と国際組織締結条約の「パラレリズム」の機能とその限界について考察を行った。次に，このIIIでは，国際責任法の分野を素材として，国家間責任法と国際組織責任法の「パラレリズム」の機能とその限界について検討することとしたい。

伝統的国際法が，国際法主体としての国家を規律対象とする「国家間法」として形成され発展してきたことは，周知の事実である。国際法上の責任に関する国際責任法の分野においても，それは例外ではなく，国際法上の責任理論は長らく国家が国際責任を負う場合――いわゆる国際法上の「国家責任」――の問題を中心に議論が展開されてきた。国際法における「国家責任」の問題は，1930 年に開催されたハーグ国際法典編纂会議での3つの議題の中の1つとして討議が行われたことからも明らかなように29)，国際法の最も重要な課題の1つであると長い間考えられてきた。その意味で，第2次世界大戦後に国連の下で「国際法の漸進的発達及び法典化」を任務として発足した ILC が，この「国家責任」の問題を当初から立法化作業のテーマの1つとして取り上げてきたことは，自然の流れであるといえよう。

ILC は，1949 年の第1会期において法典化作業に適したテーマの1つとして「国家責任」を挙げ，1955 年の第7会期において F. V. Garcia-Amador を

---

29) 国際連盟では，連盟理事会の下に設置された専門家委員会が，1927 年に法典化に適したテーマ7つ（①国籍，②領海，③国家責任，④外交特権及び免除，⑤国際会議手続，⑥海賊，⑦海洋資源利用）を選定したが，連盟総会はその中から「国籍」「領海」「国家責任」の3つのテーマを選び，これら3項目について一般条約を作成するための法典編纂会議を招集することを決定した。その結果，1930 年3月～4月にオランダのハーグで国際法典編纂会議が開催された。「国家責任」に関しては，「外国人の身体，財産に加えられた損害」という限定されたテーマに関する条約案の作成作業が行われたが，国際標準主義と国内標準主義の対立等から結果的には条約採択は失敗に終わった。

特別報告者に任命して1956年から国家責任に関する条文の起草作業が開始された。その後, 1963年にはRobert Agoが, 1980年からはWillem Riphagenが, 1987年からはGaetano Arangio-Ruizが, そして1997年にはJames Crawfordが, それぞれ特別報告者に任命されて条文の起草作業が進められ, 最終的に2001年に国家責任条文の第2読草案が採択された。そして, 同草案は, 2001年12月12日の国連総会決議56/83の添付文書として採択された[30]。

この2001年に採択された国家責任条文は, 国家が国際法上の責任主体とされる場合に関する規則を定めたものであったが, 全59条からなる条文の最後の第4部「一般規定」の中に「国際組織の責任」(Responsibility of International Organization) と題する57条の規定が置かれ, 同条は「これらの条文(国家責任条文)は, 国際組織の国際法上の責任又は国際組織の行為に対する国の国際法上の責任に関するいかなる問題にも影響を及ぼすものではない。」と規定していた。このように, 2001年に採択された国家責任条文では, ①国際組織をめぐる国際法上の責任の問題, 及び, ②国際組織の行為に関する国家責任の問題, の2つが未解決の課題として残されていることが認められていたのである[31]。

2 国際組織責任条文の起草作業と国家責任との「パラレリズム」

(1) 国際組織責任条文の起草と採択, その法形式

ILCは, 国家責任条文が国連総会決議の添付文書として採択された翌年である2002年の第54会期において, 「国際組織の責任」(Responsibility of International Organizations) を正式に法典化作業のテーマとして取り上げることを決定し, Giorgio Gajaをその特別報告者に任命した。Gajaは, 2003年の第1報告書から2009年の第7報告書まで7つの報告書を提出し, 条文の原案を提

---

30) この国家責任条文の具体的な条文については, UN Doc. A/56/49 (Vol. I)/Corr. 4. また, その注釈については, *Yearbook of ILC, 2001*, Vol. II, Part Two, pp. 32-143.

31) なお, 国家責任条文57条では, 国際組織自身が国際法上の責任主体となる場合に加えて, 「国際組織の行為」(the conduct of an international organization) に関連する国家の責任の問題が留保の対象に含まれていることに注意が必要である。後者の問題は, 厳密にいえば国家責任の問題の一部であると解されるが, 国際組織の活動をめぐって発生する国家の責任であるという観点から, 2011年に採択された国際組織責任条文において62条で規定が設けられることとなった。この点に関しては, 後に触れることとしたい(本稿注36)参照)。

出して本草案の起草作業をリードした。その結果，2009年のILC第61会期において「国際組織の責任」に関する第1読草案が採択され，各国政府や各国際組織から提出された意見やコメントを踏まえ，2011年のILC第63会期に特別報告者Gajaの第8報告書が提出されて審議の結果第2読草案が採択された。そして，同草案は，2011年12月9日に国連総会決議66/100の添付文書として採択された。このように国際組織責任条文は，国連総会決議の添付文書として"take note"(「留意」)されるという法形式が採られることとなったが，この点においても国際組織責任条文では国家責任条文との「パラレリズム」が貫かれることとなった[32]。

(2) 国際組織責任条文における国家責任条文との「パラレリズム」の限界

2011年に採択された国際組織責任条文の起草過程においても，2001年に採択された国家責任条文の具体的な条項を可能な限り国際組織が責任主体となる場合に置き換えて国際組織責任条文の条項を起草するという「パラレリズム」の手法が基本的に採用された[33]。条約法の分野において1986年採択の国際組織条約法条約が1969年採択の条約法条約との「パラレリズム」に基づいて起草されたのと同様の方法論が，国際責任法の分野においても用いられたことになる。しかし，条約法と国際責任法におけるそれぞれ2つの条約の関係を詳細に検討すると，両者の間には微妙な相違が見られる。以下では，この点に関して具体的な検討を行うこととしたい。

1969年の条約法条約と1986年採択の国際組織条約法条約という2つの条約

---

32) ただ，国家責任条文を"take note"した国連総会決議56/83の前文には，同条文の条約化を検討するための外交会議開催の可能性への言及がなされているが，国際組織責任条文を"take note"した国連総会決議66/100には，この点への言及がない。これは，国際組織責任条文の採択を審議した2011年の第66回国連総会の場で多くの国連加盟国や国際機関等から本条文案に対する批判的な意見やコメントが出されたことを反映するものであるとの指摘もなされている。国際法委員会研究会「国連国際法委員会第63会期の審議概要」国際法外交雑誌110巻4号86-87頁［村井伸行］。

33) 国際組織責任条文の起草過程における国家責任条文との「パラレリズム」という方法論に関しては，多くの指摘が既になされているが，植木俊哉「国際組織の責任」村瀬信也＝鶴岡公二編・変革期の国際法委員会（山田中正先生傘寿記念）（信山社，2011）219-221頁参照。

は,両条約を構成する各部や各節の表題等を含めて,全く同一の構成が採られている34)。これに対して,国際組織責任条文の構成には,国家責任条文の構成とは若干異なった点が見られる。具体的には,国家責任条文は,第1部「国の国際違法行為」,第2部「国の国際責任の内容」,第3部「国の国際責任の実現」,第4部「一般規定」の4つの部から構成されている。これに対して,国際組織責任条文は,第1部「序」,第2部「国際組織の国際違法行為」,第3部「国際組織の国際責任の内容」,第4部「国際組織の国際責任の実現」,第5部「国際組織の行為に関連する国の責任」,第6部「一般規定」の6つの部から構成されている。このうち,前者の条文の第1部は後者の条文の第2部に,前者の条文の第2部は後者の条文の第3部に,前者の条文の第3部は後者の条文の第4部に,そして前者の条文の第4部は後者の条文の第6部に,それぞれ対応する内容のものである。これに対して,後者の条文の第1部と第5部は,前者,すなわち国家責任条文には存在しない国際組織責任条文に固有の条項が置かれている。

このうち,国際組織責任条文第1部は,同条文の適用範囲を定めた1条と,同条文における用語の定義を定めた2条の2つの条文からなる。これら2つの条文は,国家責任条文には設けられていないものである。国際組織責任条文1条は,1項で「この条文は,国際違法行為に対する国際組織の国際責任に適用される。」と規定し,2項では,「この条文は,また,国際組織の行為と関連する国際違法行為に対する国の国際責任にも適用される。」と規定する。国家責任条文には存在しない国際組織責任条文に固有の部分として先に述べた国際組織責任条文第5部「国際組織の行為に関連する国の責任」の規定(58条～63条)は,実際にはこの同条文1条2項の規定する問題について定めるものである。従って,国際組織責任条文1条2項及び第5部(58条～63条)が規律する

---

34) これら2つの条約は,第1部「序」,第2部「条約の締結及び効力発生」,第3部「条約の遵守,適用及び解釈」,第4部「条約の改正及び修正」,第5部「条約の無効,終了及び運用停止」,第6部「雑則」,第7部「寄託者,通告,訂正及び登録」,第8部「最終規定」という全く同一名称の表題からなる部により構成されており,部の下にある各節に関しても,例えば第3部「条約の遵守,適用及び解釈」であれば,第1節「条約の遵守」,第2節「条約の適用」,第3節「条約の解釈」,第4節「条約と第三国(又は第三者である国際組織)」といった形で,規律対象が正確に対応する形でそれぞれの条文が置かれている。

問題は，国際組織の行為 (the conduct of an international organization) に関連するものであるとはいえ，厳密にいえば国際組織が責任主体となる場合ではなく，国家が責任主体となる場合という意味で「国家責任」の一部に含まれる問題と位置づけることができるものである 35)。第 5 部の表題に「国の責任」(Responsibility of a State) という文言が用いられていることも，この点を明確に裏づけている。このように，国際組織責任条文第 5 部の規定は，理論的には国家責任の一部に属するものでありながら国家責任条文ではなく国際組織責任条文の中に設けられているものであり，国家責任条文と国際組織責任条文との間の「パラレリズム」で捉えられる範疇を越えた独自の位置づけを有するものと理解することができる。なお，この国際組織責任条文第 5 部の規定の中では，国家が国際組織の加盟国として国際法上の責任を負う場合について定めた 62 条の規定がとりわけ重要であると考えられる 36)。

以上の検討から明らかなように，国家責任条文と国際組織責任条文との間の関係は，条約法条約と国際組織条約法条約との関係に見られるような単純な「パラレリズム」で捉えられるものではなく，両者はより複雑で重層的な関係にあるものと理解できよう。

3 国際組織責任条文における「組織の規則」概念の新たな展開とその機能

以上の検討から明らかなように，国家責任条文と国際組織責任条文との関係は，単純な「パラレリズム」のみで捉えることのできない複雑な要素を内包するものである。国際組織は，その目的や機能，そして具体的な権限や活動内容を大きく異にする機能的な国際法主体であるという点で，国際法上は同一の法

---

35) この点に関しては，前述のように（本稿Ⅲ 1 参照），国家責任条文 57 条において，国家責任条文は「国際組織の行為に対する国の国際法上の責任に関するいかなる問題にも影響を及ぼすものではない」ことが確認されており，このことは国際組織責任条文 1 条 2 項の注釈においても言及されている。*Yearbook of ILC, 2011*, Vol. II, Part Two, p. 5.
36) 国際組織責任条文 62 条は，「国際組織の国際違法行為に関する加盟国の責任」と題する規定であり，国際組織の国際違法行為に関して国際組織の加盟国が責任を負う場合として，
 (a) 国際組織の加盟国が被害を受けた当事者との関係で当該行為の責任を受諾した場合，
 (b) 国際組織の加盟国が被害を受けた当事者に対してその責任に依存するよう導いた場合，
の 2 つを挙げている（1 項）。しかし，これらの加盟国の責任は，いずれも補助的 (subsidiary) なものであるとされる（2 項）。

的権能を有する国際法主体である国家とは大きく異なる。このような国際組織の国際法主体としての多様性を国際組織責任条文の中で法的に反映させるための法的概念が、同条文2条(b)で定義された「組織の規則」(rules of the organization) という概念である[37]。国際組織責任条文2条(b)は、「組織の規則」を、「特に、設立文書、当該文書に従って採択された国際組織の決定、決議及び他の法規並びに当該組織の確立した慣行をいう。」と定義している。この国際組織責任条文2条(b)における「組織の規則」の定義は、本稿のⅡ3(3)で紹介した国際組織条約法条約2条1項(j)の「組織の規則」の定義と比較した場合、「当該(設立)文書に従って採択された国際組織の決定及び決議」に「(国際組織の) 他の法規」(other acts of international organization) が加えられている点が異なる。この点の変更は、国際組織の活動の多様性をこの「組織の規則」という概念に一層完全に反映させるためのものであるとの説明が、国際組織責任条文の注釈ではなされている[38]。

この「組織の規則」という文言は、国際組織責任条文の具体的な条文の中では、6条2項「国際組織の機関又は職員の行為」、10条2項「国際義務の違反の存在」、22条2項・3項「対抗措置」、32条「組織の規則の関係性」、40条2項「回復を行う義務の履行の確保」、52条2項「国際組織の構成員が対抗措置を行うための条件」及び64条「特別法」(lex specialis) の中などに盛り込まれている。この中で、特に注目される2つの条文は、国際組織責任条文の32条と63条である。

まず32条「組織の規則の関係性」(Relevance of the rules of the organization) は、国家責任条文32条の「国内法の無関係性」(Irrelevance of internal law) に対比される条文である。国家責任条文32条は、「責任を負う国は、この部の下での義務の不遵守を正当化する根拠としてその国の国内法の規定 (the provision of its internal law) を援用することができない。」と規定しているのに対して、

---

[37] 国際組織責任条文における「組織の規則」概念のこのような役割に関しては、植木・前掲注(33)224-228頁、植木俊哉「国際責任法の新たな展開——国際組織の責任に関する法典化作業とその理論的意義」植木俊哉編・グローバル化時代の国際法(信山社、2012) 305-308頁参照。

[38] *Yearbook of ILC, 2011*, Vol. II, Part Two, p. 11.

国際組織責任条文32条は，1項で「責任を負う国際組織は，この部の下での義務の不履行を正当化する根拠として当該組織の規則を援用することができない。」と規定する一方，2項で「1は，国際組織とその加盟国及び加盟組織との間の関係についての当該組織の規則の適用を妨げるものではない。」と規定している。国際組織責任条文32条の規定は，国家責任に関して「国内法」を援用して国際法上の国家の責任を免れることができないことの「パラレリズム」として，国際組織の場合は「組織の規則」を援用して国際法上の国際組織の責任を免れることはできないという原則を1項で規定する一方，国際組織の内部的な責任関係及び責任配分に関しては2項で「組織の規則」が適用され得ることを認めるものである。この32条の規定は，国際組織の対外的責任に関しては――国家責任に関する「国内法」と同様に――国際組織が「組織の規則」を援用して責任を免れることが認められないが，国際組織の内部的な責任関係に関しては「組織の規則」に従った責任配分を認める，という形で，国際組織の対外的責任関係と内部的責任関係を実質的に切り分けるものである[39]。また，国家責任条文32条の条文見出しでは「無関係性」(irrelevance)という文言が用いられているのに対して，国際組織責任条文32条の条文見出しでは「関係性」(relevance)という文言が用いられている点も，原則として援用が認められないのか否かを示唆するものとして興味深い。

　「組織の規則」という概念との関係でもう1つ重要な国際組織責任条文の条項が，64条である。国際組織責任条文64条は，「特別法」(*lex specialis*)と題する条項であり，本条文が規定する国際組織の責任に関する問題が「国際法の特別の規則」(special rules of international law)によって規律される場合には，その限りにおいて本条文の条項は適用されず，「組織の規則」もこのような「国際法の特別の規則」の中に含まれ得る，と規定するものである。この64条の注釈によれば，ここで念頭に置かれている「国際法の特別の規則」の例としてEU法などが挙げられているが[40]，本条はこの国際組織責任条文全体がい

---

39) このような現在の国際組織責任条文32条の規定は，国際組織責任条文の第1読草案では31条に規定されていたが，同条が「組織の規則」という概念を媒介として国際組織の対外的責任と内部的責任を分けて規律する点に関しては，植木・前掲注(33)225-227頁参照。
40) *Yearbook of ILC, 2011*, Vol. II, Part Two, pp. 100-102.

わば residual な性格のものであることを示唆するものであり，本条文全体をこのように捉えることは国際組織の実態に即した国際組織責任条文の理解であるとしてこれを積極的に評価する見解も存在する[41]。

Ⅳ　おわりに

以上本稿では，小寺教授が30年以上前に発表されたご論稿「国際機構の法的性格に関する一考察（一）〜（四・完）——国際機構締結条約を素材として」を具体的な出発点として，国際組織に関するその後の国際立法の動向を踏まえた検討を行った。優れた研究は，具体的な検討素材や時代の制約を越えて多くの知的刺激を後進の者に与えてくれるが，小寺先生のデビュー論文であったこのご論稿は，まさにそのような大きな学問的価値を有する研究の代表例といえよう。小寺先生から賜った温かいご指導とご教示に改めて心より感謝申し上げて，この小論を結ぶこととしたい。

---

41) 国際法委員会研究会・前掲注(32)93-94頁［村井］。

国際機構との関係における国家の管轄権について
——欧州人権条約における「管轄権」概念の分析

水 島 朋 則

 I 序
 II 予備的考察
 III 国際機構の管轄権免除との関係における国家の管轄権
 IV 国際機構の決定・行為との関係における国家の管轄権
 V 結 び

I 序

　小寺先生が，ご研究の出発点として，国際機構の締結する条約を素材に選び，国際機構の「自律性の要請」（あるいは，その逆の側面である「負の自律性の要請」）と「脆弱性（あるいは要補完性）の要請」との関係の分析から，国際機構の法的性格を解明されたことは，周知のとおりである[1]。そこで言われる国際機構の「自律性の要請」ないし「負の自律性の要請」とは，国際機構締結条約が規定する事項のうち，国際機構の利益に直接的に関連するものについては国際機構自体が関わるべきであるが，逆に，そうではないものについては関与すべき

---

1) 小寺彰「国際機構の法的性格に関する一考察——国際機構締結条約を素材として（1）〜（4・完）」国家学会雑誌93巻1＝2号（1980）1頁，94巻3＝4号（1981）1頁，95巻5＝6号（1982）52頁，99巻9＝10号（1986）42頁参照。

ではないという要請のことである²⁾。他方，国際機構の「脆弱性／要補完性の要請」とは，国際機構が特定の能力を国家並にはもたないこと，あるいは，国家と比較した場合の国際機構の異質性のために，加盟国を条約関係に組み込むべきであるという要請のことを指している³⁾。

　この研究が公表されてから30年以上が経過した今日において，ますます多くの国際機構が，さまざまな形でその活動範囲を広げ，国家で言えばその「管轄権」と呼ばれてきたような権限を行使し⁴⁾，その過程で，ますます多くの条約を締結してきていることは，確認するまでもない。他方で，そのような国際機構締結条約が，国際機構の活動範囲ないし「管轄権」の拡大と同じ程度の広がりを見せているかどうかについては，否定的な見方もあり得よう。例えば，国家が行えば，その締結している人権条約の違反に問われる性質の行為を，国際機構が行ったとしても，人権条約を締結しているわけではない国際機構が⁵⁾，人権条約上の国際コントロール⁶⁾に服することはないという現状を，そのような見方を支えるものとして指摘することができる。

　本稿は，国際機構が活動範囲ないし「管轄権」を広げつつも，国家とは異なり，関連する条約を締結していないことに伴う問題——その意味で，国際機構締結条約を素材とされた小寺先生とは逆の素材——を取り上げる。具体的には，欧州人権条約における国家の「管轄権」概念——「締約国は，その管轄内にある全ての者に対して，この条約の第1節に規定する権利及び自由を保障する」

---

2)　例えば，小寺・前掲注(1)国家学会雑誌94巻3＝4号19頁参照。
3)　例えば，小寺・前掲注(1)国家学会雑誌94巻3＝4号30頁，99巻9＝10号48頁，同54頁の注390参照。
4)　ここでの「管轄権」とは，国家の統治権の中で中心的な位置を占める「国内法を定立し執行する権限」というよりも，「『国内管轄事項（matter of domestic jurisdiction）』のように，広く『国家の決定および行為』を指す」ものである。小寺彰・パラダイム国際法（2004）94頁参照。
5)　この点に関連して，EUの欧州人権条約加入を定めるEUと欧州評議会との間の協定案がEU法と両立しないと判断したEU司法裁判所の意見（Opinion 2/13 of the Court (Full Court), 18 Dec 2014, Opinion pursuant to Article 218 (11) TFUE, ECLI:EU:C:2014:2454）参照。本意見に関する日本語文献として，例えば，中西優美子「欧州人権条約加入に関するEU司法裁判所の判断」一橋法学14巻3号（2015）297頁参照。
6)　国際コントロールについては，森田章夫・国際コントロールの理論と実行（2000）の他，小寺・前掲注(4)193-205頁も参照。

(1条)7)——を，欧州人権裁判所（およびかつての欧州人権委員会）が，国際機構との関係においてどのように捉えてきたか，そのダイナミズムを検討することが，本稿の目的である。国際機構の「自律性の要請」と「脆弱性／要補完性の要請」という小寺先生が用いられた分析枠組は，異なる時代の，異なる問題の分析においても，有用であるように思われる。

II　予備的考察

欧州人権裁判所が述べるように，欧州人権条約「1条の『管轄権』は分水嶺となる基準である。管轄権の行使は，締約国に帰属する作為ないし不作為であって，本条約が定める権利および自由の侵害であると主張されるものについて，締約国の責任を問うための必要条件である」8)。この「管轄権」概念について，国際機構との関係では，2つの問題が提起されてきたと言える。

1つは，国際法上，国際機構が管轄権免除を享有し，逆に言えば，国際機構を被告とする国内裁判において国家が管轄権を行使してはならない場合であっても，原告である私人は法廷地国の「管轄内」にあり，締約国（法廷地国）は公正な裁判を受ける権利（欧州人権条約6条）を保障しなければならないのかどうかである。もう1つの問題は，国際機構の決定や行為——いわば国際機構による「管轄権」の行使——の影響を私人が受けるという場合に，そのような私人が当該国際機構の加盟国の「管轄内」にあり，締約国（加盟国）は欧州人権条約上の権利を保障しなければならないのかどうかである。それぞれの問題について，関連する事例を概観し，若干の考察を試みる。

III　国際機構の管轄権免除との関係における国家の管轄権

1　関連する事例の概観 9)

(1)　スパーンス事件（欧州人権委員会1988年決定）

現在では廃止され，その機能が欧州人権裁判所に引き継がれている欧州人権

---

7)　翻訳は，岩沢雄司編集代表・国際条約集（2017）に拠る（強調は水島）。
8)　*Al-Skeini* v *United Kingdom* [GC], App No 55721/07, [2011-IV] ECHR at 166（para 130）.
9)　ここで取り上げる事例のうち，(1)～(3)については，旧稿においてもふれる機会があった。

委員会によるものとして，申立人とイラン＝米国請求裁判所との間の雇用をめぐる問題に関してオランダ最高裁が請求裁判所の免除を認めたことについて10)，欧州人権条約6条等の違反を理由に申立てがなされたスパーンス事件がある11)。1988年の決定において欧州人権委員会は，欧州人権条約1条に照らして，申立人がオランダの「管轄内にある」かどうかを問い，請求裁判所の免除を根拠に，その行政上の決定はオランダの管轄内で生ずる行為ではないことを確認し，国際法に従って請求裁判所のような国際団体に免除・特権を付与することは欧州人権条約上の問題を生ぜしめないとしている12)。

(2) ウェイト事件他（欧州人権裁判所1999年判決）

欧州宇宙機関の管轄権免除が問題となったウェイト事件他においても，欧州人権委員会の1998年決定の段階では，国際機構の免除との関係で法廷地国は管轄権をもたないのであるから，申立人が法廷地国の「管轄内にある」と言えるかどうか，したがって欧州人権条約が適用可能かどうかについて疑問を提起する個別意見が見られた13)。しかしながら，欧州人権裁判所は1999年の判決において14)，法廷地国の「管轄権」の問題を扱うことなく——黙示的にはそれを肯定した上で——国際機構を管轄権から免除することが欧州人権条約6条に違反するかどうかを検討した。

もっとも，欧州人権裁判所は，国際機構への管轄権免除の付与を一律に欧州人権条約違反としたわけではない。裁判所は，「ドイツ［被申立国］の裁判管轄

水島朋則・主権免除の国際法 (2012) 186頁，234-235頁，水島朋則「国際司法裁判所の主権免除事件判決による現代国際法の発展——外国軍隊の行為から生ずる古くて新しい紛争への主権免除の適用問題他」浅田正彦ほか編・国際裁判と現代国際法の展開 (2014) 288-293頁参照。同じく(1)～(3)については，岡田陽平「国際機構の裁判管轄権免除と裁判を受ける権利——欧州人権裁判所判例法理の分析」国際協力論集24巻2号 (2017) 15頁も参照。

10) *Iran-United States Claims Tribunal* v *AS*, 94 ILR 321 (1985).
11) *Spaans* v *Netherlands*, App No 12516/86, 58 DR 119 (1988).
12) *ibid* 122 参照。*Vearncombe* v *United Kingdom and Germany*, App No 12816/87, 59 DR 186 (1989) のドイツに対する申立てに関する部分および *N, C, F and AG* v *Italy*, App No 24236/94, 84 DR 84 (1995) も参照。
13) *Waite and Kennedy* v *Germany*, App No 26083/94, [1999-I] ECHR at 423; *Beer and Regan* v *Germany*, App No 28934/95, [1998] EHRLR at 479 (Mr K Herndl) 参照。
14) *Waite and Kennedy* v *Germany, supra* n(13), 393.

権からの免除を欧州宇宙機関に与えることが［欧州人権］条約の下で認められるかどうかを決定する際の重要な要素は，［欧州人権］条約上の権利を実効的に保護するための合理的な代替手段を申立人が利用できたかどうかである」15）として代替手段テストを適用し，欧州宇宙機関内部の不服申立機関に訴えるというような代替手段の存在を考慮して，本事件においては欧州人権条約の違反はないと判断したのである 16）。

(3) スレブレニツァの母協会事件（欧州人権裁判所 2013 年決定）

ところが，国連の平和維持活動に関連してオランダの裁判所が国連に与えた管轄権免除が問題となったスレブレニツァの母協会事件において，2013 年の欧州人権裁判所決定は 17），代替手段テストを適用しなかった。欧州人権裁判所は，本事件において代替手段が存在しなかったことは認めつつも，代替手段テストは絶対的なものではなく，また，代替手段が存在しないという状況をオランダに帰責することはできないとして 18），申立てを受理不可能と決定したのである。欧州人権裁判所は欧州人権条約1条の「管轄権」に直接言及しているわけではないが，次のように述べていることに鑑みれば，国際機構の管轄権免除の脈絡において国家の「管轄権」を否定するアプローチに回帰したものと見ることもできよう。

> 国連憲章7章の下における国連安全保障理事会決議によって設置された活動は，国際の平和と安全を保障する国連の任務にとって根本的な重要性をもつため，安全保障理事会の作為や不作為を国連の同意なく国内管轄権に服するように［欧州人権］条約を解釈することはできない。そのような活動を国内管轄権の範囲に含めることは，個々の国家が，その裁判所を通して，この分野における鍵となる国連の任務の実現（その

---

15) *ibid* 411（para 68）（強調は水島）.
16) 本判決に関する日本語文献として，黒神直純「国際機構の免除と国際公務員の身分保障——欧州人権裁判所 Waite & Kennedy 判決が及ぼした影響」坂元茂樹＝薬師寺公夫編・普遍的国際社会への法の挑戦（2013）629 頁も参照。
17) *Stichting Mothers of Srebrenica* v *Netherlands*, App No 65542/12,［2013-III］ECHR 255. 本決定に関する日本語文献として，例えば，坂本一也「国連平和維持活動に関わる国連の裁判権免除について——*Stichting Mothers of Srebrenica and others v. Netherlands* 欧州人権裁判所決定を素材に」岐阜大学教育学部研究報告・人文科学 64 巻 2 号（2016）21 頁参照。
18) *Stichting Mothers of Srebrenica* v *Netherlands*, *supra* n(17), 281-282（paras 163-165）参照。

活動の実効的な遂行を含む）に介入することを認めることになる19)。

(4) クラウゼッカ事件（欧州人権裁判所2015年決定）

もっとも，その後の欧州人権裁判所の裁判例として，欧州特許機関の管轄権免除に関する2015年のクラウゼッカ事件決定について確認しておく必要がある20)。この事件において欧州人権裁判所は，2013年のスレブレニツァの母協会事件決定およびそこで採られたアプローチには実質的にはまったく言及することなく21)，1999年のウェイト事件他判決に従って代替手段テストを適用し，合理的な代替手段が存在したことを理由として，申立てを受理不可能と判断している。なお，本事件では，このような国際機構の管轄権免除との関係においてのみではなく，国際機構の決定・行為との関係における国家の管轄権も争点となっているため，後に改めて取り上げることとする。

2 考 察

国際機構の管轄権免除と法廷地国の管轄権との関係について，外国の主権免除の場合に関して旧稿で示した考え方22) を当てはめれば，次のようになる。国際法上の国際機構免除によって，一定の場合に国際機構に対する裁判権行使が禁じられているのだとすれば，その場合，法廷地国は管轄権をもたないのであって，それをもっているのは，国際法上免除が認められる国際機構であると考えられるのではないだろうか。これは，視点を変えれば，国際法上の免除が適用される状況で国際機構を被告として提訴した私人は，その訴訟に関する限りで，法廷地国の管轄内にはない——その国際機構の管轄内にある——という考え方につながる。そうだとすれば，「締約国は，その管轄内にある全ての者

---

19) *ibid* 279 (para 154) (強調は水島).
20) *Klausecker* v *Germany*, App No 415/07, 6 Jan 2015.
21) 本決定の中で欧州人権裁判所がスレブレニツァの母協会事件決定に言及するのは，裁判を受ける権利に対する制限が欧州人権条約の下で認められるかどうかを判断するための「正当な目的の追求」・「手段と目的との均衡性」という一般的な基準を確認する脈絡においてのみであり，ウェイト事件判決をはじめとする9事件の1つとして参照するにとどまっている。*ibid* para 62 参照。
22) 水島・前掲注(9)主権免除の国際法181-182頁参照。

に対して，この条約の第1節に規定する権利及び自由を保障する」と定める欧州人権条約1条の効果として，その場合に裁判を受ける権利は，法廷地国との関係では条約上保障されていないことになるのである。

確認するまでもなく，この考え方と親和的なのは，スパーンス事件（およびスレブレニツァの母協会事件）で示された国際機構免除との関係における国家の管轄権否定アプローチである。旧稿で指摘したように，スレブレニツァの母協会事件において欧州人権裁判所が代替手段テストの適用を否定した点については，矛盾を抱えており，説得力に欠ける[23]。しかしながら，上で引用した部分[24]からは，国家の管轄権否定アプローチが，国連の管轄権免除あるいは国連憲章7章下の活動についての管轄権免除の場合に限定される理論的根拠も不明確であり，国際機構の管轄権免除一般に当てはまるようにも解される。上で確認したように，クラウゼッカ事件において欧州人権裁判所が，同事件がスレブレニツァの母協会事件と区別される根拠をまったく示していないこともあり，国際機構の管轄権免除との関係における国家の「管轄権」を判断する際に，欧州人権裁判所がどのような場合にどのアプローチを採用するのか，不明確な状況にあると言えよう。

スレブレニツァの母協会事件での代替手段テストの否定については，国際機構免除の脈絡における同テストの適用が，国際機構への権限の移譲に欧州人権条約が課す制約・条件（その国際機構における基本権の同等の保護）によって支えられているのだとすれば，国連の場合は，欧州人権条約の締結以前に設立されている（権限が移譲されている）ことを理由として，ウェイト事件他の先例と区別することは可能であったかもしれない[25]。その場合，代替手段テストが適用されないので欧州人権条約6条違反なしというのではなく，そもそも申立人が被申立国（オランダ）の「管轄内」にないので，6条の適用がないという処理の仕方になるのであろう。逆に，クラウゼッカ事件については，欧州特許機関の設立が欧州人権条約の締結以後であることから[26]，代替手段テストの適

---

23) 水島・前掲注(9)国際裁判と現代国際法の展開290-291頁参照。
24) 前掲注(19)の本文参照。
25) これも旧稿で指摘したことである。水島・前掲注(9)国際裁判と現代国際法の展開291-292頁の注84参照。

用が正当化されることになる。

いずれにせよ，確認しておくべきことは，国際機構の管轄権免除との関係における国家の管轄権否定アプローチは，上で指摘したように，その場合に裁判を受ける権利を保障する「管轄権」をもつのは（法廷地国ではなく）その国際機構であるということを前提としているということである。したがって，主権免除の場合にそれを享有する外国が欧州人権条約の締約国ではない場合と同様に，国際機構免除の脈絡で国家の管轄権否定アプローチを採ることは，国際機構が欧州人権条約を締結していない現状においては，欧州人権裁判所によるコントロールが及ばないということになる。

Ⅳ 国際機構の決定・行為との関係における国家の管轄権

1 関連する事例の概観

(1) M社事件（欧州人権委員会1990年決定）

国際機構の決定や行為――国際機構による管轄権行使――の脈絡における欧州人権条約上の権利の保障について論ずる際も，まずは欧州人権委員会の決定を確認しておく必要がある。申立人に対して罰金の支払を命ずる欧州司法裁判所の判決が，公正な裁判を受ける権利（欧州人権条約6条）を尊重した手続に従って出されたかどうかを検討することなく，この判決の執行令状をドイツの法務大臣が発付した責任が問われたM社事件において，1990年の欧州人権委員会決定は，欧州人権条約1条との関係について次のように述べている。

> ［欧州人権］条約1条の下で［締約］国は，同条約違反と主張される国家機関のすべての作為・不作為について，問題となっている作為・不作為が国内法令の結果であるか国際義務を遵守する必要性の結果であるかにかかわらず，責任を負う27)。

この点は，欧州人権委員会が1988年にスパーンス事件において示した立場と矛盾するものと言えよう。上で確認したように，スパーンス事件において欧州人権委員会は，国際義務の遵守の結果として欧州人権条約の締約国が国際機構に管轄権免除を付与するという行為について，その締約国の「管轄内にある」

---

26) ドイツについて欧州人権条約が発効したのが1957年2月13日であるのに対し，欧州特許機関がドイツを原加盟国の1つとして設立されたのは1977年10月7日である。
27) *M & Co* v *Germany*, App No 13258/87, 64 DR 138（1990）144.

ことを否定したのである。

　もっとも，M社事件において欧州人権委員会がドイツによる欧州人権条約違反を認定したわけではないという点には，注意が必要である。欧州人権委員会は，「国際機構への権限の移譲は，その国際機構において基本権が同等の保護を受ける場合には，[欧州人権条約] と両立する」28) として，欧州共同体において基本権が同等の保護を受けていることを理由に，申立てを受理不可能と判断したのである。

(2) ボスポラス航空事件（欧州人権裁判所2005年判決）

　欧州人権裁判所も，ユーゴスラビアに対する制裁を定めるEC規則の実施の一環としてアイルランドが航空機を押収したことが，欧州人権条約第1議定書1条（財産権）の違反となるかどうかが争われた2005年のボスポラス航空事件判決において，この同等保護テストを受け継いでいた29)。まず欧州人権裁判所は，欧州人権条約1条の「管轄権」概念は国際法上の意味を反映し第1次的には領域的なものであるとして，アイルランド交通大臣の決定に従ってアイルランドの領域内でアイルランド当局によって実施された行為の対象者は，アイルランドの「管轄内にある」とした30)。その上で欧州人権裁判所は，同等保護テストを適用し，当該国際機構において同等の保護が提供されている場合には締約国による欧州人権条約遵守の推定が働き，人権保護が明らかに欠如して

---

28) *ibid* 145.
29) *Bosphorus Hava Yollari Turizm Ve Ticaret Anonim Şirketi* v *Ireland* [GC], App No 45036/98, [2005-VI] ECHR 107. 本判決に関する日本語文献として，例えば，戸波江二ほか編・ヨーロッパ人権裁判所の判例（2008）59頁［須網隆夫］参照。なお，この間，2001年に欧州人権裁判所は，NATOによるコソボ空爆をめぐるバンコビチ事件において，その被害者等が，NATO加盟国である欧州人権条約締約国の「管轄内にある」ことを否定し，申立てを受理不可能と判断している（*Bankoviç* v *Belgium and Others* [GC], App No 52207/99, [2001-XII] ECHR 333）。これは，その結論だけをとれば，国際機構の決定・行為との関係における国家（加盟国）の管轄権否定アプローチと言えるが，本事件において欧州人権裁判所は，空爆がNATOの行為であるからという理由によるのではなく，むしろ締約国の領域外の行為であることを強調した上で国家の管轄権を否定しているため，本稿では取り上げない。詳しくは，水島・前掲注(9)主権免除の国際法191-194頁参照。
30) *Bosphorus Hava Yollari Turizm Ve Ticaret Anonim Şirketi* v *Ireland* [GC], *supra* n(29), 151-152 (paras 135-138) 参照。

いる場合にはその推定が覆るが，本事件においては「EC法による基本権の保護」は欧州人権条約システムの保護と同等であり，かつ，人権保護の明らかな欠如は見られないため欧州人権条約遵守の推定は覆されていないとして，アイルランドによる欧州人権条約違反なしと判断したのである31)。

本判決について確認しておく必要があるのは，国家の管轄権との関係では，欧州人権裁判所が，「欧州人権条約の発効よりも後の条約上の約束について」締約国は欧州人権条約上の責任を負い続けると述べていること32)，また，同等保護テストの適用との関係では，関連する国際機構とされたのがECだったことである。後者の点に関して，そもそも本事件のきっかけとなった対ユーゴ制裁は，国連の安保理決議に由来するものであったが，欧州人権裁判所は，国連安保理決議は，EC規則の解釈に関連するとしても「アイルランドの国内法の一部とはなっておらず，したがって，［アイルランド当局］による航空機の押収の法的基礎とはなり得ない」と述べる33)。しかし，本事件で欧州人権裁判所自らが述べるように，「締約国はその機関のすべての作為・不作為について，問題の作為・不作為が国内法の結果であるか国際法上の義務の遵守の必要性の結果であるかにかかわらず［欧州人権］条約1条の下で責任を負う」のだとすれば34)，国連安保理決議がアイルランドの国内法の一部となっているかどうかは関係ないはずである。また，まったく同じ行為を，EC加盟国ではない欧州人権条約の締約国が行った場合には，その法的基礎は国連安保理決議以外にはない。そうだとすれば，本事件において人権保護の同等性が問われるべきだった国際機構は，ECではなく国連だったということになり，同等保護テストの適用の結果が異なるものとなった可能性も否定できないであろう。

(3) ベーラミ事件他（欧州人権裁判所2007年決定）

このように，ボスポラス航空事件判決に対しては疑問を提起することができるが，欧州人権裁判所は，国際機構の決定・行為に関わるその後のベーラミ事

---

31) *ibid* 156-161（paras 149-167）参照。
32) *ibid* 158（para 154）．
33) *ibid* 154（para 145）．
34) *ibid* 157（para 153）（強調は水島）．

件他において35),同等保護テストを採用せず,むしろ,欧州人権条約1条の観点から,国際機構の管轄権免除との関係で採られることのある国家の管轄権否定アプローチを採ったと評価することができる。ベーラミ事件他は,フランスがイラクに派遣した KFOR 部隊による不発弾処理および拘禁の被害者(その遺族)が申立てを行ったものである。欧州人権裁判所は,鍵となるのは国連安保理が最終的な権限とコントロールをもち続けていたか否か(指揮系統のみが委譲されたのか否か)であり,それを肯定することができる本事件においては,問題の行為は原則として国連に帰属するとした上で36),次のように述べて本事件の状況はボスポラス航空事件の状況とは本質的に異なるとした。

> 本事件においては,申立てが行われている KFOR[等]の作為・不作為を被申立国に帰属させることはできず,その上,被申立国の領域で行われたわけでも,被申立国の当局の決定に基づいているわけでもない。したがって,本事件は[欧州人権条約]1条の下における被申立国の責任……の点でボスポラス[航空]事件とは完全に区別することができる37)。

もっとも,ボスポラス航空事件で問題とされた措置を,ベーラミ事件他において欧州人権裁判所が言うような意味で被申立国(アイルランド)に帰属させることができるかどうかは,必ずしも明らかではない(少なくとも十分には検討されていない)と言えよう38)。いずれにせよ,欧州人権裁判所は,このように申立人が被申立国の「管轄内」にあったことを否定したため(管轄権否定アプローチ),国際機構の決定・行為との関係でそれまで適用してきた同等保護テストを,本事件では適用しなかった39)。

---

35) *Behrami* c *France* et *Saramati* c *France* [GC], requêtes n°ˢ 71412/01 et 78166/01, 2 mai 2007. 本決定に関する日本語文献として,例えば,薬師寺公夫「国連の平和執行活動に従事する派遣国軍隊の行為の帰属——ベーラミ及びサラマチ事件決定とアル・ジェッダ事件判決の相克」立命館法学 333 = 334 号(2010)特に 1576-1592 頁参照。
36) *Behrami* c *France* et *Saramati* c *France* [GC], *supra* n(35), para 133 参照。
37) *ibid* para 151.
38) 国際機構あるいは国家への行為の帰属の問題については,本稿では扱わないが,関連する日本語文献として,例えば,薬師寺・前掲注(35)1573 頁,薬師寺公夫「国際機関の利用に供された国家機関の行為の帰属問題と派遣国の責任——国際機関責任条文草案第7条を中心に」松田竹男ほか編集代表・現代国際法の思想と構造 I ——歴史,国家,機構,条約,人権(2012)183 頁参照。
39) ベーラミ事件他決定に対するさまざまな批判について,例えば,Laurence Boisson de

(4) ボワバン事件（欧州人権裁判所2008年決定）

申立人と欧州航空航法安全機構（ユーロコントロール）との間の雇用をめぐる紛争に関するILO行政裁判所の判決について，同機構の加盟国に対する申立てが行われたボワバン事件における2008年の欧州人権裁判所決定も，ベーラミ事件他決定と同様に国家の管轄権否定アプローチを採った40)。欧州人権裁判所は，被申立国はこの紛争に直接的にも間接的にも関与しておらず，欧州人権条約上の被申立国の責任を生ぜしめるような被申立国の作為・不作為は見当たらないため，申立人が被申立国の「管轄内にある」とは言えないとして，申立てを受理不可能とした41)。もっとも，ボワバン事件において欧州人権裁判所は，ベーラミ事件他とは異なり，欧州航空航法安全機構による同等の保護の提供に言及はしている42)。

(5) ナダ事件（欧州人権裁判所2012年判決）

ところが，その後，国連安保理がテロ対策として採択した一連の決議を被申立国（スイス）が実施する過程における欧州人権条約5条（身体の自由），8条（私生活の尊重を受ける権利）等の違反の有無が争われたナダ事件において43)，2012年の欧州人権裁判所判決は，国家の「管轄権」を肯定した。ナダ事件に第三国として参加したフランスは，スイスの措置が安保理決議の必然的な結果であることから，スイスの「管轄権」（欧州人権条約1条）の範囲には含まれない――そうでなければ「管轄権」概念が無意味になる――と主張していたが44)，欧州人権裁判所は，次のように述べてそのような主張を斥けた。

Chazournes, 'Les relations entre organisations régionales et universelles', *Recueil des cours*, Vol 347（2010）pp 363-372参照。

40) *Boivin c 34 Etats membres du Conseil de l'Europe*, requête n° 73250/01, [2008-IV] CEDH 223.
41) *ibid* 232-233参照。欧州人権裁判所によれば，本事件と国際機構の管轄権免除に関するウェイト事件他とは，被申立国による直接的・間接的な関与の有無によって区別される。
42) *ibid* 232参照。本決定と同様の判断をしたその後の裁判例として，*Connolly c 15 Etats membres de l'Union européenne*, requête n° 73274/01, 9 déce 2008; *Beygo c 46 Etats membres du Conseil de l'Europe*, requête n° 36099/06, 16 juin 2009参照。
43) *Nada c Suisse* [GC], requête n° 10593/08, [2012-V] CEDH 115.
44) *ibid* 162（para 107）参照。

本事件において安全保障理事会決議によって課された措置は，連邦理事会命令によって国内レベルで実施され，スイスへの入国禁止からの免除を求める申立人の申請は，スイス当局（……）によって拒否されている。したがって，問題の行為は国連安全保障理事会決議の国内実施に関連している（……）。それゆえ，主張されている［欧州人権］条約の違反は，スイスに帰属する。したがって，問題の措置は，スイスによって［欧州人権］条約1条の意味での「管轄権」の行使としてとられたものである45)。

スイスは，本事件における安保理決議の実施にあたりスイス当局に裁量はなかったと主張したが，欧州人権裁判所は「確かに限定的ではあるがそれでも現実的な」裁量を有していたと判断し46)，欧州人権条約違反を認定した。もっとも，欧州人権裁判所は，そのような裁量を用いて具体的にどのような——欧州人権条約に適合的な——措置をスイスはとることができたのかを明らかにはしておらず，裁量の有無に関する欧州人権裁判所の判断に対しては批判も少なくない47)。また，程度問題である裁量（の有無）によってナダ事件をベーラミ事件他と区別することができるかどうかも疑問である。

(6) クラウゼッカ事件（欧州人権裁判所2015年決定）

ナダ事件判決に関しては，欧州人権裁判所が被申立国の「管轄権」を肯定し，欧州人権条約違反を認定しておきながら，その過程において同等保護テストを適用していないこと48)——同等保護テストの不適用という点ではベーラミ事件他決定と共通していること——も確認しておく必要がある。それは，前述の

---

45) *ibid* 165–166（paras 121–122）.
46) *ibid* 177–179（paras 175–180）参照。
47) 例えば，Anke Willems, 'The European Court of Human Rights on the UN Individual Counter-Terrorist Sanctions Regime: Safeguarding Convention Rights and Harmonising Conflicting Norms in *Nada v. Switzerland*', *Nordic Journal of International Law*, Vol 83 (2014) p 56; 丸山政己「国連安全保障理事会決議に基づく狙い撃ち制裁の実施と欧州人権条約上の義務——Nada対スイス事件（欧州人権裁判所大法廷2012年9月12日判決）」山形大学法政論叢56号（2013）54–56頁参照。
48) Julie Tavernier, 'La responsabilité des Etats au regard de la Convention européenne des droits de l'homme pour la mise en œuvre de résolutions adoptées dans le cadre du Chapitre VII de la Charte des Nations Unies : Cour EDH, Grande Chambre, arrêt du 12 septembre 2012, *NADA C. Suisse*, Requête N° 10593/08', *Revue général de droit international public*, Vol 117（2013）p 111 も参照。

クラウゼッカ事件における2015年の欧州人権裁判所決定が，国際機構の管轄権免除の脈絡で代替手段テストを（再び）適用するとともに，国際機構の決定・行為の脈絡においては，ナダ事件では適用しなかった同等保護テストを適用しているからである。しかも，欧州人権裁判所は，同等保護テストの適用と管轄権否定アプローチを関連づけている。すなわち，クラウゼッカ事件における申立てのうち，欧州特許機関やILO行政裁判所の手続における欧州人権条約6条（公正な裁判を受ける権利）違反の主張について，欧州人権裁判所は，申立人がドイツの「管轄内にある」かどうかを検討する際に，ボスポラス航空事件判決を参照しながら，欧州特許機関において同等の保護が提供されており，かつ，人権保護の明らかな欠如は見られないとして，申立てを受理不可能と判断したのである[49]。

(7) アル＝ドリミ事件（欧州人権裁判所2016年判決）

他方で，その後，クラウゼッカ事件とは正反対に，国際機構の決定・行為との関係で被申立国の「管轄権」を肯定しつつ，同等保護テストを適用しなかった（したがって，ナダ事件判決と同じ判断枠組のものとして位置づけられる）のが，アル＝ドリミ事件における2016年の欧州人権裁判所（大法廷）判決である[50]。本事件で争われたのは，対イラク制裁の一環として旧イラク政府関係者の資産凍結を求める安保理決議に基づき，制裁対象リストに登載された申立人の資産をスイスが凍結する過程において，スイスによる欧州人権条約6条（公正な裁判を受ける権利）の違反があったかどうかである。

被申立国のスイスは，ナダ事件と比較しても本事件においては裁量の余地がなく，スイスは一種の国連の機関として行動したのであり，申立人に対して「管轄権」をもっていたと言えるかどうかについて疑問を提起した[51]。ナダ事

---

49) *Klausecker* v *Germany, supra* n(20), paras 78-107 参照。なお，欧州人権裁判所は，申立人を採用しないという欧州特許機関の決定がドイツの領域内で行われたためにドイツは「管轄権」を有するという申立人の主張については，そのことのみをもって欧州特許機関の行為がドイツの「管轄内」ということにはならないとして，申立人の主張を斥けている。*ibid* paras 79-81 参照。

50) *Al-Dulimi and Montana Management Inc* v *Switzerland* [GC], App No 5809/08, 21 June 2016 (*Al-Dulimi* v *Switzerland* [GC]).

件と同様に第三国として参加したフランスも，国家に裁量を与えていない安保理決議に基づく当該措置については，国連のみが責任を負うべきであり，スイスの管轄外であると述べるとともに，被申立国の領域外の行為について欧州人権裁判所がベーラミ事件他で示した原則を，領域内の措置に関わる本事件にも当てはめるべきであるとしている[52]。

この点について欧州人権裁判所（大法廷）は，ベーラミ事件他とは異なり，安保理決議が国家に国内実施を求める措置は国家に帰属するとしてスイスの「管轄権」を肯定した2013年の小法廷判決[53]を支持している[54]。しかしながら，最終的な権限とコントロールが国連安保理に残っていたかどうかという基準（ベーラミ事件他決定）によるのであれば，本事件の措置についても最終的な権限とコントロールは国連安保理に残っていたと評価することができるように思われ，欧州人権裁判所によるベーラミ事件他との区別には疑問が残る。

いずれにせよ，そのように国際機構の決定・行為との関係において国家の「管轄権」を肯定し，ボスポラス航空事件判決に従って同等保護テストを適用するとすれば，問題となる国際機構——アル＝ドリミ事件では国連以外に考えられない——において同等の保護が提供されているかが問われることになるはずである[55]。実際，小法廷は，国連との関係で同等保護テストを適用した上で（小法廷によれば，本事件では安保理決議が国家に裁量を与えていない点で，同等保

---

51) *ibid* para 86 参照。
52) *ibid* paras 90-91 参照。
53) *Al-Dulimi and Montana Management Inc* v *Switzerland*, App No 5809/08, 26 Nov 2013 (*Al-Dulimi* v *Switzerland* [Chamber]), paras 90-92 参照。
54) *Al-Dulimi* v *Switzerland* [GC], *supra* n(50), para 95 参照。なお，欧州人権裁判所は，「締約国はその機関のすべての作為・不作為について，問題の作為・不作為が国内法の結果であるか国際法上の義務の遵守の必要性の結果であるかにかかわらず［欧州人権］条約1条の下で責任を負う」こと，また，「欧州人権条約の発効よりも後の条約上の約束について」締約国は欧州人権条約上の責任を負い続けることを確認している。*ibid* para 95 参照。
55) 例えば，Linos-Alexandre Sicilianos, 'Le Conseil de sécurité, la responsabilité des Etats et la Cour européenne des droits de l'homme: vers une approche intégrée?', *Revue général de droit international public*, Vol 119 (2015) p 792 参照。ただし，*ibid* 795 は，同等保護テストの適用はEU加盟国の場合に限られるとする。*Al-Dulimi* v *Switzerland* [GC], *supra* n(50), opinion concordante du juge Sicilianos; Linos-Alexander Sicilianos, 'The European Court of Human Rights Facing the Security Council: Towards Systemic Harmonization', *International and Comparative Law Quarterly*, Vol 66 (2017) pp 793-798, p 804 も参照。

護テストを適用しなかったナダ事件とは区別される)56)，同等の保護が提供されているとは言えないとして，スイスによる欧州人権条約6条違反の有無を問い，その違反を認定していた57)。

　他方で，欧州人権裁判所（大法廷）は異なるアプローチを採った。欧州人権裁判所によれば，安保理決議の文言が曖昧な場合には，欧州人権条約との義務の抵触を避けるような解釈を選ばなければならず，本事件で問題となった安保理決議のように，その国内実施措置に対する司法審査の可能性を排除する明確な文言が含まれていない場合には，恣意性を避けるために国内裁判所が審査を行うことを許可しているものと解さなければならず，制裁リストへの登載が恣意的でないことをまず確認することなく制裁を実施する締約国は，欧州人権条約6条の下での責任を負うとした58)。そのように述べた上で，欧州人権裁判所は，本事件においても，ナダ事件と同様に義務の抵触は生じておらず，欧州人権条約上の義務と国連憲章上の義務の階層性の問題について判断する必要はなく，同等保護テストを適用すべきかどうかという問題も生じないとした59)。したがって，欧州人権裁判所は，同等保護テストを適用することなくスイスの措置の欧州人権条約適合性を問い，結論としては，小法廷と同様に欧州人権条約6条違反を認定している60)。

　このような欧州人権裁判所のアプローチに対しては，いくつかの疑問を提起することができる。第1に，欧州人権条約との義務の抵触を避けるような安保

---

56) Stephan Hollenberg, 'The Diverging Approaches of the European Court of Human Rights in the Cases of *Nada* and *Al-Dulimi*', *International and Comparative Law Quarterly*, Vol 64 (2015) p 456 は，安保理決議が国家に裁量を与えているか否かという観点からは，ナダ事件とアル＝ドリミ事件は区別することができず，いずれの事件についても国家に裁量は残されていないとみるべきであると指摘する。

57) *Al-Dulimi* v *Switzerland* [Chamber], *supra* n(53), esp paras 116-118 参照。なお，小法廷判決に関する日本語文献として，例えば，加藤陽「国連憲章義務の優先と欧州人権裁判所における『同等の保護』理論」国際公共政策研究 19 巻 1 号（2014）155-163 頁参照。

58) *Al-Dulimi* v *Switzerland* [GC], *supra* n(50), paras 140-147 参照。

59) *ibid* para 149 参照。

60) *ibid* paras 150-155 参照。結論は同じであるとしても，同等保護テストを適用した小法廷判決の理由づけのほうが説得力があると述べる Frédéric Sudre, 'Les sanctions des Nations Unies à l'épreuve de la Convention européenne des droits de l'homme', *La Semaine Juridique, Edition Générale*, 12 sept 2016, p 1659 も参照。

理決議の解釈という点について,公正な裁判を受ける権利を定める同条約6条との関係においてはともかく61),財産権を定める同条約第1議定書との関係においては,そのような解釈の余地はないように思われる。そうだとすれば,被申立国が第1議定書を批准しているか否かによって(スイスは未批准)62),義務の抵触が生じているか否か――延いては,同等保護テストの適用の有無――が異なることになる。第2に,国際機構の決定・行為との関係において義務の抵触が生じておらず,締約国が欧州人権条約6条の下で責任を負うので同等保護テストを適用しないとするのは,ボスポラス航空事件判決の立場――同等保護テストの適用の結果として,場合によっては欧州人権条約上の責任が問題になる――と比較して,少なくとも論理が逆転していると評価せざるを得ないであろう。第3に,国連において満足のいく保護が提供されていないことに欧州人権裁判所が言及していることから63),本事件においても同等保護テストは実質的には適用されているという見方もあるが64),仮にそうだとしても,欧州人権裁判所は,ナダ事件の場合と同様に,具体的にどのような――欧州人権条約に適合的な――措置をスイスはとることができたのかを明らかにしておらず65),本判決による違反認定を受けてスイスが具体的にどのように対応すべ

---

61) ただし,本事件において義務の抵触は避けられなかったとする *Al-Dulimi* v *Switzerland* [GC], *supra* n(50), concurring opinion of Judge Keller, para 8; dissenting opinion of Judge Nußberger 参照。また,本事件における欧州人権裁判所の多数意見のような解釈によって義務の抵触を避けたとしても,制裁リストへの登載が「恣意的」かどうかについて解釈の幅があるため,国内裁判所の解釈が統一されず,延いては安保理決議の実効的な実施という点で問題となり得ることを指摘する Maïa-Oumeïma Hamrouni, 'Les juridictions européennes et l'article 103 de la Charte des Nations Unies: A propos de l'affaire *Kadi* devant la Cour de justice de l'Union européenne et de l'affaire *Al-Dulimi* devant la Cour européenne des droits de l'homme', *Revue général de droit international public*, Vol 120 (2016) p 790 も参照。

62) 1976年に署名はしている。

63) *Al-Dulimi* v *Switzerland* [GC], *supra* n(50), para 153 参照。

64) *ibid*, concurring opinion of Judge Pinto de Albuquerque, joined by Judges Hajiyev, Pejchal and Dedov, para 55 参照。

65) Pierre-François Laval, 'Note: *Al-Dulimi* c *Suisse* [GC]', *Revue général de droit international public*, Vol 120 (2016) p 888; Maryline Grange, 'Gel des avoirs des individus menaçant la sécurité internationale: La Cour européenne des droits de l'homme remet en cause l'exécution d'une décision du Conseil de sécurité', *Recueil Dalloz*, 6 octo 2016, p 1988 も参照。

きである（対応することができる）のかも明らかではない。

2 考察

国際機構の決定・行為を（国家の場合との類推から）国際機構による「管轄権」行使の一場面であると捉えることができるとすれば，国際機構の決定・行為の影響を受ける私人は，国際機構の管轄権免除との関係におけるように（むしろ，それ以上に），その国際機構の管轄内にあるのであって，国際機構の加盟国の管轄内にはない――したがって，加盟国は欧州人権条約上の権利を保障する義務を負わない――と考えることもできそうである。実際，ベーラミ事件他（およびクラウゼッカ事件）で示された国際機構の決定・行為との関係における国家の管轄権否定アプローチは，この考え方と親和的なものと言える。

国際機構の決定・行為との関係において国家の管轄権否定アプローチを欧州人権裁判所が採ることは，むしろ例外的であるが，国際機構の管轄権免除の脈絡において上で指摘したことに鑑みれば，ベーラミ事件他における国家の管轄権否定アプローチの正当化は，被申立国（フランス）が，欧州人権条約を締結する前に，国際機構（国連）に権限（「管轄権」）を既に移譲していたことに求められるかもしれない。逆に，そのような観点からは，国際機構の決定・行為に関する事例においては，ベーラミ事件他を除いて，いずれも被申立国は欧州人権条約を締結した後で当該国際機構に加盟しており（「管轄権」の一部を移譲しており），国際機構の決定・行為との関係においても国家の「管轄権」を肯定し，欧州人権条約上の責任を負い続けるとすることが正当化されることになる66)。

もっとも，国際機構の決定・行為との関係において国家の管轄権を肯定する場合に，同等保護テストを適用するかどうかについて，欧州人権裁判所の判断は分かれている。クラウゼッカ事件決定のように，まずは同等保護テストを適用し，その結果として国家の管轄権を否定する事例も存在するなど，欧州人権

---

66) 上で確認したとおり，クラウゼッカ事件において欧州人権裁判所は，被申立国（ドイツ）が欧州人権条約を締結した後で加盟した国際機構（欧州特許機関）との関係で，国家の「管轄権」を否定しているが，同等保護テストを適用した上で（同等の保護が提供されていることを理由として）受理不可能と判断しており，管轄権を肯定した上で同等保護テストを適用し（同等の保護が提供されていることを理由として）欧州人権条約の違反なしと判断するのと，実質的な違いはない。

裁判所の判断に見られる一貫性の欠如は，正当化が困難である。国際機構の決定・行為の脈絡における同等保護テストは，その実際上の機能に着目した場合，国際機構の管轄権免除の脈絡における代替手段テストに相当するものと評価できるが，国際機構の決定・行為との関係における締約国の欧州人権条約上の責任が問題となる場合に，欧州人権裁判所がどのようなアプローチを採用するのか，ここでも不明確な状況にあると言えよう。この点に関連して，国際機構（国連）の管轄権免除に関するスレブレニツァの母協会事件と国際機構（国連）の決定・行為に関するアル゠ドリミ事件とは，国連法と欧州人権条約との関係という意味では同じ問題を提起していたにもかかわらず，欧州人権裁判所は異なる結論に達しているという指摘は[67]，示唆的であるように思われる。

V　結　び

　国際機構の管轄権免除との関係においてであれ，国際機構の決定・行為との関係においてであれ，国際機構との関係における国家の「管轄権」（欧州人権条約1条）を肯定すること——延いては，欧州人権条約上の責任を問うこと——の正当化は，いくつかの事件において欧州人権裁判所が（明確にそのような根拠づけを行っているわけではないにせよ）述べていることに鑑みれば，国家が，欧州人権条約を締結する時点で，当該国際機構に加盟していなかったことに求めることができるのかもしれない。ある国際機構に加盟する——「管轄権」の一部を移譲する——段階で，国際機構の管轄権免除の脈絡であれば代替手段の有無について，あるいは，国際機構の決定・行為の脈絡であれば同等の保護の有無について，既に締約国となっている欧州人権条約の観点から判断できるはずである（また，そうすべきである）というわけである。逆に，欧州人権条約を締結した時点——「その管轄内にある」者に対する人権保障を約束した時点——で，ある国際機構に既に加盟している——「管轄権」の一部をその国際機構に移譲している——場合には，国家としては（その国際機構から脱退するという，あまり現実的でない選択肢を別とすれば）対応できないため，その限りで国家の「管轄

---

67) *Al-Dulimi* v *Switzerland* [GC], *supra* n(50), dissenting opinion of Judge Nußberger 参照。

権」を否定することが求められることになろう。

　しかしながら，このように国家の「管轄権」の有無——したがって，欧州人権条約上の責任の有無——を，欧州人権条約の締結と国際機構への加盟の時間的先後関係にかからしめることは，理論的にはあり得る説明だとしても，正当化しがたい別の問題をもたらすことになる。すなわち，同じ国際機構との関係で，欧州人権条約締結後に加盟した国家については，欧州人権条約上の責任を問い，私人に救済が与えられる可能性があるのに対し，国際機構への加盟後に欧州人権条約を締結した国家については，そのような可能性がないということになるのである68)。この点は，とりわけ国際機構の決定・行為との関係で，より深刻な問題を提起するように思われる。それは，同じ国際機構の同じ決定・行為から同じ影響を受けている複数の者の間で，その実施に関わるのがいずれの国家であるかによって，欧州人権条約上の救済が得られるかどうかという点で違いが生ずることが，十分に想定されるからである69)。

　また，一方で欧州人権条約の「生きている文書」としての性格70)，他方で国際機構のダイナミズムとの関係でも71)，問題を指摘することができる。国際機構に加盟する時点では，自国の「管轄内にある」者に対して，その時点で適用されている代替手段テストや同等保護テストの観点から，欧州人権条約上の権利を確保することができていたとしても，加盟後に欧州人権条約の解釈や適用されるテストが変わった場合や，国際機構において欧州人権条約との適合

---

68) 例えば国連との関係で，スレブレニツァの母協会事件の被申立国であるオランダおよびベーラミ事件他の被申立国であるフランスは，国連加盟後に欧州人権条約を締結しているのに対し，ナダ事件およびアル＝ドリミ事件の被申立国であるスイスは，欧州人権条約締結後に国連に加盟している。

69) 他方で，国際機構の管轄権免除については，多くの場合，法廷地国が異なれば（管轄権免除の規則との関係で）私人は同じ状況にはないと考えられるため，同じ国際機構との関係において，他の点では同じ状況にある複数の者の間で，法廷地国がいずれの国家であるかによる差別の問題が生ずることは，考えにくいように思われる。

70) 例えば，芹田健太郎ほか・ブリッジブック国際人権法〔第2版〕(2017) 228頁〔坂元茂樹〕参照。

71) 例えば，中村道・国際機構法の研究 (2009) 12頁参照（「国際機構と国家主権の問題は，……最近では動態的な側面からも把握されるようになっている。国際機構は国家間の合意に設立の基礎をおくが，一旦設立されると，固有の意思をもち自己の名において行動する国際団体であり，また，必然的含意の法理により黙示的権限が認められるなど，いわば生きた組織体として目的の実現のため自律的に機能する」）。

性に関わり得る変化があった場合に，欧州人権条約締約国の責任を問うことが妥当であるようには思われないのである。

　このように，国際機構との関係における国家の「管轄権」（欧州人権条約1条）をめぐる問題について[72]，いずれにせよ十分に説得力のある説明がなされない（できない）のは，小寺先生の分析枠組を用いて表現すれば，国際機構の利益に直接的に関連する事項であるため国際機構自体が関わるべきである（国際機構の「自律性の要請」）にもかかわらず，国際機構が特定の能力——欧州人権条約上の権利を保障する「管轄権」や欧州人権裁判所における当事者能力——を国家並にはもたないこと（国際機構の「脆弱性／要補完性の要請」）が，その要因となっているように思われる。国際機構の「自律性の要請」を国家の観点から言い換えれば，国家は，国際機構の利益に直接的に関連する事項であって，国家の利益に直接的に関連しない事項については関与すべきではないという要請（いわば国家の「負の自律性の要請」）と表現できよう。国際機構の活動との関係で国家の「管轄権」が肯定される事例は，そのような国家の「負の自律性の要請」にもかかわらず，国際機構の「脆弱性／要補完性の要請」のために，国家の能力が流用されている状況と言えるのではないだろうか。国際法（欧州人権条約）は誰のためにあるのかを考えたとき，求められているのは，また我々が追い求めるべきものは，国際機構の「自律性の要請」がますます高まっている国際法のダイナミズムのなかで，国際機構の「脆弱性／要補完性」を解消する方向で国際法を作ることのはずである[73]。

[付記] 本稿は，2016-2017年度科学研究費助成事業（学術研究助成基金助成金）（基盤研究(C)課題番号 16K03320）による成果の一部を含む。

---

72) この問題は，欧州人権条約に固有のものではもちろんなく，日本も締約国となっている自由権規約等においても生じ得るものである。国際機構の管轄権免除が問題となった個人通報の事例はないようであるが（外国国家の管轄権免除が問題となった事例については，例えば，水島・前掲注(9)主権免除の国際法 174頁参照），国際機構の決定・行為との関係については，例えば，水島朋則「対テロ安保理決議の実施における自由権規約違反の可能性——サヤディ他対ベルギー事件」国際人権20号（2009）116頁参照。

73) 小寺・前掲注(4)i-ii頁参照。

第3部
国家責任

非国家実体の国際有害行為に対する国家責任法の対応

兼 原 敦 子

Ⅰ　はじめに
Ⅱ　行為帰属論の根拠としての国家機関原則
Ⅲ　非国家実体の行為を国家に帰属させる厳しい基準
Ⅳ　行為帰属か相当の注意義務違反かの代替的認定
Ⅴ　共犯概念導入の背景
Ⅵ　おわりに

Ⅰ　はじめに

1　現代における非国家実体の国際活動の特徴

　現代の国際社会における最も特徴的な現象は，非国家実体（non-State actors）[1]の国際活動が活発になっていることであろう。非国家実体の国際活動については，次の2点が注目に値する。
　第一に，非国家実体による，国境を越える活動の量的増大である。非国家実体は，その数とともに力を増大させてきている。第二に，国家と非国家実体との関係の質的変化がある。従来，国家と非国家実体との関係は，国家が非国家実体を統治し規律し，非国家実体はその客体であるというように，両者の関

---

[1] 非国家実体には，個人，集団，企業，NGO，国際組織等があるが，特に区別の必要がない場合には，総称して非国家実体とする。ただし，本稿では，国際組織は対象にいれない。

係は階級的にとらえられてきた2)。しかし，現代では，たとえば，軍事活動，鉄道，郵便，刑務所運営や管理等にみるように，契約を通じるなどして，従来は国家が果たしてきた機能を，国家が非国家実体に委託することがある3)。また，国家が非国家実体の行為を支援・援助し（aid and abet）促進する（facilitate）こともある4)。これらにみられる国家と非国家実体との関係は，階級的関係に限定されず，対等な契約当事者関係であり，また，共同・協力的な関係である。

2　国家責任法による対応の要求

このような非国家実体の活発な活動は，国家の観念や国際法主体の再考などをはじめとして，必然的に，国際法の基本構造の再構築を要求する。これは，国際法の基本構造の一環をなす，国家責任法についても該当する。現代の非国家実体による国際有害行為5) に対して，国家責任法が実効的に対処するための理論が希求される。本稿は，この理論の構築に不可欠といえる統合的な視座

---

2) テロリストと国家との関係という観点からではあるが，国家と非国家実体の現代的関係を論ずるものとして，Tal Becker, *Terrorism and the State, Rethinking the Rules of State Responsibility,* Hart Publishing, Oxford and Portland, Oregon, 2006, pp. 249–257.
3) 国連国際法委員会で，2001年国家責任条文を起草したCrawfordは，非国家実体の行為の国家への帰属の文脈で，こうした認識を示す。First Report on State Responsibility, A/CN.4/490/Add.4/Corr.1, para. 158, 国営企業について，*ibid.,* para. 212 *et seq.*; James Crawford, *State Responsibility, The General Part,* Cambridge University Press, Cambridge, 2013, p. 115. これらの非国家実体の行為に関する国家責任の問題と，国際法によるこれらの実体への規律の可能性を合わせて論ずる研究が増えている。たとえば，Cedric Ryngaert, "State Responsibility and Non-State Actors," in Math Noortmann et al. ed., *Non-State Actors in International Law,* Hart Publishing, Oxford and Portland, Oregon, 2015, pp. 165–166, 178–182; Hannah Tonkin, *State Control over Private Military and Security Companies in Armed Conflict,* Cambridge University Press, Cambridge, 2011, particularly, pp. 54–122; Lisa Clarke, *Public-Private Partnerships and Responsibility under International Law- A Global Health Perspective,* Routledge, London, New York, 2016, particularly, pp. 102–141.
4) 国家が非国家実体の行為を支援・援助・促進する場合に，相当の注意義務違反なのか，共犯なのかについては，南シナ海紛争に関する仲裁本案裁定にもふれながら後述する。
5) 本稿で国際「有害」行為とするのは，非国家実体は国際法の法主体ではないという立場にたてば，非国家実体には国際法規則の適用はないため，非国家実体は，国際「違法」行為を行うことはないからである。もっとも，個人の国際犯罪のような場合には，個人が国際「違法」行為を行う場合があることを排除する趣旨ではない。

を提示し，それにより，従来，独立に論じられてきている諸理論を関連づけることを目的とする。

国家が非国家実体の行為に国家責任を負うことを説明する理論は，第一に，国家への非国家実体の行為の帰属の理論であり，第二に，非国家実体の行為に関して，国家が防止あるいは処罰の相当の注意を怠るか違反するかにより国家責任を追及する理論である[6]。後者を本稿では，相当の注意義務論と呼ぶ。本稿は，前者の行為帰属論[7]を検討の中心にすえるが，国家責任法が非国家実体の国際有害行為に対処するための他の理論も検討する。それは，相当の注意義務論であり，近年，議論が盛んである，共犯論である[8]。本稿は，行為帰属論，相当の注意義務論，共犯論の各々における展開を，国家責任法が非国家実体の国際有害行為に実効的に対処するという目的に照らして，統合的視座から関連づけてとらえる。かかる統合的な視座は，比喩的にいえば，非国家実体の国際有害行為がこれらの理論の適用を免れることを防止するために，これらの理論の「隙間のない (seamless)，代替的な，あるいは，連続した」適用を

---

[6] このような基本的な認識の確認として，たとえば，Olivier de Frouville, "Attribution of Conduct to the State: Private Individuals," in James Crawford et al. ed., *The Law of International Responsibility*, Oxford University Press, Oxford, 2010, p. 261.

[7] 行為帰属論については多くの文献が存在するが，拙稿「行為帰属論の展開にみる国家責任法の動向」立教法学74号 (2007) 4頁注(5)に挙げた文献参照。くわえて，比較的最近の邦文文献を中心に挙げておく。薬師寺公夫「国際法委員会『国家責任条文』における私人行為の国家への帰属」松井芳郎ほか編・21世紀国際社会における人権と平和——国際法の新しい発展を目指して (上巻) 国際社会の法構造——その歴史と現状 (2003) 261頁以下，湯山智之「国家責任法における『事実上の機関』としての私人行為の国家への帰属」国際法外交雑誌109巻3号 (2010) 29頁以下，浅田正彦「非国家主体の行為の国家への帰属——包括的帰属関係と個別的帰属関係を巡って」国際法外交雑誌111巻2号 (2012) 1頁以下，藤澤巌「国家責任法上の行為帰属論の問題枠組としての国家と社会の関係」千葉大法学論集27巻4号 (2013) 306(95)-246(155)頁，拙稿「国家責任条文第一部にみる法典化の方法論の批判的考察」村瀬信也＝鶴岡公二編・山田中正大使傘寿記念・変革期の国際法委員会 (2011) 157-163頁。Jérôme Reymond, *L'attribution de comportement d'organes de facto et d'argents de l'état en droit international, Etude sur la responsabilité internationale des états*, Schulthess Juristische Medien AG, Zuric/ Basel/ Genf, 2013.

[8] 共犯の理論を包括的に検討する文献としては，Miles Jackson, *Complicity in International Law*, Oxford University Press, Oxford, 2015; Helmut Philipp Aust, *Complicity and the Law of State Responsibility*, Cambridge University Press, Cambridge, 2011; Vladyslav Lanovoy, *Complicity and Its Limits in the Law of International Responsibility*, Hart Publishing, Oxford and Portland, 2016.

確保するものである。ここにいう「適用」は、およそすべての事象に、これらのいずれの理論も適用はありうるのであり、その結果として、行為帰属、相当の注意義務の違反、共犯のいずれかが認定されうるという、いわば、形骸的論理としての「適用」ではない。個別具体的な事実に照らして、その実体に即した理論が「適用」されることを意味している。そして、この意味でこれらの理論が連続して適用されることにより、冒頭に示した非国家実体に関わる二つの現代的特徴に応ずる国家責任法を考えることができる。したがって、本稿は、行為帰属論、相当の注意義務論、共犯論の、それぞれの詳細な検討を目的とはしない。

　最初に、行為帰属論の根本原則である、国家機関の行為は国家に帰属するという、国家機関原則の批判的検討を行う。その理由は、次にある。

　国連国際法委員会（ILC）が1996年に暫定的に採択した国家責任条文（暫定条文）8条(a)9）を起草したAgoは、非国家実体が国家機関の延長と考えられるときに、その行為が国家に帰属すると考えているようである10）。そして、その行為が国家に帰属する非国家実体が「事実上の国家機関」と呼ばれる11）。この呼称を重視すれば、そこに、国家機関原則の反映をみることができる12）。2001年国家責任条文（ASR）を起草したCrawfordは、国家機関のextended armsと述べており13）、ここにも国家機関原則の反映をみることができる。かつ、Crawfordは、国家への行為の帰属を決定することは、国家セクターと非国家セクターとを区別することであるともいう14）。

---

9) 暫定条文第一部は、1980年に暫定的に採択された。その8条(a)は、次の場合に、私人の行為が国家に帰属すると規定する。"...it is established that such person or group of persons was in fact acting on behalf of that State."
10) Agoは、国際法主体としての国家は、私人や法人の行為で特定の公的役務を提供するか、あるいは、私人や集団が国家のためにいかなる種類の使命を実現しようとも、それについて責任を負うという。Third Report on State Responsibility by Special Rapporteur Roberto Ago, *Yearbook of the ILC*, Vol. II, Part One, para. 192.
11) *Ibid.*
12) 学説によっては、非国家実体の行為帰属の問題を、「事実上の（国家）機関」の問題ととらえるものもある。たとえば、湯山・前掲注(7)、Reymond, *op. cit., supra* n. 7. 筆者は、国家機関原則の反映とそれから離脱した行為帰属基準がありうると考えるため、「事実上の（国家）機関」という語は限定した文脈で用いる。
13) Crawford, *op. cit., supra* n. 3, p. 141.

国家機関原則が，強固に確立した原則であることからすれば，非国家実体の行為の国家帰属においても，同原則を反映することは自然なことであろう。しかし，国家機関原則がもつ理論的基礎と及び実質的基礎から解放されることで，冒頭で示した，非国家実体にかかる現代的特徴に応える理論構築のために，必要な認識を得ることができる。それを明らかにするために，国家機関原則とそれに対する疑問や批判を検討する。

II　行為帰属論の根拠としての国家機関原則 [15]

1　国家機関原則

　法的に，物理的個人の行為を国家行為と擬制するのが行為帰属である [16]。絶対君主制において国家が君主と同一視された時期を終えて，国家が観念的な抽象体として理解されるようになると，いずれかの物理的個人の行為をもって，国家の行為とみなすことが必要となり，行為帰属の観念が現れる [17]。そして，国家機関原則が行為帰属の根本原則とみなされた。すなわち，抽象体としての国家は，「その機関（agents）や代表者（representatives）によって，あるいは，それらを通じてのみ行為することができる」[18]。

　国家機関原則は，すでに，1871 年の Moses 事件でみられ [19]，1901 年のペ

---

14) Crawford 第一報告書, *op. cit., supra* n. 3, para. 158.
15) 本稿では，国家機関原則を国家への行為帰属の「根拠」と表現する。「なぜ，国家機関の行為が国家に帰属するのか」について，国際法は必ずしも答えを出していない。よって，厳密には，国家機関原則を国家への行為帰属の根拠と呼ぶことは正確ではないであろう。あくまで，「国家機関の行為であるから国家に帰属する」という命題であるという意味で，国家機関原則を，国家への行為帰属の「根拠」と呼ぶ。
16) 行為帰属については，それが，事実上の因果関係の問題であるのか，法の作用によるのかといった議論がある。また，行為帰属論それ自体の不要論もある。本稿では，その指摘にとどめる。行為帰属論の不要論の例としては，Gaetano Arangio-Ruiz, "State Fault and the Forms and Degrees of International Responsibility: Questions of Attribution and Relevance," in *Mélanges Michael Virally, Le droit international au service de la paix, de la justice et du développement*, A. Pedone, Paris, 1991, pp. 29–35.
17) 理論の歴史的展開について，Jan Arno Hessbruegge, "The Historical Development of the Doctrines of Attribution and Due Diligence in International Law," 36 *New York University Journal of International Law and Policy*, p. 267 *et seq.*
18) The Phosphates in Morocco Case, *PCIJ Series A/B*, No. 74, p. 28.
19) Moses Case, April 14, 1871, John Bassett Moore, 3 *History and Digest of the Internation-*

ルーにおけるイタリア人の請求に関する事件では[20]、国家がその機関（agent）の行為について責任を負うことは、普遍的に承認された国際法の原則であるとされる。

国家機関原則の成立の背景には、二元論という理論的基礎をみることができる。

2　国家機関原則の理論的な基礎としての国際法と国内法の関係に関する二元論

国家責任法を理論的に整備した代表的学者である、Anzilotti や Triepel[21] は、国際法と国内法の関係についての二元論を採用した。二元論と、国家機関原則との関係は次のように理解できる。

国家機関を定めるのは国内法である。国際法である国家責任法は、国家の行為を定めなければならないが、国内法が定める国家機関の行為をもって、国家責任法上の国家の行為とする。論理的に突き詰めれば、国際法において、「なぜ、国家機関の行為が国家行為であるのか」については明らかではない[22]。このことは、国家機関原則を国家の自己組織決定権（auto-organization）により根拠づける Condorelli の見解でも同様である[23]。

おそらく、国際法は、国家を代表する実体の行為が国家の行為となるべきとし、国内法は、国家を代表する実体を決めるということであろう。あるいは、

---

al Arbitrations to Which the United States Has Been a Party, Government Printing Press, Washington, 1871, p. 3129.

20)　Affaire des réclamations des sujets italiens résident au perou, Sentence de 30 septembre, 1901,（Chiesa Claim）, XV *Report of International Arbitration Awards*, United Nations, p. 399.

21)　Dioisio Anzilotti, *Cours de droit international*, traduit par Gilbert Gudel, 1929（Panthéon-Assas, Paris, 1999）, pp. 49–65; Heinrich Triepel, *Völkerrecht und Landesrecht*, C. L. Hirschfeld, Leipzig, 1899, § 2.

22)　国家機関原則についての直接の言及ではないが、国家機関原則を含む行為帰属の原則群を述べた上で、ASR のコメンタリーは、国家に行為を帰属させることは、「国際法によって決定された」基準に基づくとする。James Crawford, *The International Commission's Articles on State Responsibility: Introduction, Text and Commentaries*, Cambridge University Press, Cambridge, 2002, Part I, Chapter II, para. 4.

23)　Luigi Condorelli, "L'imputation à état d'un fait internationalement illicite: Solutions classiques et nouvelles tendances," 189 *Recueil des cours*, 1984, pp. 26–29.

国家機関の行為を決定することと，国家機関の行為を国家の行為とみなすこととは，区別しきれない程度に密接に関連しているから，「なぜ，国家機関の行為が国家行為であるのか」については，明確に国際法の説明が求められないのかもしれない。

国家行為と非国家実体の行為の見方に注目すると，国家機関原則は，二元論を理論的基礎とするのであれば，国家行為と非国家実体の行為は，法的[24]に区別され，いわば観念的に位相を異にするとみなしている。

国家機関原則に対しては，いくつかの疑問や批判がある。

3 国家機関原則への疑問

(1) 第一に，国家機関の権限逸脱及び国内法違反の行為（以下，誤解を生じない限り，両者を合わせて権限逸脱の行為とする）が国家に帰属して，国家が責任を負うかは，国家機関原則の成立時期から議論されてきた[25]。

国家機関による権限逸脱の行為は，二元論に従って国内法の観点からみれば，国家の行為ではない。ゆえに，権限逸脱の行為は国家自身の行為ではないが，それについて国家が責任を負うことを，代理責任と説明する学説もある[26]。他方で，多くの学説は，国家機関の権限逸脱の行為を，国際法上では国家の行為とみなして国家責任を認める[27]。そのような行為帰属のために，実際上の理由として，国家機関の権限を外国が詳細に知ることは可能ではないこと及び国家は自ら決定した国家機関が生み出す危険に対して保証を与えなければなら

---

24) 法的に，というのは，国内法上という意味であるが，国内法上の国家機関の行為を国際法がそれとして認める限りでは，国際法上という意味にもなる。
25) この問題を特に扱った文献としては，次を挙げておく。Theodor Meron, "International Responsibility of States for Unauthorized Acts of Their Officials," 33 *The British Yearbook of International Law*, 1957, p. 85 *et seq.*; Franciszek Przetacznic, "The International Responsibility of States for the Unauthorized Acts of Their Organs," 1 *Sri Lanka Journal of International Law*, 1989, p. 151 *et seq.*
26) たとえば，Alwyn Vernon Freeman, *The International Responsibility of States for Denial of Justice*, reprint, Kraus Reprint, 1938, pp. 23-26; L. Oppenheim, 1 *International Law*, 8th ed., edited by H. Lauterpacht, Longmans Green And Co., London, New York, Tronto, 1955, pp. 337-338.
27) 暫定条文10条もASR7条も，国家機関の権限逸脱の行為について，国家への行為の帰属を扱う条文の一環である。

ないこととか 28), 外国に国際関係の安定を保証するとか 29), 外国人の保護という根拠が導入される 30)。

これらを総括して保証論と呼ぶとすると, 保証論では, 国家機関による権限逸脱の行為の国際法上の行為帰属は, 国内法上の国家機関の行為であることを理由とするのではなく, 保証論が挙げる根拠に基づく。ゆえに, 保証論は, 国家機関原則から離脱している。ここで重要な点は, 保証という観点から行為帰属を認める場合, 国家行為と非国家実体の行為の認識において, 国家機関原則が理論的基礎とした二元論とは異なる認識がみられることである。

二元論によれば, 両者の行為は法的に区別され, いわば, 観念的に位相を異にする。対して, 保証論では, 国家行為と非国家実体の行為は, 実際の現象としてみれば, 事実上は, 連続したスケール上に存在しているという認識をみることができる。なぜなら, 保証論は, 国家機関の権限内の行為・国家機関の権限逸脱の行為・国家機関の個人としての行為・国家機関ではない非国家実体の行為を, 同じ位相に並べるという発想と, 親和的であるからである。保証論は, 二元論をとる学説によっても主張されているが, 保証論を主張する限りにおいては, この認識に基づいて, 保証論が構築され, かつ, 適用される。すなわち, 国家機関の行為と非国家実体の行為が並ぶスケールのいずれかの点で, 保証という観点から, 国家への行為帰属, すなわち, 国家行為が決定されればよい。

(2) 第二に, 国家機関原則とは異なる行為帰属論を展開する理論として, 危険配分論 31) がある 32)。危険配分は,「ある官吏の違法行為が, 国家に, 国家

---

28) Anzilotti, *op. cit., supra* n. 21, pp. 470–471; Dionisio Anzilotti, "La responsabilité internationale des états à raison des dommages soufferts par des étrangers," 2(1) *Revue générale de droit international public*, 1906, p. 289.
29) Charles de Visscher, *La responsabilité des états, Bibliotecha Visseriana*, Lugdvni Batavorum Apud E. J. Brill, 1924, p. 92; Frederick Sherwood Dunn, *The Protection of Nationals, A Study in the Application of International Law*, The John Hopkins Press, Baltimore, 1932, pp. 133–135; Triepel, *op. cit., supra* n. 21, p. 349.
30) Meron, *op. cit., supra* n. 25, p. 89. ASR 7 条のコメンタリーでも, 国際関係の安定性と確定性が言及されている。Crawford, *op. cit., supra* n. 22, Article 7, §3.
31) Dunn, *op. cit., supra* n. 29.
32) 本稿とは異なる観点からの, Dunn の理論の考察として, 松井芳郎「伝統的国際法における国家責任法の性格――国家責任法の転換(1)」国際法外交雑誌 89 巻 1 号 (1990) 14, 29 –31 頁, 萬歳寛之「国家責任法における違法性判断の特質――『相当の注意』概念を素材と

機関を通常の社会・経済関係の実現に必要な最小限の条件を維持するように設定することを不可能にするか」という判断により表現される[33]。Dunn は，行為帰属の問題をそれとしては否定せず，「国家の責任を発生させるのは誰か」という問題を立てる[34]。そして，私人による外国人への有害行為に関する国家の責任については，侵害を行う実体には関わらず，他国に対して責任を回避するためには，外国人を侵害からどの程度保護しなければならないかが問題であるとする[35]。

　危険配分論は，行為帰属論における根拠としての国家機関原則を，そのままには維持しない。国家責任の根拠としての危険配分に照らして，高位の国家機関，低位の国家機関，私人など，外国人に侵害を与える実体があることを認識した上で，どの程度国家が国際責任を負うかという理論枠組みにおいて検討が行われる。その枠組みにおいて，相当の注意義務論も考察される[36]。危険配分論では，侵害を生じた実体が，国家機関であるか，非国家実体であるかの区別には関わらないとしているから[37]，ここにも，先に保証論において注目した，国家行為と非国家実体の行為は，連続したスケール上で存在するという認識をみることができる。そして，それらに適用される行為帰属論と相当の注意義務論も，危険配分という同一の目的のために国家責任を認定する理論として作用する。これを，危険配分に基づいた，行為帰属論と相当の注意義務論の統合的な理論と評価することができよう。それゆえに，危険配分論には，非国家実体の行為の国家責任に関する諸理論を，統合的視座から検討する，本稿に共通する問題意識をみることができる。

　(3)　第三に，公私二分論への批判がある。国家機関論が公私二分論に基づくことは，一般的に承認されている。ILC でも，Crawford が国家セクターと非国家セクターの区別に言及している[38]。また，国際法における公私二分論を

して」早稲田法学 86 巻 2 号（2011）113 頁。
33)　Dunn, *op. cit., supra* n. 29, p. 134.
34)　*Ibid.*, p. 121.
35)　*Ibid.*, p. 134.
36)　*Ibid.*, pp. 143-146.
37)　*Ibid.*, p. 140.
38)　Crawford 第一報告書，*op. cit., supra* n. 3, para. 158.

論ずる学説39)によっても,国家機関の行為を国家に帰属させることは,行為者の(国家機関としての)特徴に基づく行為帰属であると評価されている40)。国家機関原則にとって,国際法と国内法の関係に関する二元論が理論的基礎をなすとすれば,公私二分論は,実質的基礎をなすといえよう。

公私二分論に基づく行為帰属論に対しては,次の批判がある41)。第一に,「私的セクター」としてとらえられる実体の行為が国家に行為帰属しないために,国家責任が認められないことは適当ではない。そのような私的セクターに該当する非国家実体として,反乱団体,宗教団体で政府なみの制裁や規律などを行いうる実体,政府への反対を実行する団体としての環境・軍縮・人権NGOなどがある42)。第二に,国家が助長し(foster),促進する(facilitate)実体の行為について,(行為帰属を通じて)国家の責任を追及しないのは適当ではない43)。第三に,私的セクターによる国際違法行為(人権侵害)に対して,公的セクター(国家)が介入すべきであり,国家が人権保護の義務を負うべきであるということである。

このような公私二分論への批判は,行為帰属論の根拠をなす国家機関原則が,その実質的基礎において揺らぎがあることを示す。そして,国家がある実体の行為を助長し促進する場合に,その行為の国家帰属を認める点は,非国家実体の行為が国家に帰属するときの国家と非国家実体との間に,階級的関係とは異なる共同・協力関係がありうることを示す。

また,行為帰属の範囲の拡大によっても国家行為とみなされない行為については,私的セクターの有害行為を国家が防止する義務を負うことが強調されている。それは,相当の注意義務を高度化するという主張である。このような論の運び方は,行為帰属論と相当の注意義務論の代替的な,その意味で連続した

---

39) 公私二分論については,多くの文献が批判的考察を行っているが,それらの殆どが参照する文献は次である。Christine Chinkin, "A Critique of the Public/ Private Dimension," 10 (2) *European Journal of International Law*, 1999, p. 387 *et seq.*
40) *Ibid.*, p. 388.
41) さらに,公私二分論は,西洋の伝統であるとして,これを国際法が普遍的な基準として承認することへの批判がある。ここでは,その指摘にとどめる。*Ibid.*, p. 389.
42) *Ibid.*, pp. 391-392.
43) *Ibid.*, p. 392.

適用を確保することによって,非国家実体の国際有害行為に対する国家責任法による実効的な対処を求めていると解される点で,本稿の問題意識に適合する。

以上の検討から,非国家実体にかかる現代的特徴に応える理論構築のために必要な認識として,次の2点に注目した。第一に,国家機関原則の理論的基礎といえる二元論を解かれると,国家と非国家実体の行為は,法的に位相を異にするものとしてではなく,実際の現象としてみれば,事実上は,連続したスケールに並ぶものという認識である。その認識に基づけば,行為帰属は,連続するスケールのいずれかの点で,国家行為と非国家実体の行為とを区別することである。また,行為帰属論と相当の注意義務論は,国家行為と非国家実体の行為が共に連続して並ぶスケールに,適用のある理論となる。したがって,そのような認識は,行為帰属論と相当の注意義務論が,一方の適用が無ければ,あるいは一方の適用により行為帰属が認められなければ,他方の相当の注意義務論の適用が考えられる44)という,代替的な適用という意味での連続性に,実際上の説得力を与えよう。二つの理論のそのような代替的ないし連続的な適用を確保することにより,非国家実体の国際有害行為について,行為帰属論を理由とするか,あるいは相当の注意義務の違反を理由とするかのいずれかによ

---

44) これは,自然な(当然の)思考過程かもしれない。しかし,本稿では,ここにいう国家行為と非国家実体の行為の認識が,この自然な(当然の)思考過程を事実上で基礎づけることを重視する。換言すれば,国家行為と非国家実体の行為が連続したスケールに並ぶという認識は,この思考過程を説得力のあるものとする。たとえば,在テヘラン米国大使館員人質事件で,国際司法裁判所は,米国大使館や領事館への攻撃がイランに帰属しないという結論は,イランは,その結果,これらの攻撃に関するいかなる責任からも逃れられることを意味しない,つまり,(イランの)国際義務に違反する自らの行為についての責任であるという言及をしている,Case Concerning United States Diplomatic and Consular Staff in Tehran (United States of America v. Iran), Judgment of 24 May, 1980, *ICJ Reports 1980*, para. 61. 同様の趣旨の言及は,ニカラグア事件(本案)判決でもみられる,Case Concerning Military and Paramilitary Activities in and against Nicaragua (Nicaragua v. United States of America), Merits, Judgment of 27 June, 1986, *ICJ Reports 1986*, para. 116. ジェノサイド条約適用事件では,行為帰属の問題を先に検討し,帰属が肯定されれば,防止義務や処罰義務違反の問題は生じないとする,Case Concerning the Application of the Convention on the Prevention and Punishment of the Crime of Genocide (Bosnia and Herzegovina v. Serbia and Montenegro) Judgment of 26 February, 2007, http://www.icj-cij.org/docket/files/91/13685.pdf (All the URLs cited in this paper were last accessed 15 March, 2017.), para. 382.

り，国家責任を認定する可能性を高めることはできる。それは，冒頭で示した，非国家実体に関する第一の特徴，すなわち，非国家実体の国際有害行為の量的増大に対する国家責任法の対応となる。

　第二に，国家と非国家実体との関係は，階級的な関係には限定されず，共同・協力関係でありうる。この認識については，行為帰属論，相当の注意義務論，あるいは，共犯論の導入によって，これを反映することが考えられる。そして，いずれかの可能性が実現されることにおいて，冒頭に示した非国家実体に関する第二の特徴，すなわち，国家と非国家実体との関係の性質変化に，国家責任法が対応できるのである。

　前述のように，ILC では Ago も Crawford も，非国家実体の行為の国家への帰属において，国家機関原則をその根拠と考えていた。したがって，そこでは，国家責任法が非国家実体の国際有害行為に実効的に対処するためには，国家機関原則の理論的基礎や実質的基礎がもつ限界が認識される契機は希薄であったのである。

　以下では，ここで得られた認識を踏まえて，非国家実体をめぐる二つの現代的な特徴に国家責任法が対応するという観点から，行為帰属論，相当の注意義務論，そして，ありうれば共犯論を，統合的視座から関連づけてとらえて分析する。

Ⅲ　非国家実体の行為を国家に帰属させる厳しい基準

1　行為帰属基準の2分類

　非国家実体の行為を国家に帰属させる基準は，ILC では，ASR 8 条が規定する[45]。これに対して，国際司法裁判所（ICJ）は，非国家実体の行為を国家に帰属させる基準について「事実上の機関基準」と「実効的 control 基準」への分化を宣言した。

　ICJ は，この二つの基準の存在を，在テヘラン米国大使館員人質事件でも，

---

[45]　8 条の規定は以下のとおり。The conduct of a person or group of persons shall be considered an act of a State under international law if the person or group of persons is in fact acting on the instructions of, or under the direction or control of, that State in carrying out the conduct.

ニカラグア事件（本案）でも暗示したと解せるが，これを明確にしたのはジェノサイド条約適用事件においてである[46]。本件でICJは，第一に，事実上の機関に関する基準を，ASR4条2項の適用の問題とし[47]，事実上の機関と認められるのは，例外的に，非国家実体が国家の単なる道具（instrument）といえるような場合で，非国家実体と国家との間に「完全な依存とcontrol」という関係がある場合であるとする[48]。第二に，ICJは，事実上の機関の場合とは異なる基準として，ASR8条を解する[49]。そして，行為者が実効的controlのもとで行為したことの証明が必要であり，実効的支配は，各作戦について国家により行使されなければならないとする[50]。

このように，ICJの実践により，ASR4条2項で解される事実上の機関基準と，同8条で解される実効的control基準の区別が導入された。国家機関原則の観点から付言すると，前者は，国家機関原則を根拠としていようが，後者は，それ以外の可能性を含みうる。それは，controlの意味にかかってこよう。ただし，controlの意味については，機能的controlを含むという理解はあるものの[51]，学説においても，理解が容易ではないと指摘されている[52]。また，事実上の機関基準と実効的control基準の間に性質の相違があるのか，あるいは，程度の相違にすぎないかなどの議論があるが，ここではその指摘にとどめる。

---

46) 本件でICJは，ニカラグア事件が，行為帰属の二つの基準を宣言したと解しているように読める。*Op. cit., supra* n. 44, para. 399.
47) *Ibid.*, paras. 384, 397.
48) *Ibid.*, paras. 393–395.
49) *Ibid.*, paras. 384, 396, 400.
50) *Ibid.*, paras. 399–400.
51) Claus Kress, "L'organe de facto en droit international public, Réflections sur l'imputation à l'État de l'acte d'un particulier à la lumièredes développements récents," 105 *Revue générale de droit international public*, 2001, p. 28; Eduard Savarese, "Issues of Attribution to State of Private Acts: Between the Concept of de facto organs and Complicity," 15 *Italian Yearbook of International Law*, 2006, p. 119, footnote 32.
52) たとえば，Pierre-Marie Dupuy and Cristina Hoss, "Trail Smelter and Terrorism: Internationam Mechanism to Combat Transboundary Harm," in Rebecca M. Nratspies and Russel A. Miller ed., *Transboundary Harm in International Law, Lessons from the Trail Smelter Arbitration*, Cambridge University Press, Cambridge, pp. 236–237; Antonio Cassese, "The Nicaragua and Tadić Tests Revisited in Light of the ICJ Judgment on Genocide in Bosnia," 18(4)*European Journal of International Law*, 2007, p. 663.

2 厳しい基準

　事実上の機関基準が，厳しい基準であることは，ICJ が「例外的」であるとし，完全な依存と control を要件としていることから明らかである。他方で，実効的 control 基準も厳しいというのが，学説の一般的理解である[53]。

　タジッチ事件で，階級的で組織をなす集団については，全般的 control という基準が提示され，これは，実効的 control よりも緩やかな基準とされた[54]。しかし，それが先例とするロイジドゥ事件などは，行為帰属基準の事例ではないという指摘があり[55]，そもそも，実効的 control 基準と全般的 control 基準とでは，それらの適用に際しての考慮要因は類似しており，両者の差は確認しにくいという指摘があり[56]，全般的 control 基準も，実際の適用では限定的に適用されたという評価がある[57]。しかも，全般的 control や国際テロへの対処の分野で議論されているより緩やかな行為帰属基準は，一般的に国際実践で定着しているわけではない。したがって，現段階では，事実上の機関基準と実効的 control 基準が，ILC と ICJ の実践で確立している一般国際法上の基準

---

53) テロへの対処の観点からは，実効的 control 基準が厳しく，それによる行為帰属の機能を期待できないという指摘が多いが，たとえば，Greg Travalio and John Altenburg, "Terrorism, State Responsibility and the Use of Military Force," 4 *Chicago Journal of International Law*, 2003, p. 105. Marko Milanović, "State Responsibility for Genocide," 17(3) *European Journal of International Law*, 2006, p. 577; Stefan Talmon, "The Responsibility of Outside Powers for Acts of Secessionist Entities," 58 *International and Comparative Law Quarterly*, 2009, p. 503. Boon は，実効的 control の基準が厳しい基準であり，帰属させられない非国家実体の行為に関する国家の相当の注意義務違反をとらえることに期待がかかるとして，本稿と同様の問題意識を示す。それは，行為帰属論と相当の注意義務論とを，統合的な視座でとらえるという点においてである。Kristen E Boon, "Are Control Tests Fit for the Future? The Slippage Problem in Attribution Doctrines," 15 *Melbourne Journal of International Law*, 2014, pp. 17-23, 34-43.
54) Tadić Case, IT-94-1-A, Judgment of 15, 1999, 38 *International Legal Materials*, 1999, para. 145.
55) 浅田・前掲注(7)，19-20 頁，Marko Milanović, "From Compromise to Principle: Clarifying the Concept of State Jurisdiction in Human Rights Treaties," 8(3) *Human Rights Law Review*, 2008, pp. 440-441; Marko Milanović, *Extraterritorial Application of Human Rights Treaties, Law, Principle, and Policy*, Oxford University Press, Oxford, 2011, pp. 42-46.
56) こういう指摘をする学説として，Leo Van den hole, "Towards a Test of the International Character of an Armed Conflict: *Nicaragua* and *Tadić*," 32 *Syracuse Journal of International Law and Commerce*, 2004-2005, pp. 279-280.
57) Savarese, *op. cit., supra* n. 51, p. 119.

といえよう。

　非国家実体の行為の国家への帰属基準が厳しいとすると，非国家実体の国際有害行為の量的増大という，第一の現代的特徴に対して，国家責任法が行為帰属論で対応することには限界があるということになる。また，第二の現代的特徴，すなわち，国家と非国家実体との共同・協力といった非階級的関係への対応という点については，行為帰属基準の中心的要素である control が，階級的 control だけではなく，機能的 control の意味を含むという指摘はある。そうであるとしても，実効的 control 基準も厳しい基準であるため，同基準により国家と非国家実体との共同・協力関係に対応する可能性は期待しにくい[58]。

　以上で，非国家実体の行為の国家への帰属基準について，それは厳しく，行為帰属によって国家責任法が非国家実体の国際有害行為に対処するためには，限界がありうることをみた。この認識を踏まえて，相当の注意義務論，共犯論を順次，検討していく。

IV　行為帰属か相当の注意義務違反かの代替的認定

1　二つの基本的指針

　非国家実体の行為につき，国家の責任をどのように認めるかについては，裁判実践で宣言された，二つの対置される原則がある。一つは，国家が非国家実体の陰に隠れて国家責任を免れることを防ぐべきであることである[59]。もう一つは，国家は自らの行為についてのみ，国家責任を負うということである[60]。この二つの原則は，両者ともに国家責任法を導く原則として説得力をもつ。よって，そのバランスを実現する帰属基準が望ましいことに議論の余地はない。

　実際には，先に確認したように，先例により厳しい行為帰属基準が認定されている。そのことは，ここで述べた行為帰属に関する二つの指針の間のバラン

---

58)　ASR 8 条が，国家と非国家実体のいかなる関係を想定しているかについては，暫定条文 8 条(a)の本質をなす要素や，ASR 8 条の本質をなす要素の検討が有意味ではあるが，ここで述べる理由により，本稿では，その指摘にとどめる。
59)　タジッチ事件控訴審判決, *op. cit., supra* n. 54, para. 117.
60)　ジェノサイド条約適用事件, *op. cit., supra* n. 44, para. 406.

スが，国家に行為を帰属させない，責任を追及しない方向に傾いていることを意味する。行為帰属基準が厳格なものとして定着しつつあるならば，国家責任法が非国家実体の国際有害行為に実効的に対処するためには，相当の注意義務論に期待することになる。そこでは，行為の国家帰属が認められる場合と，相当の注意義務の違反が認定される場合との間の隙間（vacuum）を，可能な限り回避することが求められる。この観点から，相当の注意義務を高度化することや，その他の手法により，相当の注意義務違反の認定の可能性を拡大する傾向をみていく。

2　相当の注意義務の高度化

相当の注意義務の高度化は，次の3点で確認できる。

第一に，相当の注意義務が，かつての「領域内外国人が損害を受けた場合の領域国の責任」という歴史的な文脈 61) を解かれて，国際法上の一般的な義務と解される傾向が生じている 62)。そうした発展の一環として，領域国の義務 63)，領域使用の管理責任原則，環境損害防止原則の展開 64) を位置づけることができる。そして，国際法協会（International Law Association）が，相当の

---

61) 小畑郁「国際責任の法制度における『相当な注意』概念の再検討——国際連盟の法典化作業におけるその一般化」桐山孝信ほか編・石本泰雄先生古稀記念論文集・転換期国際法の構造と機能（2006）55-86頁。
62) 相当の注意義務について，一般原則性を論ずる例として，Timo Koiburova, "What is the Principle of Due Diligence?" in J. Pitman & J. Klabbers, ed., *Nordic Cosmopolitanism: Essays in International Law for Mrtti Koskeniemi*, Leiden, 2003, pp. 344-345. Mazzeschi は，1992年の著作では，国際責任が一般的に相当の注意義務の違反に対する責任であるかという点については否定しているが，2008年の著作では，相当の注意義務は，一般国際法で課されているとしている。Riccardo Pisillo-Mazzeschi, "The Due Diligence Rule and the Nature of the International Responsibility of States," 35 *German Yearbook of International Law*, 1992, p. 46; by the same author, "Responsabilité de l'état pour violation des obligations positives relatives aux droits de l'homme," 333 *Recueil des cours*, 2008, p. 390.
63) Island of Palmas Case (Netherlands, USA), Award of 4 April 1928, II *Reports of International Arbitration Awards*, United Nations, p. 839. Affaire des biens britaniques au maroc espagnol (Espagne contre Royaume-Uni), Sentence de 1$^\text{er}$ mai 1928, *ibid.*, pp. 633, 635, 640-641. 拙稿「国際義務の履行基盤としての領域」松田竹男ほか編・松井芳郎先生古稀記念論文集・現代国際法の思想と構造 I——歴史，国家，機構，条約，人権（2012）78-79頁。
64) これらの原則の国家責任法上の意義については，拙稿「国際違法行為責任における過失の機能」国際法外交雑誌96巻6号（1998）4頁。

注意についての研究グループを設立して検討を行っているが，その第一報告書では，国際法のいくつかの分野で相当の注意義務の展開が示され，かつ，それらを統一的にとらえる可能性が模索されている[65]。これも，相当の注意義務が，国際法上の一般的な義務と解されることを想定しての研究といえる。

第二に，近年の ICJ や国際海洋法裁判所（ITLOS）の裁判実践で，国際環境保護及び海洋資源保存の分野で，相当の注意義務が明言されている。ICJ によるパルプ工場事件（本案）判決，ITLOS の深海底紛争裁判部（以下，裁判部）による，深海底開発にあたる実体を保証する国の責任に関する勧告的意見（保証国の責任に関する勧告的意見），ITLOS による小地域漁業機関の要請に応じた勧告的意見が挙げられる[66]。典型的には，深海底開発にあたる実体を保証する国の責任に関する勧告的意見は，「『相当の注意』は可変的概念である。時間の経過により，……変化し，……活動が含む危険との関連でも変化し，……相当の注意義務の基準は，より危険の高い活動では，より厳格になる」とする[67]。そこでは，時の経過により，また，技術発展に応じて，相当の注意の内容は変化し，高度化することが要請されている[68]。

第三に，相当の注意義務は，行為の義務とされる[69]。これは，結果の義務と区別される行為の義務である。ILC でも結果の義務と方法・実施の義務の区

---

65) Duncan French (Chair) and Tim Stephens (Rapporteur), ILA Study Group on Due Diligence in International Law, "First Report" 7 March 2014.
66) Pulp Mills on the River Uruguay (Argentina v. Uruguay), Judgment of 20 April, 2010, http://www.icj-cij.org/docket/files/135/15877.pdf, paras. 187, 197; Responsibilities and Obligations of States with Respect to Activities in the Area, Advisory Opinion of 1 February, 2011, https://www.itlos.org/fileadmin/itlos/documents/cases/case_no_17/17_adv_op_010211_en.pdf, paras. 110-112; Request for an Advisory Opinion Submitted by the Sub-regional Fisheries Commission, Advisory Opinion of 2 April 2015, https://www.itlos.org/fileadmin/itlos/documents/cases/case_no.21/advisory_opinion/C21_AdvOp_02.04.pdf, paras. 128-132.
67) Op. cit., supra n. 66, para. 117.
68) ICJ は防止義務の内容の点で，今日に至るまで特定してきてはいないという評価をしながら，関連する実践を分析するものとして，Andrea Gattini, "Breach of International Obligations," in André Nollkaemper and Ilias Plakokefalos ed., Principles of Shared Responsibility in International Law, Cambridge University Press, Cambridge, 2014, pp. 42-45.
69) 小地域漁業機関の要請に応じた勧告的意見において，ITLOS は，先例をまとめており，相当の注意義務が，行為の義務と認定されたことを確認している。Op cit., supra n. 66, paras. 128-129.

別が議論され、暫定条文は、20条、21条、23条でこれらを規定していたが、ASR はこれらを削除した。Ago は、国家の裁量の有無により、結果の義務と相当の注意義務とを分けた。これに対して、フランス私法学では、結果達成が要求されるのか、努力を尽くすことが要求されるのかにより、結果の義務と行為の注意義務とが分けられる[70]。

ICJ や ITLOS 及びその裁判部の実践で相当の注意義務が行為の義務とされる意味は、フランス私法学のそれに近い。たとえば、保証国の責任に関する勧告的意見で裁判部は、保証国の「確保する」義務は、結果を達成する義務ではなく、結果を得るために最善の努力を尽くす義務であるとしている[71]。それによって、努力を要請する義務として行為の義務を定義しており、ICJ や ITLOS 及びその裁判部の認定する相当の注意義務は、先に述べたように、技術発展等の状況に応じて、高度化する義務と考えられる。

3 行為帰属基準と相当の注意義務を負う主体の決定基準との連続性

相当の注意義務を負う主体を決定する基準をめぐって、行為帰属基準と相当の注意義務を負う主体の決定基準との連続性を指摘できる。以下で、具体的に説明する。

国際人権保護の分野では、人権条約の域外適用が発展している[72]。その域外適用の基準の認定において、どの程度そうであるかは明確ではないが、実効的 control 基準よりは緩やかとされる、全般的実効的 control 基準により、相当の注意義務（人権侵害防止義務）を負う主体が決定されている。ロイジドゥ事

---

70) Jean Combacau, "Obligations de résultat et obligations de comportement, Quelques questions et pas de réponse," *Mélanes offerts à Paul Reuter, Le droit international: unité et deversité*, A. Pedone, Paris, 1981, pp. 193-194; J. A. Salmon, "Le fait étatique complexe- une notion contestable" 28 *Annuaire française de droit international*, 1982, p. 725, Pierre-Marie Dupuy, "Reviewing the Difficulties of Codification: On Ago's Classification of Obligation of Means and Obligation of Result in Relation to State Responsibility," 10(2)*European Journal of International Law*, 1999, p. 375.
71) *Op cit., supra* n. 66, para. 110.
72) この問題については、多くの文献があるが、まとまった研究として、Michał Gondek, *The Reach of Human Rights in a Globalising World: Extraterritorial Application of Human Rights Treaties*, intersentia, Antwerp, Oxford, Portland, 2009; Milanović *op. cit., supra* n. 55 (Extraterritorial Application...). 兼原・前掲注(63)、90-94頁。

件では，欧州人権裁判所は，トルコ軍が北キプロスに全般的実効的 control を及ぼしていることから，北キプロストルコ共和国（TRNC）の政策や行為について，トルコ軍が責任を負う，ロイジドウに発生している状況は，欧州人権条約1条にいう「管轄内」に入るとした[73]。

この判決部分は，「管轄内」であることと imputability（帰属）の両者を認定しているのか，あるいは，全般的実効的 control 基準により，トルコを人権保護の相当の注意義務を負う主体と認定したのか，解釈が分かれうる[74]。

本稿は，人権の域外適用の基準の是非を問うものではない。また，人権保護の分野では，人権保護のための相当の注意義務として，「積極的義務」の議論があるが，ここではその確認にとどめる。論理的な批判はおくとして[75]，全般的実効的 control 基準を，相当の注意義務の主体決定基準であるとみれば，実効的 control 基準により非国家実体の人権侵害が国家に帰属しない場合に，おそらくはそれよりも緩やかな全般的実効的 control 基準を適用して，人権保護の相当の注意義務を負う主体を決定して，人権保護の相当の注意義務を当該国家に負わせることになる。そこで，全般的実効的 control 基準は，人権侵害という国際有害行為が国家に帰属しない場合に，人権保護の相当の注意義務の主体を決定する。

いうまでもなく，相当の注意義務を負う主体の決定は，それ自体，同義務の違反を当然には導かない。実効的 control 基準によって，行為帰属が否定される場合に，全般的実効的 control 基準によって，相当の注意義務を負う主体が決定されるということは，行為帰属が認められない場合に，相当の注意義務論の代替的適用が確保されることを意味するにとどまる。けれども，相当の注意義務を負う主体の決定は，その主体による相当の注意義務の違反を認定する可

---

73) Case of Loizidou v. Turkey (Application no. 15318/89), Judgment of 18 December 1996, European Court of Human Rights, paras. 52-57.

74) たとえば，Milanović, *op. cit.*, *supra* n. 55 (Extraterritorial Application...), pp. 42-46. ロイジドウでは，帰属の問題ではなく，TRNC による欧州人権条約の違反に関するトルコの注意義務違反の事例であったという指摘として，Talmon, *op. cit.*, *supra* n. 53, p. 512.

75) 行為帰属の問題が国家管轄権の問題に先行するという見解として，Milanović, *op. cit.*, *supra* n. 55 (Extraterritorial Application...), pp. 51-52. しかし，裁判実践では，管轄権の問題と帰属問題が混在しているようにみえる。その理由として，いずれも control 概念を用いて判断されるという説明には，説得力があろう。Gondek, *op. cit.*, *supra* n. 72, p. 168.

能性をもたらすことは肯定できる。この可能性を重視すると，実効的 control 基準と，全般的実効的 control 基準は，control の程度において相互に差はあるが，両者が近接すればするほど，国家への行為帰属の決定と，相当の注意義務の違反認定とは，近接するといえる。つまり，国家責任の認定として，帰属による場合と，相当の注意義務の違反による場合との間に存在する隙間が埋められる可能性を，ここにみることができる[76]。

さらに相当の注意義務の主体決定基準に関して，ジェノサイド条約適用事件における1993年の暫定措置命令に注目しておく。同命令は，"[FRY] was required to ensure: that any military, paramilitary or irregular armed units which may be directed or supported by it, as well as any organizations and persons which may be subject to its control, direction or influence, do not commit any acts of genocide..." とする[77]。また，本案判決で ICJ は，ジェノサイド防止義務は，能力の範囲内で相当の注意を払う義務であるとして，能力を測る指標の一つとしては，影響力に言及している[78]。

ここで注目されるのは，ICJ は，direction, control と並べて，influence に言

---

76) イラシュク事件で欧州人権裁判所は，同地域での人権侵害行為が，ロシアの「管轄内」に入ったかという認定として，同時に，ロシアの責任にも言及しているため，論理的な整理には疑問は残るが，次の点に注目できる。ロシアが MRT に多面的な支援をしていること，ロシア軍がモルドヴァ領域に駐留していることなどから，裁判所は，MRT が成り立っているのはロシアの影響によるもの，実効的権限の行使によるものとして，原告に生じた事態について，ロシアの責任を認めている。続けて裁判所は，ロシアが，防止の措置を取らなかったことも認定している。Case of Ilasacu and Others v. Moldova and Russia (Application no. 48787/99) Judgment of 8 July, 2004, European Court of Human Rights, paras. 382, 387, 392, 393. この判決も，帰属を認定しているのか，防止義務の違反を認定しているのか，判断が分かれやすい。人権侵害の防止義務，つまり，相当の注意義務の違反を認定しているとすれば，その義務の主体は，「影響」「実効的権限の行使」によって決定されている。人道法および人権保護の分野において，領域に関する実効的コントロールや，全般的実効的 control が，相当の注意義務を負う主体の決定基準でありうるという点で，本稿と同様の理解を示すと解される例として，Duncan French (Chair) and Tim Stephens (Rapporteur) ILA Study Group on Due Diligence in International Law, "Second Report" July 2016, pp. 11, 15, 17.
77) Order of 8 April, 1993, *ICJ Reports 1993*, para. 44.
78) *Op. cit., supra* n. 44, para. 430. ICJ は，ジェノサイド防止義務の適用につき，領域による限定を否定しており，同防止義務を負う主体を決定する基準として，影響力を論じていると解される。*Ibid*., para. 183.

及していることである。Direction, control は，ASR 8条の要件であり，帰属のための実効的 control 基準の要素である。それが influence と並べて論じられており，しかも，obligation to ensure という相当の注意義務の主体の決定基準として言及されている。ここでも，行為帰属基準と相当の注意義務の主体決定基準とが連続性を保っているということができる。しかも，「影響力をもつ国」は，防止義務の主体の決定基準として，ゆるやかな基準と解することもできよう[79]。

　以上，相当の注意義務を高度化する論理枠組みや，相当の注意義務を負う主体の決定基準をめぐる発展を明らかにした。先に述べたように（275頁），国家行為と非国家実体の行為が，実際の現象とみれば，事実上は，連続したスケールに並ぶという認識は，行為帰属論の適用が無い場合に，あるいは，行為帰属が認められない場合に，相当の注意義務論が適用されるという意味において，行為帰属論と相当の注意義務論の代替的な適用ないし連続的な適用に，実際上の説得力を与える。そして，この代替的な適用ないし連続的な適用は，行為帰属基準である実効的 control 基準と，相当の注意義務の主体決定基準である全般的実効的 control 基準との間に認められうる連続性によって，確保される。しかも，相当の注意義務を高度化する論理枠組みが展開していることにより，相当の注意義務違反の認定の可能性は高くなる。

　こうした論理枠組みや発展の結果として，行為帰属の決定と，そうでなければ，相当の注意義務の違反の認定との間にありうる隙間が狭められることが期待される。これは，本稿の冒頭で確認した，非国家実体をめぐる二つの現代的特徴のうち，非国家実体の国際活動の量的増大に，国家責任法が対応している結果とみることができる。

　それでは，行為帰属が否定される場合に，相当の注意義務違反の認定の可能性を高めるためには，相当の注意義務違反の態様は，いわば，キャッチオールの広い範囲の内容をもつことが望ましいのであろうか。

---

[79] ICJ も，同様の意識を示している。*Ibid.*, para. 435(6). 非国家実体の行為への国家の関与という観点から，行為帰属基準の要素である，指示・指揮・control・教唆と，相当の注意義務違反が認められる場合の国家の関与の態様，さらに影響力は，それぞれ比較検討する意義がある。本稿では，指摘にとどめる。

この点で，ジェノサイド条約適用事件では，共犯と（相当の注意義務である）防止義務の違反とが区別された[80]。他方で，南シナ海紛争の仲裁本案判断では，中国公船が，漁船をエスコートし，その行為を容易にしている（facilitate）ことも，防止義務の違反と認定された[81]。一方で，相当の注意義務論との関係では，このような支援・援助・促進といった行為は，相当の注意義務の違反ととらえるのか，それとも，共犯という新たな概念によってとらえるのかという[82]，相当の注意義務論の適用範囲，あるいは，相当の注意義務違反の内容の問題といえる。他方で，行為帰属論との関係では[83]，実効的controlには至らない国家の関与として，つまりは，帰属には至らない国家の関与として，支援・援助・促進といった態様を共犯ととらえるかが問題である[84]。これは，非国家実体をめぐる現代的特徴の第二の点，国家と非国家実体の関係の変化・多様化に国家責任法がいかに応えるかに関係する。この観点から，共犯論の導入を簡潔に検討する。

---

80) *Op cit., supra* n. 44, para. 432.
81) 中国公船が中国漁船の環境破壊的な漁業活動について，かかる漁船をエスコートし，漁船の活動を了知（aware）しながら黙認（tolerate）したことを，仲裁法廷は，中国の防止義務（相当の注意義務）違反と認定している。The South China Sea Arbitration, Award of 12 July, 2016. https://pca-cpa.org/wp-content/uploads/sites/175/2016/07/PH-CN-20160712-Award.pdf, paras. 964-965.
82) こういう状況の場合に共犯による国家の責任が認められるとして，その観点からいくつかの実践を分析するものとして，Daniele Amorso, "Moving towards Complicity as a Criterion of Attribution of Private Conducts: Imputation to States of Corporate Abuses in the US Case Law," 24 *Leiden Journal of International Law*, 2011, pp. 990, 996-998.
83) ASR 11 条を起草するに際して，Crawford は，国家の共犯は第 4 章で扱われると述べており，国家と非国家実体との間の共犯を想起していたかもしれない。Crawford 第一報告書, *op. cit., supra* n. 3, para. 285. ASR 11 条に共犯の意味をみる学説として，Frederic Dopagne, "La responsabilité de l'état du fait des particuliers: Les causes d'imputation revisitées par les articles sur la responsabilité de l'état pour fait internatioalement illicit," 34 *Revue belge de droit international*, 2001, p. 32.
84) 行為帰属基準を充足しない，つまり，実効的 control よりも「弱い」態様の国家の関与として，共犯を位置づける例として，Lanovoy, *op. cit., supra* n. 8, p. 307. ジェノサイド条約適用事件で ICJ は，行為帰属を認定する要素である指示・指揮・control がある場合には，国家責任法上で，共犯を「超える」効果をもつという。*Op. cit., supra* n. 44, para. 420.

V 共犯概念導入の背景

1 非国家実体をめぐる現代的特徴への対応

国家間関係及び国家と非国家実体との関係に現代的に対応するために，共犯概念の導入が論じられている。本稿の観点からは，国家と非国家実体との関係に焦点をあてる。

国家と非国家実体の間の共犯を認める背景は，次にある。冒頭で確認したように，国家と非国家実体との間の関係は，伝統的な，統治・規律する主体と，統治・規律される客体という階級的な関係だけではない。両者のいわば対等な共同・協力関係が現れてきている。そこで，国家と非国家実体との間の共同・協力関係を反映するような，国家責任法の対処が求められるのであり，その方法が共犯概念の導入ということである[85]。

共犯概念の導入をめぐっては，それは一次規則の問題であり二次規則である国家責任法の問題ではないという議論がある[86]。ここではその確認にとどめ，

---

[85] 国際テロ対処の分野は，共犯概念の導入が議論される典型例であるが，帰属基準を緩めて共犯を認めるべきという見解例として，Christian J. Tams, "The Use of Force against Terrorists," 20(2) *European Journal of International Law*, 2009, pp. 384-387. 現代のテロにおいては，国家とテロリストとの関係が，階級的 association というよりも，複雑な partnership になっていることが指摘されている。より少数の者が国家の指示なしに，より大きな損害を引き起こすという現象が起きている。つまり，国家が積極的に関与するということは少なく，ますます独立で強力になった非国家実体によるテロ行為では，国家による最小限の支援・黙認が大きな意義をもつ。Becker, *op. cit., supra* n. 2, pp. 252-257. かかる事情においては，国家の指示・指揮・control といった，(control には他の含みもありえようが) 階級的関係でとらえやすい帰属基準では，非国家実体によるテロ行為を国家に帰属させることはできない。それゆえに，帰属基準の適用において考慮されるこれらの要素とは別の考慮により，テロ行為に関する国家責任を認める理論が要求されるのである。

[86] 共犯は一次規則の問題であるという議論は，Ago が国家間の共犯について暫定条文草案27条を起草した時点から存在した。この点の指摘と，現在では，共犯は，一次規則と二次規則の両者の性質を有するという見解として，Lanovoy, *op. cit., supra* n. 8, pp. 11, 77, 93. 条約や慣習法が個別の問題について共犯を規定しているのに対して，二次規則の共犯は一般法をなすという見解として，Aust, *op. cit., supra* n. 8, pp. 416-417. 国家間については省略するが，国家と非国家実体との間の，共同・協力関係や，国家による非国家実体の行為への支援・幇助を，禁止ないしは制限していると考えられているのは以下の条約等である。武力行使の分野で，侵略の定義3条(g)は，侵略に相当する重大性を有する武力行為を他国に対して実行する武装部隊，集団，不正規兵又は傭兵の国による派遣に加えて，このような行為に対する国の実質的関与を侵略行為とみなす。また，人道法の分野で，1949年ジュネーヴ人

本稿の観点から，共犯概念と行為帰属論及び相当の注意義務論との関係について，簡潔に指摘しておく87)。

2 共犯は帰属基準かそれとも相当の注意義務違反の一環かあるいはそれ以外か

(1) 共犯を帰属基準の一つと考える見解は，次の理由を述べる。第一に，共犯概念の導入により，伝統的な帰属基準が想定する国家と非国家実体との関係とは異なる関係を帰属基準に反映できる88)。第二に，相当の注意義務の不履行や違反，とくに，国際有害行為の防止の不履行や違反と，共犯とは同一に考えるべきではないということである89)。

これに対して，共犯を帰属基準とするべきではないという見解は，人権分野やテロの分野で共犯による行為帰属が認められているようにみえるし，そういう主張があるが，それは誤りであるし，実践は伴っていないということである90)。

(2) たしかに，共犯を帰属基準と考えるためには，国家実践が国際法の分野におしなべて一般的に現れてきていないことは事実である91)。また，特別法

道法四条約共通1条の尊重を確保する義務は，非国家実体が条約を尊重するように国が確保することも含むので，国家と非国家実体との間でも適用がある。さらに人権の分野で，ジェノサイド条約3条(e)が共犯を規定し，これについては，ジェノサイド条約適用事件で，ICJが国家と非国家実体との間で適用している。くわえて，拷問禁止条約1条1項及び4条1項，強制失踪条約2条が挙げられる。さらに，援助（assistance）等の禁止ないしは制限の機能をもつ実定規則として，人権の分野で，送還禁止原則が挙げられることもある。

87) 共犯概念の導入そのものに疑問を提起する見解もある。それは，具体的な国際法規則や相当の注意義務概念などを用いれば，共犯概念は不要であるという趣旨であるが，次の文献を挙げるにとどめる。Olivier Corten, "La 'complicité' dans le droit de la responsabilité internationalale: un concept inutile?" 57 Annuaire française de droit international, 2011, pp. 57–84.
88) たとえば，Savarese, op. cit., supra n. 51, pp. 119–121; Tams, op. cit., supra n. 85. Beckerも，国家とテロリストとの関係について，同様の理解を示している，前掲注(85)。
89) ILCメンバーとしてASRの起草に携わったPelletは，共犯を帰属とみなしているように解される。Alain Pellet, "Some Remarks on the Recent Case Law of the International Court of Justice on Responsibility Issues," in International Law- A Quiet Strength, Le droit international- une force tranquille, Miscellanea in Memoriam Géza Herezeg, Budapest, 2011, p. 126.
90) Jackson, op. cit., supra n. 8, pp. 187–189, 194–197. Jacksonは，人権分野で共犯の事例とされるものは，人権保護の積極的義務の違反を追及すればよい事例であるという。

を認めることが，帰属という国家責任の要件の一つである基本要素に関わることから，最も適切な選択とはいえない92)。

共犯を帰属基準ととらえることの利点は，共犯により，主犯の国際有害行為が国家に帰属して，国家がそれに対して救済義務を負うことを説明できる点である。この点は，グロティウス以来 20 世紀初頭にかけての，共犯概念の採用における利点であった。もっとも，詳細は別稿に譲るが93)，相当の注意義務

---

91) 人権，国際テロ対処，環境保護の分野で，共犯に関する実践が生じつつあるとされるが，他方で，Aust によれば，主に国家間の関係を想定しているが，領事・外交関係，国際経済法，宇宙法，海洋法等では，共犯についての規則をみいだせないとする。Aust, *op. cit., supra* n. 8, p. 415.
92) Jackson は，共犯は帰属規則ではないという結論を導くが，仮に，特定の分野で特別法があるとしても，帰属については，特別法を促進するべきではなく，一般規則が望ましいという。Jackson, *op. cit, supra* n. 8, pp. 187-188. 他方で，ジェノサイド条約適用事件での，ICJによるジェノサイド条約3条(e)の国家と非国家実体の間への適用は，一般化できるという趣旨の見解として，Eduardo Savarese, "Complicité de l'état dans la perpétration d'actes de génocide: les notions contigües et la nature de la norme-En marge de la décision, Application de la convention sur la prévention et la répression du crime de génocide (Bosnie-Herzégovine c. Serbie-et-Monténégro)," 53 *Annuaire française de droit international,* 2007, p. 285.
93) 国際実践では，非国家実体の国際有害行為が国家に帰属して，国家が国際違法行為を行ったとみなされる場合でも，そうではなくて，国家は相当の注意義務に違反した場合でも，救済の範囲という点では，区別をしていない。換言すれば，なぜ，非国家実体の国際有害行為について，国家は相当の注意義務，具体的には，防止義務に違反したのに，当該国際有害行為の結果に対して救済義務を負わなければならないかは，論理的に説明がなされていない。これは，かつての共犯概念を否定する時点で，処理されるべき問題であった。この問題については，拙稿「法実証主義の国家責任法論の基本原理再考」立教法学 59 号（2001）160-170 頁。ジェノサイド条約適用事件で ICJ が，因果関係という要因を導入して，セルビアのジェノサイド防止義務違反について，ジェノサイドについての賠償義務を認めずに違法宣言判決でとどめたことは，救済義務の範囲の新たな基準への契機になるかもしれない。本件で ICJ が防止義務の不作為と損害との間に因果関係を求めた論理を批判するものとして，Andrea Gattini, "Breach of the Obligation to Prevent and Reparation Thereof in the ICJ's Genocide Judgment," 18(4) *European Journal of International Law,* 2007, pp. 707-710. 併せて，André Nollkaemper, "Issues of Shared Responsibility before the International Court of Justice," in Eva Rieter and Henri de Waele ed., *Evolving Principles of International Law, Studies in Honour of Karel C. Wellens,* Martinus Nijhoff Publishers, Leiden, Boston, 2012, p. 234. Lanovoy は，共犯は，非国家実体の行為の国家への帰属を決定する概念であるという立場にたち，共犯国は，非国家実体の行為についての責任を負うとする。かつ，相当の注意義務の違反の場合は，その違反による結果についてのみ，国家は責任を負うという。しかし，いかにして，相当の注意義務の違反による結果「だけ」を特定するのかについては，論じら

違反の場合に,国家が非国家実体の国際有害行為それ自体について責任を負うことは,実践では定着しているが,論理的な説明はなされていない。共犯についても,同様の問題は生じうる94)。仮に,共犯国が主犯の行為についての救済義務を負うということが確立していくとすれば,国による相当の注意義務違反に関する救済義務の場合と同様に,論理的には説明できないが,国際社会がそれを望んでいると解することになる。

(3) それでは,共犯を相当の注意義務違反の一環としてとらえることが妥当であろうか。この点で,帰属基準ではないことを主張する学説も,共犯という行為が非難をうけること自体は,否定していない。しかも,共犯という違法行為類型を,相当の注意義務の違反とは区別される,違法行為への寄与行為であり,これを国家自身による違法行為と,違法を防止する相当の注意義務の国家による違反との間にありうる特別な類型として認めるべきであるという主張は,共犯を帰属基準とすることには否定的な見解でもみられる95)。共犯を帰属基準と認めることには慎重ながら,共犯概念の意義を認める見解は,相当の注意義務違反が非国家実体の国際有害行為に特定の結びつきがないのに比して,共犯はそれと特別な結びつきをもち,共犯により国家がそれに対して責任を負う侵害は,相当の注意義務の違反の結果として生ずる侵害よりも,大きいと指摘する96)。共犯という行為態様には法的非難を与えるべきであるという法的信念は,個別の条約で共犯としてとらえられうる行為態様が,違法行為や犯罪と

れていない。Vladyslav Lanovoy, "The Use of Force by Non-State Actors and the Limits of Attribution of Conduct," 28(2) *European Journal of International Law*, 2017, p. 584; by the same author, "The use of Force by Non-State Actors and the Limits of Attribution of Conduct; A Rejoinder to Ilias Plakokefalos," 28(2) European Journal of International Law, 2017, p. 597.

94) 国家間の共犯について,ASR 16 条は,支援・援助についての責任,という規定ぶりである。主犯の行為の結果についての救済義務と,支援・援助についての救済義務がいかに区別されるかは,不明である。救済義務を規定する 31 条によっても,指針は与えられない。

95) Jackson は,テロ対処の分野や人権保護の分野で,国家と非国家実体との間の共犯が帰属基準として主張されていることに対して,実践はそうではないことを,相当の注意義務の違反でとらえられうることを指摘する。しかし,同時に,国家の非国家実体の行為への共犯は,国家自身の遂行と,非国家実体の行為に関する相当の注意義務違反との間に位置づけられるともいう。*Op. cit., supra* n. 8, pp. 187–189, 194–198, 214.

96) Lanovoy, *op. cit., supra* n. 8, p. 324.

して定義されていることにも反映されている97)。

　そして、国家と非国家実体との現代的な関係、つまり、共同・協力関係をそれ自体としてとりあげるためには、相当の注意義務と区別した類型として、共犯をとらえることが妥当であろう。つまり、共犯は、帰属基準ではないとしても、国家と非国家実体との間の現代的関係を反映し、相当の注意義務違反への非難よりは強い（区別された）非難を与える概念であるべきである。ジェノサイド条約適用事件で、ICJが共犯と帰属とを区別するとともに、相当の注意義務である防止義務の不作為からも区別したことは、共犯を特有の類型ととらえる点で、本稿と同様の考えであるといえよう。

　このように考えれば、少なくとも現段階では、共犯概念は、行為帰属論と相当の注意義務論の二者選択であった枠組みにおいて、個別の類型を導入することになる。それにより、国家責任法が非国家実体の国際有害行為に対処する理論（枠組み）が補完され、強固になるといえる98)。

VI　おわりに

　現代の非国家実体による国際有害行為に対する国家責任法の対処という目的のために、すでに、行為帰属論、相当の注意義務論、共犯論による対処が議論されてきている。それぞれの理論における発展がもつ重要性に疑問の余地はない。けれども、それぞれの理論の相互の関連や、それらがいかに相互に関連することが、国家責任法を実効的な法にするかについては、必ずしも、検討がなされてきていない。

　本稿では、ここにいう目的のために、行為帰属論、相当の注意義務論、共犯論を統合的視座においてとらえることを示し、かかる視座から、ここにいう目的の達成のために、それぞれの理論における発展がもつ意義を明らかにした。これらの諸理論を適用する思考過程は、次のように、統合的な、そして、連続的な過程でなければならない。それは、非国家実体の行為が、国家に帰属するか、帰属しなければ、国家による相当の注意義務の違反を認定できるか、ある

---

97)　前掲注(86)参照。
98)　共犯の要件論も、このような共犯の位置づけから検討されるべきであるが、それは、別稿に譲る。

いは，国家が非国家実体の行為に支援・促進・黙認といった独自の関与をする場合に，共犯概念の導入により，相当の注意義務の違反よりも強い非難ないしは違法性を認定することができるか，という思考過程である。そうした思考過程により，諸理論を，統合的視座から，連続するものとして関連づけてとらえ，国家責任法による非国家実体の国際有害行為に対する「隙間のない」対処を確保することが，何よりも重要なのである。

このような統合的視座にたつ思考過程は，いうまでもなく，諸理論の実質的内容における発展を伴わなければならない。いいかえれば，諸理論における発展は，つねに，本稿で示した統合的視座を意識したものであることが不可欠である。諸理論における発展を促しながら，同時に，それらの相互関連を確保することによってこそ，国家責任法は，非国家実体の国際有害行為に実効的に対処できる。本稿で示した統合的視座にたって，諸理論における発展をさらに詳細に検討することは，筆者に残された課題である。

［追記］2017年2月に本稿を脱稿および入稿して以来，出版に至るまでの長きにわたる期間において，いくつかの興味深い文献に接した。それらについての検討は，他日を期したい。

国家責任法上の行為帰属基準の射程
―― 代表の概念を例に

藤　澤　　巌

　Ⅰ　問題の所在
　Ⅱ　近年の国際裁判例における国家責任法上の帰属基準と代表概念
　Ⅲ　代表概念の目的
　Ⅳ　結　　論

Ⅰ　問題の所在

　近年散見される見解に，国家責任法上の帰属基準の妥当範囲の拡張傾向を指摘するものがある。これらの見解は，タディッチ上訴審判決を契機として主張されるようになったと思われるが，当該帰属基準は1次ルール上の行為についても適用されるという。この事件では，武力紛争の国際的性格の基準について，ジュネーヴ条約は独自の基準をもたないので，2次ルール＝国家責任法上の帰属基準が適用されると判断された[1]ことから，国際違法行為に限らず国家の行為一般について，デフォルトのルールとして国家責任法の帰属基準が適用されると解釈するわけである[2]。

---

[1] The International Criminal Tribunal for the former Yugoslavia, Prosecutor v. Dusko Tadić Judgement (The Appeals Chamber), Case No.: IT-94-1-A, 15 July 1999, para. 98.
[2] Antonio Cassese, "The Nicaragua and Tadić Tests Revisited in Light of the ICJ Judgment on Genocide in Bosnia," *European Journal of International Law*, vol. 18 (2007), pp. 651, 656, 663; Marina Spinedi, "On the Non-Attribution of the Bosnian Serbs' Conduct to Serbia," *Journal of International Criminal Justice*, vol. 5 (2007), p. 835; Luigi Condorelli and

本稿では，意思表示の国家への帰属を例に，このような国家責任法上の帰属基準の適用拡大の妥当性を検討したい。近年では，意思表示の帰属も責任法上の帰属基準で判断されるという見解が示されることがあるのである。

　条約締結における意思表示の国家への帰属についても国家責任法上の帰属基準を妥当させる論理を明快にまとめているのは，フォルトーである。彼は，条約法と国家責任法とで帰属基準が異なると考えるのは誤りであり，条約締結における意思表示の帰属も，国家責任法上の帰属基準によって決定されるとする。フォルトーによれば，たしかに，一定の人だけが「条約文の採択若しくは確定又は条約に拘束されることについての国の同意の表明の目的のために国を代表するものと認められる」と規定するウィーン条約法条約第7条からは，「その諸行為が国家責任を生じさせる一定の人たちは，国際平面で国家の意思を拘束することができないようにみえ（たとえば一定の諸国の地方団体），そして逆に，国家意思を表示できる人々は彼らの行為によって国家の責任を生じさせることができないようにみえるであろう（国家機関でないかまたは公権力の諸特権の行使に参与していないが，適切な全権が付与された人，たとえば国家元首の友人や配偶者の場合)[3]」。しかし詳しく観察すれば，このような印象は誤りである。後者の例について言えば，一見国家責任法上その行為が国家に帰属しないが全権を有する人は，実際には，その全権自体によって必然的に公権力の諸特権を行使することになり，その行為は責任条文第5条に基づいて国家に帰属する。このことは，条約締結に限らず，「国家の主権的諸権能の行使において，国家を『代表すること（représenter）』や『その名において』行為することに本質があるすべての活動について，広範に妥当する[4]」。

　他方，前者の事例について言えば，たしかにその行為が国家責任を生じさせる人すべてが，必然的に国家意思を拘束するわけではないが，それは，その人の行為が国家に帰属しないからではなく，その人が条約締結を授権されていな

Claus Kress, "The Rules of Attribution: General Considerations," in James Crawford et al. eds., *The Law of International Responsibility* (Oxford University Press, 2010), p. 234.

3) Mathias Forteau, "L'État selon le droit international: une figure à géométrie variable?," *Revue générale de droit international public*, tome 111 (2007), pp. 746–747.

4) *Ibid.*, p. 747.

いからに過ぎない。すなわち，「授権 (habilitation) の問題は，帰属の問題の上，権限 (compétence) の領域に位置づけられる」。これは，事実行為と法律行為の区別の帰結であり，「帰属の技術のような技術を，法的事実行為 (faits juridiques) の平面から，法律行為 (actes juridiques) の平面へと引き移すことはできない。なぜなら後者の場合には権限の決定が介在するのである」。したがって，国家が条約を締結したか否かの判断においても，まず責任法上の行為帰属基準に基づいて，当該締結行為が事実行為として国家に帰属するか否かが決定されるのであり，その上で第二段階として，条約法上の授権の基準に基づいて，当該行為が法律行為として効果を発生させるか否かが判断されるのである5)。

フォルトーは，事実行為の帰属と法律行為の権限の区別に基づいて，一般に「代表」の問題として議論される，だれの意思表示が国家に帰属するかという問題も，責任法上の行為帰属基準によって決定されると結論づけていると言えるだろう。

しかしこの場合，理論上は，ある時点において複数の国家機関が意思を表示する場合には，国際法上，国家は同時に複数の意思を表示していることになる。しかもこれら複数の意思は，内容上相互に矛盾する可能性が排除されない。フォルトーはこの点についてはとくに論じていないが，おそらくは，そのような場合は，法律行為に関する権限の基準によって，国家を法的に拘束する意思を絞り込めば足りると考えているのであろう。しかし，もし意思表示の帰属が法律行為とは別の文脈で問題となる場合には，どうなるのであろうか。アヴェナ解釈請求暫定措置命令において争点となったのは，まさにこの点である。

II 近年の国際裁判例における国家責任法上の帰属基準と代表概念

1 紛争の存在についての帰属基準の適用：アヴェナ解釈請求暫定措置命令 (2008)

アヴェナ事件本案判決においてICJは，「本件における適当な賠償は，自ら選択する諸手段によって，メキシコ諸国民の有罪判決および刑の宣告の再審査および再考慮を提供する合衆国の義務に存する」と判示した6)。しかしメキ

---

5) *Ibid.*, p. 748.

シコ政府は，その後再審査や再考慮が十分に進展していないことに鑑みて，同国とアメリカ合衆国の間には，国際司法裁判所規程第60条の意味における「判決の意義又は範囲についての争」が存在するとして，裁判所に解釈を請求するとともに，とくにテキサス州においてそれらの再審査や再考慮がなされていないままにメキシコ国民であるメデリンへの死刑執行が切迫していることなどを理由に，死刑執行の停止の暫定措置命令を求めた。

本稿との関係で問題となるのは，「判決の意義又は範囲についての争」が存在するためには国家間の意見の対立が必要となるが，だれの意思表示が，国際法上国家の意見とみなされるかという問題である。

(1) メキシコの主張

メキシコ政府は，テキサス州の当局の態度は，アヴェナ事件本案判決についてのメキシコ政府の解釈の否認を意味しており，したがって合衆国とメキシコの間には，「判決の意義又は範囲についての争」が存在すると主張した。

その際，メキシコはまず，「いかなる国の機関の行為も，当該機関が立法，行政，司法その他のいずれの任務を遂行するものであるか，国の組織の中でいかなる地位を占めるものであるか，または国の中央政府もしくは地域的単位の機関としていかなる性格のものであるかを問わず，国際法上当該国の行為とみなされる」と規定する国家責任条文案第4条1項を提起し，この規定がジェノサイド条約適用事件判決で国際慣習法の法典化であることが容認されたことを確認する[7]。その上で，「テキサスは合衆国である（Texas is the United States）。そして，メデリン氏がアヴェナ事件で当裁判所よって命じられた救済を受ける前に同氏の処刑を予定することによって，テキサスは，まごうかたなく，当該判決についてのメキシコの解釈への不同意（disagreement）を伝達しているのである」として，「言うまでもなく，もし合衆国の諸構成部分が，アヴェナ判決を結果の義務として理解していないならば，それら構成部分は，同判決の意義または範囲に関するメキシコの見解を共有していない[8]」と主張した。す

---

6) Avena and Other Mexican Nationals (Mexico v. United States of America), Judgment, I.C.J. Reports 2004, p. 72, para. 153.
7) CR2008/16, p. 9, para. 3.
8) Ibid., p. 9, para. 4.

なわちメキシコ政府によれば,「合衆国およびその諸構成部分は,判決の意義と範囲に関するメキシコの見解を共有していない9)」のである。ここでメキシコは,国家機関の概念を中心に構成されている国家責任法上の帰属基準を根拠に,テキサス州当局という合衆国の機関がメキシコ政府によるアヴェナ判決の解釈に対して不同意の意思を表示していることは,合衆国が不同意の意思表示をしていることを国際法上意味すると主張したと解釈することができる。

(2) 合衆国の反論

当然,合衆国は,このような,国家責任法の帰属基準に基づく意思表示の国家への帰属という主張を否認した。合衆国政府の見立てによれば,「メキシコは,国際法上の二組の原理を合成してきている。第一は,国家責任法であり,この下で,一国は自己の政治的諸機関の行動について責任がある。これは,連邦,州および地方の諸官吏を包含する。しかし,第二の原理は,だれがその国家のために有権的に発言するか (who speaks authoritatively on behalf of the State) という問題を含むものである10)」。合衆国がその政治的下部機関の行為について国際法上責任を負うのはもちろんだが,「しかしながらそのことは,アヴェナ判決の意義と範囲について合衆国とメキシコの間に紛争が存在するか否かを決定する目的上,州裁判所の見解が合衆国に帰属させられると言うことと同じではない。国家責任条文の注釈が明らかにしているように,だれが国家のために発言できるかという問題は,『当該人または団体の行動が国家に帰属させられるか否かとは別問題』である11)」。合衆国は,違法性阻却事由としての同意に関する国家責任条文案第20条の注釈12)を根拠に,責任法の帰属基準の射程は,意思表示の国家への帰属には拡大しないと反論したのである。

合衆国によれば,合衆国憲法は対外関係についての権能を連邦政府に与えているのであり,「国際関係の領野において,合衆国は,諸地方官吏を通じてではなく,議会を通じてでもなく,行政府を通じて,単一の声で発言する

---

9) *Ibid.*, p. 12, para. 11.
10) CR2008/17, p. 10, para. 12.
11) *Ibid.*, p. 11, para. 13.
12) Commentary to Draft Articles on Responsibility to States for Internationally Wrongful Acts, Art.20, para.5. *Yearbook of the International Law Commission 2001*, vol. 2, part 2, p. 73.

(speaks with one voice) のである。州諸官吏の声明や行動は、たとえそれら官吏の国際的に違法な行動について国家責任の原理の下で合衆国が責任あることが明白であるとしても、それら問題についての合衆国の立場を単に代表して (represent) いないのである[13]」。こうして合衆国は、国際関係における国家意思の表示は、条約締結、外交関係の開設、ICJ の手続など個別分野を貫いて一般的に、合衆国の国内法上も国家実行上も、国家元首や外務大臣といった行政府の首脳を通じてなされると主張した[14]。そして、このような意思表示の国家への帰属は、「国家機関」の概念を中核とする国家責任法の原理に対して、「代表」の概念によって表現されているとみることができるだろう。

(3) 裁判所の判断

暫定措置命令において多数意見は、一方で合衆国が、行政府のみが国際的に合衆国を「代表する (represent)」資格を与えられた当局であり、当該行政府はアヴェナ判決を結果の義務と理解していると主張し、他方でメキシコが、行政府以外の連邦や州の諸当局が必要な措置を取ってきていないことは、アヴェナ判決の意義と範囲についての争いを反映していると主張していることを確認した上で、「両当事国は、アヴェナ判決153節第9項を国際的な結果の義務と捉えているようにみえる一方で、それにも拘わらず諸当事国は、みたところ (apparently)、その結果の義務の意義と範囲について、すなわち当該理解が合衆国の連邦および州の諸当局によって共有されているか否かおよび当該義務がそれら当局に課されるか否かについて、異なる見解を保持している[15]」として、暫定措置命令の目的上、規程第60条の意味における争いの存在を肯定した。

多数意見の見解は必ずしも明確ではない。一方では、上述した「代表」と「国家機関」という米国とメキシコの対立する主張を確認したうえで争いの存在を肯定している点からは、テキサス州などの地方当局の意思表示も合衆国の

---

13) CR2008/17, p. 11, para. 15.
14) *Ibid.*, pp. 12–13, para. 19.
15) Request for Interpretation of the Judgment of 31 March 2004 in the Case concerning Avena and Other Mexican Nationals (Mexico v. United States of America) (Mexico v. United States of America), Request for the Indication of Provisional Measures, Order of 16 July 2008, *I.C.J. Reports 2008*, p. 326, para. 55.

意思表示とみなされるというメキシコの主張を認容したとも解されうる。とくに、「当該理解が合衆国の連邦および州の諸当局によって共有されているか否か」は、それ自体は事実問題であって解釈問題ではない[16]ので、この文言は、テキサス州当局が結果の義務としての判決理解をメキシコと共有していない場合には、たとえ連邦の行政府がメキシコの解釈に同意していても、合衆国とメキシコの間に紛争が存在する可能性を認めるもののようにも読める。他方で、テキサス州当局の意思表示が国際法上合衆国の意思表示であるか否かという論点には触れずに、国家の意思表示であることがはっきりしている国際司法裁判所での手続における両国の代表者たちの主張に鑑みて、結果の義務の具体的内容について両国の解釈の対立が存在すると判断したものと解釈することも十分可能である。とくに「当該義務がそれら当局に課されるか否か」という文言は後者の解釈を示唆する。

　このように多数意見の見解は明瞭でない。しかし反対意見は、テキサス当局の意思表示が国際法上合衆国の意思表示とみなされる余地を多数意見が認めている可能性を念頭に置いて、この点について論駁している。まず、バーゲンサル判事は、その反対意見において、多数意見を、「国際平面において合衆国のために発言しないし発言することもできない合衆国の一つの州であるテキサスの諸見解が、第60条の意味における合衆国とメキシコの間の紛争が存在するか否かを決定する際に関連性があるという裁判所の決定」であるとして批判した[17]。同判事によれば、テキサスが、アヴェナ判決を履行せず、また履行することを要求されていると信じてもいないことは事実であるが、「しかしテキサスは国際平面において合衆国のために発言するわけではない。もちろん合衆国は、テキサスや、この問題についてはまた、他のいずれかの合衆国の州が、アヴェナ判決を遵守しないことについて、国際法の下で責任がある。しかし、合衆国政府だけが、国内法および国際法の下で国際平面において合衆国のために発言する権能を与えられている。アヴェナ判決の下での合衆国の諸義務の意味、範囲および性質に関するテキサスの立場は、合衆国に帰属できない (not

---

16) Joint Dissenting Opinion of Judges Owada, Tomka and Keith, *I.C.J. Reports 2008*, p. 346, para. 18.
17) Dissenting Opinion of Judge Buergenthal, *I.C.J. Reports 2008*, pp. 339-340, para. 24.

imputable) という結果になるのである18)」。

また，小和田判事，トムカ判事，キース判事は，その共同反対意見で，メキシコが国家責任条文案第4条を提起したことについて，「メキシコが依拠した法命題はこの文脈において無関連である。当該命題は，国際法違反が公的職能を行使する機関によって犯された場合に，国家組織において当該機関がいかなる地位を保持していようとも，当該違反についての国家の国際責任の存在如何を決定する助けになるものである」が，「しかし，単にテキサスの諸当局がこれまでのところ2004年判決の下での合衆国の義務を実施していないからというだけで，メキシコと合衆国がアヴェナ判決の意義または範囲についての紛争の渦中にあるということにはならない」と述べる19)。なぜなら，「一般に国際法および国際実行におけるのと同様に，裁判所規程第60条の目的上，国際水準で国家を代表し（represent）国家のために発言するのは，国家の行政府である20)」からである。

これら反対意見に照らせば，この暫定措置命令は，紛争の存在に必要な，意思表示の国家への帰属に関して，国家責任法上の基準に即して決定されるというメキシコの立場と，責任法上の基準ではなく「代表」の概念に表される基準により決定されるという合衆国の見解の対立について，少なくとも，意思表示の国家への帰属に関しても国家責任法の帰属基準によって決定されるという解釈の余地を残していると結論づけることができるだろう。その限りで，フォルトーの見解を支持する事例と考えることができる。

2 代表概念の適用範囲の拡大

他方で，近年のICJの裁判例では，意思表示の国家への帰属について，国家機関性ではなく「代表」の概念を用いて，問題の意思表示が国家の「代表者」によってなされたものであるか否かを基準とする事例がある。しかもこれら裁判例は，この代表概念の妥当範囲を，条約や一方的行為のような法律行為だけ

---

18) *Ibid.*, p. 336, para. 13.
19) Joint Dissenting Opinion of Judges Owada, Tomka and Keith, *I.C.J. Reports 2008*, p. 346, para. 16.
20) *Ibid.*, p. 346, para. 17.

でなく，意思表示が問題となるその他の行為にも拡大する傾向を示しているように思われる。以下，確認しよう。

(1) 一方的宣言についての代表概念の適用：コンゴ軍事活動事件先決的抗弁判決（2006）

コンゴ民主共和国（DRC）がルワンダを訴えたこの事件で，DRC は，裁判所の管轄権の根拠の一つとしてジェノサイド条約第9条を提起したが，ルワンダは同条に付した留保に基づいて，管轄権を否認した[21]。本稿に関係するのは，国連人権委員会におけるルワンダ法務大臣の声明によって当該留保は撤回されたという DRC の主張である[22]。この主張に反論する論拠の一つとして，ルワンダは，「この宣言は，それが，『国際関係の諸問題のために関係国を縛る権能を自動的に付与された』外務大臣または政府首相からではなく，法務大臣から発したものである限りにおいて，『特別の留保』を撤回するよう同国を拘束しないし義務づけもしない[23]」ことを挙げた。

この点について裁判所は，第46段落で，「一貫した判例に即して」，「国家元首，政府首相および外務大臣は，彼らの職能の行使という事実だけで，国家を代表する（représenter）とみなされ，そこには当該国家の名において（au nom dudit Etat）国際約束の効力を有する一方的行為（actes unilatéraux）を実現するため代表することも含む，というのが，十分確立された国際法規則である。裁判所は，他方で，条約締結の事項においては，この慣習法規則は，……ウィーン条約法条約第7条第2項にその表現を見出すことを想起するであろう」と判示した[24]。そのうえで裁判所は，「現代の国際関係においては，特定の諸分野において国家を代表するその他の人々が，彼らの権限に属する諸事項の内部において，宣言によって国家を縛ることを当該国家によって授権されることが，ますます頻繁になっている[25]」と指摘し，「一定の事情において，法務大臣が，

---

21) Activités armées sur le territoire du Congo (nouvelle requête: 2002) (République démocratique du Congo c. Rwanda), compétence et recevabilité, arrêt, *C.I.J. Recueil 2006*, p. 22, para. 29.
22) *Ibid.*, p. 23, para. 32.
23) *Ibid.*, p. 24, para. 37.
24) *Ibid.*, p. 27, para. 46.
25) *Ibid.*, p. 27, para. 47.

自らが代表者（représentant）である国家を彼の宣言によって縛りうることは原理的には排除できない 26)」と結論づけた。

ここからは，裁判所が，条約や一方的行為といった法律行為に必要な意思表示の国家への帰属について，「国家機関」の概念を中心に構成される国家責任法上の帰属基準を用いていないのは明白である。むしろ裁判所は，「代表」や「代表者」の概念によって意思表示の帰属を決定している。さらに，「一方的行為を実現するため代表することも含む」という言い回しからは，意思表示の国家への帰属に関して代表の基準が適用されるのは，条約および一方的行為といった法律行為に限られず，より広く国家の意思表示一般に及ぶことが示唆されている点にも注意する必要がある。

(2) 紛争についての代表概念の適用：人種差別撤廃条約適用事件先決的抗弁判決（2011）

グルジアがロシアを提訴したこの事件では，裁判所の管轄権の根拠として人種差別撤廃条約（CERD）第 22 条が提起された。そこで，第 22 条の定める CERD の解釈適用に関する「紛争」が存在したか否かが争点となった。

判決は，「紛争」の認定について，上述した 2006 年の先決的抗弁判決の第 46 および 47 段落を引きつつ，「一般に，国際法および国際実行において，国際関係において国家を代表し（represents）国際平面で国家のために発言する（speaks for）のは国家の行政府である。……したがって，主な注意は，両当事国の行政府によってなされたかまたは是認された諸声明に向けられる」と判示した 27)。

この事件で裁判所は，2006 年判決で直接には条約や一方的行為という法律行為における意思表示の国家への帰属に関して定式化した「代表」の基準を，紛争に必要な国家の意思表示の有無の判断へと拡張したと考えることができる。紛争について国家機関性に基づく責任法の帰属基準が妥当するのか代表の基準が妥当するのかが，アヴェナ解釈請求暫定措置命令の論点であったが，本件は

---

26) *Ibid.*, p. 28, para. 48.
27) Application of the International Convention on the Elimination of All Forms of Racial Discrimination (Georgia v. Russian Federation), Preliminary Objections, Judgment, *I.C.J. Reports 2011*, p. 87, para. 37.

明確に代表の立場を採用したと言えるだろう。

　(3)　国家の「見解（opinion）」についての代表概念の適用：カリブ海における主権的権利および海域の侵害事件先決的抗弁判決（2016）

　ボゴタ条約第2条は，「締約国の見解において（in the opinion of the parties），通常の外交経路を通じた直接交渉によって処理できない」紛争について，当該条約に定める諸手続を用いることを締約国に義務づけている[28]。本件では，同条に定める「締約国の見解」の有無が争点となった。そこで，だれの見解が「締約国の見解」と捉えられるかが問題となる。裁判所は，国際関係において国家を代表し国際平面で国家のために発言するのは国家の行政府であるので「主な注意は，両当事国の行政府によってなされたかまたは是認された諸声明に向けられる」とした上述の2011年判決第37段落を引用して，「それゆえ当法廷は，交渉による処理の可能性に関する諸当事国の立場を決定する際に，そのような声明および宣言に依拠することができると考える」と結論づけた[29]。

　本件では，紛争処理条項中の「締約国の見解」の概念に対して代表概念が適用されている。この「見解」は単に交渉による紛争処理の可能性についての認識を指すのであって，法律行為の要素としての意思表示ではないので，ここでは，事実としての見解の帰属の判断について代表概念が用いられていると言えるだろう。

3　小　括

　以上で検討した近年の三つの判決では，アヴェナ解釈請求暫定措置命令とは異なり，代表概念に基づく意思表示の国家への帰属という基準が採用されていた。しかも当該基準の射程は拡大している。

　条約や一方的行為という法律行為に代表概念が適用されていることに関しては，あるいはフォルトー流に，ここでも意思表示の帰属自体は国家責任法上の帰属基準で決定されているのであって，代表概念は，責任法の帰属基準によって決定された国家の意思表示に，法律行為としての効果を生じさせる権限があ

---

[28]　Alleged Violations of Sovereign Rights and Maritime Spaces in the Caribbean Sea (Nicaragua v. Colombia), Preliminary Objections, Judgment, para. 81.
[29]　*Ibid.*, para. 96.

るか否かの基準として作用しているだけであると説明することはなお可能である。しかし，紛争の要素としての意思表示や国家の見解については，そのように意思表示の帰属と法的効果を生じさせる権限とを区別するのは難しい。したがって，これらの判決は，代表概念に基づき行政府の意思表示のみが国家の意思表示として国家に帰属するという基準を認定するものと解釈することが許されるだろう。

III　代表概念の目的

前章までの検討から明らかになったように，近年の国際裁判例には，意思表示の帰属については「代表」の概念に基づき判断し，しかもその妥当範囲を法律行為や紛争，見解にも拡大する傾向が存在する。このように意思表示の国家への帰属について代表概念に依拠することは，理論的に正当化できるのだろうか。

1　国際法上の代表

国際法において，意思表示の帰属の基準として，国家責任法のように国家機関性を用いるのではなく，代表概念をもちいることには，どのような目的が込められているのであろうか。一定の示唆は，すでに上で検討した諸判例に表されているように思われる。アヴェナ解釈請求暫定措置命令において，国家責任条文案第4条の国家機関性の基準を提起したメキシコに対して，代表概念を対置した合衆国は，機関性でなく代表を採用する理由として，国家は対外的に「単一の声で発言する」必要があることを強調していた。

この議論からは，機関性の基準ではなく代表の基準を用いるのは，前者によっては国家意思が複数存在することになってしまうのに対し，後者は国家意思の統一性を担保できるからであることが窺える。ピトキンは，代表概念一般についての研究のなかで，実行者（agent）や機関（organ）と，代表者（representative）の意味の違いについて，実行者や機関は団体の道具に過ぎず，「団体の実行者はその部分または手足であるのに対し，代表者においては団体全体が現前している（と想定される）」と述べている 30)。この指摘に従うなら，統一的な国家意思を確定するために，機関ではなく代表の概念が使用されるのは，機関

の語は部分を指しそれゆえ部分の数に即して複数の意思が存在するのに対し，代表の語は全体を指すがゆえに単一の意思を含意することができるからであると考えることができるだろう。

　ホフマンは，現代国際法上の代表概念と，ヴァッテルに典型的に示される 31) 君主政的代表理念の関係について，対外的な国家代表権の概念は，君主政的代表理念の分化の産物であるとしつつ，「団体の代表の概念，すなわち，対内的な意思形成の問題を越えた，外に向けてのその統一（Einheit）の表出の意味におけるその代理の概念は，その内容および名称上，支配団体の代表者による化体というこのバロック的理念よりも古い」のであり，「別言すれば，問題の発展は，君主政的代表の特定の相対的に自立的な意味要素への退行としても把握されうる」との見解を示している 32)。現代国際法における代表は，バロック的代表概念の中の比較的自立的な一部分が，対内的意思形成について当該代表概念が意義を失った後も生き残ったものであり，その意義は，対外的に国家の統一性を保障する点にあるとされていると言えるだろう。

　またライプホルツは，「国際法においては，たとえば純粋民主政におけるように，その意思形成が国法上は唯一の政治的構成原理として同一性原理（Identitätsprinzip）に依拠する諸国についても，原則として代表の統合機能の意義が示される。ここでは，政治的共同体の構築に際して，実際上，代表の諸要素を欠くことができないことが，とりわけ明瞭に示される 33)」と述べる。ここで統合とは，同一性原理または代表原理のいずれかによって実現されるものであり，「機能的に国家を統一へと統合する」ことであり，「意思を統一する（willensvereinheitend）作用をなす」ことを指す 34)。したがって，ライプホルツも，国際法上の代表概念の意義を，対外的に国家意思を統一する点に見出していると考えることができる。

---

30) Hanna Fenichel Pitkin, *The Concept of Representation* (University of California Press, 1972), pp. 125, 153.
31) Hasso Hofmann, *Repräsentation*, 4. Aufl. (Duncker & Humblot, 2003), pp. 375, 392-393.
32) *Ibid.*, p. 404.
33) Gerhard Leibholz, *Das Wesen der Repräsentation und der Gestaltwandel der Demokratie im 20. Jahrhundert*, 2. Aufl. (Walter de Gruyter & Co., 1960), p. 196.
34) *Ibid.*, pp. 119-120.

このように，国際法上の代表概念は，対外的に国家およびその意思の統一性を担保するという目的を担ってきたと解釈することができる。さらに，ホフマンやライプホルツの議論は，この代表概念が，国際法固有のものではなく，歴史的に形成された近代国家の「対内的な意思形成」に関して発展したものであることを示唆している。以下では，この点を確認しておこう。

2 近代国家における統一的意思の問題

よく知られているように，ホフマンの言うバロック的代表概念を，20世紀前半において再現前原理として定式化したのはシュミットである[35]。すなわち，シュミットは，絶対主義からフランス革命にかけて形成された歴史的な近代主権国家を前提に議論を構成している[36]。シュミットによれば，国家とは国民の「政治的統一という地位 (Status politischer Einheit)」であり，国家形式とはこの統一の個別の種を指す。国家の概念規定の主体は国民であり，国家は国民の状態である。その際国民は，二つの異なる仕方で政治的統一という状態を手に入れ保持できる。一つは同一性原理であり，この立場では，「国民は，強固な自然的諸境界の結果，または他のなんらかの諸根拠から，強力かつ意識された同種性によって，その直接の所与性において政治的に行為能力を持つことが可能である。そのとき国民は，自己自身との直接的な同一性において眼前にある実在的現時的な全体として，政治的統一体である」。もう一つが，代表（再現前）原理であり，この立場では，「国民の政治的統一それ自体は決して実在の同一性としては現在しえないので，それゆえつねに人間によって人として代表され (persönlich repräsentiert) ねばならない」。すなわち，国民自体が憲法制定権力として登場する場合には同一性原理に基づいて国家の政治的形式が決定されるのに対し，君主が憲法制定権力の主体である絶対君主制は，実際には絶対代表である[37]。

この代表について，シュミットは，まずそれは公共領域においてのみ行われるものであって私事の代表は存在せず，また代表は規範的な出来事，手続やプ

---

35) 和仁陽・教会・公法学・国家 (1990)。
36) Carl Schmitt, *Verfassungslehre*, 8. Aufl. (Duncker & Humblot, 1993), pp. 47-51.
37) *Ibid.*, p. 205.

ロセスではなく「実存的なもの（Existentielles）」であって不可視の存在（Sein）を公共的に現在する存在を通じて可視化することを意味するとし，そして最後に，代表されるのは「全体としての政治的統一」であると説く。彼によれば，ホッブズが述べたように国家はその統一を主権者の人において有するのであり，「代表がはじめて統一を発生させる」。すなわち「国家の人なるもの（das Persönliche）は，国家概念にではなく，代表の中に伏在する」のである[38]。

シュミットは，近代主権国家について，国家形式についての具体的な全体的決定をなす「政治的意思[39]」としての憲法制定権力の類型の一つとして代表原理を導入し，意思決定をなす代表者において，国家の統一が実現されると主張していると言うことができるだろう。

3 近代国家における代表と機関性の区別

このように，代表の概念は，国際法固有の問題関心であると言うよりもむしろ，国内的意思形成に関する憲法上の問題として，さらには，憲法より前に存在し憲法制定によって自らに形を与える「実存的」な近代国家の統一の問題として，発達したものとみることができる。

そして，とくにアヴェナ解釈請求暫定措置命令において顕在化した，機関性と代表の区別の問題も，国際法で問題となる以前に，国内的な意思形成の統一の確保という観点から，議論されてきたものであるように思われる。以下，確認しておこう。

シュミットによれば，前述したように，代表されるのは全体としての政治的統一であるので，「この代表には，あらゆる委任や職能を越えるなにものかが伏在している。それゆえ，すべての任意の『機関』が代表者であるわけではない。統治する者だけが代表に参与する。統治は，政治的実存という精神的原理を表出し具体化することによって，行政や事務管理から区別される[40]」。また彼は，「代表者は独立であり，それゆえ職員でも，実行者でも，執行委員でもない」とし，「ここでは『機関』の語は避けられなければならない」と述べ，

---

38) *Ibid.*, pp. 208-214.
39) *Ibid.*, pp. 75-76.
40) *Ibid.*, p. 212.

あわせて，フランスの1791年憲法が，国家の行政を委託された人は代表者としての性格をもたないと規定していることに言及する41)。

ライプホルツもまた，機関論が，法主体性を付与された国家団体のためのすべての行為を国家機関行為と呼び，憲法または法律による規律に基づいて割り当てられた諸制限の枠内における機関担当者の意思を国家意思と捉えることについて，このような確言によっては，個々の国家機関が具体的に実際行っている個別の活動についてなにも説明されないと批判する42)。彼によれば，このような包括的な機関概念によって代表概念を抹消することはできないのであり，それでもなお将来において国家機関概念を維持したいのであれば，あらゆる国家機関において政治理念的統一としての国民が直接に行為するものとして現象するというような観念から解放され，かつ「今日の形象において，国家機関の概念は，国家および国民共同体のために行為する人たちおよび人の諸集団の多様な諸範疇のあいだの本質的な諸相違を把握できない上位概念（Oberbegriff）に過ぎない」ことが認められなければならないと主張する。シュミットと同様にライプホルツも，ここでフランス革命を参照し，ルソーを通じて当該革命で導入された，「政治的に自立的に決断する（最近ではときに機関とも呼ばれる）代表者と『単なる実行者』または『国家の職員』の区別」のほうが，憲法理論上の区別にとってより適当であると結論づけている43)。

このように，国家およびその意思の統一性を実現する代表者を，国家機関一般の概念に埋没させることが許されるか否かという問題は，国際法に先立ち憲法論においてすでに議論の対象となってきた。さらに上記の議論からは，学説だけでなく実定法上も，とくにフランス1791年憲法において，この問題が争われたことを窺うことができる。そこで最後に，この1791年憲法についてのフランス国民議会での議論を見ておこう。

1791年憲法は，その第3編第3条で，「すべての権力がそこからのみ由来するフランス国民は，それら権力を委任によってのみ行使できる。フランス憲法は代表的である。代表者は，立法府および王である（La Constitution française

---

41) *Ibid.*, pp. 212-213.
42) Leibholz, *supra* note 33, p. 132.
43) *Ibid.*, pp. 136-138.

est représentative : les représentants sont le Corps législatif et le roi.)」と規定していた。この規定の草案の報告者トゥーレは，まず「王は立法府の諸デクレについて裁可権を有し，この権利の行使において彼は代表者である」と述べ，その理由として，法律の執行を停止するこの権能は「執行権力（pouvoir exécutif）」の行使には含めることができないことを挙げる。そして次に，「王はなおまた，国民が彼に付与した，諸外国と国家の諸利益および諸事項を交渉する（traiter）権利において，代表者としての争い得ない性格をもつ。というのは，彼が外部で政治的交渉を実行する権利をもつのは，またもや，執行権力を行使するものとしてではないのである」と説明している。つまり，法律の裁可権と外交権は，単なる執行権力とは性格づけることができず，これらの権利の行使において王は代表者としての性格を有する。トゥーレによれば，代表者であるにもかかわらず，「しかし王は公務員（fonctionnaire public）である」が，両者には矛盾はなく，「王は，すべての公務員の首席および，人民の代表者という，二重の資格を帯びている[44]」。

ライプホルツが引用した[45]のは，草案を支持する立場から発言したバルナーヴである。彼は，この代表者と公務員の区別について，「代表者を単なる公務員に過ぎない者から区別するのは，代表者が一定の事例において国家のために意思すること（vouloir pour la nation）を任じられているのに対して，単なる公務員は国家のために行為すること（agir pour elle）以外のことを決して任じられないことである」と定式化した。バルナーヴによると，「立法府は国民の代表者である。なぜなら，立法府は，1. 諸法律を制定し，2. 諸外国との諸条約が王により着手され約束されたときに，当該諸条約を批准することにおいて，国民のために意思するのである」。他方で，「王は，1. 立法府の新たな諸法律が即座に執行されるかまたは停止に服するかを，彼が国民のために同意し意思する点において，2. 国民のために約定し国民の名において諸外国との諸条約を準備し作成する点において，国民の立憲的代表者である。諸条約は真正の意思行為（actes de volonté）であり，真正の法律であり，他国民を我々と相互的に拘

---

44) *Archives parlementaires de 1787 à 1860*, tome XXIX (1888), p. 328.
45) Leibholz, *supra* note 33, pp. 137-138.

束する。これに対し国内諸法律，すなわち我々固有の諸法律は，立法府から発する46)」。ここでは，対外的な制定法としての条約と対内的な法律が，国民のための意思行為と性格づけられ，このような「国民のために意思する」権能をもつ者が「代表者」であり，単に「国民のために行為する」権能をもつに過ぎない者は「公務員」として区別されている。代表概念について研究したブリュネによれば，同時期の国民議会において，「代表者」と区別される「公務員」は，「機関（organe)47)」と呼ばれることもあった48)。そうだとするなら，すでに1791年憲法の段階において，代表と機関の概念の区別が，まさに国民の名において意思表示をなす権能を有する者を限定するために，提起されていたことになるだろう。ブリュネによれば，これらの「代表者」と「公務員」の区別は，憲法により設定された権限の階層性を正当化するために導入されたものであった49)。本稿の観点からこれを言い換えれば，国民ないし国家に帰属する意思表示の権限を議会および君主に限定することを正当化するために，機関や職員と区別される代表の概念が必要とされたのである。そして，このようにフランス革命において，国家に帰属する意思表示の範囲が「代表者」に限定された理由は，ブリュネが述べるように，「国家の統一を固めること50)」であったと考えることができるだろう。

4 小 括

以上の検討から，国際法上の代表概念が，「単一の声で発言する」という国家意思の統一性を保障するという目的に仕えるものと捉えられてきたと結論づけることができるだろう。さらに，このような目的を有する代表概念および，代表概念と機関概念の区別は，国際法固有のものではないことが窺われた。代表は，絶対主義からフランス革命に至る時期において確立した実在の近代国家における，国家およびその意思の統一性の要請から発達したものであり，国際

---

46) *Archives parlementaires de 1787 à 1860*, tome XXIX（1888), p. 331.
47) *Archives parlementaires de 1787 à 1860*, tome XXIII（1886), p. 559.
48) Pierre Brunet, *Vouloir pour la nation*（Bruylant, 2004), pp. 217-221.
49) *Ibid.*, pp. 252-253.
50) *Ibid.*, p. 271.

法上の代表概念はそこから分化したものに過ぎないと解釈することができた。

代表概念によりこのように国家意思の統一性が担保されることは，それ自体で国際関係の安定性に資するとみることができる。それだけでなく，これまでの検討からは，代表概念は，近代国家自体の必要条件として要請されていると捉えることができる。統一的意思を備えた近代国家自体の超克を目指すならばともかく51)，そうでない限りは，代表概念を国家責任法の国家機関概念で置き換えるべきではないと考えられる。

さらに，以上のような代表概念の諸特質は，最近の判例が暗示する，国際法規範やその分野を問わない，代表概念の適用範囲の拡大も，ある程度説明できるように思われる。代表概念が近代国家自体の存立の条件である限りにおいて，その妥当範囲を，たとえば条約のような法律行為に限定する理由はなく，分野を問わずに国家意思が問題となるあらゆる局面について代表概念が妥当すると解釈することは，十分正当化されるのではないだろうか。

Ⅳ 結 論

本稿では，国家責任法の帰属基準の妥当範囲を，国際違法行為以外の諸行為に拡大する見解について，意思表示の国家への帰属を例に検討してきた。

国際裁判例においては，アヴェナ解釈請求暫定措置命令のように意思表示の国家への帰属についても国家機関性に基づく国家責任法の帰属基準を適用したと解釈できる事例もあるが，むしろ近年では，国家機関性ではなく代表の概念を適用する例が増加しており，さらに後者においては，代表概念の適用は法律行為に限定されていない。

そこで，意思表示について代表の基準を正当化できるかが問題となる。代表の概念は，国際法上は国家意思の統一性を保障するという目的に仕えるものであり，しかも元来，国際法固有の概念というよりも，国家およびその意思の統一性の実現という，近代国家自体の条件として発達してきたものと捉えることができた。このような代表概念の目的に鑑みると，意思表示の帰属については，

---

51) 例えば Anthony Carty, *Philosophy of International Law* (Edinburgh University Press, 2007), pp. 56-59.

代表概念を排して責任法の国家機関性の基準を妥当させることは回避すべきと考えられる。

国際法上の完全賠償原則
―― ホルジョウ定式の再検討

玉 田 　 大

 I 　はじめに
 II 　現代的評価
 III 　法構造
 IV 　問題点
 V 　おわりに

I 　はじめに

　国際法上の賠償（reparation, réparation）の基本原則は，完全賠償（full reparation, réparation intégrale）である。その基本構造は，常設国際司法裁判所（PCIJ）のホルジョウ[1]工場事件（賠償）（本案判決 1928 年）において示されたことから，「ホルジョウ定式」（the *Chorzów* Formula）と称されている。国際判例において頻繁に引用されるのは，以下の判断部分である。「賠償は，できる限り違法行為の全ての結果を拭い去り，もし違法行為が行われなかったならば存在したであろう状態を回復すること（rétablir l'état qui aurait vraisemblablement existé si ledit acte［illicite］n'avait pas été commis）にある。現物返還（restitution en nature）が求められ，これが不可能な場合は原状回復価格に相当する金額支払が求められる」[2]。このホルジョウ定式は国際判例において広く引用されて

---

1) Chorzów の日本語表記は「ホジュブ」が適切であるが，慣例に倣い「ホルジョウ」と記す。

おり，今日その一般性（慣習国際法規則性）を疑問視する見解は存在しない。他方で，ホルジョウ定式の内容に対しては常に批判的評価が付きまとう。すなわち，ホルジョウ定式には懲罰的要素が含まれており，実際の賠償算定に際しては適用されていない（あるいは適用すべきでない）という評価である。ここから，幾つかの疑問が生じる。第1に，如何なる意味で「懲罰的」要素が含まれるのか，という疑問である。第2に，仮に「懲罰的」要素が認められる場合，なぜホルジョウ定式に一般的な適用性が認められているのか，という疑問である。これらの問題に答えるための前提として，本稿ではホルジョウ定式に関する現代的評価を概観した上で（Ⅱ），ホルジョウ定式の法構造を分析し（Ⅲ），その問題点を指摘する（Ⅳ）。

Ⅱ 現代的評価

1 一般性

ホルジョウ定式が国際違法行為責任の内容に関する一般原則（慣習国際法規則）を示すものであるという点については，疑問の余地はない。第1に，国家責任条文（2001年）31条は，「国際違法行為から生じた被害について完全な賠償（full reparation）を行う義務を負う」と規定する。同条のコメンタリーによれば，「国際違法行為の実行の帰結に関する一般原則は，ホルジョウ工場事件でPCIJによって述べられている。」[3]という。このように，国家責任条文においては，「国際法上の賠償原則＝完全賠償原則＝ホルジョウ定式」という関係が成立している。第2に，ホルジョウ定式は数多くの国際判例で引用されている。同定式に触れている最新の判例は，国境地帯事件（2018年2月2日の金銭賠償判決）[4]である。同判決は，ホルジョウ定式を示した上で，完全賠償義務を認めた判例としてディアロ事件（2010年判決）[5]，アヴェナ他事件（2004年判

---

2) *Usine de Chorzów（Demande en indemnité）（Fond）*, arrêt du 13 septembre, 1928, *C.P.J.I. Série A, n° 17*, p. 47.

3) James Crawford, *The International Law Commission's Articles on State Responsibility: Introduction, Text and Commentaries* (2002), pp. 201-202.

4) *Certain Activities Carried Out by Nicaragua in the Border Area（Costa Rica v. Nicaragua）*, Compensation Owed by the Republic of Nicaragua to the Republic of Costa Rica, Judgment of 2 February 2018, paras. 29-30.

決)6），ガブチーコヴォ・ナジュマロス計画事件（1997年判決)7）を例示している。その他，コンゴ領域武力活動事件（2005年判決)8），ジェノサイド条約適用事件（2007年)9）でもホルジョウ定式が引用されており，さらに，ICJ以外の紛争解決機関（ITLOSや投資仲裁)10）でもホルジョウ定式は用いられている。なお，ホルジョウ定式の一般的性質に関連して，以下の2点に注意しておく必要がある。

第1に，ホルジョウ定式が，賠償の一般原則として提示されている点である。ホルジョウ工場事件自体は，財産奪取（投資財産の直接収用）案件であるが，PCIJは，国際違法行為から生じる賠償義務の一般原則としてホルジョウ定式を提示している。すなわち，「ジュネーヴ条約違反とPCIJが判断したポーランドの行為［＝ホルジョウ工場の収用］は，衡平な補償支払 (le paiement d'une indemnité équitable) のみを欠くような収用（expropriation）ではなく，補償支払があっても収用され得ないような財産，権利及び利益の没収 (mainmise/seizure) である」11）。このように，本件におけるポーランドの違法行為は，補償支払の欠如を理由とした違法収用ではなく，ジュネーヴ条約上で禁止された収用（補償支払があっても許容されない行為）と解されている 12）。すなわち，ホ

---

5) *Ahmadou Sadio Diallo (Republic of Guinea v. Democratic Republic of the Congo)*, Merits, Judgment, I.C.J. Reports 2010 (II), p. 691, para. 161.
6) *Avena and Other Mexican Nationals (Mexico v. United States of America)*, Judgment, I.C.J. Reports 2004 (I), p. 59, para. 119.
7) *Gabčíkovo-Nagymaros Project (Hungary/Slovakia)*, Judgment, I.C.J. Reports 1997, p. 80, paras. 149-150.
8) *Armed Activities on the Territory of the Congo (Democratic Republic of the Congo v. Uganda)*, Judgment of 19 December 2005, I.C.J. Reports 2005, p. 257, para. 259. ただし，ICJはホルジョウ工場事件本案判決（1928年判決）を引用するのではなく，「約束違反が適切な形態における賠償の義務を伴うことは，国際法の原則である」という管轄権判決（1927年判決）を引用している (*The Factory at Chorzów (Claim for Indemnity) (Jurisdiction)*, Judgment of 26 July 2917, P.C.I.J., Series A, No. 9, p. 21)。
9) *Application of the Convention on the Prevention and Punishment of the Crime of Genocide (Bosnia and Herzegovina v. Serbia and Montenegro)*, Judgment of 26 February 2007, I.C.J. Reports 2007, pp. 232-233, para. 460.
10) 玉田大「補償と賠償」小寺彰編著・国際投資協定——仲裁による法的保護（2010）201頁。
11) C.P.J.I. Série A, n° 17, p. 46.
12) Audley Sheppard, "The Distinction Between Lawful and Unlawful Expropriation", in Clarisse Ribero (ed.), *Investment Arbitration and the Energy Charter Treaty* (2006), p. 179.

ルジョウ定式はあらゆる国際違法行為に適用可能な賠償原則として提示・適用されている13)。

第2に，近年，ホルジョウ定式を引用することなく賠償判断を示す裁判例が散見される。例えば，パルプ工場事件（本案判決2010年）においてICJは，「慣習国際法は，侵害の賠償の一形態として原状回復を定めており，原状回復は違法行為が生じる前に存在した状況 (la situation qui existait avant la survenance du fait illicite) を再現することである…」14)（傍点玉田）と述べているが，ここでは，ホルジョウ定式ではなくガプチーコヴォ・ナジュマロス計画事件が引用されている15)。その理由は，パルプ工場事件判決で示された原状回復の概念が，ホルジョウ定式ではなく，国家責任条文35条に依拠していることにある（すなわち，ホルジョウ定式における原状回復と国家責任条文35条の原状回復の間には齟齬が存在している）。この論点は，ホルジョウ定式の変遷という観点から重要であるが，分析は別稿に譲る。

2 懲罰性

上記のように，ホルジョウ定式の一般性は広く認められているが，その内容については議論が絶えない。というのも，ホルジョウ定式は，賠償に関する「懲罰的アプローチ」(punitive approach) であると評する見解が根強いためである16)。例えば，Reisman and Sloane は，間接収用を巡る論考において次のように指摘している。「*damnum emergens* ［積極的損害］と *lucrum cessans* ［消極的損害］の区別は，全く時代錯誤ではあるが，国際仲裁廷が目に余る収用を罰し (penalize)，将来にわたって収用を抑止することを可能とするという意味で，有益な政策目的を有する」17)。後述のように，ホルジョウ定式は逸失利益

---

13) Brigitte Stern, 'The Obligation to Make Reparation', in James Crawford et al. (eds.), *The Law of International Responsibility* (2010), pp. 563-564.

14) *Usines de pâte à papier sur le fleuve Uruguay* (*Argentine c. Uruguay*), arrêt du 20 avril 2010, *C.I.J. Recueil 2010*, p. 103, para. 273.

15) *I.C.J. Reports 1997*, p. 81, para. 152. ここでICJは，「国際違法行為による損害について，被害国が違法行為国から金銭賠償 (compensation) を得る権利を有することは，十分に確立した国際法規則である」と述べているが，ホルジョウ定式には触れていない。

16) Audley Sheppard, *supra* note 12, p. 194.

17) W. Michael Reisman and Robert D. Sloane 'Indirect Expropriation and its Valuation in the

(消極的損害)を賠償額に加算するが,上記の説はこれを「罰」と評している。
同様に,Tudor によれば,「賠償概念は刑事懲罰観念を前提とするが,他方で
補償概念には制裁観念は見られない。補償の場合,全てを違法行為以前の姿に
置き直すことが求められるだけである」(傍点玉田)という 18)。このように,
「補償」概念とは異なり,「賠償」概念には懲罰・制裁概念が包含される。こう
した議論は,投資紛争における金銭支払(compensation)問題を対象としたも
のではあるが,ホルジョウ定式の懲罰的性質を指摘する説は,国際投資法分野
に限られない。例えば,Gray は次のように述べる。「[ホルジョウ工場事件に
おいて] 裁判所は,違法な奪取は合法収用よりも重い罰 (a heavier penalty) を
受けるべきであると考えており―これは,損害賠償 (damages) が懲罰的
(punitive)でなければならないと表現し得るものであろう―そのため例外的な
規則を採用した。というのも,財産価値の算定のための関連時期は判決時であ
るべきだと判断したからである。裁判所は明らかに,収奪時と判決時の間にホ
ルジョウ工場の価値が上昇したことを想定しており,さもなければ,判決時を
選択したことは原告(ドイツ)の利益にはならなかったであろう」19)。以上の
ように,一般的に適用されているホルジョウ定式には,「懲罰的」要素が含ま
れていると解されている。そこで以下,ホルジョウ工場事件判決の分析を通じ
て,そもそもホルジョウ定式とは如何なる法判断であり,どの部分に「懲罰
的」要素が含まれているのかを明らかにしよう。

Ⅲ 法構造

1 事案概要

(1) 事件の全体像

ホルジョウ工場事件は,ポーランドがドイツ企業の所有するホルジョウ工場
を「没収」したことから生じた案件である。すなわち,工場所在地国(ポーラ
ンド)による工場収用措置に対して,工場所有会社の本国(ドイツ)が自国会

BIT Generation', *British Yearbook of International Law*, Vol. 75 (2004), p. 137.
18) Ioana Tudor, 'Balancing the Breach of the FET Standard', *Transnational Dispute Management*, Vol. 4, Issue 6 (2007).
19) Christine Gray, *Judicial Remedies in International Law* (1990), p. 80.

社の被った損害の賠償を請求した事案である。

第1に,「上部シレジアのドイツ人利益に関する事件」において,PCIJ はまず裁判管轄権を認め（1925年8月25日。第6判決),本案判決（第7判決）において,ポーランドによるホルジョウ工場の収用がジュネーヴ条約6条以下に違反すると判断した（1926年5月25日判決）。

第2に,両国間で賠償金額と支払方法に関する交渉が行われたが,賠償金額について合意に達しなかったため[20],ドイツが改めてポーランドを相手取って提訴し,損害賠償請求を提起した。これが「ホルジョウ工場事件（金銭賠償）」である。本件では,管轄権判決（第8判決,1927年7月26日)[21],仮保全措置命令（1927年11月21日)[22],第7判決と第8判決の解釈判決（第11判決,1927年12月16日)[23] を経た後,本案判決（1928年9月13日)[24] と命令（1928年9月13日)[25] という一連の判断が下されている。

第3に,最後の命令の後,両国間および当事者間（ポーランド当局と両会社の間）で紛争解決の合意に至り（1928年11月27日の交換書簡),訴えが取り下げられたため（1929年5月25日の命令),PCIJ は賠償額算定のための専門家委員会を解散し,最終的な損害賠償額を提示しなかった。

(2) ドイツの賠償請求額

原告ドイツは,ポーランド収用法（1920年）がジュネーヴ条約（1922年の上部シレジアに関するドイツとポーランド間の条約）に違反したと主張し,上部シレジア窒素会社（Oberschlesische Stickstoffwerke）とバワリア（バイエルン）窒素会社（Bayerische Stickstoffwerke）が1922年7月3日（工場の収用時点）から判決日までに被った損害について賠償支払を請求した。具体的な請求額は以下の通

---

[20] C.P.J.I. Série A, n° 17, p. 23.

[21] Affaire relative à l'Usine de Chorzów (Demande en indemnité) (Compétence), arrêt du 26 juillet 1927, C.P.J.I. Série A, n° 9.

[22] Affaire relative à l'Usine de Chorzów (Indemnité), ordonnance du 21 novembre 1927, C.P.J.I. Série A, n° 12.

[23] Interprétation des arrêts n°s 7 et 8 (Usine de Chorzów), arrêt du 16 décembre 1927, C.P.J.I. Série A, n° 13.

[24] C.P.J.I. Série A, n° 17.

[25] Ordonnance du 13 septembre 1928, C.P.J.I. Série A, n° 17, pp. 99–103. 本命令は,判決で示された損害賠償の金額査定につき,参考のために「鑑定」(une expertise) を命じている。

りである。

[表1] ドイツの賠償請求項目と金額

	項　目	金　額
上部シレジア窒素会社に関する賠償請求 26)	①収用時点における工場価値	5840 万独マルク
	②収用時点における営業費（capital d'exploitation）	1656 万独マルク
	③収用時点から判決時までの間の利子 6% を①②に加えた金額	未　定 27)
バワリア窒素会社に関する賠償請求 28)	④1922 年 7 月 3 日（収用時点）から 1927 年 7 月 2 日までの間の損害額 29)	2017 万独マルク

2　賠償判断

(1) 合法収用と違法収用の区別

PCIJ は，違法行為に適用される賠償原則について述べる前に，次のように，合法収用と違法収用の区別について説明している。「ドイツ政府に対する金銭支払（indemnité）は，必ずしも奪取時点で会社が有していた価格に支払日までの利子を加えた金額に限定されるべきではない。こうした限定が認められるのは，ポーランドが収用権を有していたような場合か，あるいは，ポーランドの

---

26) ドイツの最終申立（1928 年判決 12 頁）では内訳が明らかにされていないが，申述書では次のように主張している。上部シレジア会社が被った損害が 5940 万独マルク（収用時点の価値）であり，ここから生産原料，最終・半最終製品，貯蔵品の価格（100 万独マルク）を引き，5840 万独マルクが収用時点の価値である（①）。加えて，②営業費（capital d'exploitatoin, value actuelle）を請求している（1656 万独マルク。判決 8 頁）。なお，②営業費は収用時点の価格である（判決 9 頁 1 行）。また，算定根拠として工場の「建設費」（les frais de construction）に依拠したことが明らかにされている（判決 50 頁）。
27) 申述書段階では，収用時点から 1927 年 7 月 2 日までの 5 年間の利子として，1752 万独マルクを請求していた（判決 8 頁）。これを判決時点までの利子として請求し直したため，具体的な賠償額が示されていないものと解される。
28) *C.P.J.I. Série A, n° 17*, p. 12.
29) 申述書では，収用時点（1922 年 7 月 3 日）のバワリア社の損害は 1677 万独マルクであったが，1927 年 7 月 2 日までの年利 6% を加えて，2017 万独マルクを請求している（判決 8 頁）。なお，1927 年 7 月 2 日は，収用時点（1922 年 7 月 3 日）から数えて 5 年であり，この期間の賠償請求を提起しているものと解される（ただし，最終申立においても 1927 年 7 月 2 日時点の賠償額を請求しているが，その理由は不明である）。

違法行為が，収用対象物の公正価格（le juste prix）を2企業に支払わなかった点に絞られる場合だけである。本件でこのような限定を認めれば，ドイツおよびジュネーヴ条約上の同国の利益を，ポーランドが同条約を遵守したときよりも不利な状況に置くことになる。このような帰結は，不公正（inique）であるばかりか，そもそもジュネーヴ条約6条以下に示される同条約の目的—すなわち，上部シレジアにおいてドイツ人とその企業の管理下にある財産，権利および利益の収用（liquider）を原則として禁止すること—と両立しない。上記のような帰結は，金銭的効果の点で合法な没収（la liquidation licite）と違法な奪取（la dépossession illicite）を同一視することになるからである」30)。このように，PCIJは合法収用（合法没収）と違法収用（違法奪取）を区別した上で，本件は後者に該当するため，前者の場合よりも賠償額が大きくなければならないと判断している。

(2) 賠償原則

ポーランドの違法行為に起因する賠償義務があることを述べた上で，PCIJは具体的な賠償内容を示している。この部分がいわゆる「ホルジョウ定式」と呼ばれる判断箇所である。「違法行為の概念自体から導かれ，さらに国際慣行，特に仲裁判例から導かれると考えられる基本原則とは，賠償は，できる限り違法行為の全ての結果を拭い去り，もし違法行為が行われなかったならば存在したであろう（aurait vraisemblablement existé）状態を回復することである。すなわち，現物の返還が求められ，これが不可能な場合は，原状回復価格に相当する金額支払が求められる。また，必要な場合は，原状回復またはそれに代替する金銭支払では回復し得ない損失に対する損害賠償（dommages-intérêts）支払が求められる。以上が，国際法違反行為に起因する損害賠償額を決定するために用いられるべき原則である」31)。

(3) 賠償額算定（鑑定嘱託内容）

上記の賠償原則に基づき，PCIJは賠償額算定を行うことになるが，実際には具体的な賠償額の算定に際して鑑定嘱託を行い（現在のICJ規程50条），その

---

30) *C.P.J.I. Série A, n° 17*, p. 47.
31) *C.P.J.I. Série A, n° 17*, p. 47.

鑑定結果に基づいて賠償額を決定することとした[32]。実際に PCIJ が鑑定を嘱託した内容は以下の3つであった[33]。①「1922年7月3日［収用時点］において，窒素製品の生産事業の価値は如何なるものであったか（当該事業がドイツ2社のもとにあったとした場合の価値）」。②「上記事業が，ドイツ2社のもとで，1922年7月3日（収用時点）から本判決までの間に蓋然性をもってもたらしていたであろう経済的帰結（利益または損失）は何であったか」。③「ホルジョウ工場がドイツ2社のもとにあったとした場合，本件判決時点においてその事業価値は如何なるものとなっているか」。この3つの工場事業価値は，以下のように整理することができる。①収用時点の工場の価値，②収用時点から判決までの間に生み出されていたであろう利益（＝逸失利益），③判決時点における工場の価値，である。なお，②の逸失利益について PCIJ は，これを「収用日から鑑定日までの間の当該事業の想定利益（profit éventuel présumable）の増加分」[34]と捉えている（ここでは，仮に工場事業がドイツ2社の手にあったとした場合，「工場事業が収用時点以降に通常想定される事業展開（développement présumé normal）を遂行できていた」ことが想定されている）。なお，PCIJ は，本件固有の事情と時間経過により，算定が困難であることを認めた上で，最終的な算定評価を留保している[35]。実際に，判決主文では，「ポーランドの支払うべき金銭賠償は総額（une somme globale）で決定される」とした上で，「金銭賠償額は，鑑定報告書を受け取った後，将来の判決において決定することを留保する」という[36]（前述のように，最終的に金銭賠償額は示されなかった）。

3　区別の構造

上記のように，ホルジョウ定式は「賠償」の基本原則を示すものであり，その骨子は，合法収用の場合の支払金額と違法収用の場合の支払金額を区別した上で，後者を前者よりも高額にする点にある。そこで次に，この区別を生み出

---

32) *C.P.J.I. Série A, n° 17*, p. 51. *Affaire relative à l'Usine de Chorzów (indemnité)*, ordonnance du 13 septembre 1928, *C.P.J.I. Série A, n° 17*, pp. 99–103.
33) *C.P.J.I. Série A, n° 17*, pp. 51–52.
34) *C.P.J.I. Série A, n° 17*, p. 52.
35) *C.P.J.I. Série A, n° 17*, p. 53.
36) *C.P.J.I. Série A, n° 17*, pp. 63–64.

すメカニズムを明らかにしよう。

(1) 損害内容の区別

1つ目の区別は，損害内容の区別である（以下，損害内容区別説）。すなわち，合法収用補償の場合には収用時点での工場価値（積極的損害）が算定対象とされるのに対して，違法収用賠償の場合にはこれに逸失利益（消極的損害）が加えられる。逸失利益（消極的損害）に関連して，PCIJ は鑑定嘱託として，「没収時点から本件判決時までの間に，当該工場が生み出していたであろうはずの経済的帰結 (les résultats financiers que l'entreprise ainsi constituée aurait vraisemblablement donnés depuis le 3 juillet 1922 jusqu'à la date du présent arrêt) は如何なるものか」という点を鑑定人に問うている 37)。PCIJ が自ら説明しているように，ここでは，ドイツ2社がホルジョウ工場を所有し続けていた場合に，工場が通常の経営発展を続けていたことが想定されている 38)。これらの点から推察されるように，PCIJ は，本件における賠償算定に逸失利益（lost profits, *lucrum cessans*）を含めようとしていたと解される 39)。

この損害内容区別説は，合法収用補償と違法収用賠償を区別する際の根拠として一般的に用いられるものである。すなわち，合法収用補償が「積極的損害」40) に限定されるのに対して，違法収用賠償は積極的損害に加えて「消極的損害」41) が加算される 42)。例えば，Bowett は次のように述べる。「合法奪取と違法奪取の根本的な区別は，最も重要な帰結を有する。というのも，正し

---

37) *C.P.J.I. Série A, n° 17*, p. 51.
38) *C.P.J.I. Série A, n° 17*, p. 52.
39) Christine Gray, *supra* note 19, p. 83.
40) 積極的損害（damnum emergens）とは，「債務者の債務不履行または加害者の不法行為のために被った，財産的または金銭的な減少をもたらす物的損害」であり，通常，損害賠償算定には逸失利益が加算される。山口俊夫編・フランス法辞典 (2002) 139頁。
41) 消極的損害（lucrum cessans）とは，「得べかりし利益」あるいは「逸失利益」を指し，「債務不履行などがなければ増加するはずであった財産がそのために増加しなかったことによる消極的損害」を意味する。山口編・前掲注(40) 350頁。
42) C. F. Amerasinghe, 'Issues of Compensation for the Taking of Alien Property in the Light of Recent Cases and Practice', *International and Comparative Law Quarterly*, Vol. 41 (1992), p. 37. 香西茂「スエズ国有化の法的諸問題」田岡良一＝田畑茂二郎監修・外国資産国有化と国際法 (1964) 87頁。田畑茂二郎「国有化をめぐる国際法上の問題点」同 21頁。安藤仁介「インドネシアによるオランダ系企業の国有化について」同 125-126頁。

い原則と考えられるものによれば，将来逸失利益（loss of future profits）は，違法行為の損害賠償に関する正当な根拠であるが，合法な奪取の補償における妥当な根拠ではない」[43]。

(2) 算定基準日の区別

2つ目の区別は，算定基準日の相違に見出される（以下，算定基準日区別説）。すなわち，合法没収の場合は行為時（=収用時点）を基準とした算定が行われるのに対して，違法収用の場合は判断時（=判決時点）を基準とした算定が行われる。PCIJによる鑑定嘱託内容では，収用時点における生産事業の価値および判決時点における事業価値の2つが質問されており，上記の2つの基準に対応している。なお，算定基準日区別説は，上記の損害内容区別説と一体的に作用する。というのも，損害内容区別説において逸失利益を賠償額に加算するためには，違法行為時から判決時までの間の財産価値の上昇を想定し，これを算出する必要があるためである。

以上のように，合法収用の場合（=収用国が収用権を有し，同国による公正価格が支払われていない場合），金銭支払は収用時点の工場価格に利子を加えた額となる。他方，違法収用の場合（=収用行為自体が国際義務違反である場合），前者の場合の金額に加えて，違法行為時（=財産収用時点）から判断時点（=判決時点）までの間の逸失利益が加算される。この2つの区別が，合法収用の場合の補償額と違法収用の場合の賠償額の間の区別を生み出すメカニズムである。

(3) 原状回復の優先

上記の2つの区別説（損害内容区別説と算定基準日区別説）に加えて，ホルジョウ定式にはこれらを基礎づけるための法理が組み込まれている。第1に，PCIJによれば，賠償は原状回復を優先し，「原状回復が不可能な場合は，原状回復価格に相当する金額支払が求められる」という（原状回復優先説）。第2に，原状回復の内容に関しては，単純回復説（違法行為の発生以前の状態の回復）ではなく，想定回復説（違法行為がなければ存在していたはずの状態の回復）が採用されている。ここで注意すべきは，単純回復説に依拠した場合，違法収用時点

---

[43] Derek William Bowett, 'State Contracts with Aliens: Contemporary Developments on Compensation for Termination or Breach', *British Yearbook of International Law*, Vol. 59 (1989), p. 63.

の財産価値が支払金額として算定されることになるが，これに対して，想定回復説を採用した場合は，逸失利益に相当する損害を算定対象に含めることが可能になる，という点である。すなわち，想定回復説を採用し，これに相当する金銭賠償を求めることによって，はじめて損害内容区別説と算定基準日区別説を機能させることが可能となっている。

　以上より，ホルジョウ定式の法構造を次のようにまとめることができる（表2参照）。第1に，賠償の基本原則として原状回復を求めつつ（原状回復優先説），その内容として想定回復説を採用している。第2に，原状回復（想定回復説）に相当する金銭賠償を算定する際に，損害内容区別説と算定基準日区別説が用いられる。この2つの区別説を採用することにより，違法収用の賠償に際して逸失利益を加算することができ，合法収用の補償との間に差を設けることが可能となる。

4　区別の根拠

　以上のように，ホルジョウ定式は3つの立場（原状回復優先説，損害内容区別説，算定基準日区別説）で構成されている。そこで次に問題となるのが，これらの立場を基礎づける法的根拠である。

　第1に，ホルジョウ定式の実証的根拠として，PCIJは，「違法行為の概念自体から導かれる基本原則（le principe essential），および，国際慣行，特に仲裁裁判の判例から確立したものと考えられる基本原則」44) を挙げる。すなわち，ホルジョウ工場事件以前の仲裁判例である戦間期の混合仲裁裁判所（les tribunaux arbitraux mixtes）で形成された判例がホルジョウ定式の根拠とされている（この点には疑義があるが，詳細は別稿で検討する）。

　第2に，ホルジョウ定式の理論的根拠として，PCIJは，違法収用の賠償額と合法収用の補償額が同一であれば，そうした「帰結は不公正（inique）」である（さらに「ジュネーヴ条約6条以下の目的と両立しない」）という 45)。このように，区別説の根拠は，合法行為の帰結（補償）と違法行為の帰結（賠償）の間に区

---

44)　*C.P.J.I. Série A, n° 17*, p. 47.
45)　*C.P.J.I. Série A, n° 17*, p. 47. « inique » の英語訳は 'unjust' である。

[表2] ホルジョウ定式の法構造

	合法行為の帰結	違法行為の帰結
法的状況	(x)ポーランドがジュネーヴ条約を遵守している場合に，ドイツとその条約上の利益が置かれることになる状況（＝合法没収 la liquidation licite)。具体的には，(a)「ポーランドが収用権を有し」，(b)「ポーランドの違法行為が収用対象物の公正価格の不払に帰着する」場合。	(y)ポーランドがジュネーヴ条約に違反している場合に，ドイツとその条約上の利益が置かれることになる状況（＝違法奪取 la dépossession illicite)【本件の場合】
原則		原状回復（違法行為がなければ存在していたであろうはずの状態の回復)。不可能な場合は，原状回復に相当する金銭賠償。
損害内容	①（＝収用時点の価格）と②（＝支払日までの利子）に限る。	①＋②＋③（収用時点から判決時点までに，違法行為がなければ会社が得ていたであろう価値)。
算定基準日	行為時（没収時点）	判断時（判決時点）
理論的根拠		支払額を①②に限定すると，(y)を(x)よりも不利な状況に置くことになり，「不公正」(inique)。条約6条以下の目的（財産奪取の禁止）とも合致しない。

①＝積極的損害（*damnum emergens*）
③＝消極的損害（逸失利益，lost profits, *lucrum cessans*）

別を設ける必要がある（すなわち，設けられなければ「不公正」である）という点に求められている。ここで，違法行為に対して負のサンクション（懲罰）が必要であるという賠償観念は，Anzilotti（ホルジョウ工場事件当時のPCIJ所長)[46]の所説に依拠したものと解される[47]。1929年の『国際法講義』（仏訳版)[48]に

---

[46] Anzilottiは，1920年にPCIJ規程案の起草に関与し，1921年からPCIJの裁判官を務めた。ホルジョウ工場事件判決当時を含め，1928年から1930年にPCIJ所長を務めている。

[47] なお，Anzilottiの責任法理論がホルジョウ工場事件判決の基礎付けになったという点については，断言はできない。大森正仁「国際責任法理論と戦争法・武力紛争法——ディオニシオ・アンツ

おいてAnzilottiは，ホルジョウ工場事件判決に触れつつ，国際法上の損害賠償は「罰」(peine) または「懲罰」(punition) であると主張している49)からである。

　以上の点から，ホルジョウ定式は，合法行為の帰結（補償）と違法行為の帰結（賠償）の間に区別を設ける（＝後者の賠償算定額を大きくする）ための法理であると評することができる。この点について，Finlay 判事は次のように述べている。「賠償算定に関する一般規則［＝違法行為時を賠償算定基準日とする賠償原則］は本件では適用されないと述べられた。また，違法収用の帰結と条約規定に従った合法収用の帰結の間には区別が設けられなければならないと述べられた」50)（傍点玉田）。ここでFinaly判事は「述べられた」と述べているが，「述べた」のが多数意見（Anzilotti 裁判所長）であることは明らかである。

IV　問題点

　次に，ホルジョウ定式それ自体が抱える問題点について明らかにしておこう。ホルジョウ定式を構成する3つの立場（損害内容区別説，算定基準日区別説，原状回復優先説）にはそれぞれ問題点が残されている。

1　損害内容区別の可否

　第1に，ホルジョウ定式によれば，違法行為の賠償の際には，必然的に逸失利益の加算が求められることになる。逸失利益の加算がなければ，合法行為の場合との間で区別を設けることができないためである。しかしながら，PCIJによる鑑定嘱託内容に示されているように，逸失利益は，「収用日から鑑定日までの間，当該事業の想定利益（profit éventuel présumable）の増加分」51)であ

　　　イロッティの貢献」世界法年報20号（2001）69頁。
48)　なお，『国際法講義』仏語版は1929年の出版であるが，原文イタリア語版〔第3版〕は1928年（ホルジョウ工場事件本案判決の言渡しの年）に出版されている。Dionisio Anzilotti, *Corso di diritto internazionale* (*ad uso degli studenti dell'Universita di Roma*); I: *Introduzione; Teorie generali*, 3a edizione riveduta e messa al corrente, Atheneum, 1928.
49)　Dionisio Anzilotti, *Cours de droit international* (traduction en français, 1929), pp. 467-468.
50)　Dissenting Opinion by Lord Finlay, *P.C.I.J. Series A, No.17*, p. 72.
51)　*C.P.J.I. Série A, n° 17*, p. 52.

り，あくまでも「推定的な」(présumable) な利益と位置付けられている。換言すれば，逸失利益がどのような場合にも必ず加算されるとは限らないのであり，仮に逸失利益がゼロと判断される場合，区別説を維持することは不可能である。ホルジョウ工場事件では，最終的な賠償額が算定されなかったため，PCIJ が想定していた逸失利益が実際に認められたか否かは明らかではない。

　第2に，損害内容区別説を採用し，逸失利益を加算したとしても，収用時点の工場価格よりも判断時点の工場価格が大きくなるとは限らない。逸失利益の加算の前提には，対象財産が問題の期間（違法行為時から判決時まで）に価値を上昇させている，あるいは収益性を維持していることが前提となる。換言すれば，仮に収益性が著しく低下している企業（特に，違法行為時以降に収益が低下している場合）や倒産間近の企業，あるいは投資リスクの高い企業の場合には，（逸失利益の加算を想定したとしても）金銭賠償額が増額しない可能性が残る。ホルジョウ工場事件判決に対して少数意見を付した Rabel 判事によれば，「収用の違法性に起因する諸原則—判決において展開された諸原則—は，本件のように，合法収用の補償額よりも被った損害の方が上回る場合にだけ実際に適用される」[52] という。すなわち，ホルジョウ定式が機能するのは，逸失利益加算によって賠償額が補償額を上回る場合だけである。この点に関連して，ホルジョウ定式を適用する前提として，第1次大戦後のインフレ状況を勘案すべきであるという主張もある[53]。というのも，工場の価値に限ってみても（逸失利益を除外したとしても），収用時点よりも判決時点の方が工場価値が上昇すると捉えており，商品価値が貨幣価値よりも高くなっていくインフレ状態が前提とされている[54]。換言すれば，デフレ状況では，収用時点の工場価値の方が（判断時点の工場価値よりも）高くなる可能性が残る。

　以上のように，ホルジョウ定式を適用するには，一定の条件が存在するということができる。また，場合によっては，ホルジョウ定式を適用した場合であっても，所定の目的を達成し得ない場合も十分に存在し得る。

---

52) Observation de M. Rabel, *C.P.J.I. Série A, n° 17*, p. 66.
53) *C.P.J.I. Série A, n° 17*, p. 47.
54) Gabriele Salvioli, « La responsabilité des Etats et la fixation des dommages et intérêts par les tribunaux internationaux », *R.C.A.D.I.*, tome 28 (1929), p. 240.

2 算定基準日区別の可否

ホルジョウ定式を構成する算定基準日区別説についても問題点が指摘される。判決に反対意見を付したFinlay判事は，算定基準日区別を批判し，賠償判断の基準日を収用時点（違法行為時）にすべきであると主張している。すなわち，「国際法の一般原則によれば，収用時点における事業価値を基礎として賠償が算定されるべきであり，これに収用時点から支払時点までの公正な利率が付加される。また，収用に直接的に付随するいかなる損害も加えられる」55) という。このように，賠償算定基準日としては，判決時ではなく違法行為時（収用時）が原則であると主張しており，この場合，合法収用補償と違法収用賠償の区別は必要ないことになる。実際に，Finlay判事によれば，「問題は，収用によってドイツ2社が被った損失は何であったかという点である」56) という。すなわち，合法・違法の区別ではなく，単に損失または損害の特定だけで事案は処理し得ると解していることが分かる。

3 原状回復優先の可否

ホルジョウ定式を構成する原状回復優先説についても問題点・批判が多い57)。第1に，ホルジョウ工場事件より前の国際判例では，原状回復優先説は採用されておらず，賠償に関しては一般に金銭賠償が用いられていたと解される。Eagletonによれば，「外国人に対する侵害の賠償の通常でほぼ排他的な手段は金銭支払（pecuniary payment）である」58) という。

第2に，ホルジョウ定式は原状回復に関する想定回復説を採用しているが，判決当時（1928年），想定回復説ではなく，単純回復説が多数説であったと解される59)。また，国際判例においても同様に単純回復説が採用されており，

---

55) Dissenting Opinion by Lord Finlay, *P.C.I.J. Series A, No.17*, p. 71.
56) Dissenting Opinion by Lord Finlay, *P.C.I.J. Series A, No.17*, p. 72.
57) Christine Gray, *supra* note 19, p. 80.
58) Clyde Eagleton, "Measure of Damages in International Law", *Yale Law Journal*, vol. 39 (1929), p. 53.
59) Charles de Visscher, « La responsabilité des Etats », Cours professé à l'académie de droit international de La Haye, juillet 1923, in *Biblioteca Visseriana*, tome 2 (1923), p. 118; Clyde Eagleton, *supra* note 58, p. 74.

例えば，米州司法裁判所のブライアン＝シャモロ条約事件（1917年）では，ブライアン＝シャモロ条約が1917年の中米諸国平和条約に違反すると認定した上で，「ニカラグア政府は，国際法の権威のもとで自らとり得る手段を用いて，ブライアン＝シャモロ条約以前に存在した法的状態を回復し，維持する義務を負う」60)（傍点玉田）と述べる。同様に，Borchardによれば，「できるだけ，請求者は，一切の介入なく行動することが許されていたならば置かれていたであろう状況と同じ状況に置かれなくてはならない，という国内裁判所の規則［＝想定回復説］を，国際裁判所は必ずしも適用していない」61) と述べている。以上のように，ホルジョウ工場事件より前には，一般に学説と判例においては単純回復説が採用されていたと解される。

　第3に，ホルジョウ工場事件において，そもそも原告ドイツは原状回復を請求していなかった。第7判決（上部シレジアのドイツ人利益事件の本案判決）の後，両国間の直接交渉が開始されたが，この時点でドイツは，ホルジョウ工場がもはや原状回復され得ないと解しており，賠償としては金銭賠償支払の形態をとらざるを得ないとみなしていた62)。さらに，工場の返還が現実的に不可能であるため，ポーランドがホルジョウ工場を保持せざるを得ない点についても両当事国の間に合意ができていた63)。実際に，ドイツは金銭賠償しか請求しておらず64)，本件が「金銭支払請求」（demande en indemnité）にのみ関する事案であったことは明らかである。すなわち，原状回復優先説（および想定回復説）は，PCIJが故意に作り上げた理屈であったと評することができる。

V　おわりに

　ホルジョウ定式の構造には幾つかのメカニズムが内包されている。第1段階

---

60) *The Republic of El Salvador v. The Republic of Nicaragua*, Central American Court of Justice, Opinion and Decision of the Court, *American Journal of International Law*, vol. 11 (1917), p. 696.
61) Edwin M. Borchard, *The Diplomatic Protection of Citizens Abroad or the Law of International Claims* (1915), p. 418.
62) *C.P.J.I. Série A, n° 17*, p. 23. ドイツは申述書において原状回復請求を放棄し，金銭賠償請求に限定することを明らかにしている。Dissenting Opinion by Lord Finlay, *P.C.I.J. Series A, No.17*, p. 70.
63) *C.P.J.I. Série A, n° 17*, p. 45
64) *C.P.J.I. Série A, n° 17*, pp. 12–13; James Crawford, *supra* note 3, p. 201.

として，原状回復優先説が採用された上で，原状回復に関する想定回復説が採用されている。すなわち，違法行為以前の状態の回復（単純回復）ではなく，違法行為がなかったならば存在していたであろう状態の回復（想定回復）が求められる。両者の相違は，金銭賠償額に換算した際に如実に生じる。すなわち，前者（単純回復）の場合，収用時点の工場の価格が賠償対象となるのに対して，後者（想定回復）の場合，判断時点に存在すると想定される工場の価格が賠償対象となる。この区別は，次の損害内容区別説と算定基準日区別説を導くために不可欠のものである。第2段階として，金銭賠償算定に際して，損害内容区別説と算定基準日区別説が作用する。実際には，両者は同一の帰結をもたらす。すなわち，損害賠償の対象として，違法行為時点の損害額ではなく，判決時点の損害額，すなわち逸失利益を加えた金額が賠償額となる。

このように，ホルジョウ定式は，補償額（合法行為の帰結）よりも賠償額（違法行為の帰結）を高額にするために編み出された法理論であり，その核心は逸失利益の加算という点に見出される65)。すなわち，ホルジョウ定式を支える3つの説（損害内容区別説，判断基準日区別説，原状回復優先説）はいずれも逸失利益を算定対象に含めるという一点において，共通の効果を有している。

以上のように，ホルジョウ定式は1つの法観念（合法行為の帰結と違法行為の帰結の間に区別を設ける必要があり，後者に大きな負荷をかける必要がある）を出発点とし，逸失利益の加算を生み出すためのメカニズムである。換言すれば，ホルジョウ定式に包含される「懲罰的」要素とは，結局のところ，合法行為（合法収用事案）と違法行為（違法収用事案）を区別し，後者により重い負荷をかけるという法判断に帰着するのである。

さて，ホルジョウ定式が示された当時（1928年），慣習国際法として適用し得る賠償原則は未確立（あるいは非常に不明確）であったと推察される。小寺彰が指摘するように，「国際法の解釈適用に従事する国際司法裁判所，さらには国際法学者も，一定の制約内で法を『作る』ことを迫られる」66)のであり，ホルジョウ定式はその典型例といえよう。ただし，1928年当時の法状況とし

---

65) Yann Kerbrat, "Interaction between the Forms of Reparation", in James Crawford et al. (eds.), *The Law of International Responsibility* (2010), p. 586.
66) 小寺彰・パラダイム国際法 (2004) i 頁。

てホルジョウ定式が求められたとしても，その後の賠償原則の展開については，さらに詳細かつ慎重な分析を要する。

　第1に，合法行為の帰結と違法行為の帰結の間に差を設けるというホルジョウ定式の根幹部分（法観念）には，批判の余地はない。ホルジョウ定式を「懲罰的」であるとして批判する場合，懲罰性を排除した賠償原則によって，合法行為の帰結と違法行為の帰結の間に区別を設けることができるか否かが問われる。第2に，懲罰的であるとはいえ，ホルジョウ定式は国際判例で一貫して支持され，引用されている。国家責任条文もホルジョウ定式に依拠している。ただし，ホルジョウ定式の内容は，厳密には継承されていない。というのも，原状回復に関しては，想定回復ではなく単純回復が採用されており（責任条文35条)67)，原状回復優先説も条文上は放棄されている（34条）。ホルジョウ定式を巡る議論は，判決時点（1928年）から大きく変遷しているのである。この点の詳細な分析が必要となるが，それは今後の課題である。

[追記] 筆者は，経済産業研究所「対外投資の法的保護の在り方研究会」(2006〜2008年：プロジェクトリーダー・小寺彰）において，小寺彰先生から投資仲裁における賠償算定という研究テーマを与えられた。その後，科研基盤B「国際法諸分野における『責任』の諸態様とそれらの相互関係」(2010〜2014年度：研究代表者・小寺彰），科研若手B「国際法上の賠償法理」(2012〜2015年度：研究代表者・玉田大）において，賠償算定論を研究する機会を得た。本稿はこれらの研究活動の成果である。

---

67)　萬歳寛之・国際違法行為責任の研究――国家責任論の基本問題（2015）170頁。なお，「狭義の原状回復」(＝単純回復説）と「広義の原状回復」(＝想定回復説）に区別されている。

第4部
海洋・宇宙

奴隷取引船舶への干渉行為
――19世紀英仏間関係を中心として

森 田 章 夫

I　はじめに
II　英仏間条約の展開
III　無条約時代から Bruxelles 一般議定書へ
IV　結　び

I　はじめに

　「公海の自由」の重要な内容として，旗国主義の排他性が原則として確立しているが，その内実を明らかにするためには，第三国による「干渉行為（acts of interference）」が例外としてどこまで許容されるかを確定することが，極めて重要な問題となる。この点に関して本格的な法典化に初めて成功した公海条約は，（拿捕・処罰等も認められる）海賊行為に加えて，奴隷取引に従事している容疑船舶に対して臨検を限度とした干渉行為を認め，その要件・効果等を規定した（第22条）。国連海洋法条約においても，「臨検」事由は増加しているものの，他の内容は基本的にそのまま引き継がれ（第110条），これら条項は，現在では，当然のものとさえ見えよう。しかし，その形成過程において，特にこの奴隷取引船舶への干渉行為をめぐって極めて厳しい対立が存在し，これによって生み出された国家実行こそが上記諸条文の重要な基盤を形成したことは，その重要性に比して十分には知られていないのが学説の現状である[1]。その大きな原因は，公海条約の起草に関わった国際法委員会や1958年ジュネーヴ海

洋法会議においては，この分野で最大かつ19世紀の到達点である1890年「Bruxelles 2) 一般議定書 (Acte général de la conférence de Bruxelles)」(後述) への言及が殆どで，それ以前の実行に対する分析が不十分だったからであろ

---

1) この面での代表的な先行業績は，以下の通りである。邦文献では，山本草二「海上犯罪の規制に関する条約方式の原型（以下，山本「条約方式の原型」)」小田滋先生還暦記念・海洋法の歴史と展望 (1986) 245-287, 特に250, 280-281頁，山本草二・国際刑事法 (1991) (以下，山本・国際刑事法) 279-280, 318-320頁，薬師寺公夫「公海海上犯罪取締りの史的展開——公海海上警察権としての臨検の権利を中心に」栗林忠男＝杉原高嶺編著・海洋法の歴史的展開 (2004) 195-247頁，奴隷取引に関しては特に215-223頁参照。20世紀も含めた通史としては，杉原高嶺「奴隷輸送の防止と条約制度の史的展開——公海上の臨検制度を中心として」日本海洋協会・新海洋法制と国内法の対応　第3号 (1988) 21-35頁（簡略なものとして，同・海洋法と通航権 (1991) 205-217頁），深津栄一「奴隷貿易の国際的規制」全国人権擁護委員連合会・国際人権年記念論文集 (1968) 456-482頁。「臨検」面からの説明として，林久茂「公海上における外国商船に対する干渉」海上保安大学校研究報告 (第1部) 昭和39年度173-177頁も参照。外国文献で，19世紀を主対象とする通史は，Wilson, H. H., "Some Principal Aspects of British Efforts to Crush the African Slave Trade, 1807-1929 (Hereinafter referred to as Wilson, BE)," *AJIL*, Vol. 44 (1950), pp. 505-526; Allain, J., "The Nineteenth Century Law of the Sea and the British Abolition of the Slave Trade (Hereinafter referred to as Allain, NC)," *BYIL*, Vol. 78 (2008), pp. 342-388; Grewe, W. G., *Epochen der Völkerrechtsgeschichte*, 2. Aufl. (1988), S. 651-672（以下，"Grewe, *Epochen*" で引用。英訳として，Grewe, W. G. translated and revised by Byers, M., *The Epochs of International Law*, 2000, pp. 554-569. "Grewe, *Epochs*" で引用); Kern, H. L., "Strategies of Legal Change: Great Britain, International Law, and the Abolition of the Transatlantic Slave Trade," *Journal of the History of International Law*, Vol. 6 (2004), pp. 233-258. 20世紀をも含む通史としては，Verzijl, J. H. W., *International Law in Historical Perspective*, Vol. 5 (1972), pp. 238-263, esp. 246 ff.; Sohn, L. B., "Peacetime Use of Force on the High Seas," *International Law Studies*, Vol. 64 (1990), pp. 39-59. 代表的なフランス語文献は，Gidel, G., *Le Droit international public de la mer*, t. I (1932), esp. pp. 389-410; De Pauw, F., "L'Exercice de mesures de police en haute mer en vertu des traités ratifiés par la Belgique," *La Belgique et le droit de la mer*, 1969, pp. 124-132; Desjardins, A., *La Traite maritime, le droit de visite, et la conférence de Bruxelles*, 1890; idem, *La France, l'esclavage africain et le droit de visite*, 2 ed., 1891; Montardy, H. de, *La Traite et le droit international*, thèse, 1899; Queneuil, H., *De la traite des noirs et de l'esclavage: La Conférence de Bruxelles et ses résultats*, (Thèse, 1907); Sarrien, F., *La Traite des nègres et le droit de visite au cours du XIXe siècle dans les rapports de la France et de l'Angleterre*, 1910; Engelhardt, Ed., "La Conférence de Bruxelles de 1890, et la traite maritime," *RDILC*, t. 22 (1890), pp. 603-618; Barclay, T. N., "Le Droit de visite, le trafic des esclaves, et la Conférence antiesclavagiste de Bruxelles," ibid., t. 22 (1890), pp. 317-335, 454-472; Rolin-Jaequemyns, M. G., "Quelques mots encore sur l'Acte Général de la Conférence de Bruxelles et la Répression de la traite," ibid., t. 23 (1891), pp. 560-576.
2) 正文はフランス語のため，この表記を用いる。

う³⁾。しかし，その十分な検討なしでは，上記法典化の妥当性と限界を正確に捉えることはできないであろう。

　一般議定書以前の経緯を概括すると，以下の通りである。奴隷取引船舶の抑止・鎮圧の本格的な試みは19世紀冒頭に始まったが，そこで主導的役割を果たしたのは英国であった⁴⁾。英国は，公海上の奴隷取引船舶に対して極めて厳しい政策を採用したが⁵⁾，その代表的な政策は，奴隷取引を海賊行為とみなすものである。これは，「国際法上の海賊行為（piracy *jure gentium*; piracy by the law of nations⁶⁾; piraterie du droit des gens）」と対照される，「類推による海賊（piracy by analogy; piraterie par analogie）」⁷⁾の典型で，具体的には，まず，国内法として Slave Trade Act を整備し⁸⁾，奴隷取引を海賊行為とみなしたのである。

---

3)　20世紀における法典化作業の経緯と争点については，拙稿「奴隷取引船舶に対する干渉行為——20世紀における法典化の展開（以下，拙稿「奴隷取引船舶」）」中野勝郎編著・境界線の法と政治（2016）73-103頁参照。

4)　関連の条約・国内法の一次資料検索に関して，最も参考となるのが，*Hertslet's Commercial Treaties: A Complete Collection of the Treaties and Conventions, and Reciprocal Regulations, at Present Subsisting between Great Britain and Foreign Powers*（Hereinafter referred to as HCT）で，概観の把握としては，Vol. 22（Index to Vols. 1-21, 1905, esp. pp. 1025-1062）; Vol. 31（Index to Vols. 23-30, 1925, esp. pp. 555-556）掲載のリストが極めて有用である。また，英国から見た一次資料の簡潔な整理として有益なものとして McNair, A. D., *International Law Opinions*, Vol. 2, 1956, pp. 77-97。

5)　このような政策の背後に存在した政治的要因については，様々なものが複合的に存在したと考えられるが，本稿の課題を超える。歴史学上も多様な見解があるために本稿では立ち入らないが，例えば，以下を参照。Grewe, *Epochen*, S. 653（*Epochs*, p. 555）; Allain, NC, pp. 346-348。

6)　松田草案の用語による。League of Nations, Committee of Experts for the Progressive Codification of International Law, *Report to the Council of the League of Nations on the Questions Which Appear Ripe for International Regulation*, Annex to the Questionnaire No. 6. Report of the Sub-Committee, C.196.M.70.1927.V., p. 118. なお，同様の用語は，既に19世紀初期において用いられている。この点，piracy "by the law of nations" と "by the laws of（this）country" とを対照する，Le Louis 事件判決（後述）の上告理由が重要な影響を与えたのではないかと推測される。December 15, 1817, 2 Dodson 210, 219-220; 165 English Reports 1464, 1467（*Lushington, for the appellant*）。

7)　上記，松田草案。このような区別をモチーフとした thèse として，Rappeneau, G., *De la Piraterie du droit des gens à la piraterie par analogie*, 1942.

8)　代表的なものが，An Act to amend and consolidate the Laws relating to the Abolition of the Slave Trade, June 24, 1824, 5° Georgii Ⅳ, cap. CXⅢ.

しかし，この点を対外関係において貫徹するのは困難であった。すなわち，ナポレオン戦争が終焉を迎えると9)，特に外国船舶に対しては，取締に「戦時」捕獲を理由とできず，英国政府は，干渉行為を正当化できる国内判決が得られないという窮地に立たされることとなった10)。また，外交交渉においても，海上奴隷取引を海賊行為とみなすよう他国に働きかけたが，多数国間では，1815年2月8日ウィーン会議宣言を受けた種々の会議，とりわけ1822年Verona会議及び決議においても，はかばかしい成果は得られなかった11)。

　以上のような状況に鑑み，英国は，それ以前から徐々に締結し始めていた二国間条約の締結を加速させる方向に政策を転換し，多くの成功を収めた12)。

　このような状況を背景として，本稿は，19世紀初頭から1890年「Bruxelles

---

9) ナポレオン戦争中の簡略な説明として，Kern, supra note 1, pp. 234-241.
10) 最も有名なのは，（フランス船舶）Le Louis 号事件英国海事高等法院（High Court of Admiralty）判決で，裁判官であった Sir William Scott（later Lord Stowell）の権威も相まって，後に，英国の臨検政策の批判を行う際に，頻繁に引用されたことでも重要である。December 15, 1817, 2 Dodson 210; 165 English Reports 1464. 本判決についての邦文献としては，西本健太郎「海洋管轄権の歴史的展開（三）」国家学会雑誌 125 巻 9＝10 号（2012）430-432 頁，薬師寺・前掲注(1)201-202 頁も参照。米国をも含めて，国内判例の概観としては，Fischer, H., "The Suppression of Slavery in International Law," *ILQ*, Vol. 3（1950），pp. 30-39. Allain, NC, pp. 349-354, 西本・前掲論文 428-430 頁，杉原・前掲注(1)海洋法と通航権 211-214 頁も参照。
11) この間の状況については，Verzijl, supra note 1, pp. 253-254.
12) 関連の一次資料に関しては，HCT の他に，以下を参照した。(Great Britain,) *Treaties, Conventions, and Engagements for the Suppression of the Slave Trade*, 1844; (Great Britain, Admiralty,) *Instructions for the Guidance of Her Majesty's Naval Officers employed in the Suppression of the Slave Trade*, 1844（Hereinafter referred to as *Instructions 1844*）. 後者では，各 Instructions が再掲され，それぞれの要点が示されている上に，締結された条約・関連国内法を所収し，本稿の対象時期における英国法制度を集大成したものと言え，極めて重要である。これは，英国議会にも提出され，House of Commons Parliamentary Papers (Hereinafter referred to as HCPP), 1844 [577], L.1 として公開された。さらに，1890 年Bruxelles 一般議定書締結後，大幅に改訂したものとして，*Instructions for the Guidance of the Captains and Commanding Officers of Her Majesty's Ships of War employed in the Suppression of the Slave Trade*, 2 Vols., 1892（Hereinafter referred to as *Instructions 1892*）. Vol. 1 は以下の文書にも再録されている。(Belgium, Ministère des Affaires étrangères,) *Documents relatifs à la répression de la traite des esclaves: Publiés en exécution des articles LXXXI et suivants de l'Acte général de Bruxelles, 1892*, 1893, pp. 240-279.

　なお，以下での条約の引用は，紙幅の制限のため，Clive Parry ed., *The Consolidated Treaty Series* において，締結年月日により容易に検索ができるものについては年月日のみを記すものとし，再掲については，紛れのない限り，月日を省略する。

一般議定書」への展開を検討することとするが，紙幅の関係に加えて，海上での実力とその利害から，欧州内では対フランス関係が最重要で，かつ，独特の特徴を有するため，英仏関係に特に着目して論じることとする。

II 英仏間条約の展開

以下では，英仏間の二国間条約と，英仏を含む五国条約の締結を中心として説明する。

1 1840年以前の状況

フランスは，1814年5月30日パリ平和条約において，奴隷取引の将来的な禁止を英仏間で約束したものの（第1条），英国が海上覇権の野心を抱いているとの疑念を抱き[13]，干渉行為を規定した英国との二国間条約は長らく締結せず，1817-1831年の間は，アフリカ西岸において自国籍船の取締を行ったのみであった[14]。しかし，特に，奴隷取引を行う際に，他国船舶が最も頻繁に用いたのがフランス旗であったため[15]，英国としては，フランスとの条約締結が焦眉の急となった。

他方，フランスも，7月革命後，外交を円滑に進めるために英国との協調を緊要と考えるようになり[16]，その結果締結されたのが，1831年（11月30日）条約である。本条約は，海域を限定しながらも（第1条），「臨検（visite）」[17]を認め，裁判権を旗国に留保するものの「捕獲（capturer）」までをも含むものであった（第6, 7条）。さらにこれを補足する1833年（3月22日）条約は，「装備条項（Equipment Article(s); equipment clause(s)）」[18]（第6条）や，「拿捕

---

13) Daget, S., "France, Suppression of the Illegal Trade, and England, 1817-1850," in Eltis, D. and Walvin, J. (eds.), *The Abolition of the Atlantic Slave Trade: Origins and Effects in Europe, Africa, and the Americas*, 1981, p. 194.
14) この時期の状況に関しては，ibid., pp. 197-201.
15) 既にこの問題自体は，長期にわたる懸案事項であったことが推測されるが，さらに，1831, 33年条約締結以前の状況については，以下の発言も参照。Lord Palmerston in H. C. Deb., 16 July 1844, Hansard, 3d ser., Vol. 76, cc 931-932.
16) Gidel, supra note 1, p. 393.
17) 英文の翻訳は "visit" と "search" を使い分けており，両者の概念関係が，1940年代以降に大きな問題となるが，ここでは指摘にとどめる。

(detention)19)」によって生じた賠償を請求できないという条項（第7条）を有している等，従前の英仏関係からすると革新的なものであった。

さらに，この英仏1831年・1833年条約には，デンマーク（1834年7月26日），サルディニア（同8月8日，12月8日），ハンザ同盟（1837年6月9日），トスカナ（1837年11月24日），両シチリア王国（1838年2月14日），ハイチ（1839年12月23日）が加入し，実質的な多数国間条約を形成するようになった点も注目に値する。

2 1840年代のフランスの対応

このような状況と並行して，英国は，前述の装備条項を各国との諸条約に積極的に挿入し，取締の実を挙げていった20)。さらに，本来はポルトガルとの関係で制定したものではあったが，"Lord Palmerston's Act"とも呼ばれる国内法によって，「いかなる国の旗の保護も正当に要求できない」船舶も同時に取締対象とするに至った21)。そのため，以降の取締の重要な焦点は，引き続きフランスから，さらに欧州内の有力国から，奴隷取引に対する取締協力を得られるかであった。その結果，1841年12月20日，英国とフランスに加えて，オーストリア，プロシャ，ロシアとの間で締結されたのが，「五国条約（The Quintuple Treaty: Treaty between Austria, France, Great Britain, Prussia and Russia for the Suppression of the African Slave Trade)」である22)。欧州主要列強間23)

---

18) これは，その時点で実際に奴隷を運送していないとしても，通常の船舶では存在しないような，海上奴隷取引用の「装備（equipment）」，「構造（construction）」を有する場合，奴隷取引船と「推定（*primâ facie*）」される証拠とされ，取締可能とする条項である。他の条約における説明として，Martens, G. Fr. de et Stoerk, F., *Nouveau Recueil Général de traités et autres actes relatifs aux rapports de droit international*, 2è ser., t. 16 1891（Hereinafter referred to as Martens, NR), pp. 46-48.

19) detain, detention は，本稿では，その文脈で訳し分けることとする。*Instructions 1844* においても，detain（detention），seize（seizure），capture の異同は明確ではなく，文脈により訳し分ける必要があろう。

20) Wilson, BE, pp. 509-510, 512, 515, 525-526.

21) August 24, 1839, 2° & 3° Vict., cap. 73. 本法については，Bethell, L. M., "Britain, Portugal and the Suppression of the Brazilian Slave Trade: The Origins of Lord Palmerston's Act of 1839," *English Historical Review*, Vol. 80 (1965), pp. 761-784; Mathieson, W. L., *Great Britain and the Slave Trade, 1839-1865*, 1929, pp. 23-24; Wilson, BE, pp. 511-514.

で多数国間条約が成立したことが極めて注目され,フランスが下記のように離脱することとなったにもかかわらず,以後の協定の「原型（pattern）」を設定したと評価されることとなる24)。

具体的には,奴隷取引を海賊行為と認め,国旗の下での保護権を喪失するとし（第1条）,一定海域で（第2条）,奴隷取引に従事していると疑われる合理的な根拠がある場合には,締約国船舶への臨検・捜索を認め,さらに「装備条項」も規定する,極めて強い干渉行為権を定めたものであった（第2,9条）。また,濫用防止のため,損害賠償規定（第11,13条）,軍艦の権限行使に関する詳細な手続規定（第14条）が置かれたことも注目される。

しかし,「海賊行為」のすべての効果が認められたわけではなかった。すなわち,拿捕された船舶,船長,乗員,積荷,奴隷等は,締約国が指定する場所へ引致され,裁判権は,旗国裁判所に留保される原則となっていたからである（第10条,Annex(b)）25)。

しかしいずれにせよ,フランスを除く諸国は,海洋に関して大きな利害を有していなかったため26),問題の焦点はフランスが順調に本条約を批准するかどうかであった。また,同時期に別の問題も浮上した。すなわち,海洋大国として急激に発展しつつあった米国が,英国との条約締結を頑なに拒否し,1842

---

22) オーストリア,プロシャ,ロシアは,国家としての威厳のため,英仏条約への加入よりも別条約を望んだとされる。Gidel, supra note 1, p. 394.
23) ベルギーも後に加入する。1848年2月24日。ドイツ帝国全体への拡張は,1879年3月29日。
24) McDougal, M. S., Lasswell, H. D. and Chen, L.-C., *Human Rights and World Public Order: the Basic Policies of An International Law of Human Dignity*, 1980, p. 486. 実際に,後述のBruxelles会議に提出された文書では,殆どの問題について,まず五国条約が冒頭で表記されている。Actes internationaux et Documents relatifs à la législation des pays d'orient, en matière de la Traite des Esclaves en Afrique, présentés à la Conférence réunie à Bruxelles du 18 novembre 1889 au 2 juillet 1890, Publication officielle du Ministère des Affaires Etrangères de Belgique, 1889, reprinted in Martens, NR, pp. 30–88, esp. 38–57.
25) ただし,没収については,捕獲国に代金の処分権が委ねられ,船舶は捕獲国の海軍のために先買権が認められていた（第12条）。
26) Allain, NC, p. 363. これらの諸国はいずれも重要な海洋帝国ではなく,ウィーン会議でも,奴隷取引に関する英国提案に対しては,フランスに比して好意的であったとの指摘として,Martinez, J. S., *The Slave Trade and the Origins of International Human Rights Law*, 2012, p. 32.

年8月9日に，干渉行為条項のない条約（いわゆる Ashburton-Webster (Webster-Ashburton) Treaty)27) の締結に成功したのであった。フランスは，既に議会の強い反対を受けていたが 28)，英米間でのこのような条約締結により，批准がより一層困難となり 29)，結局，1842 年秋に批准を断念することとなった 30)。

1845 年英仏条約（1845 年 5 月 29 日）は，これを受けた新たな交渉結果として締結されたものである。本条約の発効により，1830 年代の従前 2 条約は「停止」され，相互の干渉行為権を実質的に終了させた（第10条。なお，本条約は10年間の効力の後終了し，更新されないものとされた）。代わって本条約に取り入れられたのが，英米間条約に倣って，アフリカ西岸にそれぞれ 26 隻以上の艦船を配備し（第1条），協調行動を取ることであった（第2条）。

27) 英国外務大臣と米国国務長官の名を冠した名称である。締結地と年号により，The treaty of Washington, 1842 とも呼ばれる。英国側正式名称は，A TREATY to settle and define the Boundaries between the Possessions of Her Britannick Majesty in North America, and the Territories of the United States:-for the final suppression of the African Slave Trade:-and for the giving up of Criminals, fugitive from Justice, in certain cases. 一般的には，Caroline 号事件の解決で有名であるが，国境画定や本問題の処理も行われたのである。

28) 米国の批准妨害工作として，米国の駐仏大使（当時。後に国務長官）Cass の抗議書に加えて，同人の匿名パンフレット（Cass, L., *Un Américain, Examen de la question aujourd'hui pendante entre le gouvernement des États-Unis et celui de la Grande-Bretagne concernant le droit de visite*, 1842; 英語版は，*An Examination of the Question, now in Discussion, between the American and British Governments, concerning the Right of Search, By an American*, 1842) と, Wheaton, H., *Enquiry into the Validity of the British Claim to a Right of Visitation and Search of American Vessels Suspected to be Engaged in the African Slave-Trade*, 1842 が, フランスの批准を妨げたことに少なからぬ影響を与えたとまで言われることもある。Wheaton, H., *Elements of International Law*, 6th edition by Lawrence, W. B., 1855, p. 188（n. (a): Lawrence). しかし，フランス議会が批准に強く反対した時点とは時期にずれがあり，そこまでの影響力があったかどうかには疑問も残る。経緯の詳細は，Soulsby, H. G., *The Right of Search and the Slave Trade in Anglo-American Relations*, 1814-1862, 1933, pp. 106-117. 1840 年の（エジプトとシリアに関する）東方問題の処理に起因する反英的要因と対アフリカ海上通商の破壊への危惧が大きかったとする分析として，Jennings, L. C., "France, Great Britain, and the Repression of the Slave Trade, 1841-1845," *French Historical Studies*, Vol. 10（Spring, 1977), pp. 101-125, esp. 112-113. 同様に反英的要因を指摘しつつ，フランスの継続的政策指向を指摘するものとして，Daget, supra note 13, pp. 204-205.

29) 同時期の英米間条約が臨検条項を有していなかったことに対する仏世論の不満を指摘するものとして，Jennings, supra note 28, p. 117; Thureau-Dangin, P., *Histoire de la Monarchie de Juillet*, t. V (1889), pp. 155-156; Gidel, supra note 1, p. 399.

30) Jennings, supra note 28, p. 117.

このことは，英国側からすると大幅な後退のようにも見えるが，五国条約自体はフランス以外の批准を得て発効したことに加え，フランスからもいくつかの妥協を勝ち得ている。まず，米国が約束した，合計80門を配備した艦船数を実質的に上回る，26隻の海軍艦船の配備（第1条）と協調行動（第2，3条）の確約が得られた点である31)。

　次に，「臨検権（right of visit）」問題についてである。これは，1841年に，Palmerston外務大臣により示された新方針で，Aberdeen外務大臣に引き継がれ，米国との間で大論争となったものである32)。その内容は，(1)船舶の捜索と，(2)国旗を掲揚する国の保護を受けうる文書を適法に備えているかどうかの書類検査は，本質的に異なるとして，海賊容疑船舶のみならず，奴隷取引容疑船舶も，掲げる国旗が欺罔でないかを確認するため，(2)の書類検査「臨検（visit）」を行うというものであった33)。前記1842年締結英米間条約は，この問題を「棚上げ」したものの，英国は当該主張自体は放棄しなかったのである。

　この点に関して，英仏間では，以下のように規定された。船舶が掲げる旗は，その船舶の国籍性の「一応の証拠（primâ facie evidence）」とされるが，この推定はあらゆる場合に検査手続を禁止するものではない。さもなければ，海賊行為，奴隷取引，その他の違法な取引を隠蔽するために国旗が濫用される可能性があるからである。また，そのために，「国際法（the law of nations）」と海洋大国の一貫した慣行に基づく双方の"Instructions"を条約に付することとし，これによって細かい取り扱いが規定された（第8条と同条に言及されたANNEX）。英国側のInstructionsでは，フランス船舶に対して，捕獲，臨検等，一切の干渉行為を行ってはならないことがまず確認される。その上で，フランス旗は，掲揚する権利のない船舶に対してまで免除を与えるものではなく，他国船舶が，フランス旗や現存条約上英国が捜査権を有しないその他の国旗を掲げるだけで「臨検と検査（visit and examination）」から逃れることを英国は許すものではな

---

31) ただし，フランスが自国国旗使用船舶のみを対象とし，他国との間で有効な「捜索」条約も既にないと主張して，1849年5月8日議定書により，その後の見直しを留保しながらも，フランスについては12隻までの削減が認められた。

32) これに関しては，拙稿「英米臨検権論争の国際法上の意義」柳原正治編・変転する国際社会と国際法の機能　内田久司先生追悼論文集（2018）参照。

33) Palmerston to Mr. Stevenson, August 27, 1841, 30 BFSP 1152.

いとし，詳細な取り調べ手続を規定したのである[34]。

ただし，フランス側の Instructions については，英国側の理解との間に微妙な乖離が存在することを指摘しうる。このことは，これら行動が，司令官の「危険と責任（risques et périls）」によるとの規定に現れている（最終段落）。すなわち，フランスは，「臨検（visite）」について「権利（droit）」と明示されなかったことにより，「臨検」が行われたとしても，「権利」ではなく，海洋，海上警察の「必要性（necessité）」によるに過ぎないと解したのであった[35]。

III 無条約時代から Bruxelles 一般議定書へ

1845 年条約は，上記規定通り，10 年経過後の 1855 年に失効することとなった[36]。英仏関係は，その後，無条約状態に入ったにもかかわらず，1862 年英米間条約の締結を挟みながらも，比較的安定を保っていた[37]。ここでは，Bruxelles 一般議定書に至るまでの重要な経緯を説明する。

1 Instructions 改訂問題

この間に浮上した重要な点として，国旗掲揚要求と強制方法に関する Instructions 改訂問題があった。英国は，国旗濫用を防止するため，具体的な instructions についてまず英仏間で調整し，その後，米国に提案し，了解を得るという順序で交渉し，三カ国間で同内容の instructions（identical Code of instructions）の採択を目指したのであった[38]。この英仏間 instructions 改訂協

---

[34] この点を重視して指摘するものとして，Allain, NC, p. 364.
[35] Procès-verbaux des séances de la chambre des députés, session 1845, t. 13 (du 26 juin au 21 juillet ANNEXES N°ˢ 250 à 263), p. 101. 1845 年 6 月 27 日の Chambre des députés でのGuizot 外相のこの説明は，その説明中に言及されている通り，英米間論争における米国見解に影響されたものである。詳細な検討は別稿（前掲注(32)参照）に委ねるが，以下でも言及されており，当時から注目されていたことが窺われる。Ortolan, T., *Régles internationales et diplomatie de la mer*, 2è éd., t. 1 (1853), pp. 267-268; 3è éd., t. 1 (1856), pp. 267-268; 4è éd., t. 1 (1864), p. 240.（受忍）義務に対応しておらず，厳密な意味での「権利」性に欠けるとの理論的な説明として，ibid., 2è éd., t. 1, p. 258; 3è éd., t. 1, p. 258.
[36] 細かい問題としては，英仏間条約に加入していた第三国にどのような効果をもたらすかは不明確なままであった。Verzijl, supra note 1, p. 257.
[37] その原因としては，フランスの対応が必ずしも negative なものばかりではないことが指摘できるかもしれない。Daget, supra note 13, pp. 208 ff.

344

議において，フランス提案における最大の問題点と英国が認識した点は，命中しないように行った射撃後も，なお船舶が国旗を掲揚しない場合に，軍艦がどう対応すべきかについて沈黙していたことであった[39]。この点について「海軍司令長官職務執行委員（Lords Commissioners of the Admiralty）」が提起した問題の詳細は，以下の通りである[40]。第一に，商船に国旗を掲揚させる権利を有する軍艦は，その権利を執行する「権能（power）」をどの程度まで有するかという問題である。英国は，これに対しては，軍艦による通常の警告手続（最初に軍艦側の国旗の掲揚と空包射撃，次に空中ないし船首方向への射撃）の後，なお国旗掲揚ないしは停船をしない場合には，極めて容疑が濃いために，あらゆる他の方法が尽きた後の最終手段として，被追跡船舶に対して射撃するという「実力（force）」の行使が正当化されると考える。第二に，商船が国旗を掲揚したが，その真実性が疑われる場合，主張される国籍を軍艦はどのようにして検証すべきかという問題である。英国は，これに関して，書類検査のみではいかなる場合も例外なく決定的とは言えず，例えば，ある国の国旗を掲揚しながら別の国の（船舶）書類を有している場合には，「拿捕（detention）」が認められるとする。

　これら諸問題は，1859年に，双方のInstructionsの内容を英仏間で調整し，軍艦側による対応の限界を確認して[41]，以下のように解決された[42]。すなわちまず，国旗の免除によって，公海上を航行するいかなる商船も外国の管轄権下に服さないこと，それゆえ，軍艦は，自国に属さないと認められるいかなる商船に対しても，（条約を除いては，）臨検，拿捕等（visit, detain, arrest, or seize）

---

38)　Malmesbury to Napier, January 14; February 11, 1859, 50 BFSP 750, 769.
39)　Malmesbury to Napier, January 14, 1859, 50 BFSP 752.
40)　Malmesbury to Cowley, October 23, 1858, 50 BFSP 756. これ以前の検討としては，Malmesbury to Cowley, October 20, 1858, 50 BFSP 754.
41)　それ以上の英国による要求は，フランス側が，海賊行為との相違を援用しながら，拒否した。Cowley to Malmesbury, December 13, 1858; Memorandum, le 10 Décembre, 1858; Cowley to Malmesbury, December 15, 1858, 50 BFSP 757-760.
42)　前記，1845年英仏条約附属Instructionsの改正となる。英国側の提案として，Malmesbury to Napier, February 11, 1859, 50 BFSP 767 ff. 英国側の確定版として，Malmesbury to Malacoff, April 2, 1859, ibid., pp. 783 ff. 上記の交渉との関係で重要な部分として，ibid., esp. paras. 4, 6. フランス側の確定版として，ibid., pp. 779 ff.

を行わないことが確認された。次に、上記懸案事項に関しては、(1)国旗の掲揚拒否に対しては、最初に空包射撃、それでも効果がない場合には、次に船体に命中しない態様での射撃により、国旗掲揚を要求でき43)、(2)それでも旗が示す国籍に深刻な疑問が残った場合等、ボート派遣による「確認 (verification)」は、信号の発出後、船籍を示す書類の「検査 (examination)」によることとし、それ以上は要求されないとする44)。ここで注目すべき点は、国旗掲揚の要求、加えて一定の範囲での実力の行使を受忍することで、全面的にではないものの45)、臨検の「権利」性を認めたことである46)。

　その後も両国関係は概して平穏であったが、1867年6月1日に、英仏間では「秘密指令 (instructions confidentielles)」が発出されていた47)。新規の内容は、国籍を示す書類提出以外の要求を禁止し、それら書類を具体的に特定したことと、欺罔国旗を掲げていると見られる場合には、その旗が示す国の直近港

43) 既にこれ以前に、類似の手続が記述されており、これがフランスの交渉の基本的立場となったとも推測される。Ortolan, supra note 35, t. 1 (1845), p. 245; 2è éd, t. 1 (1853), p. 281; 3è éd, t. 1 (1856), p. 281. なお、戦時捕獲における同様の手続については、以下のHarvard草案を参照。"Draft Convention on Rights and Duties of Neutral States in Naval and Aerial War, with Comment," *AJIL*, Vol. 33, Supplement (1939), pp. 535-547 (Article 53). ただし、戦時捕獲の場合は、船舶に停船義務が生じ、停船しない場合は、「実力による (by force)」停船が認められる点が異なる。Ibid.
44) 戦時においても、捜索を書類検査にとどめようとするフランスの伝統的な方針に関しては、Engelhardt, supra note 1, p. 607, n. 2. その背後には、海軍力が英国に比して相対的に弱いことが推測されよう。
45) 乗船以降は、司令官の「危険と責任 (risk and peril; risques et périls)」によることが、英仏共同様に確認されている。
46) フランス側の交渉中の対応にも、権利を認めることと、その権利がどのように行使されるかは別問題として、実力の行使を限定しようとしており、国旗を掲揚させることについては早い時期から「権利」性を認めていたものと考えられる。Cowley to the Malmesbury, December 15, 1858, 50 BFSP 50 BFSP 760. 臨検権が厳格化され、捜索権と分離されたと評価するものとして、Allain, NC, p. 365.
47) 現時点でも締結経緯は不明であるが、Bruxelles 一般議定書に関する Chambre des députés での議論において、Ribot 外相が、1867年以来これまでに問題が生じていないという説明において、明らかにされた (1891年6月24日)。*Archives diplomatiques: recueil mensuel international de diplomatie et d'histoire* (Hereinafter referred to as *Archives diplomatiques*), 2. sér., t. 39 (1891, JUILLET, AOUT, SEPTEMBRE), pp. 178-231, esp. 217-218. なお、英国側資料は、以下を参照。*Instructions 1892*, Vol. I, pp. 246-249. 1892年改訂議定書を受けて、英国側からフランスに渡される *Instructions* (仏文) については、後述。

に引致し、そこで旗を掲げる権利が実際に存在するかどうかが確認され、もし欺罔の場合には、捕獲を有効とするという部分であった 48)。後述のように、Bruxelles 一般議定書の干渉行為についてフランスが留保したため、フランスについては極めて重要であるとも評価されている 49)。

2 Bruxelles 一般議定書

1884 年から 1885 年に開催されたベルリン会議は一般議定書（General Act）を採択し、奴隷取引禁止を確認したものの 50)、法的な規制力は弱かった 51)。その後、Bruxelles において 1889 年から、奴隷問題 52)を本格的に取り扱う欧米諸国間の外交会議が開催された 53)。しかし、そこではなお、干渉行為権の多数国間体制を目指す英国提案に対して、フランスは、「臨検権（droit de visite）」問題に関しては、討論されても、議論することは授権されていないとして頑強に抵抗し、上記 1867 年 Instructions に沿った提案を行ったのであった 54)。しかし、英国の妥協案 55)（下記の二つの制限）に加えて、ロシアの（Frédéric）de Martens の仲介もあって 56)、1890 年 7 月 2 日、「Bruxelles 一般議定書（Acte général de la conférence de Bruxelles）」57)が採択されたが、これは、

---

48) 秘密指令とされた理由は明らかではないが、フランスとしては、フランス国旗を掲揚する船舶が「拿捕（detain）」される可能性が明らかになる点に大きな問題があった。また、英国としても、検査しうる書類が限定され、さらに、「拿捕」した場合に、なぜ自国の「植民地海事裁判所（vice-admiralty court）」を用いないかという問題点があったとも考えられる。
49) Allain, J., *Slavery in International Law*, 2013, p. 71.
50) 簡潔な経緯と結果に関しては、Allain, NC, pp. 377-378.
51) De Pauw, supra note 1, p. 127.
52) 本稿の主題との関係で、以下では、海上奴隷取引問題に限定して説明する。
53) 問題の焦点が、アフリカ東海岸に移動しつつあったことも含めて、会議開催の簡潔な経緯に関しては、Allain, NC, pp. 378-379.
54) *Actes de la Conférence de Bruxelles*（1889-1890）(Hereinafter referred to as *Actes de la Conférence de Bruxelles*), Bruxelles, 1890, p. 152. Ibid., pp. 134-135 も参照。具体的な議論状況と結果は、ibid., pp. 119-181 に所収されている。焦点の要約として、Allain, NC, pp. 379-382.
55) *Actes de la Conférence de Bruxelles*, p. 159.
56) Ibid., pp. 161-167; 168-169. 要約は、Allain, NC, pp. 381-382.
57) *Actes de la Conférence de Bruxelles*, pp. 641 ff. 原当事国は、オーストリア・ハンガリー、ベルギー、コンゴ、デンマーク、フランス、ドイツ、英国、イタリア、オランダ、ペルシャ、

19世紀におけるこの分野最大かつ決定的な多数国間条約と言うべきもので，英国外交の集大成とも言うべきものであった。

本稿との関係で重要な内容は，以下の通りである。第一に，一般的な臨検・捜索・拿捕は認められておらず，二つの重要な制限を設けた58)。まず，地理的には，インド洋，アフリカ沿岸の一定の海域にこれら干渉行為を限定し（第21，22，42条)59)，さらに，対象船舶の大きさを500トン未満に限定した（第23，42条)60)。

第二に，干渉行為の内容である。これに関して，まず注目されるのが，1867年 Instructions に類似した規定の採用である。これは，フランスを説得するためのもう一つの妥協策と考えられ，それを裏付けるかのように，フランス議会では，類似の1867年 Instructions が問題を生じていないことを，議定書批准のための説得材料として用いるために公開されたのであった（前述）。具体的には，奴隷取引又は国旗濫用の容疑船舶について，原則としては，船上における「書類の検閲（vérification des papiers)」にとどまるよう規定し（第42条，具体的手続は，第44条）61)，それ以上の干渉行為は，例えばさらに特別協定を締結したというような限定された場合に，捜索等を内容とした「拘留（l'Arrêt)」62)等に限って認めたのである（第45条）。

ポルトガル，ロシア，スペイン，スウェーデン・ノルウェー，トルコ，米国，ザンジバル，であった。Ibid. 英文名は，一般に，General Act of Brussels Conference relative to the African Slave Trade である。

58) フランスが受諾できるための妥協で，これにより，フランス船舶は，実質的に除外されたと評価されている。Rolin-Jaequemyns, supra note 1, pp. 573-574.

59) 海域の限定は，奴隷取引取締条約において，実務的に非常に重要な問題であった。これについては，Martens, NR, pp. 43-44. 20世紀以降の法典化においては，拙稿「奴隷取引船舶」も参照。主要条約の海域を比較した地図として，同前85頁に再掲した，Grewe, *Epochs*, p. 559. なお，これは，Grewe, *Epochen*, S. 660 掲載の地図であるが，もともとは，Schaaf, W., *Völkerrechtliches Durchsuchungsrecht von Schiffen auf dem Gebiete des Sklavenhandels*, 1917 の巻末に掲載された4枚の地図を統合したものと推測される。

60) なお，それ以前から，帆船から汽船に，航行技術は大きく変化しており，航行の阻害に対する抵抗感が強まりつつあったという背景事情があるとされる。Barkley, supra note 1, p. 463 参照。

61) これによって，vérification が何を意味するかという，臨検権論争の焦点が解決された。

62) Chapitre Ⅲ. § Ⅱ. 2.（注：第42-49条）の表題は，"De l'Arrêt des Bâtiments Suspects." で，第46-49条も参照すると，一時的な拘束を示すものと考えられる。

以後の具体的手続は，以下の通りである。すなわち，船上で奴隷取引が行われ，又は，国旗の不正使用を示す明確な証拠があると士官が確信する場合，軍艦は当該船舶を拿捕後，使用された旗の国の権限ある当局（治安判事）が所在する条約海域内最寄り港に引致するか，又は，その船の旗国軍艦に引き渡す（第49条）。港に引致した場合，治安判事は自国法律に照らして十分な調査を行い（第50条），国旗が濫用されていたと証明されるときには，当該船舶を拿捕者の処分に委ね（第51条），奴隷取引に関わっていたことが証明された場合，船舶と積荷を没収し，船長・乗組員を裁判所に引き渡す（第54-57条）。また，船舶の違法な拿捕・奴隷取引への不関与が判決により確定した場合の損害賠償規定も存在した（第53, 58条）。

　しかし，このような幾重もの妥協を経てさえ，フランス議会は，条約を一体として承認することを拒否し，留保を付した。すなわち，干渉行為を定めた第3章（第20-61条）のうち第21-23条，第42-61条を他の締約国との間で排除する loi（1891年12月29日）により一般議定書を承認し63)，これがそのまま，1892年議定書により認められたのである64)。これを受けて，英仏間では，1867年 Instructions が維持されることとなった65)。しかし，1882年北海漁業条約66)では既に，臨検・捜索制度を採用している（第29条）こともあって，このようなフランスの対応については当時から様々な批判があった67)。ただ

---

63)　*Recueil des traités de la France*, t. 18 (1888-1990), 1893, pp. 496 ff.
64)　1892年1月2日承認。PROTOCOLE de la Séance tenue à Bruxelles, au Département des Affaire Étrangères, le 2 Janvier, 1892, en exécution de l'article XCIX de l'Acte général et du protocole du 2 juillet, 1891. 英訳も含めて，HCPP, 1892 [C.6557], XCV.1, pp. 94-103, esp. 96; Great Britain (Admiralty), *Instructions 1892*, Vol. I, pp. 243-246. フランス・ベルギー間の交渉は，*Archives diplomatiques*, 2. sér., t. 42 (1892, AVRIL, MAI, JUIN), pp. 173-183.
65)　上記1892年議定書は，現在有効な規定と「合意（arrangements）」に規律されることを確認しているが，ここでの「合意（arrangements）」は1867年 Instructions を意味すると指摘されている。Fauchille, P., *Traité de droit international public, 8ᵉ éd. entièrement refondue, complétée et mise au courant, du Manuel de droit international public de M. Henry Bonfils*, t. 1, pt. 1 (1922), p. 776. 内容的には同一であるが，新たに交換される予定の Instructions は，*Instructions 1992*, Vol. 1, pp. 249-252.
66)　1882年5月6日締結。本条約については，山本「条約方式の原型」248-249, 263-264, 274-276, 279, 281頁，同・国際刑事法259, 263-265頁参照。
67)　Rolin-Jaequemyns, supra note 1, pp. 571-572; Montardy, supra note 1, pp. 159-160. フラ

し，これに対して，一般議定書と 1867 年 Instructions の相違は，フランスに関してはそう大きくはないとするものもあり 68)，上記のような経緯を踏まえると理解できる点も多い。

IV　結　び

　海上奴隷取引に対する干渉行為をめぐる英仏間の対立の結果は，今日の国際法にとって，極めて重要な法的先例を提供することとなった。

　第一に，公海条約における一般臨検条項の結実に寄与したことが指摘できる。概括的な歴史的発展を再確認すると，1831 年・1833 年英仏条約が実質的な多数国間条約を形成し，それが大きく 1841 年五国条約に反映されたこと，その五国条約と 1867 年 Instructions が，公海条約が依拠した一般議定書に反映されたこと等，フランスの対応は，英国の主張を客観化する方向で，多数国間の規制内容を強く規定したものと言って差し支えないであろう。さらに具体的には以下の諸点が注目される。公海条約第 22 条では，まず 1 項で，外国船舶への干渉行為の原則的禁止を定めた点である。この点，英仏間の論争は，公海上での旗国主義の排他性原則を強く確認する結果となった。そこでは，奴隷取引船舶に対する臨検・拿捕への強い抵抗に加えて，公海の自由に基づく旗国主義の排他性の唯一の例外とされたのは，(国際法上の) 海賊行為のみであることが，繰り返し確認されたことが寄与している。その上で 2 項は，容疑が存在する場合に，それら容疑の確認ではなく，「旗を掲げる権利」の確認 69) に限定して規定され，さらに，書類の検閲とさらに行われる検査が区別された (同条 2 項)。この点には，1867 年 Instructions とそれを一般化した Bruxelles 一般議定書の影響を見て取ることができる 70)。

　　　ンスの動向に対して，L'Institut de Droit International は，1891 年に，一体としての批准が望ましいとの決議を採択した (12 septembre 1891)。"Voeu motivé de l'Institut tendant à la ratification intégrale de l'Act general de Bruxelles," *Annuare de l'Institut de Droit International*, t. 11 (1889–1892), pp. 269–272. Rapporteur は，在 Genova フランス公使の Engelhardt である点が興味深い。なお，彼による上記の論文は，"Mémoire pour la VIe Commission de L'Institut de Droit International" を副題として，経緯を伝えている。

68)　Queneuil, supra note 1, p. 189, n. 1.
69)　特に英米間で，権利か立法論・「主張 (pretention)」であるかが激しく争われたが，詳細は別稿に委ねる。

第二に，一般国際法上の海洋法への影響である。英仏間奴隷取締条約は，干渉行為の要件において，海域を限定し，海賊行為みなし規定を取り入れなかった上に，効果においても，司法的管轄権を旗国に留保し，普遍的管轄権を徹底することができなかったことで，(海上)奴隷取引が海賊行為とは異なる法的機能を有することが明らかとなった。奴隷取引は公海上の航行の安全を害しない点で，海賊行為とは異なるとの学説上の理解が生まれたが[71]，これは，奴隷取引との対照が，海賊行為の法的性質の明確化に貢献したと言うことができよう。

　第三に，公海条約に規定されていない重要な点として，「近接権 (right of approach)」[72]と，それを超える強制的干渉行為との機能分化をもたらした。すなわち，任意の国旗（国籍）確認行為とそれ以降の手続が，明確に区別されたのである。しかし，それ以上に重要な点は，後者も，一定の「実力 (force)」をもって強制される国旗掲揚要請権[73]と，それ以上の書類検査，捜索その他の行為がさらに機能分化していることが看取されることである。公海条約では規定されず，不明確なままであった部分に一定の視角を提供している。

　第四に，干渉行為に対するフランスの抵抗の強度から，航行分野と漁業分野

---

70) 公海条約において，書類の検閲にとどまらなかった点は，一般議定書を超える点である。既に当時，フランスが干渉行為に対して賛成方向に政策を転換していた点が大きいが，さらに，第一次大戦以降，中立法規においても，国籍を示す書類に対する検閲の信頼性が低下したことにも起因すると推測される。前者については，拙稿「奴隷取引船舶」79，82頁，後者については，信夫淳平・戦時国際法講義〔第3巻〕(1941) 1210-1212頁。

71) Gidelは，その性質上，奴隷取引は海賊行為とはみなされず，それは「公海上の航行の安全 (la sécurité de la navigation en haute mer)」を害しないからであると説明した。Gidel, supra note 1, pp. 391-410, esp. 392. このような学説上の理解は，管見の限りでは，Bluntschliに遡る。Bluntschli, J. C., *Das moderne Völkerrecht der civilisirten Staten als Rechtsbuch dargestellt*, 1868, § 351, S. 202. 本書は版を重ねた上に，*Le droit international codifié* としてフランス語でも版を重ねて訳され，強い影響力を有したと考えられる。そこでの解説において，"La piraterie menace le commerce maritime tout entier; la traite des nègres n'entrave pas le commerce des mers." という，極めて的確な理論的整理が図られている。

72) 近接権に関しては様々な議論があったが，結果として条文化されなかった。YILC, 1955, Vol. I, p. 33, para. 25.

73) 臨検権論争を明らかに意識した記述として，Higgins, A. P. and Colombos, C. J., *The International Law of the Sea*, 1943, § 273. これまでの混乱した学説状況については，林・前掲注(1) 179-187頁，真山全「接近権」日本海洋協会・海洋法・海事法判例研究第3号 (1992) 78-79頁。

との機能分化が見出されよう。さらに，自国艦隊の派遣からは，自国船舶の違法行為に対する取締の意思と能力が旗国主義の排他性を支える実質的要因であることを，看取することもできよう。

　最後に，本稿の目的を超えるものではあるものの，極めて注目されるのは，国際法の基本的な手法や構造にも本質的な影響を与えたことである。まず，英仏米で，正式の条約を締結せず，同様の instructions を設定するという手法は，今日の「ソフト・ロー」と同一の機能を有するものとして，興味深い先例を提供している。さらに，理論的に最も注目されるのが，国際法の権利義務構造への影響である。国際法の権利義務構造は，今日，権利・義務といずれにも属しない「自由」の領域により構成されると理解されている[74]。一方，これと異なるかとも見える常設国際司法裁判所 1927 年 Lotus 号事件判決判旨が有名であるが，それ以前の歴史的経緯は，これまで不明確であった[75]。そのため，既に 19 世紀において，厳密な意味での「権利」は受忍を義務付けるもので，あくまでも危険負担を負う「事実」とは異なると英仏間で理解され，また，実定法化された点が極めて注目されるのである。

---

[74] 国際法における「権利」，「義務」，「自由（事実）」に関しては，拙稿「国家管轄権と国際紛争解決——紛争要因と対応方法の分類に基づく解決方式の機能分化」山本草二先生古稀記念・国家管轄権（1998）516-517 頁。特に，国連海洋法条約におけるこのような権利義務の分配に関しては，下記の Lotus 号事件判決判旨の検討も含めて，拙稿「領域主権の法的地位——国連海洋法条約からの実証」書斎の窓 2011 年 9 月号（No. 607）46-51 頁。国際法の欠缺問題に関しては，小寺彰・パラダイム国際法（2004）第 2 章，特に 13-19 頁も参照。

[75] 学説上の体系化の萌芽は，管見の限りでは，Oppenheim 初版に見いだすことができる。そこでは，「（受忍）義務（duty to admit, suffer, and endure...）」が存在する「権利（*right*: italics as original）」と「免責事由（excuse）」が明確に区別されている。例として，「自己保存（self-preservation）」は，例外的な場合に，違法ではないものの，被害を受ける国が受忍する必要はなく，「反撃しうる（can repulse）」もので，後者に該当するとする。Oppenheim, L., *International Law: A Treatise*, Vol. I, (1905), pp. 177-178.

200海里以遠における大陸棚制度の本質
―― 大陸棚に対する権原付与の均一性

許　淑娟

I　序論
II　権原から権原付与へ：リビア・マルタ事件
III　200海里以遠における大陸棚制度の本質：2012年ベンガル湾事件
IV　むすびにかえて――均一化された権原付与概念の困難さ

I　序論

1　問題の所在：大陸棚制度の本質を探究する意義

　200海里以遠の大陸棚において，その権原付与（entitlement）と境界画定（delimitation）はどのような関係にあるのか。本稿は2012年に国際海洋法裁判所（以下「ITLOS」）が判決を下したベンガル湾におけるバングラディシュとミャンマー間の海洋境界画定事件（以下「2012年ベンガル湾事件」)[1]）を題材に，両者の関係について，検討を加えるものである。

　大陸棚の権原付与と境界画定の関係は，すでに十分に論じ尽くされた論点である[2]）。小寺彰も，『パラダイム国際法』において，権原付与と境界画定の関

---

1) *Dispute concerning Delimitation of the Maritime Boundary between Bangladesh and Myanmar in the Bay of Bengal*（*Bangladesh/Myanmar*）, Judgment of 14 March 2012 [hereinafter *Bangladesh/Myanmar Case*], available on the website of the ITLOS at 〈http://www.itlos.org/fileadmin/itlos/documents/cases/case_no_16/1-C16_Judgment_14_02_2012.pdf〉.
2) その点に関する古典として，Prosper Weil, *The Law of Maritime Delimitation: Reflec-*

係を,法原則と法規則の関係に即して明確に論じている。小寺によれば,法原則とは「具体的な法規則の背後にあって,法規則の存在根拠を示すもの」であり,法原則から法規則が導出されたり,法原則それ自体が法規則のように直接適用されたりするという。大陸棚の場合,大陸棚の権原が法原則に該当し,大陸棚の境界画定原則が法規則に該当するとして,前者から後者が導出され,前者が変化すれば,それに応じて後者も変化すると小寺は指摘している。すなわち,1969年北海大陸棚事件判決(以下,「北海大陸棚事件」:国際司法裁判所(以下「ICJ」))3) の際に,裁判所は,大陸棚という制度の本質を,沿岸国領土が自然に棚の形状で海に延びていくという自然的事実(近接性)の承認4)であると捉え,その本質(=法原則)から,「等距離中間線―特別事情」原則を退けて,「衡平原則」として自然延長の規則(=法規則)の適用を宣言したと小寺は解釈する。他方で,リビア・マルタ大陸棚境界画定事件判決(以下「リビア・マルタ事件」:ICJ)5) では一転して,「海底の地質・地形の連続性」がもはや関連事情には含まれず,等距離中間線が重要な意味をもつことになった。それは,1982年に作成された国連海洋法条約(以下「UNCLOS」)を受けて,基線から200海里までの大陸棚について,大陸棚の権原(本質=法原則)が「基線からの距離」へと変化したことによって,法規則にあたる境界画定原則が影響を受けた証左であると小寺は評価し,法原則と法規則間の強い関係性を強調する6)。

上記の小寺の説明は,従来の学説と軌を一にするものであるが,国際法上種々存在する制度についてその固有の趣旨を定式化し,国際法の体系性を維持する機能を担うものとして国際裁判における国際法原則の援用を積極的に捉えるという小寺の国際法観に支えられている点で,明晰かつ斬新な分析といえる。しかしながら,明晰すぎるゆえに,この理論を個別に適用する際に疑問は残る。

---

tions (1989), 47-95(原著は,Prosper Weil, *Perspectives du droit de la délimitation maritime* (1988))をひとまず挙げておく。
3) *North Sea Continental Shelf Cases* (*Federal Republic of Germany v. Denmark; Federal Republic of Germany v. Netherlands*), Merit, Judgment, *ICJ Reports* (1969) 3 [hereinafter *North Sea Case*].
4) 北海大陸棚事件では,近接性ではなく連続性であると論じている。本文Ⅱ1参照。
5) *Continental Shelf* (*Libyan Arab Jamahiriya v. Malta*), Judgment, Merits, *ICJ Reports* (1985) 13 [hereinafter *Libya/Malta Case*].
6) 小寺彰・パラダイム国際法 (2004) 29-34頁,130-136頁。

小寺が一例として挙げた大陸棚という制度に着目するならば，権原付与がどのような意味で大陸棚という制度の固有の趣旨を定式化しているのか，大陸棚の権原付与が時代とともに変化するのだとしてもどのような条件で変化し得るのか，大陸棚の権原付与の固有の趣旨から境界画定の具体的な方法をどのように導き出すのか等々，判決を理解し，大陸棚境界画定について展望するに際して重要な論点が残されたままである。小寺自身も，意識的にか無意識的にか，その主張に揺らぎを含んだ表現を用いている。「大陸棚の権原（本質）と大陸棚の境界画定原則は，後者が前者から自動的に導かれるという意味での論理必然的な関係には立たない」とし，前者は後者に「影響することは否定できない」という程度にとどめている。

この「影響」について具体的に接近するために，本稿では，200海里以遠の大陸棚の境界画定を取り上げる。小寺がいうには，大陸棚の権原付与が変化したのは200海里以内の大陸棚であり，「200海里以遠の大陸棚の存否は，原則として『領土の自然延長』か否かによって決せられる」はずだからである[7]。しかし，周知のとおり，国際裁判において初めて200海里以遠の大陸棚境界画定を行った2012年ベンガル湾事件では，200海里以内と同様に200海里以遠においても等距離線に基づいた境界画定が行われている[8]。そこで，本稿では，2012年ベンガル湾事件において，権原付与と境界画定の関係がどのように扱われていたかを精査することを通じて，両者の関係あるいは前者が後者に与える影響の射程を図ると同時に，200海里以遠の大陸棚の権原付与，すなわち小寺のいうところの「制度の本質」を考察する。

---

[7] 小寺・前掲注(6) 34頁。

[8] *Bangladesh/Myanmar Case, supra* note 1, at para. 455. 同じくベンガル湾の境界画定を扱ったバングラディシュ・インド海洋境界画定事件仲裁判決（以下「2014年ベンガル湾事件」）においては，2012年ベンガル湾事件では付せられていた「本件では（in the present case）」といった但書もなく，「大陸棚の境界画定における適切な方法は，境界画定される区域が200海里以内であろうが以遠であろうが，同じである」と端的に判示している。*Maritime Boundary Arbitration between Bangladesh and India*, Permanent Court of Arbitration (PCA), Award of 7 July 2014 [hereinafter *Bangladesh/India Award*], at para. 465.

2 論述の方法：補助線としての議論

　いきなり序での問題設定をひっくり返すようだが，小寺の示した視座からそのまま2012年ベンガル湾事件判決を検討することは不可能である。なぜなら，本件でITLOSが行った200海里以遠の大陸棚の権原付与の探究は，小寺の想定したようなプロセスではなかったためである。小寺が扱った北海大陸棚事件において，ICJが直面したのは慣習法の認定の文脈であり，小寺曰く，「『北海大陸棚事件』多数意見は，適用を否定した『等距離中間線―特別事情』原則について，それが慣習法規となり得るためには，①大陸棚概念に固有であるか，②国家実行の影響を受けて実定法になるかのいずれかだとし」[9]て，①に該当しないことから「等距離中間線―特別事情」は適用法規として認められなかったという。小寺によれば，こうした北海大陸棚事件においてICJが行おうしたこと，すなわち，問題となった規則が大陸棚概念に固有であるかを検討することが「いうまでもなく，国際法上の制度の本質，すなわち国際法の原則からの国際法規の導出」[10]ということになる。したがって，ICJは，大陸棚に固有なものを示すために，本稿では第Ⅱ章第1節で訳出した自然の延長に関する有名な一節を書くことになる。もっとも，小寺は，制度の本質として法原則を用いる際には，「諸国の慣行を十分に踏まえて国際法上の制度の本質を認定するという帰納的な態度」[11]が求められるとする。北海大陸棚事件が帰納と演繹を重ねて結論に達したのか，そして，そもそも大陸棚概念の固有性について小寺のように読めるのかは疑問ではあるが[12]，いずれにせよ，本件2012年ベンガ

---

9) 小寺・前掲注(6)35頁。
10) 小寺・前掲注(6)35頁。
11) 小寺・前掲注(6)38頁。
12) 北海大陸棚事件において，等距離方式が大陸棚制度に固有であるかを論じたのは，大陸棚制度が慣習法として成立した場合に，その大陸棚制度の内容・範囲の中に等距離線方式も含まれているかを判断するためである。大陸棚制度自体の慣習法性は認定しており，等距離方式が制度の中に固有であれば，大陸棚制度の慣習法性に依拠して，等距離方式も慣習法としての効力を有するというロジックである。小寺が論じたように，等距離方式そのものがその固有性によって，慣習法性を獲得するわけではないだろう。その場合，慣習法の認定方式が，制度の本質だからといって，簡便化されるわけではない。ただし，このように厳密に区別した場合と，小寺のように理解し，慣習法としての国際法の原則（制度の本質）が国際法の体系性を維持する機能があると考える場合とで，どちらが国際法学を豊かにするかは別途に考察する必要があろう。

ル湾事件でITLOSが行ったのは，UNCLOSの条文のみに基づく検討であり，帰納的な作業を行うことはなかった。大陸棚概念の本質，すなわち権原付与を認定する際に諸国の慣行はおろか，ICJの先例や仲裁判決への参照も行わず，大陸棚限界委員会の科学的技術的ガイドラインを紹介したにとどまる。また，ITLOSは等距離関連事情方式という境界画定規則を導き出したが，その演繹の理路も明示的には示すことはなかった。当事国の主張に対応したものとはいえ，関連事情に関しても200海里以遠であることに関する特段の記述はなされなかった。

　このようにITLOS自身は帰納と演繹のプロセスを明示することはなかったが，判断された結果から大陸棚制度の本質と境界画定規則の導出の理路を探る端緒は見出し得る。その端緒とは，後述する2012年ベンガル湾事件において論争的である三点（①自然の延長の大陸縁辺部への包摂，②等距離関連事情規則の採用，③「最も自然な延長」の有意性の否定）である。但し，その意義を理解するためには，ベンガル湾事件判決の分析に加えて，補助線となる議論の導入が必要となる。

　補助線となる議論とは，①リビア・マルタ事件における転換の意義の再検討と②〈権原〉の基盤に基づく分析枠組である。第一のリビア・マルタ事件における転換とは，小寺も示したように，同事件において，大陸棚の〈権原〉が自然の延長から部分的に距離概念に依拠することになったということである。その転換の意義を第二の補助線である〈権原〉の基盤から，より抽象的に捉え，その抽象化された大陸棚の制度の本質を用いて，2012年ベンガル湾事件を検討する。この〈権原〉の基盤という枠組は耳慣れないものであるが，言わんとしていることは単純である。事実と法をつなぐためには，正当化の論理が必要であり，その論理を内包したものとして〈権原〉という法概念を捉えるという考え方に基づく分析枠組である。〈権原〉とは権利を付与する事実のことを指すが，どのような事実が〈権原〉となり得るのかについての正当化根拠も含めて〈権原〉と考えることができる。そのように〈権原〉を捉えた場合に，〈権原〉を構成する事実を〈権原〉の物的基盤とし，ある事実が〈権原〉として機能する理由を提供するロジックを〈権原〉の正当化（型）基盤と分けて考える[13]。

なお，〈権原〉に対応する英語は，"title" と "entitlement" の両者がある。それぞれ「権原」，「権原付与」と訳し分けることもあるが，どちらも「権原」として訳されることが多い（仏語では titre となるだろう）。title, entitlement も権利を与える事実という意味で〈権原〉であり，通常の用語法においては，「権原付与」という据わりの悪い訳語を使う必要はないだろう。小寺も，『パラダイム国際法』において，title も entitlement のどちらも「権原」と訳している。しかしながら，本稿では，他の論者の議論を紹介するときや引用部分を除いて，「権原」と「権原付与」，そして〈権原〉を使い分ける。なぜなら，後述する通り，本稿では〈権原〉が付与される形式に着目するため，〈権原〉を与える事実そのものにその正当化の契機が内在しているときは「権原」とし，〈権原〉を与える事実の外側に〈権原〉を与える根拠がある場合は，「権原付与」と使い分けることにする。その両者を含む場合には，括弧つきの〈権原〉を用いることにする。おおむね，英語における title と entitlement に対応した使い分けとなる。あるいは，陸地における〈権原〉と海洋における〈権原〉の違いに相当するといえよう14)。

具体的には，次章において，リビア・マルタ事件における〈権原〉の転換について再検討を行う。ここでは，リビア・マルタ事件における大陸棚制度の本質の転換は，自然の延長概念から距離概念への転換として捉えるのでは十分ではなく，大陸棚に対する「権原」という視座から「権原付与」という視座への転換であり，権原付与の本質として〈権原〉の均一性が含意されていることを示す。続く第Ⅲ章では，まず，2012年ベンガル湾事件において論争的とされる点を中心に紹介し，200海里以遠においても，リビア・マルタ事件で示された〈権原〉の均一性という制度の本質が保持されていることを踏まえて，論争的な点における ITLOS の結論を検討する。最後に，むすびにかえて，2012年ベンガル湾事件の残された課題および〈権原〉の均一性維持の困難さとその意義について若干の考察を行う。

---

13) 許淑娟・領域権原論（2012）19-22頁参照。
14) Prosper Weil, 'Délimitation maritime et délimitation terrestre,' in Y. Dinstein (ed.), *International Law at a Time of Perplexity* (Kluwer Academic Publishers, 1989).

II 権原から権原付与へ：リビア・マルタ事件

リビア・マルタ事件で何が決定されたのかを知るために，権原付与と境界画定に関して自然の延長概念を軸に北海大陸棚事件からリビア・マルタ事件への流れを，〈権原〉の基盤構造に照らして確認する15)。

1 連続性としての権原：北海大陸棚事件

北海大陸棚事件において，ICJ は，大陸棚の〈権原〉について，近接性（proximity）の概念16)よりも「より本質的な（more fundamental）」ものとして，自然の延長原則あるいは陸地の連続（continuation of the land territory or domain）原則を挙げ，次のように述べた。

> 「国際法が大陸棚に関して沿岸国に法律上当然に（*ipso jure*）権原を与えるのは，水に覆われていながらも，当該海岸が領土の海底下への延長あるいは連続，海面下への拡張という意味で，実際に沿岸国が既に支配している領土の一部を成していると考えられるからである。このことから，ある海底が沿岸国の領土の自然な，あるいは最も自然な拡張を構成しないとき，それに最も近い海岸が当該沿岸国の海岸であろうとも，当該沿岸国には属しないと考えられるということになるであろう。すなわち，少なくとも，当該海底が自国の自然延長であるとする他の沿岸国の主張を前にしては，最も近い沿岸国が海底の自国への帰属を主張することはできないということになるであろう」17)。

この一節において，留意すべきは二点である。第一点は，当然ながら，沿岸国が大陸棚に対して権利を有するのは，大陸棚が領土の自然の延長であるとして，大陸棚の権原として自然の延長を位置づけている点であり，第二点は，その帰結として，最も自然な延長がない場合には，たとえその大陸棚に最も近い

---

15) 大陸棚境界画定判決の分析については，以下を特に参照した。奥脇直也編著・海洋境界画定に関する国際裁判例の動向（2004 年度外務省報告書）(2004); Robert Kolb, Alan Perry, and Hassida Hadj-Sahraoui, *Case Law on Equitable Maritime Delimitation: Digest and Commentaries/Jurisprudence sur les délimitations maritimes selon l'équité: répertoire et commentaires* (2003).

16) この部分は，のちに，リビア・マルタ事件において，「絶対的近接性（absolute proximity）」を退けたものと評される。*Libya/Malta Case, supra* note 5, at para. 43.

17) *North Sea Case, supra* note 3, at para. 43.

としても当該沿岸国に大陸棚は帰属しないとしている点である。さらに，ICJ は，「ノルウェー海岸から 80-100 キロメートルのトラフによって隔てられた北海の大陸棚がいかなる物理的意味においてもノルウェーに隣接していないし，その自然延長でもない」とした 18)。これは，トラフ（溝）が自然の境界線として自然の延長を画定するということを含意しており，ICJ が境界線を自然の延長の範囲を示すものとして捉えており，新たに大陸棚を配分するものではないとしていることを如実に表すものであろう。陸地と大陸棚の関係は，その連続性，言い換えれば，同じ地質をもって連続しているものとして理解されている 19)。こうした場合の大陸棚の境界画定とは，「各人に各人のものを（suum cuique tribuere）」を与えられているかを確認し，宣言する承認行為にすぎないということになる 20)。

小寺は，これらの判示について，不明確な形ながらも，（「等距離関連事情」ではなく）「権原―関連事情」という枠組が示されたものと評する。どこまでが陸地の延長なのかによって境界線を定めるのが権原による境界画定であり，陸地の延長の重なり合う箇所を等しく分配することが関連事情による画定であり，この合わせ技によって，大陸棚の境界画定がなされるということが示されたという 21)。いずれにせよ，北海大陸棚事件以後リビア・マルタ事件までの 15 年間，国際法廷の場で，係争区域において，他国の陸塊よりも，より自然な延長が自国の陸塊よりなされていることを相争って主張し，また，トラフや断層，裂け目を探すことに躍起になった 22)。

2 近接性としての権原付与：チュニジア・リビア事件を経てリビア・マルタ事件へ

こうした傾向に楔を打ち込んだのが，チュニジア・リビア事件であった 23)。

---

18) *Ibid.*, at para. 45.
19) D. P. O'Connell and I. A. Shearer, *The International Law of the Sea* (1982), vol. I, 490-491.
20) Weil, *supra* note 2, at 23.
21) 小寺・前掲注(6)133 頁。
22) Keith Highet, 'The Use of Geophysical Factors in the Delimitation of Maritime Boundaries,' in Jonathan I. Charney and Lewis M. Alexander (eds.), *International Maritime Boundaries* (1996) 170.
23) *Continental Shelf (Tunisia v. Libyan Arab Jamahiriya)*, Merits, Judgment, *ICJ Reports*

両当事国が、自国に対してより自然な延長があることを膨大な地質学的・地形学的データに基づいて主張したものの、ICJ は、地質学的な考慮に基づいて、両国に帰属する (appertaining to) 大陸棚の区域を法的に定義することは不可能であり24)、地形学的な考慮においても、両国がそれぞれ主張した海底の不連続性によって別の大陸棚や別の自然の延長と認められるほどの断絶は見出し得ないとした25)。そして、自然の延長は、沿岸国の権利の物理的な対象や場所をごく一般的に指定するものであるが、隣接国との関係で、境界画定を行う指針とするには十分でないばかりか、不適当な場合があるとしたのである26)。もっとも、自然の延長が「大陸棚に対する権利を正当化するという意義」は認めており27)、さらに、自然の延長を中断するようなものではない海底の地形学的な形状も、関連事情として考慮され得るという余地が残された28)。

リビア・マルタ事件では、以下の三点において、徹底した議論が行われた。第一に、200 海里以内の権原付与を距離基準に基礎づけた点、第二に、その帰結として地質学的・地形学的な要素を考慮に入れないとして、実際に、地質学的な不連続性やより大きな陸地からの自然の延長の議論を退けた点、第三に、暫定的な基準としての等距離関連事情方式を導入した点である。

第一の距離基準であるが、当時未発効ながら UNCLOS における排他的経済水域(以下「EEZ」)制度成立を受けて、従来の自然の延長に立脚する議論(リビア)に対して、距離基準の有意性が主張された(マルタ)。この対立を前に、ICJ は次のように述べた。

> 「大陸棚の外縁が沿岸から 200 海里以内である場合、自然の延長が、物理的なものというその出自にもかかわらず、歴史を通じてますます複雑かつ法学的な概念になっており、その間にある海底およびその下の物理的特徴とは無関係に、部分的には海岸

(1982) 18 [hereinafter *Tunisia/Libya Case*]. ある論者は同判決を自然の延長概念に対する第一の打撃 (first blow) と評した (Mahdi Zahraa, 'Natural Prolongation and Delimitation of Maritime Boundaries,' 7 *Finnish Yearbook of International Law* (1996) 378, at 385)。
24) *Tunisia/Libya Case, ibid.*, at paras. 51-61.
25) *Ibid.*, at paras. 62-66.
26) *Ibid.*, at para. 43. ただし、リビア・チュニジア事件においては、両当事国が求めなかったこともあり、等距離線が境界画定に用いられなかった。
27) *Ibid.*, at paras. 44-48.
28) *Ibid.*, at para. 68.

からの距離によって定義される。したがって，自然の延長と距離の概念は対立するものではなく相互補完的であり，両者は大陸棚の法的概念における本質的な要素であり続ける」29)。

ICJ は自然の延長と距離の要素は相互補完的であるとしたものの，大陸棚の物理的特徴に何らの有意性も認めなかった30)。すなわち，第二の点であるが，ICJ は，法の発展によって，200海里までは，地質学的な特徴とは関わりなく，国家は大陸棚が自国に属することを主張できるようになったとして，200海里以内における地質学的あるいは地形学的な要素は，権原の検証においても，境界画定においても，何らの役割も果たさないとしたのである31)。実際に，リビアは200海里以内に存在する海底の不連続性を主張したが32)，ICJ はそれを大陸棚の延長を区切る根本的な断絶とは認めなかった33)。さらに，当事国が，関連する地理的事情として，海岸の後背にある陸地の存在を主張したことに対しても，ICJ はその関連性を明確に否定している。リビアは，陸塊が大陸棚の権原付与に対して事実的かつ法的な正当化を与えることから，より大きな陸塊をもつ国家がより強固な自然の延長を有するとした。これに対して，ICJ は，「大陸棚の権利を生ぜしめる能力は，陸塊ではなく陸に対する主権に由来する」とし，「陸地に海洋面があることで，換言すれば沿岸開口部があってはじめて，領域主権が大陸棚の権利をもたらすのであって，距離によって測られる近接性（adjacency）の概念は全的に海岸線の概念に基づくのであり，陸地には基づかない」とした34)。

第三の等距離関連事情方式の採用であるが，距離基準を重視したマルタが，境界画定の出発点として等距離に基づく線を主張していたのに対し，ICJ は，さしあたり，等距離方式を境界画定における唯一の適当な方法とは認めなかった35)。しかしながら，最終的に，境界画定の暫定的な基準として，等距離線

---

29) *Libya/Malta Case, supra* note 5, at para. 34.
30) Dissenting Opinion of Judge Oda, *ibid.*, at para. 6.
31) *Ibid.*, at para. 39.
32) *Ibid.*, at para. 38.
33) *Ibid.*, at para. 39.
34) *Ibid.*, at para. 49.
35) *Ibid.*, at para. 43.

を用いており，その理由として，等距離線が「法的権原の帰属を基礎づける諸概念と両立する基準と方法」であることを挙げている。すなわち，大陸棚に対する権利主張に適用可能な法が，沿岸からの距離基準，あるいは，距離によって測られる近接性の原則に基づくものである以上[36]，距離を基礎とした等距離線を暫定的な出発点とすることが「衡平な結果を最終的に導くために，最も賢明な手続の進め方」[37]であるとした。そのうえで，ICJは，両当事国の海岸の一般的形状，島の存在，関連海岸の長さの不均衡，沿岸国に属する大陸棚の範囲と関連海岸の長さの間の不均衡を避ける必要性を関連事情として衡平原則を適用し，暫定中間線の修正を行った[38]。

このように，リビア・マルタ事件では，「明晰性と勇気をもって」[39]大陸棚の権原付与を自然の延長ではなく距離によって測られる近接性を基礎とするものへと転換させた。そして，この転換は境界画定の方式に影響を与えた。小寺の表現を借りれば，「大陸棚の権原の変化によって……境界画定が権原レベルの問題ではなくなり，権原が重複する海底について『等距離中間線―関連事情』の方法によって境界が画定されることを意味する」[40]のである。「権原レベルの問題ではなくな」ったとは，大陸棚の境界画定は，各人の属していたもの（＝権原）の範囲を探し出し，それを分け戻すという作業ではなくなったということである[41]。

3　権原付与の均一化と境界画定

北海大陸棚事件で使われたように，物理的な意味での陸地の自然の延長と捉えれば，自然の延長の外縁や境界線は，技術的な困難さを伴うとしても，原理

---

36) *Ibid.*, at para. 61.
37) *Ibid.*, at para. 62.
38) *Ibid.*, at paras. 60–79.
39) Weil, *supra* note 2, at 45.
40) 小寺・前掲注(6)135頁。
41) ガーナとコートジボワール間の判決において，境界画定の決定は創設的な性質のものであると述べられている。Dispute Concerning Delimitation of the Maritime Boundary between Ghana and Côte d'Ivoire in the Atlantic Ocean (Ghana/Côte d'Ivoire), Judgment, ITLOS (2017) available at ⟨https://www.itlos.org/fileadmin/itlos/documents/cases/case_no.23_merits/C23_Judgment_23.09.2017_corr.pdf⟩, para. 591.

的には見出し得るし,自然の延長間において優劣も存在し得る。そのため「最も自然な」や「より自然な」という比較を含んだ形容詞が「延長」に対して付せられることになる。この場合の大陸棚の権原は,相対的な重みで量られることになるだろう。複数国の海岸から延びる自然の延長に優劣なく重複があるということもないわけではないが,例外的と考えられる。そうなると,境界画定のプロセスは,自然の延長が重複するという例外的な状況を除けば,基本的に,自然の延長の範囲を明らかにすることによって完成する。

　他方で,距離によって測られる近接性に基づいて権原が付与されるのであるならば,その権原付与において,重複は頻繁に生じ得るし,その権原付与間において優劣をつける要素は存在しない。このように,リビア・マルタ事件においては,大陸棚に対する権原付与がフラット化し,均一性を獲得するのである。

　この均一性は,境界画定の手法に影響を及ぼす。すなわち等距離関連事情方式の採用である。同方式がリビア・マルタ事件以降主流になったのは,距離基準が権原付与において唯一の基礎となったのだから境界画定においても距離に基づいた決定をすべきといった単純な問題ではない。これは権原付与の均一性にかかわる境界画定方式なのである。これについて,Weil は,等距離方式は単なる方式を越えて,権原付与と境界画定の関係に関する法的な考え方を反映したものであるとした[42]。Weil によれば,等距離関連事情方式が用いられるのは,簡潔で客観的で重複する区域を等分することによって衡平にみえるという理由ではなく,同等の価値をもつ二国の海岸の投影が重複する水域を衡平に分割するという境界画定において等距離方式が内在的なものであるからである[43]。Weil のいう「同等の価値をもつ二国の海岸の投影」こそ,本稿で指摘する均一化した権原付与にほかならない。

4　大陸棚における〈権原〉の基盤の変化

　なぜ沿岸国が大陸棚に対して権利を有するのか。すでに紹介したように,北海大陸棚事件の場合においては,領土の一部をなしている海岸が水面下に延長

---

[42]　Weil, *ibid.*, at 282.
[43]　*Ibid.*, at 282-283.

しているからであった。ICJ は，領土と大陸棚が地続きであることを強調した[44]。従物に対して主物の権利が及ぶように，領土と大陸棚の間にある密接な結びつきが沿岸国の大陸棚の権利を正当化するのである。これは〈権原〉の基盤という観点からみれば，自然の延長があるということが物的な基盤として〈権原〉を支えるのであり，領土と密接な結びつきがあるからこそ領土に対する権利が拡大するというロジックがそこに含まれているということになる（正当化（型）基盤）。自然の延長そのものに，いかに陸地と密接な結びつきがあるかどうかを測り得る要素が内在され，それによって，権原が生じるのである。

リビア・マルタ事件においてはどうであろうか。沿岸国は，沿岸から 200 海里までという事実によって，大陸棚に対する沿岸国の権利が付与される。200 海里という数字の根拠は，慣習法化された UNCLOS の条文によるものとしか説明がつけられない。その正当化は 200 海里までの大陸棚という事実それ自体に内在しない。北海大陸棚事件における「自然の延長」に，陸続きという正当化の契機が内在されていたのとは異なる。しかし，リビア・マルタ事件において，権原を正当化する基盤が用意されていなかったわけではない。より大きな陸の領土をもつ国家がより大きな自然の延長を有するとしたリビアに対して，ICJ の回答が権原の正当化（型）基盤を示す端緒となろう。ICJ は，「大陸棚の権利を生ぜしめる能力は，陸塊ではなく陸に対する主権に由来する」とし，「領域主権が大陸棚の権利をもたらす」のであって，「距離によって測られる近接性の概念」に由来するとしたのである[45]。海岸によって近接しているから，陸地に対する主権が限定された形で大陸棚に及ぶのである。そのため，海岸を有していれば，大陸棚に対する権原が付与される。

ここにおける権原付与は，大陸棚自身において権原を生み出すのではなく，近接することによって，陸地の主権に基づいて自動的に付与されるものである。だからこそ，権原付与間に優劣はなく，境界画定において，等距離方式を用いることが衡平につながるのである。

---

44) *North Sea Case, supra* note 3, at para. 43.
45) *Libya/Malta Case, supra* note 5, at para. 49.

III　200 海里以遠における大陸棚制度の本質：2012 年ベンガル湾事件

2012年ベンガル湾事件の判決全体については数多くの評釈46) に譲るとして，本章では，本稿に関連する部分の判断について内容紹介を行い，一般的に想定し得る批判的評価を行った後に，権原付与の均一性という明示されない前提にしたがって，その批判への部分的な回答を試みる。本章の批判的評価の部

---

46) D. H. Anderson, 'Delimitation of the Maritime Boundary in the Bay of Bengal (Bangladesh/Myanmar),' 106 *American Journal of International Law* (2012) 817; Ravi A. Balaram, 'Case Study: The Myanmar and Bangladesh Maritime Boundary Dispute in the Bay of Bengal and Its Implications for South China Sea Claims,' 31 *Journal of Current Southeast Asian Affairs* (2012) 85; Sam Bateman, 'Solving Maritime Disputes: The Bangladesh-Myanmar Way,' *RSIS Commentaries* (2012); Naomi Burke, 'Annex VII Arbitral Tribunal Delimits Maritime Boundary between Bangladesh and India in the Bay of Bengal,' 18 *ASIL Insights*; Robin Churchill, 'The Bangladesh/Myanmar Case: Continuity and Novelty in the Law of Maritime Boundary Delimitation,' 1 *Cambridge Journal of International and Comparative Law* (2012) 137; Malcolm Evans, 'Maritime Boundary Delimitation: Whatever Next?,' in Jill Barrett and Richard Barnes (eds), *Law of the Sea: UNCLOS as a Living Treaty* (British Institute of International and Comparative Law, 2016); Erik Franckx and Marco Benatar, 'Navigating between Consolidation and Innovation: Bangladesh/Myanmar (International Tribunal for the Law of the Sea, Judgment of 14 March 2012),' 27 *Ocean Yearbook* (2013) 435; Yao Huang and Xuexia Liao, 'Natural Prolongation and Delimitation of the Continental Shelf Beyond 200 Nm: Implications of the Bangladesh/Myanmar Case,' 4 *Asian Journal of International Law* (2013) 281; Marcin Kałduński and Taduesz Wasilewski, 'The International Tribunal for the Law of the Sea on Maritime Delimitation: The Bangladesh v. Myanmar case,' 45 *Ocean Development & International Law* (2014) 799; Bjarni Már Magnússon, 'Judgement in the Dispute concerning Delimitation of the Maritime Boundary between Bangladesh and Myanmar in the Bay of Bengal (14 March 2012)', 27 *International Journal of Marine and Coastal Law* (2012), 623–633; Ted. L. McDorman, 'The Continental Shelf Beyond 200 Nm: a First Look at the Bay of Bengal (Bangladesh/Myanmar) Case,' in Myron H. Nordquist et al., *The Regulation of Continental Shelf Development* (2013); David P. Riesenberg, 'Recent Jurisprudence Addressing Maritime Delimitation Beyond 200 Nautical Miles from the Coast,' 18 *Insight: American Society of International Law*; X. Zhang, 'The ITLOS Judgment in the Bay of Bengal Case between Bangladesh and Myanmar,' 12 *Chinese Journal of International Law* (2013) 255; 下山憲二「判例研究　ベンガル湾における海洋境界画定に関する紛争（バングラデシュ対ミャンマー）［国際海洋法裁判所］」社会科学論集：高知短期大学研究報告101号（2012）55-76頁；加々美康彦「ベンガル湾におけるバングラデシュとミャンマー間の海洋境界画定事件：国際海洋法裁判所による初の海洋境界画定判決の評価」貿易風：中部大学国際関係学部論集10号（2015）7-34頁など。

分においては権原付与の均一性の前提をおかないため，もどかしさを伴うことになるが，2012年ベンガル湾事件のもどかしさを明らかにするために，また，結論先取りの誤謬を犯さないために，このような論述の方式をとる。

1　2012年ベンガル湾事件における論点と評価

ベンガル湾における海洋境界画定を争っていた三国のうち，ミャンマーとインドは等距離原則に基づく境界画定を望み，バングラディシュは海岸の凹型の形状に鑑み，等距離原則に基づく境界画定は衡平でなく，切断（cut-off）効果があることを主張していた。交渉による合意が得られないことから，2009年10月にバングラディシュはインドに対してUNCLOSのもとの仲裁手続きを開始したものが本件であるが，同日，ミャンマーに対しても仲裁を申し立てている。しかしミャンマーとの紛争は同年12月にITLOSに移管された。ITLOSは2012年に判決を下した。

本件は，ITLOSが初めて扱う海洋境界画定事件として注目されたが，ICJの判決を多く引用し，とりわけ黒海大陸棚事件判決[47]で示された三段階アプローチにしたがい，等距離線を基礎として，海岸線の凹みを考慮した調整を施すことで衡平な解決に導くという従来の判例の流れを踏襲したものと評価されている[48]。

200海里以遠の大陸棚の境界画定についてであるが，本件でITLOSは200海里以内の大陸棚と同様の扱いを与えた。すなわち，海岸線の凹みのみを関連事情として認定し，調整後の200海里以内の大陸棚境界画定線を第三国の権利が影響を受ける区域に到達するまで，方位215度線を200海里以遠にもそのまま延長した[49]。結果として大陸棚において200海里以内と以遠の区別がなさ

---

[47] *Maritime Delimitation in the Black Sea* (*Romania v. Ukraine*), Judgment, *ICJ Reports* (2009) 61.

[48] Churchill, *supra* note 46, at 143; Magnússon, *supra* note 46, at 632; Kałduński and Wasilewski, *supra* note 46, at 15 など。ただし，三段階アプローチの内実は必ずしも予測可能性を担保するものではなく，実際のところ，等距離線を調整した結果が，バングラディシュが主張した二等分線と同じ角度を有することになる偶然も生じている。Evans も，本件判決および2012年ベンガル湾事件判決は黒海大陸棚事件のメソッドに沿ったものとは言い難いとする。Evans, *supra* note 46, at 66-70.

[49] *Bangladesh/Myanmar Case*, *supra* note 1, at paras. 462, 506 (6).

れなかったといえよう。

　さて，本稿の課題において重要と思われる点は，①当事国間でその解釈に争いがあった「自然の延長」概念を UNCLOS 76条4項によって定められる「大陸縁辺部」へと還元せしめた ITLOS の判断，②境界画定の方式として，200海里以内と同様に，200海里以遠においても，等距離関連事情方式をとったこと，③関連事情として海岸の形状のみを考慮したことの三点である。このほかにも，大陸棚限界委員会と ITLOS の関係や，グレイエリアの問題があるが，前者は本稿の課題に直接関係しないことから他の評釈に譲るとし50)，後者については，結論において若干言及を加える。

(1) 自然の延長概念

　判旨――200海里以遠の大陸棚における権原付与をどのように理解するかは，本件においても鍵となった部分である。両当事国は，それぞれ200海里以遠の大陸棚に対する権原付与の有無というよりも，むしろ，権原付与の意義について争っていた。ITLOS の整理にしたがえば，バングラディシュは，76条1項にいう「領土の自然の延長」は，沿岸国の陸塊と200海里以遠の海底の間に地形学的な連続性のみならず地理学的な連続性の必要性を求める「物理的な概念 (physical concept)」であると主張した。ミャンマーの陸塊と200海里以遠の海底間には「根本的な不連続」があるとして，堆積物の起源や，地下構造，プレートテクトニクスに関するデータを示した。さらに，このような解釈が「自然延長」の用語の通常の意味であり，判例，科学技術ガイドラインおよび限界委員会の実行にかなったものと主張した51)。これに対して，ミャンマーは，自

---

50)　実際のところ，本件判決で最も注目を浴びた点は大陸棚限界委員会と ITLOS の関係である。すなわち，両当事国とも大陸棚限界委員会に申請していたものの，その勧告を得ていない状態だったことから，200海里以遠の大陸棚の外縁に関する勧告がないまま，ITLOS による境界画定の判断は可能であるのか，また，妥当であるのかが問われていた。結論として，ITLOS は，境界画定と外縁確定は別個の問題であり，境界画定に関して ITLOS による判断は可能であり，また，判断を行うべきと判示した (*ibid.*, at 370)。しかしながら，外縁が確定しない状況で，関連区域と関連海岸における均衡性を果たして図ることができるのか，もし均衡性を評価したというのであれば，境界画定に外縁確定を含まざるを得ないのではないか，疑問なしとはしない。

51)　*Ibid.*, at para. 426.

然の延長とは大陸棚を定義するという特定の文脈で用いられる法律用語（legal term）であり，特別の科学的な含意をもたないという。すなわち，UNCLOS 76条1項において支配力のある概念は自然の延長ではなく「大陸縁辺部の外縁」であるという。ミャンマーは，この解釈を限界委員会の実行および76条の趣旨目的および起草過程から裏づけられるものとして主張した[52]。

これら当事国の議論に対して，ITLOSの下した結論はミャンマーの主張と重なる。すなわち，76条4項によって確定される大陸縁辺部の外縁への参照によって，200海里以遠の大陸棚の権原付与は決定されるべきというものであった[53]。ITLOSは，ウィーン条約法条約の解釈の手法に則る（文言と趣旨目的，さらに限界委員会の用いるガイドラインの紹介）ことで，自らの主張を根拠づけた。

まず，ITLOSは，自然の延長が規定されている76条1項の文言を解釈して，大陸棚は200海里の距離あるいは大陸縁辺部の外縁まで延びると定められていることから，大陸縁辺部の外縁が大陸棚の範囲を定めるに際して不可欠の要素であることを確認する。そのうえで，76条3項・4項，とりわけ4項は，科学的技術的な専門知識が求められるものであり，沿岸国が大陸縁辺部の外縁の正確な位置を同定するために導入された条項であるという。他方で，自然の延長は，76条1項以降の項において精緻化が施されていないこと，ならびに，初出である北海大陸棚事件判決においても定義がなされなかったことをITLOSは強調する。さらに，起草過程において，自然の延長とは，大陸縁辺部への国家管轄権の拡張という傾向を補強する概念として用いられたものであることに言及し，自然の延長と大陸縁辺部は密接に関連し，同じ区域を示すものであるとした[54]。

つづいて，ITLOSは，76条の趣旨目的の一つが大陸棚の外側の限界を正確に定義することにあるとして，自然の延長が，沿岸国が権原を付与されるために充たすべき個別かつ独立の基準とはなり得ないとした[55]。ITLOSは明示はしなかったが，精緻化のなされていない自然の延長という概念では，同条の趣

---

52) *Ibid.*, at para. 427.
53) *Ibid.*, at para. 437.
54) *Ibid.*, at paras. 428-434.
55) *Ibid.*, at para. 435.

旨目的に合致しないということを示唆したようである。

　さらに，ITLOS は，大陸棚限界委員会の科学的技術的ガイドラインにも言及する。大陸棚限界委員会はガイドラインにしたがって大陸棚の限界を示すものとして 76 条 4 項に基づく検証方法をとっているとする。この手法も，76 条 4 項によって大陸棚の範囲が決まるという解釈を裏づけるものとして ITLOS は挙げている 56)。

　これらの理由を挙げ，ITLOS は，76 条 1 項における自然の延長への参照は，大陸棚および大陸縁辺部を定義する 76 条 1 項に続く項目に照らして理解されなければならず，したがって，200 海里以遠の大陸棚の権原付与は大陸縁辺部の外縁によって決定され，それは 76 条 4 項によって確定されるとした。そのうえで，ITLOS は，バングラディシュの主張を否定する形ではあるが，200 海里以遠の大陸棚の権原付与において地質学的な要素や堆積岩の起源に関する主張は関連性を持たない旨を示した 57)。

　もっとも，ITLOS は，一般的な形での言明は慎重に避けている。本件において ITLOS は，ミャンマーとバングラディシュの 200 海里以遠の権原付与は重複していると決定したが，その際にも，係争区域の範囲における大陸縁辺部の存在に重大な不確実性があった場合には，法廷は境界画定を進めることに躊躇するであろうと付言している 58)。本件においては，きわめて分厚い堆積岩がベンガル湾全体に広く広がっていることが既に第三次国連海洋法会議において知られていたという「特殊な事情 (unique situation)」59) があったことを ITLOS は強調する。

　本件の 200 海里以遠の大陸棚における権原付与について，ITLOS が示した見解は二つに分けられる。第一点は，UNCLOS の解釈として，自然の延長概

---

56) *Ibid.*, at para. 436. 科学的技術的ガイドラインにおいて，権原付与の基礎を示す証拠が，検討の手順として先行するという文脈で，76 条 4 項に基づく帰属テスト (Test of Appurtenance) が言及されており，明示的に大陸棚権原付与イコール 76 条 4 項として扱っているわけではないともいえる。*Scientific and Technical Guidelines of the Commission on the Limits of the Continental Shelf* (CLCS/11) (13 May 1999), 2.2.1 and 2.2.7.
57) *Bangladesh/Myanmar Case, supra* note 1, at para. 447.
58) *Ibid.*, at para. 443.
59) *Ibid.*, at para. 444.

念を 76 条の後続する項目,とりわけ 4 項にしたがって理解すべきであるとし,これは,200 海里以遠の大陸棚の権原付与一般に適用するものと考えて示されたものといえよう。第二点としては,ITLOS は,権原付与の有無およびその重複について判断を行ったが,それは,本件の特殊事情によるものであることを強調している点である。ITLOS は,司法機関が 200 海里以遠の大陸棚の境界画定を決定できるし,また決定すべきであるとしたが,それは,200 海里以遠の大陸棚の境界画定における科学的技術的要素の重要性が高いことを否定しているものではない。本件では,ベンガル湾の特殊性や,両当事国が十分な証拠を大陸棚限界委員会にも法廷にも提出していること,それに対して当事国間に争いがないことという事情に支えられて,ITLOS が専門家の手を借りず権原付与の決定が可能であったことを示している。

　評価――自然の延長概念は,いうまでもなく,大陸棚制度のコアとなる概念である。この概念を権原付与の判断における個別かつ独立の要素とはなり得ないとして,大陸縁辺部概念に完全に包摂せしめた ITLOS の判断は批判にさらされている。Gao 判事はその個別意見で多数意見を異例な痛烈さをもって批判した。彼の結論は,沿岸国の管轄権が 350 海里も離れた大陸縁辺部の外縁という遠くにまで飛躍できるのは陸塊からの地理的および地質学的な連続性 (continuity) なしには考えられないというものであり[60],多数意見とは大陸棚制度に対する理解を根本的に異にする。その根本的な違いを措いたとしても,また,彼の意見は東シナ海での日中間の紛争に関する中国の立場を代弁するものであったとしても[61],彼が指摘する ITLOS 多数意見の論証の不十分さは首肯できるものである。彼曰く,自然の延長ではなく 76 条 4 項の「大陸縁辺部の外縁」を採用する根拠として,自然の延長概念が十分に定義されてこなかったことを挙げることについて,ほかにも重要であるが明確な定義が条文に示されない概念(例として「人類共通の財産」)があることを挙げ,合理的な理由とはならないとする[62]。また,多数意見は,434 項において自然の延長と大陸縁辺部は相互に密接に関連するとしながらも,429 項では大陸縁辺部の外縁が大

---

60) *Ibid.*, at para. 91.
61) 加々美・前掲注(46)28 頁；Bateman, *supra* note 46, at 2.
62) Bangladesh/Myanmar Case, *supra* note 1, at para. 85.

陸棚の範囲決定に本質的な要素であると判示しており，この二つの言明をつなぐ論理の欠如も指摘する 63)。さらに，多数意見の結論は，リビア・マルタ事件をはじめとした先例や学説を踏まえていないことも指摘する 64)。

たしかに UNCLOS において明確な定義が施されていない概念は多く存在するのであり，たとえ，条文解釈に徹底するとしても，自然の延長という多くの判決で取り扱われた概念を先例への参照なしに解釈を確定することは，結論の是非はともかくとして，説得力をもたない。学説の多くは，少なくとも 200 海里以遠の大陸棚においては，自然の延長概念を 76 条 4 項に規定される大陸縁辺部の外縁以上のものとして理解していたように思われる 65)。学説において，自然の延長概念は，地形学的な要素だけではなく，地理学的・地質学的要素を含んでおり，200 海里以遠の大陸棚が存在するときには同概念が大きな役割を果たすと論じる主張 66) や，同概念への参照が 76 条の他の条項の適用が尽きたときの残余条項として作用するとする主張 67) も，それぞれに論理性と根拠をもって示されてきている。また科学者の意見も一致していない。76 条 4 項の定義に基づいて地形学的に判断すべきという立場 68) と，地理学的な一体性を重視する立場 69) に分かれる。しかしながら，地形学的なものであれ地質学

---

63) *Ibid.*
64) *Ibid.*, at paras. 87-89.
65) David A. Colson, 'The Delimitaion of the Outer Continental Shelf between Neighboring States,' 97 *American Journal of International Law* (2003) 91, 107; Bjørn Kunoy, 'A Geometric Variable Scope of Delimitations: The Impact of a Geological and Geomorphologic Title to the Outer Continental Shelf,' 11 *Austrian Review of International and European Law* (2006) 49, 69. Franckx と Benatar の著作および脚注に詳しくベンガル湾事件以前の状況が説明されている。以下の本稿の説明も彼らのそれに部分的に負うものである。Franckx and Benatar, *supra* note 46, at 453-457.
66) D. H. Anderson, 'Some Recent Developments in the Law relating to the Continental Shelf,' 6 *Journal of Energy and Natural Resources Law* (1988) 95, 96-97.
67) Jonathan I. Charney, 'International Maritime Boundaries for the Continental Shelf: The Relevance of Natural Prolongation,' in N. Ando, E.W. MacWhinney and S. Oda (eds.), *Liber Amicorum Judge Shigeru Oda* (2002), vol. 2, 1026.
68) Steinar Thor Gudlaugsson, 'Natural Prolongation and the Concept of the Continental Margin for the Purposes of Article 76,' in Myron H. Nordquist et al. (ed.), Legal and Scientific Aspects of Continental Shelf Limits (Leiden/Boston: Nijhoff, 2004), 69; R. Macnab, 'Initial assessment,' in P. J. Cook and C. M. Carleton (eds.), Continental Shelf Limits: The Scientific and Legal Interface (New York: Oxford University Press, 2000), 255.

的なものであれ,明確な断絶がある場合には,大陸棚の陸塊同士の連結を否定するのが,大陸棚限界委員会の実行であるとされる70)。

このような論争状況の中,200 海里以遠の大陸棚境界画定において満を持して「新天地を切り開く」71) ことになった本判決であるが,その新天地はまさに新しすぎたようにみえる。200 海里以内の境界画定を行う際には頻繁に先例に依拠したのに比すると,200 海里以遠において,ITLOS は北海大陸棚事件の名前に触れるのみで,その意義やその後の判例の発展を分析することなく,条文の解釈というきわめて静態的な形で,自然の延長概念を大陸縁辺部の外縁へと包摂してしまい,過去との接続が断ち切られたかのようである。

Franckx と Benatar は,北海大陸棚事件と本件判決を重ねる。すなわち,両判決において,自然の延長概念の果たす役割は正反対であるが,実は両判決において同概念について大胆なことを言っているという点で軌を一にしており,そして,その言明が謎に包まれているのも同一であるという72)。北海大陸棚事件における謎とは自然の延長概念が何を指示しているかわからないという謎であり73),本件判決における謎は,権原付与と境界画定が密接に関連しているにもかかわらず,「外側の大陸棚に対する権原の唯一の法的基礎を依然として形成している」自然の延長がなぜ境界画定において何らの役割も果たさないのかをまったく説明していないという点である74)。

この点に関連したバングラディシュ代理人の Boyle の口頭弁論中の主張に対して,十分な論拠を多数意見から見出すことは難しいだろう。Boyle は,200

---

69) H. Brekke and P. A. Symonds, 'The Ridge Provisions of Article 76 of the UN Convention on the Law of the Sea,' in Myron H. Nordquist, John Norton Moore, and Tomas H. Heidar (eds.), Legal and Scientific Aspects of Continental Shelf Limits (Leiden: Martinus Nijhoff, 2004), 166-169.

70) Christian Reichert, 'Determination of the Outer Continental Shelf Limits and the Role of the Commission on the Limits of the Continental Shelf,' 24 *The International Journal of Marine and Coastal Law* (2009) 387.

71) Declaration of Judge Wolfrum, *Bangladesh/Myanmar Case*, supra note 1, at 6.

72) Franckx and Benatar, *supra* note 46, at 457.

73) Jørgen Lilje-Jensen and Milan Thamsborg, 'The Role of Natural Prolongation in Relation to Shelf Delimitation beyond 200 Nautical Miles,' 64 *Nordic Journal of International Law* (1995) 619, 627.

74) Franckx and Benatar, *supra* note 46, at 457.

海里以遠の大陸棚を「卵」に例えて，大陸外縁部の定義への合致のみを重視して自然の延長をまったく顧みないミャンマーの「卵」は「殻さえあれば黄身がなくてもかまわない」卵であるとした。バングラディシュにとっては，「卵には殻と黄身の両方が必要」であるとして，自然の延長の意義を強調する。76条4項に定められる大陸縁辺部に大陸棚が達するためには，特に，5項で定める外側の限界に達するためには，76条1項で求められるように，陸地から物理的な構造が連続的に続いていなければならないというのである[75]。

(2) 境界画定の手法

判旨——すでに触れたように，ITLOS は，200 海里以内と以遠において同じ境界画定手法，すなわち，等距離関連事情手法を用いた。その論拠として，大陸棚の境界画定について定める 83 条において UNCLOS が 200 海里以内の大陸棚と以遠の大陸棚を区別していないことを挙げた[76]。UNCLOS の条文に基づいた論理構成という意味で，ITLOS が本件で行ってきた自然の延長の議論の手法と軌を一にしているといえるだろう。

他方で，ITLOS が等距離関連事情手法と権利の基礎（the basis of rights）の関係を強調しているのは注目に値する。ITLOS は，等距離関連事情による境界画定の手法とは，陸地の領土に対する主権が EEZ および大陸棚における沿岸国の主権的権利および管轄権の基礎であるという認識に根差すものであるとした。さらに，このことは，57 条や 76 条によって当該水域の性質や海岸に延びる上限が定められていたとしても，沿岸国のもつ権利の目的や内容（範囲）とは区別されるべきであることも付言する。また，この手法は，本件において，200 海里以遠における切断（cut-off）効果がもたらす問題を解決することがで

---

[75] ITLOS/PV.11/6/Rev. 1, 19.
[76] 両当事国も 200 海里以内と以遠においても大陸棚の境界画定であることは変わらないとする。ただし，バングラディシュは，83 条における「衡平な解決」に鑑み，200 海里以内と以遠というカテゴリカルな区別ではなく，個別的な衡平な解決がなされるものと理解しているのに対して，ミャンマーは，規則および手法そのものも同様であると主張しており，ニュアンスは異なる。Bangladesh/Myanmar Case, *supra* note 1, paras. 452–453. 本判決の姉「妹」判決といえる 2014 年ベンガル湾事件において，仲裁廷は，200 海里以内も以遠も大陸棚に存在せず，単一の大陸棚（single continental shelf）であることを強調する。*Bangladesh/India Award, supra* note 8, at para. 437.

きるのであり，実際に解決するとした77)。

評価――ITLOSが採用し，実際に行った200海里以遠の大陸棚境界画定の手法について，疑問を最も投げかけられた点は，地理学的な要素を考慮しなかった点であり，具体的には等距離関連事情手法の適用そのもの，等距離線の選定，関連事情の考慮の側面に見出せる。たとえ自然の延長を大陸縁辺部の外縁であると読み替えたのだとしても，地形学的な要素は，境界画定のプロセスにおいて重要であり続けるはずだからである。

実際に，多くの論者が200海里以遠の大陸棚境界画定において地理学的な要素が重視されると予測していた。たとえば，国際法協会（ILA）における大陸棚延伸に関する委員会では，2002年に，「大陸棚に対する権原付与の基礎と境界画定は関連していることから，200海里以内と以遠では，境界画定の過程は異なるだろう」とし，とくに，距離基準が200海里以遠の大陸棚に対する権原付与において役割を果たさないという点が，200海里以遠の大陸棚の境界画定を200海里以内のそれとは大きく異ならせると述べていた78)。また，距離基準に代わるものも，Highetによって，次のように予言されていた。すなわち，「200海里以遠の大陸棚境界画定においては，地質学的・地形学的な要素は単に重要なだけではなく，その本質となるであろう」79)。このように，200海里以遠と以内の境界画定の手法が異なり，200海里以遠では地理学的要素が中心的役割を果たすという理解は学界において共有されていた80)。

等距離関連事情規則の適用についても，リビア・マルタ事件において衡平な方法として採用されたわけであるが，マルタが主張するように距離概念が大陸棚の〈権原〉において中核的な役割を果たすことのみが関係するのであれば，200海里以遠においては用いることができないはずである。この点について，

---

77) Bangladesh/Myanmar Case, *supra* note 1, at para. 455.
78) Committee on 'Legal Issues of the Outer Limits of the Continental Shelf', *International Law Association Report of the Seventy Conference* (International Law Association, 2002) 741, 751.
79) Highet, *supra* note 22, at 196.
80) For examples, Colson, *supra* note 65, at 107; D. H. Anderson, 'Recent Judicial Decisions Concerning Maritime Delimitation,' in Lilian del Castillo (ed.), *Law of the Sea, from Grotius to the International Tribunal for the Law of the Sea: Liber Amicorum Judge Hugo Caminos* (Brill/Nijhoff, 2015), 3214.

ITLOSは十分な論証を行わなかったことについて批判は免れ得ない。

さらに，等距離線の測定地点の問題もある。等距離線とは，たとえば領海の境界画定におけるそれは「いずれの点をとっても両国の領海の幅を測定するための基線上の最も近い点から等しい距離にある中間線」として定義されており[81]，排他的経済水域および200海里以内の大陸棚においても，同様に解釈されている。ただし，これが200海里以遠の大陸棚においてもそのまま妥当するかは検討の余地がある[82]。等距離関連事情方式の復権の始まりを告げたチュニジア・リビア事件において，ICJは，海岸線が大陸棚の権原における決定的な要素であるからこそ，距離の測定の際に海岸が出発の線となると述べている[83]。これを受けて，ある論者は，200海里以遠の大陸棚の権原付与において最も決定的な要素は，大陸斜面の脚部であるとし，そこからの等距離線を主張する[84]。これは200海里以遠の大陸棚における権原付与の判断において大陸縁辺部の外縁に全面的に依拠した本件判決の立場とも平仄があう。大陸縁辺部の外縁は，海岸線からではなく，大陸斜面の脚部から測られたものだからである。ほかにも，200海里の線からの等距離線の測定を主張する者もいる。それぞれの主張の妥当性は別途問われなければならないが[85]，少なくとも，ITLOSが200海里以内の等距離線を延長したことは，等距離方式を採用することに対するそれとは別途に理由づけが必要なように思われる。また，本件の係争海域であるベンガル湾には該当しないが，一般的に考えれば等距離線の

---

81) UNCLOS Art. 15.
82) For details, see Bjarni Már Magnússon, 'The Rejection of a Theoretical Beauty: The Foot of the Continental Slope in Maritime Boundary Delimitations Beyond 200 Nautical Miles,' 45 *Ocean Development & International Law* (2014) 41; Bjørn Kunoy, 'The Admissibility of a Plea to an International Adjudicative Forum to Delimit the Outer Continental Shelf Prior to the Adoption of Final Recommendations by the Commission on the Limits of the Continental Shelf,' 25 *The International Journal of Marine and Coastal Law* (2010) 237, 268-269; Colson, *supra* note 65, at 103-104; Committee on 'Legal Issues of the Outer Limits of the Continental Shelf', *supra* note 78, at 752.
83) *Tunisia/Libya Case*, *supra* note 23, at paras. 73-74.
84) Kunoy, *supra* note 82, at 268-269.
85) 大陸斜面脚部からの測定については，その論理的整合性を支持する論者も，大きな技術的な困難があることを指摘している（Magnússon, *supra* note 82）。また，200海里線からの測定という主張についてはとりたてて根拠が見当たらないように思われる。

200 海里以遠への延長が，地形の関係で延伸大陸棚に対する権原付与がない部分に達する可能性もある[86]。いずれにせよ，等距離線といっても，地理学的な，あるいは少なくとも地形学的なデータに対する綿密な検討が必要とされる局面があることは留意されるべきであろう。

(3) 関連事情

暫定等距離方式では衡平な解決のために関連事情が考慮されるのであるが，この関連事情について，本件のバングラディシュの主張はきわめて興味深いものであった。200 海里以内と同様に自国海岸の凹状形状について主張すると同時に，衡平な解決のために，バングラディシュがベンガル湾において，「最も自然な延長 (most natural prolongation)」を有しているという点を完全に考慮しなければならないという主張である。バングラディシュは，ミャンマーからの海底への延長は，沿岸間近で重大な地質学的な不連続性があることを主張しており，自国沿岸からの延長がミャンマーに対して最も自然であるとし，これが関連事情として考慮されるべきとしたのである[87]。

地層の起源を問題にしたのはともかくとして，「最も自然な延長」というバングラディシュの主張は，北海大陸棚事件以来リビア・マルタ事件までの間，伝統的ともいえる議論である。これに対して，ITLOS は，本件においてこの議論は関連性を持たないと退けた。その理由として，権原付与を考察する際の議論を繰り返した。すなわち，自然な延長とは，権原付与において独立の基礎とはなり得ず，大陸棚の権原付与は 76 条 4 項にしたがって解釈されるべきであり，本件ではミャンマーとバングラディシュの権原付与が重複していると決定していることから，バングラディシュの主張を退けるとしたのである[88]。結果として，ITLOS が 200 海里以遠の境界画定として採用した関連事情は，200 海里以内と同じく，海岸の形状のみであった[89]。

---

[86] イルミンガー海におけるデンマークとアイスランドの 200 海里以遠大陸棚が置かれている状況である。Bjørn Kunoy, 'Agreed Minutes on the Delimitation of the Continental Shelf beyond 200 Nautical Miles between Greenland and Iceland in the Irminger Sea,' 12 *Chinese Journal of International Law* (2013) 125.
[87] *Bangladesh/Myanmar Case, supra* note 1, at paras. 457-458.
[88] *Ibid.,* at para. 460.

評価——200海里以遠の大陸棚境界画定における関連事情について，本件判決においては，地質学的な要素をカテゴリカルに排除したと評価される[90]。しかしながら，本件判決から200海里以遠の大陸棚境界画定における関連事情について一般的な結論を導き出すことは困難である。なぜならば，両当事国ともに，そもそも権原付与の重複を否定しており，権原付与の重複を前提とした境界画定の手法および関連事情の主張は当初行っていなかったためである。ITLOSの質問に応じて，バングラディシュが関連事情の主張を予備的に行ったにとどまった[91]。ITLOSは，こうした当事国の予備的な主張に応える形で，関連事情を検討したのであって，包括的な検討が行われたわけではない。

たとえば，海底における溝や断層，裂け目といった地形学的な要素の関連性について判断がなされたわけではない。また，自然の延長概念を76条の1項以下の条項にしたがって解釈する以上，200海里以遠の大陸棚の限界を定める5項と6項のいずれを選択するのかという点も関連事情として主張し得るという指摘もある。Kunoyによれば，6項でいう海底海嶺は6項後段の反対解釈により大陸縁辺部の自然の構成要素ではないと考えられるのであり，自然の構成要素である5項による外側の限界線の方がより強力な主張になるという[92]。さらに，Magnússonは，350海里以上に広がる大陸棚が76条5項によって切断されるのであれば，その場合の，各当事国の主張する大陸棚の堆積岩の厚みも関連事情として考慮され得るとする[93]。

2 明示されない前提：権原付与の均一性

前節において，2012年ベンガル湾事件における論争的な点においてITLOSが選び取った結論を批判的に考察した。すでに示しておいた通り，ITLOSの

---

[89] *Ibid.*, at para. 461.
[90] Franckx and Benatar, *supra* note 46, at 457; Bjarni Már Magnússon, *The Continental Shelf Beyond 200 Nautical Miles: Delineation, Delimitation and Dispute Settlement* (2015), 140.
[91] *Bangladesh/Myanmar Case, supra* note 1, at paras. 451-452.
[92] Kunoy, *supra* note 65, at 75.
[93] Magnússon自身も，判例における地理学的・地質学的に基づく主張を取り入れない傾向に鑑みて，こうした主張が裁判所や法廷によって採用される可能性は低いとも述べている。Magnússon, *supra* note 90, at 172.

結論は権原付与の均一性という観点から論理的かつ体系的に理解し得るものである。以下に，簡単にITLOSの議論を権原付与の均一性ならびに権原付与の基盤の考え方に基づいて再構成する。

権原付与の均一性——まず，自然の延長概念を大陸縁辺部の外縁へと包摂したことは，リビア・マルタ事件以降も200海里以遠の大陸棚において可能性として残されていた北海大陸棚事件由来の自然の延長概念，すなわち権原としての自然の延長の痕跡を断ち切ることになった。200海里以遠において，陸地の自然の延長の有無は，76条4項に示される定義に該当するか否かによって決せられ，北海大陸棚事件の自然の延長概念が含んでいた程度問題・相対的重みづけの要素が入り込む隙はない。76条4項の定義に，「最も自然」に，あるいは，「より自然」に合致しているといったことを想定するのは難しい。

第二の等距離関連事情方式の採用は，200海里以遠の大陸棚においても均一化した権原が付与されていることを強力に裏づけるであろう。等距離関連事情方式が権原付与の均一性に基礎づけられた境界画定方式であることはすでに論じた。等距離関連事情方式を採用したということは，200海里以遠であったとしても，200海里以内同様に，大陸棚の権原付与は他国のそれとの間に優劣を想定し得ない均一化されたものであるという考えがベンガル湾事件にも通底していると考えられる[94]。もっとも，等距離線を調整する際に考慮される関連事情は，衡平な解決を見出すプロセスである以上[95]，200海里以内と以遠で同様ではあり得ないだろう。少なくとも大陸縁辺部の定義にかかわる地形的要素の関連性は否定し得ない。また，まったく別の陸塊から延びる大陸縁辺部同士を連結するような主張に関連性が認められるかも論争の余地があり得る。

第三の「最も自然な延長」というバングラディシュの主張が受け入れられなかったことは，均一化した権原付与という考え方からは論を俟たない。相対評価を前提とした自然の延長概念はもはや有効ではないのである。本件判決は

---

94) バングラディシュ側の代理人であるBoyleは，口頭審理の段階で，北海大陸棚事件を参照しながら，明確に「自然の延長は相対的な概念になり得る」と述べており（ITLOS/PV.11/6/Rev.1, at 25），それにもかかわらず，多数意見が「最も自然な延長」議論をいとも簡単に退けたことは，大陸棚の権原付与に関する相対的な評価自体を否定したと考えられる。

95) Malcolm Evans, *Relevant Circumstances and Maritime Delimitation* (1989).

「境界画定は権原付与が重複した区域を前提とする」[96]と述べたが、今日における大陸棚の境界画定は、Weilが論じた通り、「同等の価値をもつ権原付与が重複した区域を前提とする」のである[97]。

権原付与の基盤——権原付与の基盤という観点からみても、本件はリビア・マルタ事件を踏襲していることが確認できるだろう。本件判決では、等距離—関連事情による境界画定の手法は、陸地の領土に対する主権が排他的経済水域および大陸棚における沿岸国の主権的権利および管轄権の基礎であるという認識に根差すものであるとしたことを想起されたい[98]。これは、リビア・マルタ事件同様に、200海里以遠においても、大陸棚の〈権原〉は、陸地に対する領域主権に基づくものであり、その海岸を挟んだ近接性に由来するものであることを示している。また、大陸棚そのものから権原が見出されるのではなく、領域主権に由来するからこそ、その権原付与に優劣はなく、重複する権原付与間の境界画定において、等距離方式が衡平な解決に資することができるのである。200海里以内の大陸棚において、200海里という数字自体に権原の根拠が見出せないように、大陸縁辺部の外縁という大陸棚の200海里以遠での範囲についても、それ自体には、〈権原〉の根拠が見出せるわけではないと考えるのである。それゆえ、ITLOSは、等距離方式を用いることは、「57条や76条によって当該水域の性質や海岸に延びる上限が定められていたとしても、沿岸国のもつ権利の目的や内容（範囲）とは区別されるべきである」と付言した[99]。

したがって、200海里以遠の大陸棚においても、その〈権原〉は、大陸棚が陸地の連続性を有していることから生じるのではなく、陸地に対する領域主権が近接する大陸棚に拡大することによって与えられる権原付与である。少なくとも権原付与の観点においては、200海里以内・以遠を問わず、大陸棚の本質は単一であるといえるであろう。バルバドスとトリニダード・トバゴ仲裁において、「内側の大陸棚と別個の延伸大陸棚あるいは外側の大陸棚というよりむ

---

96) *Bangladesh/Myanmar Case, supra* note 1, at para. 397.
97) Weil, *supra* note 2, at 283.
98) *Bangladesh/Myanmar Case, supra* note 1, at para. 455.
99) *Ibid.*

しろ，法においては単一の大陸棚しか存在しない」という判示の意義はここにある100)。

Ⅳ　むすびにかえて——均一化された権原付与概念の困難さ

　2012年ベンガル湾事件を題材として，200海里以遠の大陸棚における制度の本質の抽出を試みた。本件判決では，ITLOSはUNCLOSの条文解釈という説得力の砦に立てこもり，200海里以遠の大陸棚の本質をめぐる議論に踏み出すことはなかった。しかしながら，論争的な点においてITLOSが選び取った結論から，リビア・マルタ事件同様に権原付与の均一性を支持していることが導き出せた。具体的にいえば，ITLOSは，北海大陸棚事件における権原概念を200海里以遠の大陸棚においても明確に否定したのであり，リビア・マルタ大陸棚事件における権原付与の均一性の200海里以遠への拡大を行ったのである。したがって，小寺の用語にしたがえば，大陸棚の権原（本質）に変化がなかったので，境界画定原則に影響を及ぼさなかったということになる。ただし，本件判決が行ったことは，リビア・マルタ事件で示された大陸棚の制度の本質を200海里以遠に単に拡大したわけではない。本件判決で，ICJは，リビア・マルタ事件判決において示された制度の本質を抽出して，200海里以内・以遠を問わず，「単一の大陸棚」制度における権原付与とは何かを示した。200海里以遠の大陸棚において権原付与の定義と境界画定手法を明らかにすることで，権原付与が均一化されたのは単に距離基準の導入に伴うものではなく，リビア・マルタ事件の段階で，〈権原〉の正当化（型）基盤が連続性から近接性へと転換したことをあらためて示したのである。大陸棚の権原付与は，陸に対する権原のように，成熟したり，相対的に濃淡が生じたりするものではなく，一律に付与される。したがって，海洋に関しては権原（title）ではなく権原付与（entitlement）という用語が用いられるのだろう。本件判決およびリビア・マルタ事件をこのように構成することによって，大陸棚の境界画定は，アドホックで非体系的なものへと拡散していくことを防ぐことができるのかもしれない。

---

100) *Arbitration between Barbados and the Republic of Trinidad and Tobago, relating to the Delimitation of the Exclusive Economic Zone and the Continental Shelf between them*, Decision of 11 April 2006, 27 *RIAA* 147, para. 213.

しかしながら，権原付与の均一性の維持は 200 海里以遠の大陸棚の境界画定においては容易ではない。2012 年ベンガル湾事件の関連事情に関する批判的評価においても言及したが，200 海里以遠の大陸棚境界画定において地質学的な要素がまったく考慮されないとは言い切れない。76 条が想定する典型的な大陸棚地形（shelf-slope-rise）でない場合に，地形学的な要素だけで，衡平な解決に至ることができるのかは定かではない。また，地形学的な要素に限定したとしても，それぞれの権原付与が同等であるという前提が維持し得ない場合があり得る。自然の延長概念を 76 条 2 項以下の条項に包摂させたとしても，76 条の 5 項か 6 項かにおいてどちらが「自然か」という問題や，350 海里で切断された場合の堆積岩の厚みに顕著な差があるような場合という，権原付与の濃淡を前提とした判断がなされる可能性は否定できない。

権原付与の均一性とそれに支えられた単一の大陸棚という制度の本質あるいはそのロジックが最も困難に直面するのは，向かい合う大陸棚の境界画定であろう[101]。本稿では割愛した論点であるが，向かい合う場合は境界画定において外縁確定を含まざるを得ないという意味でもきわめて困難な問題状況であり，また，本稿の中心課題である権原付与の均一性からも難局が想定される。向かい合う大陸棚の一方が 200 海里以内の大陸棚であり，他方が 200 海里以遠の大陸棚であった場合である。権原付与は均一であり，200 海里という距離であるのか大陸棚の外縁であるのかということに違いがないという前提に立てば，200 海里以内の権原付与と 200 海里以遠の権原付与が重複する区域において，等距離関連事情方式が用いられることになるはずである。しかしながら，2012 年ベンガル湾事件は，200 海里以遠の大陸棚を 200 海里以内の大陸棚より優先する判断も下している。いわゆる「グレイエリア問題」である。

グレイエリアとは，大陸棚と EEZ 水柱の帰属国が異なるエリアのことをいう。本件でいえば，バングラディシュの海岸から 200 海里を超えるが，ミャン

---

[101] ニカラグアとコロンビア間の境界画定紛争の状況である。*Territorial and Maritime Dispute*（*Nicaragua v. Colombia*），Judgment, *ICJ Reports*（2012）436; *Question of the Delimitation of the Continental Shelf between Nicaragua and Colombia beyond 200 Nautical Miles from the Nicaraguan Coast*（*Nicaragua v. Colombia*），Preliminary Objections, Judgment, *ICJ Reports*（2016）100.

マーの海岸からは200海里以内であり，大陸棚の境界画定線のバングラディシュ側にあるという区域のことである[102]。グレイエリアの海底はバングラディシュの200海里以遠の大陸棚であり，上部水域はミャンマーのEEZということになる。ITLOSは，UNCLOS56条3項，68条，77条を援用しながら，グレイエリアにおける境界画定線は当事国の海底とその下に対する権利を画定するのであって，「ミャンマーのEEZにおける権利，とりわけ上部水域における権利を限界づけるものではない」とする[103]。厳密にいえば，この言明は正確ではない。EEZにおいて，沿岸国は海底およびその下について大陸棚と同様に権利を行使すると56条3項に定められている以上，ミャンマーのEEZにおける権利はグレイエリアを作り出した境界線によって制限されることになる。Evansは，この判断は，実際の効果として，200海里以遠の大陸棚の存在が200海里以内の大陸棚に対する主張に打ち勝つ結果を生み出すと指摘する[104]。

他方で，200海里以内の大陸棚に比して，200海里以遠の大陸棚には制度的な制限があることも留意すべきである。まず，76条10項において，200海里以遠の大陸棚の設定に関しては，大陸棚限界委員会の関与が必要であると定められていることは，その定義の技術的な性質に鑑みた手続きとはいえ，200海里以内の大陸棚に比して制限的といえるだろう。そして，なによりも，82条に定める利益配分制度である。同条では，200海里以遠の大陸棚からの非生物資源の開発利益につき，沿岸国に対して，金銭による支払または現物による拠出を求めている。支払または拠出は，生産を始めて5年ののち毎年行う必要があり，年々支払額または拠出量は増やされ，最終的には生産額または生産量の7パーセントに至る。これは大陸棚が広がることによって減少する深海底に対する補償制度としての意味を持つとされる[105]。この二点，とりわけ，利益配分制度の意義を考慮すれば，200海里以遠の大陸棚が200海里以内の大陸棚と同等あるいは（グレイエリアにおけるように）優越して扱われることに対する疑

---

102) Bangladesh/Myanmar Case, *supra* note 1, para. 463.
103) *Ibid.*, at paras. 473-474.
104) Evans, *supra* note 46, at 73-74.
105) Chircop, "Article 82," in Alexander Proelß et al., *United Nations Convention on the Law of the Sea* (2017), 641.

問を禁じ得ない。

　こうした問題状況に照らして，本稿が2012年ベンガル湾事件から導き出した権原付与の均一性および単一の大陸棚制度というものを検討し直す必要がある。本稿で論じてきたように，権原付与の均一性はたしかに200海里以遠・以内の大陸棚の境界画定を体系的に規律するのに資するだろう。しかしそれ以上のものではない。境界画定における体系性を求めることによって，境界画定の側面以外の大陸棚制度の本質や，EEZと大陸棚，深海底制度との関係を危うくするのであれば，その体系性は脆弱なものでしかなく，維持する価値もない。ここでは，あらためて，なぜ大陸棚に対して沿岸国の権利が認められるのかが問われなければならない。そのように考えるならば，本件において，自然の延長を大陸縁辺部の外縁に包摂してしまったことの問題性は大きい。国際裁判や判例研究において，今後，陸地からの物理的な連続性ではなく，近接性に基づいて陸地に対する主権に由来する大陸棚の権原付与の意義を明示的に論じなければ，「自然の延長」と明示しているUNCLOSの条文を無意味化することにつながり，小寺が国際裁判における国際法の原則に託した国際法の体系性を維持する機能を期待することも困難であろう。

民間の船舶に対する沿岸国の措置と国際裁判

河野 真理子

I はじめに
II 沿岸国が外国籍の民間の船舶に対してとった措置に関する紛争の先例
III 管轄権と受理可能性に関する論点
IV 船舶に対する沿岸国の権限行使に関する論点
V おわりに

I はじめに

 国連海洋法条約(以下,UNCLOS)第15部の紛争解決制度の下,民間の船舶に対して沿岸国がとった措置に関する紛争が付託される事例が蓄積されつつある。それらの事例に共通の論点として,旗国と民間の船舶の関係やUNCLOSの下での外国船舶に対する沿岸国の法執行措置の内容や程度が取り上げられてきており,国際裁判所の判断に一定の方向性が見られるようになっている。本稿ではそれらの論点の主要なものを取り上げ,国際裁判所の判決の方向性を検討する。

II 沿岸国が外国籍の民間の船舶に対してとった措置に関する紛争の先例

 最初に,UNCLOS第15部の下での紛争解決制度により,国際海洋法裁判所(以下,ITLOS),または附属書VIIによって組織される仲裁裁判所に,沿岸国が

外国籍の民間の船舶に対してとった措置に関する紛争が付託された事例の事実の概要をまとめる。その際，特に国内裁判所での手続の経緯にも注目することとする。

1 ITLOS の先例

ITLOS の先例としては，サイガ号（第二）事件，ヴァージニアG号事件，及びノースター号事件がある1)。

(1) サイガ号（第二）事件（セント・ヴィンセント・アンド・グレナディン〔以下，SV〕対ギニア）

サイガ号は，1997年10月，ギニアの排他的経済水域（以下，EEZ）でギリシア船籍の漁船への洋上バンカリングを予定し，その待機中にギニアの沿岸警備隊に拿捕された。当時，同船は，キプロス法人が所有，スコットランド法人が運航，スイス法人が傭船したSV船籍の船舶で，積荷の燃料油の所有者はスイス法人，船長と乗組員は全員ウクライナ国籍だった。拿捕後，サイガ号はコナクリーに護送され，船長が身柄を拘束された。11月1日，負傷した乗組員2名がコナクリーからの退去を認められた。11月10日から12日に，ギニアの当局の命令により，積荷の燃料油が下ろされた。船長と6名の乗組員は1998年2月28日に同船が釈放されるまでコナクリーにとどまることになった2)。

12月17日，船長についての刑事裁判手続が始まり，第1審，控訴審で有罪となった。控訴審では懲役6か月と罰金，積荷の没収，及び罰金の支払いの担

---

1) *The M/V "Saiga" (No. 2) Case (Saint Vincent and the Grenadines v. Guinea), Judgment, 1 July 1999, The M/V "Virginia G" (Panama / Guinea-Bissau), Judgment, 14 April 2014,* and *The M/V "Norstar" Case (Panama v. Italy), Preliminary Objections, Judgment, 4 November 2016.* なお，ITLOS で，外国籍の民間の船舶に対する措置が問題になったもう一つのITLOS の先例として，ルイーザ号事件があるが，この事件では，ルイーザ号の押収や乗組員等の身柄の拘束が港湾での停泊中になされたことと，ITLOS が管轄権なしの結論に至った理由が，UNCLOS の解釈又は適用に関する紛争が存在しないということであったため，本稿では検討の対象としないこととする（*The M/V "Louisa" Case, [Saint Vincent and the Grenadines v. Kingdom of Spain], Judgment, 28 May 2013,* paras. 93-151)。

2) *Saiga (No. 2), supra* note 1, paras. 31-33.

保としてサイガ号の差押えが命じられた3)。

(2) ヴァージニアG号事件（パナマ／ギニア・ビサウ〔以下，GB〕）

ヴァージニアG号（以下，VG号）は，2009年8月21日のGBによる拿捕の時点で，パナマ船籍，船長はキューバ国籍，乗組員は7名がキューバ国籍，3名がガーナ国籍，1名がカーボベルデ国籍だった。同船の所有者，ペン・リラック社（パナマ法人，以下P社）は2002年1月，燃料油販売業者と漁船の所有者の仲介業務を行っているゲバスペ社（スペイン法人）と代理委任契約を結んだ。2009年，燃料油の販売と供給を行っているロータス社（アイルランド法人）は同船を傭船し，8月7日にバルマール社（スペイン法人）が運航する漁船（4隻，モーリタニア船籍）に燃料油を供給する契約を結んだ。VG号は，8月20日と21日，GBのEEZで漁船に対する洋上バンカリング中に，GBの沿岸警備隊の乗船と検査を受け，ビサウ港に向かうよう命令された。なお，バルマール社は，GBでの代理人を通じて，この洋上バンカリングの開始前に，GBから許可を得ようとしたが，その書面なしに，作業が開始された。8月27日，GBの海事監視省庁間委員会（Inter-Ministerial Commission for Maritime Surveillance of Guinea-Bissau〔Comissão Interministerial da Fiscalização Marítima〕, CIFM）がVG号と，搭載された器具，装備品，及び製品の没収を決定し，8月31日，これを船舶の所有者に通知した4)。

VG号の拿捕後，P社は，P&IクラブのGBにおける代表者を通じて，GB政府に働きかけを行ったが，解決は得られなかった。10月28日，P社はビサウ地方裁判所（以下，地裁）で暫定措置命令を要請し，11月5日，最終的な決定までVG号とその積荷の没収を控えるよう求める命令が出された。11月19日，司法長官は地裁でこの命令についての異議申立（appeal）を行った。12月18日，地裁は，期限経過後の異議申立であることを理由に，これを棄却したが，問題の重要性に鑑み，上級裁判所へのこの事案の送付も決定した。上級裁判所は，政府によるVG号の釈放の決定により，この事案の審理の必要なしと

---

3) *Ibid.*, paras. 34-39.
4) *Virginia G, supra* note 1, paras. 55-64.

判断した。11月30日付の財務長官の命令で、VG号とその積荷等の没収が決定された。なお、パナマによれば、11月20日にVG号の船長にその書面が提示され、VG号の積荷の燃料油が下ろされた5)。

　12月7日、P社は地裁で暫定的措置の命令を要請する手続をとり、12月18日、下ろされた燃料油の即時の返却が命じられた。2010年1月18日、P社は地裁で、財務長官を相手として本案に関する訴訟手続を開始した。また、同社は、2009年12月4日、CIFMの決定に対して、本案に関する訴えの手続も開始した。2010年9月20日、CIFMは、遅滞のないVG号の釈放とその没収命令の破棄の検討を決定した。同船は2010年10月に釈放され、乗組員のうち1名は、2009年12月24日に、他の乗組員のうち数名は2010年1月に、GBを出国、残りの者は、2010年10月のVG号の釈放まで同船にとどまった6)。

　本件紛争は、パナマとGBの合意により、2011年7月4日にITLOSに付託された7)。

(3)　ノースター号事件（パナマ対イタリア）

　パナマ船籍のノースター号（以下、N号）は、1994年から1998年にかけて、イタリア、フランス及びスペインの沖合8)で、大型ヨットへの燃料油販売を行っていた。イタリアによれば、N号の所有者と経営者はそれぞれノルウェー法人であり、同船はマルタ法人に傭船されていた9)。1998年4月11日に、サヴォナ裁判所（以下、サヴォナ裁）の検察官が燃料油の密輸と脱税の容疑でN号の押収（seizure）命令を発出し、1959年の欧州刑事共助条約第13条と1985年のシェンゲン協定第53条に基づき、スペインの当局が、1998年9月にパルマ・デ・マヨルカ湾で停泊していたN号を押収した。1999年1月にN号の所有者が同船の釈放を求めたが、サヴォナ裁の検察官はこれを認めなかった。また、2億5000万リラの保釈金の支払いが提案されたが、パナマによれば、N

---

5)　*Ibid.*, paras. 65–78.
6)　*Ibid.*, paras. 79–84.
7)　*Ibid.*, paras. 1–6.
8)　この海域については、パナマはイタリアの領海の外の海域と説明したのに対し、イタリアは、フランス、イタリア、スペインの沖合（off the coasts）であると説明した（para. 41）。
9)　*Ibid.*

号の所有者はこれを支払うことができなかった。2003年3月13日，サヴォナ裁は，容疑者全員のすべての容疑について無罪とし，N号の押収の破棄と所有者への返還を命令する判決を出した（以下，2003年判決）。また，同裁判所は2003年判決の写しをスペインのパルマ・デ・マヨルカ裁判所に送付し，N号の釈放の実施を要請した。2003年8月18日，サヴォナ裁の検察官は2003年判決のうち，8名中，7名に関する判決と刑の決定のみについて控訴したが，2005年10月25日，ジェノヴァ控訴裁判所は2003年判決を支持した。2006年9月6日，スペインのバレアレス諸島の港湾局がサヴォナ裁を通じてN号の取壊しの許可を要請したが，同年10月31日，ジェノヴァ控訴裁判所は，2003年判決が執行されるべきであるとの命令を出し，11月13日，この命令の写しをバレアレス諸島の港湾局に送付した10)。

2015年12月17日，パナマはITLOSに請求訴状を提出した11)。

2 附属書Ⅶに基づく仲裁の先例

附属書Ⅶに基づく仲裁の先例としては，アークティック・サンライズ号事件とドゥジト・インテグリティ号事件がある12)。

(1) アークティック・サンライズ号事件（オランダ対ロシア）

アークティック・サンライズ号（以下，AS号）は，オランダ法人が所有し，グリーンピースが傭船したオランダ船籍の船舶である。問題になった抗議活動当時，アークティック30（以下，AS30）と呼ばれる30名（28名の活動家と2名のフリー・ジャーナリスト）が乗船していた。2013年9月14日，北極海のロシアのEEZ内の洋上石油開発施設での抗議行動のため，AS号は北極海に向かった。9月18日，グリーンピースのメンバー2名がボートで施設に到達し，これに上ろうとした。両名は施設から降りた後，ロシアの沿岸警備隊に身柄を

---

10) *Ibid.*, paras. 42-48.
11) *Ibid.*, para. 1.
12) *The Arctic Sunrise Arbitration* (*The Kingdom of the Netherlands* v. *The Federal Republic of Russia*), *Award, 14 August 2015, PCA Case Nº 2014-02*, and *The Duzgit Integrity Arbitration* (*The Republic of Malta* v. *The Democratic Republic of São Tomé and Principe*), *Award, 5 September 2016, PCA Case Nº 2014-07*.

拘束された。ロシアの沿岸警備隊は AS 号に停船して調査を受けるよう命令したが、同船はこれに従わなかった。同日、ロシア外務省から駐モスクワのオランダ大使宛てに、グリーンピースの活動について抗議する口上書が発出された[13]。

9月19日、ロシアの沿岸警備隊は AS 号に乗船し、船内を捜索した。9月24日、同船はムルマンスク港に到着し、ロシア刑法第 227 条3項により「組織的団体による海賊」の容疑についての捜査委員会の手続が開始された。10月7日、地方裁判所は、捜査委員会による予備的捜査のための AS 号の押収を許可し、これは控訴裁判所でも認められた。その後、ロシアの刑法に基づく捜査が続けられた[14]。

10月4日、オランダは UNCLOS 附属書Ⅶの下での仲裁に紛争を付託した[15]。なお、オランダは10月21日、ITLOS に第 290 条5項に基づく暫定措置の命令を要請し、11月22日、オランダの保証金又は他の金銭上の保証の支払いを条件に、AS 号と身柄を拘束された者の釈放を命令する暫定措置命令が出された[16]。

11月18日から22日までのサンクトペテルブルク、プリモルスキー地裁の命令により、AS30 の 29 名の保釈が決定され、20 日から 22 日にかけて、28名、25日に1名が釈放された。12月2日の口上書で、オランダはロシアに対し、ITLOS の暫定措置命令に従った保証金の支払い準備ができた旨を通告した。12月18日のロシア国家院の決議に基づくロシア連邦憲法の採択 20 周年の恩赦により、AS30 の全員について取調べと刑事手続の終了が決定され、12月29日、ロシア国籍者でない 26 名がロシアを出国した。また、2014 年6月6日、AS 号の押収も解除され、同船は所有者の代理人に引き渡された。同年9月24日、AS 号と AS30 に関するすべての刑事手続の終結が正式に決定され、同年10月から 2015 年1月に、押収されたすべての物品が返還された[17]。

---

[13] *Arctic Sunrise, supra* note 12, paras. 74–99.
[14] *Ibid.*, paras. 100–125.
[15] *Ibid.*, para. 21.
[16] *The "Arctic Sunrise" Case, Request for the Prescription of Provisional Measures, Order, 22 November 2013*, para. 105.
[17] *Arctic Sunrise, supra* note 12, paras. 126–139.

(2) ドゥジト・インテグリティ号事件(マルタ対サントメ・プリンシペ〔以下，SP〕)

　ドゥジト・インテグリティ号(以下，DI 号)は，DS タンカー社(マルタ法人)が所有するマルタ船籍のケミカル・タンカーである。石油タンカーのマリダ・メリッサ号(マーシャル諸島船籍，以下，MM 号)とともに，ステナ・オイル社(スウェーデン法人，以下，SO 社)に傭船され，スカンジナビア半島，北海沿岸及び西アフリカの沿岸海域で，燃料油を供給していた [18]。SP は，UNCLOS の下での群島国であり，領土，領海，及び群島水域について憲法の規定を置いている [19]。SP では，西アフリカ地域を航行する商船で港に入ることができないものについて，許可があれば，3 つの港湾区域のいずれかで錨泊できる。石油タンカーは通常，北西の水域で錨泊し，同国に石油を供給している。同国では港湾施設の不備のため，船舶の燃料補給等の活動は洋上の船舶間で行われている。マルタによれば，こうした供給活動は事前の手配によって実施される。そして，SP の港湾への入港許可は，状況によって，それらの活動の最中又は活動後，SP 当局と密接な連絡を取っている代理人を通じて，取得されうる。SP によれば，領海と群島水域内で無害通航以外の活動を行おうとする船舶のこれらの海域への入域を規律する同国の国内法では，船舶の燃料補給，その他の洋上での船舶間の活動について，海事・港湾機構(Maritime and Port Institute, IMAP)への事前の通報を要し，これにより IMAP が沿岸警備隊，税関及び他の当局と協力できることになっている [20]。

　DI 号は，ラスパルマスでの定期検査に向かう途中，SP の沖合で，MM 号への燃料油とその他の機器の供給，及び 4 隻の漁船への燃料油の供給を予定し，SO 社所有の船舶用軽油と重質燃料油を搭載していた。MM 号との待ち合わせ場所は，SP の群島水域の外の予定だったが，波が高くなったため，船長は SP の群島水域内にこれを変更した。2013 年 3 月 14 日(以下の日付はすべて 2013 年)，DI 号はその場所で漂泊して MM 号を待つ間に，SP の当局への連絡を試みたが，不首尾に終わり，沿岸警備隊からの連絡を待っていた。3 月 15 日 6

---

18) *Duzgit Integrity, supra* note 12, paras. 48–50.
19) *Ibid.*, paras. 51–52.
20) *Ibid.*, paras. 53–56.

時，SPの沿岸警備隊のパトロール船アーチ・エンジェル号（以下，AA号）が，DI号とMM号の間の無線連絡を傍受し，事前の通報と許可なく領海に侵入しようとしていること，及び群島水域で相互に接近しつつあることを2隻に通知した。AA号は，領海内での滞在の理由の説明を求めて，DI号とMM号に連絡をとった[21]。7時5分，AA号はDI号に近づき，無線で交信を行ったが，十分な内容の交信ができなかった[22]。7時9分にDI号とMM号は交信し，9時までに相互に接近した。この間に沿岸警備活動センターは司令官に，この2隻が活動を行うための許可を受けていないようであることを報告し，同センターはAA号にDI号に対する2回目の臨検（second visit）を命令した[23]。

2回目の臨検でAA号は，DI号がSPの水域での停船に関する許可を得ていないことを通告した。DI号は，積荷の積替えをしていないと主張したが，AA号が近づいたとき，同船とMM号はホースで連結されていたという。その後DI号とMM号は沿岸警備隊の停船場に護送され，ホテルでの滞在を命じられた船長達が取調べを受けた[24]。

3月16日，DI号とMM号による事前の通報の懈怠に関する罰金が決定され，SO社は11月8日にこれを支払った。なお，3月19日，マルタ船籍のレフコニコ号がDI号と同じ状況で抑留され，行政罰の罰金が科されたものの，2日後に釈放された[25]。3月27日，DI号とMM号による租税法違反を理由に，DI号の積荷全体に対する税額の6倍の罰金が決定された。この間に並行して行われた船長達に対する裁判手続で，第一小審裁判所がDI号とMM号，及びその積荷の押収を命令した。船長達は，税法違反の罰金の決定について控訴したが，4月26日，棄却された。10月と11月にDI号とMM号の所有者達がSPとの和解に至り，この控訴棄却の命令が撤回された[26]。

3月20日，船長達は検察庁に送られ，それぞれに弁護士が選任され，通訳

---

21) *Ibid.*, paras. 57–63.
22) このとき，沿岸警備隊の隊員はDI号に乗船していないが，事実に関する記述では，1回目の臨検（first visit）との文言が使われている。
23) *Duzgit Integrity, supra* note 12, paras. 64–71.
24) *Ibid.*, paras. 72–79.
25) *Ibid.*, paras. 80–83.
26) *Ibid.*, paras. 84–86.

も任命された。同日の聴取後,保釈金が支払われ,船長達は釈放された。3月22日に開始された略式刑事手続で,3月29日,船長達の有罪と3年の懲役が決定され,DI号とMM号の所有者達及び傭船者達に対し,船長達と共同でのSPへの損害賠償の支払いの命令と,船舶と積荷のSPへの移転の宣言がなされた。また,これらの損害賠償が支払われれば,船長達の懲役が2年に減刑されるとされた。船長達は最高裁判所(Supreme Court〔以下,最高裁〕)に控訴した。4月23日,マルタがSPに,衡平な解決に至るため,上記の決定の再検討を要請する口上書を送付した。これに対して,SPは「司法手続が継続しており,最高裁の決定を待ち,ブリュッセルのマルタ大使館に通知する」とした。5月15日,マルタはもう1通の口上書を送付したが,SPは司法的手続が継続中であることを理由に返答しなかった[27]。

6月20日,最高裁が上告の棄却を決定し,その後の手続でも船長達の主張は認められず,7月17日,最高裁の決定が既判事項(*res judicata*)とされた。8月5日,最高裁はSPの当局にDI号の積荷の売却を認めた。なお,マルタは,DI号の積荷の没収は2013年10月に行われると述べた。上記の法的手続とその後の経緯の間,ウクライナ,マーシャル諸島,スウェーデン,トルコを含む数か国が,この事案についての懸念を示し,マルタとSPの間での利益のある解決(beneficial solution)を希望する旨を述べた[28]。

8月21日,SPは,自国を代表して船舶の所有者及びSO社との友好的な紛争解決の任務にあたる交渉委員会を設立した。その交渉で,マルタとマーシャル諸島及びSO社とDSタンカー社の代表者は,紛争解決の方法に関するSPの提案に同意しなかった。9月18日には,マルタ任命の代理人がSPとマルタの仲裁も提案した。10月16日,委員会の委員長が交渉の終了を通知した[29]。

9月26日,SPの大統領が船長達の恩赦命令を発出したが,これは損害賠償と船舶及び積荷の没収について影響を持たないとされた。10月2日,船長達は釈放されたが,船舶に乗船することを禁じられた。10月10日,パスポートが返還され,彼らはSPを出国した[30]。また,SPの当局は積荷の没収を命令す

---

27) *Ibid.*, paras. 87-93.
28) *Ibid.*, paras. 94-96.
29) *Ibid.*, paras. 97-104.

る決定の執行手続に入った。大量の燃料油が搭載された状態が環境に対する重大な危険をもたらすため，その売却が決定されたが，燃料油の積替え作業が遅延した。その結果，DI号は予定していたドック入りと検査ができなかった[31]。

10月22日，マルタはSPとの紛争をUNCLOS附属書Ⅶの仲裁に付託した。11月23日，DSタンカー社とSPの間で紛争解決合意が締結され，11月25日，DI号は釈放された[32]。

3 小 結

以上の事実からわかるのは，沿岸国の措置の対象となる民間の船舶には多様な国籍の者の様々な経済的な利害が関わることである。また，船舶の抑留後の国内裁判所等での手続では，当該船舶の抑留とその後の措置に大きな利害を持つ船舶や積荷の所有者が任命した海事弁護士が重要な役割を果たしていることもわかる。

Ⅲ 管轄権と受理可能性に関する論点

船舶に関わる多様な利害関係者がいることと，旗国が便宜置籍国であることで，国際裁判所の管轄権や受理可能性に関する興味深い論点が生じている。

1 船舶と旗国の関係

(1) 船舶の国籍の決定

サイガ号（第二）事件では，パナマが便宜置籍国であることが論点の一つとなった。ITLOSは，船舶に自国の船籍を付与，又はこれを撤回する判断基準と手続の決定がもっぱら旗国の国内管轄事項であることを認めた[33]。また，第91条1項に規定される旗国と船舶の間の「真正な関係」は，旗国の船舶に対する義務の実施（implementation of duties）をより実効的に確保するために挿入された文言であって，旗国での船舶の登録の有効性に他国が異議を申し立て

---

30) *Ibid.*, paras. 105–106.
31) *Ibid.*, paras. 107–115.
32) *Ibid.*, paras. 116–120.
33) *Saiga* (*No. 2*), *supra* note 1, para. 65.

る際の基準を設けるためのものではないと指摘している34)。VG号事件判決では、ITLOSはこの立場を支持しつつ、パナマとVG号の間に真正な関係があったことを認めた35)。これらの先例から見れば、旗国が便宜置籍国であることそのものが国際裁判における旗国の当事者適格を害するものとはならないといえる。

(2) 旗国による一体としての船舶の保護

多様な国籍の様々な利害関係者が関与する民間の船舶に関する訴訟では旗国以外の国もその事案に国籍を介した関係を持ちうる。先例でこの点が初めて取り上げられたのもサイガ号 (第二) 事件である。ギニアは受理可能性に関する抗弁の一つとして、SVの申立の中に同国の国民ではない者の権利の侵害が含まれている点を取り上げた36)。ITLOSは、UNCLOSの下での旗国の義務に関する諸規定では、船舶の運航に関わる自然人及び法人について、国籍の区別なく義務や権利が定められていることを指摘し、船舶の運航に関わるすべての物及び人が一体として旗国と関係するものとして扱われるべきであると判断した。この判断の文脈で、ITLOSは現代の民間のコンテナ船の運航には多様な国籍の者が関わっていることを指摘している37)。

VG号事件で、ITLOSは、船舶を一体とみなすサイガ号 (第二) 事件の判断を支持し、「国際法によれば、国民に関する国家の外交的保護の権利の行使は、船舶の運航に関わる、旗国の国民でない自然人及び法人に関する損害について旗国が請求を行うことと区別されるべきである」と述べた38)。さらにITLOSは、船舶の運航実態の特性ゆえに、それぞれの私人が自らの損害について国籍国の保護を受けることは不当な困難を生むとしている39)。これ以降の先例では一貫して、船舶を一体とみなし、その旗国に全体に関する訴えを起こす資格を認める立場がとられてきている40)。船舶の運航に関わる利益の複雑さを考

---

34) *Ibid.*, para. 83.
35) *Virginia G, supra* note 1, paras. 109-117.
36) *Saiga* (*No. 2*), *supra* note 1, para. 103.
37) *Ibid.*, paras. 105-107.
38) *Virginia G, supra* note 1, paras. 127-128.
39) *Saiga* (*No. 2*), *supra* note 1, para. 107, and *Virginia G, supra* note 1, para. 128.

えれば，これは合理的なアプローチといえよう。

ILC の外交的保護に関する条草案の第 18 条では，旗国による船舶に乗船している乗組員の損害への賠償の請求とは区別される乗組員の国籍国による外交的保護の権利の行使に関する規定が置かれている[41]。事実関係の概要で示したように，船舶の拿捕後，船舶や積荷に関する手続とは別に乗組員，特に船長に関する罰が科されたり，刑事手続が開始されたりする場合が多いことを考えれば，この規定には一定の意味があるかもしれない。しかし，乗組員の国籍国の外交的保護の権利が，一体としての船舶について国際法上の請求を行う旗国の権利とどのような関係を持つのかについて，さらに検討する必要があると考えられる。また，船舶に対する沿岸国の措置により経済的な損害を被る者の国籍国と区別して，乗組員の国籍国に外交的保護の権利が認められることについて合理的な理由が明確にされなければならないだろう。

(3) 旗国と国際裁判における代理人

UNCLOS 第 292 条 2 項は，旗国だけでなく「旗国に代わるもの」にも速やかな釈放に係る申立を行う資格を認めている。これは，便宜置籍国である旗国が船舶の保護に積極的に関わろうとしない場合があるという現実を考慮した規定である[42]。実際に，速やかな釈放の先例のうち，ヴォルガ号事件[43]でのロシア，富丸事件と豊進丸事件[44]での日本以外のすべての事例で，旗国が代理人としての資格を授権した法律事務所の弁護士が，代理人を務めた[45]。

---

[40] *Arctic Sunrise, supra* note 12, para. 172, *Duzgit Integrity, supra* note 12, para. 150, and *Norstar, supra* note 1, para. 231.

[41] Draft Articles on Diplomatic Protection, 2006 with Commentaries, *Official Records of the General Assembly, Sixty-first Session, Supplement No. 10* (A/61/10), pp. 90–94.

[42] A. Proelss (Ed.), *United Nations Convention: A Commentary* (2017), p. 1883 and p. 1890.

[43] *The "Volga" Case (Russian Federation* v. *Australia), Judgment, 23 December 2002.*

[44] *The "Hoshinmaru" Case (Japan* v. *Russian Federation), Judgment, 6 August 2007* and *the "Tomimaru" Case (Japan* v. *Russian Federation), Judgment, 6 August 2007.*

[45] *The M/V "Saiga" (Sait Vincent and the Grenadine* v. *Guinea), Judgment, 4 December 1997,* para. 16, *The "Camouco" Case (Panama* v. *France), Judgment, 7 February 2000,* para. 2, *The "Monte Confurco" Case (Seychelles* v. *France), 18 December 2000,* para. 1, *The "Grand Prince" (Belize* v. *France), Judgment, 20 April 2001,* para. 1, *The "Juno*

Ｎ号事件でパナマは，同国の法律事務所の弁護士を代理人に任命した 46)。2001 年 8 月 15 日から 2004 年 8 月 31 日の間，イタリアへの連絡は，Ｎ号の所有者の利益のために活動していたこの弁護士のみから発出されており，2004 年 8 月 31 日まで，彼がパナマ政府を代表する権限を有することについて証拠を何ら示すことができなかったことから，イタリアは，2004 年 8 月 31 日以前の両国間の外交上の関係について，この弁護士がパナマを代表する資格を有さないと主張した。イタリアは，2000 年 12 月 2 日付のパナマ外務省から ITLOS の書記宛ての書簡で，この弁護士が速やかな釈放に関する手続の開始について代理人としての資格を授権されたことを認めたものの，これは速やかな釈放に関する手続についての授権であると主張した。そして，パナマとイタリアの間の外交上の関係についてパナマを代表する権利がこの弁護士に授権されたことについてイタリアが了知したのは，2004 年 8 月 31 日付のこの弁護士の書簡によってであると主張した。こうした理由により，イタリアは 2004 年 8 月 31 日までの間は両国間に国家間の紛争が存在しないことを主張したのである 47)。

　ITLOS は，国際裁判での代理人の任命は国家が決定する事項であるとし，パナマが代理人に任命した弁護士がＮ号の所有者の代理人を務めていたという事実によって，パナマが彼を代理人に任命できないわけではないと述べた。パナマは，2004 年 8 月 31 日と 2005 年 1 月 7 日のイタリア宛ての口上書で，この弁護士をＮ号の抑留に関しての裁判手続の代理人とすることを明確かつ明瞭に確認している。また，前者の口上書は一般的な文言で彼の代理人としての権限に言及しており，彼のパナマの代理人としての権限は速やかな釈放の請求に限定されるものではないと，ITLOS は判断した 48)。

Trader" Case (*Saint Vincent and the Grenadines* v. *Guinea-Bissau*), *Judgment, 18 December 2004*, para. 1. チャイジリ・リーファー号事件では，ドイツの法律事務所の弁護士が代理人となることを授権され，手続を開始したが，船舶，乗組員及び，積荷が釈放されたため，訴えが取下げとなった (*Application, Request for the Prompt Release of Vessel, Cargo and Crew Pursuant to Article 292 of the United Nations Convention on the Law of the Sea, 2 July 2001*, Annex 1, and *The "Chaisiri Reefer 2"* (*Panama* v. *Yemen*), *Order, 13 July 2001*)。

46)　*Norster, supra* note 1, para. 1.
47)　*Ibid.*, paras. 67–69.

コット裁判官は宣言で、外交的保護の権利の行使に関する問題点を指摘した。本件手続で、N 号の所有者の代理人を務めたパナマの法律事務所所属の弁護士が、パナマの代理人を務めたことに加え、本件裁判手続に出席したパナマ政府の職員は 1 名（駐ハンブルク領事館の船舶登録局の職員）のみで、その者が弁論も行わなかったことについて、国際公法の国際裁判手続として異例であると指摘している[49]。トレヴェス特任裁判官も、UNCLOS 第 283 条の意見交換の義務の条件に関する意見でこの点を取り上げている[50]。なお、この 2 名の裁判官は、請求の受理可能性を認める主文に反対した[51]。

2 UNCLOS の下での国家の権利と民間の船舶の保護に関する国家の権利の区別

UNCLOS 第 295 条は、「この条約の解釈又は適用に関する締約国間の紛争は、国内的な救済措置を尽くすことが国際法によって要求されている場合には、当該救済措置が尽くされた後でなければこの節に定める手続に付することができない」と規定している。民間の船舶や乗組員の待遇が問題となる紛争では、船舶に関わる民間人の権利の侵害と、船籍国の旗国としての権利の侵害が混在するため、国内救済完了原則の適用が国際法によって要求されている場合にあたるか否かが問われることになりうるのである。

(1) 国家の権利侵害と国民の権利侵害が共存する場合の国内救済完了原則

アヴェナ他メキシコ国民事件（メキシコ対米国）で、メキシコは、ウィーン領事関係条約第 36 条の違反により、自国の権利と自国民の権利の両方が侵害されたと主張した。米国の受理可能性に関する抗弁の 1 つである、国内救済完了原則について、ICJ は、ウィーン領事関係条約第 36 条の下での国家の権利と個人の権利が相互依存の関係にあるという特別な事情から、メキシコは国家としての請求で、直接の被害国として、及び、自国民の権利侵害を通じての被害国としての両方で、第 36 条の違反についての裁判所の判断を求めることがで

---

48) *Ibid.*, paras. 93–96.
49) Declaration of Judge Cot, para. 7.
50) Dissenting Opinion of Judge *ad hoc* Treves, paras. 7–11.
51) *Ibid.*, para. 316–(2).

きるとし,こうした場合,国内救済完了原則は適用されないと判断した[52]。

この判決を踏まえ,ILC の外交的保護に関する条文草案第14条3項は,国籍国の直接の権利侵害と自国民を通じた間接的な権利侵害の両方が申立に含まれる混合的な事案で,私人が被った損害が優越性 (preponderance) を持つ場合は,国内救済の完了が求められると規定している。これは,国家の直接の権利侵害と私人の権利侵害のいずれに優越性があるかを基準として,国内救済の完了が求められるか否かが決まることを示している。この優越性の判断において,紛争主題,請求の性質及び請求される救済が主要な要素とされていることも注目される[53]。

(2) 船舶に関する訴訟における国内救済完了原則

サイガ号 (第二) 事件で,ギニアの国内救済完了原則に基づく受理可能性に関する抗弁について,ITLOS は,この原則が適用されるのは,外国人の待遇に関する紛争の場合であり,本件における SV の申立はすべてが同国の権利の直接の侵害に関わるものであるので,国内救済完了の原則は適用されないと判断した[54]。

この事件以降の先例でも,民間の船舶が被った損害についての旗国としての保護の権利の行使と,UNCLOS の下での国家としての権利の侵害の2つの要素を含むと解しうる申立が出される事例が多く,ILC 条文草案第14条3項の権利侵害の優越性が論じられている。

VG 号事件で ITLOS は,パナマの請求の性質を検討し,パナマが主張する主要な権利には,沿岸国の EEZ における航行とその他の海洋の国際法上合法的な利用の自由を享受する権利,及び UNCLOS 第73条に従って沿岸国の法令が執行されることについての権利が含まれるとした。ITLOS によれば,これらは UNCLOS の下でのパナマの権利であり,それらの侵害の主張は,パナマの直接の損害に関するものであり,その侵害は,パナマに直接の損害をもたら

---

52) *Avena and Other Mexican Nationals, I.C.J. Reports 2004*, p. 36, para. 40.
53) Draft Articles with Commentaries, *supra* note 41, pp. 74-76, paras. 9-12, in particular, pp. 75-76, para. 12.
54) *Saiga* (*No. 2*), *supra* note 1, paras. 97-98.

す。このようなことから，本件では全体としてパナマ自身の損害に基づいて請求がなされていると判断し，国内救済完了原則は適用されないと結論づけた[55]。

DI 号事件の仲裁裁判所は，VG 号事件判決を引用したうえで，DI 号の所有者である DS タンカー社と SP の間の紛争解決合意の締結により，最も大きな実際の損害を被った同社が SP 国内での救済手続を用いることができなくなったことを指摘し，本件では，マルタの権利の直接の侵害が優越すると判断した[56]。

N 号事件の先決的抗弁判決で ITLOS は，国内救済完了原則について VG 号事件と同じアプローチをとるとしたうえで，ITLOS が両国間の紛争の存在を認めた UNCLOS 第 87 条と第 300 条の違反に関する申立のうち，第 87 条に規定される公海の自由，特に航行の自由の侵害はパナマに直接の損害を与えるものであるため，国内救済完了原則は適用されないとした。また，船舶と積荷に関係する自然人と法人の損害に関する請求は，パナマ自身の損害から生じるものであるとも指摘している[57]。

Ⅳ　船舶に対する沿岸国の権限行使に関する論点

1　民間の船舶に対する法執行措置に関する国際法の基準

外国籍の民間の船舶に対する措置が問題になる事例の本案では，沿岸国がそうした船舶に対してとった措置が UNCLOS に従ったものといえるかが論じられる。その際，「合理性（reasonableness）の原則」がしばしば適用されるようになっている。UNCLOS 第 293 条 1 項により，UNCLOS の明文の規定の解釈と適用だけでは明確な判断基準が明らかではない場合，国際裁判所はこの条約に反しない他の条約や慣習国際法の規則を用いることができる。「合理性の原則」は，そうした慣習国際法の規則の一つとして適用されている。

2　拿捕及び抑留に関する措置の合法性

AS 号事件で仲裁裁判所は，ロシアの沿岸警備隊による AS 号の検査，拿捕

---

55) *Virginia G Case, supra* note 1, paras. 152-158.
56) *Duzgit Integrity, supra* note 12, paras. 151-156.
57) *Norstar, supra* note 1, paras. 122, 132, and 267-273.

及び抑留の措置の合法性の検討において，EEZ での抗議活動に対する沿岸国の措置の合法性の判断のためには，第一に，国際法上の根拠がある措置か否か，第二に，合理性の原則を含む国際法に従ってそれらの措置がとられたか否かが検討されなければならないと述べた。また，第二の点について，その措置が法執行措置に関わる場合，必要性と均衡性を満たすものでなければならないとした[58]。この判断方法は，サイガ号（第二）事件と VG 号事件の先例の以下のような立場を定式化したものといえる。

サイガ号（第二）事件で，ギニアは洋上バンカリングについて租税関係の法令を根拠として法執行措置をとった。ITLOS は，沿岸国は EEZ における活動に租税法を適用することができないとし，租税法に基づくギニアの法執行措置は UNCLOS に違反すると判断した[59]。

VG 号事件では，GB は，漁業資源の保存と管理に関する国内法に基づき，洋上バンカリングの取締りのための法執行措置をとった。ITLOS は，漁船への洋上バンカリング活動を，EEZ における漁業活動に直接に関係する活動と位置づけたうえで[60]，外国船のこの活動の規制を EEZ における生物資源の保存及び管理に関する沿岸国の措置の一つとみなし[61]，EEZ で操業する漁船への外国船による洋上バンカリングは沿岸国の国内法によって規制されうるとした[62]。そして，ITLOS は，GB の関連する国内法は，UNCLOS 第 56 条及び第 62 条 4 項の下での沿岸国の EEZ に対する権限に合致していると判断した[63]。また，ITLOS は，VG 号が，拿捕の時点で GB の国内法で求められている事前の許可を得ていなかったことを指摘し，GB は，UNCLOS 第 73 条 1 項の下で，沿岸国として執行措置をとる権限を有しており，その措置に船舶の没収を含む規定があること自体は第 73 条 1 項の違反ではないとした[64]。

---

58) *Ibid.*, paras. 222 and 224.
59) ITLOS は，UNCLOS 第 60 条 2 項によって，沿岸国が通関に関する法令を適用することが認められているのは，人工島，施設及び構築物についてのみであるとし（*Ibid.*, para. 127），また，第 58 条 3 項によって認められている国際法のその他の規則によって，通関に関する法令の適用が認められる事情も認められないとした（*Ibid.*, paras. 129-135）。
60) *Virginia G, supra* note 1, para. 215.
61) *Ibid.*, paras. 216-217.
62) *Ibid.*, paras. 220-223.
63) *Ibid.*, paras. 225-236.

続いて，ITLOS は VG 号の没収について検討し，第 73 条 1 項の下での執行措置は，UNCLOS に合致する沿岸国の国内の法令の執行の確保のために「必要な（necessary）」ものでなければならないとした。ITLOS は，VG 号が洋上バンカリングの許可の書類を搭載せず，GB の国内法で規定されている料金も支払っていなかったことは重大な違反であると認定した。しかし，バルマール社が洋上バンカリングについて FISCAP に事前に通告していたことや，燃料油の供給を受けていた 4 隻の漁船のうち，VG 号とともに拿捕された 2 隻は罰金を科されたり，没収されたりすることがなかったこと，また，他の 2 隻は拿捕されず，罰金も科されなかったことをも勘案すると，こうした違反の重大性が緩和されると述べた。ITLOS は，VG 号が洋上バンカリングの許可の書類を搭載していなかったことは，漁船の代表者と FISCAP の間の連絡の不足によるものであるとし，VG 号と搭載していた燃料油の没収は，違反に対する制裁としても，VG 号やその運航者によるこの違反の繰返しの防止措置としても必要ではなかったと判断した[65]。また，豊進丸事件を引用し，第 73 条 2 項に従って沿岸国が決定しうる保証金は関連する要素の評価の観点から合理的でなければならないと述べた。ITLOS は，これらの事情から，VG 号に対する措置は合理的ではなかったと判断した。

　AS 号事件で仲裁裁判所は，AS 号に対する法執行措置の合法性を検討し，海賊行為が疑われる場合の沿岸国の臨検の権利[66]，EEZ における人工島，施設，及び構築物に対する沿岸国の排他的管轄権に基づく措置[67]，テロ行為の容疑に対する法執行措置についての沿岸国の権利[68]，非生物資源に関する自

---

[64]　*Ibid.*, paras. 237-257.

[65]　*Ibid.*, paras. 258-269.

[66]　*Arctic Sunrise, supra* note 12, paras. 236-241. 仲裁裁判所は，石油油井施設は「船舶」ではなく，AS 号の抗議活動は，UNCLOS 第 101 条に規定される「海賊」ではないので，第 110 条の適用がないと判断した。

[67]　*Ibid.*, paras. 242-275. 仲裁裁判所は，UNCLOS 第 111 条によれば，海賊以外の犯罪行為については，継続的に追跡が行われなければならないとしており，ロシアの沿岸警備隊の措置は，その要件を満たしていないと判断した。

[68]　*Ibid.*, para. 278. 仲裁裁判所は，沿岸国は，人工島等の周辺 500 メートルの安全水域では，乗船，拿捕，及び抑留を含む法執行措置をとることができるが，EEZ ではこうした措置をとる権利を UNCLOS 上認められていないとしている。

国法の執行に関する沿岸国の権利 69),海洋環境の保護に関する沿岸国の法律の執行の権利 70),危険な運航に対する沿岸国の権利 71) のいずれによってもAS 号に対するロシアの措置は正当化できないと判断した。また,EEZ における沿岸国の権利と利益の保護のための措置としての正当化が考えられうる,UNCLOS 第221 条の海難から生ずる汚染を回避するための措置 72),テロ行為の防止のための措置 73),及び EEZ の非生物資源の探査及び開発についての主権的権利への介入の防止のための措置 74) のいずれにもあたらないとの結論に至った。

以上のような検討の結果,仲裁裁判所は,ロシアが 2013 年 9 月 19 日に AS

---

69) Ibid., paras. 279-285. 仲裁裁判所は,UNCLOS 第 73 条 1 項が,生物資源については沿岸国が乗船,検査,拿捕及び司法上の手続を含む法執行措置をとることができると規定しているのに対し,非生物資源に関しては同様の規定がない点に着目した。ただし,第 77 条の趣旨から,大陸棚の非生物資源の探査及び開発に関して沿岸国は自国法を執行する権利を持つといえ,AS 号の活動が大陸棚の非生物資源の探査及び開発に関するロシアの国内法に違反したという証拠がないので,この点に関するロシア法の違反に対する法執行措置とはいえないとした。
70) Ibid., paras. 286-297. 仲裁裁判所は,ロシアの AS 号に対する法執行措置は UNCLOS 第 220 条と第 234 条が適用されるものではないと判断した。
71) Ibid., paras. 278-305. 仲裁裁判所は,船舶の危険な運航に対しては,船舶の旗国のみが措置をとりうるため,沿岸国にはそのような権利はないと判断した。
72) Ibid., paras. 308-313. 仲裁裁判所は,AS 号の抗議活動の規模から考えて,第 221 条に規定されるような「著しく有害な結果をもたらすことが合理的に予測される」ものとはいえず,また,ロシア当局が措置をとった時点での AS 号の状況は同条 2 項に規定される「海難」にあたらないと判断した。
73) Ibid., paras. 314-323. 仲裁裁判所は,AS 号の抗議活動とその後のロシア当局がとった措置のタイミングという事情から見て,ロシア当局がこの抗議活動がテロ行為にあたることを疑う合理的な理由がなかったと判断した。
74) Ibid., paras. 324-332. 仲裁裁判所は,沿岸国が自国の EEZ における非生物資源の探査と開発に関する主権的権利を守ることは正当な目的であり,そのために適切な措置をとることが認められるが,その際にとられる措置は,合理性,必要性,及び均衡性の要件を満たすものでなければならないとした。ただし,沿岸国は,民間の抗議活動が沿岸国の主権的権利の行使を妨害しない限り,それによって生ずる何らかの程度の不都合を許容しなければならないとも述べた。そのうえで裁判所は以下のように判断した。本件では,ロシア当局が措置をとった時点で,AS 号は抗議活動を終えて,航行の自由の権利を行使しており,AS 号の存在が油井施設の稼働を妨害するものだったという証拠はない。そのような状況で,大陸棚に対する権利の行使としてロシア当局の措置がとられたのであれば,オランダの航行の自由及びその他の権利と自由を不当に侵害するものであったため,UNCLOS に従ったものとはいえないであろう。

号に対してとった措置は，UNCLOSの諸規定の下での，EEZ内で同船に排他的な管轄権を有するオランダに対してロシアが負っている義務に違反すると結論づけた。このように，UNCLOSの諸規定の違反が認められたため，ロシアの措置の合理性，必要性及び均衡性の検討の必要はないとした[75]。

以上の事案を通じて，UNCLOSの規定によって沿岸国が法執行措置をとる権利が認められている場合でも，とられる措置が「合理性の原則」を満たすものでなければならないと判断する先例が蓄積されてきているといえる。

3 実力の行使における「合理性」の判断

サイガ号（第二）事件とVG号事件では，「合理性の原則」が船舶に対してとられた「実力の行使 (use of force)」[76]に関する判断でも用いられている。

サイガ号（第二）事件で，SVは，ギニアの沿岸警備隊によるサイガ号を停船させるための発砲は，「過剰かつ非合理的な実力の (excessive and unreasonable force) の行使」であると主張した[77]。ITLOSは，適用される国際法の規則の文脈で，拿捕の事情を考慮しなければならないとし，UNCLOSでは，拿捕の際の実力の行使について明文の規定はないものの，第293条により適用可能な国際法では，実力の行使はできる限り回避されなければならず，また，これが不可避な場合，事情に応じて合理的でかつ必要な範囲を超えてはならないとした。さらにITLOSは，人道に対する配慮 (consideration of humanity) も，国際法の他の分野と同様に海洋法においても適用されなければならないと述べている[78]。ITLOSは，この原則に従った海上での法執行活動が長年にわたり行われてきており，実力の行使は，法執行措置として最後の手段であって，適切な警告の後に行われ，かつ人命が危険にさらされないことを確保するすべての努力が必要であるとした。また，公海漁業協定第22条1項(f)にもこの原則が反映されていることにも言及した[79]。

---

75) *Ibid.*, para. 333.
76) 本稿では，use of forceについて，国連公海漁業実施協定第22条1項(f)の訳を用いる。
77) *Saiga (No. 2), supra* note 1, para. 153.
78) *Ibid.*, para. 155.
79) *Ibid.*, para. 156.

ITLOSは、沿岸警備隊の船舶がサイガ号に接近した時、積荷をほぼ満載したサイガ号は速度が遅く、沿岸警備隊の船舶に攻撃をしなかったという状況であったとし、この状況で、信号や警告を出さずにサイガ号に対して発砲が行われたこと、及び沿岸警備隊の隊員がサイガ号に乗船した後も過剰な実力の行使が行われたことを認めた。ITLOSは、ギニアが過剰な実力の行使を行い、サイガ号の乗組員の人命を危険にさらしたことにより、国際法の下でのSVの権利を侵害したと判断したのである[80]。

VG号事件で、同船に対する実力の行使の程度について、ITLOSは、サイガ号（第二）事件の判決を引用したうえで、GBの沿岸警備隊のVG号に対する措置の事情を検討した。検査を行ったFISCAPの職員はその地位を識別できる服装をし、海軍の兵士は軍服を着用していたこと、及び乗船中に使われた実力は、その事情において合理的で必要なものの範囲を超えていなかったこと、及び抑留の最初の段階の後は、船長はVG号の所有者と連絡をとることを妨げられなかったことを認定した。さらに、VG号への乗船とその護送の際の実力の行使は人命に危険をもたらすような身体的損害をもたらすものではなかったと結論づけた[81]。

4 DI号事件と合理性の原則

DI号事件で仲裁裁判所は、本件において適用されるべき規則について、AS号事件の仲裁判断に言及し、以下のように述べた。UNCLOS第15部の下での国際裁判所は、第293条1項により、UNCLOSの諸規定を適切に解釈及び適用するために、条約法や国家責任法のような一般国際法の基本的又は第二次的な規則を適用する必要がありうる。また、UNCLOSの規定の文言が広義又は一般的な場合、その特定の規定の解釈及び適用のために、UNCLOS以外の第一次規則に依拠する必要もありうる[82]。そして、UNCLOSの規定によって権限の行使が認められている状況での沿岸国による法執行権限の行使は、特に必要性と均衡性の原則によって構成される合理性の原則を含む国際法の一般的な

---

80) *Ibid.*, paras. 157-159.
81) *Ibid.*, paras. 359-362.
82) *Duzgit Integrity, supra* note 12, para. 208.

規則及び原則によって規律され,これらの諸原則は国家による実力の行使についてだけでなく,すべての法執行措置に適用されると述べている[83]。そして,裁判所は,SPの措置が,沿岸国がとりうる法執行措置として,合理性の原則から生ずる国際法上の義務に合致するか否かを判断するとした[84]。

本件のマルタの申立の一つは,群島水域における沿岸国の主権の行使に関する第49条3項の違反であった。裁判所は,沿岸警備隊の一回目の臨検と,DI号とその船長に対する罰を区別して検討した。前者は,群島水域における沿岸国の主権の行使として合法的であり,UNCLOSに合致すると判断される国内法令の執行のために必要であったと判断した。裁判所は,SPの国内法上要求されている船舶間の積荷の積替え作業についての事前の許可を得ていなかったことは重大な違反であるとも指摘している[85]。

第二の論点について,裁判所は以下のように述べた。群島水域での活動に対する沿岸国の法執行措置は,一般原則としての必要性の原則と均衡性の原則によって構成される合理性の原則に従ったものでなければならない。そして,この観点から,DI号に科された罰のうち,租税法に基づく罰金の金額は不当で均衡性を欠くようであり,また船長と船舶の長期の拘留,金銭的な制裁,及び積荷全体の没収は,原因となった犯罪及びSPの主権の尊重を確保するという利益との間で均衡性があると考えられない。裁判所は,均衡性が大きく損われているため,制裁の累積的効果は,第49条に基づいて主権を行使する国家の責務と合致しないと結論づけた[86]。

5 UNCLOS第15部に基づく国際裁判所の判断における合理性の原則

UNCLOSでは多くの規定で「合理的な」という文言が明文で用いられている。しかし,本節で検討した事例では,判断基準について明文の文言がない場合でも,裁判所は,慣習国際法の規則としての「合理性の原則」を適用するこ

---

[83] *Ibid.,* para. 209.
[84] *Ibid.,* para. 210.
[85] *Ibid.,* para. 236.
[86] *Ibid.,* paras. 254-261. なお,本件においてSPのUNCLOSの違反は,この第49条3項に関する申立のみについて認められた(主文について,*ibid.,* para. 342, c)。

とによって，それぞれの事案の具体的な事情を勘案することが可能となった。また，AS号事件の仲裁裁判所が示した拿捕及び抑留に関する沿岸国の措置の合法性の判断のための2段階の方法は，沿岸国の権利と船舶の旗国の権利というUNCLOSの下での2つの権利や利益が重複あるいは抵触する場合に，「合理性の原則」が実態に即してそれらの権利を調整する機能を担う可能性をもたらすものと評価されうるだろう。合理性の原則に違反するとの結論に至った裁判所の議論では，UNCLOSの下で沿岸国が有する法執行の権限とその措置については，その権限の行使の根拠となる国内法がUNCLOSの関連する規定に合致しているだけでは不十分であり，その措置の内容が慣習国際法の規則としての合理性の原則に従ったものでなければならないという立場が示されている。複数の国家の根拠の異なる権利や利益が共存する可能性のある海洋の利用において，それぞれの国家の権利や利益が絶対的なものでなく，他の根拠に基づく他国の権利や利益に配慮することが求められる中で，「合理性の原則」は，それらの権利や利益の調整機能を果たす可能性を持つように思われる[87]。

V　おわりに

本稿では，外国籍の民間の船舶に対して沿岸国がとった措置に関する紛争を旗国が国際裁判に付託した先例で共通して論じられた点をまとめてきた。ITLOSと附属書Ⅶに基づく仲裁裁判所は，両者の先例で適用されてきた規則や原則を参照しつつ，判断を求められている事案の個別の事情にそれらがどのような意味を持ちうるかを検討してきている。特に，船舶の運航や船舶による海洋の利用の実態と沿岸国の法執行措置の具体的な内容に配慮した判断が示されてきていることは，注目される。こうした手法によって，UNCLOSの諸規定とこれに関連する国際法の原則の明確化とその解釈及び適用の方法に一貫性がもたらされるようになっているといえよう。

---

[87] 1997年に刊行された著作で，コルテンは，国際裁判所の裁判官による「合理性」の利用を包括的に論じている。その中で，「合理性」が国家の裁量権を制限的に解する際の根拠となる事例をあげている。この節で取り上げた「合理性の原則」の機能はこの類型にあたると考えられる。コルテンは，こうした合理性が，信義誠実の原則と関連することに言及している（O. Corten, *L'utilisation du "raisonnable" par le juge international* (1997), pp. 122-130)。

国連海洋法条約の紛争解決手続と海洋境界画定紛争

西村　弓

I　はじめに
II　「混合請求」に対する管轄権
III　選択的除外宣言と境界未画定海域における活動を巡る紛争
IV　第三国の存在
V　むすびに代えて

I　はじめに

　国連海洋法条約は，条約第15部において，同条約の解釈・適用を巡る紛争について義務的な紛争解決手続を原則として用意した点に1つの特徴をもつ。すなわち，国連海洋法条約の解釈・適用を巡る紛争の当事国は，第一に当該紛争の解決に向けた意見交換等を行うことを求められるが（第15部第1節），それでも紛争が解決されない場合は，一方当事国の付託によって原則として裁判手続が開始される（同第2節）。裁判所は，海洋法条約及び同条約に反しない国際法の他の規則を適用して裁判を行い（第293条），判決は当事国を拘束する（第296条）。もっとも，起草過程においては，いずれの裁判所に紛争解決の任務を負わせるべきかを巡って国家間の見解の相違が解消されなかったため，海洋法条約は複数のフォーラムを挙げている[1]。具体的には，海洋法条約当事

---

1)　N. Klein, *Dispute Settlement in the UN Convention on the Law of the Sea* (Cambridge

国は，国際海洋法裁判所（以下，「ITLOS」），国際司法裁判所（以下，「ICJ」），同条約附属書Ⅶによって組織される仲裁裁判所（以下，「附属書Ⅶ仲裁」），または同附属書Ⅷによって特定の種類の紛争のために組織される特別仲裁裁判所の4つの裁判所から紛争解決フォーラムを予め選択することができ——いずれの裁判所も選択しない国家は，附属書Ⅶ仲裁を選択したものとみなされ——，両当事国が選択する裁判所が一致する場合には当該裁判所が，一致しない場合には附属書Ⅶ仲裁が裁判を実施することとされた（第287条）。

　国連海洋法条約に一方的付託に基づく義務的な裁判手続が導入されたのは，一方では，第三次国連海洋法会議における様々な利害調整と妥協を経てパッケージ・ディールとして成立した条約内容が国家の一方的な行動によって害されることがないように——海洋法条約の規律内容の一体性（integrity）を維持するために——ある種の保障を設ける必要性が認識されたからであり，他方では，詳細な内容に合意できなかった規定について紛争解決手続を通じた後の発展が期待されたからであるとされる[2]。

　義務的紛争解決手続を通して条約内容の一体性を維持しようとする海洋法条約のこうした趣旨は，どの程度貫徹されているのか。海洋法秩序の維持の観点から，海洋法条約の紛争解決手続とその実践についてはどのように評価できるだろうか。本稿は，これらの点について，海洋境界画定に関連する紛争を取り上げて検討する。国連海洋法条約の規律内容は基本的に海域別アプローチ（zonal approach）に拠って定められており，海洋法上の国家の権利義務を確定するためには，問題となる行為が行われる海域の性質が特定されていることが前提となる。その意味において，境界画定は海洋法秩序にとって重要な位置を占めており，海洋法条約第74/83条2が境界画定紛争の条約第15部による解決に言及することの意味もそこにある。しかしながら，そうした重要性にもかかわらず，選択的除外制度の射程や第三国との関係，領土問題との複合性といったように，境界画定紛争の司法的解決についてはその可能性と限界が必ずし

　　University Press, 2005), pp. 54-57. 各国の選好や実際の事件の係属状況については，拙稿「海洋紛争の解決手続と法の支配」国際問題666号（2017）38-39頁参照。
[2] 　A. Boyle, "UNCLOS Dispute Settlement and the Use and Abuses of Part XV," *Revue belge de droit international* (2014), pp. 185-187.

も条約規定上明らかではない点がある。海洋法条約の発効から20年強が経ち，これらの諸点に関連する紛争解決の事例も徐々に増大してきたことから，本稿では，条約第15部を利用した海洋境界画定紛争の解決について改めて検討する。具体的には，海洋境界画定紛争に海域の起点となる領土に関する領有権問題が絡む複合的紛争の処理（Ⅱ），境界未画定海域における活動を巡る紛争に対する選択的除外制度の意味（Ⅲ），第三国が存在する海域における境界画定紛争の解決（Ⅳ）の3点を取り上げ，海洋法条約が用意した紛争解決手続の海洋境界画定紛争における意義及び限界を検討することとする。

Ⅱ 「混合請求」に対する管轄権

1 問題の所在

国連海洋法条約第288条1は，義務的紛争解決手続のために選択される裁判所は，「この条約の解釈又は適用に関する紛争」について管轄権を有するとして，裁判所の事項的管轄権の範囲を定める。ところで，海洋の境界画定に関する紛争においては，権利主張がなされている対象海域の起点となる陸地に対していずれの国が領域主権を有するかが合わせて争われる場合も多い。こうした海洋法条約の解釈・適用に関する請求（境界画定）と同条約の解釈・適用に関わらない争点（陸地に対する領有権の所在）に関する請求とが合わせて提起されるいわゆる「混合請求（mixed claim）」に対して，海洋法条約上の裁判所が判断を下すことが可能かが問題となる。海洋法条約の解釈・適用を行うに当たって論理的前提として決定することが求められる条約外の争点について，裁判所は判断を下す管轄権を有するかという問題である[3]。

混合請求に対して裁判管轄権を設定し得るか否かについて，海洋法条約上明

---

[3] なお，この問題は，海洋法条約上の裁判所が海洋法条約上の実体的規律内容をより詳細化する関連条約や海洋における管轄権行使の態様を規律する一般国際法等を考慮に入れて海洋法条約の解釈・適用を行う管轄権を有するかという問題とは区別される。とりわけ，海洋法条約の規律内容を豊富化する機能を別条約が担っているような前者の場合については，海洋法条約が樹立する海洋秩序を構成するものとして，その実体的規律内容を確保する必要性は海洋法条約の規定の解釈・適用と同様に解することができる。別条約が実体規範の性質により即した独自の紛争解決手続を備えており，海洋法条約外の手続に委ねることが合意されている場合を除いて，こうした紛争の解決は第15部の手続の下に置かれる。

文規定は存在しない。管轄対象の請求内容と密接に関係しつつ，管轄権の根拠を提供する文書以外に基礎づけられる請求をどう扱うべきかについては，PCIJ 及び ICJ の立場も不明瞭である[4]。もっとも，裁判所の管轄権の範囲をどのように解すべきかは，それぞれの裁判所の設立趣旨や位置づけに関わるのであって，各裁判所によって異なり得る。いずれにせよ，海洋法条約上の裁判所の管轄権の射程については，海洋法条約の締結によってどの範囲までの司法判断が下されることに締約国が合意したかに照らして導くほかない。

この点については，一方では，海洋法条約上の裁判所は，混合請求についても管轄権を行使し得るとする見解が主張される。例えば，Boyle は，海洋法条約の解釈・適用に当たって論理的に必要な判断を行う権限を裁判所は有しており，海洋法条約第 293 条 1 で裁判所が「この条約及びこの条約に反しない国際法の他の規則を適用する」ことが認められているのはその表われであるという。彼によれば，とりわけ領域権原が未確定な陸域が関係する海洋境界画定紛争は混合請求の典型例であり，裁判所は境界画定に必要な範囲で領有権の所在についても判断を下し得るという[5]。同様に混合請求に対する裁判管轄権を肯定する Wolfrum は，条約第 298 条 1(a)(i) の反対解釈によれば，同項に従って選

---

[4] ニカラグア対ホンデュラス事件において，ICJ は，境界画定を求める請求は関連する陸地の領有権の決定を当然に含意するため，裁判所は領有権問題についても判断を下すとしたが (*Territorial and Maritime Dispute between Nicaragua and Honduras in the Caribbean Sea* (Nicaragua v. Honduras), paras. 104-116), 本件の管轄権の根拠はボゴタ条約と ICJ 規程第 36 条 2 に置かれており，両国間にはそもそも対象事項を限定しない包括的な管轄合意が存在した。これに対して，Pedra Blanca 事件においては，マレーシアおよびシンガポールの領海が重複する海域に位置する低潮高地の帰属について，付託合意において領海の境界画定に関するマンデイトを与えられていない ICJ は判断を避けた (*Sovereignty over Pedra Blanca/Pulau Batu Puteh, Middle Rocks and South Ledge* (Malaysia/Singapore), paras. 297-299)。他方で，ジュネーヴ条約の裁判条項を根拠としてドイツによって提起された上部シレジア事件において，PCIJ は，ジュネーヴ条約の適用に対して先決的または付随的 (preliminary or incidental) に生じるヴェルサイユ条約の解釈について，それが付随的である限りにおいて裁判所が解釈権限を持つと判示している (*Certain German Interests in Polish Upper Silesia*, Preliminary Objections, *PCIJ Series A*, No. 6, p. 18)。PCIJ が言う「付随的である限り」とは何を指すのか，Pedra Blanca 判決との異同はどこに求められるのかについては検討を要する。

[5] A. Boyle, "Dispute Settlement and the Law of the Sea Convention: Problems of Fragmentation and Jurisdiction," *International and Comparative Law Quarterly*, vol. 46 (1997), p. 44; Boyle, *supra* note 2, p. 195.

択的に除外を行わない限り，境界画定紛争とそれに付随する陸地に関する領有権紛争が裁判所の管轄権内に置かれることが導かれると説く6)。Rao も同様に，混合請求を扱い得ないとすれば海洋境界画定に関する管轄権設定の意義が大きく損なわれかねず，海洋法条約において義務的管轄権からの逸脱は例外的なものと理解されることを考えても，明示的な除外規定が存在しない以上，混合請求に対する管轄権は肯定されるという7)。彼によれば，海洋法条約の交渉過程においては，境界画定紛争とこれに付随する領有権問題についての司法的解決を望まずに選択的除外宣言をなした国に対して，強制調停において領有権問題に関する判断が下されることへの懸念が表明された結果として，第298条1(a)(i)末尾の但書が入れられたのであって，除外宣言が行われていない場合の混合請求に対する管轄権行使についてまで，同項を根拠として否定的に解釈することはできないという8)。

これに対して，海洋法条約上，混合請求に対して裁判所は管轄権を行使し得ないとする説は，例えば Oxman によって示されている。彼は，確かに海洋法条約の明文規定上は，領有権紛争の除外は第298条1(a)(i)の強制調停に関連してのみ規定されているが，これは起草上の不備であって，管轄権の事項的対象が海洋法条約の解釈・適用に限られることの含意として，裁判手続において領有権紛争は排除されるという9)。

以上のように，海洋法条約上の紛争解決手続を担う裁判所が，混合請求に対して管轄権を有するかを巡って見解は対立している。それぞれの立場は起草過程における議論状況を根拠の1つとしているが，混合請求を巡る議論はもっぱ

---

6) *Statement by H. E. Judge Rüdiger Wolfrum, President of the International Tribunal for the Law of the Sea to the Informal Meeting of Legal Advisers of Ministries of Foreign Affairs* (23 October 2006), p. 6. また，混合請求に対する管轄権行使の肯定は，裁判所が司法機能を果たすための実効性の原則と合致するともいう。*Ibid.*

7) P. C. Rao, "Delimitation Disputes under the United Nations Convention on the Law of the Sea: Settlement Procedures," in T. M. Ndiaye and R. Wolfrum eds., *Law of the Sea, Environmental Law and Settlement of Disputes: Liber Amicorum Judge Thomas A Mensah* (Martinus Nijhoff Publishers, 2007), pp. 890-891.

8) *Ibid.*, p. 888.

9) B. H. Oxman, "The Third United Nations Conference on the Law of the Sea: The Ninth Session," *American Journal of International Law*, vol. 75 (1981), p. 233, n.109.

ら非公式会合で交わされており，公表されている起草過程から明確な結論を得ることはできない10)。むしろ，両立場は，条約第15部の紛争解決手続全体についてのそれぞれの理解を背景として唱えられていることに注目すべきだろう11)。管轄権肯定説は，強制的な紛争解決手続の予定は海洋法条約の実体規定が合意されるに当たり，その不可欠の一部とされたのであって，管轄権に対する例外は制限的に解釈されねばならないという基本的理解に立つ。対して，管轄権否定説は，海洋法条約の全ての実体規定について裁判手続が予定されているわけではないことから，例外事項について必ずしも制限的解釈に依らねばならない根拠はないと考える。この点について，肯定・否定両説が引証する第298条1(a)(i)は，境界画定は，国家の管轄権が及ぶ海域の範囲を確定するという点で政治的・経済的な重要性を帯びるため，交渉と合意によってのみ決定すべきであるという一部の国家の主張に配慮して入れられており12)，紛争の司法的解決に消極的な国に義務的紛争解決制度を受諾させるための妥協的な役割を担う規定と位置づけられる。自国の管轄海域の範囲の確定について第三者の判断を受け入れることができないとするこれらの国家の見解に照らせば，領域主権の対象となる陸地の領有権の決定を裁判所の判断に委ねることは一層想定されていなかったと解することが合理的であろう。後述するチャゴス諸島海洋保護区に関するモーリシャス対英国事件（以下，「チャゴス海洋保護区事件」）附属書Ⅶ仲裁判断は，島の領有権を真の争点とする紛争について附属書Ⅶ仲裁が管轄権を有するかという文脈においてではあるが，領域紛争に関する規定が存在しない事実は，陸地の領有権紛争が海洋法条約の解釈・適用を巡る紛争に当たり得るとは起草過程において想像すらされていなかったことによって説明されるとする13)。第298条1(a)(i)を挿入して境界画定紛争について選択的除外

---

10) I. Buga, "Territorial Sovereignty Issues in Maritime Disputes: A Jurisdictional Dilemma for Law of the Sea Tribunals," *The International Journal of Marine and Coastal Law*, vol. 27 (2012), p. 71.

11) *Ibid.*, pp. 72–73.

12) Klein, *supra* note 1, p. 256; M. H. Nordquist, S. Rosenne and L. B. Sohn, *United Nations Convention on the Law of the Sea 1982: A Commentary* (hereinafter cited as "*Virginia Commentary*"), vol. 5 (Martinus Nijhoff Publishers, 1989), p. 109.

13) *In the Matter of the Chagos Marine Protected Area Arbitration before an Arbitral Tribunal Constituted under Annex VII of the United Nations Convention on the Law of the Sea*

制度を設けた起草者が，国家にとってより機微に触れる問題であるはずの領有権紛争について同様の例外規定を設けていないことからも，境界画定紛争から独立して領有権の所在に関する請求をなし得るとは想定されていなかったと解することが合理的であるとするのである14)。海洋法条約第15部は同条約の規律内容の一体性を保つために義務的紛争解決手続を設けたが，当該手続の導入を可能ならしめた選択的除外の趣旨に照らせば，否定説の見解に根拠があると考えられよう。

2　紛争の性質決定と管轄権──海洋法条約の「解釈・適用に関する紛争」の同定

もっとも，混合請求が関わる紛争が海洋法条約の手続に付された近年の事例では，裁判所は上記とは異なる観点から裁判管轄権の有無を判断している。チャゴス海洋保護区事件附属書Ⅶ仲裁判断（2015年）においてはチャゴス諸島に対する領有権を巡る紛争が，南シナ海事件附属書Ⅶ仲裁判断（2016年）においては南シナ海に所在する幾つかの岩礁に対する領有権を巡る紛争が，それぞれ関係国の間に存在する中で，海洋法条約の規定を根拠として紛争解決手続が提起されており，裁判管轄権の有無が争点となった。両仲裁はどのような判断を示したのだろうか。

(1)　チャゴス海洋保護区事件

1965年，英国植民地下に置かれていたモーリシャスが英国から独立する旨が決定されるに際して，英国は軍事的観点からチャゴス諸島のみをモーリシャスを構成する他の島々から分離して英国支配下に置き続けることを提案した。英国とモーリシャス側代表との間で行われた協議の結果，軍事利用が終了した際にはチャゴス諸島がモーリシャスに返還されること，英国は同島大陸棚における鉱物資源の開発を行わず，それら資源はモーリシャスに留保されること，モーリシャス漁民によるチャゴス諸島領海及び排他的経済水域における漁業権が認められること等を条件として，チャゴス諸島のモーリシャスからの分離が

(The Republic of Mauritius and The Kingdom of Great Britain and Northern Ireland) (hereinafter, *"Chagos MPA Arbitration"*), Award, para. 215.
14)　*Ibid.*, paras. 216-217.

合意された(ランカスターハウス合意)。これを受けて,1968年,モーリシャスは英国からの独立を果たしたが,その後同国は,ランカスターハウス合意の締結及び同合意に至る過程における瑕疵等を理由としてチャゴス諸島に対する領有権を主張している。

そうした中,2010年4月,英国はチャゴス諸島周辺に603,600 km^{2}に及ぶ海洋保護区(Marine Protected Area: MPA)を設定することを発表した。同保護区は,チャゴス諸島の領海及び排他的経済水域全域を対象とし,天然資源の採取が一切禁じられる「全面的禁漁水域(no-take zone)」と性格づけられていた。事前協議等が行われないまま,英国により一方的に海洋保護区が設置され,また,従来はモーリシャス漁民に認められてきたチャゴス諸島沿岸における漁業も禁じられるに至ったため,同年10月,モーリシャスは英国による保護区設定が海洋法条約に違反すると主張して,附属書Ⅶ仲裁を提起した。

仲裁手続においてモーリシャスは4点に及ぶ請求をなした。このうち第1請求は,「英国は,[海洋法]条約第2,55,76条の意味における『沿岸国』ではないため,『海洋保護区』…を宣言する権限を有しない」旨の確認を行うように裁判所に求めるものであった。当該請求は,直接的には,海洋法条約の特定の規定上の「沿岸国」の定義を争点とする申立てではあるが,実質的にはチャゴス諸島に対する英国の主権自体の有効性を争うものである。そこで,こうした請求に対して附属書Ⅶ仲裁が管轄権を有するのかが争われたのである。

仲裁判断は,この点について3対2に分かれた。多数意見の見解は以下の通りである。裁判所は,両国間にはチャゴス諸島の領有権および「沿岸国」の定義を巡って見解の相違が存在することを確認した上で,紛争の性質を決定するためには,両国間に生じている一連の問題の中で何に比重(the relative weight)が置かれているのかを評価しなければならず,紛争がもっぱら(primarily)「沿岸国」の定義を巡る海洋法条約の解釈・適用に関わり,領有権問題はその一側面(one aspect)にとどまるのか,それとも逆にもっぱら島の領有権に関わり,英国が沿岸国として行動し得るかという争点はその問題の1つの表われ(a manifestation)に過ぎないのかを判断すべきであるとする。裁判所によれば,両国は様々な機会を捉えてチャゴス諸島の領有権を巡るやり取りを展開してきた一方で,裁判開始まで英国による海洋法条約の履行をモーリシャスが問題に

した形跡はない。また，請求が認容されればチャゴス諸島から英国は撤退することになるだろうというモーリシャス代理人の発言からも，本件の中心的争点が領有権問題にあることが窺われるという。すなわち，裁判所によれば，領有権の在り処が両国間における中心的（predominant）な争点であり，「沿岸国」の定義を巡る争いはその一側面（one aspect）に過ぎないとされた[15]。

こうして，第1請求の真の争点がチャゴス諸島に対する領有権問題であると認定した裁判所は，当該争点について海洋法条約上の裁判所が管轄権を有し得るかに関して検討を進める。多数意見は，先にも見たように，陸の領有権問題に対し海洋法条約上の裁判所が管轄権を有するかについて示唆を与える条約規定が存在しない事実は，陸地の領有権紛争が海洋法条約の解釈・適用を巡る紛争に当たり得る可能性が起草過程において全く想定されていなかったことによって説明されるとする[16]。その上で，上部シレジア事件管轄権判決を引用して，提起された紛争の解決にとって必要な事実認定や副次的な法解釈（ancillary determinations of law）に対して裁判所の管轄権が及び得ることを確認しつつも，真の争点（the real issue in the case）や請求の趣旨が海洋法条約の解釈・適用ではない本件のような事案においては，真の紛争と海洋法条約の規律対象が関連するからといって裁判管轄権は肯定されないとする[17]。裁判所によれば，領有権に関する主要でない問題（a minor issue）が海洋法条約の解釈・適用を巡る紛争に対して副次的に（ancillary）生ずる可能性はカテゴリカルには否定されないが，領有権紛争が真の争点である本件請求については裁判所は管轄権を持たないという[18]。混合請求について述べたこの部分は傍論であり，仮に海洋法条約の解釈・適用に関する見解の相違が真の争点である紛争

---

15) *Chagos MPA Arbitration*, paras. 211-212. 多数意見を構成するのは，Shearer, Greenwood, Hoffmann の3判事である。
16) *Ibid.*, para. 215.
17) *Ibid.*, para. 220.
18) *Ibid.*, para. 221. モーリシャスの第2請求は，「モーリシャスが，条約第56条1(b)(iii)及び第76条8上の意味における『沿岸国』としての権利を有していることに照らして，また，チャゴス諸島に関して英国からモーリシャスに対してなされた保証を考慮して，一方的に『海洋保護区』…を宣言する権限を英国は有しない」旨の確認を行うように裁判所に求めるものであり，第1請求と同様に混合請求の性格を有する。裁判所は，第2請求についても第1請求に対するものと同様の判断を下している。*Ibid.*, para. 229.

において，付随的に生ずる問題が「主要」であれば判断をなし得ないとする趣旨なのか，そうだとすればそれはなぜか，さらに，ここでいう「主要」とは何を意味するのか等，不明確な点が多い。いずれにせよ，裁判所は本件における真の争点は領域紛争であると認定したため，モーリシャスの第1請求は，海洋法条約の解釈・適用に関する紛争を提起したものとは言えず，第288条の要件を満たさないため，裁判所は管轄権を有しないと結論づけられた[19]。

(2) 南シナ海事件

紛争の性質決定と海洋法条約上の裁判管轄権の範囲は，南シナ海事件でも問題となった。同事件において，フィリピンは，中国が主張するいわゆる「九段線」が海洋法条約と整合するか，南シナ海に所在する9つの岩礁が海洋法条約上の島，岩または低潮高地等のいずれの地位を持つか，関係海域における中国の行動が海洋法条約と適合的かといった諸点を主題として訴えを提起した。これに対して，中国は，附属書VII仲裁は本件について管轄権を有しないと主張して訴訟手続には参加していないが，ポジション・ペーパーを公表し，両国間の紛争の実態は南シナ海における主権や境界画定に関わるものであり，海洋法条約上の紛争解決手続の対象外であるか，あるいは同条約第298条に従って境界画定紛争を選択的に裁判管轄対象から除外する宣言をしている中国に対しては管轄権が成立しないという見解を示している[20]。

---

[19] 多数意見によるこうした判断に対しては，紛争の性質決定に際しては，原告による請求の定式化に特別の注意を払うべきであるとして，Kateka, Wolfrum両判事が共同で批判を加えている。*Dissenting and Concurring Opinion of Judges James Kateka and Rüdiger Wolfrum*, paras. 5-6. 両判事によれば，モーリシャスの第1請求は海洋保護区設定との関連において英国が「沿岸国」たり得るかのみを問題としており，チャゴス諸島に対する主権の問題は当該主張を支えるリーズニングの1つに過ぎないという。*Ibid.*, paras. 8-17. すなわち，両判事によれば，本件の主たる争点は領有権問題ではなく，海洋法条約の解釈・適用であり，それらについて決定を下すための理由づけとして，付随的に領域主権について判断する権限を裁判所は有しているという。彼らは次のように説く。条約第15部は，第297, 298条による制限・除外に該当する場合を除いて全ての紛争について義務的管轄を設定したのであって，領有権問題が関係する場合の制限や除外は両規定において予定されていない。条約が設けなかった新たな制限を導入することは条約採択時に合意された当事国間のバランスを崩すものであり，裁判所にそうした権限は与えられていない，と。*Ibid.*, paras. 38-45. 典型的な肯定説の立場である。

仲裁裁判所は，全員一致で管轄権について以下の判断を下した。まず，裁判所は，訴答書面や外交交渉における両国の主張その他の関連する証拠に照らし，事案における真の争点 (the real issue) と請求の趣旨を客観的に特定する権利と義務を自らが持つことを確認する[21]。裁判所によれば，両国間に南シナ海の幾つかの岩礁についての領有権争いが存在することは明らかであるが，国家間に複数の異なる紛争が発生することは珍しくないのであって，このことから直ちにフィリピンによる請求の真の争点が領有権紛争と性格づけられるわけではない[22]。(a)主権の在り処について明示的にあるいは黙示的に決定せざるを得ない場合，または，(b)請求の真の目的が領有権紛争を自国に有利に導くことにある場合には，請求の真の争点は領域主権に存すると考えられるが，本件においてはいずれの国が領有権を持つかにかかわらず問題となる岩礁の海洋法上の地位の決定をなし得る。裁判所は，本件は，この点において，その判断に当たってチャゴス諸島に対する主権の所在についての決定を必要とし，またそれがモーリシャスの請求の真の目的であったチャゴス海洋保護区事件とは異なるとする[23]。

(3)　混合請求に対する管轄権と紛争の性質決定
　チャゴス海洋保護区事件の第1請求については，紛争の真の争点が領有権問題にあるとされた結果，副次的に主張される海洋法条約の解釈・適用は裁判管轄権を肯定しないと判断された。他方，南シナ海事件においては，真の争点は海洋法条約の解釈・適用にあり，かつ領有権の帰属については付随的にも決定することなく判断を下し得るとされた。両判決ともに混合請求に対して海洋法

---

[20]　Ministry of Foreign Affairs of the People's Republic of China, "Position Paper of the Government of the People's Republic of China on the Matter of Jurisdiction in the South China Sea Arbitration Initiated by the Republic of the Philippines," *China Oceans Law Review* (2015), pp. 538–566.

[21]　*In the Matter of an Arbitration before an Arbitral Tribunal Constituted under Annex VII to the 1982 United Nations Convention on the Law of the Sea between the Republic of the Philippines and the People's Republic of China*, Award on Jurisdiction and Admissibility (hereinafter, "South China Sea Arbitration"), para. 150.

[22]　*Ibid.*, para. 152.

[23]　*Ibid.*, para. 153.

条約上の裁判所が判断を下し得るかというかたちではなく，その前段階として，そもそも提起されている真の紛争が「海洋法条約の解釈・適用に関する紛争」なのかを問題としており，混合請求に対する管轄権の範囲についての判断は示されなかったことになる。

　むしろ，両判断からは，現実の紛争においては，混合請求に対する管轄権の範囲をどのように理解するかという問題の前提として，紛争の性質決定が重要な役割を果たしていることが見て取れる。この点について，チャゴス海洋保護区事件の多数意見は，当事国が何を議論してきたか（外交上のやり取り，裁判手続における発言）を全体的に検討し，紛争の真の争点を特定した。同事件における少数意見は，請求国の訴訟における申立内容をより重視する点において多数意見と立場を異にするが，当事国の意図を検討するという点では同一の立場に立っている。これに対して，南シナ海事件判決は，上述のように，(a)主権の在り処について明示的あるいは黙示的に決定せざるを得ない場合，または，(b)請求の真の目的が領有権紛争を自国に有利に導くことにある場合には，領域紛争と性格づけられるとの基準を示す。(b)は当事国の真の意図を探るという点においてチャゴス海洋保護区事件判決と通じるが，(a)の基準によれば，海洋境界画定に当たって前提的に陸地の領有権についての判断を要する紛争は，それ自体で領有権の所在を真の争点とする紛争と位置づけられることになる。その結果として，海洋法条約の解釈・適用に海洋法外の争点が付随する混合請求に対する管轄権が肯定されるかという枠組みで検討がなされるのではなく，紛争はそもそも主権の在り方を主たる争点とするものと性質決定され，海洋法条約上の裁判所の管轄権は否定されることになる。

　紛争を混合紛争と位置づけた場合においても，前述のように海洋法条約上の裁判所は管轄権を有しないと考えられるため，混合紛争か領有権紛争かの性格づけの違いは裁判管轄権の存否について結果の違いを導きはしない。しかしながら，南シナ海判決が示した紛争の性質決定に関する基準は，一見したところ領有権問題にかかわる紛争に限られない一般的射程を持ち得るため，当該基準の援用のあり方次第では裁判所の管轄権が否定される事案が拡大する可能性を孕む。海洋法条約上の紛争解決手続の意義という観点から，紛争の性質決定基準については更なる検討が必要と考えられる。

Ⅲ 選択的除外宣言と境界未画定海域における活動を巡る紛争

1 選択的除外宣言と裁判付託可能性

　上記のように，領有権紛争を前提とする海洋境界画定紛争については，条約当事国の管轄権に対する合意の範囲外にあるものと解され，第15部の手続による解決は困難である。さらに，領有権紛争とかかわらない海洋境界画定紛争についても，条約は裁判手続からの免除を認める。

　紛争解決手続が海洋法条約において占める重要な位置づけにもかかわらず，義務的な裁判の実施に対しては周知のように条約自体において第15部第3節で例外が設けられている。排他的経済水域における漁獲や科学的調査に対して条約上認められている沿岸国の裁量権行使に関する紛争については，第2節の義務的手続が適用されず（第297条），また，第298条1は，(a)海洋の境界画定または歴史的湾・歴史的権原に関する紛争，(b)軍事的活動または漁獲・科学的調査等に対する法執行活動に関する紛争，(c)国連安保理が任務遂行中の紛争，といった一定の類型の紛争について，義務的手続からの除外を宣言した国に対しては裁判管轄権が及ばない旨を定める。

　このうち，適用制限を定めた第297条においては，沿岸国の裁量権行使を巡る紛争の除外が想定されているが，これらの紛争は裁量権行使に当たって何らの合理的検討も一切行われていないといった例外的な状況を除いては，司法的な評価になじまない側面を持つ[24]。例えば，沿岸国は自国排他的経済水域における自国の漁獲量を，対象魚種や生態系に関する科学的評価と自国漁業を巡る社会経済的検討を含む政治的判断によって決定する裁量権を有し，裁判所がその判断をとって代わることはできない。第297条の適用制限は，その性質に照らして司法判断になじまない紛争を手続の対象外とする機能を果たしていると言える[25]。これに対して，第298条における裁判管轄権の選択的除外は，権

---

[24] Klein, *supra* note 1, p. 207; *Virginia Commentary*, vol. 5, pp. 99, 195.
[25] この観点からは，チャゴス海洋保護区事件において，英国による全面的禁漁を伴う海洋保護区設定の性格が問題となる。第1に，附属書Ⅶ仲裁は，保護区における漁業資源管理に係る争点は第297条の適用制限の対象となるとしたが，全面禁漁海域の設定が海洋法条約に適合するかについては，漁獲量の裁量的決定の是非とは異なり，その性質上は司法的判断の対象とすることも可能と考える余地がある。この点について，同事件少数意見は，全面的禁

利の性質上司法判断になじまない事項を挙げたものではなく，前節においても言及した通り，起草過程における政治的妥協の結果として定められている。

境界画定との関係では，「海洋の境界画定に関する［…］第74条及び第83条の規定の解釈若しくは適用に関する紛争」を義務的裁判手続から選択的に除外することを当事国に認めた第298条1(a)(i)の射程が問題となる。国連海洋法条約第74/83条1は，「境界画定は，衡平な解決を達成するために，国際司法裁判所規程第38条に規定する国際法に基づいて合意により行う」ことを，同条2は，「関係国は，合理的な期間内に合意に達することができない場合には，第15部に定める手続に付する」ことを定め，境界画定について当事国間の交渉によって合意が得られない場合には，条約第15部に定める紛争解決手続の利用を予定して，海域の地位の決定を促進することを図る。もっとも，合意によってであれ，裁判を通してであれ，最終的に画定がなされるまでには一定の期間を要する。そこで，同条3は，「関係国は，1の合意に達するまでの間，理解及び協力の精神により，実際的な性質を有する暫定的な取極を締結するため及びそのような過渡的期間において最終的な合意への到達を危うくし又は妨げないためにあらゆる努力を払う」として，境界未画定海域における関係国の義務についての定めを置いた。

境界画定紛争について選択的除外宣言を行った国を相手取って訴訟提起を行うことはできないが，第74/83条3の違反が問題となるような場合に，選択的

漁措置は資源利用を前提とした資源管理措置に当たらないため，第297条3(a)の適用制限の対象ではないとする。*supra* note 19, para. 60. 第2に，より根本的には，海洋保護区のように海洋法条約が前提とする海域別・機能別区分を前提としない新たな規制手段をどのように位置づけるべきかという課題がある。生態系アプローチに基づく漁業管理は，自国の主権的権利の対象となる資源のみならず，海洋環境それ自体の保護にもかかわり，国際基準に合わせた環境基準を実現するために各国が権限を分担執行するという側面を持つ。(海洋環境に関する沿岸国管轄権の性格については，小寺彰「排他的経済水域における油防除——海防法上の仕組みの改善可能性」日本国際問題研究所・EEZ内における沿岸国管轄権をめぐる国際法及び国内法上の諸問題（2000），73-74頁参照。）一定の事項別の規制を前提として作られている海洋法条約締結時の基本枠組みに対して，複数の事項に跨る諸問題が生じているという現実の変化をどう受け止めるべきかが問題となっていると言えよう。同様の見解として，S. Talmon, "The Chagos Marine Protected Area Arbitration: Expansion of the Jurisdiction of UNCLOS Part XV Courts and Tribunals," *International and Comparative Law Quarterly*, vol. 65（2016）, pp. 945-946.

除外宣言との関係で裁判手続に訴えることは可能だろうか。例えば，東シナ海の日中両国の大陸棚の境界未画定海域においては，中国がプラットフォームを建設し開発活動に着手していることが報道されているが，こうした中国の活動について，海洋法条約第83条3が未画定海域において関係国に求める義務の違反であるとして，同条約上の紛争解決手続に訴えるべきであるとする議論がある。第298条1(a)(i)の選択的除外宣言を行っている国に対して，境界未画定海域における活動について第15部の手続に訴えることは可能あるいは妥当だろうか[26]。

この点については，第74/83条1（境界画定）を巡る紛争は除外宣言の対象である「海洋の境界画定に関する第74条及び第83条の規定の解釈又は適用に関する紛争 (disputes concerning the interpretation or application of articles 15, 74 and 83 relating to sea boundary delimitations)」に該当するが，第74/83条3（画定前の係争海域における行動）を巡る紛争は上記の除外可能対象に該当しないとする議論があり得よう[27]。前述のように，第298条1(a)の選択的除外は，境界画定は，国家の管轄権が及ぶ海域の範囲を確定するという点で政治的・経済的に重要であるため，交渉と合意によってのみ決定すべきであって，第三者判断に委ねることはできないという一部の国家の立場に配慮して入れられた。これに対して，未画定海域における関係国の行動を規律する第74/83条3は，境界画定の基準や方法について定めた規定ではなく，同規定の解釈・適用には選択的除外が認められた理由が妥当しないからである[28]。

---

26) この点及び後述の強制調停に関する考察は，拙稿・前掲注(1)41-44頁で既に部分的に行っている。
27) ガーナ対コートジボワール判決では，両国のコンプロミ上の文言 (dispute concerning the delimitation of their maritime boundary in the Atlantic Ocean) の解釈としてではあるが，"concerning"という用語が含意する対象を画定紛争に関連して生ずる責任の問題にまで及ぼすことは過剰な拡大であるとして，責任追及に関する管轄権の根拠を応訴管轄に求めている。*Dispute concerning Delimitation of the Maritime Boundary between Ghana and Côte d'Ivoire in the Atlantic Ocean, Judgment* (23 September 2017), paras. 548.
28) もっとも，東チモールが境界画定に加え，画定までの適切な移行のあり方及び共同開発の終了までのプロセスについて調停を求め，オーストラリアが後二者は調停委員会の権限外であると反論した両国間の調停においては，第298条に基づく調停は，第74/83条3も対象に含むとの見解が調停委員会によって示されている。*In the Matter of a Conciliation before a Conciliation Commission Constituted under Annex V to the UNCLOS between the Demo-*

2 境界画定の性質と対象海域の特定

(1) 対象海域の特定——係争海域と権原重複海域

　もっとも，境界画定の問題に一切触れずに第74/83条3違反に関する請求を行うことは，実際には必ずしも全ての場合において容易ではない。第74/83条3違反を主張するためには，相手国の行動が境界画定の合意到達を阻害することを具体的状況に即して示さなくてはならないが，その判断にあたっては，問題とする相手国の行動が行われた海域がどこであるかが考慮要素の1つを構成するからである。この点，当事国それぞれが引かれるべき境界線を提示・主張して争っている場合には，それぞれが主張する境界線の間の海域が「係争海域」となり，当該海域において境界画定の合意到達を阻害するような行為を控える義務が生じると言うことができる。しかし，両国が自国の排他的経済水域／大陸棚の限界は主張していても，境界線がどこに引かれるべきかに関する見解を示していないような場合には，両国の権原主張が重複する全海域のうち，どこで行われた活動が第74/83条3上の義務違反を構成し得るのかは必ずしも明確ではない。例えば，日中両国が具体的な境界線の提示を行っていない東シナ海においては，両国による権原主張が重複する海域の全体において資源開発は一切行うことができないとすることが妥当なのだろうか。仮に，海洋法条約第76条1によって，基線から200カイリまでについては，沿岸からの距離が大陸棚に対する主権的権利の根拠となったことから，向かい合う国の間の距離が400カイリを超えない場合には，200カイリを超えて大陸棚の権原は存在しないとして，日中の大陸棚に対する権原が重複する範囲はそれぞれの沿岸から200カイリまでであると解したとしても，東シナ海の地理的状況に照らせばその大半は権原重複海域となる。それぞれの国の沿岸部に近い場所も含め，権原主張が重複する海域全体に対して資源開発行為の自制等を求めることは妥当なのだろうか。

　この点，ガイアナ対スリナム事件判決において，附属書Ⅶ仲裁は，海洋法条約第74/83条3は，平和友好関係の強化と紛争の平和的解決という条約目的の

---

cratic Republic of Timor-Leste and the Commonwealth of Australia, Decision on Australia's Objection to Competence (19 September 2016), paras. 93-97.

重要な一側面をなすものの,係争海域においてあらゆる活動を禁止する趣旨ではなく,境界画定合意の達成を危うくする効果を持たない活動は同条の下で許容されるとする29)。なぜならば,裁判所によれば,画定がしばしば時間を要することに照らせば,「裁判所は,画定がなされるまでの期間に係争海域における両当事国の経済開発の追求を不可能ならしめないように注意しなければならず」,仲裁判断は「両者の微妙なバランスを反映しなければならない」からである30)。また,ガーナ対コートジボワール境界画定事件の暫定措置命令において,ITLOS特別裁判部は,係争海域におけるガーナによる探査・開発の中止等を求めるコートジボワールの請求に対して,既存活動を含めたあらゆる開発活動の停止命令は,ガーナに「過度の負担(an undue burden)」を負わせ,また,設備の劣化により海洋環境に深刻な危険をもたらす恐れもあると指摘する31)。ITLOSは,コートジボワールの権利を保全するために,新たな掘削を行わないことをガーナに命じたが,すでに着手済みの開発の中止は命ぜられなかった32)。

　両事案において,紛争当事国はそれぞれ引かれるべき具体的な境界線を主張しており,係争海域の範囲は両当事国の主張する画定線の間に予め限定されていた。その意味で両事件は東シナ海の状況とは異なっている。注目すべき点は,両判断が,しばしば長期にわたる境界画定前の期間において係争海域の経済的開発にも配慮すべきとしている点である。具体的な画定が未だなされていないとはいえ,紛争の対象となっている海域に対しては沿岸当事国が権原を有しているのであり,資源に対する主権的権利の行使を必要以上に禁ずることは,鉱

---

29) *Arbitral Tribunal Constituted pursuant to Article 287, and in Accordance with Annex VII, of the UNCLOS, in the Matter of an Arbitration between Guyana and Suriname, Award* (17 September 2007), paras. 465-466.
30) *Ibid.*, paras. 467-470.
31) *Dispute Concerning Delimitation of the Maritime Boundary between Ghana and Côte d'Ivoire in the Atlantic Ocean, Request for the Prescription of Provisional Measures, Order* (25 April, 2015), paras. 99-101.
32) *Ibid.*, para. 102. なお,他方で,裁判部は,係争海域がコートジボワールに属することとなった場合,当該海域の資源に関する情報の処理如何によってはコードジボワールの権利に回復不能な侵害がもたらされるリスクがあるとして(*Ibid.*, para. 95),ガーナに対して資源情報をコートジボワールの不利になるように使用することを禁じている。

物資源の利用を主目的とする大陸棚制度の趣旨に反するとの考慮がその背景にある。そうした考慮に照らした場合，画定がなされる際には各沿岸国に帰属する蓋然性が極めて高い沿岸部までも含めて，距岸200カイリの権原主張が重複する海域の全てを対象として活動の自制を求めることの妥当性には疑問が生ずる[33]。

(2) 境界画定行為の性質

上述の点は境界画定の性質にも関わる。ガーナ対コートジボワール事件のITLOS特別裁判部は，大陸棚が重複する場合，両国がそれぞれ大陸棚に対して権原（entitlement）を持つのであって，画定判断によって初めて係争中の大陸棚のどの部分がいずれの国に属するのかが決定されるとする。すなわち，画定判断においては，一方の権原が他方の権原に優位することが決定される（the relevant judgment gives one entitlement priority over the other）のであって，画定は未だ確認されてはいないが既存の境界線を宣言する行為ではなく，形成的性質（a constitutive nature）を有するとされた[34]。「大陸棚の境界画定が権原の重複を前提として行われる場合には，画定前には境界はなく——権原が重複しない場合には画定は既存境界の確認となる——，境界画定は新たな境界線の設定という性質をもつ」のである[35]。引かれるべき境界線の主張が具体化されておらず係争海域を特定し得ない二国間において，画定行為の形成的性質を前提とした場合，権原重複海域全体の中から第74/83条3が定める義務の違反が生ずる海域を特定する内在的論理は見出し難い。

---

[33] この点，関連海域の全てを広く第74/83条3の義務の対象としつつ，どのような行為がどの程度まで控えられるべきかという具体的な義務内容のレベルで活動海域を考慮すべきとする見解に，British Institute of International and Comparative Law, *Report on the Obligation of States under Articles 74 (3) and 83 (3) of UNCLOS in Respect of Undelimited Maritime Areas* (BIICL, 2016), pp. 29-31. もっとも，こうした理解に則る場合であっても，将来的に予想される画定線との関係を考慮に入れて第74/83条3違反の認定がなされることには変わりがない。

[34] *Maritime Boundary between Ghana and Côte d'Ivoire, Judgment, supra* note 27, para. 591. なお，海洋法条約採択以前の画定基準を含め，大陸棚境界画定の性質とその変遷を分析したものとして，P. Weil, *The Law of Maritime Delimitation: Reflections* (Cambridge University Press, 1989).

[35] 小寺彰・パラダイム国際法（有斐閣，2004），134頁。

もっとも，画定行為が形成的性格を持つとしても，裁判を通して画定がなされる場合には，海洋法条約第74/83条に基づき，判例を通して析出されてきた基準に則って法的判断がなされるのであって，境界線は完全に自由に引かれるわけではない36)。境界画定の形成的性質を強調するガーナ対コートジボワール事件判決も，判決の結果，他方当事国に属すると判断される大陸棚において判決前に当事国が行う活動は，双方が信義誠実に行う主張（claims made in good faith）の対象となる海域で行われる限りにおいて，主権的権利の侵害を構成しないとするが37)，信義誠実概念を用いて当事国の活動の自由に場所的限定を設けるのは一定の基準に基づいた画定を想定するからである。したがって，裁判を通じた境界画定は，判決によって初めて画定線が生じるという意味で形成的性質を有するものの，判例を通じて具体化された三段階アプローチ等の基準に則りある程度の予測可能な幅の中で行われる。

　権原重複海域全域にわたる行為を問題とすることが不合理だとして，上記のような画定行為の性質を前提として，将来的に境界線が引かれる蓋然性が高い海域に限定して第74/83条3の義務を問題にしようとすれば，確定的にではないにせよ境界画定を予断する判断が前提となるため，第298条1(a)の除外宣言の効果として裁判管轄権が否定される可能性が生じる。論理的には境界画定自体と画定前の行動の評価は相互に独立した別個の問題であり，第298条1(a)が設けられた趣旨に照らせば，未画定海域における第74/83条3違反の問題は選択的除外宣言の対象とならない。しかし，問題となる実体義務の性質に即して考えると，係争海域が特定されていない場面において，選択的除外宣言をなしている国家を相手取って義務的裁判手続に訴えることは困難と考えられよう。

Ⅳ　第三国の存在

1　第三国の存在と角度ベクトル方式の境界画定

　境界画定紛争の司法的解決が抱える第三の問題として，第三国の存在を挙げ

---

36) 兼原敦子「訴訟参加の要件としての『影響を受ける』法的利益」立教法学50号（1998），155頁。

37) *Maritime Boundary between Ghana and Côte d'Ivoire, Judgment, supra* note 27, para. 592.

ることができる。排他的経済水域／大陸棚について必要とされる境界画定のうち，約半数においては三か国以上の沿岸国が関係するとされるが 38)，国連海洋法条約は，三か国以上が重複して排他的経済水域／大陸棚を有する海域において，当該国のうち一部の国々が境界画定を行う場合の方法について，具体的な定めを置いていない。全ての関係国が交渉を通じて，あるいは累積した二国間合意を突き合わせて，画定に同意してその旨を確認する協定を締結すれば境界画定問題には正式に決着がつく。あるいは，全ての関係各二国間協定に定める境界画定の始点・終点が一致していれば，事実上は三か国の間の境界点（トライポイント）の位置が確定する 39)。そうした解決が達成されない場合，国家は，二か国間の海洋境界線の終点を定める際に第三国の利益を考慮することでこの問題に対処してきた。具体的には，特定の地点と当該地点以遠の境界線の角度のみ指定する形で境界線を合意する 40)，二国間協定において暫定的に画定の終点を設定し，当該終点から角度を特定せずに画定線の延長を留保する 41)，あるいは第三国の利益が関わり得る点の手前で画定を終えてトライポイントの特定を避ける二国間協定を締結する 42)，といった手法が採られてきた。相互に整合しない画定合意を成立させてしまうと，後の交渉が困難になるため，正面からの衝突を避けるための配慮がなされているといえる 43)。

---

38) C.G. Lathrop, "Tripoint Issues in Maritime Boundary Delimitation," D. A. Colson and R. W. Smith eds., *International Maritime Boundaries, vol. 5* (Brill, 2005), p. 3305.
39) 例えば，英国，フランス及びベルギーの間では，それぞれの二国間協定の終点が一致しており，三か国間のトライポイントは事実上決している。*Ibid.*, p. 3307. ノルウェー＝デンマーク＝英国，デンマーク＝ドイツ＝英国，ドイツ＝オランダ＝英国についても同様である。
40) 1999 年ラトヴィア＝リトアニア協定，2000 年サウジアラビア＝イエメン協定等。*Ibid.*, p. 3319.
41) 例えば，2001 年ホンデュラス＝英国（ケイマン諸島）協定は，将来的に期待される関係合意を想定して，暫定的な終点から東方向に境界線を延長する可能性を留保する規定を置いている。1977 年ギリシア＝イタリア協定，1974 年イタリア＝スペイン協定，2003 年キプロス＝エジプト協定等も同様である。
42) 例えば，1995 年マレーシア＝シンガポール協定は，1969 年インドネシア＝マレーシア協定，1973 年インドネシア＝シンガポール協定の終点の手前で止めるかたちで両国間の境界を暫定的に定めている。*Ibid.*, p. 3307.
43) 二国間協定で境界画定を行う場合には，第三国が信義誠実（good faith）に主張し得る海域を二国間協定によって害しないことが重要と指摘される。Sun Pyo Kim, *Maritime Delimitation and Interim Arrangements in North East Asia* (Brill, 2004), p. 217. もっとも，画定

他方，裁判による境界画定が目指される場合，第三国が関係し得る海域において二か国間で訴訟が提起された際には，紛争当事国自体が第三国のクレイムが存在する海域を避けて対象海域を限定しない限り，裁判所は，第三国の利益に留意しつつ，当事国の請求に可能な限り応えなければならないというジレンマに直面する[44]。判決の既判力は裁判当事国のみに及び，その意味では第三国は判決に法的に拘束されることはない。しかし，他方で，既判力が限定されるからと言って，裁判所の判断対象がいかなる限定をも受けないかについては問題となる。

　この点については，海洋法条約の発効以前からICJや仲裁等の場で問題となってきており，それら裁判例の大半は，訴訟当事国が明示的に範囲を限定していないにもかかわらず，紛争当事国外の第三国の権原が関係し得る海域を避けて判決を下してきた[45]。中でも近年の裁判例においては，第三国がクレイムする海域を面積として判断対象から除外するのではなく，画定線の特定の点から第三国に帰属する海域に到達するまで一定の角度で延びるベクトルを指定する方式が用いられることが一般化しつつある。第三国のクレイムが存在する海域を指定して当該海域を面積として判決対象から除外するアプローチは，第三国のクレイム次第でいかようにも裁判所の管轄権の範囲が限定されるという問

　　基準については少なくとも暫定的には中間線と捉えることが判例上正当化し得るとしても，基点を巡る紛争が存在する場合等，そもそもどの程度の主張を信義誠実になされたものと評価するかについては関係国間に争いが存在することも多い。

44) A. Pellet, "Land and Maritime Tripoints in International Jurisprudence," H. Hestermeyer ed., *Coexistence, Cooperation and Solidarity: Liber Amicorum Rüdiger Wolfrum*（Martinus Nijhoff Publishers, 2012), p. 259.

45) 例外的に，英仏大陸棚境界画定事件仲裁判決（1977年）においては，コンプロミにおいて当事国が画定を求めた海域にアイルランドの利益が関わる可能性があったが，判決の拘束力は当事国のみに及ぶとして，仮に裁判所が決定する英仏間の境界画定と英国＝アイルランド間の境界画定の結果が重複した場合には，関係する三国間で裁判外において別途交渉をして解決するよう指摘している。Delimitation of the Continental Shelf between the United Kingdom of Great Britain and Northern Ireland, and the French Republic (UK, France), *Reports of International Arbitral Awards*（hereinafter cited as *"RIAA"*), vol. 18, paras. 27-28. 仲裁判決の既判力の対象という観点から第三国への影響を否定して，当事国が付託合意によって求めた範囲全てについての決定を下していることがわかる。もっとも，判決後の1988年にアイルランドと英国が締結した協定は，判決対象海域の外に終点を設定しており，実際には判決は第三国の海域に影響していない。Lathrop, *supra* note 38, p. 3324.

題を孕むため，終点を特定しない角度ベクトル方式がより望ましいからである46)。

例えば，チュニジア＝リビア事件において，ICJ は第三国（マルタ）の存在に照らして画定線の終点を正確に決定することはできないとして，特定の地点から先の境界線については，一定の角度を有するベクトルを示し，当該ベクトルはマルタ海域にぶつかるまで延びる旨を判示している47)。同様に，カタール対バーレーン事件では，ICJ は，南側の境界画定の具体的な終点はサウジアラビアと両訴訟当事国の間の画定に依存するために特定できないとして，関係領海について，対サウジアラビア中間線までの範囲で角度ベクトル方式を用いて境界画定を行った48)。赤道ギニア，サントメプリンシペに配慮して，角度ベクトル方式を採用したカメルーン対ナイジェリア事件（ICJ, 2002 年）49)，第三国たるコロンビア及びジャマイカに配慮して，終点を特定しないかたちで裁判当事国間の境界線を示し，当該境界線が第三国の権利に影響しない地点まで延びる旨を判示したニカラグア対ホンデュラス事件（ICJ, 2007 年）50)，訴外ト

---

46) Y. Tanaka, *Predictability and Flexibility in the Law of Maritime Delimitation*（Hart Publishing, 2006), p. 256. 仮に面積として第三国の利害が関係する海域を特定して判断対象から除外するとしても，第三国のクレイムをそのまま前提とするのではなく，カメルーン＝ナイジェリア事件においてナイジェリアが主張した「法的確実性基準（*prima facie* legal credibility test）」が考慮に値するとも指摘される。*Ibid*. ナイジェリアの主張によれば，第三国のクレイムについては中間線までについてはひとまず根拠のあるものとして考慮に値するという。同基準に照らした判断は，第三国の「言い値」で除外をするのではなく，一定程度客観的に画定対象海域を限定し得るという利点を持つ。もっとも，中間線についても関連事情に照らした調整の可能性があり得るし，そもそも前提的に基点の海洋法条約適合性等が争われているような場合には，裁判所がこれらを決定することは貨幣用金規則との関係でなお問題となり得ると考えられる。角度ベクトル方式がとりわけ紛争解決場面では一般的になりつつあり，さらには現在では，確立した判例法（well-established jurisprudence）であると指摘される（Pellet, *supra* note 44, p. 263）原因は，こうした諸問題を避け得る点にあると考えられる。
47) *Continental Shelf*（Tunisia/Libyan Arab Jamahiriya), *ICJ Reports 1982*, para. 133.
48) *Maritime Delimitation and Territorial Questions between Qatar and Bahrain*（Qatar v. Bahrain), *ICJ Reports 2001*, paras. 221, 250.
49) *Land and Maritime Boundary between Cameroon and Nigeria*（Cameroon v. Nigeria: Equatorial Guinea intervening), *ICJ Reports 2002*, para. 238.
50) *Territorial and Maritime Dispute between Nicaragua and Honduras in the Caribbean Sea*（Nicaragua v. Honduras), *ICJ Reports 2007*, para. 319.

ルコが関係し得る海域に入り込むことを避けるために,角度ベクトル方式を採用した判断を下したルーマニア対ウクライナ事件（ICJ，2009年)[51]等も同様である。

2 義務的裁判手続の存在と第三国問題

先例が用いてきた上記の手法の意義は,海洋法条約上の紛争解決手続においても同様に捉えられるだろうか。既判力の限定にもかかわらず,ICJにおける訴訟において第三国の権原が関係する海域が除外されてきたのは,仮に第三国の利益に関係する判決が下された場合,形式的には当該判決の拘束力は第三国には及ばないとしても,自国に有利な判決を得た原当事国が第三国との交渉において頑なな態度をとる可能性もあり,合意基盤に基づき当該第三国が原当事国との間で新たに訴訟を提起し得る保障が存在しない国際裁判の現状を前提とすれば,実質的には何らかの影響が及ぼされることが懸念されるからである。二国間で種々の要因を勘案して政治的に締結される境界画定条約とは異なり,裁判所が境界画定を行う場合には,国際法上の境界画定基準に準拠した法的な判断が下されるのであり,第三国に対するその実質的な影響力は単なる二国間の合意とは異なり得ると考えられる[52]。ICJ規程59条にもかかわらず,境界画定判決は境界の終結性を推定させ第三国の利益に現実には影響し得るのである[53]。

この点について,海洋法条約下の紛争解決制度において義務的裁判が予定されていることは何らかの意味を持つだろうか。具体的には,第三国の権利そのものが判決対象とならないとしても,判決の結果その法的利害に影響があり得る場合に当該部分についての決定が回避されてきた根拠が,判決が形式的には

---

51) *Maritime Delimitation in the Black Sea*（Romania v. Ukraine），*ICJ Reports 2009*, para. 218.
52) 兼原・前掲注(36), 155頁。
53) Pellet, *supra* note 44, p. 258; Tanaka, *supra* note 46, p. 256. 判断対象とされる権利の客観性に鑑みれば,裁判所による一層の配慮が必要とされると指摘される。P. Palchetti, "La protection des intérêts d'Etats tiers par la Cour internationale de Justice: l'affaire de la Frontière terrestre et maritime entre le Cameroun et le Nigeria," *Revue Générale de Droit International Public*, t. 107 (2003), p. 870.

第三国に対して拘束力を持たないとしても，実質上の影響を与える可能性が高く，しかしながら，国際裁判の合意基盤に鑑みて事実上不利な立場に立たされる第三国が原当事国を相手どって新たな訴訟を行う機会が確保されていない点に求められるとするならば，海洋法条約上は，第三国が原当事国に対して紛争解決手続を開始することが基本的には可能な構造となっていることに鑑みて，判決の範囲を限定する必要性が相対的に低くなるのではないか，という考えがあるかも知れない。もっとも，ひとたび下した境界画定判決と矛盾する内容の判断を後訴で行うことは，両判決の調整という問題を生ずる。海洋法条約の下では紛争解決を担う裁判所が当事国次第で異なり得るため，調整は一層困難となる。第15部の手続の下でも，セントヴィンセント，ヴェネズエラ，ガイアナの利害が関係し得る海域を避け角度ベクトル方式を採用して境界画定を判示したバルバドス＝トリニダード・トバゴ事件（附属書Ⅶ仲裁，2006年）[54]，同様に角度ベクトル方式を採用して当事国間の境界画定を判示したバングラデシュ対ミャンマー事件（ITLOS，2012年）[55]は，ICJにおける一連の判断と同様の手法で第三国の利害海域を避ける判断を下している。

　他方，ITLOSは訴訟参加制度に特徴を有しており，三か国以上が関係する境界画定紛争について積極的意義を果たし得る可能性を持つ。ICJにおける従来の訴訟参加は，原当事国との間に管轄権の基礎を持たない参加国が，非当事国として自国の利害関係を裁判所に伝えることをもっぱらの主眼とし，これを前提にして参加は主として原訴訟の審理対象の限定を合理的に説得する機能を果たしてきた。カメルーン対ナイジェリア事件において，一方当事国のカメルーンは，請求対象海域の全体について画定をなし得ないならば参加制度の存在意義はないと主張したが[56]，ICJは，関連し得る海域を有する赤道ギニアは

---

54) *Arbitration between Barbados and the Republic of Trinidad and Tobago, relating to the Delimitation of the Exclusive Economic Zone and the Continental Shelf between them*, Decision of 11 April 2006, *RIAA*, vol. 27, para. 381.
55) ITLOS, *Dispute Concerning Delimitation of the Maritime Boundary between Bangladesh and Myanmar in the Bay of Bengal (Bangladesh/Myanmar), Judgment* (14 March 2012), para. 506.
56) *Land and Maritime Boundary between Cameroon and Nigeria, supra* note 49, paras. 232 -235.

非当事国としての参加を求めているに過ぎず,またサントメ・プリンシペは参加すらしていないため,判決とこれらの国の権利の関係が問題となるとして,両国の権原が関係し得る海域に踏み込まないように角度ベクトル方式での画定を行った。これに対して,ITLOS 規程第 31 条 3 は,「参加の要請が認められた場合には,1 の紛争についての裁判所の裁判は,当該裁判が締約国の参加の理由となった事項に関連する限度において,参加する当該締約国を拘束する」と定め,当事国としての訴訟参加を予定している。義務的裁判制度を前提とすれば,参加国と原当事国の間には管轄権の基礎が存在するからである。したがって,ITLOS における訴訟参加制度は,参加国が利害を有する海域を訴訟対象から除外するのではなく,原当事国および参加国の全ての関係国間の境界画定について,当該裁判を通して一体的解決を図る機能を果たすことになろう[57]。

V　むすびに代えて

本稿は,境界画定紛争における海洋法条約の紛争解決手続の意義と限界について,近年の裁判例を参照しつつ検討してきた。海洋法条約は,合意された規定の安定性確保と合意できなかった規定内容の発展を目指し,裁判手続に消極的な国を含めて義務的裁判の可能性をできる限り確保するために,複雑な紛争解決手続を設けた。条約発効後の経験は,一般的には,条約第 15 部が一定程度利用されていることを示している。また,第 15 部が存在することで,交渉や調停,あるいは海洋法条約外の仲裁等によって,事案の具体性に沿った柔軟な紛争の解決が促進される側面もあろう。しかしながら,境界画定紛争に関しては,義務的紛争解決手続が導入されたことの反映として訴訟参加制度を通じた多数国間紛争の解決が促進される可能性が見出される一方で,混合請求への対応や選択的除外制度に起因する限界を抱えていることが確認された。それは,

---

[57]　海洋法条約上の紛争を ICJ に付託する場合の訴訟参加のあり方については今後の検討課題である。他方,附属書Ⅶ仲裁については,附属書Ⅶ第 5 条で「紛争当事国が別途合意する場合を除いて,仲裁裁判所は訴訟手続を決定する…」としており,この規定に従って仲裁裁判所が参加手続について定める余地がある。S. Rosenne, *Intervention in the International Court of Justice*（Martinus Nijhoff Publishers, 1993), p. 13.

海洋法条約の一体性の確保を企図した義務的裁判制度じたいが，海洋境界画定紛争の除外可能性の上に合意されたことに照らせば，制度に内在する限界ということもできる。

それでは，これらの困難が生じた場合，条約第15部の下で海洋境界画定紛争の解決を行うことは不可能なのか。この点，選択的除外制度に起因する限界に対しては，一定の条件の下に海洋法条約附属書V第2節に定める強制調停に訴えることが可能である（第298条1(a)(i)）[58]。第15部における調停の意義と可能性について付言してむすびに代えたい。

2016年，第15部に基づく初めての強制調停が東チモールによってオーストラリアを相手取って提起された。東チモールは元来は義務的裁判手続に提訴を行う意図を有していたが，オーストラリアによる第298条の選択的除外宣言によって提訴を断念し，代わりに調停を提起したとされる。その意味では同事件において当初は裁判の手続的代替として調停の利用が試みられたと言うことができる。強制調停と裁判の異同はどのような点に求められるのだろうか。境界画定紛争の解決にとって，強制調停はどのような意義を持つのだろうか。

第15部に基づいて実施される強制調停において，調停委員会は，判断の基礎となる理由を付した報告書を提出しなければならず（第298条1(a)(ii)），調停期間を通じて当事国間に合意が達成されなかった場合，当該報告書には紛争に関連する全ての事実または法に関する結論及び友好的な解決に資する勧告が記されなければならない（附属書V第7条1）。調停においては両当事国の利害を調整して個別の事案に適した解決案が模索されるが，報告書に上記のような要件が課されることからは，法規範やその限界を論じつつ，ある程度一般化可能な論理を辿って結論の合理性が示されることになる。また，海洋法の公共的側面は，個別合意であっても海洋法の基本原則を害さないことを要求する（第311条3）。これらの意味において，調停は一方では海洋法条約規定に即した法的判断としての性格を持つと考えられる[59]。

---

58) もっとも，強制調停を実施するためには，①海洋法条約の効力発生の後に生じ，②紛争当事者間の交渉によって合理的な期間内に合意が得られず，③陸地の領有権に関する未解決の紛争についての検討を要しない紛争である必要がある。これらの条件に照らして東シナ海の問題について調停を利用し得る可能性が低いことについては，拙稿・前掲注(1)，43頁。

しかしながら，他方で，裁判手続の単なる代替として調停が機能するとすれば，裁判手続を選択的に除外した当事国に対してその勧告案が説得力を持つことは期待できない。この点，第15部第2節の手続は海洋法条約及び海洋法条約に反しない国際法の他の規則を適用法規とするが（第293条），強制調停は第15部第3節に基礎づけられるため同条の対象とならず，前述のように海洋法の基本原則を害してはならないものの，必ずしも国際法のみに基づくことを義務づけられない。多様な要素を多面的に考慮し，紛争の個別事情に照らした柔軟な解決を図る余地を持つ点に調停の積極的意義が求められる[60]。また，対審構造を採らずに調停委員会のイニシアチブの下で議論を積み重ねることによって，当事国間の協力関係を構築し，利害調整と妥協を促進する点も調停の機能の1つである。事案に適した勧告内容の作成は両当事国の利害や事情，妥協可能な限界点を充分に理解した上でこそ可能になる側面を持つからである[61]。実際，チモール海調停においては，5回にわたって開催された調停プロセスの中で，両国は，大陸棚の境界画定，ガス田の法的地位とその開発のためのレジーム，資源開発の道筋及び利益分配の各項目のパッケージからなる合意に達している[62]。東チモールとオーストラリアが関係書類の押収等を巡って一時は悪化した関係を克服して合意に達したこと，合意内容が海域の画定にとどまらず資源開発レジームの構築を含むことからは，調停プロセスを通じた合意形成の建設的側面が見て取れる。両国が合意に至った背景や理由はどこにあるのか，両国間の解決は他の事例において参考にし得るような一般化に耐える側面を持つのかは，今後の検討課題であるが，ここには海洋境界画定の文脈において，合意された規定の安定性・一体性の保証を超えて，海洋秩序の構築に対して条約第15部が持つ役割を見て取ることができる。

---

[59]　調停が持つ法的判断としての性質について，より一般的には，奥脇直也「国際調停制度の現代的展開」立教法学50号（1998）34-96頁参照。

[60]　Klein, *supra* note 1, p. 257.

[61]　S. Yee, "Conciliation and the 1982 UN Convention on the Law of the Sea," *Ocean Development and International Law*, vol. 44（2013）, p. 327.

[62]　Press Release No. 9（1 September 2017）, available at https://pca-cpa.org/en/cases/132/.

国際海洋裁判所勧告的意見管轄権についての一考察

高 柴 優 貴 子＊

I   問題意識
II ITLOS 大法廷の勧告的意見管轄権および許容性の判断
III ITLOS 大法廷の制度設計に即した裁量権の検討のあり方
IV おわりに

I   問題意識

　初学者の頃，指導教授に発せられた呟きは後々まで記憶に残る。1997 年，核兵器の威嚇・使用の合法性事件において，国連総会の勧告的意見要請に応じる決定を下した国際司法裁判所（ICJ）の管轄権判断に対し，投じられた唯一の反対票があった[1]。小寺先生は，管轄権をめぐる多数意見と反対意見のいずれの立場を適当とすべきか，ICJ 勧告的意見制度の趣旨に照らして逡巡なさっていた。係争事件のパラダイムとは異なる勧告的意見の制度において，ICJ の司法的機能はいかにあるべきかという問題意識[2] からである。この問題は

＊元国際司法裁判所所長特別補佐官（2009-2012）

1) Legality of the Threat or Use of Nuclear Weapons, Advisory Opinion, *ICJ Reports*, 1996, para.105. Dissenting Opinion of Judge Oda.
2) Manley O. Hudson, "Advisory Opinions of National and International Courts", *Harvard Law Review*, 1924, pp. 987-991. Edvard Hambro, "The Authority of the Advisory Opinions of the International Court of Justice", 3 *ICLQ* 87 (1954), pp. 11-13, 15-20. Charles de Visscher, *Aspects récents du droit procédural de la Cour internationale de Justice*, Pédone, 1966, p. 198. Rosalyn Higgins, "A comment on the current health of Advisory Opinions", in

後に,壁事件 3) やコソヴォ独立宣言の国際法上の合法性事件 4) においても勧告的意見手続参加国によって繰り返し提起されることになる。

そもそも司法機関の勧告的意見管轄は,少数の国の国内法廷において編み出された制度である 5)。国際法廷に導入されたのは常設国際司法裁判所（PCIJ）の管轄権を定めた国際連盟規約 14 条が初めてであり 6),PCIJ 規程に明示の規定を欠く中,要請毎に事件の性質と本案の争点を判断するという方針の下 7),徐々に実行が蓄積された 8)。以降同制度は司法機関の機能の一端としての位置付けに曖昧さを抱えつつも 9),国連憲章と国際司法裁判所（ICJ）規程に受

Vaughan Lowe et al. eds., *Fifty Years of ICJ: Liber Amicorum Robert Jennings*, Cambridge University Press, 1996, pp. 567-568. Franklin Berman, "The Uses and Abuses of Advisory Opinions", in Nisuke Ando et al. eds., *Liber Amicorum Shigeru Oda*, 2002, vol.2, pp. 814.

3) Legal Consequences of the Construction of a Wall in the Occupied Palestinian Territory, Advisory Opinion, *ICJ Reports*, 2004, paras.43-65.

4) Accordance with international law of the unilateral declaration of independence in respect of Kosovo, *ICJ Reports*, 2010, paras.29-48.

5) Hudson, *op. cit.*, pp. 975-984. イングランド法において勧告的意見制度が発展しなかった理由について Anthony Ausut, "Advisory Opinions", Journal of International Dispute Settlement, Vol.1, No.1, 2010, p. 124.

6) PCIJ 以前にも万国郵便連合事務局,航空国際員会（International Commission for Air Navigation）,国際連盟下の通信運輸諮問技術委員会（Advisory and Technical Committee for Communication and Transit）等に勧告的意見の機能が認められていたが,いずれも司法機関ではなく,発出される意見も技術的な性格にとどまる。Hudson, M., *Permanent Court of International Justice: A Treatise*, Macmillan, 1943, p. 484. Rüdiger Wolfrum, "Advisory Opinions: Are they a Suitable Alternative for the Settlement of International Disputes?", in Rüdiger Wolfrum and Ina Gätzschmann eds., *International Dispute Settlement: Room for Innovations?*, Springer Verlag, 2012, p. 39.

7) Danzig Legislative Decrees, PCIJ, Advisory Opinion, Individual Opinion of Judge Anzilotti, Series A/B, p. 61.

8) John Bassett Moore, Memorandum of 18 February 1922, PCIJ, *Série D, Acts and Documents concerning the Organisation of the Court: No. 2 Preparation of the Rules of Court (Minutes of Meetings held during the Preliminary Session of the Court, with Annexes)*, p. 383.

9) Michla Pomerance, "The Advisory Role of the International Court of Justice and its 'Judicial' Character: Past and Future Prisms", in A. Sam Muller et al. eds., *The International Court of Justice*, Kluwer, 1997, pp. 271-323. Michla Pomerance, "The ICJ's Advisory Jurisdiction and the Crumbling Wall between the Political and the Judicial", 99 *AJIL* 26, 2005, pp. 26-42. Alena F. Douhan, "Advisory Opinions of the Economic Court of the Commonwealth of Independent States: A New Means of Settlement of International Disputes in the

け継がれ10),国連システムの中で発展を遂げた。また第二次大戦後に設立された地域的条約等に基づく地域的司法機関においても勧告的意見管轄の設立は一般化している11)。他方,1996年に設立された国際海洋法裁判所(ITLOS)においては,ITLOS設立条約である国連海洋法条約および規程が大法廷(full court)の勧告的意見管轄を明示的に規定しておらず,設立の翌年にITLOS自身が採択12)した規則(138条)に初出するという特異な構成がとられている。これは,同条約とITLOS規程が海底紛争裁判部に勧告的意見管轄を付与していることと対照的である13)。規則が採択されて以降,ITLOS関係者を中心に大法廷の勧告的意見管轄の積極的活用論14)や,制度自体には肯定的であるがその制限的な運用を求める主張が見られる一方15),一部の学説で反対論も唱えられたが16),理論的可能性にとどまっていた。

そのITLOS大法廷に対し2011年,西アフリカ沿岸国7カ国で構成される準地域的漁業委員会(Sub-Regional Fisheries Commission: 以下SRFC)17)が加盟国の管轄水域における海洋資源へのアクセス及び開発の最低条件の決定に関する条約(以下MCA条約18))33条19)を根拠に勧告的意見を要請し20),大法廷の

Region?", in Wolfrum, R. ed., *op. cit.*, p. 79-80.
10) PCIJとの違いについて Pomerance, *AJIL*, p. 30. Frowein and Oellers-Frahm, "Article 65", in Andreas Zimmerman, Christian Tomuschat and Karin Oellers-Frahm eds., *The Statute of the International Court of Justice: A Commentary*, Oxford University Press, 2012, paras.6-8.
11) 本稿449-451頁参照。
12) ITLOS規程16条。
13) 国連海洋法条約191条,ITLOS規程40条2項。
14) Statement by the President of ITLOS, UNGA A/60/PV55, 28 November 2005, p. 26 (https://documents-dds-ny.un.org/doc/UNDOC/GEN/N05/618/52/PDF/N0561852.pdf?OpenElement).
15) Tullio Treves, "Advisory Opinions under the Law of the Sea Convention", in M. H. Nordquist and J. N. Moore eds., *Current Marine Environmental Issues and the International Tribunal for the Law of the Sea*, Kluwer, 2001, pp. 91-92.
16) Jianjun Gao, "The Legal Basis of the Advisory Function of the International Tribunal for the Law of the Sea as A Full Court: An Unresolved Issue", 4 *KMI International Journal of Maritime Affairs and Fisheries*, 2012, p. 85.
17) 西アフリカ7カ国(カーボベルデ,モーリタニア,セネガル,ガンビア,ギニアビサウ,ギニア,シエラレオネ)で構成。
18) Convention on the Determination of the Minimal Conditions for Access and Exploitation

勧告的意見管轄権の解釈が現実の問題となった。SRFCは，西アフリカ沖における違法（illegal），非通報（unreported），無規制（unregulated）漁業（以下IUU漁業）問題を背景として，IUU漁業に対する旗国と沿岸国の責任を中心的論点とする勧告的意見を要請した[21]。

これを受けてITLOS大法廷は2015年4月に勧告的意見を発出し，管轄権の法的基盤を規程21条にいう「裁判所に管轄権を与える他の協定（any other agreement which confers jurisdiction on the Tribunal）」[22]に置いた上で，要請の根拠となったMCA条約33条を検討し，全会一致で管轄権を認めた[23]。他方，勧告的意見管轄権行使の裁量権に関しては踏み込んだ判断基準を示すことなく[24]，意見要請に応じない決定をするのは「やむを得ない理由（compelling reason）」が認められる場合のみであるとするICJの勧告的意見の定式に依拠し，本件においてSRFCの要請を断るべき理由は無いと判示した。

ITLOS大法廷が初めて勧告的意見を発出するにあたり，本件は勧告的意見管轄権をITLOS独自の制度設計に位置付ける機会となったのだろうか[25]。仮に今回検討不足の点があるとすれば，ITLOSの勧告的意見制度の発展のためにどのような視点を加えることが望ましいのか。本稿では本件の管轄権判断に

---

of Marine Resources within the Maritime Areas under Jurisdiction of the Member States of the Sub-Regional Fisheries Commission, as amended in 2012 (http://www.spcsrp.org/sites/default/files/csrp/documents/csrp2012/csrp-CMA_version_originale_juin_2012_fr.pdf). See also SRFC Permanent Secretariat, Technical Note, March 2013.

19) *Infra.*

20) Demande d'avis consultatif, avec en annexe la Résolution de la Conférence des Ministres de la Commission sous-régionale des pêches (CSRP), 27 mars 2011, p. 2.

21) 要請の中でSRFCは，1. 第三国のEEZにおいてIUU漁業が行われる場合の旗国の義務如何，2. 旗国の旗を掲げる船舶がIUU漁業に従事する場合，旗国の責任如何，3. 漁業許可が船舶に対し旗国あるいは国際機関との国際協定の枠組みで発行される場合，当該船舶による沿岸国の漁業法の違反について当該旗国や国際機関の責任如何，4. 共有漁業資源並びに共通利益を有する漁業資源，特に小型遠海魚種およびマグロの持続可能な管理のための沿岸国の権利義務如何という四つの諮問内容を提出した。*Ibid.*

22) ITLOS規程21条。

23) ITLOS, Request for Advisory Opinion Submitted by the Sub-Regional Fisheries Commission (SRFC), Advisory Opinion, 2 April 2015, para.79（以下ITLOS Advisory Opinion）.

24) ITLOS Advisory Opinion, paras.70–78.

25) Déclaration de M. le juge Cot, par.13.

焦点を当ててこの問題を検討したい。

II　ITLOS 大法廷の勧告的意見管轄権および許容性の判断

1　ITLOS による規程 21 条の解釈

ITLOS が海洋法における世界法廷（world court on the law of the sea）[26] としての役割を期待されて設立されながら，その設立文書が大法廷の勧告的意見管轄を明示していない状況は，勧告的意見管轄を有する他の国際・地域的司法機関との対比で際立っている。本件手続に参加した国と機関の多くは，意見書や口頭陳述を通じ[27]，そもそも ITLOS 大法廷に勧告的意見管轄が認められるのかどうかを争った。

管轄権の判断にあたり解釈の焦点となったのは，裁判所の管轄権の範囲を一般的に規定した ITLOS 規程 21 条と，大法廷の勧告的意見制度を扱う同規則 138 条である。前者は，ITLOS の管轄権として以下の三点を挙げる。

> 「裁判所の管轄権は，この条約に従って裁判所に付託されるすべての紛争（all disputes）及びこの条約に従って裁判所に対して行われるすべての申立（all applications）並びに<u>裁判所に管轄権を与える他の協定に特定されているすべての事項（all matters specifically provided for in any other agreement which confers jurisdiction on the Tribunal）</u>に及ぶ。」[28]

一方，ITLOS 規則は，海底紛争裁判部の勧告的意見手続に関する規則（130-137 条）の後に，大法廷の同手続に関する規則 138 条を置き，前者が後者に準用されるという構成をとっている。同条は，通常裁判所設立文書によって設定される管轄権と裁判所規則が定める手続要件を折衷したような書きぶりである。

---

26) P. Chandrasekhara Rao, "ITLOS: The Conception of the Judicial Function", in H. P. Hestermeyer et al. eds., *Coexistence, Cooperation and Solidarity, Liber Amicorum Rüdiger Wolfrum*, 2012, Brill, p. 1729.

27)　手続きには日本を含め，国連海洋法条約加盟 22 カ国，ITLOS 規則（138 条に準用される）133 条 3 項に基づき SRFC 他 FAO など 6 つの国際機関が参加し，これに国連海洋法条約の非締約国である米国も 1995 年国連公海漁業協定加盟国の資格で書面を提出し，これらが本件手続書面の一部として扱われた。これに加え，NGO である WWF が書面（amicus curiae）を提出した。

28)　ITLOS 規程 21 条（下線筆者）。

「1. 裁判所は，国連海洋法条約の目的に関係する国際協定が明文の規定でもって裁判所に対する勧告的意見の要請の提出について定めている場合には，法律問題についての勧告的意見を与えることができる。
 2. 勧告的意見の要請は，国際協定により又は同協定に従って裁判所に対して要請することを認められた機関によって，当裁判所に提出されなければならない。
 3. 裁判所は，第130条から第137条までの規定29）を準用する。」30）

ITLOS 規程に明示されていない以上勧告的意見管轄権の行使が権限踰越にあたるとする反対論31）は，規則138条の採択や裁判所の黙示の権限によって同管轄権を新たに創設することはできないと主張する32）。また，反対派は，規程21条の定める ITLOS の管轄権は「拘束力を有する決定を伴う義務的手続」を扱う国連海洋法条約第XV部第2節に置かれた288条に呼応して解釈されるべきだとして，同条の範囲を係争事件の管轄権に限定する33）。

これに対し賛成論34）は，ITLOS 規程21条にある「裁判所に管轄権を与える他の協定に特定されているすべての事項」が勧告的意見管轄を含む十分な法的基盤となりうると主張した35）。賛成派によれば，ITLOS は発展的な機関（living institution）として創設されたのであり，それが条約の締結を通じて国家が ITLOS に管轄権を付与できるとする規程21条に現れているという主張である36）。

以上のような賛否両論を踏まえ ITLOS は，勧告的意見管轄権の基盤を次のように肯定的に解釈した。国連海洋法条約の一体をなす条約附属書VIの

---

29) 海底紛争裁判部の勧告的意見手続規則。
30) ITLOS 規則138条。（日本語訳は薬師寺公夫ほか編・ベーシック条約集（東信堂，2017）より。）
31) ITLOS Advisory Opinion, para.45. アルゼンチン，アイルランド，アメリカ，イギリス，オーストラリア，スペイン，タイ，中国，ポルトガル。
32) Advisory Opinion, paras.40–42. Minutes of Public Sittings held from 2 to 5 September 2014, p. 92（UK）. Michael A. Becker, Request for an Advisory Opinion Submitted by the Sub-Regional Fisheries Commission (SRFC) Case No.21, *AJIL*, vol.9, 2015, pp. 855–856.
33) ITLOS Advisory Opinion, paras.43–44.
34) オランダ，キューバ，スイス，スリランカ，チリ，ドイツ，日本，ニュージーランド，ミクロネシア等。
35) ITLOS Advisory Opinion, para.48.
36) ITLOS Advisory Opinion, para.49. Minutes of Public Sittings held from 2 to 5 September 2014, p. 43（Germany）.

ITLOS 規程が国連海洋法条約と同等の地位を有することから，規程 21 条は係争事件管轄権を扱う国連海洋法条約 288 条に従属しない。また規程 21 条の三番目の事由「すべての事項 (all matters)」が，前二者の「紛争 (disputes)」および「申立て (applications)」と使い分けられていることから，規程 21 条に挙げられた ITLOS の管轄権は係争事件に限定されない。しかし規程 21 条自体が ITLOS に勧告的意見管轄権を与えるとの解釈は否定し，あくまで「他の協定 (other agreement)」が，特定の事項について ITLOS に勧告的意見管轄権を付与することによって，裁判所に同管轄権が生じると判示した[37]。以上の構成から，手続規則である規則 138 条が勧告的意見の管轄権基盤となりえない故に勧告的意見管轄権を行使できないという主張を退けている[38]。

2　規則 138 条の解釈

次に勧告的意見は，管轄権行使のために充足すべき手続要件として[39]，規則 138 条より 1) 勧告的意見要請の根拠となる協定が国連海洋法条約に関連すること（国連海洋法条約との事項的関連性），2) 要請が同協定に授権された機関あるいは同協定に則り (by whatever body is authorized by or in accordance with the agreement)[40] ITLOS へ提出されること（要請主体），3) 要請される意見が法律問題に関するものであることの三点を導き出し[41]，本件に適用して検討した。

裁判所はまず，大法廷の勧告的意見管轄権の根拠となる規程 21 条上の「他の協定」である MCA 条約が 7 カ国によって締結された国際協定であることを確認する。また本要請が MCA 条約 33 条[42]に則り SRFC の閣僚会合の採択

---

37)　ITLOS Advisory Opinion, para.58.
38)　ITLOS Advisory Opinion, para.59. 兼原敦子「国際海洋法裁判所の大法廷が勧告的意見を出す管轄権」海洋政策研究所 Ocean Letter 381 号，2016 年。(https://www.spf.org/opri-j/projects/information/newsletter/backnumber/2016/381_1.html)。
39)　ITLOS Advisory Opinion, para.59.
40)　規則 138 条 2 項。
41)　ITLOS Advisory Opinion, para.60.
42)　SRFC が勧告的意見要請の根拠とする MCA 条約 33 条は以下のように規定している。
　　"The Conference of Ministers of the SRFC may authorize the Permanent Secretary of the SRFC to bring a given legal matter before the International Tribunal of the Law of the Sea

した決議に基づき授権された SRFC 事務局長を通じて提出されたものであることから、規則138条2項にいう国際協定により授権された機関からの要請という要件を満たすことを認めた43)。更に、事項的管轄権に関し、MCA 条約が国連海洋法条約の実施、なかでも漁業分野における地域的・準地域的協力協定の締結を目的とする条約であると確認した上で44)、要請される見解が、国連海洋法条約や MCA 条約の関連条文を解釈する法律問題として提起されていると判断し45)、本要請が規則138条の要件を全て満たすと結論付けている46)。

3 薄氷の門出？

このように大法廷に勧告的意見管轄を認める判断に対し反対票はなく、ITLOS は全会一致で自らの役割を積極的に解したと考えられる。更に管轄権の射程に関しても裁判所は、勧告的意見の範囲を SRFC 加盟国の EEZ に限定する47)一方、規程21条の「すべての事項」を制限的に解釈する必要はなく、諮問内容が MCA 条約の目的と原則に関係していれば MCA 条約の解釈・適用に限定されないと広く解釈した48)。

しかし、ITLOS 大法廷の管轄権基盤は一見盤石とは言い難い49)。ITLOS 規程21条の解釈には争いがあり、ITLOS 判事の個別意見の中で唯一大法廷の管轄権基盤について触れた Cot 判事が指摘するように、同条に挙げられた管轄事項の三点目 (matters) に大法廷の勧告的意見管轄権を読み込むには曖昧さを残す50)。反対論を唱える国々は、国連海洋法条約の採択以前に設立された PCIJ、ICJ のみならず、欧州人権裁判所51)、米州人権裁判所にも勧告的意見

---

for advisory opinion."
43) ITLOS Advisory Opinion, para.62.
44) *Ibid.*, para.63.
45) *Ibid.*, paras.64-66.
46) *Ibid.*, para.61.
47) *Ibid.*, para.69.
48) *Ibid.*, para.68.
49) Cf. Statement by the President of ITLOS, *op. cit.*
50) Déclaration de M. le juge Cot, par.3. フランスの陳述書も最終的な解釈を避ける。Exposé écrit de la République française, p. 3: "Le gouvernement français estime donc qu'il ne résulte pas clairement de la combinaison des dispositions précitées que le Tribunal serait compétent pour connaître de la demande d'avis dont il est saisi en l'espèce."

手続が設置・運用されていたにもかかわらず,海底紛争裁判部のみに勧告的意見手続を明文で規定する国連海洋法条約の条約構成に,大法廷の勧告的意見管轄に否定的な起草者の意図を見出している52)。そもそも一般的に,裁判所規程が管轄権を列挙した条文の他にその詳細を規律する条文を置かないのは異例である。このことから,いわゆる「権限権限(compétence de la compétence)」が新たな管轄権を設立するものではない53)と反対派は解釈する。

しかし他方,国連憲章96条の要件を満たせばICJが国連海洋法条約に関する法律問題に関し勧告的意見を出す余地がある一方,ITLOS大法廷にそれが認められないのが如何なる理由に基づくのか,起草過程からは浮かび上がらない。国連海洋法条約コメンタリーにおいても,海底紛争裁判部の勧告的意見制度に言及する箇所で54)大法廷の勧告的意見管轄権の規定がないという指摘があるのみである55)。ITLOSの管轄権を扱う規程21条の起草過程において,勧告的意見制度を入れるべきかどうかが議論された形跡がない56)という以上のことはわからない。

ウィーン条約法条約の解釈規則上,ITLOS裁判官が採択した裁判所規則が締約国間の事後の合意にあたらないことは言を俟たないが,1997年の規則採択以来,国連海洋法条約加盟国による規則138条への反論がなかった事実は注目される57)。以上を総合し,肯定論は,国連海洋法条約と規程が勧告的意見を明示的に規定しない一方,起草過程も大法廷の勧告的意見を積極的に排除す

---

51) 当初の設立条約にはなく,欧州人権条約第二議定書(1963)を通じて後に追加された。
52) アメリカ,イギリス,オーストラリア,スペイン,中国。
53) Minutes of Public Sittings held from 2 to 5 September 2014, p. 95 (UK).
54) Myron H. Nordquist ed., *United Nations Convention on the Law of the Sea 1982: A Commentary*, Brill, 1989, Vol.V (Settlement of Disputes, General and Final Provisions and related Annexes and resolutions), p. 416. 海底紛争裁判部に対する勧告的意見の要請主体をICJの勧告的意見手続に準えている点について,*Ibid.*, Vol.VI (First Committee: Seabed Mining, the Area), p. 643.
55) *Ibid.*, Vol.V, p. 416; Vol.VI, pp. 125-128, 378-380.
56) Becker, *op. cit.*, pp. 855-856.
57) Déclaration de M. le juge Cot, par.4. Written observantions of Germany, para.8. これに対し英国は,口頭陳述において,規則の採択に国家は参加していない以上,本件が生じるまで反論する事由がなかったと反論している。Minutes of Public Sittings held from 2 to 5 September 2014, p. 92.

る決定的な要素を提供していないことから規程21条の管轄権規定の射程を広く解釈した58)。このようにITLOS大法廷の勧告的意見の管轄権判断は，規程全体の構成，規程21条の文言の通常の意味からは曖昧さの残る，薄氷の門出だったと言えるのではないだろうか。

Ⅲ ITLOS大法廷の制度設計に即した裁量権の検討のあり方

以上のように，ITLOSは自らの勧告的意見管轄を積極的に解釈し，規程21条の事項的管轄権を広く解釈したが，設立条約上の明示的な規定がないからといって，管轄権行使に制約がないわけではない。とりわけ最初のケースとなった本件において，ITLOSには規則上設けられた諸条件の確認にとどまらず，自らの司法機関としての機能との整合性に照らして要請の許容性 (admissibility) や，要請に応じることの適否 (judicial propriety) の問題を判断することが求められよう。海洋法分野の普遍的な国際法廷に対し国連海洋法条約起草者が勧告的意見管轄を付与することに消極的であった理由があるとすれば59)，他の国際法廷・地域的機関の法廷と海洋法秩序独自の制度設計との差異に依拠するのではないか。規程上の制限がなければ尚更，裁判所が裁量権の有無やその判断基準をどう捉えるかが注視されよう。

1 裁量権に関する判断

海底裁判部の勧告的意見に関する国連海洋法条約191条が（国際海底機構の）「総会又は理事会の要請に応じて勧告的意見を与える (shall)」と規定するのに対し60)，「意見を与えることができる (may give an advisory opinion)」と規定するITLOS規則138条1項は，連盟規約14条やICJ規程65条を意識した書きぶりとなっている。前者が，国際海底機構の活動の範囲内で生ずる法律問題に

---

58) ITLOS判事と書記が編纂したITLOS規則のコメンタリーは，規則138条が規程21条の解釈として妥当なものであると評価する。P. Chandrasekhara Rao and Ph. Gautier, *The Rules of the International Tribunal for the Law of the Sea: A Commentary*, Martinus Nijhoff, 2006, p. 393.
59) 消極性の理由が説明できないとする議論として，Wolfrum, *op. cit.*, p. 55. H. Türk, "Discussion", in Wolfrum ed., *op. cit.*, p. 115.
60) 国連海洋法条約191条。

ついて海底裁判部が意見要請を拒否する裁量権がないと解されるのに対し[61]、今般の勧告的意見も PCIJ や ICJ と同様、勧告的意見管轄権行使の条件が満たされていても要請を拒否する裁量権があると解釈した[62]。

裁判所はしかし、裁量権を認める一方で、ITLOS 独自の裁量権の判断基準の同定は行わなかった。勧告的意見は ICJ の核兵器の使用・威嚇の合法性事件を引き、「やむを得ない理由（compelling reasons）」がない限り要請を拒否しない[63] という ICJ の裁量権基準を、ITLOS の制度設計に照らすことなく本件に当てはめている。そして「やむを得ない理由」がないことの確認として、SRFC の諮問内容が明確であることや、立法論ではなく[64] 法の解釈を求める要請であることの他、(ICJ の平和条約事件を引きながら) ITLOS の勧告的意見要請に SRFC 非加盟国の同意がなくとも、勧告的意見手続には第三国の同意は無関係であると判示し[65]、要請を拒否する理由はないと結論付けた[66]。

以上のような裁判所の裁量権の扱いは不十分であるように思われる[67]。まず、「司法的機関としての役割が正統性を失う恐れがある事由」[68] という意味に使われる「やむを得ない理由」とは、同様の意味の語（cogent reasons）を用いた PCIJ の東部カレリア事件に遡り[69] ICJ で編み出されたものである。ICJ

---

61) Wolfrum 判事はその理由を「海底裁判部が深海底の活動に関する法の支配を支える憲法裁判所のような役割を果たすと考えられるためである」とする。Wolfrum, *op. cit.*, p. 53.
62) ITLOS Advisory Opinion, para.71.
63) *Ibid.*
64) Karin Oellers-Frahm, Lawmaking Through Advisory Opinions?, in Armin von Bogdandy and Ingo Venzke eds., *International Judicial Lawmaking*, Springer, 2012, pp. 69-98.
65) 平和条約事件勧告的意見では、当時国連非加盟国であったブルガリア、ハンガリー、ルーマニアの三ヵ国が国連総会による ICJ 勧告的意見要請に反対したのに対し、裁判所は国家間に現に存在する紛争に関係する法律問題が勧告的意見要請で問われるとしても、紛争当事国の同意は意見が勧告的な性質しか持たず、要請した機関に対してのみ発出されるとして退けている。Peace Treaties with Bulgaria, Hungary and Romania, First Phase, Advisory Opinion, *ICJ Reports*, 1950, p. 71. この判断は個別意見、反対意見において強く反論されている。Separate Opinion of Judge Acevedo, p. 88; Dissenting Opinion of Judge Winiarski, pp. 90-92; Dissenting Opinion of Judge Zorcic, pp. 99-100; Dissenting Opinion of Judge Krylov, pp. 105, 110-111.
66) ITLOS Advisory Opinion, paras.73-78.
67) Déclaration de M. le juge Cot, par.5.
68) Application for Review of Judgment No. 273 of the United Nations Administrative Tribunal, Advisory Opinion, *ICJ Reports*, 1982, para.45.

が総会の勧告的意見要請に応じる判断を（結果的に）これまで一貫して下してきた背景には，ICJ が自らの司法的機能との関係で勧告的意見をどのように捉えるかについて葛藤しつつも 70)，勧告的意見を発出することが国連の主要司法機関として国連の活動に参加することになるとの考慮がある 71)。しかるに，国際法廷としての存立基盤が異なる ICJ の勧告的意見の裁量権に関する判断の結論部分のみを ITLOS 大法廷の判断に移植できるのだろうか。

また裁量権の中身も，要請に応えるかどうかの判断に限定されるのではなく，諮問内容を精査し，必要に応じて問いを変更 72) あるいは意味を明確化する裁量権も行使しうるという意味でもう少し広く捉えられるのではないだろうか 73)。本件において，勧告的意見管轄権の行使に賛成意見を述べる国家も，要請主体の範囲や諮問内容の射程に関しては慎重な判断を求めている 74)。勧告的意見管轄権の有無という入り口で袂を分かつ反対国の主張も，結局のところ，要請主体の範囲や要請の根拠となる「国際協定」の範囲に歯止めがないことを懸念材料としている 75)。ITLOS 規程上，21 条の規定以外に大法廷の勧告的意見管轄権に関連付けられる条文を欠く中，上述の広い意味での裁量権を行使し，規則上のセーフガードを明確化することで歯止めを設ける必要がある 76)。

---

69) Status of Eastern Carelia, Advisory Opinion, Series B, 1923, pp. 28-29. 尤も何が cogent reasons に該当するのかについて，PCIJ は 27 件の勧告的意見を通じて定義付けていない。
70) 勧告的意見要請の諾否に関し裁判官の票が割れた最近の例として *Kosovo* Advisory Opinion, para.123.
71) Interpretation of Peace Treaties with Bulgaria, Hungary and Romania, First Phase, Advisory Opinion, *ICJ Reports*, 1950, p. 71; Legal Consequences of the Construction of a Wall in the Occupied Palestinian Territory, Advisory Opinion, *ICJ Reports*, 2004 (I), para.44. 反対論の例として，Michla Pomerance, 99 *AJIL* 26, 2005, pp. 26-42; Tullio Treves, *Discussion*, in Wolfrum ed., *op. cit.*, p. 110.
72) ICJ, Kosovo, Advisory Opinion, paras. 50-51; *Interpretation of the Agreement of 25 March 1951 between the WHO and Egypt*, Advisory Opinion, *ICJ Reports*, 1980, para. 35.
73) Application for Review of Judgment No. 273 of the United Nations Administrative Tribunal, Advisory Opinion, *ICJ Reports*, 1982, para.46.
74) 日本，オランダ。
75) アメリカ。
76) Déclaration de M. le juge Cot, par.9.

2　要請主体の範囲と諮問内容の射程

　ITLOS 大法廷への勧告的意見要請主体の範囲と諮問内容の射程の同定にあたり問題となるのが，規則 138 条 2 項の同協定に授権された機関あるいは同協定に則り（by whatever body is authorized by or in accordance with the agreement）の部分の解釈である。国際海洋法秩序に依拠する ITLOS 独自の制度設計に則した裁量権の基準に踏み込むため，まず他の国際・地方的法廷の類型と比較してみたい。

(1)　他の国際・地域的法廷の類型

　国際法廷・地域的法廷の勧告的意見手続の制度設計は，それぞれの目的を反映し，意見を要請できる法律問題や要請主体の範囲を異にする。普遍的な国際法廷である ICJ [77]（および PCIJ [78]）や ITLOS 海底紛争裁判部 [79] は，設立条約が創設した機構上の機関のみが勧告的意見を要請でき，同条約締約国に利用の道を開いていない。国連の主要な司法機関としてその一部をなす ICJ においては，勧告的意見要請が広範な事項の管轄権を有する国連総会・安保理に認められる他，その活動の範囲内で総会が許可する国連の専門機関に限定される [80]。国連海洋法条約に依拠し，同条約が設立する唯一の国際機構である深海底機構は，その総会と理事会が海底紛争裁判部に対して意見要請することができる。

　これに対し，地域的法廷の勧告的意見手続の類型は多様である。まず人権分野では，欧州評議会が採択した欧州人権条約に基づき設立された欧州人権裁判所に対し，勧告的意見を要請できるのは欧州評議会の閣僚委員会に限定され，諮問内容も同条約の解釈に限られる [81]。これに対し，米州人権裁判所や [82]

---

[77]　国連憲章 96 条。
[78]　国際連盟規約 14 条：尚該裁判所ハ，聯盟理事会又ハ聯盟総会ノ諮問スル一切ノ紛争又ハ問題ニ関シ意見ヲ提出スルコトヲ得。
[79]　国連海洋法条約 191 条：海底紛争裁判部は，総会又は理事会の活動の範囲内で生ずる法律問題に関し，総会又は理事会の要請に応じて勧告的意見を与える。
[80]　国連憲章 96 条 2 項。
[81]　欧州人権条約 47 条 1 項：「裁判所は，閣僚委員会の要請により，この条約及びこの条約の議定書の解釈に関する法的問題について勧告的意見を与えることができる。」
[82]　Inter-American Convention on Human Rights, Article 64, para.1. "The member states of the Organization may consult the Court the interpretation of this Convention or of other

アフリカ人権裁判所83)においては，両裁判所を設立した地域的機構である米州機構と（当時の）アフリカ統一機構（Organization of African Unity）の主要機関（およびその他の機関84)）と共に，その加盟国にも勧告的意見の要請が認められる。また諮問内容もそれぞれ米州人権条約，人及び人民の権利に関するアフリカ憲章（バンジュール憲章）の解釈に限定されず，アメリカ諸国における人権保護に関するその他の条約や，バンジュール憲章に関連するその他の人権条約の解釈に及ぶ85)。一方地域的機構の司法機関の例として86)，西アフリカ諸国経済共同体（ECOWAS）により設立された共同体裁判所においては，要請主体を広く国家元首最高会議（Authority of Heads of State and Government），理事会，締約国，事務局長その他のECOWASの組織87)に認める一方，諮問内容

---

treaties concerning the protection of human rights in the American states. Within their spheres of competence, the organs listed in Chapter X of the Charter of the Organization of American States, as amended by Protocol of Buenos Aires, may in like manner consult the Court. 2. The Court, at the request of a member state of the Organization, may provide that state with opinions regarding the compatibility of any of its domestic laws with the aforesaid international instruments." 米州人権裁判所の勧告的意見の実行について，Thomas Buergenthal, "The Advisory Practice of the Inter-American Human Rights Court", *AJIL*, vol.79, 1985, pp. 1–27.

83) Protocol to the African Charter on Human and Peoples' Rights on the Establishment of an African Court on Human and Peoples' Rights, Article 4, para.1: "1. At the request of a Member State of the OAU, the OAU, any of its organs, or any African organization recognized by the OAU, the Court may provide an opinion on any legal matter relating to the Charter or any other relevant human rights instruments, provided that the subject matter of the opinion is not related to a matter being examined by the Commission."
84) アフリカ統一機構（OAU）の機関，OAUの認めるアフリカの国際機関。
85) それぞれ米州人権条約64条，バンジュール憲章議定書4条。
86) 欧州経済共同体設立条約は欧州司法裁判所に勧告的意見管轄権を付与していたが，現在の裁判所には勧告的意見手続はなく，予備判決の照会制度とは区別される。Cf. Treaty Establishing the European Economic Community (1957), Article 228, para.1: "[…] The Council, the Commission or a Member State may, as a preliminary, obtain the opinion of the Court of Justice as to the compatibility of the contemplated agreements with the provisions of this Treaty. An agreement which is the subject of a negative opinion of the Court of Justice may only enter into force under the conditions laid down, according to the case concerned, in Article 236."
87) ECOWAS機構の構成について以下を参照。(http://www.ecowas.int/about-ecowas/governance-structure/) ECOWASの設立した機関については1993年に採択されたECOWAS改定条約6条を参照（http://www.ecowas.int/wp-content/uploads/2015/01/Revised-treaty.pdf）。

は設立条約に関する問題に限定される88)。同様の構成は独立国家共同体 (CIS) 経済法廷の勧告的意見手続にも見られる89)。このように事項的管轄権が人権分野であるかどうかを問わず、地域的機構が設立した法廷では要請主体の範囲および諮問内容の射程の広いことが確認できると言える。例外は、ICJと同様に要請主体をあらかじめ絞った上で、勧告的意見要請の根拠となる欧州人権条約に関する法律問題のみを諮問対象とする欧州人権裁判所であるが、このように制限的なアプローチがとられることの背景として、裁判所が地域的機構と構成国を異にする欧州評議会が採択した条約に依拠する点が注目される。

(2) ITLOS 大法廷の場合

以上の類型と比較しつつ、ITLOS への勧告的意見要請主体の範囲と諮問内容の射程を検討したい。まず ITLOS が依拠する国連海洋法条約は（深海底機構を除き）国連憲章のような機構設立条約ではなく、ITLOS は既存の国際機構がその設置を決めた法廷ではない。このような制度設計において、国連憲章96条のような要請主体の縛りがなく、また米州機構、アフリカ統一機構がそれぞれ創設した人権裁判所や、ECOWAS の設立した共同体裁判所のように法廷利用国が地域機構加盟国に限定されるのではない ITLOS に対し管轄権を認める「他の国際協定」に門戸を開くと、勧告的意見管轄権行使の範囲が非常に広くなる90)。

ここで本件に立ち返ると、意見要請を提起した SRFC は、1985年に設立さ

---

88) Protocol on the Community Court of Justice, Article 10: The Court may, at the request of the Authority, Council, one or more Member States, or the Executive Secretary, and any other institution of the Community, express, in an advisory capacity, a legal opinion on questions of the Treaty.

89) According to Article 5 of the Statute of the Economic Court of the Commonwealth of Independent States (1992): "The interpretation may be given by rendering judgments in specific cases as well as issuing abstract opinions at the request of the highest authorities of member states, their highest economic and commercial courts, or CIS institutions" (http://courtcis.org/index.php/jurisdiction/jurisdiction). G. Danilenko, "Economic Court of the Commonwealth of Independent States", *International Law and Politics*, 1999, vol.31, p. 903. A. F. Douhan, "Advisory Opinions of the Economic Court of the Commonwealth of Independent States: A New Means of Settlement of International Disputes in the Region?, in R. Wolfrum ed., *op. cit.*, p. 98-105.

90) Treves, in Wolfrum ed., *op. cit.*, p. 109.

れた既存の国際機関 91) であり，1993 年に加盟国それぞれの EEZ における海洋資源へのアクセスの条件を規律する目的で MCA 条約を採択した 92)。以降，MCA 条約は 10 年の協議期間（2000-2009 年）を経て 2012 年に改正され，同 33 条に基づく ITLOS 大法廷への勧告的意見要請の手続は，この改正の際に取り入れられたものである 93)。したがって SRFC は，規則 138 条 2 項にいう国際協定に授権された機関（whatever body is authorized by...the agreement）に合致するといえ，アドホックに ITLOS 大法廷に勧告的意見を求める目的で締結される国際合意に基づく機関ではない。本件では特段問題にならなかったが，意見要請の要件を精査する過程で，反対派のみならず賛成派も慎重さを求めるこの点について 94) ITLOS の踏みこんだ判断が望ましかったのではないだろうか。普遍的な国際法廷の勧告的意見制度の実行を積み上げてきた ICJ と一貫性のある勧告的意見制度を目指して ITLOS 規則が採択されたこと 95) に鑑みれば，勧告的意見要請の目的のために国家が協定を結べば要請できると解すべきではないであろう。

　この問題を検討するにあたり，要請主体の範囲だけではなく，諮問内容の射程も重要となる。規則 138 条 1 項上は，諮問内容が法律問題であることと根拠条約が国連海洋法条約に関連することという二要件のみを挙げる。これに対し，手続参加国の多くは，勧告的意見の内容を要請の根拠となる国際協定の事項的内容に限定すべきであると主張した 96)。しかし裁判所は，加盟国の EEZ に勧告的意見の射程を限定するとしつつ，MCA 条約と国連海洋法条約との関連性

---

91) SRFC の成り立ちについて http://www.spcsrp.org/fr/content/pr%C3%A9sentation#historique
92) *Technical Note of the SRFC*, p. 3.
93) *Ibid.*, p. 6. 改正をめぐり ITLOS にも法的・手続的問題について書面を送っている。*Ibid.*, p. 5.
94) アイルランド，アルゼンチン，イギリス，オーストラリア，オランダ，タイ，日本，EU，アメリカ等がこれに反対した。
95) Tullio Treves, "Advisory Opinions under the Law of the Sea Convention", in *Current Marine Environmental Issues and the International Tribunal for the Law of the Sea*, 2001, p. 92.
96) See e.g., Written Statement of the Kingdom of the Netherlands, 29 November 2003, para.2; Written Statement of Japan, 29 November 2013, paras.15-16; Written Statement of Ireland, 28 November 2013, para.2.11; Minutes of Public Sittings, p. 70（Spain）.

を広く解釈し97),SRFCの要請第二問,第三問のように,MCA条約に規定されていない問題についても答えている98)。

ここで再び制度設計の違いを想起する必要がある。要請主体を国際・地域機構の機関に限定するICJや海底紛争裁判部,欧州人権裁判所においては99),勧告的意見要請の是非や提出される諮問内容はすべての加盟国の利益を代表する場で事前に議論され,加盟国は質問文の修正や評決に参加することができる100)。これに対し,勧告的意見管轄権をITLOSに付与する協定に基づく場合,当該協定の非加盟国にはそのような機会がない101)。この構造上の相違に鑑みれば,勧告的意見の内容を要請の根拠となる協定の事項的管轄権に絞るだけでなく,諮問内容をより限定的に再構成する必要の有無を裁判所が検討することが望まれるのではないだろうか。ITLOSは勧告的意見要請には無関係と「関係国の同意」を退けるが(後述),要請に応じる適否の問題として十分意味をもってくると考えられる102)。以上の検討から,要請される意見の内容が要請の根拠となる条約の射程を超える場合,より一層許容的に解されるべきではないだろう。

3 勧告的意見要請に応じることの適否の判断基準

本来,勧告的意見要請主体として認められる機関の提起するどのような法律問題にも法的意見を指南するようなことは当該機関の法律顧問の役割であって,

---

97) ITLOS Advisory Opinion, para.68: "The questions need not necessarily be limited to the interpretation or application of any specific provision of the MCA Convention. It is enough if these questions have, in the words of the ICJ, a "sufficient connection" (see *Legality of the Use by a State of Nuclear Weapons in Armed Conflict, Advisory Opinion, I.C.J. Reports 1996*, p. 66, at p. 77, para.22) with the purposes and principles of the MCA Convention". See also Written Statement of Japan, 29 November 2013, para.18.
98) Déclaration de M. le juge Cot, par.12. Ndiaye判事個別意見は第四問について管轄権を問題視する。Opinion individuelle de M. le juge Ndiaye, par.9. 前掲注(21)参照。
99) 本稿Ⅲ2(1)参照。
100) 地域的機構加盟国にも勧告的意見制度利用の門戸を開く地域法廷の場合には,そもそも当該法廷が地域的機構およびその加盟国全体に対し設立条約に認められた権限を行使することが認められている。Thomas Buergenthal, *op. cit.*, p. 2.
101) Déclaration de M. le juge Cot, par.8.
102) 前掲注(65)参照。Berman, *op. cit.*, p. 814.

裁判所の司法的機能には適合しないと考えられる103)。それ故案件毎にITLOS独自の制度設計に即した管轄権行使の適否（judicial propriety）の判断が必要となろう。本件で大法廷は，諮問内容の文言の明確性や，勧告的意見が法解釈ではなく立法論にならないかどうかを確認するにとどまり，本件に関連する紛争の有無について裁判所自ら判断することなく104)，第三国（勧告的意見要請主体となる機関の非加盟国）の同意の問題を簡単に退けている。裁判所は，法的拘束力のない勧告的意見にはSRFCの非加盟国の同意は無関係であるとしているが105)，法的拘束力の有無と勧告的意見管轄権行使の適否の問題は別であろう。勧告的意見制度の利用が当事国の同意に基づく事件付託という係争事件の大原則を迂回するためであってはならない106)という原則こそ，法廷としての機能との関係で勧告的意見管轄の最大の問題とも言える。制度設計上ITLOSには第三国の利益に対する慎重さが求められるのであればなお一層，案件毎にこの原則を確認し，自ら紛争存在の可能性や他の係争事件への影響がないか107)を精査することが求められるのではないだろうか。例えば米州人権裁判所においても，将来の係争事件となりうると判断される事案については要請を棄却した例がある108)。

---

103) Déclaration de M. le juge Cot, par.11. Berman, *Ibid.*
104) See ITLOS Advisory Opinion, para.75: "It has also been observed that the present Request for an advisory opinion does not involve an underlying dispute and that the issue of State consent simply does not arise in this advisory proceeding".
105) *Ibid.*, para.76.
106) Western Sahara, Advisory Opinion, *ICJ Reports*, 1975, p. 191.
107) 例えば，米州人権裁判所に勧告的意見を求めたコロンビアの要請は，ICJで争われたニカラグア対コロンビア事件との関連性が見られる。http://www.corteidh.or.cr/solicitudoc/solicitud_14_03_16_ing.pdf
108) Inter-American Court of Human Rights, *Request of Advisory Opinion submitted by the Secretary General of the Organization of American States*, Order of the Inter-American Court of Human Rights of June 23, 2016, para.7: "la Corte estima que, de emitir la opinión consultiva en autos, podría constituir un pronunciamiento prematuro sobre el tema o asunto en cuestión, el que le podría ser sometido posteriormente en el marco de un caso contencioso."

Ⅳ　おわりに

　国際的な紛争をいわば人工的に二国が対峙する対審的モデルに収斂させる係争事件に対し，必ずしも二国間関係に集約されない国際社会の共通利益を扱う人権や環境分野の条約や海洋法分野において，勧告的意見の積極的な活用を求める声もある[109]。また，ITLOS が国連海洋法条約附属書Ⅶの仲裁裁判の暫定措置や即時釈放の事例に比して本案の管轄に至る事例が希少であった期間を経て，年月をかけて徐々に係争事件管轄を充実させてきたという独自の事情もあり，ITLOS が海洋法におけるより積極的な役割を果たそうとする姿勢が今後も継承されることが予想されよう[110]。それは，国際法の解釈コミュニティー（interpretive community）[111]により，国際司法機関が国際社会の行動規範の安定性（stabilization of normative expectations）[112]に資することが期待されていることの反映でもある。

　しかしそれぞれの国際法廷の制度設計の違いを踏まえ，案件毎に慎重に管轄権，許容性および要請に応えるべきかの適否の判断をすることは，ITLOS の勧告的意見制度の発展のために重要であろう。諮問内容に回答することの可否の判断は具体的な事実に依存するのであり，その判断ができるのは，国際法廷の司法機関としての整合性を確保しなければならない法廷自身をおいて他にない[113]。また一般的に，国際法廷の判決や勧告的意見の起草過程が合議（collegial decision）となる性質上，草案本文を第一パラグラフから最終パラグラフまで順にコンセンサス（時に採決）で文言を確定していくため，プロセスとして本案の結論を考慮した上で再度，管轄権・適否の判断に戻る[114]ことには至りにくい。このことも念頭に置き，案件の全ての側面を慎重に考慮した上

---

[109] Wolfrum, "Discussions", *op. cit.*, p. 122.
[110] Becker, *op. cit.*, p. 858.
[111] 解釈コミュニティー（interpretive community）について，拙稿「条約解釈プロセスと国際司法裁判所規程 63 条に基づく訴訟参加」世界法年報 35 号（2016）42-43 頁。
[112] Armin von Bogdandy and Ingo Venzke, "In Whose Name? An Investigation of International Courts' Public Authority and Its Democratic Justification", *EJIL*, 2012, vol.23, p. 16.
[113] Berman, *op. cit.*, p. 814.
[114] *Ibid.*, p. 826.

で,ITLOS独自の基準に則り上述したような広い意味での裁量権を行使することが,やや変則的な管轄権基盤の上に成り立つ大法廷の勧告的意見制度の運用として望ましいのではないだろうか。他方,ITLOSに管轄権を与える海洋法諸条約の締約国としては,勧告的意見要請が提起される機会毎に,日の浅い制度であればこそ意見を表明し,ITLOSの勧告的意見制度のよりよい発展のために,裁判所とのダイアローグを深化させていくことが肝要であろう。

　国際社会の司法化という小寺先生のご関心と国際組織法の講義は,90年代に教えを受けた心に刻まれている。国際法廷の盛衰は国際法の盛衰の反映でもある[115]。以来四半世紀近くが経ち,今日の課題をどうご覧になるだろうか。その先生にもうお目にかかることはできない。

---

115) Heike Krieger and Georg Nolte, "The International Rule of Law—Rise or Decline?", *KFG Working Paper Series*, No.1, October 2016, pp. 8-10, 14.

宇宙空間におけるスペースデブリによる損害の未然防止と国際環境法

堀 口 健 夫

I 序論：スペースデブリ問題への国際環境法の適用可能性
II 損害の未然防止に関わる一般国際法上の環境規範
III 宇宙空間の保護と一般国際法上の環境規範
IV 国際環境法による規律の補完
V 結 語

I 序論：スペースデブリ問題への国際環境法の適用可能性

　今日の国際社会の基本的課題の1つは，本来必ずしも環境保護の実現を意図して形成されてきたわけではない諸分野の国際法制度に，環境に対する考慮を浸透させていくことにある。この点につき，宇宙法分野においても国際的な環境保護の必要性が今日論じられるようになっており，スペースデブリ問題はその代表的なものだといえる[1]。

　国際法上，「スペースデブリ」の定義は必ずしも確立していない。だが，①宇宙空間に投入された人工物であることと，②本来の機能を失っていること，の2点がその基本要素であることについては争いが少なく[2]，様々なサイ

---

1) 近年の宇宙法分野の体系書・教科書においては，宇宙環境の保護を独立した説明・検討事項の1つとして扱うのが一般的となっている。例えば，小塚荘一郎＝佐藤雅彦編著・宇宙ビジネスのための宇宙法入門 (2015) 60-70頁. F. Lyall and P. B. Larsen, *Space Law: A Treatise* (2009), pp. 275-318; G. C. Sgrosso, *International Space Law* (2011), pp. 123-156 等．

ズ・形態のものが含まれうる。またその発生原因も多様であり，宇宙物体が寿命を迎えて機能を停止した場合は勿論のこと，正常な打ち上げ・運用の際の物体の排出のほか（例：ロケットの上段等），偶発的な爆発や部品の劣化等の不具合，衝突事故，さらには人工衛星破壊実験のように意図的な破壊行為により発生する場合もある。現状ではいずれの宇宙活動も，多かれ少なかれデブリの発生を伴うといえる。特にデブリが多く存在するのは人工衛星に関わる活動が比較的活発に展開されている空間であり，その中でも数が多いのは低軌道（LEO：後述するIADCの定義によれば高度2000キロまでの区域）と呼ばれる空間である[3]。

　これらの人工物の存在が国際的に問題視されているのは，人間の宇宙活動や環境にリスクを伴うためである。カナダ領内にソ連の原子力衛星が落下したコスモス954事件（1978年）で現実化したように，比較的サイズの大きなデブリが大気圏に再突入する場合には，燃え尽きないまま地表に損害をもたらす可能性がある。だが今日では，軌道上で展開される宇宙活動に対して有害な影響をもたらすリスクも問題視されている。具体的には，高速で周回するデブリの衝突による人的・物的損害のほか，人工衛星による観測や通信等の阻害，回避行動をとることによる人工衛星等の寿命の短縮等の不利益をもたらす可能性がある。しかもこうしたリスクを有するデブリは，一定量に達すると，いわゆる「カスケード効果」，すなわち衝突を繰り返すことによる自己増殖のおそれが予測されており，価値のある衛星軌道の使用等が将来的に困難になることが懸念されているのである[4]。そのため，現状では例えば衝突の確率自体は低いと考えられているにも拘わらず，デブリによる損害の事後救済に加えて，デブリの発生そのものの抑制や，発生したデブリの宇宙空間からの除去が重要な課題

---

2) 例えば，小塚＝佐藤・前掲注(1)63頁を参照。
3) もっとも混雑している空域は，760キロから860キロの間と指摘されている。これは主に，中国の2007年の衛星破壊実験と，コスモス2251・イリジウム33の2009年の衝突による。こうした現状については，例えば，小塚＝佐藤・前掲注(1)61頁を参照。
4) カスケード効果の仮説によれば，追加的なデブリを軌道に人間が導入しなくても，軌道上のデブリの量は依然として増加しうるという。この点については，例えば，A. Akers, "To Infinity and Beyond: Orbital Space Debris and How to Clean it up", University of La Verne Law Review, vol.33（2012），p. 294を参照。

として認識されるようになっている。

　周知の通り，人間の宇宙活動に関しては「宇宙条約」（1966年）を皮切りとするいわゆる国連宇宙諸条約を通じて，基本的な規律の枠組が形成されてきた（国際宇宙法）。だが，これらの諸条約が起草された時代は，いわば宇宙開発の黎明期であって，上述のようなデブリによる危険に対処する必要性はあまり想定されていなかったといってよい[5]。そのため，そもそも「スペースデブリ」なる概念への言及も定義もなく，そうしたデブリによるリスクや損害への対処を具体的に想定した条約規定は皆無である。また，既存の条約規定の適用可能性が論じられる場合も，その限界や不備が様々に指摘されてきた[6]。そのような状況の下，国連下での条約の締結が実際上困難となった1980年代以降は，勧告的意味合いにとどまるいわゆるソフトロー文書を通じて，デブリ問題に対して一定の対応がなされる傾向がある。代表的なものとして，宇宙機関間デブリ調整委員会（IADC）のスペースデブリ低減ガイドライン（2002年）（以下「IADC低減ガイドライン」），またそれをベースとして作成された国連宇宙空間平和利用委員会（COPUOS）スペースデブリ低減ガイドライン（2007年）（以下「国連低減ガイドライン」）を挙げることができる[7]。これらのガイドラインは，技術的性格が強く，かつ各国の自発的遵守を期待している。例えば国連低減ガイドラインは，その適用に関して，「加盟国と国際機関は，……スペースデブリの緩和に関する実行と手続により，これらのガイドラインが最大限実施されることを確保するため，自発的に措置をとるべきである。……これらのガイドラインは国際法上の拘束力はない」と明文化している[8]。このように近年の

---

[5] 当初大半の宇宙活動国は，big skyとしての宇宙という認識で活動を展開し，物体同士の衝突の可能性は極めて低いほど，軌道空間には広さや余裕があると考えていたという。J. D. Rendleman, "Non-cooperative Space Debris Mitigation", Proceedings of International Space Law, vol. 53 (2010), p. 302 を参照。

[6] デブリ問題に対する宇宙諸条約の適用可能性を検討した文献は数多いが，諸条約の関連規定の限界を指摘するものとして，例えば，Akers, *supra* (n.4), pp. 301-307.

[7] その他スペースデブリに関わるものとして，ITU（国際通信連合）・静止衛星軌道の環境保護に関する勧告（2010年），スペースデブリ緩和のための欧州行動規範（2004年）などがある。また，国際標準化機構（ISO）の国際規格であるISO24113等も各国の宇宙機関で実践上参照される基準となっている。

[8] UN Report of the Committee on the Peaceful Uses of Outer Space, 2007, A/62/20, Annex: Space Debris Mitigation Guidelines of the Committee on the Peaceful Uses of Outer

スペースデブリ問題，少なくともその損害の事前防止のための国際社会の具体的対応においては，宇宙諸条約の限界をふまえつつ，一見したところ国際「法」によるさらなる具体的規律を回避するような方向で問題解決を図る傾向を見て取ることができる[9]。

だがそのような傾向の一方で，宇宙法分野の学説の一部では，比較的早い時期より，デブリ問題をいわば宇宙の環境問題として把握し，従来地球上の環境保護の文脈で発展してきた国際環境法の適用を論じることで，宇宙諸条約の限界に対処する途を探る動きもみられた。例えば初期の議論においては，環境改変兵器禁止条約といった一部の条約や，ストックホルム人間環境宣言第21原則に定式化された損害防止や協力に関わる諸義務に検討が加えられた[10]。さらに近年では，予防原則，共通だが差異のある責任原則，汚染者負担原則，持続可能な発展（持続的利用）のように，特に1990年代以降に発展した「国際環境法の原則」を援用する議論がみられる[11]。また，こうした主張は学説上に限定されるわけではなく，少なくとも一部の国家からも，デブリ問題に対する国際環境法の適用可能性が明確に指摘されている[12]。

Space, p. 48.
9) 一連のデブリ低減に関するガイドラインの採択を経て，デブリ問題に関わる宇宙活動の国際的管理については，①国連宇宙空間平和利用委員会・科学技術小委員会の下での「宇宙活動の長期持続性の検討」，②「宇宙活動に関する国際行動規範」，③「宇宙活動の透明性及び信頼醸成の措置」，の3つの主要な作業の下でさらなる取り組みが進められているが，いずれも法的拘束力のない成果物を予定している。S. Marchisio, "The Legal Dimension of the Sustainability of Outer Space Activities: The draft International Code of Conduct on Outer Space Activities", Proceeding of the International Institute of Space Law (2012), p. 6 を参照。これらの取り組みの詳細については，例えば，加藤明・スペースデブリ：宇宙活動の持続的発展をめざして（2015年）第9章も参照。
10) そうした比較的初期の論考として，G. M. Danilenko, "Space Activities and Customary Law of Environmental Protection", in K.H. Boeckstiegel, *Environmental Aspects of Activities in Outer Space* (1989), pp. 169–180; E.Konstantinov, "International Treaties and Ecological Problems from Activities in Outer Space", in Boeckstiegel, *supra*(n. 10), pp. 135–145; D. E. Reibel, "Environmental Regulation of Space Activity: The Case of Orbital Debris", Stanford Environmental Law Journal, vol. 10 (1991), pp. 97–136.
11) 例えば，Lyall and Larsen, *supra*(n.1), chp.10; L. Viikari, *The Environmental Element in Space Law* (2008), Chp. 4; S. Bhat B., "Application of Environmental Law Principles for the Protection of the Outer Space Environment: A Feasibility Study", Annals of Air and Space Law, vol. 39 (2014), pp. 323–345.

しかし,例えばスペースデブリに関わるソフトロー文書においては,宇宙環境の保護やその持続的利用の必要性に言及はあっても,国際環境法の具体的な規範への言及は一般に乏しい。このような点からも窺えるように,デブリ問題に関する規律においては,結局のところ国際環境「法」の意義が広く認識されているとは言い難い状況にある。こうした状況には,少なくとも以下のような要因を指摘しうる。第1に,宇宙環境保護を目的とした条約,或いは環境一般の保護を目的とした包括的な条約が存在しない以上,既存の宇宙諸条約による規律を補完しうる国際環境法規範は,基本的に一般国際法に求めるほかない。そのため,個別の環境法規範の適用を論ずるにあたっては,そもそもそれが一般国際法としての法的地位を獲得しているか否かが問題となりうる。第2に,そうした地位が認められる国際環境法上の規範を指摘できるとしても,宇宙空間の保護の文脈でそれを適用できるかという問題がある。国際環境法が従来保護の対象としてきた地球環境と比較して,宇宙空間には固有の特性も認められるためであり,宇宙空間が同様に保護されるべき「環境」に該当するかどうかはけっして自明なわけではない。第3に,宇宙空間やそこでの活動に適用しうる一般国際法上の環境法規範が存在するとしても,それが既存の宇宙諸条約の関連規定以上の規律をもたらしうるのか,という問題がある。ここで適用されうる環境法規範は,一般国際法であるがゆえに具体的内容を伴う規範であるとは考えにくいからである。

実際にRauschningのように,以上のような諸点をことごとく否定的に解し,デブリ問題への対処における国際環境法の意義を極めて消極的に解する論者もみられる[13]。したがって,この問題における国際環境法の意義を論ずるにあたっては,少なくとも以上の基本論点の検討が必要である。ところが,国際環境法の適用に肯定的な学説は,国際「法」を通じた問題解決を強く志向する一

---

[12] 例えば,2013年4月に開催された国連宇宙空間平和利用委員会の法律小委員会においても,一部の代表が環境と開発に関するリオ宣言(1992年),特にその第2原則の検討の必要性を指摘していた。Report of the Legal Subcommittee on its fifty-second session, A/AC. 105/1045 (2013), para. 149.

[13] D. Rauschning, "Customary International Law in General Principles of International Law Concerning the Protection of Outer Space from Pollution", K. H. Boeckstiegel, *supra* (n.10), pp. 181-186.

方で，これらの論点について必ずしも十分な検討を行ってきたわけではない。そこで本稿では，環境法分野での理論や実践の発展状況をふまえつつ，これらの論点に順に検討を加えることで，デブリ問題に関連して国際環境法規範が国際宇宙法をいかに補完しうるかを考察する。そのことで，今日の宇宙活動をめぐる国際宇宙法と国際環境法の交錯の一端の解明を試みることを目的とする。なお本稿では，紙幅の関係により，宇宙空間（衛星軌道）におけるスペースデブリを原因とする損害の未然防止の側面に焦点を絞って検討を進めることとする[14]。

II 損害の未然防止に関わる一般国際法上の環境規範

国際環境法は，個々の問題分野や地域における個別の条約体制を通じて規制が展開する一方で，宇宙法とは異なり環境法体系の骨格を定めるような一般条約は存在せず，ソフトロー文書で基本原則等の生成が図られているにとどまる。そして，宇宙活動に適用可能な環境条約はその射程が相当に限定されていることから[15]，国際環境法の適用可能性を指摘する議論において主に援用されるのは，地理的に一般的効力を有し，かつ環境一般の保護を目的とする法規範ということになる。

1 環境損害防止の実体的義務

損害の未然防止に関わる環境規範のうち，一般国際法としての地位についてほぼ異論がないものとして，環境損害防止義務（或いは防止原則）を挙げることができる。宇宙法の文献においても，この義務の存在は比較的早くから指摘さ

---

14) 例えば，デブリによる損害の事後救済と国際環境法との関係も重要なテーマであるが，本稿では射程外とする。なお，空域と宇宙空間の境界の問題はあるが，本稿ではデブリのリスクが懸念される衛星軌道を基本的に念頭に置いている。
15) 当初の学説においても指摘されてきたのは，部分的核実験禁止条約（1963年）や，環境改変技術使用禁止条約（1976年）である。部分的核実験禁止条約は，宇宙空間においても核実験を禁止しており，それに伴うデブリの発生可能性を抑制しているということはできるが，今日の主たるデブリの発生原因である，物体同士の衝突や偶発的な爆発，その他の意図的発生行為の規律はもたらしえない。同様に環境改変技術使用禁止条約も，宇宙空間を適用対象に含むものの，軍事的・敵対的利用を禁じているにすぎないなど，その射程は限定的である。

れていた。この規範は，ストックホルム宣言第21原則やリオ宣言第2原則で定式化され，今日では学説上国際慣習法の地位を獲得したとする説が支配的である[16]。ICJも，1996年核兵器使用勧告的意見において，「自国の管轄権並びに管理の下にある活動が，他国の環境或いは国家の管理の外にある地域の環境を尊重するよう確保する一般的義務の存在は，いまや環境に関する国際法の総体の一部である」とし，肯定的な見解を示した[17]。この点につき，「他国の環境」に対する損害防止が一般国際法上の義務である点について今日ほぼ争いはなく，ICJ自身もその後パルプ工場事件判決（2010年）で国際慣習法上の規則であると明言している[18]。その一方，「国の管轄外の地域の環境」に対する損害防止については，ICJは必ずしもそのように明言していないが，上で引用した勧告的意見の言明は同判決においても確認的に参照されている[19]。この点は，鉄のライン事件仲裁判決（2005年）においても同様である[20]。また，例えばロンドン海洋投棄条約のように，環境損害防止義務を明文化する今日の環境条約の多くは，国家領域にとどまらない環境を保護することを目的としている。したがって，宇宙空間のようないわゆる国際公域もこの義務による保護の射程内だと主張することは十分説得的である。

2 環境損害防止の手続的義務

さらに，こうした損害の事前防止に資する一定の手続的義務の発展も指摘できる。ここでいう手続的義務とは，環境リスクを伴う活動に関わる国家の意思決定を規律する一連の義務を指す。具体的には，環境影響評価，監視，通報，協議等がある。国際法委員会（ILC）も，国際水路の非航行利用に関する条文

---

16) スペースデブリ問題を検討した国際法協会（ILA）宇宙委員会においても，ストックホルム人間環境宣言第21原則が国際慣習法であることを肯定する意見が支配的であった。ILA Report (International Space Committee) (1990), p. 168.
17) *Legality of the Threat or Use of Nuclear Weapons, Advisory Opinion*, I.C.J. Reports (1996), pp. 241-242, para. 29.
18) *Pulp Mills on the River Uruguay, Judgment*, I.C.J. Reports (2010), p. 56, para. 101.
19) *Pulp Mills case*, para. 193.
20) *Award in the Arbitration regarding the Iron Rhine ("Ijzeren Rijn") Railway between the Kingdom of Belgium and the Kingdom of the Netherlands*, decision of 24 May 2005, para. 222.

(1994年) や越境損害防止条文 (以下, 防止条文) (2001年) において, こうした一連の手続的義務を法典化している 21)。ICJ もパルプ工場事件判決において, 上述のように慣習法規則としての防止の実体的義務に言及した直後に, 二国間条約上の一連の手続的義務が同義務の実施に必要だと述べており, それらの義務が条約を超えた妥当性を有することを示唆している 22)。また特に環境影響評価手続については, 若干の曖昧さを残した表現ではあるが, とりわけ国際河川のような共有資源に関しては, 一般国際法上の要請であることに肯定的な見解を示した 23)。その後 ITLOS 国際海洋法裁判所・海底裁判部も, 深海底における保証国の責任・義務に関する勧告的意見 (以下, 深海底勧告的意見) (2011年) において, 環境影響評価手続に関するパルプ工場事件判決の判示は, 国家管轄権の外にある環境への影響を伴う活動にも適用されうるのであり, また同判決の共有資源への言及は, 人類共通の遺産たる深海底資源にも当てはめることができるとした 24)。このような指摘からも窺えるように, これらの手続的義務は, 単純な隣国間の越境損害の文脈というより, 例えば国際河川や海洋のように, 特に協力的な管理が要請される環境要素の利用・保護の文脈でより発展してきた 25)。単なる越境損害の文脈においても一般国際法上の地位の指摘がみられる今日, 国際公域の保護の文脈でそうした地位を主張することはより困難が少ないといいうる。また, 仮にそれらが独立した国際慣習法の規則でないとしても, これらの手続の履行の有無は, 環境損害防止の実体的義務で要求される相当の注意を尽くしたか否かの評価で考慮されうる (後述) 26)。

---

21) Draft articles on the law of the non-navigational uses of international watercourses, Yearbook of the International Law Commission (1994), vol. II, Part Two; Draft articles on Prevention of Transboundary Harm from Hazardous Activities, Yearbook of the International Law Commission (2001), vol. II, Part Two.
22) *Pulp Mills case*, para. 102.
23) *Ibid.*, para. 204.
24) *Responsibilities and Obligations of States Sponsoring Persons and Entities with respect to Activities in the Area, Advisory Opinion*, ITLOS, Case No. 17 (2011), para. 148.
25) 例えば, ITLOS・MOX 工場事件暫定措置命令 (2001年) は, 海洋汚染の防止における協力義務が国連海洋法条約上のみならず一般国際法上の基本原則だと指摘したうえで, 悪影響に関するさらなる情報交換, 工場の操業によるリスクの監視, 並びに汚染防止措置の検討のための協議を両国に命令した。*The MOX Plant Case, Provisional Measures*, Case No. 10 (2001).

3 予防アプローチ（予防原則）

　最後に，その法的地位について根強い論争があるものの，近年宇宙法の文献においても言及がみられるのが予防アプローチである。その定式として比較的多く参照されるのが，以下の環境と開発に関するリオ宣言（1992年）第15原則であり，「環境を保護するため，予防アプローチは，各国により，その能力に応じて広く適用しなければならない。深刻なまたは回復し難い損害のおそれが存在する場合には，完全な科学的確実性の欠如を，環境悪化を防止する上で費用対効果の大きい措置を援用する理由として用いてはならない」とされる。国際裁判所は長らくその法的地位について判断を差し控えてきたが，近年ITLOS海底裁判部の深海底勧告的意見が，「予防アプローチは益々多くの国際条約や他の国際文書に導入されており，その多くはリオ宣言第15原則の定式を反映している。本裁判部の見解では，このことは，このアプローチを慣習国際法の一部とする傾向を生んでいる」とし，その一般国際法としての地位に肯定的な見解を明らかにした[27]。もっとも，そうした地位を獲得したとまでは明言するには至っていないことも確かであり，この原則に言及する宇宙法分野の文献においても，その法的地位は必ずしも明確にされない傾向にある[28]。学説ではそのような地位を否定する主たる論拠として，規範としての内容の曖昧さが繰り返し指摘されてきた[29]。

　だが，いくつかの環境条約の規定ぶりからも明らかなように，そもそも予防アプローチは，前述の環境損害防止義務のようにそれ自体で国家の権利義務を示すことを期待されているというよりは，むしろそうした規範の解釈や定立の指針たることを主に意図して提唱され，発展してきた[30]。そして国際裁判所の判断においても，条約解釈において同概念に依拠したと評価できる事例がみ

---

26) この点を指摘するものとして，例えば P. Birnie, A. Boyle and C. Redgwell, *International Law and the Environment*, 3rd (2009), p. 177.
27) *Responsibilities and Obligations of States Sponsoring Persons and Entities*, para. 135.
28) 例えば，Bhat B., *supra*(n.11), p. 344f.
29) 例えば，堀口健夫「予防原則の規範的意義」国際関係論研究第18号（2002）57頁を参照。
30) この点については，堀口健夫「未然防止と予防」高橋信隆ほか編・環境法の理論と実際（2014）71-88頁を参照。

られるようになっている 31)。特に前述の深海底勧告的意見においては，海洋法条約上の相当の注意義務の文脈ではあるが，予防アプローチは当該義務の不可欠の一部だとし，「問題の活動の射程や潜在的な悪影響に関する科学的証拠が不十分ではあるが，潜在的なリスクに関する説得的な指摘（indication）がある場合に」，そうしたリスクを無視すること当該義務違反に当たるだろうとしている 32)。また国際法委員会（ILC）も，やはり相当の注意義務と解される損害防止の実体的義務との関係で同様の指摘を示している 33)。相当の注意義務については，懸念される損害の規模等に応じた注意深さが要求されるのであり 34)，不確実なリスクの考慮もそうした要求の一環として理解しうる 35)。たしかに予防アプローチについては，挙証責任の転換のように非常に論争的な独自の効果も指摘されているが，科学的に不確実な環境リスクの考慮という上述のような相当の注意義務の解釈自体には合理性があり，また今日定着しつつあると考えられる 36)。

III 宇宙空間の保護と一般国際法上の環境規範

以上のように，デブリ損害の未然防止にも一見したところ関わりうる一般国際法上の環境規範が存在するといいうるが，それらを宇宙空間保護の文脈で適用できるかについてはやはり検討が必要である。この点につき，国際環境法が

---

31) 堀口・前掲注(30)78-79頁のほか，堀口健夫「国際海洋法裁判所の暫定措置命令における予防概念の意義（1）・（2）」北大法学論集61巻2号（2010）1-35頁，同3号（2010）115-154頁も参照。
32) *Responsibilities and Obligations of States Sponsoring Persons and Entities*, para. 131.
33) Yearbook of the International Law Commission (2001), vol. II, Part Two, p. 155, para. (14).
34) 例えば，ILC防止条文第3条注釈は，具体的事案での越境損害のリスクの程度に適切で均衡のとれた対応をしているか否かが，相当の注意を尽くしたかの基準であると指摘している。*Yearbook of the International Law Commission* (2001), vol. II, Part Two, p. 154, para. (11).
35) 例えば，G. Handl, "Environmental Security and Global Change: The Challenge to International Law", in W. Lang, et al., eds., *Environmental Protection and International Law* (1991), p. 77.
36) なお，他に関連しうる「国際環境法の原則」として，汚染者負担原則や共通に有しているが差異のある責任の指摘もみられるが，前者は一般国際法としての地位に疑問があり，後者はむしろ立法上の指針だと考えられる。

そもそも宇宙活動をも規律しうるかという問題は、従来の学説上も議論がなかったわけではない。だがその場合、国際宇宙法の諸制度がその適用を排除しているか否かという観点から論じられるにとどまることが多かった。そしてこの点については、「国際連合憲章を含む国際法」による規律に言及する宇宙条約3条を主たる根拠に、適用は排除されないとする理解が一般的であり、また妥当である37)。

これに対して、国際環境法が保護する「環境」に宇宙空間が該当するかという問題は、従来あまり自覚的に論じられてこなかった。だが例えば、上述の環境損害防止義務にしても、国際公域の保護をも射程に入れていると解することができる一方、その対象に宇宙空間が含まれるか否かは必ずしも自明ではない。「国際環境法」なる法分野の出現の重要な契機となった1972年のストックホルム人間環境会議においても、そもそも宇宙空間の保護は議論の対象外であったことが想起されよう。

Reimanによれば、宇宙空間が保護されるべき「環境」であることを否定する議論は、以下の3つに整理される38)。第1に、地球の環境は閉じたシステムであるのに対して、宇宙は無限の広がりを有するとの議論である。第2に、限られたリソースの中で、我々の生存の中心である地球環境の保護を優先的に進めるべきであり、また宇宙空間の保護を進めることは地球環境保護の障害となりうる、との議論である。そして第3に、宇宙空間は基本的に生物や生態系を確認することができず（無論特定の天体等で生物が今後発見される可能性はあるが）、また人間の生存をむしろ否定するような過酷な場である、との議論である。Reimanの議論は、国際環境法の適用可能性を直接に問題としていたわけではないが、この問題を検討する手がかりとなる。

まず第1の議論について、確かに環境保護を目的とした国際法の発展は、環

---

37) 例えば、Cinelli らは、宇宙条約3条により他の国際法の適用が宇宙部門にも認められていることから、国際環境法のより効果的かつ明確な規則の適用は正当化されうるだろうとする。C. Cinelli and K. Pogorzelska, "The Current International Legal Setting for the Protection of the Outer Space Environment: The Precautionary Principle", Review of European Community and International Environmental Law, vol.22/2 (2013), p. 187f. and p. 194. 同様の指摘として、Bhat B., *supra*(n.11), p. 341; Vikari, *supra*(n.11), p. 122.
38) S. Reiman, "Is Space an Environment?", Space Policy, vol. 25 (2009), pp. 82-83.

境が人間活動を許容する能力や，天然資源が有限であるとの認識を前提にしているといってよい。それに対して，宇宙がそうした有限性を欠くということであれば，国際環境法の適用の正当化が難しくなるのみならず，その適用は不要だとすらいえるかもしれない。だが，たしかに宇宙活動の黎明期においてはbig sky としての宇宙という認識が強かったとされるが，少なくとも有用な衛星軌道は限られており，デブリの生成を無制限に許容するような状況にはないことは今日国際社会の共通認識となっている[39]。

第2の議論についても，例えば宇宙空間での科学調査，資源探査等は，地球上の環境に対する人間の圧力の緩和に資する可能性があり，宇宙環境の保護と地球上の環境保護が矛盾するといった関係が一般的に認められるわけではない[40]。少なくとも，宇宙活動の規律を一律に否定する根拠にはならないだろう。

より検討を要するのは，最後の第3の議論である。国際環境法なる法分野の登場が，人間の生存・生活の基盤である生物圏・生態系の保護の必要性に強く基礎づけられてきたことは疑いないからである[41]。国際環境法がそうした生物圏や生態系の保護を目的とする法だとの理解に立つとすれば，宇宙空間自体は国際環境法が保護すべき「環境」とはいえないとの結論が導かれる可能性があり，宇宙活動が国際環境法の規律対象たりうるとすれば，地球上の環境保護のために必要であるという論理によるほかない。しかし今日デブリが特に懸念されているのは，宇宙空間での活動に対するリスクのためである。地球に対する悪影響とは切り離された，宇宙空間におけるデブリのリスクへの対処におい

---

39) 例えば，前述の国連低減ガイドラインも，「1999 年に宇宙空間平和利用委員会がスペースデブリに関する技術報告書を公表して以来，現在のスペースデブリ環境は地球軌道上の宇宙船にリスクをもたらすというのが共通理解となってきた」としている。*Space Debris Mitigation Guidelines of the Committee on the Peaceful Uses of Outer Space*, p. 1.

40) 例えば，2016 年に採択された国連総会決議 71/90「宇宙の平和利用に関する国際協力」の前文パラグラフ 11 は，宇宙科学技術とその応用がむしろ諸国の持続可能な発展の達成に資することに言及している。A/RES/71/90, preamble, para.11.

41) 例えば，黎明期より国際環境法学をリードしてきた権威の1人である Kiss は，「国際環境法」は「生物圏の不可欠の生態学的均衡を保護することに資する国際公法のルールから構成される」との理解をかつて示していた。A. Kiss, *Survey of Current Developments in International Environmental Law*, IUCN Environmental policy and Law Paper（1976）p.15.

ても，国際環境法の適用を主張しうるかは問われうる。

　だが，国際環境法の保護の射程を厳密に生態系や生物圏に限定する理解が妥当かは疑問である。第1に，国際環境法なる法制度の主たる存在理由は，あくまで人間（国家）の利益の保護にあると考えられる[42]。生態系や生物圏を構成する環境要素や資源の保護も，基本的には人間の生命・健康や財産等の保護にそれが資することから国際法上要請されてきた（「修正された人間中心主義」）[43]。この点については，例えばICJが核兵器使用勧告的意見において示した「環境」の定義，すなわち「環境は抽象物ではなく，まだ生まれていない世代を含む人類の生活空間，生活の質，そして他ならぬその健康である」（パラ29）との理解からも端的に窺うことができる。この定義に従えば，宇宙探査・開発活動の発展に伴い，人類の「生活空間」が宇宙空間に拡大し，また人間の「生活の質」・「健康」が宇宙空間の保護に徐々に依存しつつあるとの理由づけにより，国際環境法の適用可能性を肯定することは十分可能である[44]。しかもICJの言葉を借りれば，将来世代の利益の考慮も要求されるのであり，デブリの生成・放置のように将来のさらなる多様な宇宙活動の可能性を阻害しうる行為は，国際環境法による規律の十分な根拠があるといいうる。人間活動やその影響を制御することの困難といった宇宙空間の特性も，人間の利益の保護のためには空間の健全性を慎重に保護していくべきだとの認識をむしろ補強しうる。

　前述のように，たしかに国際条約で宇宙空間を含めた「環境」の保護を明示

---

[42] たしかに，生物多様性条約（1992年）の前文に謳われているように，人間にとっての利益に依存しない生物の固有価値も国際的に承認されている。だがこのこと自体は，宇宙空間のように基本的に生物が存在しない空間の保護を国際環境法の射程外に置くべきことの理由にはならない。

[43] 国際環境法と人間中心主義の理念との関係については，堀口健夫「持続可能な開発理念に関する一考察──その多義性と統合説の限界」国際関係論研究20号（2003）56-57頁を参照。

[44] 例えば，今日では国際宇宙ステーションに代表されるように，人間自身が宇宙空間において様々な活動を展開し始めており，その「生活空間」の一部を構成しつつあることは疑いない。また，宇宙空間に投入される測位衛星，通信・放送衛星，気象衛星，観測衛星等により，人間の経済活動を支える貴重なインフラや，人間の安全や環境保護に資するような情報がもたらされており，その意味で地球上の人類の「生活の質」や「健康」の維持・向上と宇宙活動との関わりを指摘することが可能である。後者の点については，前述の国連総会決議71/90前文パラグラフ11も参照。A/RES/71/90, preamble, para.11.

するものはほとんどないが，例えば環境改変技術使用禁止条約（1976年）は，自然の作用を意図的に操作することで「地球……又は宇宙空間の構造，組成又は運動」に変更を加えることを「環境改変技術」として定義している（2条）。また条約ではないが，国際法協会（ILA）が1994年に採択した「スペースデブリによりもたらされる損害からの環境保護に関する国際文書草案」においても，地球環境と並んで宇宙空間も「環境」の定義に含まれている（1条d）。さらに，例えば近年の「宇宙の平和利用における国際協力」に関する国連総会決議においても，「宇宙環境（space environment）の脆弱性と，宇宙活動の長期的な持続可能性に関わる課題，特にすべての国家の懸念事項であるスペースデブリの影響について深い懸念」が表明されている[45]。このような傾向に鑑みると，地球環境と宇宙空間の「異質性」を根拠に国際環境法の適用可能性を排除することは，今日では一層説得力を欠くといわざるをえない。

また第2に，防止や予防といった損害の事前防止に関わる環境法規範についても，生物間の機能連関の複雑性・脆弱性の認識がその発展を促したとはいえても，生物の存在する空間の保護にその適用が厳密に限定されるような論理を前提としているわけではない。それらの一般的な定式であるストックホルム人間環境宣言第21原則やリオ宣言第15原則の文言を見ても，少なくともそうした明確な限定は見出せない。またICJも，ガブチコヴォ・ナジュマロスダム事件判決（1997年）において，「環境保護分野においては，環境への損害がしばしば不可逆的性格を有すること，そしてこの種の損害に関する他ならぬ賠償メカニズムの生来的限界[46]」を挙げて，環境分野における事前防止の重要性に言及しているが，ここでも損害の不可逆性がその根拠とされているのであって，生物が存在する空間であること自体がその適用の前提とされているとは考えにくい。この点につき，上で引用した国連総会決議の文言からも窺えるように，宇宙環境の脆弱性や回復の困難さは広く認識されている[47]。またデブリによ

---

45) 例えば，国連総会決議71/90前文パラグラフ9を参照。*Ibid*., preamble, para. 9.
46) *Gabčikovo-Nagymaros Project, Judgment*, I. C. J. Reports (1997), pp. 77-78, para. 140.
47) 特に低い軌道上のデブリは地球の大気の影響でも除去されうるが，そうした自然の浄化能力も限定的である。S. G. Gunasekara, "Mutually Assured Destruction: Space Weapons, Orbital Debris, and the Deterrence Theory for Environmental Sustainability", in Air and Space Law, vol. 32, no. 2 (2012), p. 149等を参照。

り影響を受けうる軌道上の衛星の経済的価値の大きさのほか，前述のカスケード効果のような不可逆的なプロセスが具体的に懸念されていることも想起されるべきである。

　以上のように，地球環境と比較した場合の宇宙空間の上記のような異質性は，国際環境法の適用を一律に排除する十分な理由であるとは考えにくい。むしろ，いわゆるグローバル・コモンズの管理の問題として，例えば地球上の海洋や南極の保護等と強い類似性がある[48]。ただし，以下の点は留意されるべきである。まず第1に，生物や生態系の存在しない宇宙空間については，人間にとっての価値とは独立した固有価値の認識は一層発展しにくいかもしれない。当初より宇宙諸条約については，「人間中心主義」或いは「経済功利主義」の性格が強いとの指摘がみられるが，現在もデブリの問題は宇宙活動の持続可能性や安全，そして安全保障の確保の文脈で主に議論されている[49]。

　第2に，生物にとって生存が過酷な環境であるという上述の特性のほか，無重力であることや，制御や修理が必ずしも容易ではないこと，人工物にとっても機能の保持が容易ではない空間であること，といった宇宙空間の特性は，そうした環境法規範の適用のあり方や，その具体的帰結には影響を与えうる[50]。例えば，生物資源保護の文脈では予防アプローチは生態系全体の配慮の要請と関連づけられる傾向があるが（生態系アプローチ），宇宙空間ではそうした要請は考えにくい。また，デブリの宇宙空間からの除去は，除去技術の発展状況に鑑みれば，現状では法的な義務として要求することは不可能を強いることに等しいかもしれない。

　以上のような意味では宇宙空間の特性にも十分な理解が必要だが，そうした特性は国際環境法の適用可能性自体を一律に排除するものではない。なおRobertのように，地球環境との異質性という観点からではなく，端的に慣習

---

48) 宇宙空間のグローバル・コモンズとしての性質に関しては，宇宙条約1条，2条も参照。持続可能な発展概念の国際的浸透に重要な役割を果たしたブルントラント報告書（1987年）も，その管理が課題とされるグローバル・コモンズの1つとして宇宙を挙げている Report of the World Commission on Environment and Development: Our Common Future (1987), Chp. 10 を参照。
49) この点については，Marchisio, *supra*(n. 9), p. 6 を参照。
50) この点を指摘するものとして，例えば Bhat B., *supra*(n. 11), p. 341.

法の成立に反するような実行の存在(すなわちデブリの放置が許容されてきたこと)を根拠に，宇宙には一般国際環境法が妥当しないとする見解もみられる。その見解によれば，前述の環境損害防止義務についてすら，少なくとも宇宙空間についてはその妥当性が否定される[51]。だが彼のこうした評価は，デブリのリスクが強く認識され，その低減に関するソフトロー文書の策定や国内での取り組み等が進展する前の1992年時点のものであることに留意すべきである。一般国際環境法の妥当性を否定するような「有害な」実行が今日支配的であるかどうかは，国際環境法の補完の具体的意味を考察する次のⅣにおいてもさらに検討される。

Ⅳ 国際環境法による規律の補完

1 宇宙条約第9条と国際環境法規範

以上のように，スペースデブリからの宇宙空間の保護に一般国際法上の環境法規範の適用が可能であるとして，既存の宇宙法の規則以上に具体的な規律をもたらすのであろうか。

この点につき，宇宙条約も宇宙空間の有害行為の規律に関わりうる規定を既に備えており特にデブリ損害の未然防止一般に最も直接的に関わりうる規定として，第9条を挙げることができる[52]。やや長い条文だが以下引用する。

> 条約の当事国は，月その他の天体を含む宇宙空間の探査及び利用において，協力及び相互援助の原則に従うものとし，かつ，条約の他のすべての当事国の対応する利益に妥当な考慮を払って，月その他の天体を含む宇宙空間におけるすべての活動を行なうものとする。条約の当事国は，月その他の天体を含む宇宙空間の有害な汚染

---

51) L. D. Roberts, "Addressing the Problem of Orbital Space Debris: Combining International Regulatory and Liability Regimes", British Columbia International and Comparative Law Review, vol. 15 (1992), p. 55. また序論で言及した Rauschning も，同様の指摘をしている。Rauschning, *supra* (n.13), p. 182.

52) 宇宙条約に限定しても，宇宙空間の探査・利用はすべての国の利益のために行われるべきだとする第1条，宇宙空間における主権の主張等を禁じた第2条，核兵器等の軌道への配置等を禁止した第4条，自国の宇宙活動に関する責任を定めた第6条等も，デブリ損害の未然防止に関わりうる規定だといいうるが，第9条がより直接的かつ具体的な規定であるといってよく，本稿では同条に検討を限定する。

(contamination) 及び地球外物質の導入から生ずる地球の環境の悪化を避けるように月その他の天体を含む宇宙空間の研究及び探査を実施し，かつ，必要な場合には，このための適当な措置を執るものとする。条約の当事国は，自国又は自国民によって計画された月その他の天体を含む宇宙空間における活動又は実験が月その他の天体を含む宇宙空間の平和的な探査及び利用における他の当事国の活動に潜在的に有害な干渉を及ぼすおそれがあると信ずる理由があるときは，その活動又は実験が行なわれる前に，適当な国際的協議を行なうものとする。条約の当事国は，他の当事国が計画した月その他の天体を含む宇宙空間における活動又は実験が月その他の天体を含む宇宙空間の平和的な探査及び利用における活動に潜在的に有害な干渉を及ぼすおそれがあると信ずる理由があるときは，その活動又は実験に関する協議を要請することができる。（括弧書は筆者）

このように第9条は，第1文の他国の利益に対する妥当な考慮の義務，第2文の有害な汚染の禁止，そして第3文以降の協議の要請から成る。だが学説においては，この第9条がデブリ損害の未然防止に果たす役割は限定的であるとする理解が支配的であるといってよい。そうした指摘の根拠はいくつかに分類することができる[53]。

第1に，規律対象の限定性である。これは特に第2文について指摘されており，そもそも「有害な汚染（contamination）」の定義がないこと，また同文で想定されていた悪影響との異質性を理由に，宇宙空間でのスペースデブリの排出・放置がそれに当たるか疑問が提起されている[54]。またそうした汚染の回避措置が求められる対象を，条文の字句通り，「研究」と「探査」に限定する解釈もみられる[55]。さらに地球への悪影響の回避についても，原因となる「地球外物質」にはデブリは含まれないとする指摘がある[56]。

---

53) なお，デブリ問題への9条の適用可能性をめぐる議論を整理・検討したものとして，松掛暢「スペースデブリに対する宇宙関連条約の適用可能性」大阪市立大学法学雑誌51巻2号（2004）376-388頁を参照。
54) この点については，例えばBhat B., *supra*(n. 11), pp. 331-333 を参照。Vereshchetin によれば，少なくとも当初 contamination の問題として認識されていたのは，主として化学物質，放射性物質，微生物による悪影響であったとされる。V. S. Vereshchetin, "Outer Space", in *The Max Planck Encyclopedia of Public International Law*, vol. 7 (2012), p. 1106.
55) D. D. Smith, "The Technical, Legal, and Business Risks of Orbital Debris", N.Y.U Environmental Law Journal, vol. 6 (1997), p. 56.
56) 例えば，H. DeSaussure, "An International Right to Reorbit Earth Threatening Satel-

第2に，デブリの生成等への適用があるとしても，義務の内容の曖昧さが問題視されている。第1文の「妥当な考慮」や，第2文の汚染回避のための「適当な措置」の要請は，いずれもそれ以上に具体的な指針を与えるものではない57)。また第3文の協議についても，活動国の裁量は大きいとし，法的な義務としての性格に否定的な見解すら示されている58)。

　第3に，保護法益の限定性である。すなわち9条は，専ら宇宙空間における各国の探査・利用の利益の保護を図ることを意図して起草されたもので，宇宙空間それ自体の保護を目的としていないとの指摘がみられる59)。

　このように，第9条がデブリの生成・放置を規律しうる可能性は必ずしも否定されていないが，規律対象の限定性，義務内容の曖昧さ，並びに保護法益の限定性の側面のいずれか，或いはその複数を挙げて，その実際上の意義は消極的に解される傾向にある。

　だが，これらのうち規律対象の限定性については，それを指摘する論者の多くもおそらくは認めているように，第9条の第1文は国際公域たる宇宙空間の管理を包括的に射程に入れた一般原則の表明であり，またそうした第1文をふまえれば，それ以降の条文についても宇宙活動に有害な行為全般を原則として射程に入れているとの解釈が妥当ではないかと考えられる。そしてそのような理解に立つ場合，現在発展している一般国際法上の環境法規範は，第9条の「関連規則」（ウィーン条約法条約31条3項(c)）に該当しうる60)。今日の国際社会では，「持続可能な発展（sustainable development）」や「相互支持性（mutual supportiveness）」の概念の下，国際法の体系的な発展の必要が広く認識される

---

lites", Annals of Air and Space Law, vol. 3 (1978), p. 386.
57) この点を問題視するものとして，N. Jasentuliyana, "Space Debris and International Law", Journal of Space Law (1998), p. 141; M. W. Taylor, "Trashing the Solar System One Planet at Time: Earth's Orbital Debris Problem", Georgetown International Environmental Law Review, vol. 20 (2007), p. 25.
58) 例えば，H. Qizhi, "Environmental Impact of Space Activities and Measures for International Protection", Journal of Space Law, vol.16 (1988), p. 123; Bhat B., *supra*(n.11), p. 347.
59) この点は，国際環境法学の文献からも指摘されることが多い。例えば，U. Beyerlyn and T. Maruhn, *International Environmental Law* (2011), p. 172; P. Sands, *Principles of International Environmental Law*, 3rd (2012), p. 301.
60) 9条と国際環境法規範との関連性を指摘するものとして，例えば，S. Hobe, et al. (eds.), *Cologne Commentary on Space Law* (vol. 1): *Outer Space Treaty* (2010), p. 171f.

ようになっており，宇宙法の一般枠組を定める宇宙条約のかかる条文については，環境法規範と整合的な解釈が要請されているといわなければならない[61]。また，仮に第9条の射程に一定の限界を認めるとしても，環境法規範の直接的な適用によりそれは補完されうる。しかし前述した Rauschning のように，一般国際法の規則は結局のところ9条以上の規律をもたらさないとする指摘が実際にみられる[62]。こうした指摘は今日妥当であろうか。

2 一般国際環境法規範と整合的な宇宙条約第9条の解釈

第9条の「関連規則」と理解した場合，防止・予防に関する一般国際環境法規範は同条の解釈に以下のような含意を有すると考えられる。

第1に，その保護法益は単に各国の探査・利用に関する利益だけではなく，そうした活動の持続性の前提となる宇宙空間の健全性を含み，9条の義務は対世的義務としての性格を有するとの解釈に根拠を与える[63]。前述のように，国際環境法規範は，人間の利益の保護のためには環境要素自体の健全性を確保すべきであるとの基本的な規範意識を基礎に発展してきた。そして，多くの多数国環境条約においては，各国の領域単位に必ずしも限定されることなく国際的に保護されるべき環境要素が特定され，その損害の防止・予防のための義務は国際共同体に対して負う義務として一般に観念されてきている[64]。とりわ

[61) 「持続可能な発展」概念の規範性やその意義については，堀口健夫「『持続可能な発展』概念の法的意義——国際河川における衡平利用規則との関係の検討を手掛かりに」新美育文ほか編・環境法体系（2011）155–182頁，V. Lowe, "Sustainable development and unsustainable arguments", in A. Boyle and D.Freestone, eds., *International Law and Sustainable Development* (1999)を参照。「相互支持性」が規範的な概念といえるかは議論の余地があるが，例えばR. Pavoni, "Mutual Supportiveness as a Principle of Interpretation and Law-Making: A Watershed for the 'WTO-and-Competing-Regimes' Debate?", The European Journal of International Law, Vol. 21, No. 3 (2010), pp. 649–679; ILC, Fourth Report on the Protection of the Atmosphere, prepared by Shinya Murase, Special Rapporteur (2017), pp. 10–13 を参照。

62) Rauschning, *supra* (n. 13), p. 184.

63) Mey も，長期の持続可能性を確保するように地球軌道を利用し，また宇宙環境を保護しなければならないとの宇宙条約9条の解釈は環境法規範等と整合的だとしたうえで，その義務の対世的性格を指摘している。J. H. Mey, "Space Debris Remediation: Some Aspects of International Law Relating to the Removal of Space Junk from Earth Orbit", Zeitschrift für Luft- und Weltraumrecht, vol. 61 (2012), p. 261.

け国際公域での有害行為を規律する9条の規則については、このような規範意識と整合的に解釈されるべきであると考えられる65)。そうした解釈に立てば、例えば後述するような適当な措置を尽くすことなく、大量のデブリを発生させたり、或いは放置することがあれば、個別の宇宙物体に具体的被害が生じていなくても、9条違反を問われる可能性がある。なお、9条の実体的義務をこのように解釈することは、宇宙空間自体の固有価値の承認とは別問題であることは言うまでもない66)。

第2に、同条の第2文が定める有害な汚染を規律するための措置の「適当」性の判断において考慮されるべき要素について示唆を与える。必要な場合に「適当な措置」の採用を求める9条の当該規則は、そうした悪影響を防止するための相当の注意義務、すなわち合理的な措置を尽くす義務だと理解できるが67)、前述の環境損害防止義務も同様に理解されている68)。そして環境法分野では、関連の法典化作業や裁判例等を通じて相当の注意に関わる諸要素が徐々に特定されつつある。

まず1点目として、既に予防アプローチとの関連で述べたように、少なくとも深刻な或いは回復不可能な損害のおそれがある場合には、科学的に不確実なリスクにも考慮が求められるとの解釈が定着しつつある。前述のように、そうした損害のおそれがある場合には、より一層の注意が要求されるためである。

---

64) この点は、宇宙法の文献においても指摘がある。Lyall and Larsen, *supra*(n. 1), p. 281 等を参照。
65) 9条の実体的義務が対世的義務だと性格づけられることの基本的な意味は、違反国に対して被害国以外の国に違法行為の停止等の請求が可能になる点にあると考えられるが(国家責任条文48条参照)、そのような規則が一般国際法上確立しているといえるかは依然争われうる。だが未確立だとしても、そのような義務の性格づけは今後形成されうる国際レジームの設計に影響しうるのであり、例えばオゾン層保護の条約体制の不遵守手続に類似する手続の採用を正当化する根拠となりうる。
66) この点を明示的に指摘するものとして、Mey, *supra*(n. 63), p. 259.
67) 9条の実体的義務が違反されたか否かの判断においては、デブリ生成に関する国家の過失の有無が検討されねばならないとし、本稿と実質的に同様の基本理解を示すものとして、Cinelli and Pogorzelska, *supra*(n. 37), p. 194.
68) この点は、パルプ工場事件判決やILC防止条文注釈などでも指摘されておりほぼ争いはない。*Pulp Mills Case*, para. 101: Yearbook of the International Law Commission (2001), vol. II, Part Two, p. 154, para. (7)

したがって，9条の適用においても，特にカスケード効果の可能性が指摘されている軌道への影響が懸念される場合には，デブリによる不確実なリスクに対しても慎重な対処がなされているかが問われうるというべきである[69]。少なくともカスケード効果がいつ発生するか（つまり閾値にいつ達成するか）については不確実性が指摘されており，予防アプローチは除去等も含めた早期の対応を志向する解釈を根拠づけうる[70]。

2点目として，環境損害防止義務は継続性を有するものとして解釈されるようになっている。すなわち，リスクを伴う活動の許可或いは着手の後も継続的に損害防止に努めているかどうかが，相当の注意を尽くしたといえるかの判断に影響すると考えられている。例えばILC防止条文（2001年）第3条注釈は，何が合理的な注意基準であるかは時間の経過により変わりうるとしたうえで，「安全を確保する際の相当の注意は，技術の変化と科学的発展に後れをとらないことを国家に要求する」と述べる[71]。さらに同10条の注釈では，予防アプローチが「科学的知見に後れをとらないよう継続的に自身の防止義務を審査する必要を含意する」と指摘し，新規の環境保護の要求に照らして関連の工場の操業による環境影響を再検討すべきとしたガブチコヴォ・ナジュマロスダム事件ICJ判決に言及している[72]。問題の活動の許可・着手の前に未然防止のための措置をとっていたとしても，特にそれが科学的不確実性の下での対応でありうることに鑑みれば，許可・着手の後も継続的にリスクの現実化の抑制に努めなければ，未然防止の実現には十分ではないためだと考えられる。このような規範意識と整合的に解釈すれば，9条の下でも，宇宙活動のプロセス全般を

---

69) この点に肯定的な見解として，例えばLarsenは，9条は既に慎重さを要求しており，予防アプローチを組み込んで解釈することは可能であることを示唆する。P. B. Larsen, "Application of the Precautionary Principle to the Moon", Journal of Air Law and Commerce, vol. 71 (2006), p. 299.

70) 特にデブリ除去の文脈でこの点を指摘するものとして，Mey, supra(n. 63), p. 263; S. Kozuka, et al., "The International Regime for Space Debris Remediation in Light of Commercialized Space Activities", Proceedings of International Space Law (2013), p. 475. これに対して，デブリ損害については科学的知見が蓄積しており，予防アプローチの適用は不要であることを示唆する見解もみられる。Vikari, supra(n.11), p. 178.

71) Yearbook of the International Law Commission (2001), vol. II, Part Two, p. 154, para. (11).

72) Ibid., p. 163, para. (7).

通じて，関連する知見や技術等の発展を考慮した対応が継続的に問われうる73)。

したがって，一連のデブリ低減に関するガイドラインのように，文書自体では国際法上の拘束力を欠くことが謳われているとしても，少なくとも宇宙活動国に広く受け入れられつつある最新の技術や実践については，その内容に沿った行動に努めているかどうかが，当該国による義務の遵守の評価に影響しうるというべきである74)。勿論その判断はケースバイケースであるが，例えば軌道上の破砕のケースについては，打ち上げ国が及ぼすことができる管理の程度や，費用対効果に鑑みると，とりわけ衛星の設計段階等，打ち上げ前の段階での低減措置の実施の有無が，強く問われる可能性があろう。また軌道上の衝突に関しても，デオービット，リオービットなど比較的一般的に採用されている措置を，特に合理的な理由もなく実施しないことは，現時点でも注意を欠くと評価される場合もありうる75)。また既に存在するデブリの除去についても，除去技術の今後の発展とともに，将来的に9条違反を具体的に問うことができるケースも生じてくるものと考えられる。

そして3点目として，事前の協議等の手続を実施したかどうかも，相当の注意を尽くしたかどうかの判断で考慮されうるとの理解が定着しつつある。特に環境影響の事前の特定・評価は，環境損害のリスクを防止するための不可欠のプロセスだとすらいえる。ICJ も，パルプ工場事件判決（2010年）やニカラグア特定活動事件判決（2015年）において，事前の環境影響評価が注意義務の実施において求められるとの判断を示している76)。そして後者の判決によれば，

---

73) 例えば，Mey, *supra*(n. 63), p. 260 を参照。
74) この点につき肯定的な見解として，例えばS. Hobe and J. H. Mey, "UN space Debris Mitigation Guidelines", Zeitschrift für Luft- und Weltraumrecht, vol. 58 (2009), p. 400; U. M. Bohlmann and S. Freeland, "The Regulation of Space Activities and the Space Environment", in *Routledge Handbook of International Environmental Law* (2013), p. 389f.
75) 例えばIADC低減ガイドラインでは，運用後の低軌道上の衛星を大気圏内に再突入させることや，静止衛星軌道上のものを使用頻度の低い別の軌道に移動させることを勧告している。前者はデオービット（軌道脱出），後者はリオービット（再配置）と呼ばれている。IADC Space Debris Mitigation Guidelines (2002), para. 3. 4. 2. and 3. 4. 3.
76) *Pulp Mills Case*, para. 204: *Certain Activities carried out by Nicaragua in the Border Area（Costa Rica v. Nicaragua）and Construction of a Road in Costa Rica along the San Juan River（Nicaragua v. Costa Rica）, Judgment*（2015）, paras. 104.

「もし環境影響評価により重大な越境損害のリスクが確認された場合は，活動を計画する国は，自身の相当の注意義務に従って，そのリスクの防止・緩和のための適切な措置の決定に必要であれば，潜在的な被影響国に通告を行い，また誠実に協議することを要請される」という[77]。9条の実体的義務の遵守の判断においても，こうした手続の履行状況が考慮されるべきである。

最後に，防止・予防に関する一般国際環境法規範の考慮は，9条の第3文以降の協議手続自体の解釈にも影響すると考えられる。まず1点目として，前段落でのICJ判決の引用部分からも窺えるように，協議は関連国がリスクを判断しうるような情報の提供を伴わねばならず[78]，その前提としてリスクを特定するような事前の影響評価の実施が求められる[79]。また，前述した義務の継続性に基づき，活動着手後の監視も求められるというべきである[80]。

また2点目として，パルプ工場事件判決でも示されたように，こうした手続の不履行は，実体的義務の遵守の評価の考慮要素であるにとどまらず，それ自体国際違法行為を構成しうる。上のニカラグア特定活動事件判決の引用部分でも示されているように，一連の手続的義務はいわば環境リスクの評価・管理に関する関係国の理解・合意を促進する趣旨と理解されるようになっている（だが被影響国に拒否権があるわけではない）。つまり，活動国以外の国にとっては，環境リスクの社会的受容・管理についての意思決定に関与する機会が提供される手続であり，現実に損害が生じてさえいなければそうした機会の確保が保護に値しないとは考えにくい。前述のように9条の協議については法的義務としての性格すら否定する学説もみられたが，このような環境分野での法の発展に照らすとそうした解釈は今日支持しがたいといえよう。

以上のような9条の解釈への含意は，個々にみれば従来の一部の学説でも指

---

77) *Ibid.*
78) 9条の協議においては，損害防止のための適切な行動のために十分な情報が提供されるべきと指摘するものとして，M C. Mineiro, "Article IX's Principle of due Regard and International Consultation: An Assessment in Light of the European Draft Space Code-of-Conduct", Proceedings of International Space Law, vol. 53 (2013), p. 681.
79) なお一般国際法上は，実質的な協議に資するように何らかの形の影響評価が実施されればよく，具体的な規則や仕組みについては基本的には各国の国内法に委ねられていると解される。この点については *Pulp Mills Case*, para. 205 も参照。
80) *Ibid.*

摘されていた内容を含んでいるが，一般国際環境法との整合的な解釈（或いはその直接的な適用）はそうした既存の主張を補強しうることを意味する。また，それらの内容は未知のものではなく，その多くについては少なくとも一定の実践の蓄積がある。例えば，国連低減ガイドライン等は，特定の宇宙物体に対する具体的なリスクの存在を前提とすることなく，いわば予防的に宇宙空間でのデブリの発生・増加の抑制を目的した諸措置の実施を求めるものである。またそれらは，宇宙活動の諸フェーズに対応した措置を内容に含み，活動のライフサイクルを通じた継続的な対応を求めている[81]。さらに，一種の環境影響評価も実質的に要求されているといいうる[82]。こうしたガイドラインは，主要な宇宙活動国では概ね国内実施が確保されている[83]。このような現実の実践に鑑みると，少なくとも一般国際環境法規範の妥当性を否定するような「有害な」実行が，今日宇宙分野で支配的だとはいえないであろう[84]。そしてそれらの「自主的な」実践が，環境法規範の発展に照らした国際法上の義務の実施と無関係ではないことは，十分認識されるべきである。

ただし，以下のようなデブリ問題の特性にも考慮が必要であることを最後に指摘しておきたい。第1に，現状ではデブリの低減・除去のコストは必ずしも

---

[81] IADC低減ガイドラインも，ミッションの計画・設計・操業の各局面で適用されることが想定されている（「2. 適用」を参照）。

[82] 例えばIADC低減ガイドラインが要求している低減計画の策定は，本質的に環境影響評価と類似に機能するといいうる。同ガイドラインは，低減策の適用を管理する目的で，各プロジェクト毎にデブリ低減計画書の策定，文書化を奨励しているが，そうした計画書には，デブリに関連する評価やリスク低減に関する計画が含まれている。また低減手段の1つとして，「軌道に物体を放出するプログラム・プロジェクトや実験は，適切なアセスメントによりその軌道環境に与える影響などが，許容範囲であると立証できない限り，計画しないこと」とされている。（パラグラフ5.1）。その他宇宙活動の環境影響評価については，L. E. Viikari, "Environmental Impact Assessment and Space Activities." Advances in Space Research, vol. 34（2002），pp. 2363-2367 等を参照。

[83] 例えば，A/AC. 105/2014/CRP. 13（Report of the Legal Subcommittee on its fifty-third session, Compendium of space debris mitigation standards adopted by States and international organizations）を参照。なお，日本は従来JAXAの内部基準で対応していたが，2016年に成立した日本の宇宙活動法において，デブリ低減措置等の採用が活動の許可要件として明文化されるに至っている（22条）。

[84] たしかに中国によるASAT実験のような実践もあるが，そうした意図的な破壊自体を目的とした活動は今日例外的である。

小さいものではない。また特に除去については，技術も発展途上の状況である[85]。国家が相当の注意を尽くしたかどうかの判断においては，当該国の能力も重要な考慮要因となる。また予防アプローチの適用に際しては，前に引用したリオ宣言第15原則で明文化されているように，費用対効果の考慮も求められる。したがって，例えばデブリの放置についても，直ちに9条違反とは評価できない場合も現状では少なくないであろう。もっとも，仮に自国に監視や除去等の能力がない場合も，そうした能力を有する国に対して可能な要請を尽くしたかどうかが問われるというべきである[86]。

また第2に，特に衛星活動に関しては，企業や国家にとっての機微情報を含みうる。上述の手続の実施にあたっては，そうした情報の適切な保護とのバランス取りが必要とされよう。この点についての法は少なくとも環境分野では発展途上に思われるが，ILC 防止条文第14条は，越境損害の「原因国の国家安全保障若しくは産業上の秘密の保護にとって重要な〈中略〉データや情報の提供を控えることができるが，原因国は当該事情のもとで最大限の情報を提供するよう，影響を被る可能性のある国と誠実に協力しなければならない」と定めている[87]。

V 結 語

本稿の検討結果を簡潔にまとめれば，まず第1にデブリ損害の未然防止のために適用可能な一般国際環境法規範は存在し，特に宇宙条約第9条はそれらの環境法規範と整合的に解釈されるべきである（或いは9条の規律しない部分については，それらが直接に適用されるべきである）。具体的には，①同条の実体的義務は宇宙空間自体を保護する対世的義務の性質を有すると解するべきことや，②科学的に不確実なリスクの考慮や，関連技術等の発展に応じた継続的対応，一定の手続の実施といった諸要素の有無が，その実体的義務の遵守の評価にお

---

[85] 既存のデブリのコストや技術の問題を指摘するものとして，例えば Akers, *supra*(n. 4), pp. 308-310.

[86] この点を示唆するものとして，C. Q. Christol, "Suggestions for Legal Measures and Instruments for Dealing with Debris", in Boeckstiegel, *supra*(n. 10), p. 285.

[87] Yearbook of the International Law Commission (2001), vol. II, Part Two, p. 166f, Art. 14.

いて考慮されるべきであること，③協議自体も自律的な法的義務であり，また協議の前提として潜在的な影響に関する評価等も要求されると解するべきことを指摘できる。こうして具体的な状況によっては，スペースデブリの低減のみならず，将来的にはその除去についても，それを怠れば9条違反を問われる可能性があるといえる。また，法的拘束力がないことを明示して採択されたガイドラインであっても，知見や技術等の発展状況の手がかりとして参照される可能性があり，関連国の違法性の判断に全く無関係ではないことも認識されねばならない。このように，今日発展している一般国際法上の環境法規範はデブリ損害の未然防止のための法的な規律に一定の明確化をもたらしうるのであり，その限りでは序論で言及したRauschningのような評価は単純にすぎる。

　序論で述べたように，既存の宇宙諸条約による規律の限界に対処するため，近年ではソフトローが活用される傾向にある。そしてこうした対応については，現実的かつ合理的だとの評価もみられ，また実施報告と組み合わせることで一定の実効性も確保されている[88]。また，ここで示した一般国際環境法の内容は，一連の低減ガイドラインと比較すれば依然として具体性に欠けていることも否定できない。だが，そうした点をふまえたうえでも，国際環境法による規律の補完を論じることには，少なくとも以下のような意義を見出すことができる。第1に，デブリの生成・放置につき国際法上の義務違反を問われうることをより明確にし，またそうした違法性の評価と技術的基準や手続等との関係の基本的な判断枠組が示されることで，さらなる行動基準の発展と遵守が促進される。第2に，既存のソフトローでは具体的な規律が進んでいない事項についても（例：宇宙空間からのデブリ除去），より明確な法の枠組を提供しうる。そして第3に，国際宇宙法への国際環境法規範の統合を進めることで，宇宙空間の保護に新たな論理をもたらし，持続可能な発展の実現に向けた国際法秩序全体のより体系的な発展に寄与できる。国際法においても各分野の専門分化が進んでいるが，他分野との「対話」は各分野の閉鎖性を緩和し，法をめぐる議論を活性化させよう。そもそもスペースデブリが地球環境にもリスクを有すること

88）　この点については，例えば青木節子「宇宙開発利用と国内法」論究ジュリ16号（2016）24-26頁を参照。

に鑑みても，国際環境法との整合性は問われるべきである。

　無論本稿では，国際環境法と国際宇宙法の交錯のほんの一端を検討したにすぎない。例えば，デブリ損害の事後救済は本稿の射程外であり，環境法分野で発展してきた汚染者負担原則等の意義も検討することができなかった。また，デブリ損害に対する新たな国際立法が重要だとすれば，そのモデルたりうる既存の環境条約体制に考察を加えることの方がより実用的であったかもしれない[89]。さらにいえば，デブリ以外の宇宙環境問題も今後さらに現実的な課題となる可能性もある。他方，国際公域の管理や軍事的・科学的活動の規律など，国際宇宙法分野の成果が国際環境法の理論の発展に資するところも少なくないように思われる。これらの検討は残された課題であり，本稿はその基礎的な研究の一部にすぎないともいえる。

---

89) そのような検討の一例として，M. Button, "Cleaning Up Space: The Madrid Protocol to the Antarctic Treaty as a Model for Regulating Orbital Debris", William and Mary Environmental Law and Policy Review, vol. 37 (2013).

本稿は 2017 年 5 月に脱稿したものである。

第5部
国際経済

WTO 協定における「ポスト差別義務」の位置
―― TBT 協定に着目して

北 村 朋 史

 I 問題の所在
 II TBT 協定における差別の原意と 2.1 条及び 2.2 条の意義
 III TBT 協定 2.1 条と 2.2 条に関する上級委員会判断の意義
 IV おわりに

I 問題の所在

　非貿易的価値の実現を目的とする各国の規制権限をいかに確保するかという問題が，GATT/WTO 法におけるもっとも重要な課題のひとつであることに異論はないであろう。人や動植物の生命・健康や環境の保護等を目的として必要な規制を講じることは，当然に認められるべき加盟国の権利と考えられる一方で，その規制のあり方によっては，国際通商に対する重大な障壁となる。それゆえ，いかなる国内規制を許容し，いかなる国内規制を禁止するか，つまり貿易的価値と各国の規制権限のバランスをいかに達成するか，その基準が模索されてきたのである[1]。

　1947 年に策定された GATT において，各国の国内規制は，主に 1 条及び 3 条に規定される無差別義務と 20 条に規定される一般的例外の組み合わせによ

---

1) 本問題に関する日本における先駆的な取組みとして，小寺彰編著・転換期の WTO：非貿易的関心事項の分析（2003）。

って規律されてきたと言える。すなわち，1条（最恵国待遇原則）及び3条（内国民待遇原則）によって，輸入産品に同種の第三国産品や国内産品よりも不利な待遇を与える規制が禁止される一方で，それが20条の各号（「人，動物又は植物の生命又は健康の保護のために必要な措置（(b)号）」等）のいずれかに該当し，なおかつ同条柱書に規定される「任意の若しくは正当と認められない差別待遇の手段となるような方法」等で適用されるものでなければ，適法な措置として認められてきたのである2)。

しかし，GATTにおける貿易交渉によって各国の関税が大幅に引き下げられた結果，上記の規定の組み合わせによって規律されてきた国内規制について，さらなる規律の強化が図られることになる。あたかも沼の排水によって沈み木が姿を現すかのごとく，関税という国境障壁の削減によって国内規制というさらなる貿易障壁が顕在化し，その削減のための新たな規律の必要が認識されることになったのである3)。

貿易の技術的障害に関する協定（TBT協定）とは，まさにそうした国内規制に対する新たな規律を目的としてWTO協定に導入された多角的協定のひとつである。同協定は，国内規制の中でも特に各国において適用される基準を対象とし，それら基準の立案，制定及び適用や，それら基準への適合性評価のあり方について規律している4)。

TBT協定，特にその中心をなす強制規格に関する規律の概要は次の通りである。すなわち，第1にTBT協定2.1条は，強制規格に関し，「いずれの加盟国の領域から輸入される産品についても，同種の国内原産の及び他のいずれかの国を原産地とする産品に与えられる待遇よりも不利でない待遇を与えること

---

2) GATTの無差別義務と20条の規律の詳細については，特に内記香子・WTO法と国内規制措置（2008），William J. Davey, Non-discrimination in the World Trade Organization: The Rules and Exceptions（2012）を参照。
3) Robert E. Baldwin, Nontariff Distortions of International Trade（1970）p. 2.
4) ただし，特に食物関連の危険や動植物が媒介する病気から人や動植物の生命や健康を保護することを目的として適用される基準は，同じくWTO協定に導入された多角的協定のひとつである衛生植物検疫措置の適用に関する協定（SPS協定）によって規律される。SPS協定も，GATTの無差別義務を超える義務，すなわち「ポスト差別義務」を課すとされるが（後掲注(9)の文献を参照），本稿では特にTBT協定のポスト差別義務に焦点を当てて検討する。

を確保する」よう義務づけている。そして、第2にTBT協定2.2条は、強制規格は、「正当な目的の達成のために必要である以上に貿易制限的であってはならない」との義務を課している5)。

このうちTBT協定2.1条の規定は、無差別義務について定めるGATT1条及び3条の規定に類似している6)。他方、TBT協定2.2条の規定は、いわゆる必要性テストについて定めるGATT20条(b)号等の規定に類似している7)。しかし、GATTの下では、20条は1条及び3条等の例外として位置づけられ、1条や3条の無差別義務等に反し、20条によって正当化されない国内規制のみが違法とされるのに対して、TBT協定の下では、2.2条は2.1条とは独立した義務として規定され、2.1条の無差別義務に反しなくても、2.2条に反する国内規制はそれ自体として違法とされる8)。それゆえ、TBT協定は、GATTの無差別義務を超える義務、いわば「ポスト差別義務(post-discriminatory obligations)」を課すもので、各国の規制権限を過度に制約するものとして、大きな懸念が示されてきたのである9)。

もっとも、2010年代に入ってTBT協定2.1条及び2.2条につき判断した上級委員会の報告書が相次ぎ提出されたが、上級委はそれらすべての事例において2.1条違反を認定した一方で、2.2条違反が認定された事例はいまだひとつも存在しない10)。そのため、現在では、上級委はTBT協定2.2条違反の主張

---

5) そのほか、強制規格の国際的調和について定めるTBT協定2.4条は、「強制規格を必要とする場合において、関連する国際規格が存在するとき又はその仕上がりが目前であるときは、当該国際規格又はその関連部分を強制規格の基礎として用いる」ことを義務づけつつ、「当該国際規格又はその関連部分が、追求される正当な目的を達成する方法として効果的でなく又は適当でない場合は、この限りでない」として、かかる義務からの例外を認めている。

6) Gabrielle Marceau and Joel P. Trachtman, "GATT, TBT and SPS: A Map of WTO Law of Domestic Regulation of Goods," Federico Ortino and Ernst-Ulrich Petersmann, eds., The WTO Dispute Settlement System 1995-2003 (2004) p. 285.

7) Ibid., p. 291.

8) Ibid., p. 294.

9) 例えば、Robert E. Hudec, "Science and 'Post-Discriminatory' WTO Law," 26 Boston College International and Comparative Law Review 2 (2003) pp. 187-188; World Trade Organization, World Trade Report 2012: Trade and Public Policies: A Closer Look at Non-Tariff Measures in the 21st Century (2012) p. 13.

10) 本稿脱稿の時点までにTBT協定2.1条及び2.2条について上級委による判断がなされた事例は次の通りである。米国クローブ・タバコ事件(DS406)、米国マグロ・ラベリング事

を厳格に審査し，その違反の認定を回避することによって，各国の規制権限に対する過度の制約という懸念に対処しているとの見解が有力になっている 11)。

例えば，Howse は次のように指摘している。

> TBT 協定について判断がなされた 3 つの事例において，2.1 条違反を認定または支持しつつ 2.2 条違反の主張は退けることによって，上級委員会は，TBT 協定 2.1 条の無差別規律のほうが国内規制の監視のための手段としてより適当であるとのシグナルを送っているというのが，WTO 関係者の間の通念となっている 12)。

また内記は次のように指摘している。

> 2.2 条違反の判断がまだ出されていない背景については，上級委員会としても 2.1 条の差別を認定することのほうが，2.2 条の必要性がないと判断するよりも（加盟国の規制権限への介入が小さいので）やり易いからであるという評価がある。その指摘はもっともではあるが，TBT 協定の独自の意義が発揮される機会がなくなるのは懸念される 13)。

その帰結をいかに評価するかについては論者の間で温度差がみられるものの，TBT 協定において導入されたポスト差別義務はいわば上級委の手によって骨抜きにされ，その結果，TBT 協定の下での貿易的価値と各国の規制権限のバランスは，かつての GATT の下でのそれと変わりのないものとなっていることが指摘されているのである。

以上の学説は，TBT 協定における貿易的価値と各国の規制権限のバランス

　件（DS381），米国 COOL 措置事件（DS384, 386），米国 COOL 措置事件・履行確認手続（DS384, 386/RW），米国マグロ・ラベリング事件・履行確認手続（DS381/RW）。このほか，上級委による判断はなされていないが，パネルによる判断がなされた事例として，EC アザラシ製品事件（DS400, 401）がある。

11) 本文で引用の論考のほか，例えば Gregory Schaffer, "United States – Measures Concerning the Importation, Marketing and Sale of Tuna and Tuna Products," 107 American Journal of International Law 1 (2013) p. 98.

12) Robert Howse, "Introduction," in Tracey Epps and Michael J. Trebilcock, eds., Research Handbook on the WTO and Technical Barriers to Trade (2013) p. 8. ここで言う 3 つのケースとは，米国クローブ・タバコ事件，米国マグロ・ラベリング事件，米国 COOL 措置事件のことである。

13) 内記香子「米国クローブ入りタバコ規制事件（インドネシア）(DS406)：TBT 協定 2.1 条と GATT 3 条 4 項の関係を中心に」RIETI Policy Discussion Paper Series 13-P-013 (2013) 17 頁。

の現状について明快かつ興味深い見解を示すものだが，その当否については，次の理由から，疑問の余地がないわけではない。

第1にそもそも TBT 協定2.2条のポスト差別義務は2.1条の無差別義務といかに区別されるのか，つまり2.2条のポスト差別義務は2.1条の無差別義務に何を付け加えたのかが，明らかにされていないという点である。既述の通り2.1条は強制規格に関して輸入産品に「不利な待遇」を与えることを禁止し，2.2条は必要以上に「貿易制限的」な強制規格を禁止している。しかし，GATT/WTO 法において「貿易制限的」な措置とは，多くの場合，輸入産品の競争条件に不利な効果を与える措置として理解されてきたのであって[14]，これらの2つの義務のどこが異なるのかは自明ではない。

第2にその結果，貿易的価値と各国の規制権限のバランスに対する上級委の判断の意義が，もっぱら2.1条と2.2条の違反が認定されたかどうかという形式的な側面から導かれているという点である。2.1条の無差別義務と2.2条のポスト差別義務の間でいかなる区別が意図されていたにせよ，上級委の判断がそうした区別に即してなされているとは限らない。しかし，上記の学説においては，そもそもこれらの義務の区別が不明なままに残されているがため，上級委の判断の内実も問われることなく，その結論のみが評価の根拠とされているのである。

国内規制に対する規律の強化を目的した TBT 協定が，上級委の判断も踏まえた上で，貿易的価値と各国の規制権限のバランスにいかなる影響を与えているかを検証することはむろん重要である。しかし，そうした検証のためには，まずもって TBT 協定2.1条と2.2条はそれぞれいかなる措置の規律を意図していたのかを明らかにすることが，そしてその上で，上級委は2.1条と2.2条の検討においてそれぞれいかなる措置を対象とし，どのような理由で違反の有無を判断してきたのかを検証することが，必要であるように思われる。

本稿では，以上の問題意識に基づいて，次の検討を行う。まず第Ⅱ章におい

---

[14] 例えば，Gabrielle Marceau, "The New TBT Jurisprudence in US – Clove Cigarettes, US – Tuna II, and US – COOL," 8 Asian Journal of WTO & International Health Law and Policy 1 (2013) pp. 20–21; Tania Voon, "Exploring the Meaning of Trade Restrictiveness in the WTO," 14 World Trade Review 3 (2015).

ては、TBT協定における差別の原意の特定を試みる。TBT協定における差別とは、外国産品と同種の第三国産品や国内産品との間の規制上の区別によって生じる輸入産品の競争条件への不利な効果を意味し、2.1条はかかる規制上の区別によって生じる不利な効果、2.2条はかかる規制上の区別によらない不利な効果の規律を意図していたことを明らかにする。次に第Ⅲ章においては、TBT協定2.1条と2.2条に関する上級委の判断を検討し、その意義について考察する。TBT協定の起草の後に生じたGATTにおける差別の意味の拡大に応じて、TBT協定における差別の意味も変化し、その結果、2.1条と2.2条の区別が消失し、これらの規定の下での判断と判断基準に重複と混乱が生じていることを指摘する。最後に第Ⅳ章において、TBT協定における貿易的価値と各国の規制権限のバランスに関する本稿の結論をまとめる。

Ⅱ　TBT協定における差別の原意と2.1条及び2.2条の意義

1　TBT協定の起草過程

　TBT協定2.1条の無差別義務と2.2条のポスト差別義務は、それぞれいかなる措置の規律を意図していたのであろうか。既述の通りこれらの規定の文言からその回答を見出すことは困難である。それゆえ、かかる意図を特定するための手段として、TBT協定の起草過程を検討することが肯定されるが[15]、その検討もこの問題につき直接的な回答を与えるものではない。

　というのは、TBT協定は、ウルグアイ・ラウンドの結果締結されたWTO協定の多角的協定のひとつであるが、同協定は、東京ラウンドの結果締結されたスタンダード・コードを基礎とし、さらにそのスタンダード・コードは、東京ラウンドにさきがけてGATTの工業品貿易委員会の下で起草された「貿易の技術的障壁の防止のためのGATT行動規範案」[16]を基礎としている。しかし、これらの起草過程の詳細について記録した資料は多く残されておらず、限られた資料においてもTBT協定の2.1条と2.2条の関係を明確にする発言等は見当たらない[17]。

---

15)　紛争解決に係る規則及び手続に関する了解3条2項、条約法に関するウィーン条約32条。
16)　Spec(73)16, pp. 7-42.
17)　「貿易の技術的障壁の防止のための行動指針」とスタンダード・コードの起草作業につい

もっとも，これらの起草過程によれば，TBT協定2.1条の無差別義務がGATTの無差別義務，とりわけGATT3条の無差別義務と同旨の義務として理解されていたことは明らかであったと言える。例えば，TBT協定2.1条の無差別義務は，当初は「国内生産に保護与える（ものであってはならない）」との文言を用いて表現されていたが[18]，同文言につき以下のような合意がなされていたことが記録されている。

　「保護を与える」という文言をより正確なものとするための注釈を付し，その関連で事務局はGATT3条における同文言の歴史について検討することが合意された[19]。

　GATT3条の無差別義務の一般原則について定めた同条1項には，内国税及び内国の規制は「国内生産に保護を与えるように輸入産品又は国内産品に適用してはならない」との規定が置かれている。TBT協定2.1条の無差別義務はこうしたGATT3条の無差別義務を起源とするもので，その内容もこうしたGATT3条の無差別義務との関係で理解されていたのである。
　他方，上記の合意からは，GATT3条の無差別義務の内容自体について締約国の間で共通の理解があったわけではなく，そうであるからこそ，その適用の歴史について検討する必要が説かれていたと考えられる。このことは，TBT協定2.1条の無差別義務の内容は，GATT3条の無差別義務の適用の歴史を検討することによって明らかにされ，またTBT協定2.2条のポスト差別義務の内容も，そうした無差別義務の内容を特定することで明らかになることを示唆している。

ては，主にSimon Lester and William Stemberg, "The GATT Origins of TBT Agreement Articles 2.1 and 2.2," 17 Journal of International Economic Law 1 (2014)，及び同論文で挙げられている一次資料を参照。ウルグアイ・ラウンドにおけるTBT協定の起草作業については，主に次の資料を参照。MTN.GNG/NG8/W/77; MTN.GNG/NG8/18; MTN.GNG/NG8/W/83/Add.3; MTN.GNG/NG8/W/83/Add.3/Rev.1; MTN.TNC/W/35/Rev.1; MTN.TNC/W/FA.

18) Spec(72)18, p. 13.
19) Spec(72)77, pp. 1-2.

2 GATT 3条に関するGATTの紛争解決事例

1948年の暫定適用の開始から1995年のWTO協定の発効に至るGATTの歴史の中で，GATT 3条の無差別義務はいかなる措置を規律の対象としてきたのだろうか。岩沢によって作成されたGATTの「紛争処理事例目録」によれば，GATT 3条違反が争われたGATTの紛争解決事例は30件超に及ぶ[20]。それらの事例において争われた締約国の措置はもとより多様であるが，そこでは以下で述べる3つの類型の措置がGATT 3条に反する差別的な措置と判断されてきたと言える[21]。本節では，それらの措置について概観した上で，TBT協定2.1条の無差別義務の意義について考察する。

(1) 法律上の差別 (*de jure* discrimination)

GATTの紛争解決事例においてGATT 3条違反と判断された第1の類型の措置が，法律上の差別と言われる措置である。ここで言う法律上の差別とは，「同一の産品 (identical products)」である輸入産品と国内産品を国籍に基づいて区別し，そうした規制上の区別によって輸入産品の競争条件に不利な効果を与える措置を指す[22]。

GATTの紛争解決事例においてGATT 3条違反と判断された措置の大部分は，この法律上の差別にあたるものだが，その具体例としては，イタリア輸入農業機械に対する差別事件が挙げられる。同事件は，イタリアが国産農業機械を購入する農民に対して特別に有利な条件でローンを供与する一方で，輸入農業機械を購入する農民に対してはかかるローンを供与していなかったことから，農業機械の輸出国であるイギリスが，GATTの紛争解決手続に訴えたというものである[23]。この事件においてパネルは，イギリスの主張を容れて，イタ

---

[20] 岩沢雄司・WTOの紛争処理 (1995) 291-331頁。GATTの紛争解決事例については，このほかRobert E. Hudec, Enforcing International Trade Law (Butterworth Legal Publishing, 1993) pp. 417-585を参照。

[21] これらの類型の整理と理解については，特にFederico Ortino, "WTO Jurisprudence on de jure and de facto Discrimination," in Ortino, supra note 6を参照。ただし，同論文においては以下で示す第3の類型(「規制上の区別によらない差別」)が第2の類型(事実上の差別)の一部として整理されている (ibid., p. 232)。

[22] Ibid., pp. 218-219.

[23] United Kingdom Complaint on Italian Discrimination Against Imported Agricultural

リアの措置はGATT 3.4条に違反すると判断している24)。イタリアがローンの供与にあたって農業機械という同一の産品を輸入産品か国内産品かという国籍に基づいて区別し，こうした規制上の区別によって輸入産品の競争条件に不利な効果が生じていたからである。

(2) 事実上の差別 (*de facto* discrimination)

GATTの紛争解決事例においてGATT 3条違反と判断された第2の類型の措置が，事実上の差別と言われる措置である。この事実上の差別とは，「類似の産品 (similar products)」である輸入産品と国内産品を品質等に基づいて区別し，そうした規制上の区別によって輸入産品の競争条件に不利な効果を与える措置のことである25)。

こうした事実上の差別に関するGATTの紛争解決事例はわずかであるが，そのひとつとして，日本酒税事件Ⅰが挙げられる。この事件は，日本がウィスキーを原酒含有率に応じて特級，一級，二級に分け，上位の等級に下位の等級よりも高い酒税を課していたことから，特級ウィスキーの輸出国であるECが，GATTの紛争解決手続に訴えたというものである26)。同事件において日本は，特級ウィスキーという同一の産品を輸入産品か国内産品かという国籍で区別していたわけではない。しかし，パネルは，GATTにおける同種の産品には同一の産品だけでなく類似の性質をもつ産品も含まれるとし27)，それらの産品 (特級ウィスキーと一級, 二級ウィスキー) の間の規制上 (税制上) の区別によって輸入産品の競争条件に不利な効果が生じているとして，GATT 3.2条違反と判断したのである28)。

Machinery: Report by the Panel for Conciliation, L/833 (15 July 1958), para.1.
24) Ibid., paras.5-15.
25) Ortino, supra note 21, pp. 231-232.
26) Japan - Custom Duties, Taxes and Labeling Practices on Imported Wines and Alcoholic Beverages: Report by the Panel, L/6216 (13 October 1987), para.3.2(b).
27) Ibid., para.5.5.
28) Ibid., para.5.9(a).

(3) 「規制上の区別によらない差別」

　GATT の紛争解決事例において GATT 3 条違反と判断された措置は，ほぼ上記の法律上の差別と事実上の差別に尽きるが，これらのいずれにも該当しない措置であっても，①GATT 3 条違反となりうることを示唆したパネル判断や，②実際に GATT 3 条違反と認定したパネル判断もないわけではない。

　このうち①に該当するのが，米国 1930 年関税法 337 条事件のパネル判断である。この事件は，米国が，輸入産品の特許侵害については関税法 337 条に基づく特別の審査手続を認め，国内産品の特許侵害については連邦地方裁判所の訴訟手続のみを認めていたことから，EC がかかる米国の措置は GATT 3.4 条に違反するとして，GATT の紛争解決手続に訴えたものだが[29]，パネルはその報告書の中で次のように述べている。

> 形式的には同一の法規定が実際には輸入産品に不利な待遇を与え，それゆえ締約国は輸入産品に与えられる待遇が不利でないよう確保するため，輸入産品に異なる法規定を適用しなければならない場合もあるかもしれない[30]。

　本件において米国は，産品を輸入産品か国内産品かという国籍に基づいて区別し，これらの産品の間に異なる規制（特許侵害の執行手続）を設けている。上記の引用部分は，GATT 3 条違反の成立のためには，こうした規制上の区別の存在だけでなく，その区別によって輸入産品の競争条件に不利な効果が生じているかを検討しなければならないとの説示の中で示されたものである。つまり本件は法律上の差別が争われた事例であって，上記の引用部分は傍論に過ぎないが，ここにおいてパネルは，輸入産品の競争条件に不利な効果が生じていれば，輸入産品と国内産品に同一の法規定が適用される場合であっても，すなわち両者の間に規制上の区別が存在しなくても，GATT 3 条違反となりうることを示唆しているのである。

　他方，上記の②の例，つまり輸入産品と国内産品の間の規制上の区別によらない輸入産品の競争条件への不利な効果を理由として，実際に GATT 3 条違反を認定したのが，カナダ・アルコール飲料規制事件のパネル判断である。こ

---

29) United States – Section 337 of the Tariff Act of 1930: Report by the Panel, L/6439（16 January 1989), para.3.1.
30) Ibid., para.5.11.

の事件は，カナダのいくつかの州がビールに最低価格規制を課していたため，ビールの輸出国である米国が，GATT の紛争解決手続に訴えたというものである 31)。同事件においてカナダは，輸入ビールと国産ビールに同一の最低価格規制を課し，両者の間には国籍を基準とした区別も品質等を基準とした区別も存在したわけではない。しかし，パネルは，こうした同一の規制によって輸入ビールの競争条件に不利な効果が生じている（輸入ビールよりも国産ビールの価格が高く，最低価格が輸入ビールよりも高ければこうした効果が生じる）として，GATT 3.4条違反と判断したのである 32)。

(4) TBT 協定 2.1 条の意義

以上のように GATT 3条違反が争われた GATT の紛争解決事例によれば，GATT 3条の無差別義務は，①法律上の差別，②事実上の差別，そして③「規制上の区別によらない差別」を規律の対象としてきたと言える。しかし，このうち③の類型が，TBT 協定の起草当時において，GATT 3条の規律の対象と認識され，またそれゆえ TBT 協定 2.1 条の無差別義務の規律の対象と考えられていたかは疑問である。

米国 1930 年関税法 337 条事件のパネル判断は，こうした類型の措置も GATT 3条違反となりうることを示唆するものであったが，既述の通り本件自体は法律上の差別が争われた事例であって，上記の引用部分は傍論に過ぎない。

他方，カナダ・アルコール飲料規制事件においては，確かに「規制上の区別によらない差別」が GATT 3条違反と判断されている。しかし，この事件についてむしろ示唆的なのは，申立国であるアメリカ自身は，カナダの措置を GATT 11条の下で判断すべきことを主張し，GATT 3.4条違反は主張していなかったという点，逆に被申立国であるカナダが，同措置を GATT 3.4条の下で判断すべきことを主張し，しかし自らの措置は輸入産品と国内産品に等しく適用されているから，GATT 3.4条に違反しないと主張していた点である 33)。に

---

31) Canada – Import, Distribution and Sale of Certain Alcoholic Beverages by Provincial Marketing Agencies: Report by the Panel, DS17/R (16 October 1991), para.4.1.
32) Ibid., paras.5.27-5.32.
33) Ibid., para.5.27.

もかかわらずパネルは，カナダの措置をGATT 3.4条の下で検討し，その違反を認定したのであるが，上記の当事国の主張に鑑みれば，こうしたパネルの判断は想定外のもので，そもそも輸入産品と国内産品を区別しない国内規制はGATT 3条の規律の対象外と考えられていたように見受けられる。

　もっとも，こうしたパネル判断が出された以上，これをもってGATT 3条の無差別義務の拡大が締約国によって認知されたとの可能性は否定できない。しかし，TBT協定の起草作業は，1991年12月には実質的に終了している[34]。これに対して，本件のパネル報告書が採択されたのは1992年2月である[35]。そうであるとすれば，TBT協定の起草当時において，こうした措置がGATT 3条，またそれゆえTBT協定2.1条の無差別義務の規律の対象と考えられていたかは疑わしい。

　ただし，そもそも輸入産品と国内産品を区別しない国内規制であっても，輸入産品の競争条件に不利な効果を生じ，国際貿易に対する障害となりうることは，米国1930年関税法337条事件においてパネルが正しく指摘し，またカナダ・アルコール飲料規制事件によって例証されているところである。TBT協定において，無差別義務に反しないがなお貿易制限的であるがゆえ，さらなる規律が図られた措置があったとすれば，それはまさに本節で言う「規制上の区別によらない差別」を意味していたと考えられるのではないだろうか。

3　TBT協定2.2条の意義に関する学説

　TBT協定2.2条の意義は，学説においてはいかに理解されていたのであろうか。2.2条が具体的にいかなる措置の規律を意図していたかを明示的に論じた研究は多くない。しかし，いくつかの研究においては，同規定はまさに「規制上の区別によらない差別」の規律を意図していたことが示されている。

　例えば，StaigerとSykesは，国内規制の規律がGATT 3条のみでは不十分であると考えられたのは，表面上は無差別的な規制も差別を生じうるからであるとした上で，次のように指摘している。

---

[34]　MTN.TNC/W/FA.
[35]　C/M/254.

国内の会社にとって外国の競争者よりもより安価になるような特定の方法でその目的の達成を求める規制は、規制上の差別に等しい。（TBT協定2.2条の）最も制限的でない手段原則（least restrictive means principle）は、この問題を防止する。…自動車の排出規制は、ある汚染物質の排出を特定の水準を下回るように求めるという方法で起草してもよいが、特定の排出制御技術の使用を求めるという方法で起草すべきではない36)。

またMavroidisは、TBT協定2.2条の必要性要件は、GATTの無差別義務にさらなる保険を加えるものであるとした上で、次のように指摘している。

> なぜ無差別から脱する必要があったのか。それは無差別が市場アクセスの保証にならないからである。高い保護（例えば、高い環境基準）を有するWTO加盟国は、完全にGATT整合的な方法で低い環境基準を有する国からの産品を自らの市場から排除することが可能である。貿易相手国に重大な調整費用を課す極度に高い基準を制定するという動機を有している場合もありうる……37)。

前節の検討によれば、GATTの末期においては、輸入産品と国内産品に同一の規制を課す締約国の措置がGATT 3.4条違反と認定された事例が存在し、それゆえこうした措置が今なおGATT整合的と言えるかは疑問である。しかし、いずれにせよ、TBT協定2.2条の意義について論じたこれらの学説によれば、同規定は、輸入産品と国内産品に同一の規制を課すものの、その遵守の費用の違いゆえ、輸入産品の競争条件に不利な効果を生じる措置、すなわち「規制上の区別によらない差別」の規律を意図していたことが説かれているのである。

TBT 2.1条と2.2条の規定はもとより曖昧で、これら規定の起草過程も多くを語らないため、両者の区別につき確たる結論を導くことは困難である。しかし、TBT協定2.1条は、GATT 3条の無差別義務と同旨の義務として起草されていたという点、そのGATT 3条の無差別義務は、TBT協定の起草当時においては法律上の差別と事実上の差別を規律していたという点、そしてTBT協定2.2条の意義に関する上記の学説に鑑みれば、両者の区別は、輸入産品への

---

36) Robert W. Staiger and Alan O. Sykes, "International Trade, National Treatment, and Domestic Regulation," 40 Journal of Legal Studies 1 (2011) p. 196. 括弧内は筆者注。
37) Petros C. Mavroidis, Trade in Goods, 2nd ed. (2011) pp. 671-672.

不利な効果が規制上の区別によるものであったか否かに存在していたと考えられる。

Ⅲ　TBT協定2.1条と2.2条に関する上級委員会判断の意義

上級委はTBT協定2.1条と2.2条の検討において，それぞれいかなる措置を対象とし，どのような理由で違反の有無を判断してきたのだろうか。本章では，2.1条と2.2条につき上級委による判断がなされた事例のうち，特に米国クローブ・タバコ事件と米国COOL措置事件を取り上げてその概要を示す[38]。その上で，前章で検討した両規定の区別という観点から，これら事例における上級委の判断の意義について考察する。

1　TBT協定2.1条及び2.2条に関する紛争解決事例
(1)　米国クローブ・タバコ事件

TBT協定2.1条についてはじめて上級委の判断が示されたのが，米国クローブ・タバコ事件である。同事件は，米国が若年層の喫煙開始のきっかけとなっているとして香り付きタバコを禁止しつつ，メンソール・タバコをその対象から除外していたことから，クローブ・タバコの輸出国であるインドネシアが，米国の措置はTBT協定2.1条や2.2条等に違反しているとして，WTOの紛争解決手続に訴えたというものである。

パネルはTBT協定2.1条違反を認定しつつ，2.2条違反の主張は退けたが[39]，米国が前者につき上訴したため，上級委の判断がなされている。上級委は，結論としてはパネルの認定を支持したが，その理由は以下の通りである。

まず上級委は，TBT協定2.1条全体について検討し，同条の違反の成立のためには，措置が強制規格に該当することに加えて，①輸入産品と国内産品が同種の産品でなければならないとの条件，及び②輸入産品に与えられている待遇が同種の国内産品に与えられている待遇よりも不利でなければならないとの

---

38)　TBT協定2.1条と2.2条につき上級委の判断がなされたその他の事例については，前掲注(10)を参照。

39)　Panel Report, United States – Measures Affecting the Production and Sale of Clove Cigarettes, WT/DS406/R（2 September 2011），paras.7.293, 7.429–7.432.

条件が満たされねばならないと指摘している40)。

次に上級委は,①の条件について検討し,TBT協定2.1条における同種性の判断においては,GATT 3.4条における同種性の判断と同じく,産品間の競争関係の質と程度を検討しなければならないと指摘している41)。そして,クローブ・タバコとメンソール・タバコの最終用途やこれらの産品に関する消費者の嗜好等を検討し,両者は同種の産品であると結論している42)。

ついで上級委は,②の条件について検討し,TBT協定2.1条における不利な待遇の判断においては,GATT 3.4条における不利な待遇の判断と同じく,輸入産品の競争条件に不利な効果が生じているかを検討しなければならないが,TBT協定2.1条の下ではこれに加えて,不利な効果が「もっぱら正当な規制上の区別に由来するか」を検討しなければならないと指摘している43)。そして,クローブ・タバコを禁止しつつ,メンソール・タバコを許容しているという規制上の区別が正当であるかを検討し,かかる区別は正当でなく,したがって米国の措置は輸入タバコに不利な待遇を与えていると結論している44)。上級委によれば,米国の措置の目的は若年層の喫煙の減少であるが,メンソール・タバコもタバコの荒々しさを覆い隠し,喫煙の開始を心地よくするというクローブ・タバコと同じ特性を有しているからである45)。

以上のように上級委によるTBT協定2.1条の解釈は,GATT 3.4条の無差別義務の解釈に大きく依拠したものだが,不利な待遇の条件について,不利な効果が「もっぱら正当な規制上の区別に由来するか」というさらなるテストを付加している点に特徴がある。これは,GATTの下では,輸入産品に不利な効果を生じ,それゆえ3.4条の無差別義務に反する措置であっても,20条の一般的例外によって正当化されうるのに対して,TBT協定2.1条には,かかる例外規定が存在しないからである46)。

---

40) Appellate Body Report, United States – Measures Affecting the Production and Sale of Clove Cigarettes, WT/DS406/AB (4 April 2012), para.87.
41) Ibid., para.120.
42) Ibid., para.160.
43) Ibid., paras.181-182.
44) Ibid., para.233.
45) Ibid., para.225.

強制規格によって輸入産品に不利な効果が生じていれば、それが人や動植物の生命・健康の保護や環境の保護といった正当な目的のためのものであっても違法とされ、是正が求められるというのは不合理である。それゆえ、かかる例外規定の欠如にいかに対処すべきかが議論されてきたが[47]、上級委はTBT協定2.1条の不利な待遇の条件に上記のテストを読み込むことによって、正当な目的のための規制の余地を確保したのである。

(2) 米国COOL措置事件

米国COOL措置事件とは、牛肉及び豚肉の原産国表示要求に関する米国の規制（COOL措置）は、TBT協定2.1条と2.2条等に違反しているとして、牛家畜及び豚家畜の輸出国であるカナダとメキシコが、WTO紛争解決手続に訴えたというものである。上記の原産国表示要求とは、牛肉等の小売業者に対して、①米国で誕生し、飼育、屠殺された家畜からの肉は「米国産」、②X国で誕生し、飼育され、米国で飼育、屠殺された家畜からの肉は「米国産、X国産」、③X国で誕生し、飼育され、米国で屠殺された家畜からの肉は「X国産、米国産」、④X国で誕生し、飼育、屠殺された家畜からの肉は「X国産」と表示するよう義務づけるものである[48]。

カナダ等がCOOL措置をTBT協定違反と主張し、その是正を求めた理由は複雑であるが、その概要は次の通りである。すなわち、小売業者に対する原産国表示要求の実施のため、家畜や肉の生産者には、家畜がどこで誕生し、飼育、屠殺されたかを記録して、これを川下の生産者に伝達することが求められるが、この要求を満たすためには、家畜の誕生、飼育、屠殺地に応じて家畜や肉を分別して管理する必要が生じる。したがって、米国の生産者には、こうした分別管理のコストを避けるため、もっぱら米国産の家畜や肉を取り扱うというインセンティブが生じ、その結果、カナダ産等の家畜の需要が減少する。

---

46) 上級委も、こうしたGATTとTBT協定の文脈の違いを指摘している（ibid., para.101）。
47) こうした議論状況については、特に内記・前掲注(13)2頁、石川義道「TBT協定2条1項における『不利な待遇』の分析」日本国際経済法学会年報22号（2013）142頁を参照。
48) COOL措置の詳細については、Panel Report, United States – Certain Country of Origin (COOL) Requirements, WT/DS/384, 386/R（18 November 2011）, paras.7.76-7.122を参照。

本件のパネルは TBT 協定 2.1 条違反と 2.2 条違反を認定したが[49]，双方につき上訴がなされたため，上級委の判断がなされている。

　このうち 2.1 条違反の主張については，上級委は，カナダ産等の家畜と米国産の家畜が同種の産品であることを確認し[50]，またカナダ産等の家畜の競争条件に不利な効果が生じていると判断した上で[51]，2.1 条違反の成立のためにはこれに加えて，不利な効果が「もっぱら正当な規制上の区別に由来するか」を検討しなければならないとして[52]，その検討を行っている。そして，原産国表示を通じて消費者に伝達することが義務づけられる情報は，非詳細かつ不正確なもので，生産者に記録と伝達が求められる情報と釣り合わないとして同テストの充足を否定し，2.1 条違反を認定している[53]。

　他方，2.2 条違反の主張については，上級委は，パネルの違反認定を破棄したが，その理由は次の通りである。まず上級委は，2.2 条における「必要である以上に貿易制限的」との文言について検討し，その判断は，強制規格の貿易制限性，強制規格の正当な目的の達成への貢献度，及び正当な目的の不達成によって生ずる危険性という 3 つの要素の関係性の分析を要すると指摘している[54]。また多くの場合，そうした分析は問題とされる措置とありうる代替措置の比較によってなされるべきとし，その比較においては，提案された代替措置が，目的不達成によって生ずる危険性を考慮した上で，より貿易制限的でないか，正当な目的に同等の貢献をするか，合理的に利用可能であるかが検討されると指摘している[55]。その上で上級委は，カナダ等によって提案された代替措置について検討し，それらの代替措置が正当な目的に同等の貢献をするかについて判断するために十分に争いのない事実が存在しないとして，その分析を終了している[56]。

---

49) Ibid., paras.7.547-7.548, 7.720.
50) Appellate Body Report, United States – Certain Country of Origin (COOL) Requirements, WT/DS384, 386/AB (29 June 2012), para.267.
51) Ibid., para.292.
52) Ibid., para.271.
53) Ibid., para.349.
54) Ibid., para.374.
55) Ibid., para.376.
56) Ibid., para.491.

以上のように本件における TBT 協定 2.1 条に関する上級委の判断は，米国クローブ・タバコ事件の上級委報告書において示された判断枠組を踏襲している。他方，2.2 条に関する判断は，本件に先立ち提出された米国マグロ・ラベリング事件の上級委報告書において示された判断枠組を踏襲したものだが，その判断枠組は，GATT 20条(b)号等に関する上級委の判断に依拠して導かれたもので[57]，その内容は，20 条(b)号等における必要性テストとほぼ同一のものである[58]。

2 上級委員会判断の考察
(1) 問題の起源：米国クローブ・タバコ事件

TBT 協定 2.1 条と 2.2 条に関する以上の上級委の判断は，前章で検討した両規定の区別という観点からは，いかに評価されるであろうか。2.1 条については米国クローブ・タバコ事件において上級委の判断が示されたが，同委員会によるTBT協定における差別の概念の理解にはもとより矛盾が存在し，その判断は，2.1 条と 2.2 条の関係や 2.1 条の判断基準について大きな疑問を生じるものであったと言える。

というのは，上級委は，TBT 協定 2.1 条の不利な待遇の解釈にあたって，GATT 3.4条の不利な待遇について解釈した上級委の判断を引用して，次のように述べている。

> 輸入産品と国内産品の間の形式的な待遇上の区別は……，3.4 条違反を論証する上で必要でも十分でもない。輸入産品が同種の国内産品よりも「不利に」扱われているかどうかは，むしろ措置が関連する市場において輸入産品を害するように競争条件を変更しているかの検討によって決定されるべきである[59]。

---

57) Appellate Body Report, United States – Measures Concerning the Importation, Marketing and Sale of Tuna and Tuna Products, WT/D381/AB/R（16 May 2012），paras.318–322.
58) 同様の指摘として，Gabrielle Marceau & Joel P. Trachtman, "A Map of the World Trade Organization Law of Domestic Regulation of Goods: The Technical Barriers to Trade Agreement, the Sanitary and Phytosanitary Measures Agreement, and the General Agreement on Tariffs and Trade," 48 Journal of World Trade 2（2013）p. 379.
59) AB Report（US – Clove Cigarettes), supra note 40, para.177, citing Appellate Body Report, Korea – Various Measures on Beef, WT/DS161（11 December 2000), para.137.

そして，こうしたGATT 3.4条に関する判断は，TBT協定2.1条の解釈にあたっても有益であるとして，2.1条の判断においては，強制規格が関連する市場において輸入産品を害するように競争条件を変更しているかを検討すべきであると指摘している60)。

　前章の検討によれば，TBT協定の起草当時において，GATT 3条の無差別義務は，輸入産品と国内産品の間の規制上の区別によって生じる輸入産品への不利な効果を規律し，それゆえTBT協定2.1条の無差別義務も，かかる不利な効果を規律の対象としていたと考えられる。ただし，GATTの末期の事例においては，こうした規制上の区別によらない輸入産品への不利な効果もGATT 3.4条違反と判断され，かかる判断はWTOの紛争解決事例においても踏襲されている61)。

　本件は事実上の差別，すなわち輸入タバコと国産タバコの間の品質に基づく規制上の区別によって生じる輸入産品への不利な効果が争われた事例であって，上記のGATT 3.4条に関する判断の引用の趣旨は，輸入産品と国内産品の間の規制上の区別はTBT協定2.1条違反を論証する上で「十分でない」ことを説く点にあったと言える。しかし，上級委は，かかる区別はGATT 3.4条違反を認定する上で「必要でもない」とした同判断を引用することによって，TBT協定2.1条の無差別義務も，「規制上の区別によらない差別」をも規律の対象とすることを示唆しているのである。

　もっとも，既述の通り上級委は，TBT協定2.1条の違反の成立のためには，輸入産品への不利な効果に加えて，それが「もっぱら正当な規制上の区別に由来するか」を検討しなければならないとしたが，その理由について述べた部分においては，次のように指摘している。

> TBT協定2.1条の「不利でない待遇」の要件は，「強制規格に関し」適用されるものである。附属書一の1において強制規格は，「産品の特性又はその関連の生産工程若しくは生産方法について規定する文書であって遵守することが義務付けられているも

---

60) AB Report (US – Clove Cigarettes), supra note 40, para.180.
61) AB Report (Korea – Beef), supra note 59. そのほか，実際に輸入産品と国内産品の規制上の区別によらない不利な効果がGATT3.4条違反と判断されたWTOの紛争解決事例として，Panel Report, Dominican Republic – Import and Sale of Cigarettes, WT/DS302/R (26 November 2004), paras.7.180–7.183, 7.195–7.198.

の…」と定義されている。したがって，強制規格とは，その本質上，産品の特性又はその関連の生産工程若しくは生産方法によって産品の間に区別を設けるものである。我々の見解によれば，このことは，2.1条はいかなる区別，特にもっぱら産品の特性又はその関連の生産工程若しくは生産方法に基づくいかなる区別も，それのみで 2.1 条の意味における不利な待遇を与えるものと解されるべきでないことを示唆する[62]。

すなわち，上級委は，強制規格とは産品の特性等について規定し，それゆえその本質上産品の間に規制上の区別を設けるものだが，そうした区別によって生じる輸入産品への不利な効果がすべて不利な待遇に該当するならば，およそあらゆる強制規格は違法になりうるとして，「もっぱら正当な規制上の区別に由来する」輸入産品への不利な効果は，不利な待遇にはあたらないとの解釈を導いている。

強制規格がその本質上産品の間に規制上の区別を設けるものであることは確かであるが，輸入産品と国内産品が同じ特性等を有し，それゆえ同一の規制に服する場合であっても，その遵守の費用の違いゆえ，輸入産品に不利な効果が生じる場合もある[63]。にもかかわらず上級委は，強制規格に基づく輸入産品への不利な効果は，もっぱら輸入産品と国内産品の間の規制上の区別によって生じるかのように理解し，それゆえその正当化も，そうした区別が正当であるかを検討することによって判断すべきことを指摘しているのである。

しかし，一方で TBT 協定 2.1 条の無差別義務は，輸入産品と国内産品の間の規制上の区別によらない輸入産品への不利な効果をも対象とすることを示唆しながら，また一方で輸入産品への不利な効果は，もっぱらそうした規制上の区別によって生じると解するのは矛盾であろう。こうした判断によれば，上級委は，輸入産品と国内産品の間の規制上の区別は 2.1 条違反の成立にあたって十分でないばかりか必要でもないことを示唆しつつ，実のところは，そうした規制上の区別によらない不利な効果という類型自体を想定していなかったようにも見受けられる。

以上の上級委の判断は，次の疑問を惹起する。すなわち，輸入産品と国内産

---

62) Ibid., para.169.
63) 例えば，本稿 498-499 頁で引用した学説で挙げられている例を参照。

品の間の規制上の区別によらない輸入産品への不利な効果も TBT 協定 2.1 条の規律の対象に含まれるならば、2.1 条の無差別義務と 2.2 条のポスト差別義務はいかなる関係を有するのか、またそうした規制上の区別によらない不利な効果が「もっぱら正当な規制上の区別に由来するか」は、いかに判断しうるかという疑問である。

本件は輸入産品と国内産品の間の規制上の区別によって生じる輸入産品への不利な効果が争われた事例であって、また本件の上級委の手続において 2.2 条違反の有無は判断されていないため、上記の問題は顕在化していない。しかし、本件の上級委の判断によって生じたこれらの問題は、まさに輸入産品と国内産品の規制上の区別によらない輸入産品への不利な効果が争われ、また 2.2 条違反の有無についても判断がなされた米国 COOL 措置事件において問われることになったのである。

(2) 問題の発露：米国 COOL 措置事件

米国 COOL 措置事件で争われた米国の原産国表示要求は、輸入家畜から得られた牛肉等と国産家畜から得られた牛肉等に対して等しく課されたもので、これらの産品の間に規制上の区別は存在しない[64]。また家畜や肉の生産者に課される原産国情報の記録や伝達の要求も、家畜の原産国に関わりなく等しく課されたもので、やはり輸入家畜と国産家畜の間に規制上の区別はなされていない[65]。そのため、被申立国である米国は、本件の措置は輸入産品と国内産品を同一に扱うもので、両者の間に異なる待遇は存在せず、それゆえ不利な待遇は認定しえないと主張したが[66]、上級委は、「輸入産品と国内産品の間の形式的な待遇上の区別は……、3.4 条違反を論証する上で必要でも十分でもない」

---

[64] 同様の指摘として、Joost Pauwelyn, "COOL ... but what is left for TBT Art. 2.2?" International Economic Law and Policy Blog (3 July 2012) 〈http://worldtradelaw.typepad.com/ielpblog/2012/07/cool-but-what-is-left-now-of-tbt-art-22.html〉.

[65] 同様の指摘として、Petros C. Mavroidis, "Driftin' Too Far from the Shore – Why the Test for Compliance with the TBT Agreement Developed by the WTO Appellate Body is Wrong, and What Should the AB Have Done Instead," 12 World Trade Review 3 (2013) p. 520.

[66] AB Report (US – COOL), supra note 50, para.19.

としたGATT3.4条に関する判断を引用して，米国の主張を退けている67)。

　輸入産品と国内産品の間の規制上の区別によらない輸入産品への不利な効果が争われた本件においても，やはりGATT3.4条に関する判断に依拠してTBT協定2.1条の解釈がなされている。その結果，2.2条のポスト差別義務の規律の対象として意図された「規制上の区別によらない差別」が，2.1条の無差別義務の下で判断されているのである。

　もっとも，輸入産品と国内産品の間の規制上の区別によらない輸入産品への不利な効果が，「もっぱら正当な規制上の区別に由来するか」はいかに判断しうるのだろうか。上級委は，本件においても同テストにつき検討し，その充足を否定したが，その理由は次の通りである。すなわち，本件で問題となる規制上の区別とは，誕生，飼育，屠殺という家畜の3つの生産段階，及び「米国産」，「米国産，X国産」等の4つの種類のラベルである68)。本件の措置によって，家畜や肉の生産者には，家畜がどこで誕生し，飼育，屠殺されたかを記録し，これを川下の生産者に伝達することが求められるが，上記のラベルを通じて消費者に伝達することが義務づけられる原産国情報は，非詳細かつ不正確なもので，生産者に記録と伝達が求められる原産国情報と釣り合わない69)。米国の生産者にもっぱら米国産の家畜や肉を取り扱うというインセンティブを生じ，その結果，カナダ産等の家畜の競争条件に不利な効果を生じているのは，まさにそうした生産者に対する記録と伝達の要求であるから，この不一致は，TBT協定2.1条の分析において中心的な重要性を有する70)。

　以上のように上級委は，輸入産品と国内産品の間の規制上の区別によらない不利な効果についても，それが「もっぱら正当な規制上の区別に由来するか」を検討しているが，その検討のあり方は，米国クローブ・タバコ事件のそれとは大きく異なっている。というのは，輸入産品と国内産品の間の規制上の区別によって生じる輸入産品への不利な効果が争われた米国クローブ・タバコ事件においては，まさにそうした規制上の区別が規制の目的に照らして正当である

---

67)　Ibid., para.277, citing AB Report（Korea‒Beef）, supra note 59.
68)　Ibid., para.341.
69)　Ibid., paras.342‒343.
70)　Ibid., para.348.

かが検討されている71)。これに対して，本件で問題となる規制上の区別とされた家畜の生産段階やラベルの区別は，そもそも輸入産品と国内産品の間の規制上の区別ではなく，また本件においてそれらの区別自体が正当であるかが検討されているわけではない。むしろ，本件における 2.1 条違反の認定は，輸入産品への不利な効果の原因である家畜の生産段階に関する情報の記録と伝達の要求が，ラベルを通じた規制の目的の達成への貢献度と比べて不釣り合いであることを理由としたものだが，これは強制規格の貿易制限性と強制規格の正当な目的の達成への貢献度の関係性の検討に等しく，TBT 協定 2.2 条の下での検討に類するものである72)。

---

71) 本稿 501 頁。
72) 本稿 503 頁。同様の指摘として，Pauwelyn, supra note 64. また Donald H. Regan, "Regulatory purpose in GATT Article III, TBT Article 2.1, the Subsidies Agreement, and elsewhere: Hic et ubique," Geert Van Calster and Denise Prevost, Research Handbook on Environment, Health and the WTO（2013）p. 71, n. 45 も参照。
なお，これらの事例における上級委の「もっぱら正当な規制上の区別に由来するか」の検討は，GATT20条柱書の正当と認められない差別等の検討に類似し，TBT 協定 2.1 条の上記テストと 2.2 条の必要性テストを合わせて，GATT 20条と同様の検討がなされているとの指摘もある（例えば，Joshua Meltzer and Amelia Porges, "Beyond Discrimination? The WTO Parses The TBT Agreement in US – Clove Cigarettes, US – Tuna II（Mexico）and US – COOL," 14 Melbourne Journal of International Law 1（2013）p. 725）。しかし，従来の GATT 20条の検討は，問題となる措置を 3 条違反等に該当する側面とその他の側面に分けて，前者の正当性を各号の下で，後者の正当性を柱書の下で検討するか，問題となる措置に 2 つの競合する正当な目的がある場合において，措置の一般的な目的に照らした正当性を各号の下で，措置の例外的な目的に照らした正当性を柱書の下で検討するという方法によってなされている（同旨の指摘として，例えば伊藤一頼「EC アザラシ製品の販売を輸入及び販売を禁止する措置（DS400, 401）：貿易福祉のための貿易制限に対する WTO 協定上の規律」RIETI Policy Discussion Paper Series 15-P-005（2015）37-38 頁）。これに対して，上記の「もっぱら正当な規制上の区別に由来するか」の検討においては，輸入産品への不利な効果の原因となっている措置の側面（GATT の下では 3 条違反に該当する側面）の正当性が，その一般的な目的に照らして検討されているのであって，やはり GATT 20条の柱書の検討とは異なるものであろう。ただし，逆にこうした TBT 協定 2.1 条の「もっぱら正当な規制上の区別に由来するか」の検討に即して，GATT 20条柱書の検討がなされている近年の事例として，United States – Measures Concerning the Importation, Marketing and Sale of Tuna and Tuna Products（Recourse to Article 21.5 of the DSU by Mexico), WT/DS381/AB/RW（20 November 2015), paras.7.319-7.335.
他方，本稿では，ポスト差別義務への着目から，特に「規制上の区別によらない差別」の場合の TBT 協定 2.1 条と 2.2 条の関係について分析したが，両者の関係は事実上の差別の場合も問題となる。2.1 条の無差別義務の規律の対象として意図された事実上の差別も，2.1 条

2.2条のポスト差別義務の規律の対象として意図された「規制上の区別によらない差別」が，2.1条の無差別義務の下でも判断された結果，両規定の下での検討は大きく重複するものとなっている。またこうした規制上の区別によらない輸入産品への不利な効果についても，「もっぱら正当な規制上の区別に由来するか」という判断基準をあてはめたがゆえ，その基準の内容はその字義通りの意味とは大きく異なるものとなっているのである。

ただし，上級委はかくして2.1条違反を認定したが，2.2条違反の認定はなされていない。両規定の下で類似の検討を行いつつ，その結論が異なっているのはなぜであろうか。その理由は次の点に求められる。すなわち，2.2条の下では，強制規格の貿易制限性と強制規格の正当な目的の達成への貢献度の関係性の分析は，問題とされる措置とありうる代替措置の比較によってなされ，なおかつその比較においては，提案された代替措置が規制の目的に同等の貢献をし，合理的に利用可能であるかが検討される。これに対して，2.1条の下では，強制規格の貿易制限性の原因である生産者に対する情報の管理と伝達の要求の程度と強制規格の正当な目的の達成への貢献度が直接的に比較されている。それゆえ，ここにおいては代替措置やその規制の目的の達成への貢献度等の提示・論証を要さず，違反が認定される仕組みとなっているのである。

IV おわりに

GATT/WTO法における無差別原則は，国際貿易体制の根幹をなす中心的な規定と言われるが，それらの規定の一般性や抽象性ゆえ，その内容がパネルや上級委の解釈を通じて大きく変容してきたことは，つとに指摘されてきたところである[73]。GATT3条の無差別義務が「規制上の区別によらない差別」

と2.2条の双方の下で判断され，2.1条の下での「もっぱら正当な規制上の区別に由来するか」の検討と2.2条の下での必要性テストの検討は，ともに輸入産品への不利な効果の原因となっている措置の側面の正当性をその一般的な目的に照らして検討している点で，同様の性質を有しているからである（例えば，AB Report (US – Tuna), supra note 57, paras.241-297, 301-342）。

[73] 例えば，川瀬剛志「WTO協定における無差別原則の明確化と変容：近時の判例法の展開とその加盟国規制裁量に対する示唆」RIETI Discussion Paper Series 15-J-004 (2015) 1頁。

へとその規律の対象を拡大してきたことも，そうした変容のひとつと言える。

　他方，TBT協定は，国内規制に関するGATTの規律の強化を目的としたもので，「規制上の区別によらない差別」は，そもそも2.2条のポスト差別義務の規律の対象とされていたと考えられる。にもかかわらず上級委は，TBT協定2.1条の無差別義務を現在のGATT3条の解釈に依拠して解釈し，その結果，TBT協定2.1条と2.2条の区別が消失することになったのである。

　このことは，TBT協定2.2条の違反が認定されていないからといって，同協定の下での貿易的価値と各国の規制権限のバランスが，かつてのGATTの下でのそれと変わりがないわけではないことを意味する。むしろ，TBT協定2.2条のポスト差別義務は，2.1条の無差別義務の下で，ただし2.1条と2.2条における具体的な判断方法の違いゆえ，2.2条の下でのそれよりもより厳格な義務として作用している。

　貿易的価値と各国の規制権限のバランスの現状をいかに評価すべきかは，むろん別途の検討を要する政策論上の課題であるが，その検討は以上の現状の理解を基礎としてなされる必要があろう。

WTO 補助金紛争における法廷経済学

阿 部 克 則

I　はじめに
II　米国——綿花事件
III　EC——航空機事件
IV　米国——航空機事件
V　法廷経済学の観点からの分析
VI　おわりに

I　はじめに

　WTO 補助金協定上の紛争に関するパネル・上級委員会手続においては，要証事実の立証に関し，当事国が経済学的手法を用いることが近年頻繁に見られるようになった。本稿は，こうした実践を「法廷経済学（forensic economics）」の観点から分析するものである。法廷経済学とは，司法的プロセスにおける経済学的手法の利用と定義でき，その実践例としては，不法行為訴訟における損害賠償額の算定，競争法における合併規制，会社法における株式買取請求訴訟等がある[1]。法廷経済学という概念は，米国で生まれたもので，「米国法廷経

＊本稿の執筆にあたっては，椋寛・学習院大学経済学部教授から，国際経済学の観点からの貴重なコメントをいただいたことに感謝申し上げる。もっとも本稿に誤りがあるとすれば，それは全て筆者の責任に帰する。

1) 阿部克則「WTO 対抗措置仲裁における法廷経済学——対抗措置額の決定における経済学

済学協会（National Association of Forensic Economics）」という学会も存在する[2]。

　法廷経済学の概念は、いわゆる「法と経済学（Law and Economics）」の概念とは、区別すべきものである。法と経済学は、「法の経済学的分析（economic analysis of law）」を主張する学問分野であり、大別すれば、規範的分析と記述的分析がある。シカゴ大学のポズナー教授らが創始した「法と経済学」の元来の方法論は規範的分析で、経済学を用いて「法をどのように改良すべきか」を論ずるものであったが、その後の研究は、「法がどのように人々の行動に影響を与えるか」を分析する記述的分析にも広がってきた[3]。他方で、法廷経済学は、基本的には、「法が要証事実として定める事実の証明において経済学的手法を用いること」であり、あくまで司法的プロセスにおいて立証が要求される事実解明のために、経済学を道具として利用することに着目する。その点では、法廷経済学は、刑事訴訟手続におけるDNA鑑定の利用等、要証事実の解明に自然科学の手法を利用する「法科学（forensic science）」の概念とも共通する面がある。すなわち、法廷において、自然科学が、自然現象の解明のために道具として用いられるように、社会科学たる経済学が、社会現象の解明のために道具として用いられ得るのである。このように、「法と経済学」は、分析の焦点は「法」にあるが、「法廷経済学」は、分析の焦点は「事実」にあるところに相違があると言えよう。

　法廷経済学の実践は、WTO紛争解決において広がりつつある。例えば、別稿で検討した対抗措置仲裁における対抗措置額の算定に関しては、経済学的手法の利用が定着した[4]。また、GATT 3条やTBT協定2.1条における「同種性」の判断においても、代替弾力性を経済学的手法により検討することが一般的である[5]。そして本稿が検討対象とする補助金協定上の紛争においても、

　　　的手法の利用」学習院大学法学会雑誌52巻2号（2017）7頁。
2)　詳細は同学会のウェブサイトを参照。http://www.nafe.net/.
3)　マーク・ラムザイヤー・法と経済学——日本法の経済分析（2004）4-6頁；Steven Shavell, Foundations of Economic Analysis of Law（2004）, pp. 1-2; スティーブン・シャベル（田中亘＝飯田高訳）・法と経済学（2010）1-6頁。
4)　阿部・前掲注(1)3-67頁。
5)　World Trade Organization, World Trade Report 2005（Chapter III, A. Quantitative Economics in WTO Dispute Settlement）, pp. 171-211, available at https://www.wto.org/english/res_e/booksp_e/anrep_e/world_trade_report05_e.pdf.

経済学的分析が証拠として紛争当事国から提出されることが多いが，その理由としては，補助金協定が，補助金の貿易歪曲効果に着目した規律を導入しており，当該効果を立証するために経済学的分析が用いられる傾向があることを指摘できる。補助金協定が，補助金をその経済的効果に基づいて規律するのは，補助金が，国際貿易を歪曲し他国に悪影響を与える側面がある一方で，主権国家の正当な政策手段としての側面を有するために，貿易歪曲性だけを理由に補助金を一律に禁止することができないからである。そのため，貿易歪曲効果が高い輸出補助金等は「レッド補助金」として一律に交付が禁止されるが，その他の補助金は「イエロー補助金」として交付は禁止されず，その貿易への悪影響に応じて規律される。したがって，補助金協定の構造上，問題となる補助金の貿易への悪影響という経済的事実の解明が必要となるので，WTO紛争解決手続において経済学的手法が利用される傾向があると言えよう[6]。そこで本稿では，紛争当事国が経済学的手法を用いて事実を立証しようとした3つの補助金紛争を，法廷経済学の観点から分析し，WTO補助金紛争における法廷経済学の意義と課題を論ずることとしたい[7]。

II 米国——綿花事件

1 事件の概要

本件は，綿花に関して米国が交付していた様々な補助金がWTO協定に違反するとして，ブラジルが2003年に申し立てたケースである。問題となった補助金は，輸出補助金と国内助成措置とに大別される。輸出補助金に分類されるものは，3種類の輸出信用保証措置と2000年域外所得法（ETI法）に基づく租税免除で，国内助成措置に分類されるものは，マーケティング・ローン支払いや価格変動対応支払い等の価格連動型国内助成と，生産調整契約支払いや直

---

[6] 筆者は，小寺彰教授の指導の下で初めて執筆した1997年の別稿において，上述のような補助金協定の法的構造から，補助金の及ぼす影響について事実解明を行うことが必須となり，そのために経済学的手法を利用することが一つの方法であることを提示した。阿部克則「補助金規律と『損害・因果関係要件』——ガット／WTOにおける法的構造」国際関係論研究11号（1997）1-37頁。

[7] なお本稿では，補助金協定に含まれる相殺関税規律に関する紛争は検討対象外とし，貿易救済措置の一つとして別稿で検討する予定である。

接支払い等の非価格連動型国内助成であった。これらの補助金のうち，輸出信用保証措置については，原審パネル・上級委員会及び履行パネル・上級委員会のいずれにおいても，補助金協定3条違反が認定され，価格連動型国内助成についても，同様に補助金協定5条及び6条違反が認定された。経済学的手法による要証事実の立証が試みられたのは，価格連動型国内助成措置が補助金協定6.3条(c)に言う「同一の市場における価格の上昇を著しく妨げる効果（価格上昇妨害効果）」を有するかどうかであり，申立国のブラジルが，シミュレーション・モデルを証拠の1つとしてパネルに提出した。ここでは，同モデルがパネル・上級委員会においてどのように扱われたのか，検討する。

2 原審パネルにおけるシミュレーション・モデル

原審パネルにおいてブラジルは，カリフォルニア大学ディビス校教授のDaniel A. Sumner教授が構築したシミュレーション・モデルによって，米国の補助金がなかったならば，1999年から2002年において，米国の綿花生産量は，実際の生産量よりも28.7％少なかったであろうことが示されたと主張した。またブラジルは，同シミュレーション・モデルにより，米国の補助金がなかったならば，上記と同じ期間において，綿花価格（Cotlook A-Index）が平均で12.6％高かったであろうことも示されたとも主張した[8]。パネル報告書には詳細が記載されていないが，Sumnerモデルは，いわゆるFAPRIモデル[9]に修正を加えたものであった[10]。

この経済モデルに関しては，元になっているFAPRIモデルは，FAPRIが

---

[8] Panel Report, *United States – Subsidies on Upland Cotton*, WT/DS267/R, para. 7.1202 [hereinafter Panel Report, *US—Cotton*]. 米国——綿花事件原審パネル報告については，中川淳司「米国の高地産綿花に対する補助金」（経済産業省WTOパネル・上級委員会報告書に関する調査研究報告書）（2004）http://www.meti.go.jp/policy/trade_policy/wto/pdf/ds/panelreport/2004/nakagawa.pdf 等を参照。

[9] FAPRIモデルとは，米国の大学や研究機関の連合組織である食糧農業政策研究所（Food and Agricultural Policy Research Institute: FAPRI）が作成したモデルである。

[10] Panel Report, *US—Cotton, supra* note 8, para. 1202, footnote 1323. 本件においてブラジルが依頼したSidley Austin法律事務所のLauとSchroppによれば，このモデルは経済分析で普及している一般均衡モデルの一種だとされる。Christian Lau and Simon Schropp, "The Role of Economics in WTO Dispute Settlement", in Marion Jansen et al. (eds.), *The Use of Economics in International Trade and Investment Disputes* (2017), p. 70.

所有しているため，紛争当事国もパネルも，直接にアクセスできないという問題があったが，原審パネルは，当該モデルが専門家により作成され，かつ，パネルに対して説明されたこと，また，当該モデルの結論が補助金は貿易を歪曲するという一般的な見解に合致することを指摘した。また，原審パネルは，当該モデルが置いている前提についても異論はないとした。そして原審パネルは，Sumner モデルによる計算結果を，補助金協定5条及び6.3条(c)における因果関係の検討においては依拠しないが，米国の補助金の効果等の検討の際に適切な場合があれば，当該モデルによる分析を考慮し，適当と認める証拠価値を与えるとした[11]。

ただし原審パネル報告書の中には，米国の補助金が，補助金協定6.3条(c)における価格上昇妨害を引き起こしたという因果関係の認定の際に，Sumner モデルを考慮した明示的な記載はない。原審パネルは，世界の綿花市場における米国の影響力が大きいこと，価格連動型補助金が価格上昇妨害を引き起こすという証拠があること，価格上昇妨害と補助金交付との間に時間的な一致があること，及び，米国の綿花生産コストが販売収入を上回っていることを理由に，米国の価格連動型補助金と価格上昇妨害との間の因果関係を肯定した[12]。したがって，Sumner モデルの証拠としての価値が完全に否定されたわけではないが，パネルの判断の中では，少なくとも明示的には，重要な役割は与えられなかったと言えよう。

3 履行パネル・上級委員会におけるシミュレーション・モデル

履行パネルにおいてブラジルは，再び，価格連動型国内助成の価格上昇妨害を定量的に分析するために，シミュレーション・モデルを提出した。このモデルは，原審パネルに提出されたものと異なり，部分均衡モデルであったようだが，履行パネルは，原審パネルよりも一歩踏み込んで，当該モデルを検討するとした。このモデルは，米国と米国以外の世界全体（rest of the world）の二国モデルで，価格連動型国内助成が撤廃されたと仮定したときに，綿花の世界市

---

[11] Panel Report, *US—Cotton, supra* note 8, paras. 7.1205-7.1209.
[12] *Ibid.*, paras. 7.1347-7.1356.

場価格，米国と米国以外の世界全体の綿花生産高及び綿花の輸出入量が，どのくらい変化するかをシミュレートするものであった 13)。

ブラジルは，シミュレーションの結果として，もし米国の補助金がなかったならば，2002-2005 年において，綿花の世界市場価格は，平均で約 8% 高かったであろう（すなわちその分価格上昇妨害があった）と主張した 14)。他方米国も，異なるパラメーターの組み合わせを用いて，ブラジルが提供したエクセルの表によるシミュレーションを行い，もし米国の補助金がなかったならば，2002-2005 年において，綿花の世界市場価格は，平均で約 1.41% しか高くなかったであろうと反論した 15)。この両国の対立の背景には，モデルそれ自体の正確性の問題と，シミュレーションに用いるパラメーターの値の問題とがあった。

第 1 に，モデルそれ自体の構造について，米国は，ブラジルのモデルが，FAPRI モデルよりも単純化されたもので，FAPRI モデルの重要なパラメーターが排除されてしまっていると批判したが，ブラジルは，自国のモデルが FAPRI モデルよりも単純化されているのは，綿花補助金が撤廃された場合の綿花市場への影響を立証するという，特定された目的のためであって，様々な産品に関する推計に対応するように構築されている FAPRI モデルのパラメーターをそのまま用いるよりも，本件紛争処理の目的にとっては，むしろ望ましいのだと反論した。この点について履行パネルは，より単純化され，アクセスしやすいブラジルのモデルは，本件で争われている特定の問題に焦点を当てやすいとして，一定の理解を示しつつも，同国のモデルが経済学の学界における「基礎がなく（no foundation）」，当該モデルが本件紛争で初めて提出されたことから，パネルの信頼を獲得する必要があるとした 16)。

---

13) Panel Report, *United States – Subsidies on Upland Cotton（Recourse to Article 21.5 of the DSU by Brazil）*, WT/DS267/RW, paras. 10.197-10.199.〔hereinafter Panel Report, *US—Cotton（21.5）*〕. Lau and Schropp, *supra* note 10, p. 70 も参照。なお原審パネル段階と異なり，履行パネル段階では，当該モデルの全ての情報が，パネルと米国に提供された。米国——綿花事件履行パネル報告については，濱田太郎「米国——高地産綿花に対する補助金（WT/DS267）履行確認」（経済産業省 WTO パネル・上級委員会報告書に関する調査研究報告書）（2008）http://www.meti.go.jp/policy/trade_policy/wto/ds/panel/pdf/0801.pdf 等を参照。

14) Panel Report, *US—Cotton（21.5）*, *supra* note 13, para. 10.201.

15) *Ibid.*, paras. 10.201-10.202.

第2に，パラメーターに関しては，両国間で，供給の価格弾力性等の値について主張が対立した。例えば，米国の供給弾力性に関しては，ブラジルは，綿花補助金の影響力が大きいとの実証研究を根拠に，0.8という高い値を主張したのに対し，米国は，ブラジルの主張する綿花補助金の影響力は誇張されているとし，0.21という低い値を主張したのである。この点について履行パネルは，両国の主張したパラメーターの値について，どちらが適切かについて決定する立場になく，米国の綿花補助金撤廃による影響の正確な規模に関する両国の主張について判断しないとした。しかし履行パネルは，ブラジルのモデルにせよ，米国のモデルにせよ，綿花補助金の撤廃が世界市場価格の上昇妨害を引き起こすとの結論を支持することには変わりはないことに留意するとした[17]。

　以上のように，履行パネルは，モデルに基づく両国の主張の評価を十分に明らかにしなかったため，履行上級委員会手続において米国は，履行パネルがシミュレーション・モデルの結果に依拠して判断するのであれば，いずれのモデルが適切であり，そのモデルによってどの程度の価格上昇妨害が生じたのか決定しなければならないとし，履行パネルが客観的検討を行っていないので，DSU 11条に違反すると主張した[18]。これに対して上級委員会は，価格上昇妨害に関する分析は，通常は定量分析を含むものであり，一つの方法は，経済モデルや他の計量的手法の利用であるとし，それによって，補助金と他の要因，価格との間の関係を分析することができるとした。そして上級委員会は，経済モデルはパネルが精査すべき重要な分析道具であり，パネルは他の証拠と同様に，経済モデルの証拠価値について結論を出すべきだと指摘した。そのうえで上級委員会は，履行パネルが，当事国が提出したモデルを適切に検討したものの，より踏み込んだ評価・分析ができたであろうと述べた[19]。このように上

---

16) *Ibid.*, paras. 10.205–10.206, 10.219–10.220.
17) *Ibid.*, paras. 10.209–10.211, 10.221–10.222.
18) Appellate Body Report, *United States – Subsidies on Upland Cotton (Recourse to Article 21.5 of the DSU by Brazil)*, WT/DS267/AB/RW, paras. 50, 64.
19) *Ibid.*, paras. 356–358. なお，DSU 11条違反があったか否かに関しては，シミュレーションの結果は，履行パネルが6.3条(c)に関する認定において依拠した要素の一つに過ぎず，履行パネルによる経済モデルの検討は，事実審としての権限の範囲内にあり，DSU 11条違反はないと結論した。*Ibid.*, paras. 434–435.

級委員会は,経済学的手法の利用に,前向きな姿勢を示したのである.

Ⅲ EC——航空機事件

1 事件の概要

本件は,大型民間航空機(Large Commercial Aircraft: LCA)に関して,EU[20]がエアバス社に対して交付していた様々な補助金がWTO協定に違反するとして,米国が2005年に申し立てたケースである.問題となった補助金は,EU加盟国がエアバス社のLCA開発に対して交付していた生産開始支援・加盟国融資(Launch Aid/Member State Financing: LA/MSF)と,その他のエアバス社支援策である.生産開始支援・加盟国融資は,無担保・低金利で,LCA販売が一定の成功を収めたのちに返済義務が生ずるというエアバス社にとっては非常に有利な融資であり,その輸出補助金該当性が争われるとともに,イエロー補助金として,米国に悪影響・著しい害を与えたか否かが争点となった.後者の争点に関しては,生産開始支援・加盟国融資の利益を受けたエアバス機が,①EU市場において,補助金協定6.3条(a)に規定される輸入代替を生じさせたか,②第三国市場において,補助金協定6.3条(b)に規定される輸出代替を生じさせたか,③同一市場内において,補助金協定6.3条(c)に規定される価格押し下げ・価格上昇妨害・販売減少を生じさせたかが問題となった.そこでここでは,生産開始支援・加盟国融資が,上述のような6.3条にいう著しい害を生じさせたか否かに関し,米国が証拠として提出した経済学的分析について検討する.また,著しい害の発生に関する判断の前提となる「関連市場」の画定に関連して,SSNIPテスト等の経済学的手法が履行パネル手続で問題となったので,これについても検討を加える.

---

20) 同事件が協議要請された当時は,リスボン条約発効前であったため,ECの名称が事件名に用いられているが,本文中では,EUに表記を統一する.EC—航空機事件の原審パネル・上級委員会報告については,川瀬剛志「WTO補助金規律における国家資本主義の位置——エアバス事件の示唆」村瀬信也先生古稀記念・国際法学の諸相——到達点と展望(2015) 481-492頁等を参照.

2 原審パネル手続における Dorman 報告書

　原審パネルは，補助金協定6.3条の下での検討は，第1段階として，代替や価格押し下げ，販売減少等があったか否かを判断し，第2段階として，それらと補助金との間に因果関係があったか否かを判断するという，2段階アプローチ（two-step approach）をとり，第1段階としては，6.3条(b)にいう輸出代替，及び，6.3条(c)にいう販売減少，価格押し下げ，並びに，価格上昇妨害があったと判断した[21]。次にパネルは，第2段階として，因果関係があるか否かを検討したが，その際にパネルは，米国が提出した Dorman 報告書を検討した[22]。同報告書は，生産開始支援・加盟国融資があった場合となかった場合のキャッシュ・フローをシミュレートして，LCA 開発プログラムの正味現在価値を算出し，それがエアバス社の LCA 開発決定に及ぼす影響をシミュレートしたものである。同報告書は，生産開始支援・加盟国融資が LCA 開発のコストをカバーすることで競争を歪曲し，LCA 開発に係るリスクを，エアバス社から政府に移転したのであって，生産開始支援・加盟国融資がなかったならば，エアバス社が LCA を開発しなかったであろうと結論する[23]。これに対して EU は，大別して3つの批判を行った。それらは，第1に，Dorman 報告書は補助金がなければ LCA 市場は自然独占になるとの前提をとっていること，第2に，同報告書のモデルは非現実的なパラメーターの値を用いていること，第3に，生産開始支援・加盟国融資がもたらす経済的影響を部分的にしか考慮していないことであった[24]。

　これらの EU の批判に対してパネルは，Dorman 報告書は補助金がなければボーイング社の独占になるとの前提を置いているわけではないとし，また，Dorman 報告書のシミュレーションは，パラメーターについて様々な値のケースを想定して行われており，いずれのパラメーターの値をとっても生産開始支

---

21) Panel Report, *European Communities and Certain Member States – Measures Affecting Trade in Large Civil Aircraft*, WT/DS316/R, paras. 7.1731, 7.1790-1791, 7.1845, 7.1861-62.
22) *Ibid.*, paras. 7.1865, 7.1880. Dorman 報告書に対しては，EU が，それを批判する Wachtel 報告書をパネルに提出した。*Ibid.*, para. 7.1871. 両報告書ともに非公開文書であるため，本稿の検討は，パネル報告書の記載に基づく。
23) *Ibid.*, paras. 7.1882-7.1887.
24) *Ibid.*, para. 7.1888.

援・加盟国支援の影響があることを証明している等として，EUの主張は説得的でないとした。以上からパネルは，Dorman 報告書は，生産開始支援・加盟国融資がLCA開発プログラムの正味現在価値に大きな影響を与え，エアバス社がLCAを開発するという意思決定を左右したことを立証したと結論したのである[25]。

3　履行パネル手続におけるSSNIPテスト

著しい害の存否に関する判断の前提となる市場画定に関し原審上級委員会報告では，両当事国が，LCA市場は3つの市場に分かれることに同意したとの前提で分析がなされたが，履行段階でEUは，現在のLCA市場は，6または7の市場から構成されると主張した。それに対し米国は，LCA市場は3つの市場に分かれると反論し，両当事国は，それぞれ専門家のレポートを証拠として提出した[26]。そのため，履行パネル手続において，LCA市場画定問題が再燃した。この市場画定問題について，原審上級委員会報告は，市場画定の一般論を述べ，その中で，産品同士が競争関係にあれば同じ市場に存在するのであり，競争関係にあるかどうかを決定する際に通常用いられるのはSSNIPテストであるとしていた[27]。そこでEUは，履行パネル手続において，上記の原審上級委員会報告が示唆するSSNIPテストのような定量分析を米国が行っておらず，LCA市場が3つの市場から構成されることを立証していないと主張した。他方米国は，関連市場の範囲の立証にあたって，必ず定量分析が要求さ

---

25)　*Ibid.*, paras. 7.1893–7.1902, 7.1911–7.1912, 7.1949.
26)　Panel Report, *European Communities and Certain Member States – Measures Affecting Trade in Large Civil Aircraft*（*Recourse to Article 21.5 of the DSU by the United States*），WT/DS316/RW, para. 6.1157［hereinafter Panel Report, *EC—Aircraft*（*21.5*）］．
27)　Appellate Body Report, *European Communities and Certain Member States – Measures Affecting Trade in Large Civil Aircraft*, WT/DS316/AB/R, para. 1120, footnote 2468. SSNIPテストとは，仮想的独占者が「小幅であるが有意かつ一時的でない価格引き上げ（Small but Significant Non-transitory Increase in Price）を行った場合に，消費者が代替的な財に逃げてしまうか否かを分析して，関連市場を画定しようとする手法である。SSNIPテストについては，岡田羊祐＝武田邦宣「水平合併における競争の実質的制限と問題解消措置」岡田羊祐＝川濵昇＝林秀弥編・独禁法審判決の法と経済学（2017）101頁；Peter Davis and Eliana Garcés, *Quantitative Techniques for Competition and Antitrust Analysis*,（2010），pp. 201–218.

れるわけではなく，原審上級委員会報告は，SSNIP テストに軽く触れただけであって，法的要件を明確にしたものではないと反論した。また米国は，SSNIP テストは，本件ではデータ不足のために用いることができず，さらに仮に SSNIP テストを本件で行ったとしても，信頼性が低いとも主張した[28]。

この点について履行パネルは，上級委員会が SSNIP テストに言及したのは，状況によっては SSNIP テストが定量分析の一例であることを示したものであって，定量分析を用いなければならないとのルールを作ったものではないとした。また，履行パネルは，LCA 市場が複雑であっても，SSNIP テストのような定量分析を適用することは不可能ではないが，そのためには価格以外の要因をモデルに取り込む必要があり，かつ，多くのデータが必要になると指摘した。さらに履行パネルは，OECD の市場画定に関する文書を引用しつつ，LCA のような差別化された産品の場合には，SSNIP テストが依拠する「仮想的独占者理論（Hypothetical Monopolist Test logic: HMT logic）」の証明力には限界があるとした[29]。

なお履行パネルは，合併規制における SSNIP テストを WTO 補助金協定における悪影響の分析の中で用いる際には，一定の補正が必要であるとも述べた。その理由は，SSNIP テストは，合併前の市場は競争的であるとの前提を置き，合併企業の将来の行動が競争にどう影響するかを分析する目的で用いられるが，補助金紛争においては，過去と現在の市場の状況が問題であり，かつ，競争が補助金によって歪曲されている可能性があるという違いがあるからである。そのうえで履行パネルは，本件で SSNIP テストを正確に適用することは実務的に困難であり，どの程度 SSNIP テストの結果を補正すべきかについてパネルが明確な結論を導く必要はないと結論した[30]。以上のように履行パネルは，SSNIP テストを含む定量分析を，関連市場の範囲の立証にあたって米国が行う必要はないと結論したのである[31]。

---

[28] Panel Report, *EC—Aircraft* (*21.5*), paras. 6.1174-6.1176.
[29] *Ibid.*, paras. 6.1179-6.1189.
[30] *Ibid.*, paras. 6.1190-6.1203.
[31] 履行パネルは，SSNIP テスト等の定量分析が困難な場合，国内競争当局も必ずしも定量分析を行うわけではなく，実際に EU の競争当局も，そのような場合には定性分析が代替的な証拠になるとしていると指摘した。*Ibid.*, para. 6.1207. なお，上記の SSNIP テストとは別

Ⅳ 米国——航空機事件

1 事件の概要

本件は，先に検討したEC—航空機事件と同様に，LCAに関して米国がボーイング社に対して交付していた様々な補助金がWTO協定に違反するとして，EUが2006年に申し立てたケースである。問題となった補助金は，大別して，米国ワシントン州等がボーイング社に対して行っていた減税やインフラ整備等と，NASA及び国防省による研究開発プログラムである。後者のNASA及び国防省による研究開発プログラムは，ボーイング社との間の研究開発契約に基づきボーイング社に支払いを行うことや，NASAや国防省の施設・人員を低い対価でボーイング社が航空機開発のために利用することを認めるもので，これらの補助金が，イエロー補助金として，①米国市場において，補助金協定6.3条(a)に規定される輸入代替を生じさせたか，②第三国市場において，補助金協定6.3条(b)に規定される輸出代替を生じさせたか，③同一市場内において，補助金協定6.3条(c)に規定される価格押し下げ・価格上昇妨害・販売減少を生じさせたかが問題となった。ここでは，上述の論点に関し，EUが証拠として提出した経済学的分析（Cabralモデル）について検討する[32]。

に，EUは，単通路機市場に関し，旧モデルの機体（A320ceo・737NG）の価格は新モデルの機体（A320neo・737MAX）の価格に影響を及ぼさず，競争関係にないことを主張するために，正味現在価値分析を提示したが，説得的な証拠ではないと履行パネルに判断された。*Ibid.,* paras. 6.1249-6.1273. 同分析の詳細が明らかでなく，かつ，紙幅の制約もあり，本稿では検討しない。

[32] なおEUは，ワシントン州の事業税の減免という補助金の利益が，減税を受けた航空機部品メーカーからボーイングに100％パス・スルー（pass through）していると主張したが，それを立証するために経済モデルを提出したが，このモデルの詳細は明らかではなく，パネルも簡略に退けているため，紙幅の関係上，検討を割愛する。この論点については，Panel Report, *United States – Measures Affecting Trade in Large Civil Aircraft (Second Complaint)*, WT/DS353/R, paras. 7.293-7.297 [hereinafter Panel Report, *US—Aircraft*] を参照。米国—航空機事件の原審パネル報告については，阿部克則「米国——大型民間航空機の貿易に影響を与える措置事件（パネル）」（経済産業省WTOパネル・上級委員会報告書に関する調査研究報告書）（2011）http://www.meti.go.jp/policy/trade_policy/wto/ds/panel/pdf/11-1.pdf 等を参照。

2 原審パネルにおけるCabralモデル

EUは、ニューヨーク大学のLuís Cabral教授が構築した「Cabralモデル」と呼ばれる経済モデルをパネルに提出したが、同モデルは、ボーイング社に対する補助金が、ボーイング社の販売する航空機の価格にどのくらいの引き下げ効果があったかを推定しようとするものであった。Cabralモデル自体は、パネル報告書には掲載されていないが、パネル報告書における概要説明によれば、Cabralモデルは2つのモデルから構成されていた。一つは、「目的関数モデル」と呼ばれるもので、これはボーイング社が受領する補助金が、株主への支払いに向けられる割合と、「投資」に向けられる割合を推定しようとするものである。ここでいう「投資」は、研究開発への投資だけでなく、ボーイング社が航空機を販売する際に値引き販売をするために補助金を用いることも含まれる。パネル報告書によれば、同モデルは、ボーイング社が追加的に補助金を受領したときに、その「効用（utility）」を最大化するように配当支払いと投資との割合を決定すると想定する。そして同モデルは、配当に対する相対的なウェイトを α とし、投資に対する相対的なウェイトを $(1-\alpha)$ とするコブ・ダグラス型の関数である[33]。Cabralモデルを構成するもう一つのモデルは、「価格競争モデル」というもので、これは、ボーイング社がどのような「投資」に受領した補助金を振り向けるかを推定することを目指したものであった。同モデルでは、ボーイング社が補助金により行う「投資」には3種類あり、第1は、学習曲線効果に基づき新しい機種の機体について値引きをすること、第2は、スイッチングコストに基づき従来型の機体について値引きをすること、第3は、一般的な研究開発に支出することである[34]。上述の目的関数モデルと価格競争モデルは、その具体的なモデルの構造や両モデルの関係が定かではないが、Cabral教授は、1989年から2006年までにボーイング社が受領したとされる191億ドルの補助金が、2004年から2006年にかけて、ボーイング社の航空機

---

[33] パネル報告書の附属文書に、Cabralモデルの説明とパネルの評価が記載されている。*Ibid.*, Appendix VII.F.2, paras. 4-8.

[34] *Ibid.*, para. 30. パネル報告書によれば、「価格競争モデル」は、寡占市場における価格競争に関する標準的なホテリング・モデルにいくつかの修正を加えたものであった。*Ibid.*, para. 31.

の価格を，1.62〜2.64％ 低下させたと結論した[35]。

これに対して米国は，コロンビア大学ビジネススクールの Bruce Greenwald 教授らをコンサルタントとし，Cabral モデルに対して様々な批判を行った。その結果，パネルは，米国のいくつかの批判を受け入れた。第1にパネルは，Cabral モデルが，2000年から2006年までの間のボーイング社の実際の価格行動に関する証拠と矛盾するとの米国の主張を認めた。Cabral モデルは，コブ・ダグラス型の目的関数を採用するため，ボーイング社が受領した補助金の配当と投資との間の配分比率は一定であることが前提となるが，他の証拠によれば，ボーイング社は2004年から2005年にかけて価格設定行動を変えて，より攻撃的になったとされる。EUによれば，この変化は新しい経営幹部の登用により，急激に起こったものであるとされ，EU自身もCabralモデルの前提とは異なる証拠を提出している。パネルは，この点に関する米国の批判は説得的であるとした。第2にパネルは，NASAによるボーイング社への施設提供等の物的補助金は，金銭的補助金と同等のものであるとのCabralモデルの仮定が問題であるとの米国の批判も受け入れた。パネルは，仮に物的補助金と金銭的補助金が同等のものと扱えるとしても，NASAの支援による一般研究開発費節減が個別の機体の開発費用削減にどのようにつながるのかがCabralモデルでは不明確であるとした[36]。このようにパネルは，Cabralモデルが置いているいくつかの仮定が，ボーイング社の実際の行動と一致せず，モデルが現実と乖離しているとの判断を行ったのである。

V 法廷経済学の観点からの分析

1 モデルの信頼性

本稿で検討した3つのケースでは，いくつかの経済モデルが提示され，その証明力がパネルによって一定程度認められたものと，そうでないものがあった

---

[35] *Ibid.*, para. 6. このような Cabral モデルは，競争政策におけるベルトラン競争モデルの派生形だとされる。Amar Breckenridge, "The Game We Play – Simulation Models in Merger Analysis and Their Potential Use in Trade Litigation", in Marion Jansen et al. (eds.), *supra* note 10, p. 272.

[36] Panel Report, *US—Aircraft*, *supra* note 32, paras. 68-74.

が，そのような違いが出る理由の1つは，モデル自体の信頼性の有無であろう。米国—綿花事件のSumnerモデルは，米国によって単純化され過ぎていると批判されたが，そのこと自体でSumnerモデルの証拠としての価値を否定されることはなかった。経済モデルは，現実の極めて複雑な経済的事象につき，数式を用いた経済主体の最適化問題とその相互依存関係を「均衡」として導出しつつ，政策効果の分析や実証分析を可能にするものなので，ある程度の単純化は避けることができない。SumnerモデルはFAPRIモデルを単純化するものではあったが，国際経済学において補助金の貿易効果を分析する標準的な考え方である二国モデルの一種であり，綿花補助金が撤廃された場合の綿花市場への影響を立証するという特定の目的のために，あえてモデルを単純化することには一定の合理性はあろう。

ただし，履行パネルも留意するとしたように，ある経済モデルが経済学の専門家の間でどのような評価を受けているかは，モデルの信頼性に影響を与えると考えられる。米国は，Sumnerモデルが学界における十分な基礎がないと批判したが，実際に，米国の綿花補助金の貿易効果について詳細な研究を行っていたのはSumner教授のみと言ってよく，国際経済学の学界において活発な議論が行われていたとは言い難い状況であった。したがって，パネルが事実認定において経済モデルに依拠しやすくするには，学界における客観的な研究の蓄積が必要となろう。この観点からみると，米国—航空機事件で提出されたCabralモデルは，施設利用などの物的補助金を金銭的補助金に変換して分析するという独自性の強いモデルで，パネルには説得的ではなかったと考えられる[37]。他方で，EC—航空機事件で提出されたDorman報告書に含まれていたシミュレーション・モデルは，あるプロジェクトのキャッシュ・フローの正味現在価値を算出するというファイナンス理論では一般的な考え方であるため，パネルとしても受け入れやすかったと言えよう。

---

[37] Robert Teh and Alan Yanovich, "Integrating Economic Analysis into WTO Dispute Settlement Practice: A View from the Trenches", in Marion Jansen et al. (eds.), *supra* note 10, pp. 29–30.

2 データの入手可能性

次に、経済モデルを立証手段として利用するには、必要なデータが入手可能であることが不可欠である。モデル自体に信頼性があったとしても、モデルを動かすことに必要なデータが揃わなければ、正確な結果を導くことはできず、証拠としての証明力も低くなってしまう。この点で、EC—航空機事件の履行パネル手続において、関連市場の画定問題に関してEUが主張したSSNIPテストの利用は、必要なデータが入手可能ではないことと、差別化された産品のケースへの適用の限界とを理由として、本件での実行は非現実的であるとパネルは判断した。この2つの理由のうち、差別化された産品へのSSNIPテストの適用に限界があることに関しては、逆に、差別化された産品についてもSSNIPテストによる市場画定は可能であるとの学説もあり[38]、決定的な理由にはならないと考えられるが、より問題なのは、LCA市場におけるデータ入手の困難さであろう。SSNIPテストは、欧米の国内競争法において普及したものではあるが、それを実際に用いるのは、入手可能なデータに限界があり、困難であると指摘されている[39]。SSNIPテストを企業結合審査事例に用いる場合には、臨界弾力性分析や臨界損失分析を行うことになるが[40]、これらの分析のためには、価格や数量等の詳細なデータが必要であり、それらが十分に揃う事案は少ないとされる[41]。LCA市場に関しては、航空機メーカーと航空会社との間の直接取引がほとんどであり、価格情報は秘密とされ、観察可能な価格データは非常に限定的であるという特徴がある。そのためSSNIPテストの実行は、さらに困難である可能性が高く、履行パネルの説示は妥当であろう。

この点で、履行パネル段階においてEUが、米国はSSNIPテストを用いて関連市場を証明すべきだと主張したのは、そもそもは原審上級委員会が、関連

---

[38] 武田邦宜「企業結合規制における定量的評価と定性的評価」日本経済法学会年報33号 (2012) 46頁；Simon Bishop and Mike Walker, *The Economics of EC Competition Law: Concepts, Application and Measurement* (2010), p. 365.

[39] 川濱昇ほか・企業結合ガイドラインの解説と分析 (2008) 33頁。

[40] 「臨界弾力性 (Critical Elasticity)」分析と「臨界損失 (Critical Loss)」分析については、競争政策研究センター・企業結合審査と経済分析 (2005) 93-94頁を参照。

[41] 五十嵐俊子「米国の企業結合審査における経済分析の活用——市場画定の経済分析手法」公正取引628号 (2003) 33頁。

市場の画定について通常用いられるのがSSNIPテストだと示唆したからであった。つまり，EUとしては，上級委員会が示唆したとおりに履行パネル段階で主張したものの，履行パネルには受け入れられなかったという経緯になる。上述のように，SSNIPテストがデータの入手可能性の観点から実行に困難があることは国内競争法における実践で既に明らかになっており，かつ，LCA市場では更に価格情報の入手が難しいことは明白であったにもかかわらず，上級委員会がSSNIPテストの利用を示唆したことには，疑問が残る。LCA市場において，そもそもSSNIPテストの実行が困難であるならば，上級委員会が安易に言及すべきではなく，仮にデータの入手可能性に限界があることを前提としてSSNIPテストの実行を求めるのであれば，どのように実行すべきなのかも含めて，指針を示すべきであったと言えよう。

　データの入手可能性に関しては，米国―綿花事件で提出されたようなシミュレーション・モデルに関しても問題になり得る。原審パネルに提出された一般均衡モデルの一種であるSumnerモデルのパラメーターの値に関しては，それが実証的なものではなく，キャリブレーションされたものに過ぎず，因果関係の立証には不十分であるとの批判がある[42]。キャリブレーションとは，モデルである連立方程式にモデルの基準均衡解を代入しておいて，逆に，推定すべきパラメーターを未知数として解くという手法であるが，このような方法をとるのは，一般均衡モデルのパラメーターの推定を計量経済学的手法により行うには，詳細なデータが十分でない場合があるからである[43]。キャリブレーションの短所は，計量経済学的手法によりパラメーターを推定する場合と違い，パラメーターの妥当性を統計的に検証することができないこととされる[44]。そのため，キャリブレーションを用いたモデルは，そもそも説明変数と被説明変数との間の因果関係を仮定しているに過ぎないので，因果関係の立証としては不十分だと指摘される[45]。また，履行パネル段階で提出されたSumnerモ

---

[42] Andre Sapir and Joel P. Trachtman, "Subsidization, Price Suppression, and Expertise", *World Trade Review*, vol. 7 (2008), pp. 202-204.
[43] 細江宣裕ほか・テキストブック応用一般均衡モデリング――プログラムからシミュレーションまで〔第2版〕(2016) 73-74頁。
[44] 細江ほか・前掲注(43)75頁。
[45] Sapir and Trachtman, *supra* note 42, p. 204.

デルは，部分均衡モデルであったと考えられるが，当該モデルのパラメーターの値に関しても，統計的に検証されたことがパネル報告書からは明らかではない46)。このように，計量経済学的手法によりパラメーターの推定ができるほどに詳細なデータが揃わない場合には，シミュレーション・モデルの証明力には限界があると言えよう。

3 立証責任と補助金協定の構造

以上検討してきたように，経済学的手法により事実解明を行う際には，パネルにとって信頼性のあるモデル等の分析方法が存在することと，その分析を行うために必要なデータが揃っていることが求められる。しかしWTO補助金紛争において，そのような条件が常に揃うわけではなく，経済学的手法の技術的限界があるが，その場合に，経済学的手法による立証では，申立国が証明責任を果たしていないと評価されるべきであろうか。

WTO補助金協定は，Ⅰでふれたように，補助金を，交付自体が禁止されるレッド補助金と，交付は禁止されないがその悪影響を除去すべきとされるイエロー補助金とに分類するが，このような規律構造になっているのは，補助金が，国際貿易を歪曲し他国に悪影響を与える側面がある一方で，主権国家の正当な政策手段としての側面を有するために，貿易歪曲性だけを理由に補助金を一律に禁止することができないからである。したがって，イエロー補助金の規律においては，補助金とその悪影響との間の因果関係の立証問題が必然的に生じてしまう。そのような規律構造において，申立国に高度な立証責任を負わせることは，イエロー補助金の規律を過度に緩和的にすることになってしまう。よって，経済学的手法の技術的限界を前提とすれば，申立国に高度の証明度を要求することは妥当ではないだろう。

以上のように考えれば，データが不十分なためにキャリブレーションによってモデルのパラメーターを推定することについては，パラメーターの妥当性を統計的に検証できないとの批判があるものの，キャリブレーションという手法

---

46) ブラジルは，米国の供給弾力性に関しては，実証的研究から導いたと主張したようであるが，統計的検証が行われたのかは不明である。Panel Report, *US—Cotton* (21.5), *supra* note 13, para. 10.210.

は一般均衡モデルのパラメーター推定において広く用いられているものであり，キャリブレーションにより構築されたモデルに何ら証明力を与えないことは妥当ではないと思われる[47]。米国—綿花事件においては，原審パネルも履行パネルも，Sumnerモデルを考慮したものの，同モデルのみではなく，他の証拠と合わせて，綿花補助金と悪影響との因果関係を肯定したが，経済学的手法の技術的限界を踏まえれば，このような立証の仕方は許容されるべきであろう。経済学的手法の他に，因果関係を立証できる優れた方法が存在すればよいが，それが存在しないのであれば，申立国は経済学的手法を用いざるを得ない。換言すれば，経済学的手法による立証の道を閉ざせば，申立国が不当に不利な立場に置かれ，ひいては，イエロー補助金規律を形骸化してしまうため，補助金規律の構造上，妥当な証明責任の下での法廷経済学は必要なものであろう。

VI　おわりに

本稿で検討してきたように，WTO補助金紛争における法廷経済学の実践は蓄積してきているが，補助金協定が補助金の経済的効果に着目した規律構造をとっている以上，経済学的手法による事実解明は避けて通れないであろう。また，補助金紛争だけでなく，別稿で検討した対抗措置仲裁のように，他にも法廷経済学を必要とする分野が存在する[48]。しかし，WTO紛争解決手続における経済学的手法の利用は，まだ緒に就いたばかりである。例えば国内競争法においては，数十年の実践があり，議論に厚みがあるが，WTOに関してはまだ実践例は数少ない。WTO紛争解決手続の歴史が浅いことも一つの理由であろうが，実際の紛争解決を念頭に置いた経済学の研究が少ないことも背景にあると思われる。国際経済学における貿易理論の研究は盛んであるものの，WTO紛争解決手続での利用も視野に入れた研究はほとんどないのが現状である。

---

47) キャリブレーションを巡る論争については，Christina Dawkins, Calibration, in James J. Heckman and Edward Leamer (eds.), Handbook of Econometrics, vol. 5 (2001), pp. 3653-3703を参照。

48) 他にもWTOでは，内国民待遇規定における同種性の判断やアンチダンピング課税の損害認定，投資仲裁では損害賠償額の算定等が，国際経済法における法廷経済学の実践例であり，その検討は筆者の今後の課題である。阿部・前掲注(1)66-67頁。

この点で，ジュネーブ高等研究所の Pauwelyn 教授らによる「国際貿易・投資紛争における経済学の利用」研究は，法律学者だけでなく，経済学者らを巻き込んだもので，今後は経済学の観点からの関心が高まることが期待される。同教授らの近著は，「WTO 及び投資紛争解決手続における定量的証拠提出に関する指針」として，経済学的手法を紛争当事者が用いる場合に，適切なデータを提出すべきことや，経済モデルを明確に説明すべきこと等の一般的なガイドラインを提案する49)。これは，紛争当事者のベスト・プラクティスを提示するもので評価できるが，法廷経済学の実践を更に改善するためには，具体的な経済学的手法の中身にまで踏み込んだ参照文書を作成することが有益かもしれない。例えば，米国の連邦司法センターが発行する "Reference Manual on Scientific Evidence" は，裁判官による科学的知見の利用を改善することを目的とし，DNA 鑑定や疫学と並んで，回帰分析や損害賠償額の算定に関する DCF 法について具体的な解説をしている50)。WTO においても，法律学と経済学の専門家の共同作業により同様な文書を作成することが考えられよう。

---

49) Marion Jansen et al., "Guidelines for Submitting Quantitative Evidence in WTO or Investor-State Dispute Settlement Proceedings", in Marion Jansen et al. (eds.), *supra* note 10, pp. 394–396.
50) National Academy of Sciences and Federal Judicial Center, Reference Manual on Scientific Evidence (3rd Edition) (The National Academies Press, 2011), pp. 303–357, 425–502, at http://www.fjc.gov/public/pdf.nsf/lookup/SciMan3D01.pdf/$file/SciMan3D01.pdf.

広域 FTA を通じた規制協力と
規制整合性の可能性と課題

中 川 淳 司

I　はじめに——小寺教授の国際経済法研究を振り返って
II　広域 FTA を通じた規制協力と規制整合性：問題設定
III　GATT と WTO における規制協力と規制整合性
IV　広域 FTA を通じた規制協力と規制整合性
V　広域 FTA を通じた規制協力と規制整合性の可能性と課題
VI　結　び

I　はじめに——小寺教授の国際経済法研究を振り返って

　小寺教授は，研究者としてのキャリアの最初期から国際経済法に関心を寄せ，数多の研究業績を積み重ねられた。東京都立大学に着任されて間もなく，総合研究開発機構（NIRA）で組織された「企業の多国籍化に伴う法的諸問題に関する研究会」に参加され，多国籍企業の行動指針に関する先駆的論考[1]を公刊されたのは 1986 年のことである。その後も，名著『WTO 体制の法構造』(2000 年)[2]，『転換期の WTO——非貿易的関心事項の分析』(2003 年)[3]，*The*

---

[1]　小寺彰「多国籍企業と行動指針——多国籍企業行動指針の背景とその機能」総合研究開発機構編・企業の多国籍化と法 I　多国籍企業の法と政策（1986）273-344 頁。
[2]　小寺彰・WTO 体制の法構造（2000）。
[3]　小寺彰編・転換期の WTO——非貿易的関心事項の分析（2003）。

Future of the Multilateral Trading System: East Asian Perspective（2009）4)，
『国際投資協定——仲裁による法的保護』（2010年)5) と，国際経済法学の新たな地平を切り開く著作をコンスタントに刊行され，日本の国際経済法学を牽引された。最後の編著書となったのが西村高等法務研究所に設置されたエネルギー投資研究会の共同代表としての編著『エネルギー投資仲裁・実例研究——ISDS の実際』（2013年)6) であったことは，小寺教授の国際経済法研究者としてのキャリアの締め括りにふさわしいエピソードであったと思う。

国際経済法の広範囲な分野にわたる小寺教授の研究業績の中で，地域貿易協定（regional trade agreements, RTAs）に関する研究は必ずしも多くない。東京都立大学ご着任後まもなく欧州共同体（EC）に関する論考を公刊されたが（1982年)7)，その後は日本機械輸出組合の委嘱による木村福成教授（慶應義塾大学，国際経済学）との共同研究「東アジア自由貿易地域形成の課題と戦略」の成果を2001年に公刊されるまで8)，ほぼ20年間のブランクがあった。しかし，2000年代に入って以降，日本が経済連携協定を積極的に締結する方針に転じたのと軌を一にして，地域貿易協定に関する研究成果を相次いで公刊されるようになった。アジアにおける国際経済法秩序を論じた2002年の論考9) を皮切りに，動き出した日本の EPA（経済連携協定）政策とその課題を論じた2002年の論考10)，東アジア FTA（自由貿易協定）の可能性を論じた2003年の論考11)，EPA の意義と課題に関する論考（2005年)12)，FTA と知的財産権に関する論考（2005年)13)，FTA と WTO（世界貿易機関）の関係について「代替

---

4) Akira Kotera = Ichiro Araki = Tsuyoshi Kawase eds., The Future of the Multilateral Trading System: East Asian Perspective (London: Cameron May, 2009).
5) 小寺彰編・国際投資協定——仲裁による法的保護（2010）。
6) 小寺彰＝川合弘造編著・エネルギー投資仲裁・実例研究——ISDS の実際（2013）。
7) 小寺彰「『欧州共同体（EC）』の法と現実」通産政策研究 4 号（1982）。
8) 小寺彰＝木村福成・東アジア自由貿易地域形成の課題と戦略——アジア地域経済圏形成調査研究（2001）。
9) 小寺彰「アジアにおける国際経済法秩序」法時 74 巻 4 号（2002）。
10) 小寺彰「視点 動き出した日本の FTA 政策とその課題」ジュリ 1228 号（2002）。
11) 小寺彰「東アジア FTA の可能性——制度としての観点から」日中経協ジャーナル 109 号（2003）。
12) 小寺彰「経済連携協定の意義と課題」法時 77 巻 6 号（2005）。
13) 小寺彰「自由貿易協定と知的財産権」相澤英孝ほか編・知的財産法の理論と現代的課

か,補完か?」を論じた論考(2007年)14)などである。経済産業研究所(RIETI)で設立(2001年4月)以来2013年12月までファカルティ・フェローを務められたこと15)も相まって,小寺教授はシンガポールとの経済連携協定の締結(2002年1月署名)に象徴される日本の経済外交の重要な方針転換を支持し方向付ける主導的な役割を担われた。とりわけ,TPP(環太平洋パートナーシップ)交渉参加が日本の政治日程に上った2010年の秋以降,小寺教授は日本のTPP交渉参加を促す論考をマスメディアに繰り返し寄稿し16),日本のTPP交渉参加に向けた世論形成にも影響力を発揮された。ここでは,日本がTPP交渉に参加を決める前の2012年6月に寄稿された論考「広域化するEPA・FTA——供給網の効率化に不可欠」を取り上げる17)。

この論考で小寺教授は,TPP,RCEP(東アジア地域包括的経済連携),日EUEPAなどの広域EPA・FTAが脚光を浴びるようになった背景として,WTOの多角的貿易交渉(ドーハラウンド)が行き詰まったことと並んで,製造業において原材料の調達から生産の各段階・販売・物流を経て最終需要者に至る全プロセス(サプライチェーン=供給網)がグローバルに展開されるようになったことを挙げている。その含意は2つある。第一に,グローバルな供給網を

題:中山信弘先生還暦記念論文集(2005)526-538頁。
14) 小寺彰「FTAとWTO——代替か,補完か?」国際問題566号(2007)。
15) 経済産業研究所のファカルティ・フェローとして小寺教授が主宰された研究プロジェクトは以下の通りである。「多角的貿易体制の現状と展望」(2004年度〜2005年度),「対外投資の法的保護のあり方」(2006年度〜2008年度),「通商関係条約と税制」(2009年度〜2010年度),「国際投資法の現代的課題」(2011年度〜2013年度)。プロジェクトの表題が示す通り,これらの研究プロジェクトは地域貿易協定に焦点を当てたものではない。他方で,小寺教授はファカルティ・フェローとして地域貿易協定に関わる以下のコラムを経済産業研究所のウェブサイトに寄稿された。「FTAの正確な認識を!——カンクン会議の決裂を受けて」(2003年11月18日),「経済連携協定と『東アジア共同体』——日比経済連携協定の意味」(2005年2月8日),「FTAの『スパゲティボール現象』とは?」(2006年5月23日),「EPAがクリアすべきWTO協定の条件とは?——条件の決定者は誰か」(2007年5月22日),「日本の通商政策のあり方——何が問題か?」(2010年8月17日)。これらのコラムは以下のリンクからアクセスできる。経済産業研究所「追悼 小寺彰先生を偲んで」〈http://www.rieti.go.jp/users/kotera-akira/memorial.html〉
16) 小寺教授の地域貿易協定関連のマスメディアへの寄稿のリストとして参照,同前。
17) 小寺彰「広域化するEPA・FTA——供給網の効率化に不可欠」日本経済新聞『経済教室』2012年6月21日。

構成する諸国の間で広域EPA・FTAが結ばれれば，供給網全体で関税の削減・撤廃が期待できる。第二に，グローバルな供給網の効率化の観点からは，企業拠点立地国である広域EPA・FTAの締約国の間で通商関係法制の調和（接近・統一）を目指すことが重要である。以上の指摘は日本の交渉参加に先立ってTPP等の広域FTAを通じた規制協力の重要性を指摘したものであり，小寺教授の慧眼が際立っている。本論文は，小寺教授のこの指摘を継承・発展させ，地域貿易協定を通じた規制協力の制度化の現状と課題について考察する。

II　広域FTAを通じた規制協力と規制整合性：問題設定

筆者は2008年に公表した単著『経済規制の国際的調和』において広範囲にわたる経済規制の国際的調和を分野横断的に検討したが[18]，WTO，OECD（経済協力開発機構），ISO（国際標準化機構），FATF（金融活動作業部会），バーゼル委員会などの多角的なフォーラムを通じた経済規制の国際的調和に焦点を当てたため，地域貿易協定を通じた経済規制の国際的調和については触れなかった。それはまた，同書の元になった研究を行った1990年代から2000年代初めにかけては地域貿易協定を通じた経済規制の国際的調和が盛んでなかったこと[19]の反映でもある。しかし，小寺教授の上記論考が指摘する通り，多角的フォーラムであるWTOのドーハラウンドが行き詰まったこと等を背景として，2000年前後を境に主要国は通商政策の軸足をFTA・EPAの交渉に移し，そこでは様々な分野の経済規制について規制協力や規制整合性を図るルールが盛り込まれるようになった。中でもTPPに代表される広域FTAを通じた規制協力と規制整合性は重要である。

検討に先立って用語を定義しておく。規制協力（regulatory co-operation）と規制整合性（regulatory coherence）について本論文は以下の定義を採用する。まず規制協力は国家の規制当局の間で規制の相違に対処するために行われる相

---

18) 中川淳司・経済規制の国際的調和（2008）。なお，本書をアップデートした英語版として，参照，Junji Nakagawa, *International Harmonization of Economic Regulation*（2011）．
19) この一般的傾向に対する例外として，EUは1970年代以降，地域貿易協定を通じた経済規制の国際的調和を積極的に進めた。この点につき，後掲注(43)及びそれに対応する本文を参照。また，北米では1994年に発効したNAFTA（北米自由貿易協定）が知的財産権や労働基準の国際的調和につながる規定を導入した。

互作用を指す。その目的は単なる情報共有からより実質的な協力まで多様である。後者の例として，相互承認（mutual recognition），同等性評価の取決め（equivalence arrangement），規制の調和（regulatory harmonization）が挙げられる[20]。規制協力の態様は様々である。公式の政府間協定を通じたものもあれば国際組織を通じたものもある。非公式の規制当局間のネットワークを通じたものもある[21]。これに対して，規制整合性はある国の国内規制過程における慣行の改善，透明性の向上，利害関係者の関与等の取組みを指す[22]。したがって，一般論としては規制整合性に国際的な取決めは不要である。ただし，後述する通り，国際協定を締結して締約国の間で規制整合性を奨励したり義務付けたりする場合もある。

　従来，貿易協定は締約国の国内規制には謙抑的な姿勢をとり，規制協力や規制整合性を規定することは稀であった。GATT（関税及び貿易に関する一般協定）の下で，締約国は国内規制に関して，内国民待遇原則（3条）に従う限り広範な裁量を認められた。内国民待遇原則に違反する国内規制でも，20条の「例外」のいずれかに該当する正当な公共政策目的を遂行するものは許容される余地があった。国内規制に対するGATTの謙抑的な姿勢は，東京ラウンドで貿易の技術的障害に関する協定（TBTコード）が採択されたことで若干修正された。TBTコードは産品の規格の準備，採択，実施と認証における規制協力と規制整合性の要素を導入したからである。しかし，TBTコードの法的効果は限られており，締約国は国内規制に関する広範な裁量の余地を認められていた。WTOの下で産品規格と認証における規制協力と規制整合性の要素が強化された（TBT協定）。WTOはまた食品安全基準に関わる規制協力と規制整合性に関する新たな規律を導入し（SPS協定），知的財産権とサービスの国内規制についても新たな規制協力と規制整合性の規律を導入した。しかし，これらの規律

---

20) 参照，U.S. Chamber of Commerce, 'Regulatory Coherence & Cooperation in the Transatlantic Trade and Investment Partnership (TTIP)' (27 February 2015), pp. 1–2. ⟨https://www.uschamber.com/sites/default/files/regulatory_coherence_regulatory_cooperation_chamber_ttip_paper_-_final_3-02.pdf⟩

21) 国際規制協力の態様と方式に関する包括的な整理として，参照，OECD, *International Regulatory Co-operation: Addressing Global Challenges* (2013), pp. 22–43.

22) 参照，U.S. Chamber of Commerce, *supra* n. 20, p. 1.

の法的効果も限定的であり、WTO加盟国は規制権限（right to regulate）の行使において依然として広範な裁量を認められている。

多角的貿易協定が締約国の国内規制に対して謙抑的な姿勢を維持する一方、各国政府は貿易協定の枠組みの外で規制協力と規制整合性を推進した。これには、OECDやAPEC（アジア太平洋経済協力）等の多角的・地域的なフォーラムを通じた取組み23)、二国間の取組み24)、さらに各国が自発的・一方的に実施するもの25)が含まれる。このように、貿易協定と規制協力・規制整合性は最近まで別個の国際的な取組みであった。

しかしながら、関税引下げが進み数量制限の禁止が浸透した結果、FTAは次第に貿易・投資の自由化のため非関税障壁に焦点を当てるようになった。非関税障壁はしばしば国内規制の形をとるので26)、FTAは規制協力と規制整合性を通じて非関税障壁に対処するようになった。この傾向は最近加速している。それはWTOのドーハラウンドが難航し、主要国が貿易・投資の自由化とルール形成のためにFTAの交渉に通商政策の軸足を移したためでもある27)。TPP, TTIP（環大西洋貿易投資パートナーシップ）などの広域FTAはこの傾向の最前線にあり、広範囲の対象事項について高水準の規制協力と規制整合性を追求する。

---

23) その代表例として参照、APEC/OECD, Integrated Checklist on Regulatory Reform: A Policy Instrument for Regulatory Quality, Competition Policy and Market Openness, 2005. 〈https://www.oecd.org/regreform/34989455.pdf〉
24) 例えば日本は、EUとは1994年以来、米国とは1997年以来、二国間の規制協力と規制整合性の推進に関する対話を継続的に実施している。参照、Junji Nakagawa, 'Regulatory/Systemic Reforms for Maintaining/Enhancing Competitiveness: The Importance of Developing a Multi-tiered Strategy', in Japan Institute for International Affairs (JIIA) ed., *Policies Needed to Ensure Japan's International Competitiveness* (2012), pp. 113-168, at 117-118.
25) 規制協力と規制整合性の動きは1970年代から1980年代にかけてのアングロサクソン諸国を初めとする先進国の規制緩和と規制改革の動きに端を発している。参照、*ibid*., p. 117.
26) 国内規制を含む非関税障壁の包括的・体系的な整理として、参照、WTO, *World Trade Report 2012 Trade and Public Policies: A Closer Look at Non-tariff Measures in the 21st Century* (2012), pp. 94-133.
27) 参照、Debra P. Steger, 'Institutions for Regulatory Cooperation in "New Generation" Economic and Trade Agreements', 38(4) *Legal Issues of Economic Integration* (2012) 109; Tracey Epps, 'Regulatory Cooperation and Free Trade Agreements', in Susan Frankel and Meredith Kolsky Lewis eds., *Trade Agreements at the Crossroads* (2014), pp. 141-166.

FTA，特に広域FTAを通じた規制協力と規制整合性には可能性と課題の両方がある。一方で，この方式は貿易・投資に対する非関税障壁としての規制障壁の効果的な削減手段となりうる。締約国の国内規制をより実効的・効率的で透明なものにする上でも効果的であろう。他方で，この方式は締約国が環境保護，消費者保護，人権保障等の正当な規制目的を追求することを阻害するかもしれない。多数のFTAが各々異なる内容や態様の規制協力と規制整合性を追求する結果として，各国の国内規制の断片化（fragmentation）がもたらされる恐れもある。本稿は，広域FTAを通じた規制協力と規制整合性についてその可能性と課題を検討する。そして，この方式が持つ可能性を伸ばす方策とこの方式がもたらす負の帰結を回避するための方策を模索する。

以下，ⅢではGATTとWTOの下での規制協力と規制整合性を簡潔に振り返る。Ⅳでは広域FTAに盛り込まれる規制協力と規制整合性を分析する。Ⅴは広域FTAの規制協力と規制整合性の可能性と課題を明らかにする。そしてⅥで分析の結果を簡潔にまとめる。

Ⅲ　GATTとWTOにおける規制協力と規制整合性

1　GATTと規制協力・規制整合性

GATTは締約国の国内規制に対して謙抑的であり，規制協力と規制整合性にはほとんど踏み込まなかった。GATTの下で締約国は国内規制に関して，内国民待遇原則（3条）に従う限り広範な裁量を認められた。内国民待遇原則違反の国内規制でも，20条の「例外」に該当する正当な公共政策目的を遂行するものは許容される余地があった。その後数次にわたる関税交渉（ラウンド）により関税が大幅に引き下げられた結果，産品の規格や認証に関する締約国の国内規制の違いが非関税障壁として浮上し，1979年にTBTコードが採択された。

TBTコードは産品の規格（強制規格と任意規格）と認証という国内規制を対象とする。規制協力の要素として，(1)国際基準が存在するかまたはその成立が間近い場合は強制規格・任意規格を国際基準に合致させること（2.2条），(2)国際基準策定機関での基準策定に十分な役割を果たすこと（2.3条），(3)他の締約国の規格が自国の規格と異なる場合でも，当該規格を同等なものとして受け入

れることに積極的な考慮を払うこと (5.2条) を規定した。規制整合性の要素として，(1)強制規格案を公表・通告し，他の締約国及びその利害関係者がそれについて意見を述べる機会を与えること (2.5条)，(2)採択された強制規格を速やかに公表すること (2.7条)，(3)強制規格の公表と実施の間に合理的な期間を設けること (2.8条) を規定した。認証における規制整合性を向上させる手続的な規律 (5.1.2条～5.1.6条) も導入した。

これらの規定は産品規格と認証に関する締約国の規制権限に国際的な規律を及ぼすものであったけれども，その法的効果は限られており，締約国は依然として広範な規制権限を享受することができた。第一に，国際的調和の義務 (2.2条) が課されたものの，国家安全保障，偽計的な慣行の防止，人の健康や安全の保護等の公共政策目的を追求するために締約国が国際基準から逸脱することが認められていた (2.2条但書)。第二に，規格を国際基準と合致させる (adhere to) ことは義務付けられず，国際基準を規格策定の基礎として用いる (use them as a basis) ことが義務付けられるに留まった (2.2条)。第三に，2.3条が規定する国際基準策定に十分な役割を果たす義務は，法的義務ではなく努力義務ないし訓示規定であって，「予算の許す限り (within the limits of their resources)」等の条件が付されていた。第四に，他の締約国の認証機関による認証結果を同等として受け入れるに当たり，同等性を判断するのは自国であるとされた (5.2条第1文但書)。第五に，規制整合性に関する2.5条から2.8条までの義務は，安全，健康，環境保護，国家安全保障などの緊急問題が発生し，またはその恐れがある場合には免除された (2.6条)。最後に，TBTコードは複数国間協定であって，これを批准した締約国だけを拘束した。GATTの最終年 (締約国数が128) でもTBTコードを批准した締約国は34に留まった。

2 WTOと規制協力・規制整合性

WTOのTBT協定はTBTコードに盛り込まれた規制協力・規制整合性の要素を発展させた。規制協力についてはTBT協定2.4条と2.6条がTBTコード2.2条と2.3条を夫々継承して強制規格に関する同様の規定を置いたほか[28]，

---

28) 任意規格については「任意規格の立案，制定及び適用のための適正実施規準」(TBT協

協定2.7条がコード5.2条を継承した29)。規制整合性についてはTBT協定の2.9条から2.12条がTBTコードの2.5条から2.8条をほぼ文字通りに踏襲する規定を置いた。協定の5.2条はコードの手続規定(5.1.2条〜5.1.6条)をさらに精緻化する規定を設けた。また，複数国間協定であったTBTコードと異なり，TBT協定はWTO協定の一部であり，全てのWTO加盟国を拘束する。

　輸入品に適用される衛生植物検疫(SPS)措置30)についてはWTOのSPS協定がTBT協定と基本的には共通する規制協力・規制整合性に関する規定を設けた。規制協力については3条1項が，国際的な基準，指針または勧告がある場合には自国のSPS措置をそれらに基づいてとることを義務付けた。3条4項は加盟国が関連する国際機関31)における国際的な基準，指針，勧告の策定に十分な役割を果たすよう加盟国に義務付けた。4条1項は，輸出を行う他の加盟国のSPS措置が輸入国である自国のそれとは異なっている場合でも，自国のSPS上の適切な保護の水準を達成することを客観的に証明する場合はこれを同等のものとして扱うことを義務付けた。規制整合性については，協定の附属書BがSPS規制の透明性を確保するための詳細な規定を設けた。TBT協定2.9条から2.12条の規定をさらに詳しく規定したものである。附属書Cは管理，検査，承認手続の透明性と迅速性を向上させる規定を設けた。

　TBT協定とSPS協定が盛り込んだ以上の規制協力と規制整合性の要素の多くはTBTコードを継承しており，その法的効果は限定的である。しかし，WTO発足以来，両協定を実施する過程でWTOの関係機関は規制協力と規制整合性を強化する慣行を積み上げてきた。特に以下の2つの活動が重要である。第一に，WTOのTBT委員会とSPS委員会は，加盟国が両協定を実施するための勧告，決定，原則を採択してきた。例えば，両委員会は強制規格案やSPS措置案に対するコメントのための適切な期間は最低60日と決定した32)。さら

　　定附属書3)のF号とG号が，適合性評価についてはTBT協定の5.4条と5.5条が，ほぼ同様の規定を設けた。
29)　協定6.1条は適合性評価についてこれと同様の規定を置いたが，任意規格については対応する規定は置かれなかった。
30)　衛生植物検疫措置の定義につき参照，WTO SPS協定附属書A定義1。
31)　協定3条4項は，「関連する国際機関 (relevant international organizations)」として，コーデックス委員会，国際獣疫事務局，国際植物防疫条約の3つを挙げている。

に一般的な指針として，TBT 委員会は「TBT 協定 2 条，5 条及び附属書 3 に関する国際基準，指針及び勧告の策定の原則」に関する決定を 2000 年に採択した 33)。これらは TBT 協定，SPS 協定の公式な改正ではない 34) が，WTO 加盟国のコンセンサスで採択され，規制協力と規制整合性に関する WTO の新たな慣行（WTO *acquis*）となった 35)。第二に，TBT 委員会と SPS 委員会は，産品規格，認証，SPS 措置に関する貿易問題を「特定の貿易上の懸念事項（specific trade concerns, STCs）」として加盟国が取り上げ，協議するフォーラムとして機能してきた。STC の大半は TBT 協定 2.9.2 条及び SPS 協定附属書 B5(b)節に基づいて加盟国が行う通報に関するものである。通報は通常規格案や SPS 措置案の段階で行われるため，委員会での STC の協議を通じて案が見直されたり撤回されたりするケースもある。STC 協議にはピアレビューを通じて加盟国の規制慣行を統制する効果があり，規制協力・規制整合性の向上につながる 36)。以上をまとめれば，TBT 協定と SPS 協定を通じた規制協力と規制整合性は概して謙抑的であり，規格と認証，SPS 措置における規制協力と規制整合性のペース，程度や内容の決定について加盟国に広範な裁量の余地を認めている 37) けれども，TBT 委員会や SPS 委員会の活動を通じて加盟国の裁

---

32) 参照，Committee on Technical Barriers to Trade, *Decisions and Recommendations Adopted by the Committee Since 1 January 1995*, G/TBT/1/Rev. 12, 21 January 2015, p. 23; Committee on Sanitary and Phytosanitary Measures, *Recommended Procedures for Implementing the Transparency Obligations of the SPS Agreement（Art. 7）*, G/SPS/7/Rev. 3, 20 June 2008, p. 3.
33) この決定の本文は前掲注(32)で引いた TBT 委員会の文献 47-49 頁に掲載されている。
34) WTO 協定である TBT 協定や SPS 協定の正式な改正のためには WTO 設立協定 10 条に規定する手続をとる必要がある。
35) 参照，Eric Wijkström, 'The Third Pillar: Behind the Scenes, WTO Committee Work Delivers', E15 Task Force on Regulatory Systems Coherence, *Think Piece*, p. 3. Available at 〈http://e15initiative.org/wp-content/uploads/2015/07/E15-Regulatory-Wikjstrom-final.pdf〉
36) 参照，Erik Wijkström and Devin McDaniels, 'International Standards and the WTO TBT Agreement: Improving Governance for Regulatory Alignment', WTO Economic Research and Statistics Division, *Staff Working Paper ERSD-2013-6*（2013）, pp. 5-10.
37) Trachtman は，以下の通り述べてこの点を強調する。「外国産品を無差別に扱う義務，国内の産品規格を貿易制限的でなく策定する義務，SPS 措置を科学的根拠に裏付ける義務という WTO の一連の法的な基準は慎重に策定されており，保護主義を排除する一方で保護主義的でない国内規制には制約を設けていない」。Joel P. Trachtman, *Trade Law, Domestic*

量に一定程度ソフトな統制を及ぼすようになってきたといえる。

WTO 協定はさらに知的財産権とサービスの国内規制にまで規制協力と規制整合性の規律を拡大した。TRIPS（貿易関連知的財産権）協定は知的財産権保護の国際最低基準を設定するという方式（1条1項）で知的財産権の国際的調和を図った[38]。協定はまた知的財産権の保護に関する多国間条約を国際最低基準の基礎として取り込んだ。工業所有権の保護に関するパリ条約（2条1項），文学的及び美術的著作物の保護に関するベルヌ条約（9条1項）などである。協定はさらに，コンピュータプログラムやデータベースの著作権による保護（10条），ワインやスピリッツの地理的表示の保護（23条）など，既存の国際条約がカバーしていない知的財産権の保護に関する国際最低基準を設定した。規制整合性に関連して，TRIPS 協定第3部は加盟国の国内法による知的財産権の執行（enforcement）につき詳細な規定を設けた。

GATS（サービスの貿易に関する一般協定）は，サービス貿易に関する国内規制の分野における規制協力と規制整合性の要素を導入した。ただし，それらは産品貿易に比べると弱い規定である。GATS の7条は加盟国が他の加盟国で得られた教育・経験，満たされた要件，与えられた免許・資格証明を自国で有効なものとして承認することができると規定する。しかし，これは義務ではなく締約国に対する奨励に過ぎない。GATS はまたこのような承認の態様について加盟国に広範な裁量を認めている[39]。国内規制に関する GATS の一般的な規律（6条）は規制協力と規制整合性の要素をほとんど含んでいない。わずかに，4項でサービス貿易理事会が資格要件，資格審査手続，技術上の基準・免許要件に関連する措置がサービス貿易に対する不必要な障害とならないことを確保するため，同理事会が設置する適当な機関を通じて必要な規律を作成すると規定するに留まる。この規定に基づき，専門職業サービスに関する 1995 年

Regulation and Development (2015), p. xiv.
38) TRIPS 協定1条1項第二文は以下の通り規定する。「加盟国は，この協定の規定に反しないことを条件として，この協定において要求される保護よりも広範な保護を国内法令において実施することができるが，そのような義務を負わない」。
39) GATS 7条1項第二文は以下の通り規定する。「その承認は，措置の調和その他の方法により行うことができるものとし，当該いずれかの国との間の協定若しくは取決めに基づいて又は自主的に行うことができる」。

の閣僚決定は,専門職業サービスに関する作業部会(Working Party)の設置をサービス貿易理事会の優先事項として掲げた 40)。サービス貿易理事会は 1997 年 5 月,会計サービス分野における相互承認協定・取決めの指針を採択し 41),1998 年 12 月には会計サービスにおける国内規制に関する規律 42) を採択した。

以上をまとめると,WTO は TBT コードに盛り込まれた規制協力と規制整合性の要素を発展させるとともに,知的財産権やサービスの国内規制についても規制協力と規制整合性の要素を導入した。WTO 発足以来これらの規制協力と規制整合性についてはソフトな規律を強化する方向での進展も見られたが,WTO は加盟国の国内規制に対する謙抑的な姿勢を依然として維持しており,WTO がもたらす規制協力と規制整合性の要素は決して強力なものではない。

Ⅳ 広域 FTA を通じた規制協力と規制整合性

最近の FTA,特に広域 FTA は規制協力と規制整合性について WTO よりも踏み込んだ規定を設けるようになった。以下では,広域 FTA における規制協力と規制整合性を検討するが,その前に単一市場の形成を志向する地域貿易協定における規制協力を見ることとする。なぜなら,この種の地域貿易協定は単一市場の形成のために高水準の規制協力を達成する必要があるためである。他方でこの種の地域貿易協定は規制整合性を重視していない。

1 単一市場形成を志向する地域貿易協定における規制協力

単一市場の形成を目指す地域貿易協定は高水準の規制協力を達成する必要がある。EU はその好例である。EU 域内における国内規制の調和と相互承認は産品・人・サービスの域内自由移動を保証する単一市場計画の重要な手段であった 43)。EU は EU 加盟候補国との通商協定(いわゆる「安定・連携協定

---

40) WTO, *Ministerial Decision on Professional Services*, S/L/3, 4 April 1995, p. 2.
41) WTO Council for Trade in Services, *Guidelines for Mutual Recognition Agreements or Arrangements in the Accountancy Sector*, S/L/38, adopted 28 May 1997.
42) WTO Council for Trade in Services, *Disciplines on Domestic Regulation in the Accountancy Sector*, S/L/64, adopted 14 December 1998.
43) 参照,Department of Business, Information and Skills, the Government of the United Kingdom (BIS), *Trade and Investment Analytical Papers Topic 17 of 18*, 'Regulatory Co-

(Stabilization and Association Agreements)」，以下「SAA」）でも，これらの国の法令を EU の法令（いわゆる *acquis communautaire*）に接近させるため，同様の規制協力の手法を採用してきた44)。例えば，EU とマケドニアの SAA 45) は，後者が国内法令を EU の法令に漸進的に接近させるよう努めることを規定する（68 条 1 項）。接近が求められる法令の範囲は広く，*acquis communautaire* の基本的な構成要素及びその他の通商政策分野に及び，欧州委員会と協議の上で実施計画が策定される。具体的には，競争法，知的財産権法，基準・認証，公的調達法，データ保護法が含まれる（68 条 3 項）。

単一市場を志向する地域貿易協定における規制協力の例として，EU 以外では豪州と NZ の経済関係緊密化貿易協定（ANZCERTA）が挙げられる46)。1983 年の協定発効後，緊密な規制協力のために追加的な協定が締結された。例えば共同認証・調和制度47)，合同規制機関の設立48)，相互承認取決め49)

---

operation' (2011), p. 6. Available at 〈https://www.gov.uk/government/uploads/system/uploads/attachment_data/file/32467/12-533-regulatory-cooperation.pdf〉

44) 他方で，EU は EU 拡大に関与しない国との FTA では国際基準への統合という手法を選好する。参照，Caroline Lesser, 'Do Bilateral and Regional Approaches for Reducing Technical Barriers to Trade Converge Towards the Multilateral Trading System?', *OECD Trade Policy Working Paper No. 58* (2007), p. 29.

45) Stabilisation and Association Agreement between the European Communities and their Member States, of the one part, and the former Yugoslav Republic of Macedonia of the other part. (2004) *OJ*L84/13.

46) Australia New Zealand Closer Economic Relations Trade Agreement, signed 28 March 1983, entered into force 1 January 1983 (The Agreement entered into force retroactively). Its text is available at 〈http://dfat.gov.au/trade/agreements/anzcerta/pages/australia-new-zealand-closer-economic-relations-trade-agreement.aspx#documents〉

47) 例えば，食品基準の分野では 1995 年の共同食品基準策定制度の設立に関する協定に基づいて豪 NZ 食品局（ANZFA）が設立され，1999 年に豪 NZ 共通食品基準コードが策定された。参照，'Food Standards Australia New Zealand'. 〈http://www.foodstandards.gobv.au/Pages/default.aspx〉

48) 1991 年設立の豪 NZ 合同認証制度（JAS-ANZ）は国際基準に基づく品質管理制度の監査と認証に関する調和的なアプローチを規定する。参照，'Joint Accreditation System of Australia and New Zealand'. 〈http://www.jas-anz.com/au/〉

49) The Trans-Tasman Mutual Recognition Arrangement of 1996 (TTMRA), signed 14 June 1996, entered into force 1 May 1998. See Council of Australian Governments, 'The Trans-Tasman Mutual Recognition Arrangement'. 〈https://www.coag.gov.au/the_trans-tasman_mutual_recognition_arrangement〉

などである。EUによる規制協力とは異なり，ANZCERTAの下での規制協力の対象範囲は産品の規格と認証に限られている。他方でそれはWTOのTBT協定やSPS協定の規制協力より高水準であり，規制協力のための共同機関の設立を含んでいる。

以上2つの例から広域FTAを通じた規制協力に対して参考となるのは，規制協力が成功するためには単に実体規則や手続を定めるだけでは不十分であり，規制協力を推進するための制度の設計が決定的に重要であるという点であろう。

2　広域FTAを通じた規制協力と規制整合性

単一市場を志向する地域貿易協定の場合と比べると，FTAを通じた規制協力の水準はそれほど高くない。対象は産品の規格と認証にほぼ限られており，大半のFTAは，締約国間の情報交換や協議について規定する以外はWTOのTBT協定やSPS協定上の締約国の権利義務を確認するに留まる[50]。ただし，相互承認や特定の産品に関する規制協力など，これよりも高水準の規制協力を規定するFTAもある。前者の例として，日本シンガポールEPA[51]は「第6章　相互承認」で適合性評価の相互承認を規定した。輸出国政府が指定した輸出国国内の適合性評価機関が輸入国の基準・手続に基づいて適合性評価を行った場合，評価結果を輸入国で実施した適合性評価と同等とみなして相互に受け入れる制度である（46条）。適用範囲は通信端末機器と無線機器，電気製品である[52]。後者の例として，米韓FTA[53]は9.4条で特定の分野に関する規制協力の高度化をうたい，附則9-Bで両国の関係政府機関の代表で構成される自動車作業部会（Automotive Working Group）を設置した。同作業部会は自動車の強制規格，任意規格，適合性評価手続の開発，実施と執行に際して生じる問

---

50)　参照，Lesser, *supra* n. 44.
51)　2002年1月13日署名，2002年11月30日発効。テキストは下記からアクセスできる。〈http://www.mofa.go.jp/region/asia-paci/singapore/jsepa.html〉
52)　参照，日シンガポールEPA附属書Ⅲ（通信端末機器及び無線機器に関する分野別附属書，電気製品に関する分野別附属書）。
53)　U.S.-Korea Free Trade Agreement, signed 30 June 2007, entered into force 15 March 2012. Its text is available at 〈https://ustr.gov/trade-agreements/free-trade-agreements/korus-fta/final-text〉

題を協議するとともに，これらの規格・手続の開発・実施・執行をモニターする（附則9-B2項(a), (d)）。さらに，一方締約国の要請に基づいて行われる規格・手続策定後の見直し（post-implementation review）の結果を分析する（同5項）。

広域FTA，特にTPPとTTIPは，これらのFTAよりも広範囲の対象事項についてより高水準の規制協力を導入する。TPPとTTIPは規制整合性についても広範囲の対象について高水準の規制整合性を達成することを目指している。TTIPは交渉中であり，協定案は公開されていないが，EUは情報公開のために欧州委員会の交渉提案を公開している。以下では交渉が妥結して署名されたTPPのテキスト[54]と欧州委員会のTTIP交渉提案に盛り込まれた規制協力と規制整合性関連規定を分析する。

(1) 規制協力と規制整合性に関するTPPの規定

TBT章（8章）　TBT章（8章）の目的を規定した8.2条は，同章の目的が，不必要な貿易上の技術的障害を削減し，透明性を高め，規制協力（regulatory cooperation）及び良き規制慣行（good regulatory practice）を促進することにより，貿易を促すことにあると規定する。「良き規制慣行」の意義については，規制整合性を定めた25章の25.5条が「規制に関する中核的な（core）良い慣行の実施」を規定している。それによると新規の規制を導入する際の規制の影響評価（regulatory impact assessment，同条1項～3項），規制案の情報への公衆のアクセス機会の提供（5項），規制措置の定期的な見直し（6項）等，規制整合性を向上させる慣行がこれに含まれる。このように，TPPのTBT章は規制協力と規制整合性についてWTOのTBT協定よりも踏み込んだ規定を設けている。ただし，協定本文を見る限り，「踏み込み」の程度は決して深いものではない。8.4条は規制協力と規制整合性に関わるTBT協定の規定[55]を，必要

---

54) Trans-Pacific Partnership, signed 4 February 2016. そのテキストは下記からアクセスできる。〈https://www.mfat.govt.nz/en/about-us/who-we-are/treaties/trans-pacific-partnership-agreement-tpp/text-of-the-trans-pacific-partnership〉協定の日本語訳は下記からアクセスできる。〈http://www.cas.go.jp/jp/tpp/naiyou/tpp_text_yakubun.html〉
55) 取り込まれるのはTBT協定の以下の規定である。2.1条，2.2条，2.4条，2.5条，2.9条～2.12条，5.1条～5.4条，5.6条～5.9条，附属書3のD節～F節。これらの規定が規制協力と規制整合性に関して持つ意義について参照，前掲注(28), (29)とそれらに対応する本文。

な修正を加えて（mutatis mutandis）取り込んでいるからである。国際規格に関する8.5条，適合性評価に関する8.6条も，対応するTBT協定の規定を取り込んだ上で，透明性向上につながる若干の規定を設けるに留まっている。他方で，透明性に関する8.7条は規制整合性に関するTBT協定の規定（2.9条〜2.10条，5.6条〜5.7条，照会所に関する10.1条等）を強化する追加的な義務を盛り込み，規格の策定手続の透明性をさらに向上させようとしている。他方で，協力と貿易円滑化について規定する8.9条は，適合性評価結果の相互承認，既存の地域的・国際的な相互承認取決めの確認，適合性評価機関の認定制度，適合性評価機関の指定，他の締約国の適合性評価手続の結果の一方的承認など，より踏み込んだ規制協力について規定している（8.9条1項）。ただし，これは厳格な法的義務を規定したものではない。「締約国は……適合性評価手続の結果を受け入れることを促進するための広範な仕組みが存在することを認める」と述べた上で，その例を列挙したに留まる。

　これに対して，8.10条は，規格・認証における規制整合性の向上につながる技術的討議（technical discussions）という手続を設けており，注目に値する。これはTBT協定に関してWTOのTBT委員会で行われている特定の貿易上の懸念事項（STCs）の協議手続[56]に対応するものである。ただし，この手続は関係締約国の間でのみ行われるとされ，原則として討議の内容は秘密として扱われる（8.10条5項）。その意味で，この手続が規制整合性の向上にどこまで資するかは疑問なしとしない。

　以上はTPPの8章が本文で規定する規制協力と規制整合性に関する規定の概要である。これ以外に，8章の附属書は特定の産品について，より踏み込んだ規制協力と規制整合性を規定している。表にその概要をまとめた。

　この他に，TPP交渉と並行して行われた日米協議の結果として，自動車については，自動車の設計や技術に実質的な変更を求める強制規格と適合性評価手続について，公表と義務化の間に12ヶ月以上の期間を置くこと，国際基準・米国基準のいずれにも合致しない日本の道路運送車両法上の安全基準について，関連する米国連邦自動車安全基準が日本基準と同等以上に厳格であると

---

[56]　参照，前掲注(36)及びそれに対応する本文。

表　TPP 8章附属書が規定する特定産品に関する規制協力・規制整合性

附属書	対象産品	規制協力・規制整合性の内容
8-A	ワイン・蒸留酒	ワイン・蒸留酒のラベルの記載事項・用語，特定事項を補助ラベルに記載することを容認
8-B	情報通信技術産品	暗号技術の強制移転の禁止，ICT機器の電磁的両立性に関する共有者適合宣言の受入れ
8-C	医薬品	販売許可手続における参照情報，販売許可手続の迅速性・透明性
8-D	化粧品	販売許可手続の迅速性・透明性
8-E	医療機器	国際的に承認された「医療機器」の定義の使用，販売許可手続における参照情報，販売許可手続の迅速性・透明性
8-F	包装食品・食品添加物の専有されている製法	情報提供義務の範囲，秘密情報の保護
8-G	有機産品	有機産品に関する規格・認証策定の指針

日本の当局が認める場合，米国基準に適合する車両は日本基準にも適合していると認めることとする交換書簡が交わされている。このように，TPPの8章は，附属書や二国間の交換書簡などで締約国が関心を持つ特定の産品について，貿易自由化・円滑化の見地から追加的な規制協力・規制整合性を規定した。

　SPS章（7章）　SPS措置について規定するTPPの7章には，8章に比べると規制協力・規制整合性についてWTOのSPS協定を上回る追加的な規定はほとんど含まれていない。7.4条1項は締約国のSPS協定上の権利及び義務を確認し，同条2項は本章が締約国のSPS協定上の権利及び義務を制限するものでないと規定するからである。7章にはSPS協定を上回る追加的な規定が若干盛り込まれている（例えば，措置の同等性に関する7.8条，危険性評価に関する7.9条，証明に関する7.12条，透明性に関する7.13条等）が，これらはTPPの紛争処理手続の対象から除外されており[57]，その法的効果は限定的である。

---

[57]　参照，TPP 7章注2, 3，7.18条1項（7.12条，7.13条をTPPの紛争解決手続の対象に含めない）。

他方で7.10条は，輸出締約国が輸入締約国のSPS措置に合致する能力を有するかどうかを決定するため，輸入締約国が輸出締約国の関連する当局や検査制度を監査する（audit）権限を持つと規定する。これは，米国の農務省食品安全検査局（USDSA FSIS）が食肉，家禽肉，卵及びその加工品の輸出国に対して実施している監査58)を踏まえたものであり，WTOのSPS協定にはない規定である。米国が行っている一方的な監査の慣行を追認するものであり，規制協力にはそぐわないきらいがある。

　7.17条が規定する協力的技術的協議（cooperative technical consultations）の手続はWTOのSPS委員会における特定の貿易上の懸念事項の協議手続に対応する。ただし，8.10条が規定する技術的討議の手続と同じく，この手続も原則として関係締約国の間の秘密協議として行われる。その意味で，この手続がSPS措置の規制整合性の向上にどこまでつながるかは疑問なしとしない。

　規制整合性章（25章）　　規制整合性に関するTPPの25章は，TPP交渉を主導した米国が「21世紀の貿易協定のモデル」としてのTPPを特徴付ける分野横断的事項（cross-cutting issues）に関する章の一つと位置付けたものである。その目的は米国が国内及びAPEC等の枠組みで進めてきた規制整合性の取組みをTPP締約国に普及させ，締約国が正当な公共政策目的を追求する規制権限を尊重しつつ，規制の透明性，中立性，適正手続，政府内での規制の調整などを推進することにある59)。この目的を達成するため，25章は規制整合性に関するグッド・プラクティスを奨励する。先にTBT章（8章）で触れたように，グッド・プラクティスとして挙げられているのは新規の規制を導入する際の規制の影響評価（25.5条1項〜3項），規制案の情報への公衆のアクセス機会の提供（5項），規制措置の定期的な見直し（6項）等である。このほかに，新規の規制を集権的に調整し審査するメカニズムの導入も奨励されている（25.4条)60)。

---

58)　参照，三菱総合研究所「諸外国における輸入食品の監視体制に関する調査　報告書」(2008年) II-4頁。〈http://www.mhlw.go.jp/topics/bukyoku/iyaku/syoku-anzen/kaigai/dl/01.pdf〉
59)　参照，USTR, 'Regulatory Coherence', 〈https://medium.com/the-trans-pacific-partnership/regulatory-coherence-6672076f307a#.yeuk3p4r1〉
60)　このメカニズムは，米国が1981年に大統領府の行政管理予算庁（Office of Management

米国はTPP交渉のかなり早い段階でこれらの規制整合性に関する規定を法的な義務として盛り込むことを断念し，グッド・プラクティスとして奨励し勧めるという方針を採用した[61]。規制整合性に関して先行する米国，豪州，NZに対して，それ以外の交渉参加国，特に途上国であるベトナムやマレーシアの取組みは遅れており，全ての締約国に即時に一律の義務を課すことは現実的でも適切でもないと判断したためである[62]。ただし，締約国はTPP発効後2年以内に，そしてその後は少なくとも4年に1度は25章の規定の実施状況を通報し，規制整合性章委員会による審査に服することになっており（25.9条），ピアレビューを通じて規定のソフトな履行確保が図られることになる。

附属書26-A（医薬品・医療機器に関する透明性及び手続の公正な実施）　透明性と腐敗防止を規定したTPPの26章は附属書Aで医薬品・医療機器に関する透明性と手続の公正な実施について規定した。先に医薬品・医療機器の販売認可手続の透明性について規定したTBT章（8章）の附属書8-C，8-Eを見たが，附属書26-Aは締約国の公的な医療保険制度の下で医薬品・医療機器の価格の償還額を設定する手続がとられる場合（NZや日本が念頭に置かれている）の透明性と適正手続に関して追加的な規律を盛り込む。具体的には，医薬品・医療機器メーカーからの申請に基づく償還対象リストへの収載手続の透明性の保証，収載拒絶の結果に対して，独立の審査の手続または審査した機関による再審査手続を保証することなどが規定された。医薬品・医療機器メーカーからの要請を受けてTPP交渉を主導した米国が盛り込んだ規制整合性に関する追加的な規律である。

(2)　規制協力と規制整合性に関するEUのTTIP条文案改訂版の内容

TTIP交渉の開始を支持した米国とEUの雇用と成長に関するハイレベル作業部会の2013年2月の報告書[63]は，規制に関してTTIPに盛り込まれるべ

---

and Budget, OMB) の下に設置した情報・規制問題局 (Office of Information and Regulatory Affairs, OIRA) を通じて実施してきた連邦政府の規制に対する調整と審査の仕組みを念頭に置いている。参照，拙稿「TPP交渉の行方と課題・4」貿易と関税2014年4月号13-33頁，23-24頁。
61)　参照，同前21-22頁。
62)　参照，同前24頁。
63)　'Final Report High Level Working Group on Jobs and Growth', 11 February 2013.

き5つの要素を挙げた。即ち，(1) SPS 協定の追加的な規律，(2) TBT 協定の追加的な規律，(3)特定の産品・サービス分野に関する規制協力のための附属書，(4)規制整合性に関する分野横断的な規定，(5)規制協力のための制度枠組み，である[64]。EU の説明によれば，(1)から(3)は夫々 TTIP の対応する章（SPS 章，TBT 章）と産品及びサービス貿易に関する章の附属書に盛り込まれることになる。(4)と(5)に関して EU は 2015 年 2 月の第 8 回交渉会合に規制協力[65]に関する条文案を提出し[66]，同年 4 月の第 9 回交渉会合に中央政府以下のレベルの規制協力に関する規定を追加した改訂版を提出した[67]。

改訂版は 3 節で構成されている。1 節は規制協力章の一般的な目的と原則（1条），用語の定義（2条），対象事項（3条）を規定する。1条によれば，規制協力章の目的は以下の 4 つである。

1. 規制協力を進めて貿易と投資を円滑化するとともに，消費者安全，健康，環境などの分野で高水準の保護を達成すること
2. 貿易や投資に対する不要な規制上の要求を減らすこと
3. 効果的で競争促進的な規制環境を促すこと
4. 規制協力に関する国際的な文書の発展，採択と強化を促進すること

改訂案の 2 節は規制の策定に関する 3 つの良い規制慣行を挙げ，規制整合性に関する EU の立場を明確にしている。即ち，中央政府レベルの規制案の早期通報（5条），中央政府レベルの規制案策定過程における利害関係者との協議（6条），中央政府レベルの規制案の影響評価（7条）である。3 節は米 EU の規制協力のための制度メカニズムを規定する。米国と EU は関係規制当局の間で規制協力を進めるためのメカニズムを設立する。担当機関を指定し（8.3条），

⟨http://trade.eu.europa.en/doclib/docs/2013/february/tradoc_150519.pdf⟩
64) 参照，*ibid.*, p. 4.
65) EU の条文案は本論文に言う規制協力と規制整合性の総称として規制協力という文言を用いている。
66) 'EU-US TTIP the Eighth Negotiating Round of 2-6 February 2015', 10 February 2015. ⟨http://trade.ec.europa.eu/doclib/docs/2015/february/tradoc_153120.pdf⟩
67) 'EU-US TTIP the Ninth Negotiating Round of 20-24 April 2015', 4 May 2015. ⟨http://trade.ec.europa.eu/doclib/docs/2015/april/tradoc_153403.pdf⟩

当該機関を通じて(1)情報交換を実施し，(2)可能な限り双方の規制枠組みの互換性（compatibility）を向上させる（8.1条）。規制協力の優先分野を特定するため，年次規制協力計画を策定する（8.2条，14.2条(a)項）。中央政府レベル（9条）及びそれ以下のレベル（11条）における情報交換と，中央政府レベルの規制枠組みの互換性（10条）について詳細な規定が置かれた。以上は米EUの間の規制協力に関する規定である。このほかに13条は米EUが国際的な規制協力において，共同提案などを通じて協力することを規定した。最後に，規制協力に関する3節の規定の実施状況を監視するため，双方の担当機関の代表（中央政府以下のレベルの規制当局の代表を含む）で構成される規制協力機関（Regulatory Co-operation Body, RCB）を設立する（14条）。RCBは少なくとも年に1度は開催され，そこでは利害関係者が年次規制協力計画について意見を述べる場を設けるものとする（15.1条）。

V　広域FTAを通じた規制協力と規制整合性の可能性と課題

本論文Ⅱで述べたように，広域FTAを通じた規制協力と規制整合性には可能性と課題の両方がある。一方で，広域FTAを通じた規制協力と規制整合性の試みは国際貿易・投資に対する規制障壁の削減・除去には効果的であるかもしれない。それはまた締約国の国内規制をより効果的・効率的で透明なものにする可能性がある。他方において，広域FTAを通じた規制協力と規制整合性の試みは締約国の正当な公共政策目的の追求を阻害する恐れがある。広域FTAにより規制協力と規制整合性の規定内容が完全には一致しないため，締約国の国内規制の断片化がもたらされる恐れもある。TPPとTTIPの規制協力と規制整合性に関する規定は以上の可能性と課題に関してどのように評価されるだろうか。規制協力と規制整合性がもたらしうる負の帰結を回避しあるいは最小限に留めるため，両協定はどのような工夫を行っているだろうか。

1　広域FTAを通じた規制協力と規制整合性の可能性

広域FTAを通じた規制協力と規制整合性の試みが達成しうる可能性の第一は，それが国際貿易・投資に対する規制障壁の削減・除去につながる可能性である。この可能性は規制整合性よりも規制協力においてより顕著である。なぜ

ならば，規制協力は締約国の間での規制の相違や多様性に対処するものであるからである。これに対して規制整合性は二つ目の可能性，即ち締約国の国内規制をより効果的・効率的で透明なものにする可能性につながる。

　GATT及びWTOの規制協力と規制整合性に関する規定に比べると，TPPとTTIPの規制協力と規制整合性に関する規定はこれらいずれの可能性に関してもより顕著な効果をもたらすことが期待できる。規制協力に関して，EUのTTIP条文案改訂版は分野別のアプローチを採用し，優先分野を特定するために年次規制協力計画を策定することを提案する (8.2条，13.2条(a)項)。同様に，EUのTTIP条文案改訂版は産品，サービス貿易に関して分野別の附属書を設けて規制協力と規制整合性を推進することを提案する。TPPもTBTに関する8章の附属書と透明性と腐敗防止に関する26章の附属書で医薬品，医療機器等の特定の分野に焦点を当てた規制協力と規制整合性の規定を設けた。規制協力と規制整合性に関するGATT及びWTOの一般的・概括的な規定に比べて，TPPとTTIPのこれらの分野特定的な規制協力と規制整合性に関する規定はより具体的で顕著な効果が期待できる。

　規制整合性に関してTPPとTTIPが採用したアプローチは若干異なっている。規制整合性に関するTPP25章が目指しているのは中央政府レベルの規制案の調整・審査メカニズムや規制影響評価 (RIA) を導入することを通じて締約国の国内規制に関わる制度を全体として (as a whole) 改善することである。EUのTTIP条文案改訂版が2節で提案する規制策定過程における良き規制慣行の導入も，分野横断的に締約国の国内規制に関する制度を一般的に改善することを目指している点ではTPP25章と共通する。しかしながら，このような規定の実際の効果は，実体規定と手続規定の内容，法的拘束力の有無，規定の実施を監視し審査する制度的な枠組みの設計如何により異なってくる。実体規定と手続規定に関しては，TPP25章とEUのTTIP条文案改訂版の規制協力と規制整合性に関する規定の大半は締約国に明確な義務を設定することを意図していない。規定の大半は法的拘束力を持たないので，少なくとも当初はその実際の効果は最小限のものに留まるだろう。

　これらの規定は規制協力と規制整合性に関する規定と締約国の約束の実施を監視し評価するための制度的なメカニズムを創設することを目指している。

TPP25章では規制整合性に関する小委員会が設立され,締約国による同章の実施や運用を監視し,締約国間の規制整合性に関する将来の協力の優先分野の特定に当たるほか,TPPの他の章に盛り込まれた規制整合性関連規定について将来の締約国間協力の優先分野を特定する役割も担う(25.6条2項)。EUのTTIP条文案改訂版は米国とEUが規制協力を進めるための制度的なメカニズムとして規制協力機関(RCB)を設立することを提案する。RCBは規制協力に関するTTIPの規定の履行状況をモニターし円滑化する役割を担う。RCBの役割や任務の詳細についてEUのTTIP条文案改訂版は詳らかにしていないが,米国とEUの間では1990年代以来環大西洋規制協力の枠組みが設けられており[68],それがベースになることが予想される。

特定の産品やサービスに関する規格や認証をめぐる規制協力のメカニズムを除いて,TPPは締約国間の規制協力に関してこれと同様の制度的なメカニズムを設けることを予定していない。TTIPと異なり,TPPは経済発展段階の異なる12の締約国で構成される広域FTAである。TTIPと同様の規制協力のメカニズムを設けることに対しては途上締約国からの抵抗があったと推測する。

以上要するに,TPPとTTIPは規制協力と規制整合性に関する制度的枠組みを設立する。締約国間の貿易・投資に対する規制障壁の削減・撤廃や締約国の国内規制をより効果的,効率的で透明なものにする効果は直ちには表れないだろうが,制度的枠組みの運用を通じて漸進的に顕現してゆくことが期待される。

2 広域FTAを通じた規制協力と規制整合性のネガティブな帰結可能性への対処

締約国の正当な公共政策目的達成のための規制権限を尊重しながら規制協力と規制整合性を追求することは決して容易ではない。EUのTTIP条文案改訂版は締約国が正当な公共政策目的達成のために規制する権限を持つことを繰り返し規定している。特に,1.3条はこの章の規定が1.1条に挙げられたような

---

[68] この点につき,例えば参照,Raymond J. Ahearn, 'Transatlantic Regulatory Co-operation: Background and Analysis', U.S. Congressional Research Service *Report RL34717* (2009).

正当な公共政策目的69) を追求するため,締約国が適切と判断する保護水準に基づいて措置を維持し採用し適時に適用する権利を制限するものではないと明記している。規制協力と規制整合性の追求が締約国の正当な規制権限を侵害しないための一つの方策は,締約国がこうした正当な公共政策目的を追求することを保証する柔軟で透明性の高い規制協力のメカニズムを設計することであろう。EUのTTIP条文案改訂版はその好例である。3節に規定された規制協力の制度的メカニズムの下で,締約国は国際貿易・投資に重大な影響を及ぼす可能性のある中央政府レベルの規制案について情報交換するメカニズムを設ける(9条)。このメカニズムの下で締約国は相手方に対して規制案に関する規制協力の方策について共同で検討することを提案できる(10.2条)。方策として,例えば相互承認,規制の調和,規制の簡素化等が考えられる。提案は十分に実質的なものでなければならず,提案を受けた締約国は遅滞なく十分に実質的に回答しなければならない(10.3条)。このメカニズムは規制案についての情報交換をきっかけとして発動されるものであり,十分に実質的な提案とそれに対する同じく実質的な回答を要求する点でも極めて透明性の高い仕組みである。規制案をめぐって締約国間で実質的で建設的な対話と協力を推進する仕組みであり,柔軟性も認められる。

　柔軟性と透明性は規制整合性に関するTPP25章にも顕著な特色である。中央政府機関による規制案の調整と審査の仕組みのデザイン,その対象事項や政府部内での位置付け等について締約国は広範な裁量を認められている(25.3条,25.4条)。規制影響評価(RIA)の実施は義務ではなく奨励事項である(25.5条1項)。他方において,TPP締約国は規制整合性小委員会に自国が25章の実施のためにとった措置を定期的に通報する義務を負い(25.9条1項),小委員会は締約国がとった措置を継続してモニターし,審議する。ピアレビューを通じて締約国が漸進的に規制整合性を向上させてゆくようソフトな監視と協議が行われるのである。

---

69) EUのTTIP条文案改訂版の1.1条は「正当な公共政策目的」として以下を例示列挙する：環境保護,消費者保護,公衆衛生,労働条件,社会的保護と社会保障,人及び動植物の生命,動物の福祉,健康と安全,個人データの保護,サイバーセキュリティ,文化多様性,金融システムの安定性。

国内規制の断片化の恐れは広域FTAを通じた規制協力の場合，規制整合性よりも顕著である。なぜなら，規制整合性が締約国の国内規制の質を問題にするのに対して，規制協力は締約国の間での規制の違いや多様性を問題にするからである。規制協力に関する広域FTAの規定内容を調整する公式のメカニズムは存在しないので，国内規制の断片化の恐れを最小化するための最善の方策は，広域FTAの間で規定内容の事実上の共通化を図るか，あるいは規制協力に当たって国際基準をベースとすることであろう。前者は広域FTAの締約国が他の広域FTAの規定内容を相互参照することにより達成される。その際の鍵となるのは，複数の広域FTAの交渉に参加している締約国である。その意味で，相互の間で広域FTAを交渉する立場にある米国，EUと日本の役割が重要である。本論文執筆時点の2017年7月現在でTPPは署名済みであるが，米国のトランプ政権が離脱を表明したことで発効の目途が立たなくなっている。日EUのEPAは大枠合意に至ったが，交渉妥結まではなお時間がかかるだろう。2016年秋以来TTIPの交渉は進展していない。先に交渉がまとまったTPPの規制協力に関する規定と日EUEPA，TTIPの対応する規定の擦り合わせが今後どこまで行われるかが鍵となる。擦り合わせがうまく進めばこれら3つの広域FTAの規制協力に関する規定が事実上の世界標準になるだろう。ただし，これは規制協力に関する「先進国クラブ」の形成と途上国の排除につながる恐れもある[70]。この恐れを回避する一つの方策は「クラブ」を途上国に開放し，加入を希望する国に十分な支援を提供することであろう。WTOが展開するAid-for-Tradeのような手厚い途上国向け支援プログラムを供与する必要がある[71]。

　規定内容の事実上の共通化と並行して，広域FTAの締約国は規制協力に当

---

70) Trachtmanはサービス規制の相互承認についてこの恐れを指摘する。参照，Joel P. Trachtman, 'Mutual Recognition of Services Regulation at the WTO', in Aik Hoe Lim and Bart de Meester eds., *WTO Domestic Regulation and Services Trade: Putting Principles into Practice*（2014）, pp. 110-125, at 116-119. しかし，Trachtmanのこの指摘は広域FTAを通じたあらゆる規制協力について当てはまる。

71) 参照，Olivier Cattaneo, 'Promoting Greater Regulatory Coherence and Co-operation through Aid for Trade: What Could Be Done? What Role for the Private Sector and the WTO?', E15 Initiative Task Force on Regulatory Systems Coherence *Think Piece*（2015）. 〈http://e15initiative.org/wp-content/uploads/2015/07/E15-Regulatory-Cattaneo-final.pdf〉

たって国際基準をベースとすべきである。EU の TTIP 条文案改訂版は 13.1 条で以下の通り規定してこの点を強調している。

> 「締約国は国際文書（international instruments）を強化し，発展させ推進させるため，相互間及び第三国とともに協力することに合意する。そのため，特に本章に基づいて規制に関する情報交換が開始された分野，及び本協定の下で分野別の規制協力の対象となっている分野において，国際機関や国際的なフォーラムで共同のイニシアティブや提案，アプローチを提出することで合意する」。

この規定は厳密には法的拘束力を持つ規定ではないが，TTIP 締約国間の規制協力を国際的な規制協力につなげるための有力な手段となりうるものである。

VI 結 び

規制協力と規制整合性は，21 世紀の貿易協定のモデルとしての広域 FTA を特徴付ける重要なコンテンツの一つである。規制協力と規制整合性に関する広域 FTA の規定は，締約国の国内規制の多様性に起因する貿易・投資の自由化・円滑化の妨げの緩和ないし解消という課題に取り組むとともに，締約国の国内規制の質の向上を図り，正当な公共政策目的を追求するための締約国の規制権限（right to regulate）を尊重しつつ，供給網のグローバル化にふさわしい規制環境を締約国全体で実現することを目指す。

多角的貿易機構である WTO を通じた規制協力と規制整合性の追求は，それが円滑に行われれば広域 FTA を通じた規制協力と規制整合性の追求よりも効率的で効果的であることは多言を要しない。しかし，本論文Ⅲ2 で見た TBT 委員会や SPS 委員会，サービス貿易理事会の活動を除けば，WTO を通じた規制協力と規制整合性の追求は GATT 以来の伝統を引き継いで謙抑的であって，供給網グローバル化にふさわしい規制環境をグローバルに整備するという見地からはスピード感を欠いている[72]。供給網のグローバル化にふさわ

---

72) 参照，Thomas J. Bollyky, 'A Role for the World Trade Organization on Regulatory Coherence', E15 Task Force on Regulatory Systems Coherence, Think Piece（2015）, available at 〈http://e15initiative.org/wp-content/uploads/2015/07/E15-Regulatory-Bollyky-final.pdf〉（WTO が規制協力と規制整合性を追求するフォーラムとして限界を抱えていると指摘す

しい規制環境の整備という課題は，当面の間は広域FTAを通じた規制協力と規制整合性の追求を通じて達成されるしかない。本論文はTPPとTTIPの規制協力と規制整合性に関する規定を分析し，それらが締約国の間の広範にわたる高水準の規制協力を推進し，締約国の規制整合性の改善に資する可能性を持っていることを見た。それと同時に，TPPとTTIPを通じた規制協力と規制整合性を追求することで，締約国の規制権限が不当に制約される恐れがあること，そしてそうしたネガティブな帰結を回避ないし緩和する規定と制度的な仕組みがTPPとTTIPには盛り込まれていることを見た。

トランプ大統領就任後，米国がTPPからの離脱を表明したことで，TPPの早期発効の目途が立たなくなっている。また，米国トランプ政権のTTIP交渉方針は本論文執筆時点（2017年7月）では不明確であり，2016年の米国大統領選挙以来TTIP交渉が本格的に再開する見通しは立っていない。本論文で分析した規制協力と規制整合性に関するTPPとTTIPの規定がいつ実際に適用されるようになるかは明らかでない。とはいえ，これらの規定に類似の規定はカナダとEUの包括的経済貿易協定（CETA）[73]や，2017年7月に大枠合意した日本とEUのEPA[74]にも盛り込まれており，おそらくは今後数年のうちにこれらの規定が規制協力と規制整合性に関する事実上の世界標準になる可能性が高い。仮にそのようなシナリオが成り立つとすれば，それに続くべきシナリオは事実上の世界標準となった規制協力と規制整合性の規定をWTOに取り込んで，公式の多角的ルールとして策定し制度化することである。筆者はこれまで様々な機会に，「21世紀の貿易協定のモデル」としてのTPPに盛り

る。）同じく参照，Bernard Hoekman and Petros C. Mavroidis, 'Regulatory Spillovers and the Trading System: From Coherence to Cooperation', E15 Task Force on Regulatory Systems Coherence, *Overview Paper*（2015）, available at 〈http://e15initiative.org/wp-content/uploads/2015/04/E15-Regulatory-OP-Hoekman-and-Mavoidis-FINAL.pdf〉（WTOの枠組み内で規制協力と規制整合性を追求する方策として，広域FTAではなく複数国間協定（plurilateral agreement）を通じた規制協力と規制整合性の追求を提唱する）。

73) EU-Canada Comprehensive Economic and Trade Agreement（CETA）, signed 18 October 2013. そのテキストは下記からアクセスできる。〈http://ec.europa.eu/trade/policy/in-focus/ceta/ceta-chapter-by-chapter/〉

74) 参照，EU Proposal for Chapter on Good Regulatory Practices and Regulatory Cooperation, EU-Japan FTA, March 2017.〈http://ec.europa.eu/trade/policy/countries-and-regions/countries/japan/index_en.htm#more〉

込まれたルールを WTO に取り込み，供給網のグローバル化が進む 21 世紀の世界経済にふさわしい多角的貿易機構として WTO を更新すること（WTO2.0）を提唱してきた 75)。規制協力と規制整合性に関する規定は，電子商取引に関する規定，競争政策と国有企業に関する規定，環境や労働，企業の社会的責任に関する規定と並んでその重要な構成要素となるはずである。

---

75) 例えば参照，拙稿「TPP と 21 世紀の国際貿易／投資規律」国際法外交雑誌 113 巻 3 号（2013）56-73 頁，69-72 頁；Junji Nakagawa, 'Feasibility and Desirability of "clubs" within the WTO: A Critical Comment on Hoekman/Mavroidis' Case for Plurilateral Agreements (PAs)', EJIL: Talk!, posted 30 September 2015, available at 〈http://www.ejiltalk.org/feasibility-and-desirability-of-clubs-within-the-wto-a-critical-comment-on-hoakmanmavroidis-case-for-plurilateral-agreements-pas/〉（TPP に盛り込まれたルールを WTO に取り込む方式として，複数国間協定方式はルールに合意できる加盟国で構成される「クラブ」を WTO 内に設け，加盟国を分断することになり，供給網のグローバル化がもたらす分断を克服できないと主張した）；拙稿「TPP と日本——TPP の日本へのインパクトを探る 第 1 回 1. TPP の背景と意義」貿易と関税 2016 年 6 月号 4-16 頁，11-13 頁。

国際投資協定における国家間手続の今日的機能
―― 協定解釈に対するコントロール可能性を中心に

小 畑　郁

I　はじめに
II　事例研究（1）――イタリア対キューバ事件（2003-2008年）
III　事例研究（2）――エクアドル対合衆国事件（2011-2012年）
IV　国際投資協定における国家間請求の利用可能性とその機能
V　結　語

I　はじめに

　投資保護のための条約が近年著しく発展してきたことは，国家にとって自国民による外国投資を保護することが，自らの利益であるという認識が強まってきたことの証である。しかし，今も昔も投資は私的事業であって，それに伴うリスクを投資家本国がすべてカヴァーすることは意図されていない。歴史的には，外国への投資は国の利益を損なうと考えられていた時期もあり，国の利益につながるという認識が一般化するのは，せいぜい19世紀中葉以降である[1]。また，投資を保護して投資利益の回収を図ろうという目標は，国家の政策としては，自国にとって好都合な交易条件を他国に要求するという目標に劣後する重要性しか与えられてこなかった[2]。外交的保護に関するいわゆる「個人の

---

[1]　さしあたり見よ：拙稿「一九世紀中葉における国債返済を求めるイギリス外交的保護権の確立」神戸商船大学紀要・第1類・文科論集38号（1989）1頁以下（17-18頁）。
[2]　1861年からのイギリスによるメキシコ干渉は，メキシコ政府のさまざまな債務の支払い

クレイムの国家のクレイムへの没入」，つまり私人の利益を国家間関係において自由に処分してよい，という法現象は，こうした重要度の重みづけの反映でもある。

ところで，貿易に関する紛争処理手続と投資に関するそれとでは，異なったパターンが観察できる。すなわち，世界貿易機関（WTO）における制度に典型的に現れているが，モノとサービスの貿易に関する紛争の場合は，日米フィルム紛争[3]のように実質的には私人の利益をめぐるものであっても，国家間の紛争処理制度に収斂される。他方，国際投資協定[4]においては，むしろ投資家―国家間の紛争処理手続（義務的仲裁にも至るもの）が標準的に規定され，その利用が頻繁になされるようになっている。実は，国際投資協定にも国家間紛争処理手続が規定されるのが普通であるが，その役割はこれまで重要視されておらず，仲裁裁判事例は非常に少なく，2例しか発見できない[5]。

このような貿易紛争と投資紛争についての国際的取扱いのパターンの違いをみると，一見，投資保護に国家がより手厚い保護を与えているように思えるが，上に見た投資よりも貿易を優先してきた国家の行動に照らしてみると，つっこんだ検討が必要である。さしあたり，投資家―国家紛争解決手続を利用させることは，国家が，自国投資家のかかわる紛争の解決費用を負担しないことを意味する。さらに，個々の紛争処理過程における自国民たる投資家の行動，とりわ

　　停止を契機とした外交的保護であったが，イギリスの重点的要求はむしろ関税の引下げであり，それは関税収入の一部を担保としてきた個別の債権者には不利な取扱いであった。これについては，見よ：拙稿「イギリスの外交的保護とメキシコ干渉一八六一―六二」同上誌39号（1990）1頁以下（29頁および30頁注152）。
3) 　WTOの小委員会報告事例については，見よ：松下満雄ほか編・ケースブックWTO法（有斐閣，2009）172-173頁（田村次朗執筆）。この事件は，英語・仏語圏では*Kodak/Fuji case*などと，実質上の利害当事者名で通用している。
4) 　本稿では，一般的用語法にならい，投資保護条約および投資章を含む自由貿易協定・経済連携協定などを総称して「国際投資協定」という。見よ：小寺彰「投資協定の現代的意義」同編著・国際投資協定（2010）2頁以下（2頁）。
5) 　2014年に発表された次の論文では，本稿でとりあげた2件を含め3件を挙げているが，ペルー対チリ事件については，それを取り扱う仲裁裁判があったわけではない。見よ：Anthea ROBERTS, "State-to-State Investment Treaty Arbitration: A Hybrid Theory of Interdependent Rights and Shared Interpretive Authority", 55(1) *Harvard International Law Journal* (2014) 1 at 7-9. なお，この論文は，拙稿，後掲注(32)の発表後刊行された主題に関する包括的な研究の成果であり，その主張についても，基本的には賛成できる。

け国際投資協定の解釈・適用に関する主張を自らに帰属しないものとすることにより，同種の主張が自らに向けられた場合の退路が開かれていることになる。

　要するに，資本輸出国（投資家本国）は，投資受入国における投資環境の一般的整備については関心を有するのであるが，自国投資家のかかわる個々の投資紛争において，必ずしも彼らと同じベクトルで行動するわけではない。とくに投資家—国家間仲裁を通じて，国際投資協定上の国家の義務が高い水準で定式化されることについては，その義務を援用する主張が自らにも向けられる可能性があるため，必ずしも歓迎するわけではない。

　現代の国際投資協定を分析する上では，このように，一方の国家が投資家に与し他方の国家が投資家を規制しようとするという従来の図式は崩れ，むしろ二つの国家と投資家という互いに緊張関係にあるトライアングルが形成されていることを念頭におく必要がある[6]。

　このトライアングルの関係がどのように制御されているか，ということを考えるために，国家間手続の機能を見る必要性は高いといわなければならない。

II　事例研究（1）——イタリア対キューバ事件（2003-2008 年）

　ここでは，まずそのうちの，投資家本国が訴えるという古典的な外交的保護でも見られたパターンに沿った，イタリア対キューバ事件を検討しよう[7]。

1　事実と手続の概要

　イタリアとキューバが 1993 年に締結した「投資の促進と保護に関する協定」（以下，イタリア＝キューバ協定）[8]は，1995 年 8 月 23 日に発効している。2003 年 5 月にイタリアは，同協定 10 条に基づいて仲裁裁判の利用を申し立てた（P

---

[6]　国際投資協定をめぐる全般的状況の優れた分析として，参照：西元宏治「国際投資法体制のダイナミズム」ジュリスト 1409 号（2010）74 頁以下（78-82 頁）。

[7]　この事件の紹介・評釈として，参照：濱本正太郎「投資協定に基づく国家間仲裁」JCA ジャーナル 59 巻 2 号（2012）22 頁以下。

[8]　テキストは，Accordo tra il Governo della Repubblica Italiana e il Governo della Repubblica di Cuba sulla promozione e protezione degli investimenti «http://investmentpolicyhub.unctad.org/Download/TreatyFile/907.» 本稿で引用するインターネットソースの最終確認日はいずれも 2018 年 5 月 3 日である。

§2)9)。アドホック仲裁裁判所は，同条所定の手続に則って同年9月に構成された（P§5）。

イタリアが請求の対象としたのは，キューバにその責任が帰属する行為によって16のイタリア（系）企業がこうむった損害である。イタリアは，①イタリア＝キューバ協定に規定する自らの権利，②同協定上投資を行っている上記の企業の外交的保護権，という二重の基礎（double légitimation）に基づき仲裁裁判に訴えているとした（P§§24-25）。これは，イタリアの具体的請求にも反映されており，各企業が被った損害額の賠償とともに，キューバによるイタリア＝キューバ協定の違反の確認，終了と再発防止の保証や違反についての象徴的賠償として1ユーロの支払いが求められた（P§10)10)。

これに対してキューバは，いくつかの先決的抗弁を提出した。仲裁裁判所はまずこれを審理し，2005年3月15日，これらの先決的抗弁のうち一部を却下し，一部を本案に併合する中間判決（Sentence préliminaire，より正確に意訳するならば「先決問題に関する判決」）を下した11)。

中間判決を承けてイタリアは，請求の具体的対象を6つの会社の被った損害にかかわるものに限定した（F§55）。仲裁裁判所は，2008年1月15日の最終判決で，結局イタリアの請求をすべて却下ないし棄却した12)。個々の会社については，2件については請求の国籍がみとめられず，1件は，国内的救済手段不尽，2件は，投資の定義に含まれない，1件は投資家の資格なし，と判断されている。

2 判 旨

ここでは，国際投資協定における国家間請求の意義にかかわる限りで，仲裁

---

9) *Italie c. Cuba*, Sentence préliminaire, 15 mars 2005, para. 2（以下，本文に記載の要領で引用）。本稿で引用する投資仲裁事件の資料は，特記しない限りすべて，次のウェブサイトに掲載のものであり容易に検索できるので，いちいち典拠を示さない «https://www.italaw.com/browse»。

10) また見よ：*Italie c. Cuba*, Sentence finale, 15 janvier 2008, para. 222（以下，F§222の要領で引用する）。

11) 見よ：P p. 50f.

12) 見よ：F p. 103f.

裁判所の判断を再構成して紹介する。
(1) 国家間請求により採りあげることのできる事件の限定

イタリア＝キューバ協定も仲裁に至る投資家—国家紛争処理手続を規定しているので（9条2項)13)，同じ主題について国家間紛争処理手続なかんずく仲裁裁判を利用することが可能なのか，という問題が生ずる。投資紛争解決条約14)には，次のような規定がある（27条1項)。

> いかなる締約国も，その国民及び他の締約国がこの条約に基づく仲裁に付託することに同意し又は付託した紛争に関し，外交上の保護を与え，又は国家間の請求を行なうことができない。ただし，当該他の締約国がその紛争について行なわれた仲裁判断に服さなかった場合は，この限りでない。

このような規定は，イタリア＝キューバ協定には存在しないが，投資家が仲裁に付託した場合や国際仲裁に付託することをあらかじめ同意している場合には，投資紛争解決条約27条に規定されたような原則を「類推により適用することを妨げない」（P§65）。しかし，イタリア＝キューバ協定は，投資家に国内裁判所と仲裁廷の選択を認めているので（9条2項)15)，仲裁への付託にあらかじめ同意しているとは見なされない（P§65）。したがって，投資家が国際仲裁手続を利用していない限り，外交的保護権は存続する（P§65）。

(2) 国内的救済原則の適用範囲

当裁判所は，イタリアが自らの請求の基礎を二重化していることに対応して，検討する。

まず，国家は，自らの国際的権利の擁護のために，他の国家の国内的救済手段を尽くすよう求められない。それは，協定違反が個別の投資家が被ったとされる損害に基づく場合でも同じである（P§88）。

投資家が国内救済手段を尽くしていないという事実は，本国による外交的保護の行使に対する障害となりうる（P§89）。

---

13) 後掲注(15)。
14) テキストは，575 United Nations Treaty Series（以下，UNTS）159.
15) 「紛争は，書面による通知の日から6か月の期間内にそれを解決できなかった場合には，当該投資家の選択により，次のいずれかに付託されうる。
 a) 紛争が生じた領域の属する締約国の権限ある裁判所（上級審を含む)。
 b) 10条3項から5項の規定にしたがった仲裁廷。」

(3) 請求の国籍（nationality of claim, 請求の国家への帰属）

キューバは，損害を被ったと主張される一つの企業が形式上パナマ法人であってイタリア法人ではないことを理由に，これについての仲裁裁判所の管轄権を争っている（F§200）。イタリア＝キューバ協定1条2項は次のように規定している。

> 「投資家」とは，一方の締約国の自然人または法人であって，他方の締約国の領域において投資を実施しているか実施する意思を有するものをいう。

当裁判所は，「締約国の自然人または法人」という文言は，第三国の法人の投資が協定の保護を受けないことを示すものと考える（F§203）。

「この文言解釈は，さらに，協定の目的に合致する。実際二国間で締結されたこの協定は，投資家のための権利を創設し，投資家は，投資受入国に直接対峙することができる。〔中略〕協定を締結することにより投資受入国が他方の締約国の国民に認めるこの仲裁手続の提供は，すべての国の法人に，〔単に〕この法人の資本がこの他方の締約国の自然人または法人により所有されているという理由で，無分別に及ぼすことはできない。」（F§205）[16]

(4) 国家自らの権利に基づく請求

イタリアは，自らの権利を根拠に，キューバによるイタリア＝キューバ協定および外国人の取扱いに関する国際法の違反の宣言，その違反の終了，再発防止の約束および象徴的に1ユーロの支払いを求めている（F§222）。

まず，当裁判所は，主張された国際違法行為の事実を，当裁判所の管轄が認められた二つの事件（国内的救済手段不尽とされた事件と投資家の資格なしとされた事件）に関わる限りでのみ審理しなければならない（F§223）。

この二つの事件では，すでに行った認定に従って，違法行為があったということはできない（F§§224-245）。したがって，請求は棄却されなければならない。

---

[16] この判断は，コスタリカ会社についてのもう一つの事件についても適用できるとした。F§§209-211.

III 事例研究（2）——エクアドル対合衆国事件（2011-2012 年）

イタリア対キューバ事件では，投資家本国が訴えたのに対し，投資受入国側が訴えたのがエクアドル対合衆国事件である[17]。

1 背景と提訴までのプロセス

1960 年代より，エクアドル奥地のラゴ・アグリオ（Lago Agrio）で米法人テキサコ石油会社（Texaco Petroleum Company，現在では同じく米法人シェヴロン Chevron Corporation に吸収）が推進した石油開発は，エクアドルに空前の石油ブームをもたらすと同時に，深刻な環境損害をもたらした[18]。この間，テキサコは，開発協定とその付属協定の解釈・適用をめぐって生じた紛争について，1991 年から 1994 年にかけて，それらをエクアドル国内裁判所に提起したが，これらの訴訟が遅延したため，2006 年 12 月 21 日，米＝エクアドル投資保護条約（1993 年 8 月 27 日の投資の奨励と相互的保護に関するアメリカ合衆国とエクアドル共和国との間の条約，以下，米＝エクアドル条約）[19] 6 条に基づき，仲裁廷の構成を要請した（シェヴロン対エクアドル事件）[20]。

この要請に基づいて構成された仲裁廷は，2010 年 3 月 30 日，中間判断を下した。ここでは，エクアドルの行為が慣習国際法上の裁判拒否には該当しないことを前提にしつつ，米＝エクアドル条約 2 条 7 項[21] は，単に裁判拒否を規定しているのではなく，むしろその特別法にあたり，独自の基準を設定してい

---

17) *Republic of Ecuador* v. *United States of America*（PCA Case No. 2012-5）〔以下，*Ecuador* v. *US* と引用する〕．
18) 以下，テキサコ＝シェヴロンのエクアドルでの石油開発をめぐる紛争の経緯については，さしあたり参照：Dan BODANSKY, "Introductory Remarks（The Chevron-Ecuador Dispute: A Paradigm of Complexity）", *Proceedings of the American Society of International Law*, 2012, p. 415f.
19) 英文テキストは，«http://investmentpolicyhub.unctad.org/Download/TreatyFile/1065»．1997 年 5 月 11 日発効．
20) *Chevron Corporation*（USA）*and Texaco Petroleum Company*（USA）v. *The Republic of Ecuador*, UNCITRAL, PCA Case No. 34877（以下，*Chevron v. Ecuador*（2006 application）と引用する），Partial Award on the Merits, 30 March 2010, paras. 35-36.
21) 「各締約国は，投資，投資協定および投資許可に関する請求を主張し，権利を実施するための実効的手段を提供しなければならない。」

ると解され22),エクアドル裁判所の手続遅延は,その規定の違反を構成すると判示された23)。

エクアドルは,2010年6月8日付けの文書(note)で,この解釈には同意できない旨合衆国政府に通知し,この規定は慣習国際法上の基準を超える義務を課すものではないという自らの解釈に同意するよう要請した24)。これに対して合衆国から同意の意思表示がなされないことが明らかとなったとして25),翌年2011年6月28日,米=エクアドル条約2条7項の解釈についての紛争が生じているとして,同条約7条に基づいて,国家間仲裁裁判の開始を要請した26)。これが,エクアドル対合衆国事件である。

2 事実と当事者の主張

仲裁裁判所の認定によると,より詳しい事実は次のようである。

2010年6月8日付けのエクアドルの文書に続いて,同月17日,駐米エクアドル大使が合衆国国務省法律顧問ハロルド・コー(Harold Hongju Koh)と面会して,米=エクアドル条約2条7項の解釈について議論した。コーは,エクアドルの見解を検討し,合衆国の立場を決定するための省庁間プロセスを開始すると伝えた(以上,§43)27)。同年8月23日,合衆国はエクアドルに外交文書(diplomatic note)を送付し,それに次のように述べる西半球局担当国務次官補からの書簡を添付した。〈合衆国政府は現在エクアドルの見解と懸念を検討中であり,これについて接触を保っていただけるよう期待している。〉エクアドルによると,その後合衆国側から返答がなかったので,エクアドル大使館は,コーに何度も電話連絡しようとした(以上,§45)。

同年10月4日,コーは,駐米エクアドル大使に電話をかけた。合衆国によると,コーは,エクアドルが米=エクアドル条約を終了させようとしている間

---

22) *Chevron* v. *Ecuador* (*2006 application*), Partial Award, para. 242.
23) *Ibid.*, p. 249.
24) *Ecuador* v. *US*, Request for Arbitration, 28 June 2011, paras. 7, 11.
25) *Ibid.*, paras. 12-13.
26) *Ibid.*, paras. 1-2.
27) *Ecuador* v. *US*, Award, 29 September 2012, para. 43(以下,この判決からは,本文中に記載の要領でパラグラフ番号のみで引用する)。

は，エクアドルによる解釈の要請を考慮することは困難である，と伝えた。エクアドルによると，コーは，本件について合衆国政府が決定することはありえず，この拒否について説明することはできない，と述べた（以上，§46）。

　同年11月，エクアドルは，すべての二国間投資条約を終了させる意思を通知した28)。翌2011年4月には，エクアドルによる駐エクアドル米国大使の国外退去措置と合衆国による同様の措置により，両国間の外交関係は緊張状態に陥った（§48）。

　結局，エクアドルは，自身が「〔米＝エクアドル〕条約の締結時に締約国の意思であったと考える同条約2条7項の適正な解釈および適用について」の「有権的決定 authoritative determination」を求めた29)。これに対して合衆国は，自らは，米＝エクアドル条約2条7項の解釈について何らの立場も採っておらず，両国間に同条約7条1項30)が求めるような「紛争」は存在していない，などとして，仲裁裁判所の管轄権を争った31)32)。仲裁裁判所は，2012年9月29日に判決を下し，管轄権なしとしてエクアドルの訴えを却下した。

---

28)　ここで，エクアドルによる投資関係条約廃棄の動向をまとめて述べておく。2009年7月6日に，エクアドルは投資紛争解決条約からの脱退通告をし，同通告は，2010年1月7日に効力を生じた。*ICSID News Release*, 9 July 2009 «https://icsid.worldbank.org/en/Pages/News.aspx?CID=87». 2017年5月18日，エクアドルは，米＝エクアドル条約の破棄通告を行った。同条約12条2項の規定により，この通告は1年後に効力を生ずる。US Department of State, Bureau of Economic and Business Affairs, *Investment Climate Statements for 2017; Ecuador* «http://www.state.gov/e/eb/rls/othr/ics/investmentclimatestatements/index.htm?year=2017&dlid=270066». エクアドルは，同時期に16の国際投資協定の破棄通告を行い，すべてのこの種の協定を終了させる措置をとった。*Investment Treaty News*, 12 June 2017 «https://www.iisd.org/itn/2017/06/12/ecuador-denounces-its-remaining-16-bits-and-publishes-caitisa-audit-report/».

29)　*Ecuador* v. *US*, Request for Arbitration, para. 14.

30)　「本条約の解釈または適用に関する両締約国間の紛争であって，協議によりまたはその他外交経路を通じて解決できないものは，いずれかの締約国の要請により，適用可能な国際法の規則に従った拘束的決定のために，仲裁裁判所に付託される。〔以下略〕」

31)　*Ecuador* v. *US*, Statement of Defense, 29 March 2012, p. 2.

32)　両当事国の詳しい主張については，見よ：拙稿「国際投資協定と国家間請求」RIETI Discussion Paper Series 14-J-005（2014），15-19頁。

3 判　旨

(1) 予備的考察

当裁判所は、これから扱う二つの問題、つまり「具体性」と「紛争の存在」は、絡み合っていることに留意する。これらの問題についての当裁判所の結論は、あわせて読まれなければならない（§189）。

(2) 「具体性」の要件に照らしての判断

「本件における両当事国の議論は、当裁判所が抽象的な解釈問題に答えることができるか、ということをめぐって多く行われた。しかし、これは誤った争点である。もし適切に提起されれば、およそ裁判所であれば、かかる問題に答えることができる。〔中略〕真の争点は、〔裁判所の〕決定が、単なる条約の意味の解明を超えて、裁判所の当事国にとって文脈上、必然的に実際的な結果をもたらすかどうか、ということである。」（§196）「関連する問題は、決定が、『両当事国の法的権利または義務』に影響を与えることを要することである。」（§197)[33]

合衆国は、米＝エクアドル条約2条7項の規定についてエクアドルと論争していないので、また、下で検討するように、この規定の解釈について紛争がないので、当裁判所は、裁判のための適当な事件がエクアドルによって提起されているとは結論できない（§207）。

(3) 「紛争」の存在

「当裁判所が直面する具体的な問題は、本件の事実から、合衆国が米＝エクアドル条約2条7項の解釈に関してエクアドルの立場に同意していないということが推論できるかどうかである。」（§215）エクアドルは、合衆国の沈黙は不同意を意味するというが、そうでない合理的可能性を排除できない。「とりわけ、合衆国の行動は、正しかろうと間違っていようと、条約6条に基づく投資家—国家仲裁廷の決定に介入したくない、という原則的立場と合致している。合衆国の沈黙についてのこうした説明がありうることに鑑みて、この事件の状況から、『明白な反対 positive opposition』を推論することは許されない。」

---

[33]　ここで引用されているのは、当事国、とくに合衆国も援用した北部カメルーン事件判決である。*The Northern Cameroons* (*Cameroon* v. *United Kingdom*), Judgment of 2 December 1963, [1963] ICJ Reports 15.

(§219)34)

　このことだけでは，両当事国の間に紛争がないことを意味しない。もしエクアドルが，合衆国の沈黙が米＝エクアドル条約5条の協議義務に反していると主張していたならば，紛争があったであろう。しかし，エクアドルは，同条を援用することもその違反を主張することもなかった（以上，§§225-227）。「したがって，当裁判所には，自ら管轄権を主張しうる紛争は委ねられていない。」（§228）

4　考察——国家間仲裁裁判所による条約解釈提示の可能性

　国家間仲裁裁判手続も，当事国間の紛争を前提とする。「明白な反対」といった基準を用いるかどうかは別として，紛争というからには，なんらかの具体的な不服があり，仲裁裁判はそれに解決を与えるものでなければならないであろう。合衆国の解釈についての回答がない以上，紛争の成熟性には疑問が残る。しかし，シェヴロン対エクアドル（2006年申立）中間仲裁判断の解釈に反対して，一般的法整備を行わない，という態度をエクアドルが公然と表明して，それについて合衆国が疑問を提起するというプロセスがもしあったとすれば，この要件は満たされる。仲裁裁判所も，条約解釈の抽象的問題に答えること自体の可能性については，否定していない。

IV　国際投資協定における国家間請求の利用可能性とその機能

1　投資家本国が個別投資家の利益を主張する場合

(1)　総　説

　イタリア対キューバ事件の仲裁裁判所は，その旨の明示の規定がなくとも，投資家が仲裁手続に訴えたりそれに同意したりしている場合は，当該投資家の主張する損害について，投資家本国が外交的保護を行使することができない，とした。この判断の内容は，判決でも引用されているように，投資紛争解決条

---

34)　「明白な反対」という用語は，南西アフリカ事件（管轄権）判決からの引用である。*South West Africa (Ethiopia v. South Africa)*, Preliminary Objections, [1962] ICJ Reports 319 at 328:「〔紛争が存在するためには，〕一方当事者の主張 réclamation が，他方当事者による明白な反対 opposition manifeste にあっていることが示されなければならない。」

約の枠組みでは明確に確立している。仲裁裁判所は，この原則は類推により適用できるとした。たしかに，投資家が仲裁手続をすでに利用した，あるいは利用している，という場合には，外交的保護を認めないのは，一種の訴訟経済あるいは先行する投資家—国家間仲裁の安定性を確保する上で重要で，この類推適用には合理性がある。

しかし，同裁判所は，投資家が国際仲裁のみならず国内的救済手段の利用もできる場合には，（国内的救済原則によりその手段の完了ののちに）外交的保護を行使できる，と判断している。投資紛争解決条約の枠組みにおいても，投資家が国内的救済手段も利用できるという方がむしろ普通である。にもかかわらず，外交的保護が原則禁止されていることは「類推適用」されないのであろうか。現実には，この外交的保護の許容は，自らは国際仲裁を提起することのない，つまり，自らに開かれたその手続を追行する意思ないし能力を有しない投資家の利益を確保するために，投資家の本国の資源を用いることを認めることにほかならない。

にもかかわらず，仲裁裁判所が外交的保護を許容したのは，外交的保護は国家の権利であって，明示の放棄がない限りは，原則としてそれを認めるべきであるというドグマが働いたからであるように思われる。しかし，外交的保護においては，請求国の権利は形式的なものにすぎないことが想起されるべきであろう[35]。

このように，投資家—国家間仲裁手続が利用可能である限りにおいて，投資家本国が個別投資家の利益を主張して国家間仲裁裁判ないし他の国家間請求に訴えても，それは却下されるべきとも考えられる。この場合，国家間請求を提起できるのは，投資家—国家間仲裁の仲裁判断が履行されない場合のみということになる。

しかし，こうした考え方は一般的に受け入れられているわけではないので[36]，以下では，一旦その議論の前提を受け入れて，投資家本国が個別投資家の利益を主張して国家間請求に訴えた場合に適用されるべき原則について考

---

35) さしあたり参照：拙稿，前掲注(32)，5頁。
36) Cf. ROBERTS, *supra* note 5, *passim*.

察することにする。

　この場合，たとえ国際投資協定という国際法の履行の請求という形をとったとしても，個別投資家の利益を主張する（個別投資家がこうむった損害の賠償を請求する）のであれば，それは外交的保護にほかならないことに注意が必要である。したがって，外交的保護にかかるいわゆる手続的制約は原則として適用されると考えるべきである。

（2）投資家の請求の締約国への帰属可能性（請求の国籍）

　イタリア対キューバ事件の仲裁裁判所は，イタリア国民が株式を通じて支配する会社の保護を認めなかった。ここでは，請求の国籍に関わる重要な論点が関係する。しかし，判決のこの部分についての理由は必ずしも明解ではない。

　判決も引用する外交的保護条文37)では，現地法人化要件が課されている場合には，株主の国籍国が請求権を有する（11条38)(b)）という形で，設立準拠法ないし経営の本拠地を基準として会社の国籍国を定め，この国が外交的保護権を有するという規則（9条）に一般的な例外を設けている。また，1989年のシチリア電子会社事件判決で，国際司法裁判所は，曖昧ではあるが株主の国籍国による請求に好意的な態度を示した39)。ここでその根拠は，1948年の米伊友好通商航海条約の「一般的目的」であり，国際司法裁判所（小法廷）は，一般原則としては株主と会社の区別を維持しているので，こうした条約を締結している場合には，株主の国籍国にも請求権が認められうるという立場をとっているように思われる。

　しかし，ある損害についての賠償を求める請求権が，当該損害にかかる利益

---

37) 国際法委員会によって採択され，2006年の国連総会決議でテイク・ノートされた。テキストは，Annex to: UN Doc. A/RES/62/67.

38) 「会社の株主の国籍国は，当該会社の損害の事件において，株主について外交的保護を行使する権限を有しない。ただし，次の場合はこの限りではない。

　(a)〔略〕

　(b) 当該損害の日に，生じた損害に責任を有すると主張される国の国籍を会社が有しており，かつ当該国での設立がそこで営業するための前提条件として当該国により要求されていた場合。」

39) *Elettronica Sicula*, Judgment of 20 July 1989, [1989] ICJ Reports 15, para. 132 at p. 68. 本件の代表的な評釈として，参照：小田滋「通商条約における外資系会社」ジュリスト958号（1990年）57頁以下。

が条約の保護対象であるというだけの理由で，その利益との結びつきが認められる締約国に帰属するかどうかという問題が残されているのである。たとえば投資紛争解決条約では，投資紛争解決国際センターの仲裁（ICSID 仲裁）に服しない場合には外交的保護を行使しうるという規定（27条。Ⅱ2(1)に引用）があるが，ICSID 仲裁の対象自体は，株式を通じた支配を基準として広げられた範囲の利益であり得る（25条40) 2項(b)参照）。しかし，少なくとも投資紛争解決条約採択時には，この場合に「復活」する外交的保護権は，一般国際法上のものであり，株主の国籍国によって行使されうるわけではないと解されていたのである41)。

イタリア対キューバ事件判決では，この問題が問題として捉えられていないように思われる42)。ここでは，徹底して「締約国の自然人または法人」という条約のテキストの解釈問題として，まずは文言，その文脈としての当時の一般国際法上の観念を参照しているのである。

(3) 国籍継続の原則

法人の国籍の変更は，設立準拠法国が変わることはありえないので，従来あまり議論されてこなかったが，経営の本拠が変わることは十分にありうるので，国際投資協定に即してもこの原則についても考察する価値があろう43)。国際

---

40) 「1　センターの管轄は，締約国（〔略〕）と他の締約国の国民との間で投資から直接生ずる法律上の紛争であって，両紛争当事者がセンターに付託することにつき書面により同意したものに及ぶ。〔第2文略〕

2　「他の締約国の国民」とは，次の者をいう。

(a)〔略〕

(b)　両当事者が紛争を調停又は仲裁に付託することに同意した日に紛争当事者である国以外の締約国の国籍を有していた法人及びその日に紛争当事者である締約国の国籍を有していた法人であって外国人が支配しているために両当事者がこの条約の適用上他の締約国の国民として取り扱うことに合意したもの。

3〔以下，略〕」

41)　見よ：Aron BROCHES, "The Convention on the Settlement of Investment Disputes between States and Nationals of Other States", *Recueil des Cours de l'Académie de Droit International de la Haye*, t. 136, 1972-II, (1973) at pp. 378-380.

42)　なお，筆者は，国際責任法における支配的観念である国家間処理モデルにおいては，この問題は問題として認識されなくなる，と指摘したことがある。見よ：拙稿「国際責任論における規範主義と国家間処理モデル」国際法外交雑誌101巻1号 (2002) 16頁以下 (36頁)。

43)　外交的保護条文は，会社の場合でも，この原則の適用を当然に認めている（同10条）。

投資協定はまた，個人（自然人）投資家の利益も保護しており，その場合には，この原則は，実質的により重要である。

国籍継続の原則も，外交的保護にかかる規則であるから，国際投資協定における国家間仲裁裁判手続でも当然適用があると考えるべきであろう。もっとも，この原則については，主流の考え方では，自然人について広範な例外が認められる傾向にある。

しかし，国際投資協定を根拠として国家間仲裁裁判に訴える場合には，この原則は，ほとんど例外なく適用されると考えてよいと思われる。つまり，国際投資協定は原則として二国間的性格を有しており，ある国際投資協定に基づく国家間請求において対象となる個人（すなわち締約国の国民）が，国籍の変更があった場合には，損害時にこの協定の保護範囲に属していたということは原則としてないからである。

2　締約国が国際投資協定の運用にかかわる主張を行う場合
(1)　個別投資家の利益とは区別された投資受入国の義務を援用する場合

資本輸出国が，国際投資協定に規定された国家間紛争処理手続を利用して，個別の投資家の利益とは区別された投資保護義務を主張することは可能であろう。国際投資協定では投資の「促進」も目的とするのがむしろ通例であり，そもそも一定の国内法制が整備されていなければ，投資を呼ぶことはできない。つまり，協定の規定する保護が提供されず個別投資家に損害が発生する以前にすでに協定違反は十分にありうる。したがって，国内法制を整備せよ，あるいは法制が存在していても十分に機能していない，といった主張は当然に可能といわなければならない。

投資受入国が協定に規定する国際的メカニズム，すなわち，投資家—国家間仲裁手続や国家間協議手続に協力しない場合，それを理由として国家間請求を行うことも同様に可能であろう。

自然人の場合と異なり，例外もほとんどない（同2項）。なお，同条文では，法人の国籍については，設立準拠法基準を原則としつつ，実質的支配のリンクが他国にあり，当該国に経営の本拠がある場合には，当該国を国籍国とするとされている（9条）。

(2) 事後的な解釈合意を求める請求

しかし，今日，国家間手続の利用形態として注目されるのは，協定成立後に，締約国間で一定の解釈合意を形成することを認める実行であり，それを求める一方的請求である44)。

(a) 北米自由貿易協定（NAFTA)45)における実行

NAFTA の自由貿易委員会（Free Trade Commission）は，締約国の閣僚レヴェルの代表ないしそれが指名する者によって構成される委員会で，NAFTA の解釈または適用から生ずる紛争を解決する権限を有しているが（NAFTA2001条1項，2項（c)）46)，この委員会による NAFTA の解釈は，投資章に基づき設置される仲裁廷を拘束すると規定されている（同1131条2項)47) 48)。

この規定に従って，自由貿易委員会は2001年7月，NAFTA1105条1項49)により投資家に付与すべき待遇は，「公正かつ衡平な待遇 fair and equitable treatment」や「十全な保護および保障 full protection and security」といった文言にもかかわらず，慣習国際法上の外国人に与えられるべき最低基準を保障するという趣旨である旨の解釈を採択した50)。

---

44) 以下，一般的に参照："Interpretation of IIAs: What States can do", *UNCTAD IIA Issues Note*, No.3, 2011 «http://unctad.org/en/Docs/webdiaeia2011d10_en.pdf».
45) 英文テキストは，«http://www.nafta-sec-alena.org/Default.aspx?tabid=97&language=en-US».
46) 「1 締約国は，ここに，締約国の閣僚レヴェルの代表またはその者が指名する者によって構成される自由貿易委員会を設立する。
2 委員会は，次のことをなすものとする。
(a)(b)〔略〕
(c)〔本協定の〕解釈または適用に関して生ずる紛争を解決する。
(d)(e)〔略〕」
47) 「〔自由貿易委員会〕による本協定の規定の解釈は，〔投資家―国家間仲裁に関する〕節に基づいて設立される仲裁廷を拘束する。」
48) 以下，参照：小寺彰「公正・衡平待遇――投資財産の一般的待遇」小寺編著・前掲注(4)書, 101頁以下（104-109頁); Gabrielle KAUFMANN-KOHLER, "Interpretive Powers of the Free Trade Commission and the Rule of Law", in: Emmanuel GAILLARD & Frédéric BACHAND (eds.), *Fifteen Years of NAFTA Chapter 11 Arbitration* (Juris, 2011), p. 175ff.
49) 「各締約国は，他の締約国の投資家の投資財産に対して，公正かつ衡平な待遇ならびに十全な保護および保障を含む国際法に従った待遇を付与しなければならない。」
50) NAFTA Free Trade Commission, Notes of Interpretation of Certain Chapter 11 Provi-

この解釈決定が採択された時に仲裁廷に係属していた事件のうち、ポープ・タルボット事件では、2001年4月にすでに慣習国際法上の最低基準を超える保障があるとの判断が示されていた51)。仲裁廷は、2002年の損害賠償に関する判断において、自由貿易委員会の「解釈」は実質的に協定の改正にあたり、遡及適用はできないとの判断に傾いたが52)、結局いずれの「解釈」に従っても、カナダのこの規定の違反を認定できるとし、解釈か改正かという性質決定について断を下さなかった53)。もう一つの係属中の事件であったADFグループ事件では、仲裁廷は自由貿易委員会の定式を受け入れて、(改正ではなく)解釈にほかならないとし、それに従った54)。

　このように、「解釈」が採択されたときに係属中の事件、さらにいえばすでに損害が発生していた事件については、適正手続の観点からは問題が残っていると考えられるが、仲裁廷は一般に自由貿易委員会の解釈に従っている55)。

(b)　その他の実行

　NAFTAのように、政府代表で構成される機関に有権的解釈権能を付与する例は、実は少なくない。NAFTAと同様に、2004年のカナダのモデル投資協定 (40条2項) および2012年合衆国モデル二国間投資条約 (30条3項) には、解釈に関する締約国の合同の決定は、仲裁廷を拘束するという規定がある56)。2004年の日本＝メキシコ経済連携協定は、両締約国政府の代表者で構成する合同委員会 (165条) が採択する解釈が仲裁廷を拘束すると規定する (84条2項)57)。2007年のチリとの経済連携協定にも同様の規定がある (93条2項)。

---

sions, 31 July 2001, «http://www.sice.oas.org/tpd/nafta/Commission/CH11understanding_e.asp».

51)　*Pope & Talbot Inc.* v. *The Government of Canada*, UNCITRAL, Award on the Merits of Phase 2, 10 April 2001, paras. 105–118.

52)　*Pope & Talbot Inc.* v. *The Government of Canada*, UNCITRAL, Award in Respect of Damages, 31 May 2002, para. 47.

53)　*Ibid.*, paras. 47, 52–65.

54)　*ADF Group Inc.* v. *United States of America*, ICSID Case No. ARB (AF)/00/1, Award, 9 January 2003, 18 *ICSID Review – Foreign Investment Law Journal* (2003) 195, para. 177 at p. 275f.

55)　小寺・前掲注(48), 107頁; KAUFMANN-KOHLER, *supra* note 48, p. 183.

56)　それぞれのテキストは、«http://www.italaw.com/sites/default/files/archive/ita1028.pdf»; «http://italaw.com/documents/Canadian2004-FIPA-model-en.pdf».

締約国間の協議手続で解釈（および適用）問題を議論できるという規定をもつ国際投資協定は多い。カナダのモデル投資協定（48条1項），コロンビアの2007年モデル投資協定58)（12条）がその例であり，日本が締結した協定59)では，香港（11条1項），韓国（14条1項），メキシコ（152条1項），マレーシア（146条1項），ブルネイ（108条1項），インドネシア（140条1項），タイ（160条1項），チリ（177条1項），ベトナム（117条1項），ペルー（投資協定24条1項(a)，ただし合同委員会の権限）との協定にその例がある。これ以外に，国家間紛争処理手続を定める国際投資協定には，協定の解釈または適用に関する「紛争」をまず協議によって解決に努めるという条項があるのが通例であるから，協定の解釈問題を締約国間の協議に持ち出すことができるのは当然のこととなっているのかが分かる。

(c) まとめ

以上の明示的な実行が示唆しているのは，協定成立後に締約国間で解釈合意を成立させることができ，それが高い権威をもつということであり，その前提として，一方の締約国が解釈問題を他方の締約国に提示して合意を求めるという国家間請求を行うことは当然可能という法意識である。

(3) 投資家との間で争点となった問題を国家間仲裁裁判に付託するのは国際投資協定の目的に反するか

より注意が必要なのは，国家間仲裁裁判と投資家—国家間仲裁の関係である。エクアドル対合衆国事件で，国家間仲裁裁判の利用は，投資家—国家間仲裁の実効性を弱め，したがって，国際投資協定の目的に反する，と合衆国は主張した60)。たしかに，同一の主題を対象とする場合，すなわち，この事件に即し

---

57) 「合同委員会が採択するこの協定の解釈は，〔投資家—国家間紛争解決手続に関する〕この節の規定により設置される裁判所を拘束する。〔第2文略〕」

58) テキストは，«http://italaw.com/documents/inv_model_bit_colombia.pdf»。

59) 日本が締結した二国間条約については，外務省のウェブサイトから容易に検索可能であるので，いちいち典拠を示さない。

60) *Ecuador* v. *US*, Memorial of the Respondent United States of America on Objections to Jurisdiction, 25 April 2012（以下，US Memorial と引用する），pp. 5, 51, 53, 59. 合衆国は，「投資家—国家間仲裁の基本原理」は，「投資紛争を脱政治化し，国家と投資家との間で中立的で拘束的な仲裁を認めること」にある。としている。*Ibid.*, p. 60. この点をとくに強調するのは，リースマンの鑑定意見である。見よ：*Ecuador* v. *US*, Expert Opinion with Respect

て言えば,国家間仲裁裁判でテキサコ＝シェヴロンの訴訟について2条7項の違反がなかったことを宣言するよう求めるような場合には,先行する投資家—国家間仲裁判断の最終性を尊重しなければならず,したがってそのことを理由にこの宣言的判決の申立を不受理とすべきであろう。

　しかし,それを超えて,国家間紛争処理手続を用いて投資家—国家間仲裁手続への影響力を行使すること一般が,かかる手続を規定する国際投資協定の目的と両立しないとはいえないであろう。たしかに,ルチェッティ対ペルー事件の仲裁手続の過程で,ペルーが進行中のペルー・チリ間の国家間紛争の主題と重複することを理由に,手続の進行を停止するよう求めたが,認められなかった例がある[61]。しかし,その理由は形式的なものであり,国家間紛争処理がどのような段階であっても停止が認められないというわけではない。

　逆に,エクアドル対合衆国事件で合衆国が述べているように[62],投資家—国家間仲裁が進行中であっても,より広く国家間手続によって条約解釈について合意する可能性を示す実例がいくつかある。

　たとえば,NAFTAでは,投資家—国家間仲裁において,投資家本国も書面により協定の解釈問題について意見提出を行うことができる旨の規定があり(1128条)[63],近年合衆国が締結する二国間投資保護条約や自由貿易協定の投資章には同様の規定が含まれている[64]。日本がメキシコ(86条),マレーシア(85条13項),チリ(95条1項),インドネシア(69条16項),ブルネイ(67条18項),カンボジア(17条16項),ラオス(17条16項),スイス(94条10項),ペルー(経済連携協定18条17項)との間で締結した国際投資協定にも,同旨の規定がある。こうした仲裁手続への参加の結果国家間に合意された解釈が成立した

---

to Jurisdiction, Prof. W. Michael Reisman, 24 April 2012.

61) *Empresas Lucchetti, S.A. and Lucchetti Peru S.A.* v. *The Republic of Peru*, ICSID Case No. ARB/03/4, Award, 7 February 2005, 19 *ICSID Review – Foreign Investment Law Journal* (2004) 359, paras. 7, 9 at p. 362.

62) 見よ:US Memorial, pp. 43-46.

63) 「紛争当事者に対する書面による通知によって,締約国は,仲裁廷に対して本協定の解釈問題について意見提出を行うことができる。」

64) US Memorial, p. 44. それは2004年と2012年の合衆国のモデル二国間投資条約(28条2項)および2004年のカナダのモデル投資協定(35条2項)にも規定されている。2004年合衆国モデル条約のテキストは,«http://www.state.gov/documents/organization/117601.pdf»。

場合には，条約法条約65) 31条3項 (a) に規定する「後にされた合意」となり，条約解釈の際考慮されることは，エクアドル対合衆国事件で合衆国自身も認めている66)。

　投資家―国家仲裁手続が進行中に，国家間協議手続を通じて，解釈合意を形成する実行も現れている。たとえば，CMEチェコ事件についての中間仲裁判断の後，チェコは，チェコ・オランダ間の協定に規定された協議手続を利用し，オランダとの間で解釈合意を形成することに成功した67)。さらに，コロンビア＝ペルー投資協定68) には，仲裁廷の判断案が両締約国に送付され，そのコメントを考慮して仲裁廷は判断を下す旨の規定がある（25条14項 (a)）。

　ともあれ，たとえ先行する投資家―国家間仲裁で争点となっている問題であっても，国家間仲裁裁判を利用してそれについての判断を求めることが，国際投資協定の目的に反するとはいいがたいと思われる。

V　結　語

　国際投資協定に一般的に規定される国家間紛争処理手続の意義は，これまで十分に意識されてこなかった。個別投資家の利益の確保のためには，通常同時に規定される投資家―国家間紛争処理手続を利用するのが合理的だからである。資本輸出国が国際投資協定の締結を推進してきたのは，なによりも，投資家―国家間紛争処理手続が個別投資家の利益確保に貢献してきたからにほかならない。

　しかし，国際投資協定の数が爆発的に増え，この手続に基づく仲裁判断が圧倒的な量で蓄積され，しかも経済的格差のない国の間でも国際投資協定が締結されるようになると，投資家―国家間仲裁を通じて国際投資協定上の義務が明確に定式化され，国にとっては履行困難と考えられる義務が設定される例もある，という面が注視されざるをえなくなってきた。

---

65)　テキストは，1155 UNTS 331.
66)　US Memorial, p. 44.
67)　見よ：*CME Czech Republic B.V.* v. *The Czech Republic*, UNCITRAL, Final Award, 14 March 2003, paras 87-93 at p. 30f.
68)　スペイン語テキストは，«http://investmentpolicyhub.unctad.org/Download/Treaty File/798».

この状況の中で，資本輸出国としても，ますます国家間仲裁手続を利用して，相手締約国の一般的義務違反を追及することには躊躇せざるを得なくなっている。その場合には，自らの主張が自らへの義務履行の要求として直接的に跳ね返ってくるからである。ところが，投資受入国は，むしろ，国家間手続を用いて，国際投資協定上の義務を彼らにとって合理的な水準に押さえ，投資をむしろ規制しようとすると考えられる。現実には，一つの締約国が投資受入国と投資家本国という両方の立場を併せ持つことも多くなっているが故になおさら，国家間手続は，投資家─国家紛争処理手続とは機能を異にする形で，あるいはそれに掣肘を加えるためにすら用いられる可能性があるというべきであろう[69]。

〔付記〕本稿は，注(32)に挙げた拙稿を，その後公表された資料等の情報を組み込んで再構成し，論文の体裁にしたものである。小寺彰先生からは，これまで数々の場面で，私の未熟な問題意識を論文の形でまとめるきっかけを頂戴してきた。同稿自体，先生からの直接のお声がけで参加した，（独立行政法人）経済産業研究所のプログラム「国際投資法の現代的課題」の成果である。本稿の出来には筆者としても不満が残るが，この段階で論文の形で公表して学恩に報いるべきであると判断した次第である。

---

[69] この点，留保をめぐる実行から考えれば，人権条約の解釈・適用の場合とは機能が異なると解される。もっとも，最近登場した国家間手続での人権条約の解釈・適用事例については，別途研究が必要である。

人権法の観点から見た投資条約批判の検討
―― 国連人権理事会独立専門家による批判を中心に

濵 本 正太郎

  I　はじめに
 II　独立専門家による投資条約（仲裁）批判
 III　批判の批判的検討
 IV　おわりに

I　はじめに

　環太平洋パートナーシップ（TPP）協定交渉は 2015 年に妥結し，同年 11 月 5 日に暫定条文が，続いて 2016 年 1 月 26 日に条文確定版が公表され，同年 2 月 4 日に署名されることが発表された1)。その署名式の直前の 2 月 2 日，国連人権理事会により任命された「民主的かつ衡平な国際秩序の伸長に関する独立専門家」たる Alfred de Zayas は，TPP 交渉参加国は TPP 協定に署名すべきではないとの声明を発表した。関連部分は以下の通り。

　「TPP は根本的欠陥を有しており，国家による規制の余地を確保するよう改正がなされるまで署名も批准もされるべきでない。……本報告者による国連総会への 2015

---

1) Trans-Pacific Partnership, 〈https://www.tpp.mfat.govt.nz/〉. 周知の通り，米トランプ政権による「離脱」宣言を経て，環太平洋パートナーシップに関する包括的及び先進的な協定（CPTTP）が発効するに至っている。Comprehensive and Progressive Agreement for Trans-Pacific Partnership Agreement, 〈https://www.mfat.govt.nz/en/trade/free-trade-agreements/free-trade-agreements-concluded-but-not-in-force/cptpp/comprehensive-and-progressive-agreement-for-trans-pacific-partnership-text/〉. 本稿に関する限り，TPP と CPTTP との区別を気にする必要はない。

年報告書（A/70/285）において，本報告者は投資家対国家仲裁の廃止を訴えた。投資家対国家仲裁は，投資家は政府を事件ごとに設置される仲裁廷に訴えることができるのに対し，政府は投資家をそのような仲裁廷に訴えられないという点において，根本的に不公平かつ不公正である。……市民的及び政治的権利に関する国際規約 19 条および 25 条に違反する TPP の反民主的性格およびそれがもたらす「規制への萎縮」ゆえに世界中で TPP 批判の声が起こっているにもかかわらず，大企業のロビイングは TPP を交渉のテーブルに載せることに成功した。もし仮に，TPP 交渉参加 12 ヵ国において国民投票がなされるならば，TPP は間違いなく拒否されるであろう。」2)

この「檄文」は，投資法専門家の間ではほとんど話題にならなかった。おそらくその大半は，優しく微笑んで無視したのであろう。たしかに，人権理事会に任命された独立専門家は投資法の専門家ではなく，本稿で見るように，彼の投資法理解は欠陥だらけといっても過言ではない。しかし，人権法の専門家から批判がなされるのであれば，少なくともその批判を真摯に受け止め，傾聴すべき要素がないか検討する必要があるはずである。

「民主的かつ衡平な国際秩序の伸長に関する独立専門家」というポストは，人権理事会の決議 18/6（2011 年)3) により設立された 4)。賛成 29（アジア 5)・アフリカ・ロシア・中南米の一部)，反対 12（北米・西欧・ロシアを除く東欧)，棄権

---

2) Statement by the Independent Expert on the promotion of a democratic and equitable international order, Alfred de Zayas, on the upcoming signing the Trans-Pacific Partnership, 2 February 2016, 〈http://www.ohchr.org/en/NewsEvents/Pages/DisplayNews.aspx?NewsID=17005&LangID=E〉; *see also* UN expert urges Pacific Rim countries not to sign the TPP without committing to human rights and development, 2 February 2016, 〈http://www.ohchr.org/en/NewsEvents/Pages/DisplayNews.aspx?NewsID=17006&LangID=E〉.
3) U.N. Doc. A/HRC/RES/18/6（29 September 2011).
4) 国連人権理事会の「特別手続」としては，特別報告者（Special Rapporteur)，独立専門家（Independent Expert)，作業部会（Working Group）の 3 種がある。Special Procedures of the Human Rights Council, 〈http://www.ohchr.org/EN/HRBodies/SP/Pages/Introduction.aspx〉。前二者は個人である点で共通しており，名称以外の差異を見いだすことは難しいが，より重要と認識される任務を課される場合，「特別報告者」の名称が与えられるようである。Mission permanente de la Suisse auprès de l'O.N.U et des autres organisations internationales, *Le Conseil des droits de l'homme : Guide pratique*, 2014, 〈https://www.eda.admin.ch/dam/eda/fr/documents/publications/InternationaleOrganisationen/Uno/Human-rights-Council-practical-guide_fr〉, p. 14.
5) 日本はこの決議採択時人権理事会理事国ではなかった。Membership of the Human Rights Council 19 June 2011-31 December 2012 by regional groups, 〈http://www.ohchr.org/EN/HRBodies/HRC/Pages/Group20112012.aspx〉.

5（中南米の一部・モーリタニア）で採択されたこの決議は、「民主的かつ衡平な国際秩序の伸長と保護の障害となり得るものを特定し、それにつき人権理事会に勧告すること」（決議パラ14(a)）という漠然たる任務を定めているが、投資については特段言及していない。他方で、諸国への要請として、通商・経済成長・持続可能な発展について平等な機会を確保することを求めており（決議パラ5）、経済問題が独立専門家の任務の範囲内と認識されていたことが窺える。2012年5月にAlfred de Zayasが独立専門家として着任し[6]、通商条約・投資条約が人権に与える影響について国連加盟国等に質問状を回付して意見を求めた上で[7]、意見聴取会合を2015年5月に開催し[8]、通商条約・投資条約が国際秩序に与える悪影響に関する報告書を7月に人権理事会に[9]、投資家対国家紛争処理が国際秩序に与える悪影響に関する報告書を8月に国連総会に[10]、それぞれ提出した。これを受けて、人権理事会は通商条約・投資条約が人権に与える悪影響につきさらに検討を進めることを求める決議30/29を10月に[11]、国連総会は8月報告書に「留意する（take note）」との決議70/149を12月に[12]、それぞれ採択した。そして、独立専門家は2回目の意見聴取会合を10月に開催し[13]、通商条約・投資条約が人権に与える悪影響に関する報

---

6) Independent Expert on the promotion of a democratic and equitable international order, 〈http://www.ohchr.org/EN/Issues/IntOrder/Pages/IEInternationalorderIndex.aspx〉.

7) Questionnaire, 〈http://www.ohchr.org/Documents/Issues/IntOrder/QuestionnaireMarch2015_EN.doc〉. この質問票は2015年3月に回付されたようである。

8) Expert Consultation "The impact of free trade and investment agreements on a democratic and equitable international order", Geneva, 5 May 2015, 〈http://www.ohchr.org/EN/Issues/IntOrder/Pages/FreeTrade.aspx〉.

9) Report of the Independent Expert on the promotion of a democratic and equitable international order, Alfred-Maurice de Zayas, U.N. Doc. A/HRC/30/44.

10) Report of the Independent Expert on the promotion of a democratic and equitable international order, U.N. Doc. A/70/285. これが、冒頭に引用した「檄文」において言及されている報告書である。

11) U.N. Doc. A/HRC/RES/30/29（2 October 2015）. 賛成31（アフリカ・アジアの一部・中南米の一部・ロシア）、反対14（北米・西欧・ロシアを除く東欧・日本・韓国）、棄権2（メキシコ・パラグアイ）。

12) U.N. Doc. A/RES/10/14（17 December 2015）. 賛成130、反対53、棄権5。人権理事会決議30/29とほぼ同様の投票行動が見られる。

13) Expert Consultation "The impact of free trade and investment agreements on a democratic and equitable international order", Geneva, 13 October 2015, 〈http://www.ohchr.org/EN/Issues/

告書を 2016 年 7 月に人権理事会に提出した 14)。人権理事会は，同報告書に「留意する」決議 33/3 を同年 9 月に採択している 15)。その後，独立専門家はそれまでの任期のまとめの報告書を 2018 年 1 月に提出し，そこで改めて投資法について触れている 16)。また，この間，独立専門家は，エクアドルが投資条約を廃棄するとしたことを称揚する声明を 2017 年 5 月に発表している 17)。本稿の検討対象は，これらの各文書である。

以下，まず，やや錯綜した構造を持つ独立専門家の上記報告書による投資条約（仲裁）批判を筆者なりの観点から再構成し（Ⅱ），続いて，その批判から得られるものがあるかどうかを検討する（Ⅲ）。

Ⅱ　独立専門家による投資条約（仲裁）批判

独立専門家によれば，投資条約あるいは投資条約仲裁は，実体（1）・手続（2）の両面において問題を抱えている。以下，その主張を要約する。

1　実体的問題——投資条約による規制権限の縮小

投資が，たとえば投資受入国による恣意的収用から保護されねばならないのはいうまでもない。しかし，投資条約が真に意図しているのは，健康・環境・安全・金融規制を妨害することである 18)。すなわち，投資条約に基づく義務を引き受けることにより，公益のための活動を行う国家の権限が制約される。たとえば，仲裁判断例の中には，環境保護・食品安全・ジェネリック医薬品へのアクセス・喫煙抑制などのために執られた措置につき条約違反を認定するも

IntOrder/Pages/FreeTradeOct2015.aspx〉.
14)　Report of the Independent Expert on the promotion of a democratic and equitable international order, U.N. Doc. A/HRC/33/40.
15)　U.N. Doc. A/HRC/RES/33/3（29 September 2016）.
16)　Report of the Independent Expert on the promotion of a democratic and equitable international order, U.N. Doc. A/HRC/37/63.
17)　Ecuador withdraws from its remaining bilateral investment treaties, 31 May 2017,〈http://www.ohchr.org/Documents/Issues/IntOrder/Opinion_on_Ecuador_on_IIAs.docx〉.
18)　Joseph E. Stiglitz, The Secret Corporate Takeover, 13 May 2015,〈https://www.project-syndicate.org/commentary/us-secret-corporate-takeover-by-joseph-e--stiglitz-2015-05?barrier=accessreg〉, *quoted in* U.N. Doc. A/HRC/30/44, *supra* note 9, p. 8, n. 21.

のがある[19]。そのような権限の制約は，萎縮効果によりさらに拡大する。仲裁廷により条約違反と判断されることをおそれ，国家は公益に資する措置を執ることを自制するようになるのである[20]。

投資条約による規制権限の縮小は，とりわけそれが投資家対国家仲裁という制度を伴うとき，民主主義に対する大いなる挑戦となる。民主的に選ばれた政府が社会政策を推し進めようとする際，まさに市民から民主的に負託されたその政策を進めるがゆえに，投資家から訴えられることになるからである[21]。

また，投資受入国が敗訴する場合，巨額の賠償を課され得ることも問題である。損害賠償は国家予算から支払われる。すなわち，本来ならば教育・健康・インフラ構築などのために使われるはずだった国民の税金が，大企業や裕福な投資家に支払われるのである[22]。

具体的問題を挙げるならば，人権の観点からは以下のような例がある。

投資条約は，たとえばインドにおいて数百万の農民の生活に悪影響を及ぼし，自殺率の深刻な上昇を招いている。これは生命権の侵害である[23]。

Aguas del Tunari v. Bolivia では，民営化後の水道料金の値上げに対し民営化契約が解除されたことについて投資家が国家を訴えている。これは水への権利の侵害である[24]。

労働者の権利の侵害も顕著である。たとえば北米自由貿易協定（NAFTA）は，人件費が安く労働基準も国際労働機関（ILO）基準以下であるメキシコ[25]

---

[19] U.N. Doc. A/HRC/30/44, *supra* note 9, para. 8.
[20] U.N. Doc. A/HRC/30/44, *supra* note 9, para. 8.
[21] U.N. Doc. A/70/285, *supra* note 10, para. 24.
[22] U.N. Doc. A/70/285, *supra* note 10, para. 26.
[23] U.N. Doc. A/HRC/30/44, *supra* note 9, p. 6, n. 15. もっとも，同報告書がその典拠として引用する次の文書は，1997 年から 2007 年の間に農民の自殺者数が急増していること，および，自由貿易の伸展により農産品の価格が低下し農家の収入が減少したことを指摘しつつも，そのことと農民の自殺との因果関係は「明らかになり始めつつある」と述べるのみであり，しかも，「明らかになり始めつつある」ことの根拠は示していない。Devinder Sharma, "'Free' trade killing farmers in India", November 2007, 〈https://www.bilaterals.org/?free-trade-killing-farmers-in〉.
[24] U.N. Doc. A/HRC/30/44, *supra* note 9, para. 22. この事例については後述。
[25] U.N. Doc. A/HRC/30/44, *supra* note 9, p. 7, n. 18 は以下を引用する。Mexico's Maquiladoras: Abuses Against Women Workers, 17 August 1996, 〈https://www.hrw.org/news/1996/08/17/mexicos-maquiladoras-abuses-against-women-workers〉; Maquiladoras 101, 〈http://sdmaquila.blogspot.

に大量の雇用（85万人分）26) がアメリカ合衆国から移転するという効果を生んだ27)。NAFTAにより，投資家にとって有利で，労働者にとって不利な状況が創出されたのである。実際の仲裁事例でも，Veolia v. Egypt では，投資受入国による最低賃金引上げにより投資家が損失を被ったことを理由に仲裁申立てがなされている28)。

　最も問題が多いのは環境権をめぐってである。実際の仲裁事例において，投資受入国による環境規制が条約に基づく投資家の権利侵害を構成すると判断されている。たとえば，Metalclad v. Mexico 29) は，投資家による廃棄物処理場建設のためには市・州・連邦政府全てからの許可が必要であったところ，環境への懸念や地域住民の反対から市は許可を発給しなかった。にもかかわらず投資家は計画を強行し，市により計画を止められたところ仲裁を申し立て，賠償金を勝ち取ったのである。この仲裁判断は，ブリティッシュコロンビア州裁判所により批判され，部分的に取り消されている30)。

　Occidental Petroleum v. Ecuador 31) は，投資家がその権利の一部を政府の許可なしに他者に譲り渡したことが投資家と投資受入国との間の契約に反すること，かつ，当該契約が環境保護に関する政府の権限を定めるエクアドル炭化

---

jp/2010/02/maquiladoras-101-english.html〉; Enrique Davalos, Human rights violations in the Maquiladora Industry, 〈https://www.researchgate.net/publication/266820089_Human_rights_violations_in_the_Maquiladora_Industry〉.

26) U.N. Doc. A/HRC/30/44, *supra* note 9, para. 11. 同報告書が注19で引用する次の文書は，2003年時点で約88万人という。Robert E. Scott, The high price of 'free' trade: NAFTA's failure has cost the United States jobs across the nation, 17 November 2003, 〈https://www.epi.org/publication/briefingpapers_bp147/〉.

27) U.N. Doc. A/HRC/30/44, *supra* note 9, para. 11.

28) U.N. Doc. A/HRC/30/44, *supra* note 9, para. 21. *Veolia v. Egypt*, ICSID Case No. ARB/12/15, 〈https://icsid.worldbank.org/en/Pages/cases/casedetail.aspx?CaseNo=ARB/12/15〉。係属中の事案であるため，本稿では検討の対象としない。ただし，報道によれば，廃棄物処理場運営契約解除が焦点とのことである。IAReporter, Arbitral tribunal is convened to review Egypt's treatment of French investor, Veolia, in waste management concession, 14 February 2013, 〈https://www.iareporter.com/articles/arbitral-tribunal-is-convened-to-review-egypts-treatment-of-french-investor-veolia-in-waste-management-concession/〉.

29) *Metalclad v. Mexico*, ICSID Case No. ARB (AF)/97/1, Award, 30 August 2000.

30) U.N. Doc. A/70/285, *supra* note 10, para. 28. この事例については後述（Ⅲ）。

31) *Occidental Petroleum v. Ecuador*, ICSID Case No. ARB/06/11, Award, 5 October 2012.

水素資源法に基づくものであることを認めつつ，不可解な（abstruse）比例性原理を持ち出し，当該契約の解除は条約違反を構成するとして巨額の損害賠償を認めた。仲裁人の一人は仲裁判断に全面的に反対であるとして批判している[32]。

Clayton v. Canada では，環境影響評価により投資家が採石業を営めなくなったことについて，カナダによる条約違反が認められた[33]。

さらに，Lone Pine v. Canada ではシェールガス開発規制について[34]，Philip Morris v. Uruguay および Philip Morris v. Australia では喫煙抑制のための措置について[35]，Vattenfall v. Germany では原子力発電からの撤退について[36]，Chevron v. Ecuador では投資家による環境汚染に対する投資受入国裁判所の損害賠償判決について[37]，Renco v. Peru ではやはり投資家による環境汚染に対する投資受入国の措置について[38]，TransCanada v. USA では環境保護を理由とするパイプライン建設許可申請却下について[39]，Cosigo v. Colombia では国立公園の設置を理由とする金鉱開発の停止について[40]，それぞれ投資家の権利を害するとして仲裁申立てがなされている。

また，仲裁判断まで至らなかった事例においても問題が生じている。Ethyl v. Canada[41] では，カナダによる環境保護措置（ガソリン添加物の輸入禁止）が条約違反であるとして仲裁申立てがなされ，カナダは仲裁にかかる費用と敗訴

---

32) U.N. Doc. A/70/285, *supra* note 10, para. 30. この事例については後述（Ⅲ）。
33) U.N. Doc. A/HRC/33/40, *supra* note 14, para. 46 (a)。
34) *Lone Pine v. Canada*, ICSID Case No. UNCT/15/2, 〈https://www.italaw.com/cases/1606〉。この事例は本稿執筆時点（2018 年 3 月）において係属中であるため，検討の対象としない。
35) これら事例については後述（Ⅲ）。
36) *Vattenfall v. Germany*, ICSID Case No. ARB/12/12, 〈https://icsid.worldbank.org/en/Pages/cases/casedetail.aspx?CaseNo=ARB/12/12〉。この事例は本稿執筆時点において係属中であるため，検討の対象としない。
37) U.N. Doc. A/HRC/30/44, *supra* note 9, para. 26. この事例については後述（Ⅲ）。
38) U.N. Doc. A/70/285, *supra* note 10, para. 31. この事例については後述（Ⅲ）。
39) U.N. Doc. A/HRC/33/40, *supra* note 14, para. 45 (e). この事例については後述（Ⅲ）。
40) U.N. Doc. A/HRC/33/40, *supra* note 14, para. 45 (f). この事例は本稿執筆時点において係属中であるため，検討の対象としない。
41) Case filed against the Government of Canada, *Ethyl v. Canada*, 〈http://www.international.gc.ca/trade-agreements-accords-commerciaux/topics-domaines/disp-diff/ethyl.aspx?lang=eng〉。

のおそれとを考慮し，和解に応じた。これはまさに萎縮効果の一例である[42]。

最後に，投資条約は，極度の貧困を招くおそれがある[43]。大企業や投資家は，肥沃な土地を痩せさせ，地下資源を奪う。投資条約により，そのような略奪が容易になされるようになっているのである[44]。

2 手続的問題

投資条約は，その締結過程においても（(1)），条約に基づく紛争処理手続においても（(2)），多くの問題を抱えている。

(1) 法形成（条約交渉・締結）手続

投資条約の交渉にあたり，国家は情報を積極的に公表しないだけではなく，企業専門弁護士やロビイスト達は関与させるものの，他の利害関係者を交渉から排除している[45]。自由権規約25条に基づき，政府は市民の参加が可能になるような情報公開をしなければならない。情報公開は，同規約19条の定める表現の自由の前提でもある[46]。

(2) 投資家対国家仲裁手続

民主的かつ衡平な国際秩序に対する脅威の最たるものの一つは，投資家対国家仲裁である。

まず，訴える資格を有するのは投資家のみで，国家が投資家を訴えることはできない[47]。また，投資家の中でも訴える資格を有するのは外国人投資家のみであり，内国人投資家との間に不平等な競争条件を創り出す[48]。

---

42) U.N. Doc. A/70/285, *supra* note 10, para. 41. この事例については後述（Ⅲ）。
43) U.N. Doc. A/HRC/30/44, *supra* note 9, para. 8.
44) Socialist Project, The Free Trade Agreements: The Asia-Europe People's Forum Call to Action, 28 November 2014, 〈https://www.globalresearch.ca/the-free-trade-agreements-the-asia-europe-peoples-forum-call-to-action/5416888〉, *quoted in* U.N. Doc. A/HRC/30/44, *supra* note 9, p. 7, n. 17.
45) Christopher Ingraham and Howard Schneider, "Industry voices dominate the trade advisory system", Washington Post, 27 February 2014, 〈http://www.washingtonpost.com/wp-srv/special/business/trade-advisory-committees/index.html〉, *quoted in* U.N. Doc. A/HRC/30/44, *supra* note 9, p. 8, n. 23.
46) U.N. Doc. A/HRC/30/44, *supra* note 9, para. 36.
47) John Hendy, "A threat to the sovereignty of courts and parliaments", *Graya*, no. 128, 2015, p. 52, p. 53 *quoted in* U.N. Doc. A/HRC/30/44, *supra* note 9, p. 9, n. 30.

また，投資家対国家仲裁に必要な巨額の弁護費用は，途上国にとって乗り越え難い壁になる。Philip Morris v. Uruguay においてウルグアイが仲裁手続を継続できたのは，国外からの仲裁・弁護費用援助の申出があったからである[49]。

　法適用においても，投資家対国家仲裁は大いに問題である。仲裁人はビジネス法専門家であり，利益相反の観点からその独立性は疑問視されている。ビジネス法専門家なので公益ではなく自らの業界の利益を代表しており，実際にも公益よりも投資家の利益を重視することが証拠をもって示されている[50]。「収用」や「公正かつ衡平な待遇」の解釈は拡張的であり，ウィーン条約法条約31条・32条の解釈規則に基づいているとは言い難い[51]。ここまでに挙げた実際の仲裁判断を見ると，仲裁人が人権や環境に配慮せずに投資条約を解釈していることがわかる[52]。そして，上訴制度もなく，仲裁廷をコントロールするものは何もない[53]。

3　独立専門家による提言

　ここまでに述べたように，投資条約は人権侵害・制約につながることが認められる。したがって，まず，諸国は，条約法条約の無効・終了関連規則に照らして，自国が当事国となっている投資条約を無効としあるいは終了させることができるかどうか検討せねばならない[54]。また，かつて Verdross が述べた

---

48) U.N. Doc. A/70/285, *supra* note 10, para. 23.
49) U.N. Doc. A/70/285, *supra* note 10, para. 43. Robert Stumberg, "Safeguards for Tobacco Control", *American Journal of Law & Medicine*, vol. 39, 2013, p. 382, p. 396.
50) U.N. Doc. A/HRC/30/44, *supra* note 9, para. 15. ただし，その「証拠」は示されていない。
51) U.N. Doc. A/HRC/30/44, *supra* note 9, para. 16. ここで国連貿易開発会議（UNCTAD）の以下の報告書が引用されているが，UNCTAD 報告書は，拡張的解釈がなされるならば（an expansive interpretation），予測可能性の欠如を「招き得て（can give rise）」，国家の正当な権限行使の制約に「つながるかもしれない（may lead to）」と述べるにとどまっている。UNCTAD, Fair and Equitable Treatment, U.N. Doc. UNCTAD/DIAE/IA/2011/5, 2012, p. 2. また，UNCTAD 報告書は，仲裁廷は条約法条約の解釈規則を無視するどころか，むしろそれに従っているとの前提で説明をしている。*Ibid.*, p. 112.
52) U.N. Doc. A/HRC/30/44, *supra* note 9, paras. 16-17.
53) U.N. Doc. A/HRC/30/44, *supra* note 9, para. 15.
54) U.N. Doc. A/HRC/30/44, *supra* note 9, para. 42.

ように，良俗に反する（*contra bonos mores*）条約は無効であり，その観点からの検討も必要である55)。投資家は *pacta sunt servanda* を主張するかもしれないが，『ヴェニスの商人』においてシェークスピアがアントニオを勝たせたように，環境汚染をする石油会社は投資条約の保護を得られるべきでないのである56)。

また，国家は，ビジネス関連の政策を実施する際には人権に関する義務を遵守することを確保しなければならないとするビジネスと人権に関する行動原則57)を考慮し，現在交渉中である投資条約については，国家が負う人権関連義務と投資条約上の義務とが矛盾する場合には人権関連義務の方が優越することを定める明文規定を条約中に置くべきである58)。

そして，諸国は，投資家対国家仲裁を放棄すべきである。投資家対国家紛争処理制度は，もはや改革不能である59)。

III 批判の批判的検討

de Zayas 独立専門家の報告書には，根拠らしい根拠を挙げずに議論を展開している箇所が少なくない。たとえば，生命権について触れた，投資条約がイ

---

55) U.N. Doc. A/HRC/30/44, *supra* note 9, para. 43. Alfred Verdross, "Forbidden Treaties in International Law", *American Journal of International Law*, vol. 31, 1937, p. 571; Alfred Verdross, "Les principes généraux du droit et la jurisprudence internationale", *Recueil des Cours de l'Académie de Droit International*, t. 52, 1935-II, p. 195.

56) U.N. Doc. A/HRC/30/44, *supra* note 9, para. 46.

57) Guiding Principles on Business and Human Rights: Implementing the United Nations "Protect, Respect and Remedy" Framework, U.N. Doc. A/HRC/17/31, Annex（Principles 8 and 9）.

58) U.N. Doc. A/HRC/30/44, *supra* note 9, para. 10. そこで引用される NGO の文書は，ジンバブエを被申立国とする二つの仲裁手続において第三者として提出した文書（*amicus curiae* brief）の受理が拒否されたことを述べている。同時に，「投資紛争処理における人権法の関連性は，これまでの ICSID 仲裁判断例により何度も確認されてきている」とも述べている。European Center for Constitutional and Human Rights, Human Rights inapplicable in international investment arbitration?, [undated], 〈https://www.ecchr.eu/en/our_work/business-and-human-rights/worldbank.html〉.

59) 独立専門家は，一時期，常設投資裁判所の設立も代替策の一つであると述べていた。U.N. Doc. A/70/285, *supra* note 10, paras. 55, 60. しかし，その後，常設裁判所であっても濫訴は避けられず，高額の訴訟費用や判決の予測不能性の問題は残るので，やはり，投資家対国家紛争処理制度の見直しは不可能であり，廃止すべき，と述べるに至っている。U.N. Doc. A/HRC/37/63, *supra* note 16, para. 26.

ンドの自殺率の深刻な上昇を招いているという主張は，もとより論理的にはあり得ない主張ではないが，根拠は全く示されていない。また，貧困からの自由に関してなされている，投資家による資源略奪が投資条約により促進されている，との主張も同様である。

批判の対象とされている仲裁判断の理解にも大いに問題がある。事実の理解に基本的誤認がある（Metalclad v. Mexico）60)，判断の読み方に明白な誤りがある（Occidental Petroleum v. Ecuador）61)，仲裁判断の理由付けを考慮していない（Clayton v. Canada）62)，被申立国の見解を考慮していない（Ethyl v. Canada）63)などのため，批判がことごとく的外れになってしまっている。また，報告書作成当時に係属中であった事案については，申立人たる投資家の主張のみを基に

---

60) 独立専門家報告書は，本件において投資家は市・州・連邦政府全てから許可を取得する必要があったと述べているが，仲裁廷の事実認定によれば，連邦政府職員は投資家に対して必要なのは連邦政府の許可のみと述べており，本件判断においては市と連邦政府との判断の齟齬が焦点となっていた。*Metalclad v. Mexico, supra* note 29, paras. 80-89. 参照，繁田泰宏「メタルクラッド事件」松井芳郎編集代表・判例国際法〔第 2 版〕（東信堂，2006）505 頁。

61) 独立専門家報告書は，比例性原理の適用を不可欠としつつ，仲裁人の一人が仲裁判断に全面的に反対したと述べている。しかし，反対意見を述べた Brigitte Stern は，比例制原理の適用と，その結果としてエクアドルが条約違反をしたとの結論については多数意見に明示的に賛同しており，反対したのは投資家が損害に寄与した割合に関する判断についてのみである。Brigitte Stern, Dissenting Opinion, para. 1. 参照，小川和茂「投資協定仲裁判断例研究(44) 申立人の行為に対して採られた被申立国の措置が実質的な収用に該当するとされた事例」JCA ジャーナル 60 巻 4 号（2013）56 頁。

62) 独立専門家報告書は，環境影響評価により投資活動が行えなくなったことが条約違反とされたと述べている。しかし，同事件仲裁判断では，問題の環境影響評価が，カナダ法令により評価にあたって考慮すべきとされる事項以外の事項であり，実際にもこれまで一度も考慮の対象とされてこなかったものが考慮の対象とされ，それを理由に投資活動の実施が否定されたことが条約違反とされた。*Clayton v. Canada*, PCA Case No. 2009-04, Award on Jurisdiction and Liability, 17 March 2015, paras. 503, 588-604. すなわち，投資活動が阻害されたという結果のみではなく，その結果に至る経緯が仲裁判断の理由付けにおいて決定的役割を果たしているが，独立専門家報告書は経緯については言及すらしていない。Clayton 事件については，参照，猪瀬貴道「投資協定仲裁判断例研究 (73) 環境影響評価について NAFTA の国際最低基準および内国民待遇違反が判断された事例」JCA ジャーナル 62 巻 11 号（2015）16 頁。

63) カナダが和解したのは，カナダの措置が科学的根拠に基づくものでない上に貿易制限的かつ差別的でもあることがカナダ国内手続により明らかにされたからである。西元宏治（小寺彰監修）「Ethyl 事件の虚像と実像（下）」国際商事法務 33 巻 11 号（2005）1515 頁，1517-1518 頁。カナダ政府自身，自らの措置が NAFTA 違反であったことを自認している。Case filed against the Government of Canada, *Ethyl v. Canada, supra* note 41.

批判を展開しているが，その後本稿執筆時点までに判断が下された事例（Philip Morris v. Australia [64]，Philip Morris v. Uruguay [65]，Renco v. Peru [66]）ではことごとく投資家が敗訴しており，批判は「空振り」に終わっている。

このように見てみると，独立専門家報告書が主として攻撃対象としている「投資条約（仲裁）による規制権限の縮小」にはほとんど根拠がないことがわかる [67]。

しかし，だからといって独立専門家報告書に全く見るべきものがないとはいえない。このようにこじつけともいえる仲裁判断例理解を示すのは，投資条約（仲裁）について根本的な猜疑心を抱いており，投資条約（仲裁）は本質的に悪という確信を抱いているからではなかろうか。報告書を見る限り，独立専門家は，投資条約（仲裁）は本質的に非民主的であって（1），不平等である（2），と理解しているようである。以下，順に検討してみよう。

1 投資条約仲裁の「非民主性」

独立専門家は，投資条約それ自体が非民主的であると主張している。その理由は，条約交渉が秘密裡になされており，投資家側のロビイストのみが参加しているというものであるが，前者についてはおよそあらゆる条約につき程度の差はあれ該当することであり，後者については条約の問題というよりは国内体

---

[64] 仲裁申立ての資格を得るためのみに会社再編成がなされており権利濫用であるとして，申立人の請求の受理可能性が否定された。*Philip Morris v. Australia*, PCA Case No. 2012-12, Award on Jurisdiction and Admissibility, 17 December 2015, paras. 569, 588.

[65] 被申立国による措置は合理的であり善意によるものとして，申立人の請求は全面的に斥けられた。*Philip Morris v. Uruguay*, ICSID Case No. ARB/10/7, Award, 8 July 2016, paras. 420, 590.

[66] 申立要件としての仲裁以外の手続の放棄がなされていないとして，仲裁廷の管轄権が否定された。*Renco v. Peru*, UNCT/13/1, Partial Award on Jurisdiction, 15 July 2016, paras. 193-194. 参照，猪瀬貴道「投資協定仲裁判断例研究(93) 他の手続の放棄を要件とするISDS条項についての管轄権判断がなされた事例」JCAジャーナル64巻9号（2017）48頁。

[67] このことは，本稿筆者が仲裁判断例の分析を通じて重ねて主張してきたところである。Comment on the draft statement and background papers, Harnessing Freedom of Investment for Green Growth, Freedom of Investment Roundtable, OECD, 1 March 2011, 〈http://www.oecd.org/investment/internationalinvestmentagreements/electronicconsultationharnessingfreedomofinvestmentforgreengrowth.htm〉; 濱本正太郎「国会審議に見る投資条約仲裁の虚像と実像」法時87巻4号（2015）43頁, Shotaro Hamamoto, "Recent Anti-ISDS Discourse in the Japanese Diet: A Dressed-Up But Glaring Hypocrisy", *Journal of World Investment & Trade*, vol. 16, 2015, p. 931.

制の問題である。

　より重要なのは，投資条約それ自体ではなく，投資条約に基づく仲裁の「非民主性」についての主張である。すなわち，民主的に選ばれた政府の公的決定が投資家対国家仲裁により条約違反と判断されてしまうのは非民主的だ，という批判である。この議論が想定する民主主義の単位は国家と思われる。だとすると，この批判の内容は，国家を単位としてなされる民主的決定68) に対して，その国家の外部にある（＝当該国国内法に根拠を置かない）機関が，当該国国内法に根拠を置かない法的手段（たとえば国際法に基づく手続）を用いてその実現を阻止することは非民主的である，ということになる。しかし，それ自体はあり得る批判だとしても，それは投資条約仲裁のみならずおよそあらゆる国際法上の裁判・仲裁に当てはまることとなる69)。その観点から見ると，独立報告者の見解は，ヨーロッパ人権裁判所などの人権裁判所や国際司法裁判所などを全く批判しない点において不徹底であり，むしろ，それら人権裁判所や国際司法裁判所を強く擁護する70) 点において根本的に矛盾を抱えている。

　ならば，投資条約仲裁においては判断者（仲裁人）の少なくとも一部が私人によって選ばれるというところに非民主性の要因があるのだろうか。判断機関の半ば私的な性格に着目した批判は従来よく見られるもの71) であるが，独立専門家はこの点は重視していないようである。というのも，国家間条約により

---

68) 本稿は独立専門家の見解に沿って議論を展開するため，おそらくはそこで想定されていない「非民主的国家の公的判断を投資条約仲裁が覆すのは非民主的か」という問題は扱わないこととする。

69) See e.g. Richard Andrew Lawson, "Never Waste a Good Crisis: The Legitimacy of the European Court of Human Rights", in Sébastien Touzé, sous la direction de, La Cour européenne des droits de l'homme, Paris, Pedone, 2016, p. 33; Yoïchi Higuchi, « Le problème de la légitimité du juge international à la lumière de la comparaison avec le problème de la légitimité du juge constitutionnel national », in Yoïchi Higuchi, Constitution, idée universelle, expressions diversifiées, Paris, Société de législation comparée, 2006, p. 97; Shotaro Hamamoto, "An Undemocratic Guardian of Democracy: International Human Rights Complaint Procedures", Victoria University of Wellington Law Review, vol. 38, 2007, p. 199.

70) See e.g. U.N. Doc. A/HRC/33/40, supra note 14, para. 80; U.N. Doc. A/HRC/37/63, supra note 16, para. 11.

71) 参照，濱本正太郎「投資条約仲裁ネットワークの国際（世界）法秩序像」法時85巻11号（2013）42頁，濱本正太郎「常設投資裁判所構想について——ヨーロッパ連合による提案を中心に（その3）」JCAジャーナル64巻10号（2017）23頁。

設立され，裁判官は国家により選任されることになる常設投資裁判所構想にも反対するからである72)。

とすると，批判の焦点は別のところにあるようである。項を改めて検討しよう。

2 投資条約（仲裁）の「不平等性」

独立専門家は，投資条約（仲裁）により3つの不平等が創り出されている，と考えている。外国投資家と内国投資家との間（(1)），外国投資家と投資受入国国民全体との間（(2)），先進国と途上国との間（(3)），である。

(1) 外国投資家と内国投資家との間の不平等

独立専門家は，投資条約仲裁を利用できるのは外国投資家のみであり，内国投資家との間に不平等が生じる，として批判する（Ⅱ2(2))73)。この批判は主として投資条約仲裁という手続についてなされているが，実体法についてもなされている。すなわち，外国投資家は投資条約によりたとえば「公正衡平待遇」を受ける権利を与えられるのに，内国投資家には与えられないのは不平等だ，という批判である74)。議論の構造は，実体面・手続面で差異はなく，問われるのは「条約により外国投資家だけを優遇するのはなぜか」，である。

実は，この批判については，小寺彰が一定の反批判を用意している。曰く，

> 「国民が収用によって補償を得られるのは，当該国民が特別の犠牲を被ったから他の国民総体の財産，すなわち国庫によってそれを埋めるというのが収用補償の本旨と考えられる。他方，外国人の場合は投資受入国の政治的な決定手続には参加できない。国家の政治的決定に関与していない，すなわち間接的にも当該収用の決定に与っていない以上，特別の犠牲を根拠に収用補償を理解することはできない」75)。

---

72) 前掲注(59)。
73) 正確には，「外国投資家」ではなく，「投資条約仲裁を可能にする条約を投資受入国との間で締結している国の投資家」であり，そういう国の投資家とそうでない国の投資家との間で（すなわち，外国投資家の間で）も不平等は生じることになる。ただし，理由は定かでないものの独立専門家報告書では外国投資家間の不平等は扱われておらず，本稿でも検討対象としない。
74) U.N. Doc. A/HRC/33/40, *supra* note 14, para. 28. 自由権規約26条違反だとまで述べている。
75) 小寺彰「投資協定仲裁の新たな展開とその意義——投資協定『法制度化』のインパクト」RIETI Discussion Paper Series 05-J-021（2005）24頁。

ここでは収用について述べているが，基本的に他の理由に基づく損害賠償にも当てはまる内容である。小寺は，この説明の前半（自国民に関する部分）については憲法の著作を引用している76)が，後半については特に何も引用していない。ただ，おそらくはこの論考が発表される少し前に仲裁判断が公表されたTecmed v. Mexico の次の部分が念頭に置かれているものと思われる。

「外国投資家は，外国投資家に影響を与える決定を行う国家機関の選挙における投票権など，投資受入国国民のみ有する政治的権利を行使する資格を持たず，自らに影響する決定の採択過程に余りあるいは全く参加できない，ということを念頭に置く必要がある」77)。

ここで，仲裁廷は次のヨーロッパ人権裁判所判決を引用している。

「とりわけ社会改革の文脈で実施される収用については，補償について内国民と外国人とを区別する適切な理由がある。第一に，外国人は，国内立法に対してより脆弱（more vulnerable）である。というのも，内国民と異なり，外国人は，立法機関の選挙に一切参加しないのが通常であり，立法がなされる際に事前に意見を聴取されることもない。第二に，収用は常に公益のためになされねばならないものの，内国民と外国人とには異なる考慮が働く可能性がある。したがって，公益のために外国人よりもない国民の方が重い負担を求められるとすることには正当な理由があるのである」78)。

これは，既に Borchard 79) に見られる議論であり，特に目新しいものではない。もっとも，このような議論それ自体が適切なものであるかどうかを問う80)までもなく，これを投資条約仲裁に単純に適用できないことはたしかである。というのも，投資条約仲裁を利用する投資家の多くは法人であり，法人は，外国法人であれ内国法人であれ，投票権を持たないからである。しかも，投資条約仲裁を利用できる投資家の範囲は当該条約の定めるところにより決定され，法人の場合は当該投資条約当事国国内法に基づき設立されたかどうかが

---

76) 樋口陽一ほか・注釈日本国憲法（下巻）（青林書院，1989）684-685 頁。
77) *Tecmed v. Mexico*, CIADI Caso No. ARB (AF)/00/2, Laudo, 29 de mayo de 2003, para. 122.
78) *James v. UK*, Application No. 8793/79, Judgment (Plenary), 21 February 1986, para. 63.
79) Edwin M. Borchard, *The Diplomatic Protection of Citizens Abroad*, New York, Banks Law Publishing, 1915, p. 106.
80) 批判的見解として，David Schneiderman, "Investing in Democracy? Political Proces and International Investment Law", *University of Toronto Law Journal*, vol. 60, 2010, p. 909.

基準とされていることが多い81)。その場合，たとえば，ウクライナ人が99%支配するリトアニア企業がウクライナに投資するとき，当該リトアニア企業はリトアニア・ウクライナ投資条約に基づいてウクライナに対して仲裁を申し立てることができるのである82)。この場合，「外国人は投票権を持たないので現地の政治にアクセスできない」という議論にどれほどの説得力があろうか。

とすると，外国投資家にのみ条約に基づく待遇が与えられる根拠は，資本輸入国の立場からは，それにより外国投資の増加が期待されるから，資本輸出国の立場からは，相手方にそれを認めさせる以上相互主義に則り自らも受け入れざるを得ないから，という功利的なものに尽きることになる83)。

(2) 外国投資家と投資受入国国民全体との間の不平等——賠償

投資受入国が投資条約に違反し，損害賠償を支払わねばならなくなるとき，国家予算が潤沢な国であればさほど問題にはならないが，そうでない国の場合は難しい選択を迫られる。国家は，自らの管轄圏内にある者について，種々の人権を保障しなければならない。そのためには，教育，社会保障，インフラ整備などのために予算を割り当てる必要がある。ところが，投資条約違反のため損害賠償を払わねばならない場合，それゆえに教育や医療などに必要な予算を回すことができなくなる可能性がある。そのような場合であっても損害賠償義務を負わせるのは，外国人投資家を自国民84)よりも優遇することになるので

---

81) 設立準拠法に加えて「会社本拠」の存在を求める条約もある。この差異は本稿の議論には影響しない。参照，猪瀬貴道「投資協定仲裁判断例研究(80) BIT 上の投資家の定義において『設立準拠法』に加えて規定される場合の『本拠地』の解釈」JCA ジャーナル 63 巻 7 号 (2016) 10 頁，濱本正太郎「投資協定仲裁判断例研究(96) 申立人による『拠出』の存在が否定され，『投資』がなされていないとされた事例」JCA ジャーナル 64 巻 12 号 (2017) 30 頁。
82) *Tokios Tokelės v. Ukraine*, ICSID Case No. ARB/02/18, Decision on Jurisdiction, 29 April, 2004. 参照，伊藤一頼「投資家・投資財産」小寺彰編著・国際投資協定 (三省堂，2010) 18 頁，20-24 頁。
83) 投資家母国による外交的保護を抑止し，紛争が国家間化 (政治化) することを防ぐという目的がある，といわれるかもしれない。しかし，それは紛争処理の場として投資受入国国内裁判所ではなく投資条約仲裁を用いることは説明するが，実体法上外国投資家が内国民より優遇されることの説明にはならない。たとえば，適用される実体法を投資受入国国内法とし，紛争処理機関として ICSID 仲裁を用いることは可能であり，実例も少なくない。
84) 国家が人権保障義務を負うのは自国民のみではなく，人権条約ごとに当該条約が定める人権保

はないか。その意味で，独立専門家の批判（Ⅱ1）にはたしかに一理ある。

たとえば，2000年代初頭のアルゼンチンは，経済危機対応措置に起因する一連の投資条約仲裁事案が生じたこともあり，2008年までに仲裁判断が示されたアルゼンチン敗訴事例における賠償額の合計は，アルゼンチンの教員15万人分あるいは公立病院勤務医9万5800人分の年収に相当すると試算されている[85]。賠償の原因が政府の恣意的行為にあり，その政府は民主的に選ばれているとすると，投資受入国政府の恣意的行為により外国投資家が害を被る場合，当該恣意的行為は民主的決定により遂行される[86]こととなり，その損害賠償責任を納税者たる市民が負うのは当然ともいえる。しかし，教育を受ける権利や健康への権利の保障を不可能にしてまで損害賠償義務を履行させることは，少なくとも人権法の観点からは正当化し難い。

では，独立専門家のように，投資条約に基づく損害賠償により各種人権が侵害されるので投資条約（仲裁）は放棄せねばならない，と主張すべきか。本稿はそうは考えない。以下の理由により，投資条約上の義務と人権の考慮とは両立すると考えられるからである。投資条約仲裁により損害賠償義務が確定する場合，当該投資条約および投資紛争解決条約（ICSID条約）[87]あるいは外国仲裁判断承認執行条約（NY条約)[88]に基づき執行義務が生じるのが通例である。しかし，いずれの条約も損害賠償命令の即時かつ全額の執行を明文で義務づけているわけではなく（参照，ICSID条約54条，NY条約3条），即時に全額を執行すれば教育を受ける権利や健康への権利の保障を害するような場合には，即時に全額を執行することはいずれの条約によっても義務づけられないと解釈する

障義務の人的範囲は異なり得るが，ここでは説明を簡便にするため比較の対象を投資受入国国民に限定する。
85) Pia Eberhardt & Cecilia Olivet, *Profiting from Injustice*, Brussels/Amsterdam, Corporate Europe Observatory and the Transnational Institute, 2012, p. 19. 試算の根拠も示されている。
86) 経済危機関連事例ではないが，以下の事例は，仲裁廷の事実認定に基づく限り，まさに外国投資家を害する恣意的行為が民主的に遂行された事例である。*CAA & Vivendi v. Argentina*, ICSID Case no. ARB/973, Award, 20 August 2007, see especially paras. 7.4.18.-7.4.46.
87) Convention on the Settlement of Investment Disputes between States and Nationals of Other States, *UNTS*, vol. 575, No. 8359.
88) Convention on the Recognition and Enforcement of Foreign Arbitral Awards, *UNTS*, vol. 330, No. 4739.

ことは可能である。

　さらに，実際にも，投資受入国裁判所に執行を申し立てても，執行すれば教育を受ける権利や健康への権利の保障が実現できなくなるというような場合であれば，たとえば憲法上の考慮を理由に投資受入国裁判所は執行を拒否するであろう[89]。投資受入国財産が存在する第三国で執行する場合，主権免除の壁が立ちはだかる（参照，ICSID条約55条）ため，教育を受ける権利や健康への権利の保障を害する程度の額の執行が実現する可能性はまずないといってよい。とすれば，損害賠償が巨額にのぼる場合の支払いは，結局，投資家と投資受入国との交渉あるいは投資家母国と投資受入国との交渉（参照，ICSID条約27条1項）により決着が付けられることとなり[90]，その過程で教育を受ける権利や健康への権利への配慮は投資受入国が十分になし得ると考えられる。

(3) 先進国と途上国との間の不平等

　投資条約仲裁は国際法を扱う紛争処理手続であるので，国内訴訟であれば慣れている行政府も自らの能力のみで対応できるとは限らない。その場合にはその能力ある弁護士事務所に依頼することになるが，途上国にとってはその費用が壁になり得る。先進国は政府内に専門のチームを構成したり高額の費用を支払って能力ある弁護士事務所を使ったりすることができるかもしれないが，途上国にそれは困難である。仲裁において被申立国が勝訴すれば，弁護費用まで投資家に負担させることも可能となる[91]が，その場合であっても投資家から費用を回収するまでは少なくとも一旦自らが負担せねばならず，しかも，勝訴

---

89)　ICSID条約54条は，同条約に基づく仲裁判断を「自国の裁判所の確定判決と見なして」執行する義務を当事国に課しているが，国内法秩序においては条約は憲法に劣後するのが通例であり，条約に基づく執行が憲法に反すると考えられる場合には，条約違反が生じることを承知の上で執行が拒否されることになろう。

90)　アルゼンチンは，損害賠償額を減額する合意の上で投資家と和解に至る例が多いようである。See Damien Charlotin, "Argentina Settles More Arbitral Awards with Foreign Investors", IAReporter, 12 January 2018, 〈https://www.iareporter.com/articles/argentina-settles-more-arbitral-awards-with-foreign-investors/〉.

91)　投資条約仲裁における費用負担一般につき，Arthur W. Rovine, "Allocation of Costs in Recent ICSID Awards", in David D. Caron et al. eds., Practicing Virtue: Inside International Arbitration, Oxford University Press, 2015, p. 658; Kateryna Bondar, "Allocation of Costs in Investor-State and Commercial Arbitration", *Arbitration International*, vol. 32, 2016, p. 45.

した場合であっても弁護費用の全額を投資家から回収できる保障はないため，自らの支払能力の制約に鑑み，弁護士事務所を使うのをあきらめるかもしれない。かといって，経験に欠ける自らの政府職員に対応させるのも無理であれば，不利な条件で和解に応じることになるかもしれない。Philip Morris から仲裁申立てを受けたウルグアイが一時期そのような困難な状況にあったことは独立専門家が述べるとおりである。そうであるとすると，資金に余裕のある投資家の場合は，途上国に対してはスラップ訴訟のような形で仲裁申立てをすることもあるかもしれない。

同じ問題は国家間訴訟・仲裁でも生じ得るため，弁護費用の負担能力の差異を理由として投資仲裁のみ放棄を主張するのは合理的ではない。しかし，不平等を不平等のまま放置しておくことは投資条約仲裁への不信感を強めることにしかならない。とすれば，独立専門家のいうように，何らかの形で途上国に対して資金的・技術的支援をする枠組みを構想する必要はあろう[92]。

IV おわりに

小寺彰は，おそらくは日本で初めて投資条約仲裁の急激な展開に起因する正統性批判を取り上げ，詳細に論じた[93]。本稿は，そのいわば続編である。

本稿では，議論の手がかりとして，de Zayas 独立専門家の報告書を利用した。その分析からわかることは，人権の専門家が投資条約（仲裁）に対して決定的な不信感を抱いていること，そして，その不信感は投資条約（仲裁）がもたらす不平等性―小寺彰は外国投資家と自国投資家との不平等性に着目した批判は「的を射ている」という[94]―に起因すること，である。

本稿で論じたように，独立専門家による投資条約（仲裁）批判は，投資条約（仲裁）の放棄を余儀なくさせるようなものではない。しかし，投資条約（仲裁）のあるべき姿を考える上で有益な批判である。本稿では「投資条約（仲裁）

---

92) EU は，自らが提唱する多数国間常設投資裁判所構想との関連で，途上国に対する支援制度の設立も唱えている。Council of the European Union, *Negotiating directives for a Convention establishing a multilateral court for the settlement of investment disputes*, 1 March 2018, 12981/17, ADD 1 DCL 1, para. 16.
93) 小寺・前掲注(75) 18-22 頁。
94) 小寺・前掲注(75) 22 頁。

は放棄すべきである」という議論を否定するにとどまっているが,今後は,もし投資条約(仲裁)を維持・促進するのであればそれはなぜなのか,そしてそのあるべき姿はどのようなものか,についてより積極的な議論が必要となる。

為替操作と国際法

中 谷 和 弘

I　はじめに
II　通貨制度と為替操作
III　通貨主権と為替操作
IV　IMF協定と為替操作
V　WTO協定と為替操作
VI　省　察
VII　おわりにかえて

I　はじめに

　本稿においては，一国による為替操作[1]が国際法上，どのように評価されるかについて考察する。まず，IIにおいて通貨制度と為替操作に関する事実を

---

[1] currency manipulation はそのまま訳せば「通貨操作」であるが，本稿では我が国でより一般的に用いられる「為替操作」という訳をあてる。なお，Claus D. Zimmermann, Exchange Rate Misalignment and International Law, *AJIL* vol. 105 (2011), p. 424, note 9 では，為替操作（currency manipulation）という用語は，「不公正な競争上の優位を得るために自国の通貨の人工的な切り下げを達成しようとする状況」を暗示するため，否定的な政治的判断を反映するものであるのに対して，為替レート操作（exchange rate manipulation）という用語は，「操作がなされる目的の合法性とは独立に，為替レートを標的とし相場に現実に影響を与える政策措置」を指す技術的用語であり，IMFの用語法とも両立的であるとする。しかしながら，currency manipulation という用語は，人口に膾炙していることに加えて，上記の exchange rate manipulation の意味で用いられることも少なくないことに留意する必要がある。なお，本稿では，テクニカルタームの訳は，IMF専門用語多言語ディレクトリ https://www.imf.org/external/np/term/jpn/ を参考にしつつ，適宜修正を加えた。

把握した上で，Ⅲにおいて通貨主権の観点から為替操作の位相を確認する。その上で，ⅣではIMF（国際通貨基金）協定とその運用において，ⅤではWTO（世界貿易機関）諸協定（GATT及び補助金協定）とそれらの運用において，為替操作がどのように規定され，評価されているかについて概観する。最後に，Ⅵにおいて若干の考察を行う。

この問題は，外交上は米中間での最も重要な経済問題の1つとして関心を集めてきたが，国際法の解釈・適用の問題としては不明確な部分が少なくない。本稿はこの点に関して若干の光をあてることとしたい。

Ⅱ 通貨制度と為替操作

1930年代に為替レート切り下げ競争がなされ，この保護主義的な「近隣窮乏化政策」（beggar-thy-neighbor policy）が世界経済を悪化させたとの反省から，IMFの下においては，当初，ドルの金との兌換に基づく平価主義による為替の安定性の保証がなされた。1971年8月15日に米国はドルと金の兌換を停止し（ニクソン・ショック），1973年3月までに主要通貨はフロート制に移行した。1977年4月29日にIMF理事会は自国の選択する為替取極の採用を認める決議5392（77/63）を採択した。これによりフロート制やペッグ制の採用や通貨同盟への参加が正式に認められるようになった[2]。

しかしながら，「固定相場制から変動相場制へ」というキャッチフレーズは，世界全体が変動相場制に移行したかのような誤解を与えかねないため注意が必要である。今日でも途上国を中心に多くの国家が何らかの形でのペッグ制を採用しており，為替相場を市場の決定に委ねるフロート制を導入している国家はむしろ少数派である。IMFは，為替相場制を次のように10に分類している。hard pegsとして，①独自の法定通貨が放棄された為替相場制（exchange arrangements with no separate legal tender，14か国が採用），②カレンシー・ボード制（currency board arrangements，外国通貨との固定レートでの交換を保証。11か国が採用），soft pegとして，③通常の固定相場制（conventional peg，自国通貨を

---

[2] この点に関して，ごく簡単には，Vena Thorstensen, Daniel Ramos and Carolina Muller, The Missing Link between the WTO and the IMF, *Journal of International Economic Law*, vol. 16 (2013), pp. 357-358 参照。

主要通貨との間で固定レートで釘付けにし，為替レート変動を6か月以上の期間において1%以内に維持。44か国が採用），④バンド付ペッグ制（pegged exchange rate within horizontal bands，通貨レートを固定ペッグ・レートから1%以上の範囲内に維持。1か国が採用），⑤安定相場制（stabilized arrangements，6か月以上の期間において為替レートを固定ペッグ・レートから2%以内の範囲内に維持し，結果として安定していることが確証されること。18か国が採用），⑥クローリング・ペッグ制（crawling peg，為替レートを事前に告知された一定の変化率で，又はある特定の量的な指標の変化に応じて，定期的に変更する制度。3か国が採用），⑦擬似クローリング制（crawl-like arrangement，6か月以上の期間において2%のマージン内にあること。為替レートが単純に下降ないし上昇の場合には少なくとも年1%の変化率。10か国が採用），floating regime（市場決定相場制）として，⑧フロート制（floating，為替レートは主に市場で決定，特定水準の為替レートをターゲットにしない為替介入はありうる。40か国が採用），⑨自由フロート制（free floating，為替介入は例外的であって6か月間に最大3回，各回3日以内に限定。31か国が採用），その他として，⑩他の管理制度（other managed arrangement。20か国が採用），である3)。ちなみに，日本と米国は⑨に，中国は⑩に分類されている（中国については2014年12月に⑦から⑩に分類が変更された）。

　為替操作は，今日問題となっている中国の独占物ではない。為替操作の(1977年以降の) リーディング・ケースとして挙げられるのが，スウェーデン及び韓国のケースである。1982年10月8日，スウェーデン（ドイツ・マルクを中心とした通貨バスケットとのペッグ制を採用していた）のパルメ首相がスウェーデン・クローナの16%の引き下げを発表し，クローナの信頼回復とスウェーデン産業の状況改善を意図した措置であると説明した。これに対して他の北欧諸

---

3) IMF, *Annual Report on Exchange Arrangements and Exchange Restrictions 2016*, pp. 1-11. 和訳と解説は，基本的に大谷聡＝藤木裕「21世紀の国際通貨制度：展望」金融研究21巻4号（2002）81-82頁及び伊澤秀記「IMFによる為替相場制度の分類改訂について」国民経済雑誌201巻4号（2010）47-48頁に依拠した。なお，ユーロ圏諸国は伊澤論文が依拠するIMF2001年国際金融統計では①に分類されていたが，2014年の上記IMF文書ではEMU（欧州通貨同盟）諸国は⑨に，ECCU（東カリブ通貨同盟）諸国は②に，WAEMU（西アフリカ経済通貨同盟）諸国とCEMAC（中部アフリカ経済通貨共同体）諸国は③に分類されている。

国は，自国産業の競争力回復のために必要な範囲をはるかに超えた大幅な切り下げにより不公正な優位を求めたとして苦情を申し立て，IMF によるスウェーデンとの特別協議（IMF 協定 4 条 3 項(b)に基づく，1979 年に導入）を要請した。IMF 専務理事は補足的サーベイランス手続に従ってスウェーデンと特別協議を行ったが，IMF としては正式な決定や制裁はなされなかった。但し，IMF 及び国際金融コミュニティーの内部では，スウェーデンは IMF 協定 4 条 1 項(iii)に違反して行動したと理解された。その後，フィンランドがスウェーデンに追従して自国通貨を切り下げたが，デンマークとノルウェーは追従しなかった。また 1987 年には韓国のウォン切り下げを米国が問題にし，IMF による韓国との特別協議がなされた。この事案でも IMF は正式の決定をせず，制裁措置もとらなかった[4]。

　2007 年 6 月 15 日に改訂された国別サーベイランス及びマルチラテラル・サーベイランスに関する IMF 理事会決定（後述）において，為替レートのファンダメンタルズからの乖離（fundamental misalignment）という概念が導入された。米国は中国がこれに該当するとの認定を IMF が行うことを企図した。これに対して中国はこの認定を受けることに猛反対したが，その理由は，この認定が引き金となって，他国から WTO 紛争処理機関に訴えられて敗訴することや米国から制裁を受けることを恐れたからであった。結局，中国やラトビアに対するこの認定はなされず，2009 年 6 月 22 日の「2007 年サーベイランス決定：改訂運用指針」（The 2007 Surveillance Decision: Revised Operational Guidance）においては，「例えば fundamental misalignment といった特定の用語を使用することによって，2007 年決定の暫定指針によって要請された為替相場に関連した『ラベル』を貼る試みは，同決定の効果的な実施にとって障害となることが判明した」（パラグラフ 2）とし，「fundamental misalignment のような特定の用語を用いる要請を除去する」（パラグラフ 8）とした[5]。

---

4) Andreas F. Lowenfeld, *International Economic Law* (2nd ed., 2008), pp. 635–636, James M. Boughton, *Silent Revolution: The International Monetary Fund 1979-1989* (2001), pp. 108–119.
5) Paul Blustein, *Off Balance* (2013), pp. 82–91. IMF 改訂運用指針は，https://www.imf.org/external/np/pp/eng/2009/062209.pdf　なお，藤澤巌「IMF 協定」法教 424 号（2016）141 頁。

中国による人民元の為替レート操作がしばしば問題とされるが，以下，中国の為替政策及び為替操作問題に関する米国の反応についてごく簡単にみておきたい。

中国の為替政策は以下のように要約できる[6]。中国人民元は1955年から1973年までは米ドルペッグ制をとった（1955年から1971年11月までは1ドル＝2.4618元）。1973年に通貨バスケット制に移行した（バスケットを構成する通貨の種類と比率は頻繁に変更。人民元の対米ドル相場は1973年の1ドル＝2元台から1979年には1ドル＝1.5元を切る所まで上昇）。1981年に確立された人民元為替制度は，公定レート（1ドル＝1.5元）に加えて貿易決済内部レート（1ドル＝2.8元）を新設する二重相場制であった。1985年1月には二重相場を廃止した（新公定レートを当初1ドル＝2.8元に設定したが，段階的に切り下げられ，1993年末には1ドル＝5.8元となった）。1988年には実質的に再び二重相場制（外為調整センターの取引レートと公定レート）となった（1993年末には外為調整センターレートは1ドル＝8.72元，公定レートは1ドル＝5.8元）。1994年1月から両者のレートを一本化し，新公定レートを1ドル＝8.7元に設定するとともに，「市場需給関係をベースとした」管理変動相場制を導入した。1997年のアジア通貨危機に際しては人民元の価値を維持し，そのための特別措置として為替レートを1ドル＝8.28元で固定した。2005年7月21日に対ドル固定相場制に終止符を打ち，「市場需給を基礎に，通貨バスケットを参考に調整する」管理変動相場制に移行した（当初のレートは1ドル＝8.11元に設定。対ドルの1日の変動幅は0.5％，対円・ユーロ・ポンド・香港ドルの変動幅は3％以内とする）。

為替操作に対して1988年に米国議会は為替レート及び国際経済政策調整法（Exchange Rates and International Economic Policy Coordination Act, P.L.100-408）を制定した。経常収支の黒字を有し，米国との二国間貿易収支でも黒字を有する国において為替「操作」がなされたと判断される場合には，財務長官に為替レートの調整を確保し「不公正」な貿易上の利益を除去するため当該国と交渉を開始すること，及び，財務長官に為替レート政策に関する報告書を毎年議会に提出することを求める内容のものである。米国財務省は，中国を1992年と

---

[6] 以下，張秋華（太田康夫監修）・中国の金融システム（2012）42-49頁による。

1994年に，台湾を1988年と1992年に，韓国を1988年に，同法の下での為替操作をしていると認定したが，1994年以降はそのような認定はなされていない7)。

国際会議での動向に関しては，近年のG20首脳会議やG20財務大臣・中央銀行総裁会議の声明において，「我々は，通貨の競争的な切り下げを回避する。我々は，競争力のために為替レートを目的とはせず，あらゆる形態の保護主義に対抗し，我々の開かれた市場を維持する」という趣旨の文言がみられることを指摘しておきたい8)。また，2016年5月のG7伊勢志摩首脳宣言では，「我々は，全ての国が通貨の競争的な切り下げを回避することの重要性を強調する。我々は，為替レートの過度の変動や無秩序な動きは，経済及び金融の安定に対して悪影響を与えうることを再確認する」とした。G7首脳宣言でこのような内容の合意が初めてなされたことが注目される。

Ⅲ 通貨主権と為替操作

国家主権の一側面である通貨主権（monetary sovereignty）について，PCIJ「セルビア（及びブラジル）公債事件」判決（1929年）は，「国家が自国の通貨を自ら決定する権利を有することは一般に承認された原則である」と指摘する9)。また，米国対外請求権解決委員会「Alan請求権事件」決定（1957年）においては，「結果として通貨価値の切り下げを生じる一国の通貨改革は，主

---

7) 以下，Rebecca M. Nelson, *Current Debate over Exchange Rates: Overview and Issues for Congress*, 2015, pp. 23-24 参照。
8) 例えば，首脳宣言では，2013年9月のサンクトペテルブルク・サミット首脳宣言のパラグラフ17，2016年9月の杭州サミット首脳宣言のパラグラフ7，財務大臣・中央銀行総裁会議声明では，2013年2月のモスクワ会議声明のパラグラフ5，2015年9月のアンカラ会議声明のパラグラフ2，2016年2月の上海会議声明のパラグラフ2，2016年4月のワシントンDC会議声明のパラグラフ2，2016年7月の成都会議声明のパラグラフ3。このような声明が法的拘束力を有するものではないことは，英文ではWe will not target our exchange rates for competitive purposes, will resist all forms of protectionism and keep our markets open となっており，willという用語が用いられていることからも明らかである。
9) *PCIJ Series A Nos.20/21*, p. 44. なお，仏正文は，En effet, c'est un principe généralement reconnu que tout Etat a le droit de déterminer lui-même ses monnaies. 英文は，It is indeed a generally accepted principle that a State is entitled to regulate its own currency. である。

権的権限の発動であって,当該国に対する請求権を生じさせない」と指摘する 10)。また,同委員会「Zuk 請求権事件」決定 (1956年) においては,上記の PCIJ 判決の他,「ドルの下落から生じた損害は有効な請求権の基礎とはならない」旨を判示した米英請求権委員会決定,「国家は通貨の変動から生じた損失に対して責任を負わない」旨を判示した米墨請求権委員会決定等を引き,またこの一般ルールに対する2つの例外(第1に国家が外国人に損害を与える又は外国人を差別する意図を有して切り下げをした場合には裁判拒否として国際法違反となる,第2に特定の条約において通貨価値の下落から生じた害を補償することに同意した場合には当該国に請求できる)を指摘した上で,ルーブルの下落から生じた本件は上記の2つの例外のいずれにも該当しないとして請求を否認した 11)。

 Gianviti が指摘するように,一般に通貨主権は,次の3つの事項に関する一国の排他的な権限を含む。①通貨(自国領域内で通用する硬貨及び紙幣)を発行する権利,②自国通貨の価値を決定・変更する権利,③自国領域内において,自国通貨又は他の通貨の使用を規制する権利 12)。為替操作はこの②に該当するものであり,国家は,別段の規範が存在しない限り,一般国際法上は,基本的に自国の為替レートを決定する権利を有することとなる 13)。

---

10) *ILR* vol. 26 (1958-II), p. 291.
11) *ILR* vol. 26 (1958-II), pp. 285–286. 同決定では,この2つの例外の典拠として F. A. Mann, *Legal Aspect of Money* (2nd ed., 1953), pp. 423–434 を挙げている。なお,H. Booysen, Devaluation as an Exercise of Monetary Sovereignty and a Basis for State Liability, *South African Yearbook of International Law*, vol. 18 (1992/93), pp. 92–93 も参照。
12) François Gianviti, Current Legal Aspects of Monetary Sovereignty, *Current Developments in Monetary and Financial Law*, vol. 4 (2005), p. 4. なお,①と③に関して付言すれば,他国通貨(例えば米ドル)を自国通貨として採用することも,当該通貨の発行国が異議を唱えない場合には可能である。独自の法定通貨を放棄した国(硬貨は発行する場合あり)は14か国あり,うち8か国(エクアドル,エルサルバドル,マーシャル諸島,ミクロネシア,パラオ,パナマ,東ティモール,ジンバブエ)は米ドルを,3か国(コソボ,モンテネグロ,サンマリノ)はユーロを,3か国(キリバス,ツバル,ナウル)は豪ドルを使用している(IMF, *supra note 3*, p. 6)。他方で,通貨発行国は自国通貨を他国が勝手にその国の通貨として採用・発行することを禁止できる。
13) Proctor, *Mann on the Legal Aspect of Money* (7th ed., 2012), p. 531 では,国家は自国通貨が下落することを許容できるのみならず,差別的に行動しないのであればそれを達成するために積極的な措置をとることができるとし,カナダ外務省が1966年12月7日に「国際法上確立された原則により,諸政府は為替の切り下げにより生じた損失に対しては,当該切り下げが差別なくなされた場合には,いかなる責任からも免れる」との回答をした(*Canadi-*

上述の第2の例外の関連で，IMF協定やWTO諸協定によって為替レートの人為的な変更が制約されるかどうかはⅣ以下において検討する。なお，これらの2つの例外の他にも，第3の例外として，「為替操作は行わない」旨の拘束力を有する一方的約束を行った場合には，国家は当該約束に自ら拘束され，為替レートの人為的な変更が国際法違反となる[14]。

Ⅳ　IMF協定と為替操作

　1978年に改訂されたIMF協定4条（為替取極に関する義務）は1項において「加盟国は，特に，次のことを行わなければならない」として加盟国の一般的義務を4つ挙げており，その1つとして，「(ⅲ)国際収支の効果的な調整を妨げるため又は他の加盟国に対し不公正な競争上の優位を得るために為替相場又は国際通貨制度を操作することを回避すること」を規定する。同条3項では，「(a)基金は，国際通貨制度の効果的な運営を確保するため国際通貨制度を監督し，また，第1項の規定に基づく各加盟国の義務の遵守について監督する。」「(b)基金は，(a)の規定に基づく任務を遂行するため，加盟国の為替相場政策の確実な監視を実施し，また，為替相場政策に関するすべての加盟国に対する指針とするための特定の原則を採択する。各加盟国は，この監視のために必要な情報を基金に提供しなければならず，また，基金が要求するときは，自国の為替相場政策について基金と協議しなければならない。（以下略）」と規定する。

　同条の解釈・適用にとって参考となる指針としては次のものが挙げられる。
　まず，サーベイランスに関するIMF理事会決定としては，1977年4月29日には「為替レート政策に対するサーベイランスに関する決定」（Decision on Surveillance over Exchange Rate Policies），2007年6月15日には，「加盟国の政策に対する国別サーベイランスに関する決定」（Decision on Bilateral Surveillance over Members' Policies），2012年7月18日には「国別及び多国間サーベイランスに関する決定」（Decision on Bilateral and Multilateral Surveillance）が，それぞれ採択されている。2012年決定[15]のパラグラフ20, 21では，加

---

an Yearbook of International Law 1967, p. 268）ことを指摘する。
14)　国際法における一方的約束につき，拙稿「国家の一方的宣言」村瀬信也＝鶴岡公二編・変革期の国際法委員会（山田中正大使傘寿記念）(2011) 399-421頁。

盟国の為替政策に関する国別サーベイランスのガイダンスとして，次の5原則を明示している。「A. 加盟国は，国際収支の効果的な調整を妨げるため又は他の加盟国に対し不公正な競争上の優位を得るために為替相場又は国際通貨制度を操作することを回避しなければならない（shall avoid）。B. 加盟国は，為替相場における自国通貨の短期の攪乱的な変動によって特徴づけられる無秩序な状況に対抗するため，必要があれば為替市場に介入すべきである（should intervene）。C. 加盟国は，その介入政策において，介入する通貨国の利益を含む他の加盟国の利益を勘案すべきである（should take into consideration）。D. 加盟国は，国際収支の不安定性を生じるような為替相場政策を回避すべきである（should avoid）。E. 加盟国は，国内的不安定性を生じさせる国内経済及び金融政策を回避するよう努めるべきである（should seek）」。A は協定4条1項(iii)に含まれる義務を規定し，B〜E は加盟国に対する勧告（義務ではない）を規定する。加盟国はこれらの原則に従って政策を実施していると推定される。加盟国がこれらの原則に合致して行動しているか否かがサーベイランスの文脈において問題となった場合には，基金は，為替レートのファンダメンタルズからの乖離の評価に関するものも含めて，合理的に見て疑義が明確でない限り加盟国に有利な判断が与えられる（will give the member the benefit of reasonable doubt）。パラグラフ22では，国別サーベイランスにおいて，基金は次の進展を徹底的な審査及び加盟国との討論の必要性を示すものとして勘案しなければならないとして，(i)為替市場における一方向への長期かつ大規模な介入や(vi)為替レートのファンダメンタルズからの乖離等，7項目を示している。

さらに，Annex においては，協定4条1項(iii)及び原則 A に関して次のような「更なる指針」が記されている。「2. 基金が次の双方の判断をする場合にのみ，加盟国は4条1項(iii)に合致せずに行動しているとされる。(a)加盟国が自国の為替相場又は国際通貨制度を操作しており，かつ，(b)当該操作が4条1項(iii)

---

15) https://www.imf.org/external/np/sec/pn/2012/pn1289.htm　2012年決定は国別サーベイランスのみならず新たに多国間サーベイランスを導入したのが特徴である。なお，5原則のA〜D の文言自体は2007年の理事会決定とほぼ同一である（2007年決定では E がなく A〜D の4原則となっている）。2007年決定の邦訳は，https://www.imf.org/external/np/sec/pn/2007/jpn/pn0769j.pdf 参照。

において明記された2つの目的のいずれかのために実施されている。(a)につき，為替相場の『操作』は為替相場の水準を対象とし，実際に影響を与える政策を通じてのみ実施される。さらに，操作は為替相場を変動させるもの，変動を防止するものの双方を含む。(b)につき，自国の為替相場を操作している加盟国は，『国際収支の効果的な調整を妨げるため又は他の加盟国に対し不公正な競争上の優位を得るために』当該操作を実施していると基金が判断した場合にのみ4条1項(iii)に合致せずに行動しているとされる。この点に関して，加盟国は基金が次の双方の認定をする場合にのみ，他の加盟国に対する競争上の優位を得るために為替相場を操作しているとされる。(a)加盟国が為替相場の過小評価という形で為替レートのファンダメンタルズからの乖離を確保するために当該政策を実施しており，かつ，(b)当該不均衡を確保する目的が純輸出を増加させることである。3. 基金の責務は加盟国が4条1項(iii)の下での義務を遵守しているか否かの客観的な評価を，関係する加盟国との協議を含むすべての利用可能な証拠に基づいて行うことである。加盟国によってなされるその政策の目的に関する説明は，合理的に見て疑義が明確でない限り加盟国に有利な判断が与えられる。」

また，IMF協定4条の解釈につき，IMF法務部は2006年6月28日にArticle IV of the Fund's Articles of Agreement: An Overview of the Legal Frameworkと題する文書をまとめている[16]。4条1項(iii)の「(為替レート)操作」に関する指摘で注目すべきは次の3点である。①本規定は特定の行動を禁止するhard obligationを定めたものである。②「操作」は必ずしも公式の介入が為替レートの変動を結果として生じる必要はなく，レートの変動を阻止することを意図した「操作」もありうる。③本規定の違反が認定されるのは，実効的な国際収支の均衡を阻止する「目的のために」自国の為替レートを操作したとの決定がなされた場合のみである。均衡を阻止する効果を有する「措置」では不十分であり，「意図」の認定が必要であるが，IMFは加盟国が主張する動機をそのまま認める必要はなく，独立した判断を行う。

このような緩やかな基準がIMF内部では一応合意されているものの，現実

---

16) https://www.imf.org/external/np/pp/eng/2006/062806.pdf

には4条の違反が認定されたことはない。また「ファンダメンタルからの乖離」が認定される見込みもないことは，Ⅱで指摘した通りである。仮に4条違反の認定がなされた加盟国に対しては，26条2項において基金の利用資格の喪失及び強制的脱退が制裁措置として予定されている17)ものの，少なくとも中国のような大国に対しては，遵守を促す効果は乏しいと言わざるをえない。なお，4条の解釈をめぐって加盟国とIMFの間又は加盟国相互間で疑義が生じた場合には，理事会に提出して解決する（29条(a)）ことになっており，理事会が行った決定に疑義を有する加盟国は総務会に疑義を付託でき，総務会の解釈委員会が審議し，総務会が最終的な決定を行う（同条(b)）ことになっているが，これまでの為替操作問題に関するIMFの対応ぶりからすると，明確な判断が示されることは期待できないであろう。

Ⅴ　WTO協定と為替操作

ここでは以下，為替操作に関連するGATT及び補助金協定（補助金及び相殺関税に関する協定）の規定について簡単にみることとしたい18)。

GATT15条は為替取極について規定する。締約国の義務について規定しているのは，4項，6項，8項である。4項は「締約国は，為替上の措置によってこの協定の規定の趣旨を没却してはならず，また，貿易上の措置によって国際通貨基金協定の規定の趣旨を没却してはならない」と規定する（6項と8項はIMF非加盟国に関する規定であるため省略する）。WTOの締約国団とIMFとの関係については，1項から3項及び5項が規定する。1項は「締約国団は，締約

---

17) 同項では，「(a)加盟国がこの協定に基づくいずれかの義務を履行しなかつたときは，基金は，その加盟国が基金の一般資金を利用する資格がないことを宣言することができる。（以下略）」，「(b)(a)の加盟国が相当の期間の経過後においてもこの協定に基づくいずれかの義務の不履行を続けているときは，総投票権数の85パーセントを有する過半数の総務によって行われる総務会の決定により，その加盟国に基金からの脱退を要求することができる」と規定する。なお，IMFにおける制裁については，Joseph Gold, *Legal and Institutional Aspects of the International Monetary System* (1979), pp. 148-181 参照。
18) その他，アンチダンピング協定の適用も一応は想定しうるものの，詳細な発動要件を規定する同協定を為替レート切り下げのケースに適用するのは無理である。Yasutaka Fukahori, Possibility of WTO Dispute Settlement against the Undervalued Currency Exchange Rate-Impact of Exchange Rate under Economic Theories, *AALCO Journal of International Law*, Vol. 1, Issue 2 (2012), p. 49.

国団及び国際通貨基金が，同基金の権限内の為替上の問題並びに締約国団の権限内の数量制限の問題及び貿易上のその他の措置に関して調整された政策を遂行することができるように，同基金との協力に努めなければならない」，2項は「締約国団は，貨幣準備，国際収支又は外国為替取極に関する問題を審査し，又は処理することを求められるすべての場合に，国際通貨基金と十分に協議しなければならない。(以下略)」，3項は「締約国団は，前項の規定に基く協議のための手続について，国際通貨基金との取極の締結を求めなければならない」，5項は「締約国団は，いずれかの締約国が数量制限に関しこの協定で定める例外に反する方法で輸入に関連する支払及び移転について為替制限を課していると認めるときはいつでも，その問題について国際通貨基金に報告しなければならない」と規定する。9項は他の協定や条項との関係に関する条項であり，次のように規定する。「この協定のいかなる規定も，次のことを妨げるものではない。(a)締約国が，国際通貨基金協定又は自国と締約国団との間の特別為替取極に従う為替管理又は為替制限を実施すること。(b)締約国が，第11条，第12条，第13条及び第14条の規定に基いて認められる効果のほか前記の為替管理又は為替制限を実効的にする効果がある輸入又は輸出の制限又は統制を実施すること。」

さらに附属書I（注釈及び補足規定）では，15条4項について次の通り規定する。「『没却する』（frustrate）とは，たとえば，為替上の措置によるこの協定のいかなる条項の字句に対する違反も，実際にその条項の趣旨から著しく逸脱していないときは，その条項の違反とはみなされないことを意味するものである。したがつて，国際通貨基金協定に合致して運用する為替管理上の措置として自国の輸出に対する支払を自国の通貨又は国際通貨基金の加盟国の通貨によつて受けることを要求する締約国は，第11条又は第13条の規定に違反するとはみなされない（以下略）。」

4項及び同項に関する附属書Iの規定並びに9項ゆえ，為替操作問題についてWTOが主導的な役割を果たすことは困難であると考えられるが，この点についてはさらにⅥで考察する。

補助金協定では，1条において，「1.1 この協定の適用上，次の(a)の(1)又は(2)のいずれか及び(b)の条件が満たされる場合には，補助金は，存在するものとみ

なす。(a)(1)加盟国の領域における政府又は公的機関……が資金面で貢献していること（以下略）。(2)1994年のガット第16条に規定する何らかの形式による所得又は価格の支持があること。(b)(a)の(1)又は(2)の措置によって利益がもたらされること。1.2 1.1に規定する補助金は，次条の規定に基づいて特定性を有する場合に限り，第二部の規定又は第三部若しくは第五部の規定の適用を受ける」と定義する。その上で2条において，「2.1 1.1に規定する補助金が当該補助金を交付する当局（……）の管轄の下にある一の企業若しくは産業又は企業若しくは産業の集団（……）について特定性を有するか有しないかを決定するため，次の原則を適用する。(a)交付当局又は交付当局の適用する法令が補助金の交付の対象を明示的に特定企業に限定している場合には，当該補助金は，特定性を有するものとする。(以下略)」「2.3 次条の規定に該当する補助金は，特定性を有するものとみなす」として特定性（specificity）につき規定する。さらに3条において，「3.1 農業に関する協定に定める場合を除くほか，第1条に規定する補助金のうち次のものについては，禁止する。(a)法令上又は事実上，輸出が行われることに基づいて（唯一の条件としてであるか二以上の条件のうち一の条件としてであるかを問わない。）交付される補助金（附属書1に掲げるものを含む。），(b)輸入物品よりも国産物品を優先して使用することに基づいて（唯一の条件としてであるか二以上の条件のうち一の条件としてであるかを問わない。）交付される補助金。3.2 加盟国は，3.1に規定する補助金を交付し又は維持してはならない」として，補助金の禁止につき規定する。為替操作が同協定に違反する補助金に該当するかについては，特に2条の「特定性」及び3条の「輸出が行われることに基づいて交付される」（contingent upon export performance）という要件を満たすかをめぐって解釈が分かれている。この点に関してはVIにおいて考察する。なお，マラケシュ協定の附属書の一覧表では，附属書1A「物品の貿易に関する多角的協定」の1つに補助金協定を挙げ，他方，附属書1Bにサービス貿易協定を挙げているゆえ，補助金協定自体はサービス貿易には適用されないことにも留意する必要がある。

　WTOの場において，為替操作問題（中国のそれに限定されない）についての積極的対応を求めたのはブラジルである。2012年11月5日の「為替レートと国際貿易の関係」と題したブラジルのconceptual note[19]においては，為替レ

ートに関連する WTO 諸協定の既存の条項は今日のような為替レートの激変とは無関係の状況において策定されたものであって、WTO は為替レートの貿易への影響に対処する体制を整えていないとして、新たな対応が必要だとして、為替のファンダメンタルからの乖離を評価する方法の確立、国内産業への損害に対する救済措置、捜査手続等を創設する必要があると提言する 20)。

VI 省 察

ここでは以下の5点について指摘しておきたい。

第1に、ペッグ制の採用がペッグ先の通貨国との関係でどう評価されるかについて。Proctor は、「中国が人民元をドルにペッグさせることは米国に対する内政干渉にあたるか」という問いを発し、これを否定している。通貨主権といっても国際市場での自国通貨の価値や域外での外国人による自国通貨の使用の態様を決定する権利を含むわけではないこと、米中両国が加盟国である IMF 協定が外国為替政策の分野での両者の関係を規律することをその理由とする。さらに、「慣習国際法は中国に対して米国（の金融・貿易システム）に損害を引き起こすことを回避する一般的な義務を課しているか」という問いを発して、これも否定している。明示的な条約上の義務以外には、どの国家も他国の金融システムに保護を与える一般的な義務を負っていないことを理由とする 21)。いずれも妥当な見解であり、慣習国際法によって為替操作問題を規律することは一般には困難であると言わざるをえない。

第2に、IMF 協定の解釈と為替操作問題に関する IMF の対応について。ここでは2点を指摘するにとどめたい。① IMF 協定4条1項(iii)の要件を満たすには、「国際収支の効果的な調整を妨げるため又は他の加盟国に対し不公正な競争上の優位を得るため」という意図が存在しなければならない。この意図の

---

19) WT/WGTDF/W/68
20) ブラジル提案につき、Antonia F. Pereita and Silas W. Allard, Looking to Fill an International Regulatory Gap: Brazil Brings the Issue of Exchange Rates and Related Trade before the World Trade Organization, *Emory International Law Review*, vol. 26 (2012), pp. 535–553.
21) Charles Proctor, USA v China and the Revaluation of the Renminbi: Exchange Rate Pegs and International Law, *European Business Law Review*, vol. 17 (2006), pp. 1349–1350.

立証は現実には大きなネックとなり，結果として同条項の要件を満たすとの認定は極めて困難となる。この点を緩和する1つの考え方として，「一定期間に一定率以上の為替レート引き下げがなされた場合には，十分な説明を求め，それがなされない場合には，意図があったと推定される」という扱いにすることが考えられる。本来であればIMF理事会においてこのような運用が合意されるがことが望ましいが，為替操作問題に関してIMFが消極的であるという現実に鑑みるとそれは残念ながら期待薄と言わざるをえない。②通貨の切り下げすべてが違法な為替操作になる訳ではないことにも留意する必要がある。持続不能な自国通貨高を除去するための切り下げは「国際収支の効果的な調整を妨げるため又は他の加盟国に対し不公正な競争上の優位を得るため」に該当するものではない22)。

第3に，為替操作問題に関するIMFとWTOの関係について。1996年12月9日に署名されたIMF・WTO間の新協定（Agreement between the International Monetary Fund and the World Trade Organization, 当初の協定は1947年に合意）においては，パラグラフ3でIMFはWTOに対して経常的国際取引の支払・移転に関する制限を承認する決定や差別的な通貨取極又は複数通貨措置を承認する決定等を通知する（shall inform）とし，パラグラフ4ではIMFはWTO加盟国によって自国の国際収支の保護のためにとられる措置についてWTOの国際収支制限委員会によってなされる協議に参加することに合意すると規定する。さらにパラグラフ8では，各組織は相手組織に対して相互の関心事項に関する見解を伝える旨を，またIMFは自らの管轄下にある為替措置を検討するWTO諸機関（紛争処理パネルを含む）に対して当該措置がIMF協定と両立するかどうかを伝える旨を規定する。

もっとも現実にはIMFとWTOが協調して為替操作問題に実効的に対処できる体制は整っていないと言わざるをえない。Thorstensenらは，両者のリンクの欠如に関して，次の点を指摘する。(a) IMF協定4条は為替操作を非難す

---

22) Zimmermann, *supra note* 1, p. 438. François Gianviti, Stabilité et manipulation des taux de change, *in* Jean-Marc Sorel (ed.), *Le droit international économique a l'aube du XXIe siècle* (2009), p. 130 では，赤字を減少・除去・防止する為替操作は正当だが，黒字を創出・維持・増加させる為替操作は不当だと指摘する。

る法的基礎を提供するが，その適用は「意図」の要件の主観性ゆえ疑わしい。(b) GATT15条は貿易の目的の「没却者」(frustraters) を探すことに焦点をあてている。為替操作は大部分のケースにおいて貿易の目的を没却するだろうが，すべての「没却者」が為替操作者という訳ではない。(c) GATT15条の適用はIMFによるどの国家が為替操作国かという決定に依拠するものではなく，WTOの紛争処理機関によるGATTの目的の没却の決定による。(d) WTOは為替取極問題に関してIMFと協議し，IMFから統計情報を受領して自らの客観的分析の一部として考慮しなければならない。(e) 為替行動はたとえGATTのメカニズムには違反しなくても15条4項の意図を没却するものとして同項に違反しうる（23条のnon-violationと似た理由づけである）23)。

Sanfordは中国等の為替操作問題への対処として考えられるオプションとして，①IMF協定を改正して通貨レートへのIMFの権限を強めること，②WTO協定を改正して為替操作を禁止された補助金であると位置づけること，③多国間交渉を推進すること，④WTO紛争処理機関による為替操作はWTO協定違反だとの判断を取得すること，⑤IMF・WTO協定を改善することを挙げる。①と②については，それぞれ投票権の85％以上，全会一致の賛成が必要なため実現が困難だとする。③については，米中二国間での合意では第三国による為替レート切り下げをおさえられず，限界があるとする。④については，為替操作の貿易上のインパクトに関連した問題が紛争処理機関で扱われる可能性があるとする。⑤については，協定の改正は各理事会の過半数の賛成で可能であること，IMFが為替操作問題についてWTOに忠告する役割を果たすためには，IMF自身がこの問題につき公式な立場をとる必要があること，IMFは中国等との多国間の討議を容易にするため周旋の役割は果たしてきたこと，ある国が為替操作をしているとIMF理事会が正式決定しても結果として何も生じないとするとIMFの威信が傷つくとIMF加盟国のいくつかは懸念するものの，これはWTO側に提供できる有意義な情報の基礎となりうること，を指摘する24)。

---

23) この点につき例えば，Thorstensen, et al., *supra note* 2, pp. 377-378.
24) Jonathan E. Sanford, *Currency Manipulation: The IMF and WTO* (Congressional Research Service Report for Congress), 2011, pp. 4-9.

第4に，WTO 補助金協定の解釈について。同協定2条の「特定性」の解釈との関連で，為替操作は経済全体に影響を及ぼすため「特定性」の要件を満たさないとの解釈 25) が一見すると自然な文言解釈と思われるが，Zimmermann は3条の「輸出が行われることに基づいて交付される」という要件に照らして解釈されなければならないとした上で，切り下げた通貨レートを維持することは，たとえ同協定1.1の下での禁止された補助金に該当するとしても3.1(a)には該当しないため，結局「特定性」の要件は満たさないとする 26)。他方，Pettis は，中国の為替レート引き下げによる恩恵（補助金）の70%以上は中国企業が享受するため，米国はこれが「輸出が行われることに基づいて交付される」ため3条に違反する「禁止される補助金」(prohibited subsidy) に該当すると主張することが可能である，また7条の「相殺可能な補助金」(actionable subsidy) に該当すると主張することも可能だとする 27)。7.1では「加盟国は，第1条に規定する補助金であって他の加盟国が交付し又は維持するものが自国の国内産業に対する損害，無効化若しくは侵害又は著しい害をもたらしていると信ずるに足りる理由がある場合には，当該他の加盟国に対し協議を要請することができる」とした上で救済手続を規定し，7.8では「補助金が第5条に規

---

25) 例えば，Joel P. Trachtman, Yuan to Fight about It? The WTO Legality of China's Exchange Regime, *in* Simon J. Evenett (ed.), *The US-Sino Currency Dispute* (2010), pp. 130-131.
26) Zimmermann, *supra note* 1, pp. 451-455.
27) Elisabeth L. Pettis, Is China's Manipulation of Its Currency an Actionable Violation of the IMF and/or the WTO Agreements?, *Journal of International Business and Law*, vol. 10 (2011), pp. 294-295. Pettis は WTO 上級委員会が，① 2002年に United States-Tax Treatment for Foreign Sales Corporations ケースにおいて，米国の域外所得税制につき，免税措置が米国内外で製造された製品のいずれにも利用可能であるという事実にもかかわらず，米国の輸出者を圧倒的に利するとの理由で相殺可能な補助金に該当すると判断したこと，及び，② 2005年に United States-Subsidies on Upland Cotton ケースにおいて，米国の補助金が国内の綿のユーザーにも利用可能であるにもかかわらず，輸出が行われることに基づいて交付されるとのパネル報告を支持したこと，を為替操作が「輸出が行われることに基づいて交付される」という要件を満たす論拠として挙げている。これに対して Zimmermann, *supra note* 1, pp. 454-455 は，①②は「輸出が行われることに基づいて法的に (in law) 交付される」補助金であるのに対して，為替操作の場合には「輸出が行われることに基づいて事実上 (in fact) 交付される」ものであるため，補助金協定3.1(a)の厳格な要件を満たさないと指摘する。

定する他の加盟国の利益に対する悪影響をもたらしたと決定する旨の小委員会又は上級委員会の報告が採択される場合には，当該補助金を交付し又は維持している加盟国は，当該悪影響を除去するための適当な措置をとり又は当該補助金を廃止する」，7.9 では「紛争解決機関が小委員会又は上級委員会の報告を採択した日から 6 箇月以内に加盟国が補助金の悪影響を除去し又は補助金を廃止するための適当な措置をとらず，かつ，代償についての合意が存在しない場合には，同機関は，申立加盟国に対し，存在すると決定された悪影響の程度及び性格に応じた対抗措置をとることを承認する」と規定する。為替操作国に対する 7 条の援用は，敷居値の高い 3 条の援用に比べてより現実的な対応であると解せられる。

　第 5 に，TPP における為替操作問題の扱いについて。米国内では，主に「中国の為替操作が米国の経済に悪影響を及ぼし米国民の雇用を奪っているため対抗策が必要だ」との理由で TPP に為替条項を挿入せよとの提案が一部の政治家や論者からなされてきた。TPP の締結交渉において米国は為替条項の導入を求めたが日本や新興諸国が反対したとされ，結局，TPP 本体には為替条項は挿入されなかった。2015 年 11 月 5 日に公表された「環太平洋パートナーシップ諸国のマクロ経済政策当局の共同宣言」(Joint Declaration of the Macroeconomic Policy Authorities of Trans-Pacific Partnership Countries) は，① TPP 諸国は不公正な通貨慣行を回避し，競争的な切り下げを控えることを約束すること，② TPP 諸国は自国の外国為替介入及び外貨準備データを公表すること，③ TPP 諸国の政府職員は，不公正な通貨慣行を回避するための努力を含め，マクロ経済問題に対処するため定期的に協議すること，を主な内容とする。このうち中核をなす①については，次の通り規定する。「Ⅰ．為替政策各当局は，自国が国際通貨基金（IMF）協定のもと，効果的な国際収支の調整の阻害又は不公正な競争優位性の獲得を目的とした為替レート又は国際金融システムの操作を回避することを義務付けられていることを確認する。各当局は，根底にある経済のファンダメンタルズを反映する為替システムを促進するための政策行動をとり，継続した為替の乖離を避けることとする。各当局は，通貨の競争的な切り下げを回避し，競争力を目的として自国の為替レートを誘導しない」[28]。麻生財務大臣は翌 11 月 6 日の記者会見において，同共同宣言につ

き,「この為替の話というのは,こういった話がTPPの中に入ることをアメリカ議会が期待していたということは知らないわけではありませんけれども,基本的にこういったものは,IMFとかそういったところで決めていかれる話で,TPPで金融とか為替とかそういったものを含めるというのは筋が違うということは大体皆認識していますので,TPPが発効した後ということになりますけれども,今後,取組の詳細なことはいろいろ詰めていくことになるのだと思っていますけれども,拘束力を持つ,そういったようなものになるということはありません」と述べ,また,日本の為替政策に影響を与えることはないと述べた 29)。

Ⅶ おわりにかえて

最後に次の3点のみ指摘しておきたい。

第1に,「為替操作国」に対する一方的行動について。IMF協定やWTO諸協定において本来予定されていない形での一方的行動が,①一方では「報復」(retorsion) であるとして,②他方ではGATT21条又はGATS(サービス貿易協定)14条の2の「安全保障のための例外」措置であるとして,もし正当化が図られた場合,これらをどう評価したらよいのであろうか。①については,非友好的ではあるが国際法上それ自体合法な措置(金融分野の措置には必ずしも限定されない)は裁量的にとりうると考えられる。②については,WTO諸協定との整合性を確保するために,また国内向けのアピールのためにも,例えば,「(中国による)為替操作は(米国の)経済と雇用に極めて深刻な打撃を与えるものであるため,これに対抗するための措置は安全保障上の例外措置として容認される」といった形で援用される可能性がある 30)。なお,GATT21条やGATS14条の2の解釈は基本的に援用国の自己解釈に委ねられるという点にも留意する必要がある 31)。

---

28) https://www.mof.go.jp/international_policy/others/20151106_thejointdeclaration_4.pdf
29) http://www.mof.go.jp/public_relations/conference/my20151106.htm
30) この点につき,Paul V. Sharobeem, Biting the Hand that Feeds Us: A Critical Analysis of U.S. Policy Trends concerning Chinese Currency Manipulation, *Florida Journal of International Law*, vol. 19 (2007), pp. 718-719.
31) この点につき,拙著・ロースクール国際法読本 (2013) 24-26頁。

第2に，日本と為替操作の関係について。日本の量的緩和（QE）政策は Riley が指摘するように為替操作に該当するものではない32)。但し，日本はこれまで為替操作国だと認定されることも恐れて，この主題には多少とも消極的であったと言わざるをえない。今後は，IMF その他のフォーラムにおいて，この主題の検討に一層貢献するとともに，単なる通貨政策を超えた外交政策の一環という観点からも，この主題により積極的に関与していくことが望まれよう。今後，国際的な経済状況の悪化とともに，背に腹は代えられぬとして「国際収支の効果的な調整を妨げるため又は他の加盟国に対し不公正な競争上の優位を得るために」為替操作をする国家が出現する可能性は大いにあり，経済大国である日本としては「近隣窮乏化政策」が世界を席捲しないよう主導する責務があることを想起すべきであろう。

　第3に，2016年4月29日に米国財務省は Foreign Exchange Policies of Major Trading Partners of the United States と題する報告書において，同年2月に成立した Trade Facilitation and Trade Enforcement Act of 2015 33) に基づき，①対米黒字貿易が年200億ドルを超える，②経常黒字が GDP の3％を超える，③為替介入による外貨購入が GDP の2％を超える，という3要件

---

32)　John Riley, The Legality of Japan's Current Monetary Policy under International Law, *Journal of East Asia and International Law*, vol. 7 (2014), pp. 181-196. Riley は，量的緩和政策が為替レートに影響を及ぼしたとの確たる証拠はなく，また，それが円レートの下落の原因であったとしても下落は単に意図せざる結果であって，それに対する国際法上の救済はないとする (pp. 195-196)。他方，同号 (pp. 161-179) に掲載された Xin Chen, Japan's Unspoken Currency Manipulation by Monetary Policies: A Chinese Lawyer's View では中国の通貨政策については一切ふれずに日本の通貨政策を保護主義的であると批判し，中国は日本に対して IMF 及び WTO の下で個別の行動をとるべきだとする。なお，バーグステン元財務次官は，中国は2015年からは為替操作を行っていないと指摘する。C. Fred Bergsten, China is No Longer Manipulating Its Currency (18 November 2016), *available at* https://piie.com/blogs/trade-investment-policy-watch/china-no-longer-manipulating-its-currency

33)　米国は，2016年2月24日に Public Law No. 114-125 として成立した Trade Facilitation and Trade Enforcement Act of 2015 において，①外国による通貨切り下げが相殺可能な補助金の供与に該当するかどうかの決定をするための調査を行う権限について定める Currency Undervaluation Investigation Act について規定する (Sec.702以下) とともに，②財務省は米国の主要貿易相手国のマクロ経済政策及び通貨為替レート政策を議会に報告しなければならない，③大統領は自国の通貨の切り下げ及び米国に対する貿易黒字を是正する政策を採用しない国家に対して特定の救済措置をとることができると規定し (Sec.711)，さらに，④国際為替レート政策に関する諮問委員会を創設すると規定した (Sec.712)。

を満たす国を不公正な競争上の利益を付与する外為政策をとる対象国として認定する，とした。さらに，3要件を満たす国はないが2要件を満たす国はあるとした上で，監視リスト（Monitoring List）を創設し，中国，日本，韓国，台湾，ドイツを監視するとした[34]。中国，日本，韓国，ドイツは①と②を満たす，台湾は②と③を満たすとした。同年10月14日に更新された同報告書では，中国，日本，韓国，台湾，ドイツを引き続き監視するとともに新たにスイスを監視リストに加えるとした。中国は①のみを満たす，日本，韓国，ドイツは①と②を満たす，台湾とスイスは②と③を満たすとした[35]。今後の動向が懸念される[36]。

［付記］ 脱稿（2017年2月10日）後の動向として次の3点を付記しておきたい。
　第1に，2017年4月14日に米国財務省が公表した Foreign Exchange Policies of Major Trading Partners of the United States と題する報告書では，Trade Facilitation and Trade Enforcement Act of 2015 に基づく先述の3要件のうち，日本，ドイツ，韓国は①と②を，スイスと台湾は②と③を満たすとして監視リストに据え置くとともに，中国は（前期も2要件を満たさず）今期も①のみを満たすにとどまるものの，米国の貿易赤字全体の均衡を失したシェアを占めるとしてやはり監視リストに据え置くとした。同年10月17日の同報告書では，日本，ドイツ，韓国，中国，スイスは同様の理由で監視リストに据え置くとされたが，台湾は②のみを満たし③は満たさなくなったとしてリストから外された。2018年4月13日の同報告書では，これら5か国を同様の理由でリストに据え置くとともに，インドを①③を満たすとしてリストに加えた。2018年10月

---

34) https://www.treasury.gov/resource-center/international/exchange-rate-policies/Documents/2016-4-29%20(FX%20Pol%20of%20Major%20Trade%20Partner)_final.pdf
35) https://www.treasury.gov/resource-center/international/exchange-rate-policies/Documents/2016-10-14%20(Fall%202016%20FX%20Report)%20FINAL.PDF
36) かつて中国を「地球最大の為替操作国」だと非難したこともあるトランプ米国大統領は，2017年1月26日の演説において，「為替操作や通貨安誘導を極めて厳しく制限していく。こうした考えは TPP にも盛り込まれていなかった」と述べ，日本等との間で締結を想定する二国間自由貿易協定の中に為替条項を盛り込む意向を示し，1月31日には「中国や日本は何年も通貨安誘導を繰り広げている」と述べた。これに対して菅官房長官は2月1日の記者会見において「全くあたらない。金融緩和は国内の物価安定目標のためで，円安誘導を目的としたものではない」と述べ，安倍首相は2月2日の衆議院予算委員会において「通商条約に為替条項はなじまないことをずっと反論として申し上げてきた。そういう姿勢に変わりはない」旨，述べた。日本は 2011年11月以降は円高是正を目的とした円売ドル買介入を行っていない。

17日の同報告書でも，日本，ドイツ，韓国，中国，スイス，インドの6か国が監視リストに据え置かれた。

第2に，2017年7月17日に米国通商代表部（USTR）は Summary of Objectives for the NAFTA Renegotiation という文書を公表し，北米自由貿易協定（NAFTA）の再交渉の目的の1つとして，通貨については「適当なメカニズムを通じて，実効的な国際収支の調整を妨害し又は不公正な競争上の利益を獲得するために NAFTA 諸国が為替レートを操作することを防止するよう確保すること」を挙げている（p. 17）。そして，2018年9月30日に合意され，同年11月30日に署名された米国・メキシコ・カナダ協定（USMCA）では，第33章「マクロ経済政策及び為替レート問題」において次のような為替条項をおいている。中核をなす33.4条（為替レート慣行）は，「1. 各締約国は，IMF協定の下で，実効的な国際収支の調整を妨げたり不公正な競争上の優位を得るために為替レート又は国際通貨システムを操作することを避けることが義務づけられることを確認する。2. 各締約国は次のことを行わなければならない（should）。(a)市場決定の為替レート体制を達成し維持すること，(b)競争的な切り下げ（外国為替市場における介入によるものを含む）を慎むこと，(c)マクロ経済及び為替レートの安定性のための条件を強める経済のファンダメンタルズを強化すること。3. 各締約国は，他の締約国の通貨に関連して介入がなされた場合には，必要に応じて迅速に他の締約国に知らせなければならない（should）」と規定する。この規定は should という表現振りからも伺えるように法的拘束力を有しない。33.5条では，関連データの公表等について，33.6条ではマクロ経済委員会について，33.7条では上級代表による協議について，33.8条では紛争解決について，規定する。報復関税に言及する規定は同章には存在しない。なお，「本章の規定は中央銀行を含む当局による金融政策に関しては適用されない」旨のセーフガード規定が33.3条におかれているが，実際の場面において正当な金融政策措置か為替操作かの判断は容易ではないと思われる。同年10月13日にムニューシン米財務長官は日米が交渉開始で合意した日米物品貿易協定に為替条項を求める考えを表明し，USMCAの上記の条項がモデルになるとした。さらに，2018年12月21日，USTRは米国・日本貿易協定（USJTA）の交渉開始のための特定の交渉目的のサマリーを示したが，22項目の中には「通貨」が含まれ，「日本が実効的な国際収支の調整を妨げたり，不公正な競争上の優位を獲得するために為替レートを操作することを回避することを確保すること」としている。今後の動向が懸念される。

第3に，2018年9月24日に署名された米韓自由貿易協定（KORUS）改訂合意には了解覚書の形で為替条項が含まれているとされるが，詳細は不明である。同年3月に米国通商代表部（USTR）が公表した韓国との新通商政策においては，「貿易及び投資のための公正な競争条件を促進するために競争的な引き下げ及び為替レート操作を禁止する条項に関する合意（了解覚書）がつめられている。当該条項には，透明性と説明責任に関する強固なコミットメントが含まれる」としている。

第6部

安全保障・武力紛争

「戦争状態」理論の再検討
―― 伝統的国際法は平時・戦時の二元的構造の
国際法だったのか？

和 仁 健太郎

I　はじめに
II　2つの「戦争状態」理論
III　「戦争原因」論
IV　おわりに

I　はじめに

　伝統的国際法（第一次大戦以前の国際法）が平時・戦時の二元的な構造の国際法であったのに対し，戦争が違法化された現代国際法は平時に一元化された国際法であるという理解は，石本泰雄が1958年の論文[1]において提示して以来，我が国の国際法学界において広く受容された通説的見解となっている[2]。石

---

1) 石本泰雄「いわゆる『事実上の戦争』について」横田先生還暦祝賀・現代国際法の課題（1958）279-325頁。
2) 代表的なものとして，松井芳郎ほか・国際法（有斐閣Sシリーズ）〔第5版〕（2007）7-9頁；小寺彰ほか・講義国際法〔第2版〕（2010）10, 14, 504頁；浅田正彦編・国際法〔第3版〕（2016）13頁；大沼保昭・国際法――はじめて学ぶ人のための〔新訂版〕（2008）532頁；藤田久一・国際人道法〔再増補〕（2005）1頁；大沼保昭「戦争」同編・戦争と平和の法――フーゴー・グロティウスにおける戦争，平和，正義〔補正版〕（1995）117-119頁。「平時・戦時の二元的構造の国際法」という表現によって意味するところは人によって微妙な違いがあるようにも思えるが，その違いを論文等の書かれたものから読み取ることはなかなか難しい。しかし一般には，伝統的国際法では平時から「戦争状態」への「移行」によって平

本——そしてそれを受容した通説的見解——によれば，伝統的国際法における戦争とは，平時において違法と評価される諸行為（例えば，武装軍隊による敵国領土への侵入，戦時禁制品輸送船の捕獲など）が適法と評価されるようになる「特殊な時間」あるいは「異常な状態」であった3)。諸外国においては「二元的」とか「一元的」という表現はほとんど使われないものの，伝統的国際法が平時国際法と戦時国際法とに二分され，戦争が，平時とまったく異なる法が適用されるようになる状態であったという理解（「戦争状態」理論（the state of war doctrine））は，広く受け入れられている4)。

この通説的見解によれば，伝統的国際法において，国家は，開戦宣言その他の方法によって「戦争意思（*animus belligerendi*）」を表明することにより，平時には許容されない様々な諸行為が適法と評価されるようになる状態である「戦争状態」を作り出す権能を有していた，ということになる。しかし，なぜ国家はそのような状態を作り出せたのか，また，平時から戦時への「移行」がどのようなメカニズムによりもたらされていたのか，その根拠ないし理論構成は，これまで明らかにされてこなかった。例えば，石本泰雄の1958年論文は，伝統的国際法が平時・戦時の二元的構造の国際法であったという理解が我が国において通説的見解となる上で決定的な影響力をもったと考えられる論文であるが，この論文で石本が論じているのは，同じ行為（例えば軍隊による他国領土への侵入）に対して平時と戦時とでまったく異なる評価が与えられるから平時

時国際法の適用が停止して戦時国際法が適用された，という意味で考えられることが多いようである。例えば，次の記述を参照。「国際的武力紛争の発生は，平時の国際法と異なる秩序を生み出す武力紛争法の適用を可能にする。もっとも，これは<u>かつての二元的国際法秩序のように平時の国際法から戦時の国際法へと移行すること</u>を意味するわけではない。今日では武力紛争法だけでなく<u>平時の国際法も武力紛争時において引き続き適用されうる。</u>」黒﨑将広「国際的武力紛争の発生条件再考——戦闘員資格の機能」国際法外交雑誌115巻2号（2016）54-55頁［下線は引用者］。

3) 石本・前掲注(1) 292-294頁；同「国際法の構造転換」横田先生鳩寿祝賀・国際関係法の課題（1988）9頁。
4) E.g., Dietrich Schindler, "State of War, Belligerency, Armed Conflict," in Antonio Cassese, ed., *The New Humanitarian Law of Armed Conflict*, 1979, p. 3; Christopher Greenwood, "The Concept of War in Modern International Law," *International and Comparative Law Quarterly*, Vol. 36 (1987), pp. 284-285; Stephen C. Neff, *War and the Law of Nations: A General History*, 2005, p. 177.

国際法と戦時国際法は二元的に把握しなければならないということであって5)，平時国際法とは「異次元的な関係」にある戦時国際法への移行が何を根拠にもたらされていたのかは，何も明らかにしていない。この点が未解明である状況は，その後も変わっていない。

さらに，そもそも，平時・戦時の二元的構造という理解が，第一次大戦以前の学説や国家実行において本当にとられていたのかどうかも定かではない。例えば立作太郎は，平時国際法と戦時国際法の分類が「畢竟研究上又は講説上の便宜の為にする区別に外なら」ず「国際法規の分類としては，理論上の缺点を有する」といい，「所謂平時国際法上の権利義務も，戦時に特有なる戦時国際法上の権利及義務と抵触せざる範囲内に於ては，戦時にも猶其効力を存続する」と述べていた6)。立は，伝統的国際法の構造をむしろ一元的に捉えていたのである。

このように，伝統的国際法が平時・戦時の二元的な構造の国際法であったという通説的見解については，様々な疑問がある。そこで，本稿はこの通説的見解を再検討し，上に述べた疑問の解消を試みたい。この問題の再検討が必要なのは，次の2つの理由による。

---

5) 石本・前掲注(1) 292-294 頁。石本によれば，伝統的国際法の構造を二元的に把握しなければならないもう1つの理由は，「戦争が原則として禁止されていないとすれば，その場合には国際法によって保護された利益範囲というものを国家はもたないということになる。いいかえれば国際法は法的性質を失う」というケルゼンの批判 (Hans Kelsen, *General Theory of Law and State*, 1945, p. 340) に応えるために必要だからであった。この批判に対し，石本は次のように応答する。「戦争は『特殊な時間』として，あるいは『異常な状態』として，平和と区別され，法外に放逐されていた。法学的常識に逆らっていえば，国際法は戦争を法外に放逐することによって，そしてそれによってのみ，みずからの法的性質を維持しえたのである。こうして，平和と戦争の二元的構造は近代国際法の支柱となった。その支柱に支えられて，いわば実体法としての平時国際法の規範的性質が確立したのである」。石本・前掲注(3) 9頁［傍点原文］。しかし，戦争を平時国際法の外に放り出せば平時国際法そのものの法規範性は維持できるかもしれないが，平時国際法を脱して戦争状態に移行するのが自由なのであれば，国家は戦争状態さえ作り出せばいつでも自由に他国の権利・利益を侵害できたことになり，結局はケルゼンの批判に応えたことにならないはずである。なお，「戦争を法外に放逐することによる平時国際法の法規範性の確立」という考え方は，1988年の「国際法の構造転換」論文で示されているが，1958年の「いわゆる『事実上の戦争』について」論文では示されていなかった。

6) 立作太郎・平時国際法論 (1930) 52頁。

第1に,「伝統的国際法は平時・戦時の二元構造の国際法であったのに対し,現代国際法は平時に一元化した国際法である」という理解は,今日では国際法の様々な分野の研究において当然の前提として受け入れられているが,この理解を自明の前提とすることにより,各分野の研究において検討すべき論点が検討されなくなる傾向が生まれる。例えば,「伝統的な国際法においては,国家は戦争の自由を有し,交戦国の交戦権は戦争状態それのみを妥当根拠としていた」7) とか,「戦時国際法は,法上の戦争で適用され,そこでは中立国が生じるとされたから,第三国への措置の説明は容易であった」8) とか,「戦時国際法の存在を所与の前提とする戦争＝状態論において」は「[戦争によって終了・停止する条約の範囲に関する]一般基準を導く理論的契機に乏しい」9) といった記述は,そのことを示している。つまり,伝統的国際法において「戦争状態」が生じると平時国際法の適用は停止され,平時とはまったく異なる法秩序が出現したから,平時には許されない諸行為（中立船の捕獲,条約の終了・停止など）を交戦国が行えることについて特段の説明は要らなかった,というのである。しかし,実際には,伝統的国際法における戦時国際法上の諸制度については,なぜ平時には許されないことが正当化されるようになるのかが,それぞれの制度ごとに議論されていた 10) のであって,「戦争状態への移行」というだけの説明で済まされていた訳ではない。そうだとすれば,かつて戦時国際法を構成していた諸制度については,それぞれの制度ごとに正当化根拠を特定し,その根拠が現代においても妥当するかどうかを考えなければならない。しかし,「伝統的国際法＝平時・戦時の二元的構造の国際法」という認識とその自明化は,そうした観点からの研究が行われにくくなる傾向を生みだす。

　第2に,現代国際法において「戦争」が存在し得るのかについては様々な議

---

7) 新井京「国連憲章下における海上経済戦」松井芳郎ほか編・グローバル化する世界と法の課題（2006）142頁［傍点引用者］。
8) 真山全「自衛権行使と武力紛争法」村瀬信也編・自衛権の現代的展開（2007）216頁。
9) 若狭彰室「伝統的国際法における『戦争が条約に及ぼす効果』の理論――19世紀中葉からIDIクリスティアニア規則（1912）に至る展開」国際法外交雑誌114巻3号（2015）71頁［傍点引用者］。
10) 例えば,和仁健太郎「海上捕獲法の正当化根拠――ロンドン宣言（1909年）以前の学説・国家実行の検討」国際法外交雑誌113巻4号（2015）45-70頁を参照。

論がある11)が,この問題について議論するためには,そもそも伝統的国際法における「戦争」がどのようなものだったのかが明らかになっていなければならない。つまり,「戦争」とは,戦争意思の表明によって「戦争状態」を生じさせる権能のことだったのか(あるいはそうではなかったのか),もしそうだとすれば,戦争状態を生じさせる権能は,何によって根拠づけられていたのか,ということがまず明らかになっていなければ,現代の国際法において「戦争」が可能かどうかという問いには答えられない。

国際法における戦争の位置づけのうち,18世紀以前の国際法における伝統的な戦争論であった正戦論については比較的豊富な先行業績の蓄積がある一方,正戦論が支持されなくなったとされる19世紀から第一次大戦までの時期の国際法における戦争がどのようなものだったのかはよく分かっていない12)。そこで,本稿では,19世紀から第一次大戦までの時期の国際法における「戦争」の法的性質および「戦争状態」の構造について検討する。

II　2つの「戦争状態」理論

戦争には始期と終期があり,戦争が始まると一定の法的効果が生ずる。戦争が始まってから終わるまでの期間を「戦争状態」と呼び,その期間中に適用される国際法規を「戦時国際法」と呼ぶのは第一次大戦前においても一般的なことであったが,問題は,戦時国際法の適用という法的効果が,平時から戦争状

---

11) この問題については,例えば,Greenwood, *supra* note 4, pp. 287-306 を参照。
12) この問題に関する先行業績として,柳原正治「紛争解決方式の一つとしての戦争の位置づけに関する一考察」小田滋先生古稀祝賀・紛争解決の国際法(1997) 2-22頁;杉原高嶺「近代国際法の法規範性に関する一考察——戦争の位置づけとの関係において」山手治之＝香西茂編・国際社会の法構造——その歴史と現状(2003) 89-116頁。これらの先行業績は,もちろん本稿の主題とも密接に関係するが,明らかにしようとしているポイントが本稿とは異なる。つまり,柳原や杉原の研究では,第一次大戦以前の国際法学説において,戦争開始の規制に関する多様な見解があったこと——大きく分けると,戦争に訴える国家の無制限の自由を認める学説と,権利侵害に対する救済手段としての戦争のみが合法であるとする学説との対立——が指摘されているが,そうして開始された「戦争」というものがどのようなものだったのか,つまり,やはり「戦争状態」がもたらされていたのか,そうだとすれば「戦争状態」への「移行」がどのように理論構成されていたのか,あるいは「戦争状態」理論ではない理論がとられていたのか,といったことは明らかにされていない。本稿が検討するのは,後者の諸問題である。

態への「移行」によって生ずるという説明（本稿で「戦争状態」理論と呼ぶ考え方）が本当にされていたのか，もしそうであったとすれば，戦争状態への「移行」はどのようにして生ずると考えられていたのか，ということである。

ネフ（Stephen C. Neff）は，2005年の著書の中で，「戦争状態」という概念——「戦時と平時との間に明確な区別」がなされること，「戦争状態に固有の一群の法規則が戦争によって生じ，それが平時の通常の規則に完全にとって代わる」ことなどを特徴とする考え方——は，正戦論の下では存在し得ず，正戦論が否定された後にはじめて出てきた概念であると述べている[13]。それでは，「戦争状態」はどのようにして生じていたのか。ネフは，この点を説明する理論として，①「ホッブズ的戦争論（'Hobbesian' school of thought）」と②「契約的（決闘的）戦争論（'contractual' or 'duelling' school of thought）」という2つの考え方が17世紀以降に現れ，それが19世紀の「戦争状態」理論の基礎になったと指摘している[14]。①は，国家間関係を自然状態＝戦争状態と捉え，その自然状態は国家間の合意（条約）によって一時的に克服され平和が維持されているが，そうした合意が解消され自然状態に戻ると戦争状態が生じる，という考え方である。②は，それとは逆に，国家間関係は最初から平和関係であるが，国家間の争いごとを闘いの結果に従い解決する合意（決闘の合意のようなもの）が2国間でなされた場合に，その合意により生ずるのが戦争状態であるという考え方である[15]。ネフのこの指摘は図式的に過ぎる側面もあるが，ほかの先行研究と比べると，伝統的国際法において「戦争状態」がどのようにして成立していたのかを明らかにしようと試みている点で，注目に値する。

そこで，以下では，ネフのこの指摘を手がかりにして，伝統的国際法における「戦争状態」がどのようなものだったのかを検討してみよう（本稿では，①を「平和状態解消論」と，②を「契約的戦争論」と呼び，まずは②から検討する）。

---

13) Neff, *supra* note 4, pp. 177-178.
14) *Ibid.*, pp. 92, 131-132.
15) ネフが②の考え方を「決闘的戦争論」と呼ぶのは，決闘が当事者の合意によって行われるものだからである。決闘については，社会科学大事典編集委員会編・社会科学大事典・6巻（1969）161頁参照。

1 契約的戦争論

「契約的戦争論」とは，戦争状態が交戦国間の合意によって成立するという考え方のことである。「[契約的戦争論を]体系的に扱った学者は，この時期[17世紀]においてもその後の時代においても，一人もいなかった」とネフ自身が述べるように，ネフの言う契約的戦争論をとった学説あるいは国家実行を見つけることは困難である[16]。もっとも，契約的戦争論を実際に採用していた学説等を見つけるのが困難だとしても，平時国際法とは異なる法関係としての「戦争状態」が当事国間の合意によって設定されるという考え方そのものは，理論的にはあり得る考え方である。

しかし重要なのは，契約論的戦争論から出てくるいくつかの帰結が，戦争に関する第一次大戦前の実定国際法またはそれをめぐる議論状況と整合的でないということである。

第1に，契約的戦争論によれば，戦争状態は交戦国間の合意によって成立するものであり，一国の一方的な敵対行為や開戦宣言により成立することはない。

---

[16] ネフは，プーフェンドルフ（Samuel Pufendorf, 1632-94）の『自然法および国際法8巻』（1688年）の中に「契約的戦争論」的考え方が見出されると指摘する。Neff, *supra* note 4, pp. 137-139. しかし，これは同書の読み方として明らかに正しくない。プーフェンドルフは，同書の第8巻第6章において極めて明快に正戦論をとっている（このことはネフも認める）。プーフェンドルフによれば，戦争とは，「不正（injuriam）」を受けた側の国が，侵害された権利を回復するために一方的に行うものであり，交戦国間の合意によって設定される法関係ではない。Samuel Pufendorff, *De jure naturae et gentium libri octo*, The Classics of International Law, Vol. 1, A Photographic Reproduction of the Edition of 1688, 1934, pp. 879-895 (Lib. 8, Cap. 6). たしかにプーフェンドルフは，闘いの結果によって戦争に決着を付ける合意が交戦国間でなされる場合について述べている。*Ibid.*, p. 521 (Lib. 5, Cap. 9), pp. 901-902 (Lib. 8, Cap. 8). しかし，この問題は実は従前から正戦論学説によって論じられてきた論点であった。つまり，正戦論によれば，戦争は，権利侵害を受けた国が侵害された権利を回復することによって終了するのが原則であるが，交戦国が合意した場合に，この原則と異なる方法で戦争を終了させることが許されるかが問題となる。その方法としては，「くじ引き」や「仲裁」のほかに，「合意された闘争（condicto certamine）」が挙げられ，その合法性が論じられた。E.g., Hugo Grotius, *De jure belli ac pacis libri tres*, The Classics of International Law, Vol. 1, A Photographic Reproduction of the Edition of 1646, 1913, pp. 583-584 (Lib. 3, Cap. 20, § 43, 44). プーフェンドルフの議論もこの伝統的議論と同じであり，彼は正戦論からまったく逸脱していない。プーフェンドルフによれば，正当原因がどちらの側にあるかを横に置いておいて，もっぱら闘いの結果によって戦争に決着を付けることが許されるのは，あくまでも交戦国間に合意が成立した場合であり，合意が成立しない場合には，やはり正戦論が妥当するのである。

契約的戦争論によれば，戦争とは，闘いの結果によって争いごとに決着を付ける合意を事前に行い，その合意に基づき行われるものだからである。具体的には，一方の国による開戦宣言は「申込み（offer）」に過ぎず，この申込を他方の国が「承諾（acceptance）」してはじめて戦争状態は成立すると考える 17)。しかし，実際には，戦争状態が交戦国の合意によって成立するという立場をとった国家実行や学説を見つけることはできず，むしろ，戦争は，一国による一方的な敵対行為または開戦宣言によって開始されると考えられていた 18)。もっとも，ある国が戦争意思を表明して敵対行為を先に行い，相手国がそれに応戦する場合には，後者の国が応戦した事実の中に黙示の同意（申込みを承諾する意思）を読み込むことも不可能ではないかもしれない。しかし，これと逆の場合，つまりある国が戦争意思を否定して復仇や平時封鎖を行った場合に，相手国がこれを戦争と見なせば，前者の国が戦争の存在を否定しても戦争状態は成立するとされていた 19)。この場合には，2 国間に黙示の合意があると考えることさえ無理である。このように，契約的戦争論は，戦争状態が一国の一方的な敵対行為または開戦宣言によって成立するとされた学説・国家実行と整合しない。

第 2 は，戦争法の基本原理との関係である。ネフによれば，当事国が合意に基づき闘うのが戦争だと考える契約的戦争論において，戦争法の内容は「convention」により決まるのであって，「必要性と均衡性という一般的概念 (the general concepts of necessity and proportionality)」や「良心または人道の指示 (dictates of conscience or humanity)」などといった原理によって戦争法の内容が確定されることはないという 20)。つまり，交戦国が戦争において相互にどのような暴力を行使し合うかは，当事国間の合意によってどのようにでも決められる——現実には慣習により決まると考えられる——のであって，戦争法

---

17) Neff, *supra* note 4, p. 143.
18) 戦争開始に先立つ開戦宣言の要否については争いがあったが，戦争が一国による敵対行為または開戦宣言のいずれかによって（またはそれらのどちらによっても）開始し得ることについては見解が一致しており，戦争の開始に交戦国の合意が必要であるとした学説や国家実行を見つけることはできない。合意が不要であることを明確に述べたものとして，例えば，Eliza Ann, (1813) 1 Dods. 244, 247-248 を参照。
19) E.g., T. J. Lawrence, *The Principles of International Law*, 1895, p. 293; L. Oppenheim, *International Law: A Treatise*, Vol. 2, *War and Neutrality*, 1906, p. 316.
20) Neff, *supra* note 4, pp. 149-150.

に人道的考慮とか軍事的必要といった原理は存在し得ない,ということである。しかし,戦争法は軍事的必要と人道的考慮の均衡に基づき成立するというのが学説の一般的な理解であり21),このことは,実定法文書,例えば,「戦争中に国が達成しようとする唯一の正当な目的は,敵の軍事力の弱体化」であり,「この目的のためには,できるだけ多くの者の戦闘能力を奪えば十分である」(軍事的必要の原理)と述べる1868年サンクト・ペテルブルク宣言前文22)にも現れている。ネフは,「戦争法における[軍事的]必要性の原則が[19世紀に]維持されたこと」が「正戦論的考え方のかすかな痕跡 (faint traces of just-war thinking)」であったと述べる23)。軍事的必要と人道的考慮の均衡という原理が「正戦論的考え方のかすかな痕跡」として片付けられるような軽いものだったかどうかはともかく,いずれにしても,戦争法の基本原理に関して当時一般的だった考え方が,契約的戦争論と相容れないことは否定できない。

　第3に,契約的戦争論の考え方は,講和条約に関する議論状況と整合しない。すなわち,ネフが提示する契約的戦争論によれば,「他方当事国が勝利した際に提示する講和条件はどのような内容のものであってもそれを受諾する」という合意(戦争の終結に当たって戦勝国が一方的に物事を決めるという合意)が事前になされているので,講和条約が強制による条約であることを理由に無効となることはない(講和条約そのものは合意ではないから)24)。しかし,実際には,講和条約は強制による合意であると考えられ,そのことを前提に,講和条約がなぜ無効にならないのかの説明が試みられていた。この問題について一般に行われていた説明は,国家代表個人に対する強制と国家自体に対する強制とを区別し,条約の無効原因となるのは前者のみであるという説明であった25)。つまり,

---

21) Oppenheim, *supra* note 19, p. 75; Amos S. Hershey, *The Essentials of International Public Law*, 1919, p. 353.
22) Declaration Renouncing the Use, in Time of War, of Explosive Projectiles under 400 Grammes Weight, signed at St. Petersburg, 29 November/ 11 December 1868, in Dietrich Schindler and Jiri Toman, eds., *The Laws of Armed Conflicts: A Collection of Conventions, Resolutions and Other Documents*, 4th ed., 2004, pp. 91-93.
23) Neff, *supra* note 4, pp. 213-214.
24) *Ibid.*, p. 157.
25) "Research in International Law: Draft Convention on the Law of Treaties," *American Journal of International Law*, Vol. 29, *Supplement* (1935), pp. 1149-1152 (Comment to Ar-

どのような内容のものであっても戦勝国の提示する条件に従う旨の合意が戦争開始前になされていたので講和条約は有効である，という契約論的な説明は，なされていなかったのである．

　以上のように，契約的戦争論は，第一次大戦前の実定国際法やそれをめぐる一般的な議論状況と整合しない点があまりにも多すぎ，また，この考え方を採用した学説や国家実行を見つけることもできない．したがって，契約的戦争論は，伝統的国際法における戦争の法的性質を正しく捉えたものとは言えない．

　これに対し，ネフが提示するもう1つの「戦争状態」理論，すなわち「ホッブズ的戦争論」(本稿で「平和状態解消論」と呼ぶもの) は，国家実行と整合する点も多く，実際にこの考え方をとった学説を見つけることもできる．次に，この考え方を検討する．

2　平和状態解消論

　ネフが提示する「ホッブズ的戦争論」とは，国家間の自然状態は戦争状態であり，その自然状態は国家間の合意によって一時的に克服され平和が維持されているが，そうした合意が解消され自然状態に戻ると戦争状態が生じる，という考え方のことである．これを「ホッブズ的」と呼ぶのは，自然状態を戦争状態と捉え，その状態を合意によって克服するという説明の仕方がホッブズ (Thomas Hobbes, 1588-1679) の社会契約論に似ているとネフが考えるからである．ホッブズは，社会契約による国家の設立については詳細に論じているが，そうして設立された国家と国家との関係については多くのことを述べておらず，ホッブズがネフの言う「ホッブズ的戦争論」のような考え方をとっていたかどうかは疑わしい[26]．また，ネフは，「ホッブズ的戦争論」がその後の，とりわけ19世紀の国際法学説に影響を与えたと指摘しているが，他方で「彼の［ホッブズの］考えを直接的に扱った法学者はほとんどいない」ことも認めており，「ホッブズ的戦争論」を明示的に採用した国際法学者の名前を一人も挙げてい

---

ticle 32).
26) ホッブズの国際関係論・国際法論については様々な議論がある．この問題については例えば，Kinji Akashi, "Hobbes's Relevance to the Modern Law of Nations," *Journal of the History of International Law*, Vol. 2 (2000), pp. 199-216 を参照．

ない27)。

　しかし，ネフが提示する「ホッブズ的戦争論」に近い考え方を採用した学説を見つけることは，不可能ではない。例えばウェストレイク（John Westlake, 1828-1913）は，1907年の『国際法』において，次のように述べている。

　[「戦争」という概念の] 定義の重要なポイントは，戦争とは状態（a state or condition）だということである。グロティウスが言うように，その言葉 [「戦争」という言葉] が指し示すのは行為ではなくて状態である。そのようなものとしての戦争は，単なる暴力行為（mere act of force）——それが復仇，船舶抑留（embargo）または平時封鎖の行為であるか，自衛の行為であるか，それとも違法な暴力行為であるかは関係ない——によっては設定されない。戦争は，そのようなことを行う意思（the will to do so）によってのみ設定され得るが，そのような意思は一方的なものでよい。なぜなら，平́和́状́態́は́，２́つ́の́政́府́が́平́和́状́態́に́お́い́て́共́存́す́る́と́い́う́意́思́の́合́致́（the concurrent wills）を́必́要́と́し́，そ́う́し́た́意́思́の́う́ち́の́一́方́が́撤́回́さ́れ́た́場́合́に́は́直́ち́に́戦́争́状́態́に́と́っ́て́代́わ́ら́れ́る́か́ら́で́あ́る́ (is replaced by the state of war as soon as one of those wills is withdrawn) 28)。

　つまり，国家間における平和状態およびそれを規律する平時国際法は，国家間においてそれらを維持しようという「意思の合致」がある場合にのみ妥当するものであり，一方の国がその意思をもたなくなった場合には平和状態が終了して戦争状態が生ずるというのである。ウェストレイクは，「戦争［状態］を設定する意思（the will to set up war）」29) という表現を用いているが，この意思は，戦争状態を設定する意思というよりも，むしろ平和状態を解消する意思であり，戦争状態とは平和状態解消の結果にほかならない。戦争状態を国家の一方的意思によって生じさせることができるのは，平時国際法が国家間に「意思の合致」がある限りにおいて妥当するものに過ぎないという，平時国際法の

---

27) Neff, *supra* note 4, pp. 137, 160-214.
28) John Westlake, *International Law*, Part II, *War*, 1907, p. 2 ［傍点引用者］.
29) *Ibid.*, p. 2.

性質に関する彼の認識から導かれているのである。

　ウェストレイクによると，講和とは，「野蛮な生活の期間を終了させ（close their interlude of savage life），法の領域に再び入る（reenter the domain of law）」行為であり，「無法な期間において行われる最後の行為（the last act of the lawless period）」である。逆に言えば，ウェストレイクは，戦争状態を「無法な期間」とか「野蛮な生活の期間」と捉えている。そして，「どのような条件で（on what terms）野蛮な生活の期間を終了させ，法の領域に再び入るかは，彼ら［戦争当事国］に委ねられている」。つまり，講和とは，いったん破綻した交戦国間の平和関係をゼロから再設定する行為であり，交戦国が合意さえすればどのような内容の講和条約を締結しても構わない。そのため，戦勝国は「戦争の原因または理由と何の関係もない講和条件（terms having no relation to the cause or occasion of the war）」であっても主張できる[30]（ただし，あくまでも「主張できる」だけであり，交戦国間に合意が成立しなければ講和条約にはならない）。この点，Ⅲで検討する「戦争原因」論——戦争とは，戦争の原因となった国家間の争いごとを自国にとってできるだけ有利な条件で解決するため，敵国に強制を加えて講和条件を受諾させる行為であるという考え方——の観点からは，償金（indemnité de guerre）の支払いに関する19世紀の慣行[31]は，敗戦国に

---

30) *Ibid.*, pp. 31-32.
31) 19世紀に締結された講和条約では，しばしば，敗戦国が戦勝国に対し，金銭を支払い（paiements en espèces; indemnité pécuniaire），または領土の割譲その他の現物供与により支払いを行う（paiements en nature; indemnité territoriale）ことが規定された。これが，償金と呼ばれるものである。償金の性質としては，①戦費の負担である場合，②戦争中の国際違法行為（典型的には戦争法違反）によって生じた損害の賠償である場合，③何についての支払いであるのかをはっきりさせない場合があった。Luce Camuzet, *L'indemnité de guerre en droit international*, 1928, pp. 185-197; Pierre d'Argent, *Les réparations de guerre en droit international public: La responsabilité international des États à l'épreuve de la guerre*, 2002, pp. 24, 26-38. 戦勝国が①および②についての償金を求めることは正当であると一般に考えられたが，それらを超える分の償金支払い要求については，その正当性を否定する学説・実行が存在した（後掲注(32)参照）。②について賠償を求められるのは国家責任の原則からして当然であるが，①をなぜ敗戦国が負担しなければならないのかは必ずしも自明ではない。おそらく，国際法違反についての賠償に加え，実際にかかった戦費の分までは，戦勝国が軍事力を背景にそれを求めても不当とまでは言えない（逆に，賠償と戦費を超える額まで支払いを求めるのは不当だ），ということであろう。①と②を超える分の償金支払い要求を不当と考えるかどうかは，戦争の法的性質についての考え方によって変わってくる。

よる戦費の負担でも国際法違反についての賠償でもなく,「戦勝国が強慾 (cupidité) を満たす手段」にほかならないとして批判されることがあった (戦勝国が敗戦国に対して要求できるのは,原則として戦争の原因となった争いごとに関連することでなければならず,それに加え,せいぜい実際にかかった戦費と国際法違反についての賠償の分の償金を求め得るに過ぎないという趣旨)32)。しかし,ウェストレイクの戦争論において,そうした慣行を否定的に評価する視点は,そもそも原理的に存在しない33)。

戦争状態とは平和状態解消の結果であり,「無法な期間」あるいは「野蛮な生活の期間」であるというウェストレイクの戦争論の特徴は,戦争法に関する議論にも現れている。ウェストレイクは,『国際法』の中の「戦争法一般」と題する章の冒頭において,交戦国は,「哲学者の自然法 (the natural law of philosophers),つまり行為を命令する規則 (a rule prescribing conduct) にではなく,博物学者のそれ (that of the natural historian),つまり,善いか悪いかは別にして,人類の習慣の記録 (a record of the habits of the species, good or bad) に従って」闘うと述べている34)。これだけでは何のことだかよく分からないが,ウェストレイクが同じ章で「超記憶的過去からの禁止 (the immemorial prohibitions)」35)とか,「少しでも文明をもった人々の間で超記憶的過去から引き継がれてきた」禁止 (例えば毒物の使用や背信行為の禁止)36) などと述べていることから考えると,戦争法が,何らかの一般原理の下にある規則ではなく,諸国家の長年の慣行によりできた規則の集合であるということを言いたいのだ

---

32) Frantz Despagnet, *Cours de droit international public*, 1894, pp. 609-610. また,日清戦争の講和交渉において中国(清国)は,同戦争における日本の戦争目的が朝鮮の独立の確保にあった以上,償金の額は,中国が朝鮮の独立を認める用意があることを表明した1894年11月22日までの戦費に限られると主張した。外務省編・日本外交文書28巻第2冊340-341頁。

33) 実際,ウェストレイクは,戦争法違反の賠償の範囲を超えて償金の額が加算されたとしても,その加算された部分と賠償に当たる部分とを区別することはできないし,敗戦国はしばしば国際法違反を認めずに金銭のみを支払うと述べ,当時行われていた償金支払い要求の慣行を容認する考えを示す。John Westlake, *Chapters on the Principles of International Law*, 1894, p. 234.

34) Westlake, *supra* note 28, p. 52.
35) *Ibid.*, p. 55.
36) *Ibid.*, p. 53.

と思われる。そして、ウェストレイクによれば、「これらの諸規則［戦争法の諸規則］は、禁止的なものであって許容的なものではない（restrictive, never permissive）」。「したがって、戦争法について語られる際に、交戦国があれやこれをやってよいと言われる場合には、常に、単に禁止が存在しないということが言われているだけだと理解しなければならない」37)。すなわち、ウェストレイクによれば、戦争状態とは、「平和状態において共存するという意思の合致」が撤回された状態であり、交戦国間では平時国際法が停止している。そのため、交戦国は敵国に対する行動の一般的な自由を有しており、その自由は、戦争法の規則によって禁止される限りにおいて制限されるに過ぎない。もし交戦国間において平時国際法が引き続き原則的に妥当するのであれば、交戦国が戦時においてだけ行える様々な諸行為は、禁止規則の不存在によっては説明できず、平時国際法からの逸脱を許容する規則の存在が必要となるはずである。しかし、ウェストレイクはそのようには考えない。彼によれば、戦争状態とは、平時国際法が妥当しない状態だからである。

　以上のように、ウェストレイクによれば、「戦争状態」とは平時国際法が妥当しない状態であり、その状態は、平和状態を解消する国家の意思表示によりもたらされる。彼によれば、平和状態は、国家間においてそれを維持しようとする「意思の合致」がある限りにおいて妥当するものだからであり、一国の意思によりいつでも解消できるのである。

　しかし、第一次大戦前の国際法学説において、ウェストレイクのような見解は異例であり、多くの学者は戦争の法的性質についてウェストレイクのようには考えなかった。それでは、第一次大戦前の国際法学において多数説であった戦争論は、どのようなものだったのか。次にそれを検討する。

III　「戦争原因」論

　ホール（William Edward Hall, 1835-94）とオッペンハイム（L. Oppenheim, 1858-1919）は、「戦争状態」理論をとった代表的学説として、あるいは戦争を「法の外の（extra-legal）」現象と捉えた学説として、しばしばウェストレイクとと

---

37)　*Ibid.*, p. 52.

もに挙げられる38)。しかし，ホールとオッペンハイムの戦争論を詳しく見ると，ウェストレイクの戦争論とは大きく異なっていたことが分かる。

1 ホール

ホールは，『国際法』(1880年)の第3章「戦争の関係における国家を規律する一般原則」第15節および第16節において，次のような議論を展開している39)。ホールによれば，国家間に紛争 (differences) があり，紛争当事国の双方が武力に訴える段階，または一方当事国が暴力行為に訴えて他方がそれを平和の破壊と見なす段階にまで達すると，戦争の関係が設定される (the relation of war is set up)。その関係において，交戦国は，一方が他方の要求する条件 (terms) を受諾するまで，一定の規律の下に暴力を行使し合うことが許される。国際法は，司法的または行政的機構 (judicial or administrative machinery) をもっていないため，侵害を受けたと考える (think themselves aggrieved) 国が，満足を得るためのあらゆる平和的手段を尽くした後に，武力によって自ら救済を手に入れる (exact redress for themselves by force) ことを認めている。「国際法はこのように，[国家の] 決定を実現するための許された方法 (a permitted mode of giving effect to its decisions) として戦争を承認している」。したがって，国際法は，「理論的には (Theoretically)」，「戦争を正当に行うことができる原因を特定しなければならないはずである (it ought to determine the causes for which war can be justly undertaken)」。しかし，国家間の多くの紛争は法の基本

---

38) E.g., Arnold D. McNair, "Collective Security," *British Year Book of International Law*, Vol. 17 (1936), pp. 151-152;柳原正治「いわゆる『無差別戦争観』と戦争の違法化——カール・シュミットの学説を手がかりとして」世界法年報20号 (2000) 20頁;若狭・前掲注(9) 67-68頁。なお，伝統的国際法における戦争は「法の外の (extra-legal)」現象だったとしばしば言われるが，「法の外」ということの意味は必ずしも明らかではない。この点については，まず，伝統的国際法における戦争が，人間および法が制御できる範囲を超えた自然現象のようなものだった，という意味で「法の外」という言葉が使われることがある。Quincy Wright, "Changes in the Concept of War," *American Journal of International Law*, Vol. 18 (1924), pp. 756-757, 761. 他方，「法の外」とは，法によって禁止されていないという消極的意味で「許容」されている状態のことを意味するに過ぎないという人もいる。Robert W. Tucker, *The Law of War and Neutrality at Sea*, 1957, p. 3.
39) William Edward Hall, *International Law*, 1880, pp. 51-52 [引用文中の傍点はすべて引用者によるもの]。

原則 (the fundamental principles of law) に関連して生ずるものであるが，それは複雑すぎるために (too complex)，法の基本原則に照らして確実な判定を下すことができるようなものではない。また，戦争は，権利の問題からでなく，「剝き出しの利益または感情の衝突 (collisions of naked interest or sentiment)」によって生ずることもある」。それゆえ，「戦争を正当に行うことができる原因」を特定するための，「実際に使うことができる一般規則 (general rules which shall be of any practical value) を作ることは不可能である」。

このように，ホールは，戦争原因を正当なものと不正なものとに区別する国際法規則の理論上の必要を認めつつ，現実にはそうした規則が成立するのは困難であり，実際に成立していないと考える。そのため，「剝き出しの利益または感情の衝突」を原因として行われる戦争も違法ではないことになる。

しかし，だからといってホールが戦争を「法の外の」現象と捉えていることにはならない。むしろ，ホールは，戦争を紛争解決手段と見なしている。つまり，ホールによれば，国家間に紛争（争いごと）があり，それを平和的手段によって解決できないとき，紛争の当事国は，その紛争に関する自らの要求を相手国に受諾させるため，実力に訴えることができる。これが戦争にほかならない。正戦論によれば，戦争によって実現しようとする要求は法に基づく正当な要求でなければならないが（戦争の正当原因），ホールによれば，戦争によって相手国に受諾させようとする要求は，現行法に基づく要求である必要はなく，また，正当な要求である必要もない。正当な要求（戦争の正当原因）とそうでない要求とを区別する規則が存在していないからである。

これは，戦争には必ず原因 (cause(s))（戦争によって敵国に受諾させようとする要求，あるいは戦争の原因となる紛争・争いごと）があるという考え方である（したがって本稿では「戦争原因」論と呼ぶ）。この考え方によれば，戦争において交戦国が行使できる暴力は，戦争の原因，あるいは敵国に要求を受諾させるという戦争の目的によって制限されることになる。

第1に，ホールによれば，戦争法によって許されることの範囲は，「合理的な戦争の必要 (the reasonable necessities of war)」の原理によって画定される 40)。

---

40) *Ibid.*, p. 333.

「合理的な戦争の必要」とは,「敵国に講和条件を受諾させるために必要 (required to reduce the enemy to terms)」ということである41)。具体的には,敵国は軍事的抵抗 (armed resistance) によって講和条件の受諾を拒否するので,その軍事的抵抗を弱めるために必要かどうかということである42)。ただし,何が「必要」な暴力かは,敵国の軍事的抵抗の強さなどの個別事情によって変わってくるため,一般的な原則の適用によるならば各交戦国の自由な判断に委ねられてしまい原則の意味がなくなる。そこで,何が「必要な」暴力であるかについては,慣習法として具体的な規則が成立しているというのである43)。

第2に,ホールによれば,「国際法において,力と脅し (force and intimidation) は,違法行為に対する救済 (redress for wrongs) を得るための許容された手段」であるから,講和条約は「力により得られた同意」に基づくものであるけれども,そのことによって講和条約が無効になることはない。ホールはこの文章に,「[敵]国に同意を与えさせるのに必要と思われる以上のことがなされない限り」というただし書きを付けている44)。つまり,講和条約が強制による合意であるにもかかわらず有効とされるのは,理論的には,その強制が,敵国に講和条件を受諾させるのに必要なものであった場合に限られる。ただし,「ある状況において何が妥当であるかを測る」ことは現実には困難であるため,結果的に,講和条約は,戦争において使用された暴力の量とは無関係に,すべて有効なものとして扱われるという。

2 オッペンハイム

オッペンハイムは,『国際法論』第2巻 (1906年) において,戦争は国際違法行為についての賠償を得るために行われることもあるが,「もっぱら政治的理由のために」行われることもあると述べる45)。オッペンハイムによれば,「多くの学者は,戦争の正当原因を特定し定義する国際法の規則が存在すると

---

41) *Ibid.*, p. 53.
42) *Ibid.*, p. 333.
43) *Ibid.*, pp. 53–54.
44) *Ibid.*, p. 273.
45) Oppenheim, *supra* note 19, pp. 56–57.

主張する」が，そのような規則は「学者が作った規則（rules of writers）であって，国際慣習および国際条約に基づく国際法の規則ではない」46)。つまり，オッペンハイムは，戦争原因を正当なものと不正なものとに分ける規則が実定国際法上存在していないとして，正戦論を明確に否定する。

　ところが，オッペンハイムは，「戦争の原因，種類および目的（Causes, Kinds, and Ends of War）」と題する節を設けて，「戦争原因」についてかなり詳細に論じている。オッペンハイムによれば，「戦争原因は無数にあり」，国際違法行為に対する賠償請求を原因とする戦争だけでなく，例えば新たな領土の獲得や国民的統一（national unity）の実現といった「政治的原因（political causes）」に基づく戦争もある 47)。オッペンハイムは「戦争原因」という言葉を定義していないが，オッペンハイムが脚注で引用しているリヴィエ（Alphonse Rivier）によれば，戦争原因とは「戦争を生じさせた紛争（le différend qui l'a provoquée）」のことである 48)。つまり，国家は，何の理由もないのに戦争に訴えることは通常はなく，他国との間の何からの紛争（争いごと）――実定法の解釈・適用をめぐる紛争だけでなく，実定法に準拠しない政治的要求をめぐる紛争や，実定法の変更をめぐる紛争が含まれる――を交渉その他の平和的手段によって解決できないからこそ，力によってそれを解決しようとする（相手国に強制を加えて自国の要求を受諾させようとする）。戦争の元となるそうした争いごとが，戦争原因である。

　オッペンハイムの戦争論において，戦争原因の概念は，以下のように，少なくとも理論的には戦争の範囲を限定する機能をもっていた。

　第１に，オッペンハイムによれば，国家は，他国との間に「何の紛争もないのに（without any preceding conflict）」戦争を行ってはならず49)，また，戦争に訴える前に交渉による解決を試みなければならない50)。戦争は，中央集権的な司法機関・立法機関の存在しない国際社会において，国家間の紛争を解決す

---

46)　*Ibid.*, p. 69.
47)　*Ibid.*, pp. 69–71.
48)　Alphonse Rivier, *Principes du droit des gens*, tome 2, 1896, p. 219.
49)　Oppenheim, *supra* note 19, p. 105.
50)　*Ibid.*, p. 103.

るためにやむを得ず認められているものであるから，交渉その他の平和的手段により紛争を解決できるのであれば戦争に訴える必要はなく，また，そもそも何の紛争もないのに戦争に訴えてはならないのである。

　第2に，戦争原因は，理論的には「戦争目的（ends of war）」を決定し，それによって戦争の時間的範囲を限定する。すなわち，オッペンハイムによれば，「戦争原因は，戦争開始の時点において，当該戦争の目的（ends）を決定する」。「戦争目的」とは，「戦争によって実現しようとする主題（objects）」のことであり，理論的には，敵国がその主題を受諾した段階で交戦国は戦争を終了させなければならないはずである。しかし，オッペンハイムによれば，「戦争目的の変更または修正を禁ずる国際法の規則」は現時点では成立していないから，交戦国は開戦当初の「戦争目的」が達成された場合にも戦争を継続することが許されるという。しかし，戦争目的を達した後にも戦争を継続できるのは，戦争目的の変更を禁ずる実定法の規則が現時点で成立していないからであり，戦争において目的との均衡という原理が働かないのは理論的な必然ではない。むしろ理論的には，戦争の時間的範囲は，戦争原因および戦争目的によって限定されるはずなのである。

　さらに第3に，戦争原因は，戦争の人的範囲を限定する。すなわち，戦争には原因があり，その原因をめぐって戦われるものだとすれば，戦争原因と無関係の国に対して戦争を拡大することは正当化されない。具体的には，中立国に対する戦争は，中立国が戦争への関与に当たる行為（いわゆる中立義務の違反）を行わず，戦争の外にとどまる限り，許されない（「中立にとどまる権利（the right to remain neutral）」）。オッペンハイムは，『国際法』の第1版と第2版では国家実行を根拠に「中立にとどまる権利」を否定したが，第3版（1921年）ではそれを肯定するに至った。そして，オッペンハイムが「中立にとどまる権利」を肯定する際にカギとなった概念が，「戦争原因」であった。すなわち，ある戦争の交戦国は，「現在行っている戦争の原因と無関係の紛争」を理由として戦争の第三国に対し開戦することはできるが，それは，現在行っている戦争とは別の，新しい戦争である。しかし，新しい戦争を行うのでなく，現在行っている戦争において，例えば中立国の領土を軍事的に使用するために必要であるというだけの理由で中立国に開戦することはできない。中立国は，その戦

争の原因と無関係だからである51)。

3 まとめ

　以上のように，ホールとオッペンハイムによれば，戦争原因を正当なものと不正なものとに区別する規則は国際法上存在していない（正戦論の否定）。しかし，戦争には原因，つまり戦争の元となる紛争（国家間の争いごと）がある。戦争とは，その争いごとに関する自国の要求（講和条件）を受諾させるため相手国に強制を加える行為である。この「要求」は，国際法に準拠したものである場合もあるし（法律的紛争），国際法に準拠せず，現行法（現行条約，既存の国境線など）の変更要求である場合もある（政治的紛争）。そして，戦争において許されることの範囲は，「合理的な戦争の必要」の原理，つまり「敵国に講和条件を受諾させるために必要」かどうかという原理によって画定される（ホール）。オッペンハイムも，「戦争の目的，つまり敵を負かすため (the overpowering the opponent) に必要なこと」は許され，それに必要でないことは許されないというのが戦争法の基本原理だと述べる52)。ホールやオッペンハイムにおいて，平時に許されないことが戦時にできるようになるのは，戦争状態への「移行」によって平時国際法が停止するからではない。そうではなく，戦争の目的との関係で正当化が必要なのである。

　これと同じ考え方は，第一次大戦前の国際法学説において広く受け入れられていた（ウェストレイクのような考え方の方がむしろ異例だった）。紙幅の制約のため例を網羅的に挙げることはできないが，例えばリヴィエによれば，戦争は，中央集権的な司法機関が存在しない国際社会における，紛争解決のための「最後の手段 (ultima ratio)」である53)。リヴィエは，「正当な戦争と不正な戦争の区別は法的には意味がない」と述べて正戦論を否定するが，オッペンハイムと同様，戦争原因について述べている。リヴィエによれば，戦争の目的は，戦争

---

51) 本段落および前段落で述べたことについては，和仁健太郎・伝統的中立制度の法的性格——戦争に巻き込まれない権利とその条件 (2010) 147-183頁，225-230頁およびそこに引用した文献を参照。
52) Oppenheim, *supra* note 19, p. 75.
53) Rivier, *supra* note 48, p. 152.

の原因となった紛争に関する自国の要求を敵国に受諾させるため戦争に勝利することである。そして、戦争における暴力行為は、この目的を達成するのに必要な範囲に限定される54)。ハーシェイ（Amos Hershey）も、戦争の正当性は「国際法ではなく、国際倫理または国際道徳の領域に属する問題である」と述べ正戦論を明確に否定するが、「戦争原因」の概念について比較的詳細に説明している55)。ハーシェイは、戦争法について、「戦争の開始により、個人や政府に影響を及ぼす新たな諸規則が適用されるようになる。この諸規則は、平時に存在していた権利義務を大幅に代替し、またはそれを大幅に修正する（*largely* supplant or supplement）」と述べる56)。つまり、戦時国際法による平時国際法の修正・代替は大幅なものであるが、あくまでも「大幅な」修正・代替であって、平時国際法がまるごと戦時国際法に切り替わるというような二元論的な説明はしていなかったのである。

　戦争には原因、つまり戦争の元となる争いごと（紛争）があり、戦争は、その争いごとに関する自国の要求を受諾させるため敵国に強制を加える行為であるという考え方（「戦争原因」論）から理論的に出てくる余地のある帰結としては、次のものがある。①国家は戦争に訴える前に、平和的手段によって紛争の解決を試みなければならない（戦争は紛争解決のための最後の手段だから、紛争を平和的に解決できるのであれば戦争に訴える必要はない）。②戦争は、戦争原因と関係のある国に対してしか行えない（中立国の「中立にとどまる権利」）。③戦争中に行える暴力行為は、敵国に講和条件を受諾させるために必要な範囲に限定される（軍事的必要の原理）。④戦争は、戦争目的を達した段階で終了させなければならない（目的との均衡）。⑤講和交渉において敵国に要求できることは、戦争原因と関係のあることでなければならない（例えば、戦費の負担または国際法違反に対する賠償の範囲を超えて償金を求めることはできない）。

　これらの帰結のうち、どれが実定国際法になっていると考えるか、あるいはどの考え方を採用して実定国際法を批判するかは、人によって異なった。すべての帰結が実定国際法の規則になっていると考えた人はいない。他方、③の帰

---

54)　*Ibid.*, pp. 219, 239.
55)　Hershey, *supra* note 21, pp. 349–352.
56)　*Ibid.*, p. 356 ［イタリック体および傍点引用者］。

結は，ほとんどすべての人が肯定する実定法原理であった。重要なのは，「戦争原因」論には，これらの帰結が少なくとも理論的に出てくる契機が含まれているということである。これに対し，ウェストレイクの戦争論において，これらの帰結が出てくる余地は理論的にはない。そのために，かえってウェストレイクの戦争論の方が，当時の国家実行の現実と適合的だった側面があることは否定できない。例えば，戦費の負担または国際法違反に対する賠償の範囲を超えた償金支払い要求（上記の⑤）について，「戦争原因」論の観点からは正当化が困難でありそれを批判する学説もあったが 57)，現実の慣行においてそれが行われていたことは否定できない。そうした慣行について，ウェストレイクの観点からは理論的に否定する理由がないということになる一方，「戦争原因」論の観点からは，理論的には否定されるべきであるが，そうした慣行を禁ずる実定法の規則が現時点で成立していないだけだと説明される。「戦争原因」論から理論的に出て来る余地のある上の①〜⑤の諸帰結のうち，実定法化していないというものが増えれば増えるほど，結論的にはウェストレイクの見解に近づいていく。しかし，それは，結論が近くなるというだけであり，戦争の法的性質に関する基本的な考え方は，やはり根本的に異なっていたのである。

Ⅳ　おわりに

伝統的国際法が平時・戦時の二元的構造の国際法であったという今日の通説的見解によれば，伝統的国際法において，「戦争状態」が成立すると，平時国際法とはまったく異なる法秩序である戦時国際法への「移行」（切り替え）が生じ，平時には許されない諸行為が適法とされるようになった，と説明される。平時から戦争状態への「移行」がどのようなメカニズムによって生じていたのかについて，従来の研究では明らかにされてこなかった——あたかも「法的な『手品』（juridical 'magic'）」58)であったかのように考えられてきた——が，本稿で明らかにしたところによれば，考え方としては，交戦国の合意によると説明するか（契約的戦争論），国家間の意思が合致する限りにおいて成立している平

---

57)　前掲注(31)および(32)参照。
58)　Neff, *supra* note 4, p. 178.

和状態の解消と説明するか（平和状態解消論）の2つがあり得た。このうち，契約的戦争論については，実定国際法と整合しない点があまりにも多すぎ，また，この考え方を明示的に採用した学説を見つけることもできない。他方，後者の考え方は，ウェストレイクが実際に採用しており，また，国家実行の現実とも適合的な点が多い理論であった。

　しかし，平和状態およびそれを規律する平時国際法は一国の意思によっていつでも任意に解消できるという極端な考え方をとった学者は，ウェストレイクのほかにほとんど見当たらない。多くの学者は，戦争についてウェストレイクのように考えるのではなく，中央集権的な司法機関・立法機関が存在しない国際社会において，国家間の紛争を解決するための最後の手段としてやむを得ず容認されているものと考えた。戦争とは，紛争に関する自国の要求（講和条件）を相手国に受諾させるために強制を加える行為と考えられたのである。戦争によって相手国に受諾させようとする要求は，国際法に準拠した要求（法律的紛争）に限られず，国際法に準拠しない要求や，現行法の変更要求であっても構わない（政治的紛争）。つまりこの考え方において，戦争は，平時国際法の実現，または平時国際法の変更の手段だったのであり，平時国際法の枠内で行われる行為だったとも言える。もちろん，戦時国際法によって平時国際法は大きな修正を受けるが，それは，「敵国に講和条件を受諾させるために必要」なことは許される（ホール）という原理により成立する戦時国際法が，平時国際法と抵触する限度において特別法として優先適用されるに過ぎないのであって，平時から戦争状態への「移行」といった説明がなされていた訳ではない。そうすると，多数説において，国際法の構造はむしろ一元的に把握されていたことになる。

　戦争とは，平和的交渉によっては受諾させられない要求を受諾させるため他国に強制を加える行為であり，できるだけ自国に有利な条件で講和条約を結ぶことが戦争の目的である[59]。これに対し，自衛権は，武力攻撃の排除を目的

---

59) 講和条約が強制による合意であるにもかかわらず伝統的国際法がその有効性を認めたのは，講和条約の締結こそが戦争の目的だったからである。この点，伝統的国際法が講和条約の有効性を認めたのは，そうしないと戦争の終了が不可能になってしまうからだと説明されることが多い。しかし，講和条約の有効性を否定しても戦争を終了させることそれ自体は可

に行使するものであり，平和的交渉によって受諾させられない要求を受諾させるための行為である戦争とは根本的に性質が異なる。その意味において，戦争を容認していた伝統的国際法と，個別国家による合法的な武力行使を自衛権に限定している現代国際法（「暴力的秩序の否定」)60)は，大きく性格が異なる。しかし，だからといって伝統的国際法を「二元的構造」の国際法と，現代国際法を「一元的構造」の国際法と捉えるべきことにはならない（そうすべきでない理由は本稿で論じたとおりである）。そうではなく，戦争と自衛権の法的性質の違い（さらに国連安全保障理事会の軍事的強制措置とそれらとの違い）が，かつて戦時国際法を構成していた諸制度の妥当にどのような影響を及ぼすのかという観点から問題を考えるべきであろう。

［付記］本稿校了後，松井芳郎『武力行使禁止原則の歴史と現状』（日本評論社，2018年）に接した。なお，本研究は，JSPS 科研費 17K03385 の助成を受けたものである。

能である。すなわち，第一次大戦以前の国際法において，戦争は，①講和条約，②敵対行為の単なる終了（simple cessation of hostilities），③デベラーチオ（*debellatio*; subjugation）のいずれかにより終了するとされた。Oppenheim, *supra* note 19, pp. 274-279. つまり，講和条約を締結しなくても②によって戦争は終了する。しかし，それでは戦争を行った意味があまりない。②による戦争終了の場合，交戦国間の戦後の法関係は，敵対行為終了時点の事物の状態で確定すると一般に考えられた（*uti possidetis* の原則）が，交戦国は自国の要求を講和条約に書き込んで新たな権利義務を作り出すために戦争に訴えたのに，*uti possidetis* による法関係の確定ではその目的は達せられないからである。講和条約の締結は戦争の目的そのもの（本質）であり，戦争の合法性を認めることと，講和条約の有効性を認めることは，ほとんど同値なのである。

60) 石本・前掲注(3)17頁。

海上法執行活動に伴う use of force の概念

森 川 幸 一

I　はじめに
II　「海上法執行活動」とは
III　「実力の行使」と「武力の行使」は別範疇の概念か
IV　「実力の行使」と「武力の行使」の区別基準
V　「実力の行使」の合法性基準
VI　むすびに

I　はじめに

1　問題状況

　カナダ漁業海洋局の沿岸漁業警備艇が，カナダの排他的経済水域（EEZ）の外側の公海上，北大西洋漁業機関（NAFO）の規制区域内で操業中のスペイン漁船エスタイ号（Estai）を，カナダ沿岸漁業保護法および同施行規則違反のかどで発砲のうえ拿捕した事件（スペイン・カナダ漁業管轄権事件）[1]で，スペインは，use of force を伴う公海上でのスペイン船舶へのカナダの措置は，国連憲章2条4項に違反するとの主張を行ったが，国際司法裁判所（ICJ）は，カナダによるエスタイ号への use of force は，法執行措置の枠内のものであるとの

---

1) Fisheries Jurisdiction (Spain v. Canada), Jurisdiction of the Court, Judgment, *ICJ Reports 1998*, p. 432.

認定を行った。

　他方，ガイアナとスリナムの大陸棚の係争区域（等距離線のガイアナ側）で，ガイアナの許可を得て石油の試掘作業を行っていた民間の掘削リグ，ソーントン号（C.E. Thornton，米国企業所有，カナダ企業 CGX 社傭船，旗国はマーシャル諸島）に対して，スリナム海軍の巡視船が「12時間以内に立ち去らなければ，結果に責任は持てない」との警告を行った事件（ガイアナ・スリナム海洋境界画定事件）2) で，スリナムは，同国巡視船によるソーントン号に対する警告は，係争大陸棚区域での無許可の掘削をやめさせるための法執行活動であると主張した。しかし，仲裁裁判所は，本件の状況下では，スリナムの行動は，単なる法執行活動というよりも軍事行動（military action）の威嚇に近いとして，国連海洋法条約（UNCLOS），国連憲章および一般国際法の下での「武力の行使の威嚇（threat of use of force）」に当たると結論づけた。

　こうした海上法執行活動に伴う「実力の行使（use of force）」と国連憲章2条4項や UNCLOS 301 条にいう「武力の行使（use of force）」3) との関係につき，①両者は同一範疇の概念か，それとも別範疇の概念か，②仮に両者が別範疇の概念だとした場合，海上法執行活動に伴う「実力の行使」を国連憲章2条4項の「武力の行使」から区別するための基準は何か，また，③その合法性を評価するための規範の内容や性質はどのようなものか，といった問題は，国際的にはこれまであまり自覚的に論じられてこなかった問題であり，ガイアナ・スリナム海洋境界画定事件判決を契機として，ようやくその重要性に注目が集まるようになってきたものである。

　他方日本では，この問題は自衛隊による「武器の使用」と「武力の行使」の

---

2) Arbitral Tribunal Constituted Pursuant to Article 287, and in accordance with Annex VII, of the United Nations Convention on the Law of the Sea in the Matter of an Arbitration between Guyana and Suriname, Award of 17 September 2007 (hereinafter: 'Guyana/Suriname Award'), *International Legal Materials*, Vol. 47, No.2 (2008), p. 166.
3) 両者は，英語では同じく use of force であるが，それが法執行活動の文脈で用いられる場合には「実力の行使」という訳語を，国連憲章2条4項や UNCLOS 301 条の文脈で用いられる場合には「武力の行使」という訳語を当てることとする。いずれかへの性格づけが未決な場合には，そのまま use of force という用語を使用する。また，「実力の行使」は，広義では強制的な乗船など，船長の同意を得ない物理的な強制措置を広く含みうる概念であるが，ここでは武器の使用やその威嚇といった狭義の「実力の行使」を想定して議論を進めることとする。

区別の問題として，従前から盛んに議論されてきたところのものである4)。しかし，それはあくまで日本国憲法9条1項にいう「武力の行使」の解釈を中心とするもので，国際法上の use of force の概念についての十分な考察を前提としたものとは言い難かった。国際法上の use of force の概念の明確化が，憲法上の「武力の行使」の解釈に直接つながるわけではないとはいえ，「武器の使用」や「武力の行使」が国際的な文脈で行われる限り，国際法による制約を受けることは当然であるため，両者の区別が国際的にも通用するものであるかを検討するうえでも，この問題は重要であると考えられる。

2 本稿の射程と構成

法執行活動と use of force との関係は，海に限らず，陸や空でも同様に問題となりうる。最近この問題を扱っている O'Connell 5)，Corten 6)，Ruys 7) などは，陸・海・空を含めた多くの事例を用いて，国連憲章2条4項の「武力の行使」の射程を議論している。

このうち陸に関しては，日本でも村瀬信也教授がいち早く「域外法執行活動」について論じており，アイヒマン事件（1960年）やノリエガ事件（1989年）などの先例を踏まえて，9.11後の米国等によるアフガニスタンでの軍事活動（2001年）も，そのすべてではないにせよ「域外法執行活動」としての側面を有し，「武力の行使」には当たらないとの主張を展開している8)。アイヒマン事件やビン・ラディンに対する標的殺害などに関しては，O'Connell, Corten,

---

4) 筆者も以前にこの問題を論じたことがある（森川幸一「武力行使とは何か」法学セミナー661号（2010）10–13頁）が，日本の自衛隊による「武器の使用」と「武力の行使」の区別の基準を的確に整理・分析した最新の成果として，黒﨑将広「自衛隊による『武器の使用』は『武力の行使』とは違う？」森川幸一ほか編著・国際法で世界がわかる（2016）272–286頁を参照。

5) M. E. O'Connell, "The Prohibition of Use of Force," N. D. White & C. Henderson (eds.) *Research Handbook on International Conflict and Security Law*（2013）pp. 89–119.

6) O. Corten, *The Law Against War—The Prohibition of Use of Force in Contemporary International Law*（2010）.

7) T. Ruys, "The Meaning of 'Force' and the Boundaries of the *Jus ad Bellum*: Are 'Minimal' Uses of Force Excluded from UN Charter Article 2(4)?"*American Journal of International Law*, Vol. 108（2014）, pp. 159–210.

8) 村瀬信也「国際法における国家管轄権の域外執行——国際テロリズムへの対応」上智法学論集49巻3=4号（2006）119–160頁。

Ruysなどの著作の中でも「武力の行使」に当たるかどうかが議論されるようになってきており，アフガニスタンでの軍事活動を，アル・カーイダ構成員を法に照らして裁くための「域外法執行活動」として把握しようと試みた村瀬教授の論文はその先駆的なものとして位置づけることができる。もっとも，こうした軍事行動を伴う「域外法執行活動」に関しては，領域国の同意を前提としない場合，当該国の「領土保全」との関係が問題となるため，そのどこまでが国連憲章2条4項の射程外といえるか，難しい問題を孕んでいることもまた事実である。

陸での法執行活動は，また，領域内においても問題となる。政府側による反徒に対する治安維持活動は，政府側から見ると，通常は法執行活動として行われるが，それが一定の規模に達し非国際的武力紛争と評価されるようになると，そこにはもっぱら国内法が適用されるのではなく，国際的な武力紛争法が適用されることになる。もちろん，武力紛争が純粋に領域内にとどまっている限りは，国連憲章2条4項の適用が問題となることはないが，第三国が政府側に立って介入する場合には，そうした第三国が政府側の能力を補完して実施している法執行活動が，国連憲章2条4項の「武力の行使」に当たらないかが問題となりうる9)。

他方，空に関しては，外国航空機による領空侵犯に対して下土国がとる措置が問題となる。日本の自衛隊法では，84条が「領空侵犯に対する措置」について規定しており，同条にいう「必要な措置」は，一般には法執行活動と考えられている10)。ただ，外国航空機には，民間航空機のみならず，軍用機や政府専用機も含まれているため，これらの航空機が享受しうる免除との関係で，それを常に執行管轄権の行使として説明できるのか，とりわけ軍用機に対する措置が法執行活動を越えて自衛権の行使とみなされることはないのか，といっ

---

9) 2001年の同時多発テロ事件を受けた米軍等のアフガニスタンでの軍事活動は，当初は国連憲章51条の個別的・集団的自衛権を根拠とするものであったが，同年12月のアフガン暫定政権成立後は，本来は領域国の警察当局等の機関が行うべき治安維持活動の一部を同国政府の同意に基づき補完するものであり，国連憲章2条4項の「武力の行使」には当たらないとの日本政府の主張（平岡秀雄衆議院議員の「テロとの闘い」に関する質問に対する政府答弁書，内閣衆質168第113号（平成19年10月23日））をめぐる国会での議論はその例。
10) 鈴木和之・日本の安全保障法制入門（2015）245頁。

た問題が残っているように思われる。

　以上のように，陸や空を含めて法執行活動に伴う「実力の行使」と「武力の行使」との関係を論じるためには，それぞれの空間ごとに異なる諸要素を特定したうえで「法執行活動」の概念を定め，それと use of force の関係を論じていく必要があるといえよう 11)。そうした包括的な考察は本稿の能力を超えるため，以下，本稿では，海に限定した「海上法執行活動」と use of force との関係について，まず，そこでいう「海上法執行活動」とは何か（Ⅱ）を定義したうえで，「実力の行使」と「武力の行使」が別範疇の概念か否かについて議論（Ⅲ）を紹介し，仮に両者が別範疇の概念だとした場合，両者を区別するための基準は何か（Ⅳ），また，「武力の行使」とは区別された「実力の行使」の合法性基準は何か（Ⅴ）について検討したのち，最後に若干のまとめ（Ⅵ）を行うこととする。

Ⅱ　「海上法執行活動」とは

　「海上法執行活動」に伴う use of force の概念を論じるための前提として，まず，本稿でいう「海上法執行活動 (maritime law enforcement activities)」とは何かについて，日本での代表的な論者の主張を紹介しながら，若干の論点整理を行っておきたい。

　山本草二教授は，UNCLOS 298 条 1 項(b)に言及しながら「海上〔法〕執行活動 (maritime law enforcement activities)」を，沿岸国が，「その周辺の海域での安全，秩序，権益を確保する必要上，航行，漁業，犯罪の規制のための国内法令の適用（立法管轄権）の範囲をしだいに拡大するのに伴い，その実効性を確保するため外国船舶に〔対して行う〕海上で〔の〕物理的な強制措置（執行管轄権）の行使」12)（〔　〕内は筆者）と定義する。

---

11) 本稿の考察の射程とは必ずしも一致しないが，武力紛争時に軍が行う法執行に伴う use of force と敵対行為としての use of force のそれぞれに適用される法のパラダイムを論じたものとして，Nils Melzer, "Conceptual Distinction and Overlaps between Law Enforcement and the Conduct of Hostilities," T. D. Gill & D. Fleck (eds.) *The Handbook of the International Law of Military Operations*（2010）pp. 33-49, ICRC, *The Use of Force in Armed Conflicts: Interplay between the Conduct of Hostilities and Law Enforcement Paradigms*（2013）at https://www.icrc.org/eng/assets/files/publications/icrc-002-4171.pdf がある。

小寺彰教授は，この「執行管轄権」の意味をさらに敷衍して，「通常，『法の執行』というときは，国内法令の立法，裁判，執行という流れを踏まえて，法を定立・適用する『規律管轄権』，裁判を行う『裁判管轄権』と並べて，法の具体的な実現を目指す権限を指すと整理されることが多い。刑法における『逮捕』や民事執行法における『差押え』などが典型的な『法の執行行為』である。…国際法において広く採用されている『執行管轄権』は，国の具体的な統治作用をさし…，①裁判所または行政機関の行う法執行作用（たとえば逮捕・差押え）に関する権限だけでなく，②法の執行に該当しない『管理権（control）』の行使を含むものである。国際法上の『管理権』とは，『保護的な管轄権（protective jurisdiction）』とか，『警察措置（police measures）』という別の概念で表現されることもある。…国内法の概念を使えば，『司法警察権』および『行政警察権』を含むものといってよい」13)とする。小寺教授によると，国際法上の「執行管轄権」は，裁判所や行政機関による「法執行作用」に関する権限に加えて，法の執行に該当しない「管理権」をも含むより広義の概念である。
　そこでいうところの「管理権」について，小寺教授は別の箇所で，「公海警察権」との関係に触れ，「公海警察権については，公海秩序維持のために諸国が管轄権を分担行使する結果として非旗国が執行管轄権をもつが，そのなかには司法警察権まで有する場合と，旗国の管轄権を前提とした単なる管理権にとどまる場合がある。ただし，司法警察権までもつ場合は，海賊や無許可放送に限られ，しかも海賊の場合には旗国の管轄権行使が想定できないケースが多く，また無許可放送の場合は，どの国でも管轄権を行為しうる普遍主義ではなく，特定の連結性に由来する管轄権である。…このことを踏まえると，公海警察権とは基本的に管理権であり，あくまで旗国の執行管轄権，とくに司法管轄権を補完するものと考えるのが妥当であろう」14)とする。
　これらを併せ読むと，小寺教授にとっての「執行管轄権」は，「法の執行」より広義の概念で，海賊や無許可放送に対して公海上で非旗国に認められてい

---

12) 山本草二「海上執行をめぐる国際法と国内法の相互関係」山本草二編集代表・海上保安法制（2009）3-4頁。
13) 小寺彰「執行管轄権の域外行使と旗国管轄権」山本編集代表・前掲注(12)178頁。
14) 小寺・前掲注(13)183-184頁。

る管轄権とも区別される，公海上で旗国に認められる執行管轄権，特にその司法管轄権を補完するものとして非旗国に認められる「管理権」を含んだ概念として理解されているように思われる。

　小寺教授のいう，広義の「執行管轄権」の概念の一部を成す「管理権」は，「保護的な管轄権」または「警察措置」とも表現されるとされているが，これらの概念と，奥脇直也教授が，国連公海漁業協定（FSA）に基づく執行措置について用いられている「警察的措置」や，改正海洋航行不法行為防止条約（SUA 条約）の下で非旗国に公海上で認められている措置について用いられている「警察的なコントロール」の概念との関係が問題となる。

　奥脇教授によると，「FSA 上は，規制水域において非旗国として実施する調査・乗船・検査の権限は，非旗国が法令を適用して処罰を確保することを求めているわけではなく，むしろ法令を適用して違反を防止し処罰を確保するのは原則として旗国である。その意味では，公海上における非旗国による FSA の締約国船籍の外国漁船に対する乗船・検査（第 21 条 1 項）は法執行措置（law enforcement activities）ではなく，したがって検査が書類検査など情報収集を目的とするものにとどまるのであれば，任意の事情聴取と同様，一種の警察的措置としての法的性質を有するものとして規制法令の適用が確保されていなくてもなおそれら措置をとることは可能であろう」[15]。

　「SUA 条約改正議定書が定める…仕組みのもとでは，BCN 兵器の輸送など新たに犯罪化された行為について，公海上で旗国以外の国が授権された行動は，一般には警察的コントロール（police control）のための措置にとどまる。ただし BCN 兵器輸送罪を普遍的に処罰する国内法制をもつ国にとっては，国内法上は刑罰法令を適用する法執行措置（law enforcement）としての意味をもちうるが，旗国が裁判権行使に同意しない限り，条約上はなお警察的なコントロールにとどまるということになろう」[16] という。

　このように，奥脇教授が「法執行措置」とは区別されるものとして用いられている「警察的措置」や「警察的なコントロール」の概念は，表現こそ異なる

---

15) 奥脇直也「国連公海漁業協定に基づく執行」海上保安協会・海洋権益の確保に係る国際紛争事例研究 1 号（2009）82 頁。
16) 奥脇直也「国際法から見た国内法整備の課題」山本編集代表・前掲注(12) 434 頁。

ものの，小寺教授が用いられている「管理権」と同一の概念だと考えられる。

他方で，小松一郎国際法局長（当時）が，経済制裁措置の執行との関係で残した国会答弁も，ここでのテーマとの関係で興味深いものである。すなわち，「OEF-MIO〔テロ対策海上阻止活動〕でございますとか，それから PSI〔大量破壊兵器拡散防止構想〕等においても，軍隊がその取締りと申しますか，大量破壊兵器の拡散を防止するための法執行的な活動を行うということは当然予想されているわけでございまして，今申しましたように，国連憲章 41 条に定めているこの措置というのは，兵力の使用を伴わないと書いてあることとの関係でいえば，その経済制裁措置の実効性を確保するために必要な法執行のための活動というものを，国際法上は軍隊に当たる組織がこれに従事するということは排除をされていないと考えております」17)（傍点および〔　〕内は筆者）というものである。

この答弁は，直接的には国連安保理による対北朝鮮制裁決議 1718 号に盛り込まれた「貨物の検査」に係るものであるが，それ以前から実施されていた多国籍軍による「テロ対策海上阻止活動」（OEF-MIO）や大量破壊兵器の拡散防止に関する国連決議 1540 号に基づく「PSI 海上阻止活動」，さらには，かつての南ローデシア制裁やイラク制裁の際に経済制裁措置の実効性を確保するための措置として安保理決議（前者に関する決議 221 号，後者に関する決議 665 号）に基づき実施された海上阻止活動を，一律に「法執行的な活動」と性格づけたものである。

公海上での非旗国による立入検査には旗国の協力が必要であるとしている前三者（対北朝鮮「貨物の検査」，OEF-MIO，PSI）については，奥脇教授や小寺教授がいうところの「警察的措置」や「管理権」の行使と類似の活動という意味で，「法執行的な活動」とみなしうる余地はあると思われるが，後二者（南ローデシア，イラク）は，旗国の同意を前提とせず強制的な乗船措置を安保理決議によって許可したもので，同列には論じられないのではないかと思われる 18)。

---

17) 小松一郎外務省国際法局長答弁・第 165 回国会参議院国土交通委員会会議録 7 号（2006 年 12 月 14 日）6 頁。
18) この点について詳しくは，森川幸一「国際平和協力外交の一断面――『海上阻止活動』への参加・協力をめぐる法的諸問題」金沢工業大学国際学研究所編・日本外交と国際関係（2009）263-

以上をまとめると,「海上法執行活動」とは,狭義には,例えばEEZでの沿岸国の国内法令の執行に関するUNCLOS 73条1項の規定に見られる乗船・検査・拿捕・司法上の手続といった,国内法令の遵守を確保するために,権限ある機関によって海上でとられる物理的な強制措置（執行措置）に係る活動を意味する。もっとも,1995年の国連公海漁業協定（FSA）や2005年のSUA条約改正議定書（2010年7月28日発効）などの条約上の枠組みに基づき,公海上の船舶に対して,旗国以外の締約国に認められた乗船・検査等の活動の中には,厳密には国内法の執行ではなく,旗国の執行管轄権の行使を補完する「警察的措置」,「警察的なコントロール」,「管理権」として,概念的に区別されるものが含まれる。しかし,本稿で扱うuse of forceの観点からは,両者は必ずしも厳密に区別されておらず,本稿では,後者を含めた広い意味でこの用語を使用することとする。他方で,経済制裁措置の実効性を確保するための措置として,安保理決議に基づき旗国の同意を前提とせずに行われる強制的な乗船措置を含む海上阻止活動[19]については,本稿の意味での「海上法執行活動」からは除外して以下の考察を進めることとする。

III　「実力の行使」と「武力の行使」は別範疇の概念か

1　同一範疇の概念（いずれにも国連憲章2条4項が適用される）とする主張

　海上法執行活動に伴う「実力の行使」と国連憲章2条4項にいう「武力の行使」との関係については,一方で,Guilfoyle[20]に代表されるように,海上でのあらゆるuse of forceには,国連憲章2条4項が適用されるとの主張が存在する[21]。その要点は,おおよそ次のように整理できる。

　266頁, P. Nevill, "Military Sanctions Enforcement in the Absence of Express Authorization," M. Weller (ed.) *The Oxford Handbook of the Use of Force in International Law* (2015) pp. 272-291.

19)　海上阻止活動について,これまでの事例を網羅的に検討してその法的性質を分析したものとして,吉田靖之・海上阻止活動の法的諸相—公海上における特定物資輸送の国際法的規制 (2007) を参照。

20)　D. Guilfoyle, *Shipping Interdiction and the Law of the Sea* (2009).

21)　こうした前提に立つと思われるものとして, O. Dörr, "Use of Force, Prohibition of," F. Lachenmann & R. Wolfrum (eds.) *The Law of Armed Conflict and the Use of Force* (The Max Planck Encyclopedia of Public International Law), Thematic Series Vol. 2 (2017) pp. 1295-1296, N. Klein, *Maritime Security and the Law of the Sea* (2011) pp. 261-262 がある。

国際関係における武力の行使・威嚇の禁止が強行規範（*jus cogens*）であるか否かにかかわらず，国連憲章2条4項に含まれる規則は，憲章103条の結果として，他の国際義務に優先する。2条4項は「国際関係における」武力の行使等を禁止しており，その文言は，UNCLOS 301条でも踏襲されている。公海上での外国船舶への臨検などの干渉行為は，「国際関係」の領域に入るゆえに，その禁止は論理的には海上での use of force にも及んでいると考えられる。そうした干渉行為は，2条4項の一節にある「国の領土保全又は政治的独立に対するもの」には当たらないとの反論が考えられるが，この文言は，2条4項の禁止の範囲を限定する趣旨ではないとすると，そうした干渉行為も2条4項の禁止の範囲に含まれる。

　国連憲章51条の自衛権は，たとえ攻撃を受けた船舶が商船でも適用可能であると考えられている事実もこの立場を支持している。なぜなら，2条4項が禁止する「武力の行使」の範囲は，51条の自衛権の発動を許す「武力攻撃」よりも広いはずなので，仮に国際法が，自国商船は51条の下での「武力攻撃」からは保護されるのに，2条4項の下での「武力の行使」からは保護されないとすれば，それは驚くべきことである。

　確かに諸国は，多数国間または二国間の条約の下で，例えば，UNCLOS 110条に見られるように，外国官憲による公海上の自国船舶への法執行措置を認めている。この文脈では2条4項は一見無関係のようだが，それが，「武力の行使」以外の何かというわけではなく，単に旗国の同意がそれを禁止された「武力の行使」ではないものにしているにすぎない。EEZ内におけるEEZ関連目的のための合理的な use of force についても，同じことがいえる[22]，というものである。

　この見解によると，海上法執行活動に伴う「実力の行使」は，国連憲章2条4項の「武力の行使」のうち，自衛権と並ぶ合法的な「武力の行使」の一類型であり，その根拠は，条約等で予め与えられる旗国の同意に求められるということになる。したがって，両者は範疇を異にする概念ではなく，同一範疇に属する概念であり，「実力の行使」は「武力の行使」の概念に包摂される下部概

---

22) Guilfoyle, *supra* note (20) pp. 272–277.

念ということになる。

2 別範疇の概念(「実力の行使」には国連憲章2条4項は適用されない)とする主張

これに対して，Kwast がガイアナ・スリナム海洋境界画定事件判決を素材として書いた論文23)で主張し，その後，陸や空での事例も含めて検討した O'Connell, Corten, Ruys などの著作に共通しているように，両者を別範疇の概念として捉える主張が存在する24)。その立場によると，合法的な「武力の行使」が自動的に法執行活動に伴う「実力の行使」になるわけではないのと同様に，違法な法執行活動が，必ずしも2条4項の意味での「武力の行使」を構成するわけではない。そうだとすると，両者を同一の規範体系の下で論ずる意味はない。Use of force を伴うある具体的な行為の合法性を評価するに際して，それが複数の異なる規範体系に関係する場合には，まず，当該行為がいずれの規範体系の下での評価に服するかの性質決定が必要であり，そのうえでその属する規範体系の下で合法性を評価することになる。国際関係における「武力の行使」の合法性が自衛権に関する法や武力紛争法の下で評価されるのに対して，海上法執行活動に伴う「実力の行使」の合法性は，国際法上の管轄権の原則や海上での法執行を司る諸規範によって決定される。したがって，両者は別の範疇に属する概念である25)，というように整理することができる。

3 関連国際判例等の検討

それでは，この問題は，国際裁判ではどのように扱われてきたのだろうか。

---

23) P. J. Kwast, "Maritime Law Enforcement and the Use of Force: Reflections on the Categorization of Forcible Action at the Sea in the Light of the Guyana/Suriname Award," *Journal of Conflict and Security Law*, Vol. 13 (2008) pp. 49–91.

24) この立場に属すると思われるものとして，他に，M. S. McDougal, "Authority to use of Force on the High Seas," U. S. Naval War College, *International Legal Studies*, Vol. 61 (1979) pp. 551, 557–558, C. H. Allen, *Maritime Counterproliferation Operations and the Rule of Law* (2007) pp. 137–138, D. R. Rothwell & T. Stephens, *The International Law of the Sea* (2010) pp. 418–422, International Law Association, Committee of Use of Force, *Draft Final Report on Aggression and the Use of Force*, 2018, p. 5, at http://www.ila-hq.org/images/ILA/DraftReports/DraftReport_UseOfForce.pdf がある。

25) Kwast, *supra* note(23)pp. 61–63.

(1) サイガ号事件第2判決

ギニアの EEZ 内で操業中の漁船に対して許可なく給油を行ったサイガ号 (M/V Spiga, セント・ヴィンセントに暫定登録中) に対して, ギニアの沿岸警備船が追跡, 発砲した結果, 乗組員が重傷を負い拿捕された事件 (サイガ号事件第2判決)[26] で, 国際海洋法裁判所は, 国際法は, 「実力の行使は可能な限り避けなければならず, それが不可避な場合には, その状況に応じて合理的かつ必要な範囲を超えてはならない」[27] ことを求めてきたとした。そのうえで,「これらの原則は, 海上法執行活動 (law enforcement operations) で長年, 従われてきた」[28] として, 1933年のアイム・アローン号 (S.S. 'I'm Alone') 事件, 1962年のレッド・クルセイダー号 (Red Crusader) 事件といった海上法執行活動に係る国際先例や「実力の行使を避けること。ただし, 検査官がその任務の遂行を妨害される場合において, その安全を確保するために必要なときは, この限りでない。この場合において, 実力の行使は, 検査官の安全を確保するために及び状況により合理的に必要とされる限度を超えてはならない」と定める国連公海漁業協定22条1項(f)の規定に依拠して, サイガ号に対するギニアの措置を「過度な実力の行使」であり人命を危険にさらしたとして, ギニアによるセント・ヴィンセントの国際法上の権利の侵害を認定した[29]。

裁判所が, UNCLOS 301条やその基礎となっている国連憲章2条4項との関係をまったく検討することなく, そこで適用される原則を, もっぱら海上法執行活動に係る国際先例や国連公海漁業協定22条1項(f)に依拠して導き出したことは, 裁判所が, 海上法執行活動に伴う「実力の行使」の概念を「武力の行使」の概念から独立した別個の概念として捉えていることの証左である。仮に裁判所が, ここでの use of force にも UNCLOS 301条や国連憲章2条4項が適用されると考えていたとすれば, それを禁止された「武力の行使」に当たると判断したか否かは別として, 少なくともこれらの規則を適用してみる必要

---

26) The M/V 'Saiga' (No. 2) (Saint Vincent and the Grenadines v. Guinea), International Tribunal for the Law of the Sea, Judgment (Merits) of 1 July 1999 (https://www.itlos.org/fileadmin/itlos/documents/cases/case_no_2/merits/Judgment.01.07.99.E.pdf) paras. 153–159.
27) *Ibid.*, para. 155.
28) *Ibid.*, para. 156.
29) *Ibid.*, para. 159.

があったといえる。しかし，裁判所はそれをせず，ギニアによるサイガ号への「実力の行使」を，UNCLOS 301 条や国連憲章 2 条 4 項の規定にではなく，「実力の行使」に係る国際法の原則に違反するものと判断した。

(2) スペイン・カナダ漁業管轄権事件（管轄権）

冒頭で触れたスペイン・カナダ漁業管轄権事件で，カナダは，ICJ 規程 36 条 2 項に基づく強制管轄権受諾宣言を修正するために同国が行った，NAFO 規制区域内の漁船に対する保存管理措置とその執行から生じた紛争を ICJ の管轄権から除外する旨の留保を根拠に，本件に対する ICJ の管轄権を否認した。スペインが，エスタイ号へのカナダの措置を国連憲章 2 条 4 項に違反するものと主張したのは，仮にカナダの措置がその留保に含まれる措置であるとしても，それが同時に 2 条 4 項に係る問題でもあるとすれば別個の請求原因を構成し，それには裁判所の管轄権が及ぶと主張するためであったと思われる。ICJ は，カナダ沿岸漁業保護法および同施行規則の内容を検討したのち，これらの法令に基づいて許可された実力の行使は，保存管理措置の執行として理解される範囲内のものであり，従って，裁判所の強制管轄権への留保を表明したカナダの宣言の範囲内のものであるとして裁判所の管轄権を否認した[30]。

本件は，裁判所が，「実力の行使」と「武力の行使」の概念を別範疇の概念として扱った，より明確な事例ということができる。なぜなら，仮に裁判所が，両者を同一の範疇に属する概念であり，海上法執行活動に伴う「実力の行使」も，国連憲章 2 条 4 項の「武力の行使」の一類型にすぎないと解したとすると，裁判所は，カナダの行為が 2 条 4 項に違反しカナダの留保に含まれる事項とは別個の請求原因を成すとするスペインの主張を斥けることはできなかったと考えられるからである。換言すると，カナダの行為は 2 条 4 項の「武力の行使」とはまったく無関係で，もっぱらカナダの留保に含まれる法執行措置に伴う「実力の行使」に係るものであるとされたことが，こうした結論に至る裁判所の推論を支えていると考えられる。

以上のことから，海上法執行活動に伴う「実力の行使」と国連憲章 2 条 4 項の「武力の行使」は，別範疇に属する概念であると考えることが妥当だと思わ

---

30) Fisheries Jurisdiction, *supra* note (1) paras. 78-84.

れる。しかし問題は、実際に外国船舶に対して行われた use of force を海上法執行活動に伴う「実力の行使」とみるか、それとも国際関係における「武力の行使」とみるか、その区別基準をいかなる要素に求めればよいかという点にある。次にこの問題を考えてみなければならない。

Ⅳ 「実力の行使」と「武力の行使」の区別基準

1 性質決定基準

海上法執行活動に伴う「実力の行使」と国連憲章2条4項でいう「武力の行使」の性質決定を行うための基準については、代表的なものとして、次のような主張が見られる。

O'Connell は、「些細な (de minimis)」use of force は、国連憲章2条4項の敷居を越えないとして、両者の性質を決定する基準に、ニカラグア事件などの ICJ 判決から抽出された「規模と効果 (scale and effects)」という客観的指標を用いている[31]。これに対して、Corten は、「重大性 (gravity)」という客観的指標に加えて、「意図 (intention)」という主観的要素を基準に加えることを主張している[32]。

彼ら二人に比べて、国連憲章2条4項の働く射程を極力広く解釈しようとする Ruys にしても、法執行活動に伴う use of force のうち、2条4項の射程の外にあるものの存在を完全に否定しているわけではない。ただ、両者の性質決定に際して、「重大性」や「烈度 (intensity)」といった基準は絶対的なものではなく、他にも、行為が行われた政治的文脈、行為主体（軍隊か警察か）、政策決定レベル（指揮命令系統のトップの判断か、現場の係官の判断か）といった要素を総合的に勘案し、個別に判断するしかないとしている[33]。

これまで use of force の性質決定が問題となった国際判例を見る限り、Ruys がいうように、「重大性」や「烈度」といった客観的要素や「意図」といった主観的要素だけでは、両者の性質決定を行う基準としては十分ではないように思われる。その意味では、Ruys が主張するように、その他の要素も総合的に

---

31) O'Connell, *supra* note (5) pp. 102-107.
32) Corten, *supra* note (6) pp. 66-84.
33) Ruys, *supra* note (7) pp. 201-208.

勘案する必要があることは確かであるが，それが完全に case-by-case の評価になるのか，それとも関連する事例を評価する中で，両者の性質決定を行ううえで有意性を持ちうる要素が存在し，そこから一般化可能な基準を抽出できるのか，が問題となる。そのような有意性を持ちうる要素としては，次のようなものを考えることができる。

2 性質決定を行ううえで考慮すべき要素

(1) 対象船舶の種類—軍艦・非商業目的の政府船舶か民間船舶（商船・漁船等）か

第1に，措置の対象となる船舶の種類は，両者の性質決定を行ううえで，有効な基準になりうるであろうか。軍艦や非商業目的の政府船舶は一般に執行管轄権からの免除を享有するため，法執行活動の対象となる船舶は，原則として，民間船舶つまり商船や漁船である。そのことから，とりわけ軍艦に対する use of force の場合には，国際関係における「武力の行使」の文脈で位置づけられることが多いと考えられる[34]。

例えば，1968年1月に，北朝鮮東岸の（米の主張では）公海上で電波情報収集活動を行っていた米国の情報収集艦が，無害でない領海通航のかどで北朝鮮警備艇などから銃撃を受け，乗員1名が死亡したプエブロ号（USS Pueblo）事件で，北朝鮮は，米国の行為を侵略行為と非難していたことから，同船舶に対する措置の正当性を法執行にではなく自衛権に求めたものと考えられる[35]。

これに対して，民間船舶に対する use of force の場合には，通常は海上法執行活動に伴う「実力の行使」の文脈で問題となることが多い。例えば，2005年9月，インドネシア領海内でインドネシア海軍の艦艇が中国漁船に発砲し乗員1名が死亡し2名が負傷した，福遠漁号（Fuyuanyu 132）事件で，中国政府は，インドネシアに対して，法執行に際して恣意的な use of force を避けるために同海軍に対して効果的な措置をとることや，将来このような殺傷事件が二

---

[34] Dörr, *supra* note(21)pp. 1291-1292.
[35] プエブロ号事件について詳しくは，W. E. Butler, 'The Pueblo Crisis: Some Critical Reflections', *Proceedings of the American Society of International Law at Its Annual Meeting*, Vol. 63 (1969) pp. 7-13 を参照。

度と起きないように再発防止の保証を求める声明を発表した36)。

もっとも,民間船舶に対するものであれば,国際関係における「武力の行使」の文脈では問題となりえないかといえば,必ずしもそうではない。

1975年5月,カンボジアと南ヴェトナムがともに領有権を主張していたポウロワイ島(Poulo Wai)から南約7カイリの公海上(ただし,カンボジアは当時90カイリの領海を主張していた)を航行中のアメリカ商船マヤグエース号(SS Mayaguez)を,カンボジア海軍の警備艇が威嚇射撃ののち拿捕し乗組員を拘束した事件で,米国は海兵隊による救出作戦を行った。米国は国連安保理に対して,この行動を国連憲章51条に基づく適切な措置であると説明した37) ことから,米国はカンボジア海軍の措置を「武力攻撃」とみなしていたことが窺える。

海上法執行活動とは異なる文脈であるとはいえ,オイル・プラットフォーム事件も,ここでの問題に関連すると思われる。米国は,米国旗を掲げたタンカーであるシー・アイル・シティー号(Sea Isle City)へのミサイル攻撃がイランによるものだとして,米国によるイランのオイル・プラットフォームへの武力の行使を,個別的自衛権で正当化しようとした。ICJは,この攻撃をイランに帰責できる十分な証拠がないこと,仮にそれが立証できたとしても,被弾した際の同船の位置から,イランが米国籍の船舶を特定して標的にしたとは考え難いことを理由に,この攻撃は米国に対する武力攻撃を構成しないと結論づけた38)。

また米国は,同国を旗国とするブリッジトン号(Bridgeton)や同国が所有するテキサコ・カリビアン号(Texaco Caribbean)の触雷が,イランが敷設した機雷によるものだと主張したが,ICJは,テキサコ・カリビアン号は,米国旗

---

36) HU Qian, "Chinese Practice in Public International Law: 2005(II)," *Chinese Journal of International Law*, Vol. 5, No. 3 (2006) p. 779.
37) Letter Dated 14 May 1975 from the Permanent Representative of the United States of America to the United Nations Addressed to the President of the Security Council, *UN Document*, S/11689 (1975). なお,同事件について詳しくは,黒川修司「マヤグエース号事件と米国の対外政策——ヴェトナム戦争後の幕間劇」東京女子大学紀要論集63巻1号(2012) 161-185頁を参照。
38) Oil Platforms (Iran v. United States of America), International Court of Justice, Judgment (Merits) of 6 November 2003, *ICJ Reports 2003*, paras. 50-61.

を掲げておらず，それゆえ同号への攻撃は，それ自体として米国への攻撃と同視することはできない，また，ブリッジトン号が被害を受けた機雷も，同船や他の米国船舶に危害を与える特定の意図で敷設されたとは認められないとした39)。

このように個別的自衛権の発動を許す「武力攻撃」であることを認めなかったとはいえ，オイル・プラットフォーム事件では，軍艦ではない商船に対するミサイルや機雷による use of force が，国際関係における「武力の行使」の文脈で問題とされたといえる。判決の論理を裏返すと，こうした商船への攻撃もそれが特定国の船舶に危害を与える特定の意図で行われ，それが特定の国に帰責可能であれば，「武力攻撃」として，自衛権発動の根拠となりうるとの判断として読むこともできる。

もっとも，シー・アイル・シティー号への use of force は，ミサイル攻撃という比較的烈度 (intensity) の高いものであったが (そのために単なる「武力の行使」ではなく，「武力攻撃」の文脈で問題とされたともいえる) が，ガイアナ・スリナム海洋境界画定事件の場合は，こうした烈度基準によっては説明できないように思われる。冒頭で紹介したように，ガイアナとスリナムの大陸棚の係争区域 (等距離線のガイアナ側) で，ガイアナの許可を得て石油の試掘作業を行っていた民間の掘削リグ，ソーントン号に対して，スリナム海軍の巡視船が「12時間以内に立ち去らなければ，結果に責任は持てない」40) との警告を行い，スリナムは，こうした警告は，係争大陸棚区域での無許可の掘削をやめさせるための法執行活動であると主張したが，仲裁裁判所は，本件の状況下では，スリナムの行動は，単なる法執行活動というよりも軍事行動 (military action) の威嚇に近いとして，UNCLOS，国連憲章および一般国際法の下での「武力の行使の威嚇 (threat of use of force)」に当たると結論づけた41)。

これらの事例は，「武力の行使」の文脈で問題となるのは，軍艦や非商業目的の政府船舶に対する use of force に限られるわけではなく，民間船舶に対する use of force であっても，「武力の行使」として評価される場合がありうる

---

39) *Ibid.*, paras. 63-64.
40) Guyana/Suriname Award, *supra* note(2) para. 433.
41) *Ibid.*, para. 445.

ことを示している。

　以上のことから，軍艦に対する use of force は，「武力の行使」の文脈で問題とされることが多いとはいえるが，民間船舶に対する use of force であれば，当然に海上法執行活動としての「実力の行使」になるとは限らないということができる。

　(2) 主体の性質――警察か軍隊か

　第2に，Ruys も要因の一つとして挙げている[42]，措置をとる主体の性質による違いの問題であるが，通常，警察は法と秩序の維持を任務とし，軍隊は外部の脅威から国家を防衛することを任務としている。ただし，武力紛争時に警察機関が軍の一部に組み込まれる場合もあり[43]，逆に，軍隊が法執行活動を行うこともありうる。UNCLOS は，海賊行為，奴隷取引の疑いのある船舶等に対する臨検（110条），海賊船の拿捕（107条），法令違反の疑いのある船舶の追跡権（111条）を軍艦にも認めており，また日本の自衛隊法も自衛隊の部隊が「海上における人命若しくは財産の保護又は治安の維持のため特別の必要がある場合」の海上警備行動（82条）や，海賊対処法に基づく海賊対処行動（82条の2）といった，警察活動を行うことを認めている。

　法や秩序の維持を警察機関が担うことが一般的な陸の場合と異なり，海上では，拡大する沿岸海域を警備するのに限られた資源と能力を有効に活用するために，多くの国が海軍に警察機能の一部を担わせているのが実情である。こうした事情から，use of force を行った船舶がその国の国内法上，警察機関ではなく軍隊に属するとしても，そのことだけをもって，そこでの use of force が法執行活動に伴う「実力の行使」としての性質を喪失するわけではない。例えば，海上法執行活動の先例の一つとして有名なレッド・クルセイダー号事件で，同船に発砲したデンマークの漁業保護船ニールス・エベンセン号（Niels Ebbesen）は，デンマーク海軍に属するフリゲート艦であった。

　他方で，国内法上，警察機関に属する船舶による use of force であれば，通常は法執行活動に伴う「実力の行使」という推定が働くと考えられる。しかし，

---

42)　Ruys, *supra* note(7)p. 207.
43)　1949年ジュネーヴ条約第1追加議定書43条3項。

武力紛争時には軍の一部に編入されうるような実力組織である海上警察機関による use of force が，いかなる場合にも「武力の行使」にはなりえないということになると，現代国際法の基本原則の一つである「武力不行使原則」に，大きな抜け穴を作ってしまう恐れがないとはいえない。その意味で，措置をとる主体が警察か軍かという違いも，「実力の行使」を「武力の行使」から区別するための決定的な基準とはなりえないと考えられる。

(3) 国際法上の執行管轄権の有無

第3に，国際法上の執行管轄権の有無は両概念の区別基準になりうるであろうか。海上法執行活動が合法的であるためには，国際法上有効な執行管轄権に基づくことが前提となる。海洋法では，船舶が位置する海域ごとに沿岸国，旗国，旗国以外の一般の国に管轄権が配分されており，そうした国際法に基づく執行管轄権の根拠を欠く use of force は，海上法執行活動に伴う「実力の行使」としては位置づけ難いと思われる。

スペイン・カナダ漁業管轄権事件で，スペインは，use of force を伴った公海上での外国船舶への管轄権の行使は必然的に国際法に違反し，カナダが主張するような保存管理措置の執行とはみなしえないこと，エスタイ号に対する特定の use of force は国連憲章2条4項の違反に相当すると主張した[44]。しかし裁判所は，カナダの措置を正当化する執行管轄権の存在の有無に関する問題を審査することなく，カナダの措置を通常の保存管理措置の執行として性格づけた[45]。もっとも，本判決は，管轄権判決であり，この段階では，カナダの措置の国際法上の合法性の問題は，裁判所の審査の範囲外だったために，こうした判断になったと考えられる。

これに対して，サイガ号事件の場合には，ギニア警備艇によるサイガ号の拿捕に至った追跡権の行使は要件を満たしておらず，その意味で，執行措置としての管轄権の法的根拠を欠いていると判断された[46]。それにもかかわらず裁判所は，その use of force の合法性の問題を，国際関係における「武力の行使」ではなく，海上法執行活動に伴う「実力の行使」の文脈で審査した。

---

[44] Fisheries Jurisdiction, *supra* note(1) para. 78.
[45] *Ibid.*, para. 84.
[46] The M/V 'Saiga', *supra* note(26) para. 152.

こうした国際判例に照らすと，一般に，国際法上の執行管轄権の存在の有無は，その根拠を欠いた活動に伴う use of force を，自動的に国際関係における「武力の行使」の範疇に移行させるものではないと考えられる。そうだとすると，双方が互いに管轄権を主張し合っているような係争区域で，自ら合法的な法執行活動であるとの前提に基づきとられた措置に伴う「実力の行使」を，管轄権の存在が相対的に未決であることのみを理由に，「武力の行使」に当たると評価することはできないということになると考えられる。

(4) 措置の目的と国内法上の根拠

第4に，措置の目的とその国内法上の根拠についてはどうであろうか。措置の目的が，外部の脅威からの国家の防衛にあるのか，法と秩序の維持にあるのかは，「武力の行使」と「実力の行使」とを区別するうえでの一応の指標になりうると思われる。さらに，その目的を知るうえで，そうした措置をとる際の国内法上の根拠が，防衛関係法や軍隊の要員に対する部隊行動基準（ROE）にあるのか，それとも執行管轄権の行使に係る法令にあるのかは重要だと思われる。措置の目的とその根拠となる国内法令の性質次第で，ある特定のケースにおける措置とそれに伴う use of force の機能が，海上法執行活動に伴う「実力の行使」の範疇に入るのか，国際関係における「武力の行使」の範疇に入るのかが決まるとも考えられる。

サイガ号事件でギニアは，その措置の国内法上の根拠として，刑法，関税法，燃料輸入禁止法（L94/007法）等を援用した[47]。裁判所は，ギニアの行為の合法性を法執行活動の枠内で判断したが，その際に，それがそもそも法執行活動の範疇に入るか否かの検討を行っておらず，ギニアが依拠した関連国内法がその性質決定に何らかの意味を有していたか否かは定かではない。このケースでは，原告国であるセント・ヴィンセントが法執行活動であるというギニアの主張を争わなかったため，裁判所には，そうした性質決定を行う必要性がそもそもなかったともいえる。

これに対して，スペイン・カナダ漁業管轄権事件では，裁判所が，カナダの措置はスペインが主張するような国連憲章2条4項に係るものではなく，通常

---

47) *Ibid.*, para. 111.

の保存管理措置の執行として理解される範囲内のものであるとした根拠は，カナダが当該行為の根拠として挙げたカナダ沿岸漁業保護法およびその実施規則の規定であった。すなわち，同法令は，保護監督官がNAFO規制区域内の漁船を乗船・検査し，船長や乗組員を「逮捕する目的のために実力が必要であると信じる合理的な理由がある」場合には実力の行使を許可していること，こうした規定は，漁業保存管理に係る各国の国内法や国連公海漁業協定22条1項(f)に見られることなどを理由に，同法令によって許可された実力の行使を保存管理措置の執行の範囲内のものと位置づけた[48]。

ガイアナ・スリナム海洋境界画定事件でも，スリナムは，ソーントン号に対してとられた措置が大陸棚の係争海域から無許可の掘削リグを排除するための合理的で均衡のとれた法執行措置であると主張する際に，許可なく採掘活動を行った者を処罰するための鉱業令(mining decree)を援用した[49]。この点だけを見れば，スリナムの措置はカナダの措置と同様に，国内法に基づく法執行を目的とした措置と認定されても不思議ではなかったように思われる。それにもかかわらず，裁判所はこれとは逆の結論を導いたわけであるが，それはなぜだったのであろうか。

その理由として考えられる要因として，仲裁判決では当該大陸棚区域は結局ガイアナに属するとされ，スリナムにはそもそも管轄権が存在しなかったことが結果に影響したのではないかといった点や，事件に先立ち両国の大統領間で電話会談が行われ，スリナム大統領はガイアナ大統領に対して，ガイアナが係争海域での掘削をやめさせなければ，スリナムはその領域を守るために行動せざるをえないと伝えており，掘削問題は両国首脳間での主権を争う紛争になっていた，といった背景事情が指摘されている[50]。しかし，こうした背景事情はあくまで推測の域を出るものではなく，裁定の理由づけに直接現れたものではない。

仲裁裁判所が，一方で，「国際法において，それが不可避で合理的かつ必要な場合には，法執行活動で実力を行使することができる」とのスリナム側の主

---

48) Fisheries Jurisdiction, *supra* note(1)paras. 80–84.
49) Guyana/Suriname Award, *supra* note(2)para. 441.
50) Kwast, *supra* note(23)pp. 81–83.

張を認めながらも，本件の状況下では，スリナムの行動は「単なる法執行活動というよりも軍事行動の威嚇に近い」と認定した根拠として唯一挙げているのは，ソーントン号の乗組員の証言である。その証言によると，スリナム巡視船からの「12時間以内に立ち去らなければ，結果に責任は持てない (the consequences will be yours)」という警告は，要求に従わなければ，掘削リグおよびその支援船に対して，軍艦が容赦なく「武力 (armed force)」を行使するという意味に理解した，というものである[51]。

確かに，この曖昧な結果を臭わす警告は，海上法執行活動の文脈で停船命令や退去命令に従わない船舶に対して執行官の身の安全や任務の遂行を確保するためにやむなく行われる通常の警告とは異なる特異なものである。こうした特異な警告の方法がその背景事情と相まって，海上法執行活動に伴う「実力の行使」という推定を覆し，当該の行動を国際関係における「武力の行使の威嚇」の範疇に移行させる要因として働いたといえるかもしれない[52]。

V 「実力の行使」の合法性基準

1 規則の内容

サイガ号事件で裁判所は，アイム・アローン号事件，レッド・クルセイダー号事件といった法執行活動に係る国際先例から，①「実力の行使」は可能な限り避けなければならない，②それが避けられない場合でも，その状況の下で合理的かつ必要な範囲を超えてはならない，③他の国際法の分野においてと同様，海洋法においても人道的考慮 (considerations of humanity) が適用されなければならない，といった「実力の行使」の合法性基準を導き出している[53]。アイム・アローン事件では，容疑船に対する意図的な撃沈が合理的かつ必要な実力の行使の範囲を超えていたことが[54]，レッド・クルセイダー号事件では，船

---

51) Guyana/Suriname Award, *supra* note (2) para. 439.
52) これに対して，問題となったスリナムの発言は，緊急状態で現場の軍人によってなされたもので武力への言及が一切ないこと，武力を行使する意図が推定できないこと等の理由を挙げ，むしろ「法執行活動（の威嚇）」として位置づけた方が妥当であったとの評価もある。中谷和弘「境界未画定海域における一方的資源開発と武力による威嚇」小松一郎大使追悼・国際法の実践 (2015) 525頁。
53) The M/V 'Saiga', *supra* note (26) para. 155.

上の人命を危険にさらしたことが55),また,サイガ号事件では,実力の行使が過度であり人命を危険にさらしたことが56),それぞれの「実力の行使」を違法または不当とする理由とされている。

海上法執行活動に伴う「実力の行使」の合法性基準については,SUA条約改正議定書8条の2第9項が,同条の規定に基づき授権された行動を実施する際に,「職員および乗員の安全を確保するために必要な場合,または職員が授権された行動の執行を妨害された場合を除き,実力の行使を回避しなければならない。…実力の行使は,状況から判断して必要かつ合理的な最低限度の実力を超えてはならない」と規定し,国連公海漁業協定22条1項(f)の内容を基本的に踏襲している。

さらに同改正議定書の8条の2第10項は,締約国がとる執行措置全体に係るセーフガードを規定しているが,その中で「実力の行使」にも適用可能なものとして,従前から主張されてきた,海上における人命の安全の確保への適切な考慮に加えて,船舶と貨物の安全への適切な考慮,旗国の商業的利益への適切な考慮,環境を汚染しないことの確保といった新たな制限を設けている点が注目される。

2 規則の性質（国際法の規則か国内法の規則か）

ところで,SUA条約改正議定書8条の2第9項に関する当初の米国案は,「本条に従った締約国によるあらゆる実力の行使は,当該締約国の適用可能な国内法および政策に厳格に従うものでなければならない」と規定し,評価基準として,国内法の基準に明示的に言及していた。それが,他の締約国代表や国連海事海洋法課からのコメントを受けて修正された結果,国連公海漁業協定の文言に類似した上述の規定に落ち着いたといわれている57)。

---

54) S. S. 'I'm Alone' (Canada/United States), *United Nations Reports of International Arbitral Awards*, Vol. III, p. 1615.
55) The Red Crusader, Report of the Commission of Enquiry (Denmark/United Kingdom), march 23, 1962, *International Law Report*, Vol. 35, pp. 498-499.
56) The M/V 'Saiga', *supra* note(26)paras. 157-159.
57) F. Spadi, "Bolstering the Proliferation Security Initiative at Sea: A Comparative Analysis of Ship-boarding as Bilateral and Multilateral Implementing Mechanism," *Nordic Journal of Interna-*

確かに SUA 条約改正議定書 8 条の 2 第 9 項や国連公海漁業協定 22 条 1 項(f)の規定には，そこに盛り込まれた規則が国内法の規則なのか国際法の規則なのかについての言及は見られない。しかし，サイガ号事件で裁判所は，「国際法の適用可能な規則」に照らしてサイガ号の拿捕の状況を検討しなければならないとして，既に述べた「実力の行使」に係る規則を国際先例から導き出し，国連公海漁業協定 22 条 1 項(f)の規定は，それを再確認したものとの位置づけを与えている 58)。そのことから，それらは国際法の原則または規則と考えてよいと思われる 59)。

　もっとも，サイガ号事件で裁判所が示したような国際法の基準は，海上法執行活動の現場からすると厳しすぎるとの評価も見られ，そのことが各国の国内法の基準に従っていれば，国際的にも合法性を担保できることを狙ったと思われる米国案のような提案を促したのかもしれない。しかし，そのことは逆に，海上法執行活動に伴う「実力の行使」の合法性基準の厳格さを物語っているともいえるであろう。敵の戦闘員というだけで合法的な殺傷が許される武力紛争法の基準に従う「武力の行使」の場合に比べれば，「実力の行使」に適用される合法性基準が極めて制限的なことはいうまでもない。

VI　むすびに

　以上の検討を通じて，本稿（II）で定義したような意味での海上法執行活動に伴う「実力の行使」と国連憲章 2 条 4 項の「武力の行使」は，別範疇に属す

---

tional Law, Vol. 75（2006），pp. 274-275.
58)　The M/V 'Saiga', *supra* note(26)paras. 155-156.
59)　海上法執行活動に伴う「実力の行使」を規律する国際法規則について詳細に検討したものとして，W. J. Fenrick, "Legal Limits on the Use of Force by Canadian Warships Engaged in Law Enforcement," *The Canadian Yearbook of International Law*, Vol. 19（1980）pp. 113-145, I. Shearer, "The Development of International Law with Respect to the Law Enforcement Roles of Navies and Coast Guards in Peacetime," U.S. Naval War College, *International Legal Studies*, Vol. 71（1998）pp. 430-454, C. Moore, "The Use of Force," R. Warner & S. Kaye (eds.) *Routledge Handbook of Maritime Regulation and Enforcement*（2016）pp. 27-40 が参考になる。また，この点に関する日本の国内法制の問題も含めて検討したものとして，廣瀬肇「海上警察機関による実力行使」海上保安協会・海上保安国際紛争事例の研究 1 号（2000）78-102 頁，浅田正彦「九州南西海域不審船事案と日本の対応──継続追跡権の問題を中心に」栗林忠男＝杉原高嶺編・日本における海洋法の主要課題（2010）50-103 頁を参照。

る概念であるとの理解が，学説上も国際判例上も有力になりつつあるということができる（Ⅲ）。そのことは，自衛権に関する法や武力紛争法に照らしてその合法性が評価される「武力の行使」とは異なり，海上法執行活動に伴う「実力の行使」は，これとは異なる国際法の原則によって，その合法性が評価される（Ⅴ）ということからも裏づけられる。

このように両者が別範疇に属する概念だとして，問題は，実際に外国船舶に対して向けられた use of force を海上法執行活動に伴う「実力の行使」とみるか，それとも国際関係における「武力の行使」とみるか，その区別基準をいかなる要素に求めればよいかという点にある。本稿（Ⅳ）では，これまでに指摘されてきた「重大性」や「烈度」といった客観的要素や「意図」といった主観的要素に加えて，両者の性質決定に影響を与えうる要素として，①対象船舶の種類（軍艦・非商業目的の政府船舶か民間船舶か），②措置をとる主体の種類（警察か軍隊か），③国際法上の執行管轄権の有無，④措置の目的と国内法上の根拠，という4つの要素に着目して，主に国際判例を手掛かりに，どの要素が性質決定に影響を与える主な要素といえるかについての分析を行った。その結果，以下のことが明らかとなった。

①に関しては，軍艦や非商業目的の政府船舶は一般に執行管轄権からの免除を享有するため，法執行活動の対象となる船舶は，原則として民間船舶であることから，とりわけ軍艦に対する use of force の場合には，国際関係における「武力の行使」の文脈で位置づけられることが多いこと，逆に民間船舶に対する use of force の場合には，海上法執行活動に伴う「実力の行使」の文脈で問題となることが多いとはいえ，民間船舶に対する use of force であっても，その文脈によっては，国際関係における「武力の行使」に転化する場合があること。

②に関しては，軍隊が海上法執行活動を行うことは広く認められている一方で，国内法上，警察機関に属する船舶による use of force であれば，通常は法執行活動に伴う「実力の行使」という推定が働くものの，武力紛争時には軍の一部に編入されうるような実力組織である海上警察機関による use of force が，いかなる場合にも「武力の行使」にはなりえないということはなく，その意味で，措置をとる主体が警察か軍かという違いは，「実力の行使」を「武力の行

使」から区別するための決定的な基準とはなりえないこと。

③に関しては，海上法執行活動が合法的であるためには，国際法上有効な執行管轄権に基づくことが前提となるが，国際判例に照らすと，国際法上の執行管轄権の存在の有無は，その根拠を欠いた活動に伴う use of force を，自動的に国際関係における「武力の行使」の範疇に移行させるものではないこと。

④に関しては，措置の目的とその根拠となる国内法令の性質は，ある特定のケースにおける措置とそれに伴う use of force の機能が，海上法執行活動に伴う「実力の行使」の範疇に入るのか，国際関係における「武力の行使」の範疇に入るのかを分ける重要な要素となること，ただしこの場合も，通常であれば国内法に基づく法執行を目的とした措置として「実力の行使」の範疇に入るべきものが，その行使の態様や文脈によっては，国際関係における「武力の行使」へと転化する場合があること。

国連憲章2条4項が適用される「武力の行使」は，「国際関係における」use of force でなければならない。私人や私船に対する執行管轄権の行使としての海上法執行活動は，同じく私人に対するものであるとはいえ，陸における「域外法執行活動」の場合とは異なり，他国の「領土保全に対する」ものではないため，一応は「国際関係における」use of force ではないものとの推定が働くと考えられる。船舶が「浮かぶ領土」と擬制されていた時代[60]においてはともかく，今日では，他国船舶に対する use of force を当該他国領域に対する use of force と位置づけることはかなり難しくなってきていると思われるからである。

とはいえ，領海，接続水域，排他的経済水域といった，それぞれの海域の性質に応じて沿岸国の管轄権が及ぶ海域においてさえ，沿岸国管轄権と旗国管轄権との権限配分の問題はなお残ることになる。とりわけ公海上の船舶については，原則として旗国の排他的管轄権に服するため，それぞれの海域における執行管轄権の行使に伴う use of force が，「国際関係における」ものとは，常に無縁のものと決めてかかるわけにはいかないところに，この問題の難しさがあ

---

60) そうした解釈の根拠およびそれが否定されるようになった経緯については，村上暦造「海上執行措置と旗国管轄」山本草二先生古稀記念・国家管轄権——国際法と国内法（1998）573-601頁を参照。

るように思われる。基本的には私人や私船に対する執行管轄権の行使を規律する国際法のルールに服すると考えられる海上法執行措置に伴う use of force を，「国際関係における」use of force へと転化させる要因としては，どのようなものが考えられるのか，以上の検討が，今後のより精緻な検討への第一歩となることを願うばかりである。

「被許可型」軍事活動における関係当事者の同意の意義
――平和活動型多国籍軍の実効的実施に向けて

酒 井 啓 亘

I　はじめに
II　「被許可型」軍事活動の特徴
III　平和活動型多国籍軍における憲章第7章の援用と活動の実効性確保
IV　おわりに

I　はじめに

　冷戦が終焉して30年近く経つ間に,「被許可型 (authorized)」軍事活動が国際連合（国連）の集団安全保障制度を実施する形態の一種として定着してきたことについては，おそらくそれほど異論を差しはさむ余地はない[1]。国連憲章起草者が予定していた第43条下の特別協定が締結されない以上, 憲章第42条に規定された軍事的措置は, 同協定に基づき国連加盟国が供出する軍隊で構成される国連軍によって実施されることは不可能である。こうした憲章規定上

---

1) E. de Wet, *The Chapter VII Power of the United Nations Security Council* (Hart Publishing, 2004), p. 308; Ch. Henderson, "The Centrality of the United Nations Security Council in the Legal Regime Governing the Use of Force", in N. D. White & Ch. Henderson (eds.), *Research Handbook on International Conflict and Security Law. Jus ad Bellum, Jus in Bello and Jus post Bellum* (Edward Elgar, 2013), p. 140; R. Higgins et al., *Oppenheim's International Law. United Nations*. Volume II (O.U.P., 2017), p. 1008.

の手段に代わり安保理が国連加盟国に軍事活動を許可した「被許可型」軍事活動は，そのような状況の下で国連の軍事的措置を実施するために実践上編み出された形式であり，それゆえに，これまでその憲章上の法的根拠を含めて様々な議論が提起されてきた2)。

　もっとも，こうした「被許可型」軍事活動や多国籍軍型軍事活動について，国連の文書等で明確な定義が置かれているわけではない。多国籍軍についてはこれまでのその活動内容や法的基礎について議論が重ねられてきたものの3)，多国籍軍型軍事活動とはどのような軍事活動なのか，とりわけ当事者の同意や要請による活動の実施をどのようにとらえるのかなどの点については，必ずしも共通の認識が十分に共有されているようには思われない。本稿は，これまでの知見を踏まえたうえで，「被許可型」軍事活動の特徴について，活動形態，任務や目的，国連憲章上の位置づけを順次整理し，その後，特に国連平和維持活動 (PKO) と連携する多国籍軍の活動に焦点を合わせて，憲章第7章が意味する強制の意味や，そうした強制とは対極の位置にある「同意」の意義を検討することにしたい4)。

---

2) たとえば，湾岸戦争時における安保理決議678の法的根拠をめぐる議論を簡潔に整理・検討したものとして，佐藤哲夫・国連安全保障理事会と憲章第7章――集団安全保障制度の創造的展開とその課題（有斐閣，2015）79-111頁参照。

3) 多国籍軍の法的考察に関する主要な邦文文献に限れば，松井芳郎・湾岸戦争と国際連合（日本評論社，1993），佐藤・前掲注(2)，吉田靖之「国連安保理事会決議に基づく多国籍軍の法的考察――安全保障理事会の『授権』を中心に」防衛研究所紀要3巻1号（2000）99-125頁，樋山千冬「冷戦後の国連安保理決議に基づく『多国籍軍』」レファレンス2003年3月号28-46頁，山下光「国連平和維持活動と『多国籍軍』――SHIRBRIGの経験とその意味合い」防衛研究所紀要10巻2号（2007）1-25頁，山本慎一「国連安保理による『授権』行為の憲章上の位置づけに関する一考察――多機能化する多国籍軍型軍事活動を例として」外務省調査月報2007/No. 2（2007）31-52頁，同「多国籍軍型軍事活動の展開にみる集団安全保障体制の潮流」日本国際連合学会編・国連研究9号 国連憲章体制への挑戦（国際書院，2008）75-95頁，などがある。

4) ここで検討する「被許可型」軍事活動は，安保理が国連憲章第7章に基づく行動として国連加盟国に許可する軍事活動とする。なお，これと類似する用語として，「多国籍軍 (multi-national force)」や「有志連合軍 (coalition of the willing)」がある。前者について日本政府は，湾岸多国籍軍など安保理決議で多国籍軍と呼ばれたものも含むが，その目的・任務・編成等は様々で，いまだ一般的に確立した定義はないとする。「衆議院議員長妻昭君提出の多国籍軍参加に関する質問に対する答弁書」内閣衆質159第184号（平成16年6月22日）1頁。後者も公式の定義はないが，「被許可型」軍事活動より広く，安保理決議による武力行

II 「被許可型」軍事活動の特徴

1 活動の形態——アドホック方式と地域的機関軍方式

国連安保理が許可する「被許可型」軍事活動は、単独の国連加盟国に対して認められることもあり5)、したがって厳密にいえば「多国籍」ではない活動も含みうる。しかし、実際にはその多くは複数の国連加盟国が参加する活動であり、その限りで「被許可型」軍事活動は多国籍軍型軍事活動と互換的なものとして理解することが可能であろう。こうした複数の国連加盟国が参加する多国籍軍型軍事活動の活動形態としては、これまでの経験上、各国が事態の推移に応じて自発的に自国軍を派遣し当該活動に参加する方式（アドホック方式）6)と、地域的機関とその加盟国が中心となって部隊を編成し当該活動を実施する方式（地域的機関軍方式）7)とに大きく分けることができる。

　使の許可がない活動も含まれることが多い。M. Tondini, "Coalition of the Willing", in A. Nollkaemper & I. Plakokefalos (eds.), *The Practice of Shared Responsibility in International Law* (Cambridge U.P., 2017), p. 703; T. Erskine, "'Coalition of the Willing' and the Shared Responsibility to Protect", in A. Nollkaemper & D. Jacobs (eds.), *Distribution of Responsibilities in International Law* (Cambridge U.P., 2017), pp. 235-239. また、国連PKOのうち、憲章第7章に基づく行動が認められている「強化された (robust)」PKOについては、活動主体や指揮・統制などの点において、「被許可型」軍事活動とは区別されるため、ここでの直接の検討対象とはしない。「強化された」PKOの特徴については、酒井啓亘ほか・国際法（有斐閣、2011）529頁参照。

5) たとえばフランス軍には、コートジボワール (UN Doc.S/RES/1528 (2004), op. para. 16)、マリ (UN Doc.S/RES/2100 (2013), op. para. 18)、中央アフリカ共和国 (UN Doc.S/RES/2127 (2013), op. para. 50) での紛争において、憲章第7章に基づく行動として武力行使が許可されている。

6) アドホック方式の例として、湾岸多国籍軍 (UN Doc.S/RES/678 (1990))、ソマリア多国籍軍 (UNITAF) (UN Doc.S/RES/794 (1992))、ルワンダ多国籍軍 (UN Doc.S/RES/929 (1994))、ハイチ多国籍軍 (UN Doc.S/RES/940 (1994))、アルバニア多国籍保護軍 (UN Doc.S/RES/1101 (1997))、バンギ協定履行アフリカ監視団 (MISAB) (UN Doc.S/RES/1125 (1997))、東チモール国際軍 (INTERFET) (UN Doc.S/RES/1264 (1999))、国際治安支援部隊 (ISAF) (UN Doc.S/RES/1510 (2003))、イラク多国籍軍 (UN Doc.S/RES/1511 (2003))、ハイチ多国籍暫定軍 (MIF) (UN Doc.S/RES/1529 (2004)) などが挙げられる。

7) 地域的機関軍方式では地域的機関（北大西洋条約機構 (NATO)、欧州連合 (EU)、アフリカ連合 (AU) など）や小地域的（サブリージョナル）な機関（西アフリカ諸国経済共同体 (ECOWAS) など）の加盟国が中心となって編成される軍が軍事活動を行う。NATOの例としてはボスニア・ヘルツェゴビナに展開した平和履行軍 (IFOR) (UN Doc.S/

「被許可型」軍事活動に武力行使を許可する権限を付与し，当該武力行使の目的となる任務内容を定めるのは安保理決議である。安保理決議だけで多国籍軍の任務が設定されるという事例はそれほど多くはなく，関連する地域的機関の決議や関係国間の和平合意等も併用されることになるのに対して，安保理決議のみを設置根拠とする「被許可型」軍事活動のほとんどはアドホック方式の多国籍軍である 8)。

安保理決議のみを設置根拠とする活動に関係する事情の１つに事態の切迫性・緊急性が挙げられる。とりわけ現地の治安悪化に伴う住民の人道状況に対応する場合がこれに該当する。多国籍軍を設置する安保理決議が採択されるまでには，国連と，主として主導国となる予定の国連加盟国との間で緊密な協議が行われ 9)，その調整の結果，多国籍軍の設置と武力行使を許可する安保理

RES/1031（1995））や平和安定化軍（SFOR）（UN Doc.S/RES/1088（1996）），コソボに展開するコソボ国際安全保障軍（KFOR）（UN Doc.S/RES/1244（1999）），アフガニスタンに展開中の国際治安支援部隊（ISAF）（UN Doc.S/RES/1510（2003））がある。EU は NATO の支援を受けて SFOR の後継部隊としてボスニア・ヘルツェゴビナに部隊（EUFOR Althea）を派遣したほか（UN Doc.S/RES/1575（2004）），EU 単独としては，2003 年にコンゴ民主共和国（DRC）東部のブニアに暫定緊急多国籍軍（IEMF）（UN Doc.S/RES/1484（2003））を，2006 年に選挙実施に向けて治安維持を目的とした部隊（EUFOR RD Congo）（UN Doc.S/RES/1671（2006））を，そして 2007 年にはチャドと中央アフリカ共和国に文民や難民・避難民の保護などを任務とする部隊（EUFOR Chad/RCA）（UN Doc.S/RES/1778（2007））をそれぞれ派遣している。AU もソマリアに AU ソマリアミッション（AMISOM）（UN Doc.S/RES/1744（2007））を，中央アフリカ共和国にアフリカ主導中央アフリカ国際支援ミッション（MISCA）（UN Doc.S/RES/2127（2013））をそれぞれ派遣した。さらに ECOWAS は，シエラレオネ ECOWAS 監視団（ECOMOG）（UN Doc.S/RES/1132（1997）），ECOWAS コートジボワールミッション（ECOMICI）（UN Doc.S/RES/1464（2003）），ECOWAS リベリアミッション（ECOMIL）（UN Doc.S/RES/1497（2003））を派遣している。なお，アフリカ主導マリ国際支援ミッション（AFISMA）（UN Doc.S/RES/2085（2012））は，ECOWAS が派遣した ECOWAS マリミッション（MICEMA）の後継機関であり，ECOWAS の協力を受け，AU の指揮・統制下で現地に展開した。L.-A. Théoux-Bénoni, "The Long Path to MINUSMA: Assessing the International Response to Crisis in Mali", in Th. Tardy & M. Wyss（eds.）, *Peacekeeping in Africa: The Evolving Security Architecture*（Routledge, 2014）, pp. 172-177.

8) フランス主導のルワンダ多国籍軍（UN Doc.S/RES/929（1994）），イタリア主導のアルバニア多国籍保護軍（UN Doc.S/RES/1101（1997）），オーストラリア主導の INTERFET（UN Doc.S/RES/1264（1999）），米国とフランスが主導した MIF（UN Doc.S/RES/1529（2004））などがその例である。

9) たとえば，アルバニア多国籍保護軍の派遣に際しては，イタリアが積極的な介入方針を打

決議の中で任務が特定されて、この安保理決議だけが多国籍軍の任務を決定することになる。したがって、同じ多国籍軍の任務に関する変更や拡大は、やはり安保理決議によって行われる必要がある10)。

他方、地域的機関軍方式の場合、憲章第7章に基づく武力行使の許可が安保理決議により行われるほか11)、当該地域的機関で機関決定を行うのが通常である。ただ、様々な事情により、その決定に際しては機関外の政治プロセスが密接にかかわり、さらには当該地域的機関以外の機関の決定が先行するような事例もある。そこには統一的な慣行が必ずしも構築されているわけではなく、事情に応じて柔軟に対応する様子がうかがえる12)。地域的機関による多国籍軍の派遣においては、機関決定が行われてほどなく安保理決議が採択される場

ち出し、国連がこれに応えるかたちとなった。拙稿「アルバニア多国籍保護軍について」国際協力論集8巻1号（2000）90-93頁参照。他方、INTERFETの派遣に関しては、アナン国連事務総長が様々な国連加盟国に打診し、最終的にオーストラリアの同意を得たという。M. Jago, "InterFET: An Account of Intervention with Consent in East Timor", *International Peacekeeping*, Vol. 17 (2010), pp. 380-381.

10) アルバニア多国籍保護軍は、当初、人道支援関係と治安関係の任務で設置されたが、その後、欧州安全保障機構（OSCE）による選挙監視を支援する活動にも留意する安保理決議が採択された。UN Doc.S/RES/1114 (1997), op. para. 3.

11) 安保理が地域的機関の役割を定める憲章第8章ではなく第7章に依拠して武力行使を許可するのは、地域的機関の加盟国以外の国の軍隊も当該軍事活動に参加する場合を考慮してのことである（EUが派遣したIEMFでは計画段階よりEU域外諸国の参加が予定されており（Council Joint Action 2003/423/CFSP, *O. J.* L 143)、実際にもカナダ、南アフリカ、ブラジルが軍隊を派遣している。F. Naert, *International Law Aspects of the EU's Security and Defence Policy, with a Particular Focus on the Law of Armed Conflict and Human Rights* (Intersentia, 2010), p. 115)。NATOもまた、非加盟国による軍事活動への参加のほか、域外での軍事活動を予定していることから、憲章第7章に基づく行動が適切であるという。D. Deschaux-Dutard, "L'approche globale des missions de l'OTAN: le cas de l'Afghanistan", in K. Bannelier et C. Pison (dirs), *Le recours à la force autorisé par le Conseil de Sécurité. Droit et responsabilité* (Pedone, 2014) p. 106.

12) EUによりボスニアに派遣されたEUFOR Altheaについて、デイトン和平合意での役割を履行するという理事会決定を受けて、そのおよそ4か月後に安保理決議が採択されてSFORからの引継ぎが行われることが正式に決定された。Council Joint Action 2004/570/CFSP, *O. J.* L 252/10; UN Doc.S/RES/1575 (2004). しかし、そうした決定以前にEUとNATOの間では、SFORからEUFOR Altheaへの装備や施設、指揮・統制系統等の移行も含む入念な打ち合わせが行われていたのであり、EUの理事会決定や安保理決議はこれを確認する位置づけとなっている。C. Friesendorf & S. E. Penksa, "Militarized Law Enforcement in Peace Operations: EUFOR in Bosnia and Herzegovina", *International Peacekeeping*, Vol. 15 (2008), pp. 677-694.

合が多いことから,安保理との連携が行われているものと推察される13)。

また,こうした活動の指揮・統制については,アドホック方式では,活動の主力となる部隊を提供する加盟国のイニシアティブで軍が編成され,他の参加国の部隊はこの主導国の軍事コマンドの下に置かれるのが通常である一方,地域的機関軍方式では,各地域的機関の加盟国と活動に参加する諸国が,各地域的機関の軍事コマンドの下に自国部隊を置いたり,一部の部隊提供国が中心となってアドホックに設定された作戦指揮統制権の下に自国部隊を提供したりするなど,それぞれの作戦活動に参加することになる14)。

2 活動の任務と目的の多角化

(1) 制裁・介入を目的とした軍事活動の展開

単独の国連加盟国による活動を含めた「被許可型」軍事活動は,これまで様々な目的で展開してきた。そのうち,当該活動の任務について関係者の同意なく活動が行われる場合は以下のような事例である。

第1に,武力による制裁を主たる任務とした軍事活動である(軍事制裁型多国籍軍)。この活動は,国際の平和と安全を乱す「侵略者」の存在認定を前提として,この「侵略者」を排除するための軍事的措置として発動される。この活動に従事した「被許可型」軍事活動の代表例は湾岸戦争時の多国籍軍であるが,冷戦期における朝鮮戦争で活動した朝鮮国連軍も含まれることがある15)。

---

13) AU がソマリアに派遣した AMISOM の場合は AU 平和安全保障理事会による AMISOM の任務決定のほぼ1か月後に武力行使を許可する安保理決議が採択されている。AU PSC/PR/Comm (LXIX); UN Doc.S/RES/1744 (2007). さらに,AFISMA の場合も,AU 平和安全保障理事会が国連憲章第7章の下での武力行使の許可を安保理に要請する報告書を採択した後,ECOWAS 首脳会議もこれを支持して,AU の決定からほぼ2か月後に,安保理が AFISMA を派遣する決議を採択した。AU Report PSC/PR/3 (CCCXXXIX); ECOWAS Final Communiqué, 11 November 2012; UN Doc.S/RES/2085 (2012).
14) 多国籍軍の指揮権については,等雄一郎・福田毅・松葉真美・松山健二「国連安保理決議に基づく多国籍軍の『指揮権』規定とその実態」調査と情報 453 号 (2004) 9 頁。See also, B. Cathcart, "Command and Control in Military Operations", in T. D. Gill & D. Fleck (eds.), *The Handbook of the International Law of Military Operations. Second Edition* (O.U.P., 2015), pp. 259-268.
15) N. Tsagourias & N. D. White, *Collective Security. Theory, Law and Practice* (Cambridge U.P., 2013), p. 101. 朝鮮国連軍については,集団的自衛権を根拠にする軍事活動とす

憲章第42条で想定されていた典型例がそうした「侵略国」に対する軍事的な制裁であることから，このカテゴリーの活動は，国連憲章起草者が想定した集団安全保障上の軍事的措置の特徴に最も近い。

　第2は緊急性を伴う人道目的で軍事活動を行う多国籍軍である（人道介入型多国籍軍）。緊急性を伴うということから派遣当時には目的達成後の計画まで決められているわけではなく，通常は任務遂行後の後継機関も確定していない16)。UNITAF やルワンダ多国籍軍，アルバニア多国籍軍，MISAB のほか，リビアでの多国籍軍の例があり，こうした人道目的での多国籍軍の軍事活動には限定的な武力行使から空爆に至るまで幅広い程度の武力行使の可能性がある。ここでは，関係する領域国政府の介入要請や同意がみられる活動もあるものの，すべての関係当事者から同意が得られるとは限らないという点も重要である17)。

(2)　平和活動型多国籍軍の特徴

　他方で，1990年代末以降になると多国籍軍が領域国政府などの同意を得て活動する例がほとんどであり，しかもこれらは国連 PKO と連携することが多い（平和活動型多国籍軍）。こうした活動は，当該活動の終了後に，同じく憲章第7章に基づく行動が認められた国連の「強化された」PKO が引き続き同じ地域に展開することになったり（先行展開方式），当該活動と並行して「強化された」PKO の活動が行われたりすることになる（並行展開方式）。

る見解もある。N. Krisch, "Introduction to Chapter VII: The General Framework", in B. Simma et al.(eds.), *The Charter of the United Nations: A Commentary. Third Edition*. Volume II (O.U.P., 2012), p. 1241.

16)　MISAB は任期終了後，国連中央アフリカ監視団（MINURCA）に任務を引き継いだが（UN Doc.S/RES/1159 (1998)），MISAB から国連 PKO への引継ぎは MISAB 展開前に決まっていたのではなく，主力部隊のフランス軍の撤収により MISAB の任務遂行が不可能となったことで MISAB 展開中に決まったものである。拙稿「中央アフリカ共和国問題と国際連合――MISAB から MINURCA へ」国際協力論集7巻2号（1999）95頁参照。

17)　領域国政府の同意が得られなかったのは，ハイチ多国籍軍（Ch. Gray, *International Law and the Use of Force. Third Edition* (O.U.P., 2008), pp. 328-331.）の場合のほか，そうした同意を与える政府が不在とされた UNITAF（UN Doc.S/24868, p. 3）や，「保護する責任」の実施例とされるリビア空爆時の多国籍軍（G. Ulfstein & H. F. Christiansen, "The Legality of the NATO Bombing in Libya", *I.C.L.Q.*, Vol. 62 (2013), pp. 161-162）の場合である。

前者の方式では現地の治安回復・維持目的での展開が主で，その特徴は以下の点にある。すなわち，関係当事者，特に現地領域国政府の同意を得て，内戦やテロなどにより悪化した国内治安を回復する任務を遂行するとともに，治安回復後は，領域国政府の同意や関係当事者間での合意によってその任務を国連PKOに引き継ぎ，加えて国家再建へとつなげるようアレンジがなされているということである。多国籍軍が先行展開し，その撤収後に，いわゆる「強化された」PKOが展開することは，実践的には，場合によって泥沼に陥り出口が見えなくなりかねない軍事活動の収束を国連PKOの展開に託すことができるという利点が多国籍軍側にはあり，他方，国連の側からすると，現地情勢が不安定のままで，国連のPKO部隊では兵員・装備，そして即応性の点で十分に対処できない事態に対して，より大きな軍事力を擁する多国籍軍に治安回復活動を任せることができるという利点がある[18]。このように多国籍軍およびその部隊派遣国と国連の利害が一致するため，近年ではこうした多国籍軍から「強化された」PKOへという時系列的な展開が注目を浴びてきた[19]。

---

18) それは，強制行動とPKOとの区別が実際には困難になることから，ケースバイケースで慎重に両者の活動関係を検討することにもつながる。F. Tanner, "Addressing the Perils of Peace Operations: Toward a Global Peacekeeping System", *Global Governance*, Vol. 16 (2010), p. 215.

19) INTERFETと東チモール国連暫定統治機構（UNTAET），ECOMILと国連リベリアミッション（UNMIL），MIFと国連ハイチ安定化ミッション（MINUSTAH），EUFOR Chad/RCAと国連チャド・中央アフリカ・ミッション（MINURCAT），AFISMAと国連マリ多角的統合安定化ミッション（MINUSMA），MISCAと国連中央アフリカ多角的統合安定化ミッション（MINUSCA）などがその例である。INTERFET-UNTAET: UN Doc.S/RES/1264（1999）, op. paras. 3, 10; UN Doc.S/RES/1272（1999）, op. para. 9. ECOMIL-UNMIL: UN Doc.S/RES/1497（2003）, op. para. 2; UN Doc.S/RES/1509（2003）, op. para. 1. ECOMILとUNMILの関係は，2003年8月18日に関係当事者が調印したアクラ包括和平協定で規定されていた。UN Doc.S/2003/850, Annex. この点については，拙稿「第二次リベリア内戦における国連平和維持活動の展開——ECOMILからUNMILへ」神戸法学雑誌53巻4号（2004）372-375頁参照。MIF-MINUSTAH: UN Doc.S/RES/1529（2004）, pre. para. 7, op. para. 3; UN Doc.S/RES/1542（2004）, op. para. 1. 拙稿「ハイチにおける国連平和維持活動と日本——国連ハイチ安定化ミッション（MINUSTAH）への参加問題」法学論叢170巻4＝5＝6号（2012）302-303頁参照。MINURCATはEUFOR Chad/RCAとともに安保理決議1778で設置されたが（UN Doc.S/RES/1778（2007）, op. paras. 1, 2, 6），その後，EUFOR Chad/RCAと入れ替わるかたちで憲章第7章に基づく行動として軍事部門が設置された。UN Doc.S/RES/1861（2009）, op. para. 3. AFISMA-MINUSMA: UN Doc.S/RES/2085（2012）, pre. para. 7, op. paras. 9(c), 23; UN Doc.S/RES/2100（2013）, op. para. 7. MISCA-MI-

また，平和活動型多国籍軍には，領域国の政府機能の再建や難民・避難民の帰還・再定住，武装勢力の武装解除・動員解除・社会再統合 (DDR)，さらには選挙実施支援を含む様々な任務を担う国連 PKO とともに展開し，これを軍事的に支援する活動も含まれる。その多くは，内戦等を終結させる停戦協定や和平協定に基づき，和平プロセスの中で一定の役割を担う。領域国政府や紛争の関係当事者による和平プロセスでの合意においてこうした多国籍軍による武力行使は特定の任務の遂行に関連するかたちで限定されており，その行使についても関係者の同意があらかじめ得られている。和平協定の内容次第だが，多国籍軍は軍事部門を担う一方で国連 PKO は民生部門に特化して役割分担を行ったり，軍事部門を有する国連 PKO といえども難渋する事態に対してより軍事力を強化した多国籍軍が一時的に展開して国連 PKO を軍事的に支援したりといった重層的な展開形態となる場合もある[20]。

　このような平和活動型多国籍軍は，紛争をめぐる関係当事者間の和平協定に

NUSCA: UN Doc.S/RES/2127 (2013), op. para. 46; UN Doc.S/RES/2149 (2014), op. para. 21. AFISMA は，その現地展開後に，AU と ECOWAS の要望により，国連 PKO への再編が計画され，最終的に MINUSMA となったのに対し，MISCA は，マリでの経験を通じて AU と ECOWAS がその展開前から国連 PKO への再編を予定して設置され，計画どおりに MINUSCA へと編成された。M. P. Moelle, *The International Responsibility of International Organisations. Cooperation in Peacekeeping Operations* (Cambridge U.P., 2017), pp. 233-261. なお，ECOMICI と国連コートジボワール活動 (UNOCI) も地域的機関による多国籍軍と「強化された」PKO との時系列的な展開ではあったが (UN Doc.S/RES/1464 (2003), op. para. 9; UN Doc.S/RES/1528 (2004), op. para. 1)，ECOWAS が軍隊を現地に派遣し，その後に関係当事者間で締結されたリナ＝マルクーシ和平協定 (UN Doc.S/2003/99, Annex I) では必ずしも ECOMICI が国連 PKO を後継機関とすることについて合意されていたわけではなかった。拙稿「コートジボワール内戦における国連平和維持活動――ECOMICI から ONUCI へ」国際協力論集 12 巻 3 号 (2005) 33-34 頁参照。

20) 前者の例としては，ボスニア・ヘルツェゴビナにおける IFOR/SFOR と国連ボスニア・ヘルツェゴビナミッション (UNMIBH) の関係 (Th. Tardy, "United Nations Mission in Bosnia and Herzegovina (UNMIBH)", in J. A. Koops, N. MacQueen, Th. Tardy & P. D. Williams (eds.), *The Oxford Handbook of United Nations Peacekeeping Operations* (O.U.P., 2015), p. 513) や，コソボにおける KFOR とコソボ国連暫定統治機構 (UNMIK) の関係 (拙稿「国連憲章第七章に基づく暫定統治機構の展開――UNTAES・UNMIK・UNTAET」神戸法学雑誌 50 巻 2 号 (2000) 93 頁) があり，後者の例としては，コンゴ民主共和国における IEMF と国連コンゴ民主共和国ミッション (MONUC) の関係 (拙稿「コンゴにおける国連平和維持活動 (2・完) ――国連コンゴ民主共和国ミッション (MONUC) の実践とその法的意義」国際協力論集 11 巻 3 号 (2004) 79-82 頁) がある。

より実質的に設置が決定されることになる。したがって，これと協働するかたちで採択される安保理決議には，和平合意の内容を確認し展開が予定される当該多国籍軍に武力行使を許可する役割が求められているということになる。それは，アドホック方式の場合も地域的機関軍方式の場合も同様である。前者については，ISAF の設置を盛り込んだボン協定の例が[21]，また後者については，ボスニア和平のため NATO が IFOR/SFOR を，EU が EUFOR Althea をそれぞれ派遣することになったデイトン合意が代表例として挙げられる[22]。和平協定は，関係当事者間の合意であるがゆえに，それぞれの主張が取り入れられるような規定内容となっており，特に政治過程へのそれぞれの当事者の参加が焦点となるが，国家再建プログラムについても詳細な規定が盛り込まれるのが通例である。その中で多国籍軍の役割が特定されるとともに，「強化された」PKO への移行も含め，和平プロセスの行程表が予定されることになる。

3 「被許可型」軍事活動の憲章上の位置づけ

国連憲章上の集団安全保障における軍事的措置は，安保理による第 39 条に従った「平和に対する脅威」等の決定と，第 43 条の特別協定に基づき国連加盟国から供出された部隊を安保理の政治的軍事的コントロールの下に置かれる国連軍により集権的に実施されることが予定されていた。これに対して冷戦後に登場した「被許可型」軍事活動の場合は，第 39 条の認定については安保理の集権的な決定によるものの，加盟国や地域的機関の軍に軍事活動を行うことを認めるというかたちで実施面では分権的性格を有するものとなっている[23]。

---

21) UN Doc.S/2001/1154; UN Doc.S/RES/1386（2001）．なお，その後の ISAF の任務拡大については，指揮権を保持することになる NATO が長期戦略を策定し（UN Doc.S/2003/970），安保理がこれを承認する（UN Doc.S/RES/1510（2003））という形式をとっている。
22) UN Doc.S/1995/999, Annex. その他にも，ECOMICI の導入を事実上決定したリナ＝マルクーシ和平協定（UN Doc.S/2003/99, Annex I; UN Doc.S/RES/1464（2003））や ECOMIL の導入を決定したアクラ停戦協定（UN Doc.S/2003/657, Annex; UN Doc.S/RES/1497（2003））およびその任務の拡大を規定したアクラ包括和平協定（UN Doc.S/2003/850, Annex; UN Doc.S/RES/1509（2003））があり，いずれもそうした和平合意締結後に安保理決議による許可が与えられている。
23) N. D. White & Ö. Ülgen, "The Security Council and the Decentralised Military Option: Constitutionality and Function", *N.I.L.R.*, Vol. 44（1997）, pp. 385-389.

図式的にいえば、国連安保理のコントロールが及ぶ限りで国連と部隊提供国による「被許可型」軍事活動との間は垂直的な関係となる一方、軍事的措置の現実の実施面においては、当該軍事活動への参加に同意した加盟国が、その実現手段については広範な裁量を保持することで、その垂直的関係が修正される（あるいは国連憲章が想定した規範的な枠組みからの乖離をもたらす）状況と描写することもできよう24)。それゆえ、安保理が部隊提供国に対してどのような内容の「許可」を与えるのか、そして「被許可型」軍事活動に対していかなるコントロールを及ぼしうるかという問題は、「許可」それ自体の法的性格の検討を含め、こうした国連と「被許可型」軍事活動の実施主体との間の関係をいかにとらえるかという論点につながっている25)。そこで前提になっているのは、軍事的措置の実施については部隊提供国の排他的権限に委ねられることで分権的性格が強調されるにせよ、安保理がそうした措置の開始やその具体的任務を集権的に決定するほか、措置の実施そのものに対してコントロールを及ぼすことで、憲章が予定した制度ではないものの、それに近いかたちで国連の集団安全保障体制が実現するという見方である26)。このため、部隊提供国による制度の濫用を食い止めて当該軍事活動の正統性を確保するためにも安保理のコン

---

24) 軍事的措置の決定までのプロセスについては制度的組織的性格が強いのに対して、実施面での分権的対応が国家間的性格を有することからこれを水平的な次元で機能するものと整理し、「被許可型」軍事活動をその両者のハイブリッドな性格を有するものと特徴づける考えとして、L.-A.Sicilianos, "Entre multilatéralism et unilatéralisme: L'autorisation par le Conseil de sécurité de recourir à la force", *Recueil de cours*, tome 339 (2009), pp. 403-409. また、本稿にいう「被許可型」軍事活動が垂直性と水平性との交錯状況において生じさせる問題を摘出し、措置の実施面における部隊提供国の意思と能力の過剰とそれを抑制するメカニズムの不在という非対称性を指摘する論稿として、佐藤量介「国連安全保障理事会による『許可』の法的位置づけの分析枠組みに関する一考察――垂直性と水平性の交錯を手掛かりに」一橋法学13巻1号 (2014) 145-205頁。

25) 国連加盟国には、自衛権の場合を例外として個別的武力行使が一般的に禁止されていることを考慮すると、単なる「勧告」とは異なり、安保理の「許可」には国連加盟国による武力行使を正当化する法的効果が伴うということになる。A.Orakhelashvili, *Collective Security* (O.U.P., 2011), p. 225. なお、国連による関係の権限の加盟国への委任 (delegation) の問題については、D.Sarooshi, *The United Nations and the Development of Collective Security. The Delegation by the UN Security Council of its Chapter VII Powers* (O.U.P., 1999), pp. 142-246.

26) O.Corten, *The Law Against War. The Prohibition on the Use of Force in Contemporary International Law* (Hart Publishing, 2010), p. 324.

トロールの強化が望ましいとされるのである27)。

　しかし，国連と部隊提供国との関係をこのように垂直的関係とそこからの逸脱という対立的な図式と措定してこれを検討し，安保理によるコントロールの実現を通じて垂直的関係の強化を試みる考えが「被許可型」軍事活動一般について妥当するのかどうかは別途検討する余地がある。確かに，憲章第7章に基づく行動は「国際の平和と安全」を回復するという意味において公共的な性格を有する以上，国連による強制という垂直的関係を強化することは，制度の趣旨からみて合理的であるし，特に強制手段として武力の行使が憲章第7章に基づき許可された軍事活動についてはそれが当てはまるであろう。国連が指揮・統制を行う憲章第7章の下での国連軍が存在しない現状において，「被許可型」軍事活動が付与されたマンデートを実効的に実施するために，上記の垂直的な関係に一定の修正をもたらすような部隊提供国の意思や行動の自由が重要なのは間違いないからである28)。

　問題は，上記で確認したように，「被許可型」軍事活動が憲章で想定された軍事制裁のみならず様々な任務を担うようになってきており，また活動の対象や関係する当事者も広範になっている状況において，国連と加盟国との間の関係という枠組みだけで活動の実効性を確認するだけでは，考慮要素として不十分なところがあるのではないかということである。とりわけ，平和活動型多国籍軍の軍事活動では，後継機関としての国連PKOの導入過程や和平プロセスなどにおいて，領域国政府以外の関係当事者の同意もまた実際に大きな役割を演じている。そこで次に，憲章第7章の援用理由をあらためて確認するとともに，こうした関係当事者の同意が活動にもたらす作用とその意義を検討することにしたい。

---

27) この観点からの安保理決議の機能の考察について，N. Blokker, "Outsourcing the Use of Force: Towards More Security Council Control of Authorized Operations?" in M. Weller (ed.), *The Oxford Handbook of the Use of Force in International Law* (O.U.P., 2015), pp. 202-226.
28) その意味で，「許可（autorisation）」には，国連による加盟国の行動へのコントロールという「公法上の委任関係（un mandat de droit public）」の側面と，国際社会の分権的性格を考慮した手段の実効性確保を目的とする武力行使の「認容（permission）」の側面があり，これらを区別しておく必要があるという。N. Kreipe, *Les autorisations données par le Conseil de sécurité des Nations Unies à des mesures militaires* (L.G.D.J., 2009), pp. 103-104.

III 平和活動型多国籍軍における憲章第7章の援用と活動の実効性確保

1 国連憲章第7章に基づく行動とその意義

(1) 強制的性格の意味

多国籍軍による軍事活動は，複数の国が参加する軍事活動であるとともに，一定の強制的性格を有する。多国籍軍の場合，この強制性は国連憲章第7章に基づく行動として認められる。すなわち，国連安保理が，国連憲章第7章に基づいて行動して，国連加盟国に対して任務遂行のために必要な措置を実施することを許可するのであり，この「必要なあらゆる措置（all necessary measures/means）」には自衛以外の武力行使も認められることから29)，多国籍軍の軍事活動は違法性を阻却され，国際法上正当化されることになる。

こうした「被許可型」軍事活動を特徴づける国連憲章第7章に基づく行動とその強制性には，大きく分けて2つの意味がある。

第1に，現地での活動自体に対して領域国政府や紛争の関係当事者が同意しないため，憲章第7章に基づき当該活動に強制性を持たせ，多国籍軍が現地に展開し活動を実施するという意味である。この場合，多国籍軍の設置自体に関係当事者の反対があるにもかかわらず，その現地展開を強制的に実施するということになり，特に領域国政府や現地の統治主体との間で大規模な軍事衝突を引き起こしかねない事態となる。ただ，こうした事例は主に軍事制裁型多国籍軍や，領域国政府の同意を得られない人道目的型多国籍軍に限られる。

第2には，活動そのものには関係者の理解や同意を得つつ，自衛を超える武力行使を許可するために憲章第7章が援用されるということである。ほとんどの「被許可型」軍事活動に付与されているのはこの意味での強制的性格である。すなわち，多国籍軍が治安維持や平和構築目的で派遣される場合，通常は領域国を含めた関係者の合意に基づき現地に展開し，それでもなお実際の任務遂行

---

29) 国連法務官の見解として，"Note to the Under-Secretary-General of the Department of Peacekeeping Operations, United Nations", *United Nations Juridical Yearbook 2003* (United Nations, 2006), p. 539. この文言について詳しくは，Nabil Hajjami, "Que signifie l'expression《prendre toutes les mesures nécessaires》dans la pratique du Conseil de sécurité des Nations unies", *Revue belge de droit international*, tome XLVII (2013), pp. 232-255.

において妨害がある際に武力行使が認められるという趣旨である。各関係団体の指導者間で多国籍軍の展開地域や任務内容につき合意が得られても，その意向が各グループの末端まで届いているかどうかはわからないことが多いであろうし，政治的合意がなされても意図的に現場ではそれに逆らう行動が見られることもあろう。ここでの多国籍軍による武力行使は現場におけるいわば作戦ないし戦術レベルでの強制である。多国籍軍が担う任務の遂行過程で中・小規模な戦闘や軍事活動が生じる可能性を考慮して，憲章第7章に基づく行動であるということを理由に，そうした活動に伴う武力行使の違法性が阻却されるのである。

(2) 任務内容と武力の烈度

憲章第7章に基づく「被許可型」軍事活動では任務の遂行に際して武力行使の可能性が予定されている。そして，多国籍軍に許容される武力行使の程度は，当該多国籍軍に遂行が求められる任務内容に依存するようなかたちで安保理決議に定められてきた。安保理決議で特定された任務の遂行に「必要なあらゆる措置」という文言で武力行使が許可されることから，この「必要なあらゆる措置」が任務内容に応じて可変的な概念であり，具体的な武力の烈度も任務の内容いかんにかかわる[30]。他方で，多国籍軍に求められる任務が多様化して，そうした任務遂行の必要が強く求められることにより，結果として，軍事制裁型や人道目的型の多国籍軍では武力の烈度を引き上げることにもつながった[31]。

---

[30] 要員の安全と移動の自由の確保についても，それが多国籍軍の任務の中に包摂され，任務遂行に必要なあらゆる措置が許可されれば，その目的のために武力行使が正当化される。EUFOR RD Congo（UN Doc.S/RES/1671（2006），op. para. 8(d)）やAMISOM（UN Doc.S/RES/1744（2007），op. para. 4(e)）はその例である。

[31] 軍事制裁型と考えられる湾岸戦争の際の多国籍軍は，安保理決議660他の関連決議の実施や「この地域の国際の平和及び安全の回復」という抽象的な任務のために武力行使が許可され（UN Doc.S/RES/678（1990），op. para. 2），このため，国連憲章第7章の下での軍事的強制措置に位置づけられた軍事作戦は大規模なものとなることが実践上も可能となった。また，人道目的型多国籍軍も，現地治安状況の悪化次第では，安保理決議により許容される武力行使の程度も変化する。2011年のリビア空爆の事例では，多国籍軍が，飛行禁止区域の設定とその遵守確保のような空軍力の行使を前提とする任務内容を与えられ（UN Doc.S/RES/1973（2011），op. para. 8），活動において広範な裁量があったという。C. Antonopoulos,

また，平和活動型多国籍軍の場合には求められる任務内容に応じて武力の烈度にも違いが生じてくる。一般に，この種の多国籍軍が治安を回復するために現地に投入される場合には，領域国政府の同意を得て展開するものの，反徒や反政府武装勢力を掃討することを目的とするため，事態の推移によっては激しい戦闘となり武力の烈度も高くなる可能性がある。他方で，和平プロセスが開始されたのちに展開する場合にも治安維持が任務の一つとして数えられることがほとんどであるが，比較的治安の安定している地域ではそのような任務を実施するために武力を行使する機会もそれほど多くはなく，むしろ領域国の国軍や警察組織の再建を支援して領域国政府自身による治安維持を目指すこともありうる。したがって，平和活動型多国籍軍の場合には，武力行使の具体的事態については，多国籍軍全体でとらえるのではなく，個別の任務内容及び各部隊の派遣先の地域の状況などを踏まえて評価されるべきであろう。

2　平和活動型多国籍軍の活動の実効性確保
(1)　関係当事者による同意の意味

　国連による軍事的な強制措置は国連憲章第7章に基づいて法的に正当化される。特に軍事制裁や人道目的の多国籍軍の場合には領域国政府の同意を得ておくことを必ずしも前提としない軍事活動も存在することから，憲章第7章に基づき，安保理が平和に対する脅威の存在を認定して，国連加盟国に対し任務遂行に「必要なあらゆる措置」を許可することで，国際法により武力行使の法的な正当化がなされなければならず，その限界は任務内容に応じた可変的なものとなる。

　他方，平和活動型多国籍軍の場合は，主たる関係当事者が当該多国籍軍の導入を含めた和平プロセスや国家再建枠組みについて合意しており，少なくとも多国籍軍の軍事活動が展開する領域国の政府は当該活動に同意を与えている例が大多数である[32]。このため，武力行使の法的正当化についていえば，領域

"'The Legitimacy to Legitimise': The Security Council Action in Libya under Resolution 1973 (2011)", *I.C.L.R.*, Vol. 14 (2012), p. 369.

[32]　O. Corten, supra note 26, p. 314. 治安維持を目的とする場合，軍事活動の相手方は領域国政府ではなく，通常は当該領域国内に所在する反政府勢力であることから領域国政府は当該

国政府の同意をもって武力行使を含めた領域主権の侵害を正当化することもできないわけではないので，必ずしも国連憲章第 7 章に基づく行動として違法性阻却事由を構成する必要はない 33)。ただ，ここでは，領域国の同意が国際法上の違法性阻却事由として問題となる武力行使を正当化するのか，それとも領域国が有する主権の一部が多国籍軍に委ねられて武力が行使されるのかということを区別しておきたい。この区別は多国籍軍に付与された任務とその実施手段にかかわるからである。

　国際法上の違法性阻却事由として領域国政府の同意が援用されるのは，自衛権が主張されるような，武力の烈度の高い状況が考えられる。こうした同意が違法性阻却事由となるには当該同意が有効なものでなければならない。また，同意を与える当局がその国を正当に代表していることも不可欠である 34)。しかし，ここで問題となるのは，違法な武力行使という国際法上の強行規範に違反する行為についてなお被害国の同意が違法性阻却事由となりうるかどうかということであろう。武力不行使原則が国際法上の強行規範の地位を占めていると一般的に考えられているが 35)，そうした規範から逸脱する行為である武力行使の違法性を被害国の同意により阻却するということは，強行規範の機能からは法的に認められないからである 36)。この立場によると，国際法上適法で

　　活動の実施に同意を与えることになるという。J. Sloan, *The Militarisation of Peacekeeping in the Twenty-First Century* (Hart Publishing, 2011), p. 53.

33)　逆にいえば，それでも憲章第 7 章が援用されたのは，領域国政府の同意だけでは当該活動は国際法上合法ではないと考えられたためということもありうる。ソマリア暫定連邦政府による外国軍の駐留への同意の意味について，O. Corten, "La licéité douteuse de l'action militaire de l'Éthiopie en Somalie et ses implications sur l'argument de l' 《intervention consentie》", *R.G.D.I.P.*, tome 111 (2007), p. 531. なお，領域国政府の同意に基づく武力行使一般が安保理の「許可」によって包摂される意味について，阿部達也「領域国の同意に基づく武力行使の今日的展開——国連安全保障理事会の関与の動きに着目して」世界法年報 36 号 (2017) 92-95 頁参照。

34)　A. Ben Mansour, "Circumstances Precluding Wrongfulness in the ILC Articles on State Responsibility: Consent", in J. Crawford, A. Pellet & S. Olleson (eds.), *The Law of International Responsibility* (O.U.P., 2010), pp. 441-445.

35)　Draft Articles on the Law of Treaties with Commentaries, *Yearbook of the ILC, 1966*, Vol. 2, p. 247; *Military and Paramilitary Activities in and against Nicaragua* (*Nicaragua v. United States of America*), *Merits, Judgment, I.C.J.Reports 1986*, p. 100, para. 190.

36)　J. Crawford, *The International Law Commission's Articles on State Responsibility. In-*

ある武力行使の敷居をこえるような武力衝突の場合について、領域主権の侵害にかかる被害国としての領域国の同意によっても多国籍軍の活動は正当化されえないということになる37)。

これに対して、領域国の統治機能の一部が多国籍軍に委ねられ、これが任務遂行に必要な武力行使として認められる場合、多国籍軍の任務は問題となる領域の一定地域における治安維持等であり、その遂行に必要な限りで領域国政府の同意に基づきその国の警察権等の権限を領域国政府に代わって行使しているという構成も可能となろう。すなわち、この場合、多国籍軍の治安維持活動には領域国政府による国内法上の法執行活動という側面を看取することもできる38)。多国籍軍は、安保理決議などに基づき認められた任務を国際法上合法的に遂行するほか、領域国政府の合意を介してその国内法上の権限に基づく行為をいわば国内機関のようなかたちで遂行することになるのである39)。

---

troduction, *Text and Commentaries*（Cambridge U.P., 2002), p. 188.

37) ただし、同意が認められる範囲を定める一次規則に応じて強行規範の範囲も決まるのだとすれば、これは違法性阻却に関する二次規則の問題ではなく武力行使に関する一次規則の問題であって、同意に基づく自国領域内での外国軍の武力行使も合法ということになる。R. Kolb, *Peremptory International Law* Jus Cogens. *A General Inventory* (Hart Publishing, 2015), p. 74.

38)「必要なあらゆる措置」には軍事制裁型の武力行使の場合だけでなく、任務遂行に限った実力の行使も含まれる。前者は敵対行為パラダイム、後者は法執行パラダイムとして区別されるという。R. McLaughlin, "The Legal Regime Applicable to Use of Lethal Force when Operating under a United Nations Security Council Chapter VII Mandate Authorising 'All Necessary Means'", *Journal of Conflict and Security Law*, Vol. 12（2008), pp. 403-405.

39) ただ問題は、こうした領域国の警察権能に属するような武力行使（実力行使）と、国際法上違法とされる武力行使との区別が、それほど明確ではないという点にある。国内法に基づき法執行活動を行うことで、結果として国連憲章第2条4項に違反する武力の行使または武力による威嚇と評価されることもあり（*Award in the Arbitration regarding the Delimitation of the Maritime Boundary between Guyana and Suriname, Award of 17 September 2007, R.I.A.A.*, Vol.XXX, p. 126, para. 445)、国際法規則が違法とする武力行使と国内法上合法とされる実力行使との関係には、その敷居の基準も含め、国際法上不明確な点が残されている。海上での活動に関してではあるが、この点については、P. Jimenez Kwast, "Maritime Law Enforcement and the Use of Force: Reflections on the Categorisation of Forcible Action at Sea in the Light of the *Guyana/Suriname* Award", *Journal of Conflict & Security Law*, Vol. 13（2008), pp. 58-59.

(2) 活動を規律する「原則」定立の可能性

「被許可型」軍事活動に対する内在的な規律規範やその活動の実効性を確保するための原則は，はたして存在するのであろうか。同じ「国際の平和と安全の維持」にかかわる活動である国連PKOでは，同意，公平，自衛がその活動原則としての規範的地位を獲得してきた。現実にもこれら原則に基づき，国連PKOの部隊は編成され，任務が実施されており，それは「強化された」PKOにおいてもおおむね変わりがない[40]。ここでは，こうした国連PKOの活動原則との比較のうえで[41]，「被許可型」軍事活動に関して何らかの「原則」が抽出できるかどうかを検討してみたい。

まず，軍事制裁型や人道目的型の多国籍軍の場合には，国連PKOの根幹ともいえる同意原則とは相いれない。当該活動が行われる領域の領域国政府による行動やそれに伴う事態が「平和に対する脅威」を構成したり，そうした領域国政府が住民に対して重大な人権侵害を引き起こしていたりすることを前提にすれば，当該領域国政府から多国籍軍が自らの活動実施の同意を得ることはおよそ考えられず，むしろ領域国政府の意に反して軍事活動を実施・展開する可能性の方が高いからである。同様に，一定の「敵」を排除することを目的とするこれら軍事活動において公平原則が成立することも考えにくい[42]。それぞ

---

[40] これら「強化された」PKOの活動原則の検討については，拙稿「国連平和維持活動における同意原則の機能——ポスト冷戦期の事例を中心に」安藤仁介＝中村道＝位田隆一編・21世紀の国際機構：課題と展望（東信堂，2004）237-278頁，拙稿「国連平和維持活動と公平原則——ポスト冷戦期の事例を中心に」神戸法学雑誌54巻4号（2005）277-327頁，拙稿「国連平和維持活動と自衛原則——ポスト冷戦期の事例を中心に」浅田正彦・安藤仁介先生古稀記念 二一世紀国際法の課題（有信堂，2006）343-373頁参照。

[41] PKOも多国籍軍も，実行により形成されてきた活動であることや加盟国の物質的人的貢献によって実施されることについては共通点があるものの，国連の機関かどうか，国連に軍事コマンドがあるか，国際的性格の観点や地理的配分から部隊提供国が選択されているかどうか，国連が財政支出を行っているか，そして原則として強制的な性格を有するかどうか，という点では両者は基本的に異なる活動であることはいうまでもない。Ph. Lagrange, "Sécurité collective et exercice par le Conseil de sécurité du système d'autorisation de la coercition", in SFDI, Les métamorphoses de la sécurité collective. Droit, pratique et enjeux stratégiques（Pedone, 2005), pp. 81-86.

[42] もっとも，ルワンダ多国籍軍のように，難民や国内避難民などの安全と保護を確保する人道上の目的に「公平なかたちで（in an impartial way）」貢献するよう求められた例はある。UN Doc.S/RES/929（1994), op. para. 2. 同様に，アルバニア多国籍保護軍やMISABで

れの活動目的にもよるが，自衛原則についても，当然自衛を超える武力行使が予定されることになる。

しかし，平和活動型多国籍軍の活動については，国連PKO，とりわけ「強化された」PKOの活動との類似性が認められるほか，国連PKOへの権限移行や並行展開に伴う活動の整合性という観点からも，国連PKOの活動原則との関係が注目される。

同意原則に関していえば，平和活動型多国籍軍の場合，あらかじめ領域国政府によりその領域内での治安回復のための軍事活動の要請がなされたり，「強化された」PKOの場合と同様に，関係者が和平合意などで和平プロセスの内容についてすでに合意し，したがってそこでの多国籍軍の活動についてもそれぞれが同意を与えているとみなすことができる。後者の活動についてみれば，付与された任務やその実施手段に関する平和活動型多国籍軍から「強化された」PKOへの移行は和平合意成立時点での既定路線なのであり，この点において平和活動型多国籍軍と「強化された」PKOとを区別する理由はない。逆にいえば，平和活動型多国籍軍への参加を国連加盟国が検討するのであれば，そうした関係者の同意が与えられているかどうかが参加の是非を決めるメルクマールとなるのである[43]。

また，公平原則も平和活動型多国籍軍では基本的に維持されているとみてよい。関係者による和平合意の遵守確保を基本的任務とし，国軍や警察部門の再建を支援しつつ国家建設への助力を行う活動は，関係者にとっての「敵」をつくるものではなく，すべてのものに対して公平に法を執行する役割を備えているからである。後継機関である「強化された」PKOにもまた同様の公平原則が妥当しているというのであれば，同様の任務を担う平和活動型多国籍軍にお

も，安保理決議でその活動が「中立的かつ公平なかたちで (in a neutral and impartial way)」実施されるよう中立性や公平性が求められていた。UN Doc.S/RES/1101 (1997), op. para. 4; UN Doc.S/RES/1125 (1997), op. para. 2. D. Donald, "Neutrality, Impartiality and UN Peacekeeping at the Beginning of the 21st Century", *International Peacekeeping*, Vol. 9, No. 4 (2002), pp. 28-29.

43) 実際には，領域国政府の同意や要請が多国籍軍の主導国にとってさえ参加のための条件となることがある。M. Dee, "'Coalitions of the Willing' and Humanitarian Intervention: Australia's Involvement with INTERFET", *International Peacekeeping*, Vol. 8, No. 3 (2001), p. 19.

いても公平性が期待されるのがより整合的である。しかも，法や秩序，平和の維持の回復という公共目的の実現のために活動の公平性が遵守されるのであれば，この活動に与えられる関係者の同意も正当なものとみなされやすくなる[44]。その意味で，関係当事者が活動に与える同意とその活動の公平的性格は密接な関係を有するといえる。

問題は自衛原則であろう。国連憲章第7章が援用されるのは自衛を超える武力行使を許可するためであり，そこには自衛原則が妥当する余地はない。任務遂行に「必要なあらゆる措置」には，任務遂行に付随して生じる危害に対して自らの安全を守る意味での広義の自衛のほか，それ以上の烈度を有する武力の行使も含まれると考えられるからである[45]。

国連PKOとは設置背景が異なる平和活動型多国籍軍の場合，自衛原則に固執する必然性はない。確かに文民保護を目的とするような「強化された」PKOとも共通する状況は存在する。しかし，「強化された」PKOよりも危険度の高い，そしてその対応として烈度の高い武力の行使が求められる状況にあることもまた確かであり，それゆえ，国連PKOよりも制約が緩やかなルールズ・オブ・エンゲージメント（Rules of Engagement: ROE）が活動参加国や地域的機関により採用されることになる[46]。

行使される武力の烈度が国連PKOよりも相対的に高いと考えられる平和活動型多国籍軍に関する限り，武力行使の範囲において重要なのは，自らの身を

---

44) O. Corten, supra note 26, p. 308.
45) なお，「強化された」PKOについて，国連は，国連憲章第7章に基づく行動が援用されているものの，自衛原則が妥当するという姿勢を崩していない。United Nations Department of Peacekeeping Operations, Department of Field Support, *United Nations Peacekeeping Operations. Principle and Guidelines* (United Nations, 2008), pp. 34-35. しかし，国連コンゴ民主共和国安定化ミッション（MONUSCO）の一部として創設された「介入旅団（Intervention Brigade）」は，反政府勢力を無害化するために投入され，自衛をこえる攻撃的な武力行使を認められている。UN Doc.S/RES/2098 (2013), op. paras. 9, 12(b). C. Foley, *UN Peacekeeping Operations and the Protection of Civilians. Saving Succeeding Generations* (Cambridge U.P., 2017), pp. 276-280.
46) R. Thakur, "Reconfiguring the UN System of Collective Security", in M. Weller (ed.), supra note 27, p. 200. 多国籍軍型軍事活動ではROEの標準はなく，それぞれの活動ごとに決められている。B. Cathcart, "Force Application in Enforcement and Peace Enforcement Operations", in T. D. Gill & D. Fleck (eds.), supra note 14, p. 136.

守るための自衛の基準よりもむしろ，国連憲章第7章に基づいて認められる行動にいう「あらゆる措置」が「任務遂行に必要な」という敷居で制約されている点である。「必要なあらゆる措置」は具体的な任務の実効的実施のためにとられるのであり，目的が限定されるほか，その目的と均衡する限度での手段として武力行使が正当化されるということになる47)。その意味で，平和活動型多国籍軍では，同意や公平とともに，「任務遂行上の必要性」を活動の「原則」の一基準とする可能性はありうるであろう48)。

このように，少なくとも国連PKOと連携が予定される平和維持型多国籍軍については，「強化された」PKOに妥当する活動原則の内容の一部が参考になる。これは，活動に従事する部隊にとって行為準則の内容の豊富化に貢献し，潜在的部隊提供国には政策判断の参照基準を提供するものとなることが期待される。

Ⅳ おわりに

「被許可型」軍事活動で憲章第7章に基づき許可された武力は当該活動に付与された任務を遂行する手段として用いられ，その烈度には活動ごとに大きな幅がある。したがって，「被許可型」軍事活動を性格づけるには，任務とその実施手段を考慮要素としてそれぞれの活動の特徴を検討していかなければならない。「被許可型」軍事活動一般について多国籍軍として一律に法的な規律を

---

47) G. Gaja, "Use of Force Made or Authorized by the United Nations", in Ch. Tomuschat (ed.), *The United Nations at Age Fifty. A Legal Perspective* (Kluwer Law International, 1995), p. 42; J. G. Gardam, "Legal Restraints on Security Council Military Enforcement Action", *Michigan Journal of International Law*, Vol. 17 (1996), pp. 309-310. 武力行使の程度が任務内容に依存するがゆえに，活動の目的や内容を安保理決議で明確に定めておくことはここでも重要である。N. Blokker, "Is the Authorization Authorized? Power and Practice of the UN Security Council to Authorize the Use of Force by 'Coalitions of the Able and Willing'", *E.J.I.L.*, Vol. 11 (2000), pp. 561-562.

48) 重要なのは，こうした「原則」が具体的な活動に適用されているかどうかを検証するメカニズムの存在である。国連による平和活動型多国籍軍へのコントロールは，こうした活動「原則」を不断に検証することにも求められることになる。そのためにもさしあたりは報告制度の改善が必要である。報告制度の意義については，L.-A. Sicilianos, "L'autorisation par le Conseil de sécurité de recourir à la force: une tentative d'évalution", *R.G.D.I.P.*, tome 106 (2002), p. 22.

行うことには慎重でなければならないのである。

「被許可型」活動はいずれも，「国際の平和と安全の維持」という目的にとっては公共性を有する活動であることは間違いない。ただ，軍事制裁型多国籍軍のように国際社会の共通利益の増進に比べて相対的に部隊提供国の国益の追求が前面に出てくる場合もある以上，安保理の強制措置権限の利用による「公権力」の行使だけで当該活動が正統性や信頼性を保持しうるというように短絡的に考えるべきではないであろう[49]。しかし，一方で国際社会という共同体の共通利益を目的とし，他方で国家の自由と自律性を尊重しなければ，現行の集団安全保障制度が機能しないことを考えると，「被許可型」軍事活動にとって重要なのは，その正統性や信頼性は国連の集団安全保障制度の目的とそれに参加する国連加盟国の国益とが同じ方向に向かうかどうかにかかっているということである[50]。

さらに，国連と加盟国との間および国家間の関係において憲章上想定されてきた国連の集団安全保障制度からの要請として，国連による集権的な決定，国連加盟国による分権的な実施とそれに対する国連のコントロールの必要性だけが論じられるのでは，多国籍軍の性格を理解するには不十分である。「被許可型」軍事活動は，非国家的実体が関与する紛争への対応や政府機能が麻痺した国家の再建事業をも含むように「国際の平和と安全の維持」を目的とした活動として理解されてきた。そこでは，活動が展開する領域国政府や紛争の関係当事者等の同意をも当該活動の特徴として位置づけることによってこそ，こうした活動の性格を特定することが可能となるからである。

本稿では，特に平和活動型多国籍軍に焦点を合わせ，国連による加盟国の行動へのコントロール強化を通じたその公共性や正統性の増進とともに，任務遂行の実効性を向上させる観点から，憲章第7章に基づく行動と関係当事者の同

---

49) 松田竹男「安保理強制措置の多様化——その批判的検討」松田竹男＝田中則夫＝薬師寺公夫＝坂元茂樹編集代表・現代国際法の思想と構造Ⅱ 環境，海洋，刑事，紛争，展望（東信堂，2012）367頁。
50) P. G. Danchin, "Things Fall Apart: the Concept of Collective Security in International Law", in P. G. Danchin & Horst Fischer (eds.), *United Nations Reform and the New Collective Security* (Cambridge U.P., 2010), p. 44.; N. Tsagourias & N. D. White, supra note 15, p. 277.

意の意味をそれぞれ検討してきた。その結果,「被許可型」軍事活動が国連の集団安全保障体制において公共性や正統性を獲得し,実効性や信頼性を向上させていくには,憲章第7章に基づく行動という観点からの国連と加盟国との間の関係,とりわけ安保理による加盟国の強制的性格を有する行動に対するコントロールが重要であることが確認された。しかし他面において,そうした活動の実効性を確保するためには,特に平和活動型多国籍軍の場合には,国連PKOとの連携の必要性からも,憲章第7章に基づく強制という視点だけではなく,当該活動に対する領域国政府も含めた関係当事者の同意もまた重要な役割を果たすということが指摘できる。主権国家体制を前提とすれば,国連加盟国が実施する軍事活動を制御することには困難を伴うことはいうまでもないが,少なくとも平和活動型多国籍軍のような軍事活動については,その制御も含む実施の実効性を確保する手がかりがこれまでの実行の中に見出されている。この小論は,そうした軍事活動の制御と実効性確保をめぐる「実践的な営み[51]」を問い直す作業の一助にすぎない。

［付記］本稿は,JSPS科研費26380058及び17K03383の助成を受けた。

(2017年10月脱稿)

---

51) 小寺彰・パラダイム国際法——国際法の基本構成（有斐閣,2004）235頁。

集団的自衛権概念の明確化
―― 援用事例とニカラグア事件判決

森　肇志

I　はじめに
II　初期の事例・学説
III　援用事例
IV　ニカラグア事件判決
V　むすびにかえて

I　はじめに

　集団的自衛権は，現在一般に，一国に対する武力攻撃がある場合に，直接に攻撃を受けていない他国も共同して反撃に加わるための法的根拠と理解されている[1]。こうした理解は，国際連合憲章51条の起草過程からも確認することができる[2]。この2つの点を結ぶならば，集団的自衛権は，憲章起草時から現在に至るまで，一貫してこのように理解されてきたと考えることもできよう。
　しかし，集団的自衛権の援用事例，すなわち国家が集団的自衛権をどのようなものとして援用し主張してきたのかを視野に入れた場合には，少なくとも，一貫してこのように理解されてきたと言うことは困難となる。
　集団的自衛権の援用事例としては，①ソ連のハンガリー派兵（1956年），②

---

1) 山本草二・国際法〔新版〕（有斐閣，1994）736-737頁。同旨，浅田正彦編著・国際法〔第3版〕（東信堂，2016）454頁。
2) 森肇志「集団的自衛権の誕生」国際法外交雑誌102巻1号（2003）103-107頁。

米国のレバノン派兵（1958 年），③英国のヨルダン派兵（1958 年），④英国の南アラビア連邦支援（1964 年），⑤米国等による南ヴェトナム支援（1965 年），⑥ソ連のチェコスロヴァキア派兵（1968 年），⑦ソ連のアフガニスタン派兵（1979 年），⑧キューバのアンゴラ支援（1983 年），⑨リビアのチャド派兵（1981 年），⑩フランス等のチャド支援（1983 年），⑪フランスのチャド支援（1986 年），⑫米国のホンデュラス支援（1988 年），⑬米国等のペルシャ湾地域支援（1990 年），⑭ロシアのタジキスタン支援（1993 年），⑮ジンバブエ，アンゴラ，ナミビアのコンゴ民主共和国支援（1998 年），⑯英国，フランス，オーストラリア等の米国支援（2001 年），⑰米国等のイラク支援（2014 年）が挙げられることが多い3)（以下，各事例を数字で表すことがある）。

こうした援用事例について Christine Gray は，それらが，「集団的自衛が援用され，援助を要請した『犠牲』国に外国軍隊が入るものの，実際の紛争において武力が行使されない，あるいは犠牲国の国境線を越えて用いられない」事例を含むことを指摘し，「すなわち，理論上は，集団的自衛と，ある政府に対する外部からの干渉に対応するための当該政府による要請に応えるための援助は区別されるが，実際には，そのラインは明確なものではない」と述べる4)。そこでは，集団的自衛権の援用事例の中に，上記の理解とは異質のものが含まれていることが示唆される。

集団的自衛権について，条約実行と区別される意味での国家実行に関する検討はそれほど多くはなく，またそうした検討において，Gray によって示された視点は一般的なものではない5)。Gray 自身もこうした視点からの検討を詳

---

3) Christine Gray, *International Law and the Use of Force* (4th ed., Oxford University Press, 2018), pp. 176, 189, n. 354, 190–196; 中谷和弘「集団的自衛権と国際法」村瀬信也編・自衛権の現代的展開（東信堂，2007）45-50 頁；下中菜都子＝樋山千冬「集団的自衛権の援用事例」レファレンス平成 27 年 3 月号。日本政府は 2014 年 4 月になされた質問主意書に対する答弁書の中で，このうち①-⑧，⑪-⑯を挙げる（内閣参質 186 第 67 号（平成 26.4.18）4-5 頁）。なお，各事例の呼称については下中＝樋山・上掲を参考にした。
4) Gray, *supra* note 3, p. 177（強調筆者）。
5) 同様の観点を窺わせるものとして Linos-Alexandre Sicilianos, *Les reactions décentralisées á l'illicite*（L.G.D.J., 1990), pp. 119–124, 330–335 がある。その他上記の援用事例の多くを挙げて検討するものとして，前掲注(3)に挙げたもののほか，Stanimir A. Alexandrov, *Self-Defense against the Use of Force in International Law*（Kluwer Law International, 1996), pp. 215–290, Jean-Pierre Cot et al. eds., *La Charte des Nations Unies: Commentaire article par*

細に展開するわけではない6)。しかし，こうした視点を窺わせるものとして，いずれも1963年に示された，Ian BrownlieおよびRosalyn Higginsの整理を挙げることができる。

　Brownlieは，1963年に刊行された*International Law and the Use of Force by States*において，「集団的防衛および他国の防衛（Collective Defense and Defense of Other States）」という節の中で集団的自衛権（right of collective self-defence）に触れるが，そこでは先に挙げた援用事例は一つも挙げられていない7)。その一方で，先に挙げた援用事例のうち，1963年以前のそれである①②③は，「正当政府の要請あるいは同意に基づく内戦への干渉」という，別の節の中で言及される8)。

　もっとも，Brownlieにおいて，集団的自衛権と「正当政府の要請あるいは同意に基づく内戦への干渉」，あるいは前者とこれら3つの事例とが，完全に無関係ということではない。当時のBrownlieにおいてこれら3つの事例は，明示的には「正当政府の要請あるいは同意に基づく内戦への干渉」の例として挙げられているが，集団的自衛権概念自体が「正当政府の要請あるいは同意に基づく内戦への干渉」を含みうると理解されている9)。

---

　　article（3rd ed., Economica, 2005), pp. 134-135 がある。Tom Ruys, *"Armed Attack" and Article 51 of the UN Charter*（Cambridge University Press, 2010), pp. 87-91 は，援助要請に関連していくつかの事例を検討する。その他，山本・前掲注(1)737-739頁は，「集団的自衛権の濫用」という項目の中で①⑥に触れ，藤田久一・国連法（東京大学出版会，1998) 297頁は，集団的自衛権が援用された例として②④⑤⑥⑦⑬に言及し，⑥⑦を批判的に検討する。

6) Gray, *supra* note 3, pp. 178-179 は，こうした点を指摘するにもかかわらず，集団的自衛権につき，法の内容に関しては一致があったことを強調する。

7) Ian Brownlie, *International Law and the Use of Force by States*（Oxford Univeristy Press, 1963), pp. 328-331. いくつかの条約実行が挙げられるほか，朝鮮国連軍が言及される。後者も集団的自衛権の援用事例であると明確に位置づけられているわけではない（*ibid.*, p. 331, n. 5）。

8) *Ibid.*, pp. 321-327（強調筆者）。①②③以外に，1944年から1946年のギリシャ政府に対する英国の支援もその例として挙げる（*ibid.*, p. 325）。これについては後掲注(15)参照。

9) 同書において集団的自衛権は，国際連盟規約16条に代表される集団的防衛概念と明確に区別されておらず（*ibid.*, pp. 328-331），「正当政府の要請あるいは同意に基づく内戦への干渉」の節の中でこれらの事例について触れるのは，「1945年以降の国家実行において，間接侵略あるいは国家転覆に対する集団的防衛（collective defence）の一形態であるとして干渉を正当化する傾向がある」（*ibid.*, p. 325）と述べた後である。なお，Brownlieは，*Principles of Public International Law*（6th ed., Oxford University Press, 2003), pp. 702-703 で簡

Higginsは，同じく1963年に刊行されたThe Development of International Law through the Political Organs of the United Nationsにおいて集団的自衛について検討する中で，①②に言及する。しかし，この2つの事例はより広いインプリケーションがあるとして，「そうしたインプリケーションは，密接に関連した合法な武力行使の主張，すなわち，『武力が要請（invitation）の下で行使されているという主張』の下で適切に検討されるかもしれない」と述べて，続けてその「武力が要請の下で行使されているという主張」の検討へと移行し，そこでも①②，さらに③を検討する10)。当時のHigginsにおいても，集団的自衛権と「武力が要請の下で行使されているという主張」とが，「密接に関連」するものとして理解されていたのである。

　こうした整理によれば，集団的自衛権の援用事例として挙げられる①②③は，その発生から数年後の1963年において，「正当政府の要請あるいは同意に基づく内戦への干渉」あるいは「武力が要請の下で行使されているという主張」の事例として，少なくともそうした事例としても挙げられていたのであり11)，そのことは，当時集団的自衛権概念が，現在と同じように理解されていたわけではなかったことを示唆している。

　集団的自衛権概念が，現在と同じように理解されていたわけではなかったとするならば，そのことは，ニカラグア事件判決において国際司法裁判所（ICJ）が挙げた援助要請要件の位置づけとも関連するように思われる。

　同事件においてICJは，集団的自衛権の慣習国際法上の要件として援助要請を挙げた。その際，国家実行をなんら検討せずに結論を導いているとして批判の対象となった12)。これに対して一部の学説は，国家実行として集団的自衛権の援用事例を検討することによって，それが国家実行においても認められて

潔に集団的自衛権に触れるが，そこではこうした広い形で同概念を理解しているとは考えにくい。
10)　Rosalyn Higgins, The Development of International Law through the Political Organs of the United Nations (Oxford University Press, 1963), pp. 208-213（強調筆者）。
11)　なお，Louise Doswald-Beckは，要請による干渉を検討する論文において，先に挙げた援用事例のうち，①②③⑦⑨⑩を検討対象とする（Louise Doswald-Beck, "The Legal Validity of Military Intervention by Invitation of the Government", British Yearbook of International Law, Vol. 56 (1985), pp. 213-226, 230-234)。
12)　森肇志「集団的自衛権の法的構造」国際法外交雑誌115巻4号（2017）34頁を参照。

きたことを主張する13)。

たしかに，先に列挙した援用事例の多くにおいて，集団的自衛権を行使したと主張する国は，援助が要請されたと主張した14)。しかし，集団的自衛権の援用事例の中に，現在一般に理解されている集団的自衛権とは異質のものが含まれているのであれば，そうした事例において援助要請がなされたことの位置づけについても，慎重に吟味することが必要となろう。

本稿では，こうした問題意識の下に，集団的自衛権の援用事例およびニカラグア事件判決を検討することによって，同概念がどのように議論されてきたかを明らかにしたい。そのことによって，援用事例および援助要請要件の位置づけについて，一定の視角が得られるであろう。

II 初期の事例・学説

先に挙げた集団的自衛権の援用事例の中でもっとも古いものは①だが，学説上，それ以前のものやそれと相前後するものも集団的自衛権の事例として挙げられることがある。それらは Brownlie や Higgins による整理の背景にある問題意識を明確に示すと考えられるため，ここで検討したい。集団的自衛権は，何に対して，あるいはどのような場合にどのような行為を正当化するものとされ，援助要請はどのように位置づけられていたのであろうか。

1 米国によるギリシャ政府への支援問題（1947年）

国連憲章下における集団的自衛権の事例として挙げられるもののうちもっとも初期のものとして，1947年の米国によるギリシャ政府への支援問題を挙げることができる15)。第二次世界大戦中から続くギリシャの内戦において，反

---

13) Gray は，「一般的に国家実行も，通常要請および宣言がなされるという裁判所の立場を支持する」(Gray, *supra* note 3, p. 187) として，②③⑤⑥⑦⑨⑩⑪⑬⑰に触れる (*ibid.*, pp. 187–188)。Sicilianos, *supra* note 5, pp. 124–128, 203 (②③⑤⑥⑦⑩および米国のタイ支援 (1962年) を挙げる), Ruys, *supra* note 5, pp. 87–88 (①②③⑤⑥⑦を挙げる), 中谷・前掲注(3)46–48頁 (①–⑫および「ニカラグア内戦における米国による武力行使 (1980年代前半)」を検討する) も同様。浅田編著・前掲注(1)455頁，森・前掲注(12)41–43頁も参照。
14) 森・前掲注(12)42頁脚注78およびそれに対応する本文。
15) 米国によるギリシャ政府への支援は，それに先立つ第二次世界大戦中からの英国の支援を引き継ぐものであり (油井大三郎・戦後世界秩序の形成 (東京大学出版会，1985) 168–

政府ゲリラがユーゴスラヴィア，アルバニア，ブルガリアから支援を得ていたのに対して，ギリシャ政府が米国に援助を要請し，米国がギリシャ政府の支援に乗り出す中で，集団的自衛権が言及されたのである[16]。

こうした集団の自衛権への言及において，何に対して，あるいはどのような場合にどのような行為が正当化されると考えられていたのかは明確ではない。実際にも，反政府ゲリラに対する支援は，訓練基地の提供，越境の自由の容認，食糧援助，運搬手段の提供などであったとされ[17]，ギリシャ政府に対する米国の支援も，経済援助および軍事援助（軍事物資の供給および軍事要員の派遣）に留まり，軍隊の派遣がなされたわけではない[18]。こうした状況の下，学説において，集団的自衛権の行使が正当化されるためには現実の武力攻撃の発生が必要だとするものがあったことは注目される[19]。

他方で，こうした学説において，ギリシャ政府による援助要請については言

193頁），後者も集団的自衛権に関連して言及されることもある（前掲注(8)，後掲注(27)を参照）。

16) 集団的自衛権の例とするものとして Pierre Vellas, *Le Régionalisme International et l'Organisation des Nations Unies*（Pedone, 1948），p. 140，否定するものとして Hassan Abdel Hadi Al Chalabi, *La Légitime Défense*（Editions Universitaires d'Egypte, 1952），p. 106，武力攻撃の存在如何であるものとして Leland M. Goodrich and Edvard Hambro, *Charter of the United Nations: Commentary and Documents*（2nd &revised ed., World Peace Foundation, 1949），p. 302; 高野雄一「地域的安全保障と集団的自衛」国際法外交雑誌55巻2＝3＝4合併号（1956）213頁（高野雄一・集団安保と自衛権（東信堂，1999）62頁）。Goodrich and Hambro, *op. cit.*, p. 302は，「ソビエトの拒否権のために安全保障理事会が本件において効果的な行動を取れずにいることは，国際連合の一般目的および原則に合致して行動するかぎり，行動する意思のある国家による個別的あるいは集団的行動を妨げるものではない」という安保理における米国代表の発言（Security Council, *Official Records*, Second Year, No. 74, p. 1910. 同書ではS/PV180, pp. 56-65とされる）を取り上げ，こうした発言に問題があるとすれば，「現実の『武力攻撃』がないかもしれない状況における権利の行使を正当化しているように思われる」点だと指摘する。ここで引用される米国代表の発言につき，森肇志・自衛権の基層（東京大学出版会，2009）231-239頁を参照。

17) 油井大三郎「中心＝周辺関係の再編とトルーマン・ドクトリン」国際政治70号（1982）20頁。

18) ギリシャ内戦と米国の支援については，村田奈々子・物語　近現代ギリシャの歴史（中公新書，2012）180-208頁，油井・前掲注(15)，軍隊派遣問題についても詳述するものとして Lawrence S. Wittner, *American Intervention in Greece, 1943-1949*（Columbia University Press, 1982）を参照。

19) 前掲注(16)参照。

及されていない。しかしこの点に関連して高野雄一の議論が注目される。高野は、「集団的自衛権は、……直接自国に『武力攻撃』がなくても、他国に対する『武力攻撃』があつた場合に、これを自己に対する脅威と判断する国が、それに反撃を加えうる権利と解することがもつとも妥当である。集団的自衛権も本質的に自衛権であり、……この権利そのものは、被攻撃国を援助する権利とか、共同防衛の権利とかいうべきものではない」とする。そこでは、被攻撃国による援助要請には触れられないし、そうした援助要請がなくとも集団的自衛権を行使できると考えているように解される。その上で、続けて、集団的自衛権の行使に際して直接に攻撃を受けた国の領域内に「兵を入れうるか否かは、緊急避難の場合を除いて、それらの国の要請か同意がなくてはならない」と述べる[20]。つまり、高野は、死活的利益説をとりつつ援助要請に言及するが[21]、その際、援助要請は、「反撃を加え」ること自体についてではなく、自国軍隊を被攻撃国領域内に入れることについて求められると考えられているのである。

2 英国によるマスカット・オマーン支援問題（1957年）

Ⅰで述べた、「正当政府の要請あるいは同意に基づく内戦への干渉」と集団的自衛権概念との関連性が学説によって明確にされたという点で興味深いものとして、1957年の英国によるマスカット・オマーン（現在のオマーン）支援問題がある。

マスカット・オマーンは、1950年代半ばに内乱状態となった。反体制派は国外からの支援を得ていたとされる。1957年7月にマスカット・オマーンのスルターンが英国政府に対し支援を求めたところ、英国政府はそれに応え軍隊を派遣した。英国政府は国連への報告は行っておらず、また本件についてはそうした必要はないと明言している。すなわち英国政府は、本件行動の根拠として集団的自衛権を援用しておらず、スルターンからの援助要請を強調したのである[22]。

---

20) 高野・前掲注(16)論文212-213頁（前掲注(16)書61-62頁）。
21) 高野が死活的利益説をとることにつき、森・前掲注(12)27-28頁脚注14参照。
22) Elieu Lauterpacht, "The Contemporary Practice of the United Kingdom in the Field of International Law – Survey and Comment, V: July 1 – December 31, 1957", *International*

このように，本件は集団的自衛権が援用された事例ではない。しかし，本件に関連して，当時の集団的自衛権理解の一端を窺わせるような Elieu Lauterpacht による興味深い論稿が存在する。その論稿は先に挙げた Brownlie や Higgins によっても参照され，影響を与えていると考えられる 23)。

Lauterpacht は本件を，干渉の法，とりわけ「要請による干渉 (intervention by invitation)」の問題と位置づける。Lauterpacht によれば，要請による干渉は，違法な干渉の基準である強制的な介入ではないので違法ではない。「ある政府が他国に対し，当該政府の権利を侵害するように行動することを要請するならば，同意の存在は違法の可能性を排除する。したがって，要請による干渉は，違法な干渉の基準である強制的な介入の要素を欠くので違法ではないと言われる」と指摘される 24)。ここでは，ある政府による要請あるいは同意は，他国による当該政府に対する干渉から違法性を阻却するという効果を有している。

その一方で，内戦への干渉は要請がある場合でも違法であるとの見解が紹介される。これについて Lauterpacht は，自決権の尊重という観点からその妥当性を認めつつ，それが違法とされるのは叛徒の交戦団体承認がなされうるほどの段階に達したものに限られるとする。その上で，その限りで要請による内戦への干渉が禁じられるとしても，当該反政府勢力が外国国家によって扇動あるいは支援されている場合には，要請による内戦への干渉は許されるとする 25)。その際，「外国国家が，間接的にであれ参加者であるという事実は，合法政府による対応を，国家の政治的独立と領域的一体性に影響する侵略的行為に対する正当な自衛措置と性格づける。こうした状況において，他国は，個別的または集団的自衛の固有の権利の行使として，合法政府に対する援助を与える権利を有する」26) と指摘する。

---

and Comparative Law Quarterly, Vol. 7 (1958), pp. 99-102.
23) Brownlie, *supra* note 7, p. 325, n. 3; Higgins, *supra* note 10, p. 211, n. 16.
24) Lauterpacht, *supra* note 22, pp. 102-103.
25) *Ibid.*, pp. 102-106. なお，反政府勢力が外国国家によって扇動あるいは支援されている場合には，内戦という段階に達したか否かにかかわらず要請による干渉は許されると指摘される (*ibid.*, p. 106)。
26) *Ibid.*

このように，Lauterpachtによれば，自決権の尊重によって要請による内戦への干渉が禁じられたとしても，それが外国国家によって扇動あるいは支援されている場合には，集団的自衛権の問題となってその違法性は阻却される27)。換言すれば，集団的自衛権は，反政府勢力が外国国家によって扇動あるいは支援されている場合に，内戦への干渉を正当化するものと理解されているのである。

3 小 括

ここで取り上げた初期の事例・学説は，いずれも内戦に関わるものだったが，学説上，一方では，集団的自衛権の行使が正当化されるためには現実の武力攻撃の発生が必要だとするものが存在し，他方では，集団的自衛権が要請による内戦への干渉を正当化すると解するものも存在した。後者の場合には，先行行為として武力攻撃の発生が求められたわけではない。また，そうした学説において要請は，当該国家領域内に他国の軍隊が入ることを正当化したり，干渉の違法性を阻却するものとして論じられていたことが注目される。

III 援用事例28)

では，各国によって実際に援用された事例において，集団的自衛権はどのように理解されていたのだろうか。国連の資料を中心に，ニカラグア事件判決（1986年）以前の援用事例に絞って検討することとしたい。

1 ①ソ連のハンガリー派兵（1956年）

本件は，ハンガリーにおける反政府運動を背景とし，ソ連によれば，ソ連軍は「反革命運動」の鎮圧に従事したとされ，その駐留の根拠はワルシャワ条約およびハンガリー政府の要請とされる29)。

しかし，本件においては，ハンガリーの国連代表自身が，ソ連軍の侵入に抗

---

27) そうした事例としてLauterpachtは，英国のギリシャ軍事支援（1944-1946年），トルーマン・ドクトリン，東南アジア集団防衛条約（1954年）などを挙げる（ibid., p. 107.）。
28) 各事例の事実背景などについては，基本的に下中＝樋山・前掲注(3)を参照。
29) A/PV570.

議しその撤退を求めたのであり30),要請の存在あるいは正当性が問題となった。緊急総会決議1004 (ES-II) によってソ連政府に対し求められたのは,ハンガリー国民に対する武力攻撃の停止であり,ハンガリーの国内問題に対するいかなる形態の干渉,とくに武力を伴う干渉の停止であった31)。

2 ②米国のレバノン派兵(1958年)

本件も,レバノンにおける反政府運動の展開を背景として,レバノン大統領の要請に基づいて米国が派兵したものだが,レバノン政府が集団的自衛権に言及しているのに対し,米国政府はそれに言及していない32)。米国政府はその派兵目的について,「外部からの脅威によってもたらされた状況を安定化させるためにレバノン政府を助ける」ことを挙げている33)。

集団的自衛権が何に対して,あるいはどのような場合に行使されうるのかについて,レバノン政府が当初どのように捉えていたかは明確ではない。1958年7月15日午前の安保理会合においてレバノン政府は,「武装集団および武器がシリアからレバノンへと続々と流入して[おり],……レバノンの独立および一体性を脅かす危険は,……一層緊急なものとなっている。……こうした理由により,……レバノン政府は,個別的および集団的自衛の固有の権利を承認する憲章51条に依拠することを決定した」34)とする。米国政府も,その派兵根拠として,「レバノンの領域的一体性は,外部から刺激され支援される叛徒によってますます脅かされている。……こうした状況において,レバノン大統領が支援を要請し,……米国はその要請に対応した」35)と述べる。

---

30) A/3251; S/3726.
31) GA/RES/1004 (ES-II). なお安保理における議論においてフランス政府代表も,ソ連による駐留の主張につき,「その根拠はハンガリーによる要請だが,[それが否定された以上,]ソ連はハンガリーの独立および主権を侵害している」と指摘する (S/PV752, para. 120 (強調筆者))。
32) Christopher J. Le Mon, "Unilateral Intervention by Invitation in Civil Wars: The Effective Control Test Tested", *New York University Journal of International Law & Politics*, Vol. 35 (2003), p. 760. 但し Gray, *supra* note 3, p. 182 も参照。
33) S/PV827, para. 35.
34) S/PV827, paras. 82–84.
35) S/PV827, para. 34.

これに対して同日午後の会合においてアラブ連合共和国代表は,「国連憲章51条は,……その適用条件として武力攻撃に言及する」[36]と指摘して,米国の主張に反駁した。翌16日午後の会合ではスウェーデン代表も,「憲章51条が適用されるための条件の1つは,加盟国に対して武力攻撃が発生したことである」と述べた上で,「スウェーデン政府は,本件においてこの条件が満たされたとは考えない」と主張した[37]。

こうした指摘はレバノン政府による議論の枠組みを変化させたと考えられる。すなわち,7月18日の会合においてレバノン政府代表は,「友好国に[支援を]求める権利について,そうした権利は,直接の武力攻撃がある場合にのみ国連憲章51条の下で援用されうるとして,この権利を疑問視しているように思われる人が本会合にいる。これに対し私は,憲章51条は直接の武力攻撃ではなく,単に武力攻撃に言及しているという事実に,彼らの注目を求めたい。このように,51条は直接的であれ間接的であれ,それが武力攻撃である限りあらゆる場合の攻撃をカバーしようとしているのである」[38]と述べる。すなわちレバノン政府は,7月15日の会合では集団的自衛権の発動要件として「レバノンの独立および一体性を脅かす危険」を挙げていたところ,集団的自衛権の行使のためには武力攻撃が必要だとする枠組みを受け入れた上で,それが間接的なものも含むと主張するようになったと考えられるのである[39]。

3 ③英国のヨルダン派兵(1958年)

本件もヨルダンにおける反政府運動を背景とし,ヨルダン政府の要請により英国が派兵したものである。

1958年7月17日の安保理においてヨルダン政府は,「急迫する外国からの

---

36) S/PV828, para. 33.
37) S/PV830, para. 48.
38) S/PV833, para. 10.
39) 中国政府代表も,「直接侵略」,「間接侵略」という概念に依拠しつつ,間接侵略の場合にも集団的自衛権は行使されうるとして,レバノン政府の主張を支持する(S/PV831, para. 99)。なお中国政府代表は,武力攻撃と直接侵略とを同視し,その外に間接侵略を概念しているように思われる(*ibid.*)。本件に関する国連での議論につき,Gray, *supra* note 3, pp. 182-183を参照。

軍事侵略によるその一体性および独立に対する脅威ならびに国内の無秩序を醸成し現政権を転覆しようとするアラブ連合共和国による試みに直面して，ヨルダン政府は，……国連憲章51条にしたがって，英国政府および米国政府に対し，緊急に支援に来るよう要請した」40)と述べた。

これに続いて英国政府代表は，「侵略は多くの形態をとりうる」41)と述べ，本件において問題となっているのが間接侵略だとするが，ヨルダンへの派兵の根拠として集団的自衛権には言及しない42)。それには依拠せず，「憲章においても国際法の確立した規則においても，ある政府に，自らが危機にあると考えた場合に，友好国政府に対して防衛措置として軍事援助を要請することを禁止するものは何もない。また，そのように要請されたいかなる政府に対しても，それに応えることを禁ずるものは何もない」43)とだけ述べて，ヨルダン政府による要請も，それに応えることも，国際法上禁止されていないということを主張したのである。

なお集団的自衛権の先行行為との関連では，緊急総会においてルーマニアが，「［憲章］51条は，国連加盟国に対して武力攻撃が発生した場合にのみ適用されるが，それはレバノンおよびヨルダンの状況からは程遠い」44)と指摘していることが注目される。

4 ④英国の南アラビア連邦支援（1964年）

1963年1月，現在のイエメン南部に英国保護下で南アラビア連邦が成立した。当時イエメン北部では，イエメン・アラブ共和国が成立していた。その後

---

40) S/PV831, para. 24.
41) *Ibid.*, para. 31.
42) Doswald-Beck は，本件派兵は，英国庶民院に対する声明において憲章51条下の行動として正当化されたとする（Doswald-Beck, *supra* note 11, p. 214）が，根拠は明確ではない。英国庶民院における議論につき Parliamentary debates (Hansard) House of Commons. 5th Ser., Vol. 591, col. 1451 を見よ（Elieu Lauterpacht, "The Contemporary Practice of the United Kingdom in the Field of International Law – Survey and Comment, VII", *International and Comparative law Quarterly*, Vol. 8, p. 152 も参照せよ。但し Lauterpacht は上記参照箇所を col. 1442 とする）。
43) S/PV831, para. 29.
44) A/PV738, para. 40.

イエメン・アラブ共和国から南アラビア連邦に対して度々航空機等が飛来し，その領空を侵犯し，これらに対して同連邦を防衛する義務を負っていた英国が抗議していた。1964年3月27日には，イエメン・アラブ共和国のヘリコプターが南アラビア連邦領空内に飛来し，連邦領内のラクダに向かって，その帰途には連邦領内の要塞に向かってマシンガンを発射し，共和国領空へと戻った。死傷者は出ていない。これに対して翌28日，英国軍がイエメン・アラブ共和国の要塞を攻撃した。この攻撃により25名の死者が出たと主張される[45]。

英国政府は，本件攻撃につき，自衛権によって正当化されると主張した[46]。しかし多くの安保理理事国によって本件は復仇とみなされた[47]。安保理決議が採択され，復仇が一般的な形で非難され，英国の軍事行動も遺憾とされた[48]。

自衛権の行使を主張するにあたって英国政府は，先行行為につき，イエメン・アラブ共和国側からの「侵略」あるいは「攻撃」を挙げ[49]，また自らの行為が必要性と均衡性を充たしていると主張した[50]。安保理では，復仇の問題に加えて英国政府の自衛の主張についても議論され，イエメン・アラブ共和国側の行為が武力攻撃に該当するか，英国の反撃に必要性および均衡性が存在するかなどが論点となった[51]。

本件においては，南アラビア連邦が英国の保護下にあったとは言え[52]，ある国から他国に対する攻撃があり，第三国がそれに対して反撃するという構図を見出すことができる。この点では，今日一般に理解される集団的自衛権概念を前提として，武力攻撃が発生しているか，必要性および均衡性が満たされて

---

45) S/5628; S/5635.
46) S/5628; S/PV1106, para. 57; S/PV1109, paras. 26-31.
47) S/PV1107, para. 15（イラク）; S/PV1108, paras. 51（コートジボワール）, 102（イラク）; S/PV1110, para. 21（チェコスロヴァキア）.
48) S/RES/188（1964）.
49) S/PV1106, paras. 34-57.
50) S/PV1109, para. 30.
51) S/PV1107, paras. 14-15, 44（イラク）; S/PV1108, para. 50（コートジボワール）; S/PV1109, para. 57（イラク）; S/PV1110, para. 24（チェコスロヴァキア）. 関連して，飛来した航空機等に対する迎撃は許されるとしても，国境を越える攻撃は許されないという見解も示された（S/PV1108, para. 66（米国）; S/PV1111, para. 12（中国）.）。
52) この点を指摘して自衛権の主張に反論するものとしてS/PV1109, paras. 75-77（シリア）.

いるかといった個別の論点が議論されていたと言ってよいであろう．

5　⑤米国等による南ヴェトナム支援（1965年）

本件も現在のヴェトナムにおける政治的混乱を背景とするものと言えるが，国家間紛争か内戦かということ自体が問題となった53)。すなわち，現在のヴェトナムは，フランスからの独立闘争の中で，1954年のジュネーヴ協定によって北ヴェトナム（ヴェトナム民主共和国）と南ヴェトナム（ヴェトナム共和国）に二分され，その後の総選挙によって統一されることが予定されていた。しかし，当該選挙が行われないままに，外部からの援助も受けて南北の対立が激化し，1965年には米軍の軍事介入が大規模化し，西側諸国も戦闘部隊を派遣した。本件では，米国は明確に集団的自衛権に依拠し，南ヴェトナムからの援助要請の存在も主張した54)。本稿の問題関心から注目されるのは，こうした政治的混乱において，集団的自衛権がどのようなものとして定義された上で議論されていたかである。

この点を明確にするものとして，米国国務省の法律顧問が同国上院外交委員会に提出したメモランダムを参照することができる。同メモランダムは，まず，国際法は武力攻撃に対する自衛権を伝統的に承認してきており，国連憲章51条はそのことを確認しているとする。その上で，ヴェトナムの場合における個別的および集団的自衛の権利の適用可能性に対する主要な反論として3点を挙げる。ここで注目されるのは，「(b) 南ヴェトナムは独立した主権国家ではないのでこの場合には適用されない」，である55)。

この点について，同メモランダムによれば，まず，「ヴェトナムにおける紛争は，外国の干渉が禁じられる『国内紛争（civil strife）』であると主張される」とし，「そうした性格付けは，ヴェトナムにおける現実の状況を無視したまっ

---

53)　Gray, *supra* note 3, p. 85 を参照．
54)　戦闘部隊を派遣した西側諸国の主張につき S/6174（米国）; S/6399（オーストラリア）; S/6449（ニュージーランド）を，ソ連による反論につき S/6178; S/6363; S/6435 を参照．
55)　"The Legality of United States Participation in the Defense of Viet-Nam", *Department of State Bulletin*, Vol. 54（1966), pp. 475-476．その他は，(a) 自衛権は国連のメンバーに対する武力攻撃の場合にのみ適用される，(c) 集団的自衛は国連憲章8章の下で活動する地域的機構によってのみ行使される，の2点である．

たくのフィクションである。[北ヴェトナムの] ハノイ・レジームは統一された国家の正当政府ではなく，南側が合法な国家当局に対して反逆しているということではまったくない」と述べ，そうした捉え方を否定する。その上で，ヴェトナムはジュネーヴ協定という国際協定によって 2 つの地域に分けられ，同協定によって一方の地域から他方の地域に対する侵略が禁じられたことを指摘し，加えて，南ヴェトナムは約 60 か国によって独立した国際政治体として承認されており，「国連憲章には，当該政治体が独立した主権国家の属性の一部を欠くというだけで，武力攻撃に対して，承認された国際政治体の防衛に参加することから国連加盟国が阻害されることを示唆するものは何もない」と主張する 56)。

このように，本メモランダムにおいては，集団的自衛権は国際政治体間の武力攻撃に対する防衛という意味で理解されていた。このことは一見当然とも思えるが，これまでの議論の流れに位置づけるならば，国家間紛争か内戦かということ自体が問題となる中で，前者の立場がとられ，集団的自衛権もそれに沿った形で理解されているという点が注目される。もとより，米国によって主張された正当化の妥当性は別の問題であり，そこでは，武力攻撃の存在，援助要請の適切性などが問題となろう 57)。

6 ⑥ソ連のチェコスロヴァキア派兵（1968 年）

本件もチェコスロヴァキアにおける政治的混乱を背景とし，政府に改革を求める全国的な運動が展開されていたところ（プラハの春），ソ連軍などがチェコスロヴァキア領内に侵入し，全土を支配下においたものである。

本件についてソ連は，「社会主義国の軍隊は，チェコスロヴァキア政府の要請に応えて同国領域に入った」のであり，「ソビエトその他の政府は，相互の条約義務にしたがい，また国連憲章の関連規定に基づいて，チェコスロヴァキ

---

56) *Ibid.*, pp. 477-478.
57) 同時代的な批判として The Consultative Council of the Lawyers Committee on American Policy Towards Vietnam, *Vietnam and International law* (O'Hare Books, 1967), pp. 25-41 を，同時代的な支持として Roger H. Hull and John C. Novogrod, *Law and Vietnam* (Oceana Publications, 1968), pp. 125-152 を，近年の批判として Alexandrov, *supra* note 5, pp. 222-226 を参照。

ア政府による軍事的支援の要請に応えることを決定した」と主張し,「社会主義諸国の, 個別的または集団的自衛の権利」に言及した58)。これに対してチェコスロヴァキア代表は, ソ連その他の軍隊はチェコスロヴァキア指導部が知らないうちに同国領内に侵攻してきたとして, 即時撤退を求める意思を表明し, 同国政府の要請によるものではないことを明確にした59)。

ソ連の派兵は多くの理事国によって非難された。本稿の関心からは, 一方では, 中国代表が, ソ連が集団的および個別的自衛を根拠としたことについて,「何に対する自衛だろうか?」と指摘している点が60), 他方では, 提案された安保理決議案が「ソ連その他の, チェコスロヴァキアの国内事項に対する武力干渉を非難」していたことが注目される61)。

後者についてはさらに, ユーゴスラヴィア代表が,「他国の国内事項に対する不干渉原則が……侵害された。[当該] 干渉を正当化するために利用された議論は, 国家の独立と世界の平和のために受け入れがたく, とても危険である。集団的あるいはいわゆる正当な自衛の権利に関する憲章規定の同様のあるいは同一の解釈は, 過去においても他国の国内事項に対する外国からの干渉の口実として利用されたのであり, その際, 一度ならず国家の独立が侵害され, それに対して世界中から当然の抗議を引き起こした」62) と述べた。本件がチェコスロヴァキアに対する干渉の問題であり, また集団的自衛権が干渉の口実として利用されてきたという認識を明確に示したのである。

7 ⑦ソ連のアフガニスタン派兵 (1979年)

本件もアフガニスタンにおける政治的混乱を背景とする。同国内における政治闘争が激化する中で, ソ連軍がアフガニスタンに侵攻し, 主要都市と政府が制圧され, 前政権と対立していた政治リーダーが大統領に就任した。

---

58) S/8759.
59) S/PV1441, paras. 137-138; S/PV1445, para. 161.
60) S/PV1442, para. 17.
61) S/8761. 本決議案は, 賛成10, 反対2 (ソ連を含む), 棄権3によって否決された (S/PV1443, para. 284)。その他, 要請の欠如を指摘するカナダ代表の発言につき, S/PV1441, para. 171.
62) S/PV1444, para. 105.

安保理の場でソ連代表は,「アフガニスタン政府は,過去2年間,外部からの武力干渉を撃退するために,軍事的援助の適用も含む支援を,繰り返しソ連に求めてきた。アフガニスタンに少数の軍隊を送るソ連の決定は,……こうした要請に応えてなされ,また1978年のソ連とアフガニスタンとの間の友好善隣協力条約の規定に基づいていた。アフガニスタン政府の要請もソ連の……決定も,国連憲章に規定された,国家の個別的または集団的自衛の権利に完全に合致している」[63]と主張した。アフガニスタン代表も,「外国からの継続的な武力攻撃および干渉に対して,国連憲章51条の規定にしたがって,友好国に援助を要請する,個別的または集団的自衛の固有の権利を有[し],……外国からのこうした武力攻撃行為および自国の国内事項に対する干渉が,アフガニスタン政府に対し,自衛として憲章51条を適用することを余儀なくさせたのである」[64]と主張した。

こうした主張において,集団的自衛権の先行行為として「外部からの武力干渉」あるいは「外国からの武力攻撃および干渉」が挙げられているが,それらは具体的に示されているわけではない。安保理においてソ連の派兵は多くの理事国によって非難され,安保理決議案はソ連の拒否権によって否決されたが,同決議案は「アフガニスタンに対する最近の武力干渉を深く遺憾」とするものだった[65]。

本稿の関心からはさらに,「ソビエト軍の干渉を正当化するために,憲章51条が援用された。しかし同条は,自衛権の行使と国家に対する武力攻撃の存在との間に義務的なリンクを設定していることを忘れてはならない。アフガニスタンの場合にそうしたリンクが存在しているようには思われない」[66]と述べるフランス代表の発言も注目される。集団的自衛権の先行行為に関するソ連の見解が必ずしも明確ではなかったのに対し,フランスはその先行行為が武力攻

---

63) S/PV2185, paras. 16-17. S/PV2910, para. 111 も参照。
64) S/PV2185, paras. 103-104.
65) S/13729.賛成13,反対2(S/PV2190, para. 140)。その後緊急総会で採択された決議の内容も同様(ES-6/2)。非難する見解の中では,とくに援助要請の真正性の問題に着目するものが多い。S/PV2185, para. 42(米国),UNYB 1980, p. 300(総会におけるシンガポール,クウェート,日本)。
66) S/PV2190, para. 129.

撃に特定されることを強調したのである。

8　⑧キューバのアンゴラ支援（1983年）

　ポルトガルの植民地であったアンゴラでは，その独立闘争において複数のグループがあり，内戦状態となった。南アフリカ軍などがその一方を支援しアンゴラに侵攻し，他方のグループを支援するためにキューバも軍隊を派遣した。アンゴラは1975年に独立を果たし，後者のグループが政権を担ったが，前者は反政府ゲリラ活動を展開した。この時点では，キューバのアンゴラ支援は要請による干渉の例とも考えられる。しかしその後安保理で具体的に問題となった際には，南アフリカによるアンゴラへの侵攻という点が強調されることとなった。

　1983年5月24日の安保理においてキューバ代表は，「1975年に植民地主義者の部隊がアンゴラから撤退すると，南アフリカがアンゴラ領域に侵攻し，……それ以降，南アフリカはアンゴラに対して常に侵略行為を継続し，ここ2年近くの間，アンゴラ領域の一部を占領している」と指摘した上で，キューバとアンゴラとの間の1982年2月4日の声明に依拠し，「アンゴラに駐留するキューバ軍の存在および撤退は，国連憲章51条の規定に合致する，アンゴラとキューバという2つの主権国家の間の二国間問題を構成する」と述べた[67]。アンゴラ代表もこれに同意している[68]。

　さらには，エチオピア代表がアフリカ統一機構（OAU）の議長として発言し，「キューバ軍の存在は，南アフリカにより公然と行われる明白な侵攻を撃退するという明確かつ明示の目的のために，アンゴラの正当政府によって要請された。最初の侵攻は，キューバ部隊の支援を得て，アンゴラ人民によってすぐに撃退されたが，南アフリカの侵略行為はそれ以降も続き，現在も［南アフリカ］軍がアンゴラ南部を違法に占領していることを忘れるべきでない。したがって，キューバ軍の支援の必要性が続いており，そうした支援は，すべての国家は個別的または集団的自衛の権利を有するという憲章51条に完全に合致する」[69]

---

67)　S/PV2440, paras. 18-19, 22. なお，1976年3月31日には，アンゴラに対する南アフリカの侵略を非難する安保理決議が採択されている（S/RES/387）。
68)　S/PV2441, para. 21.

と述べて，キューバ軍の駐留が南アフリカによる侵攻からアンゴラを守るためという認識を明確にした。

1983年12月20日に安保理で採択された決議は，南アフリカによるアンゴラ南部の占領を強く非難するものではあったが，アンゴラによる個別的自衛権あるいはキューバによる集団的自衛権の行使には言及しなかった70)。その一方で，それに先んじて同年12月5日に採択された総会決議は，南アフリカによるアンゴラなどに対する侵略行為を非難するとともに，「アンゴラの領域的一体性および国家主権を保障し保護するために国連憲章51条にしたがって措置をとるアンゴラ政府の権利を完全に支持する」ものであった71)。

本件においては，集団的自衛権が，一国に対する武力攻撃がある場合に，その国の同意の下に，直接に攻撃を受けていない他国も共同して反撃に加わるための法的根拠と理解された上で，キューバによる支援がそれに該当するかが議論されたと言ってよいであろう。この点に関して安保理あるいは総会の見解は示されなかったが，総会において，その前提となるアンゴラの個別的自衛権が肯定され，またOAU議長がそれを認めていることは注目される。

9 ⑨⑩⑪チャド問題（1981-1986年）

1980年代にリビアおよびフランスがチャドに派兵した本問題（⑨⑩⑪）も，チャドの政治的混乱を背景とする。チャドでは1960年の独立以降，南北対立が生じていたが，1975年の軍事クーデターを経て，1980年以降，アブレ派とグクーニ派との間で内戦状態となった。

1980年12月，グクーニ政権の要請に応えてリビアが派兵した（⑨）。本派兵につき，チャドはエジプトおよびスーダンによる軍事侵略を主張したが72)，リビアは「内戦の結果，……チャド政府は，内戦を終わらせ，チャドに平和と安全をあらためて確立するために，リビアに対し支援を要請した」73)とだけ

---

69) S/PV2481, para. 23.
70) S/RES/545 (1983).
71) GA/RES/38/39 (1983).
72) S/14455. 両国は侵略行為を否定している (S/14465 (エジプト); S/14466 (スーダン))。
73) S/14767.

述べている。

　その後1982年にはアブレが大統領となり、1983年7月にグクーニ派を支援するためにリビアが派兵し、アブレ政権を支援するためにフランスおよびザイールが派兵した（⑩）。安保理での議論において、チャドはリビアの明白な侵略を主張し[74]、フランスおよびザイールは、「チャドが十全にその自衛の権利を行使することができるようにするという目的」[75] を強調した。この時点では、フランスおよびザイールの派兵も干渉に当たるのではないかという点が問題となり、フランスおよびザイールによる自衛として行動している国への軍事援助とリビアによる軍事干渉との区別が西側諸国によって強調された[76]。

　その後もリビアはチャド北部に駐留を続け、1986年2月になって攻勢を強めた。チャド政府は、1986年2月18日付の安保理議長宛て書簡において、リビア政府による「明白な軍事的侵略を目の当たりにして、チャド大統領アブレは、国家の自衛の固有の権利に関する憲章51条に合致して、リビアの侵略を撃退するためにフランスの軍事的干渉を要請した。チャドからのこの要請に応じ、……フランス空軍は1985年にリビアによってチャド領内に作られた、チャドに対するリビアの軍事作戦の拠点となっていた飛行場を破壊した」と通知した[77]（⑪）。フランス代表も、「フランスが、チャド政府の要請に応じて、そして憲章51条に合致して、抑止力を示した軍事援助部隊を構成したのは、国家の外からの脅威を終わらせ、攻撃を妨害するためである」[78] と述べた[79]。本件に関しては、チャド、フランスともに憲章51条に言及し、集団的自衛権

---

74)　S/PV2462, paras. 9–22; S/PV2463, para. 36.
75)　S/PV2465, para. 136（フランス）。S/PV2463, para. 66（ザイール）も同様。
76)　S/PV2467, para. 14（オランダ）; S/PV2469, para. 15（英国）。自衛として行動している国への軍事援助を集団的自衛権と同視することができるか否かは、後者をどのように定義するかによる。1983年のフランスおよびザイールの派兵に関し、両国は直接の戦闘行動には参加しておらず（Le Mon, *supra* note 32, p. 771 も参照）、またチャド、オランダ、英国も含め、集団的自衛という語は使われていない。
77)　S/17837. 安保理においては、リビアの攻撃に関して米国による詳細な説明がなされた（S/PV2721, pp. 23–25）。
78)　S/PV2721, p. 22.
79)　チャド内戦への関与において、フランスが自らの武力行使について慎重な態度をとっていたことについて、Doswald-Beck, *supra* note 11, pp. 218–221; Le Mon, *supra* note 32, pp. 768–777 を参照。

を援用しており，リビアによる武力攻撃に対して，チャド政府による要請があり，それに応じてフランスが反撃行為を行った例と位置づけられよう 80)。

10 小 括

以上，ニカラグア事件判決以前の集団的自衛権の援用事例を概観した。その結果として，3点を指摘することができよう。

第1に，こうした援用事例のうち，安保理決議においてその援用が認められたものはなく，総会決議において認められたのも，⑧においてアンゴラの自衛権が認められたのみである。他方で，安保理において非難決議が採択されたものとして④を，総会によるものとして①⑦を挙げることができる 81)。換言すれば，これら以外においては，安保理の判断も総会の判断もなんら示されていない。

第2に，援用事例とされるものにおいて，援助を要請する国が集団的自衛権を援用した場合であっても被要請国が集団的自衛権に言及しない場合，あるいは援助を要請したとされる国の政府がそれを否定する場合もある。前者の例として②③が，後者の例として①⑥が挙げられる。

第3に，こうした援用事例は，いずれも一国における反政府運動あるいは政治的混乱を背景とするものだったが，集団的自衛権が，何に対して，あるいはどのような場合に援用されたかという点では，反政府運動やそれに伴う混乱などが挙げられる場合（①②③⑥）と，外国からの武力攻撃が主張される場合とがある（④⑤⑦⑧⑪）。どのような行為を正当化するものとして主張されたかという点では，そうした状況への干渉に留まるもの（①②③⑥⑦）と，外国国家に対する攻撃が含まれるあるいは想定されるもの（④⑤⑧⑪）とに区別される。但し後者のうち，援助を要請したと主張される国の領域を越えて武力が行使されたのは，④⑤に限られる。時代を下るにつれ，集団的自衛権の行使にあたっては外国からの武力攻撃の存在が要件とされるという認識が示され，そうした

---

80) なお，日本政府は，⑨⑩⑪のうち，⑪のみを集団的自衛権の援用事例として挙げる（前掲注(3)参照）。
81) その他，当事国の拒否権によって安保理での非難決議の採択に至らなかったものとして⑥⑦が挙げられる。

枠組みに沿って議論されることが増えていった傾向を看取することができよう。

以上が，ニカラグア事件判決以前における援用事例を巡る状況であった。同判決に関して，ICJ は集団的自衛権の援用事例を検討すべきだったと主張されることは多いが，こうした整理が適切だとすれば，それは容易なことではなかったと考えられよう[82]。

IV　ニカラグア事件判決

ニカラグア事件もまた，ニカラグアおよび周辺三国（エルサルバドル，ホンデュラス，コスタリカ）における政治的混乱あるいは反政府運動を背景としており，その点で先に検討した援用事例と共通している。こうした状況において米国は，ニカラグアからエルサルバドルの反乱軍への武器輸送などの支援やホンデュラスおよびコスタリカに対する「越境攻撃」があり，それらに対応するためにこれら三国から米国に対してなされた援助要請に応じて集団的自衛権を行使したと主張した[83]。米国が主張したのは集団的自衛権のみだったが[84]，ICJ は干渉の問題も検討した。ここで注目したいのは両者の関係であり，またそれぞれにおける援助要請の意義である。

1　集団的自衛権と要請による干渉

ニカラグア事件判決における ICJ の集団的自衛権理解はきわめて明確である。「もっとも重大な武力行使の形態［＝武力攻撃］がより重大でない形態［の武力行使］から区別されなければならない」[85]とした上で，（集団的）自衛権が行使できるのは武力攻撃に対してであるとし[86]，武力攻撃として，正規軍による越境行使，武装団体等の派遣を挙げる。その一方で，反乱軍への武器・兵站そ

---

82) 干渉に関してではあるが，ICJ は，「裁判所は，本件紛争の非当事国の行為の国際法上の合法性について判断を示す管轄権を有さない」とも述べている（*Military and Paramilitary Activities in and against Nicaragua* (*Nicaragua v. United States of America*), Merits, Judgment, I.C.J. Reports 1986 (hereinafter, *Nicaragua Judgment*), para. 207）。
83) *Ibid.*, para. 126-128.
84) 裁判所の認定につき *ibid.*, para. 208.
85) *Ibid.*, para. 188.
86) *Ibid.*, paras. 128, 193-195, 210.

の他の援助の提供は武力攻撃には当たらず，武力の脅威・行使・干渉に当たりうるのみとした[87]。さらに，集団的自衛権の行使にあたっては被攻撃国による援助要請が必要だとした[88]。

これに対しICJは，不干渉原則の内容について，「すべての国家あるいは国家グループが，他国の対内的あるいは対外的事項に直接的あるいは間接的に干渉することを禁止する」とし，そうした事項の一つとして，「政治的，経済的，社会的および文化的体制の選択および対外政策の形成」を挙げる。さらに，干渉はそうした選択に対し強制の手段を用いたときに違法であるとし，そうした強制の要素は直接的ないしは間接的に武力を用いる干渉の場合に明白になると述べ[89]，米国が1984年9月末までにコントラに与えた財政援助・訓練・武器供与・情報および兵站の援助は，不干渉原則の明白な違反を構成すると判断する[90]。

その上でICJは，当事者からの要請によって，米国による不干渉原則違反が正当化されるかを検討する。そこで問題とされる当事者には3種類ある。コントラ，ニカラグア政府，さらに，エルサルバドル，ホンデュラス，コスタリカの各政府である。

ICJは，まず，「もし干渉が，他国の反政府勢力によってなされた支援要請のみによって正当化されるとしたら，……［不干渉原則］は法原則としての実

---

[87] *Ibid.*, para. 195. 後者につき，被害国自身による均衡性ある対抗措置は認めたが，集団的対抗措置は否定したことはよく知られている（*ibid.*, paras. 210-211, 248-249）。この点については，後掲注(93)および(94)に対応する本文を参照。こうした基準を示した上でICJは，エルサルバドルに対するニカラグアの行動につき，「他国の反政府勢力に対する武器の供給が，その国への武力攻撃をなすと考えることはできない」とし（*ibid.*, para. 230），ホンデュラスおよびコスタリカに対する行動についても，それらが武力攻撃に該当するか否かについては情報が限られているため判断は困難としつつ，被害国による適時の援助要請が行われていないことも一つの判断材料として，武力攻撃の存在を否定した（*ibid.*, paras. 231-237）。こうした援助要請の機能につき，根本和幸「国際法上の集団的自衛権における『宣言』・『要請』の法的意義」小松一郎大使追悼・国際法の実践（信山社，2015）91-92頁参照。

[88] *Nicaragua Judgment, supra* note 82, paras. 199, 232.

[89] *Ibid.*, para. 205. 干渉の定義とそれをめぐる議論につき，藤澤巖「国際法における不干渉原則論の構図(1)-(6・完)」千葉大学法学論集28巻3号，4号（2014），29巻3号，4号（2015），30巻3号，31巻1号（2016）を参照。

[90] *Nicaragua Judgment, supra* note 82, paras. 241-242.

効性を間違いなく失うであろう。実際のところ，干渉は政府の要請がある場合にすでに許されるものだが，もし干渉が反政府勢力の要請がある場合にも許されるとするならば，国際法上の不干渉原則に何が残るのかは理解しがたい」91)と述べる。この部分の趣旨は，他国（ニカラグア）に対する干渉は他国の反政府勢力（コントラ）の援助要請によっては正当化されないことを指摘することにある。しかし同時に，――なんらの検討も示さないままにではあるが 92)――当該他国の政府（ニカラグア政府）の要請がある場合には，当該他国に対する干渉が正当化されることが指摘されている。

その上で ICJ は，「ニカラグアに対する米国の行動は，エルサルバドル，ホンデュラス，コスタリカの対内事項に対するニカラグアによる干渉へのレスポンスとして正当化されうるか」93) を検討し，それを否定した。すなわち，ある国（ニカラグア）による他国（エルサルバドルなど）への干渉があり，当該他国が第三国（米国）に援助を要請したとしても，当該第三国による干渉国（ニカラグア）に対する対抗措置あるいは干渉は認められないとしたのである 94)。

本稿の関心から注目されるのは，ICJ が，まず集団的自衛権と干渉とを明確に区別し，前者は武力攻撃が発生し，かつ被攻撃国から援助要請がある場合にのみ行使できるとし，後者は干渉を求める政府からの要請がある場合に許されるとしたことである。その上で ICJ は，政府による要請がある場合についても，要請による干渉が，要請国において行われる場合と第一の干渉国（ニカラグア）で行われる場合とを区別し，後者を否定した。すなわち ICJ は，集団的自衛権と政府の要請による干渉とを明確に区別し，その上で後者は要請国の中で行われなければならないとしたのである。

2 援助要請の意義

集団的自衛権と政府の要請による干渉とのこうした区別は，そもそも異なる

---

91) *Ibid.*, para. 246. See also, *ibid.*, para. 209.
92) その点を指摘し，そのことが政府の要請による干渉の解釈適用における複雑さを覆い隠していることを指摘するものとして，Gray, *supra* note 3, p. 84 を参照（Le Mon, *supra* note 32, pp. 749-751 も参照）。
93) *Nicaragua Judgment, supra* note 82, paras. 247-249.
94) *Ibid.*, paras. 248-249, 210-211.

概念によって論じられていることもあり，当然のことと思われるかもしれない。両者が区別されることの意義は，いずれにおいても求められる援助要請が，各々において異なる意義を有するということによって，明確になるであろう。

別稿で論じたように，ニカラグア事件判決においてICJは，集団的自衛権における援助要請要件について，「攻撃された国（B）のための第三国（C）による集団的自衛の行動（……）の合法性は，当該国（B）による第三国（C）に向けられた要請にも依存するかという問題」と位置づけ，それを肯定する。そこでいう「集団的自衛の行動」とは，第三国（C）による，攻撃国（A）に対する武力行使にほかならない。そこでは第三国（C）と攻撃国（A）との関係が主として念頭に置かれ，被攻撃国（B）による援助要請は，第三国（C）による攻撃国（A）に対する武力行使を正当化するための要件と位置づけられる95)。

これに対して，要請による干渉は，要請された国（C′）によって要請国（B′）に対してなされるものであり，要請国（B′）がそうした要請をする背景にある国（A′）が関わっていたとしても，被要請国（C′）によるA′に対する行為を正当化するものではない。そこでは被要請国（C′）と要請国（B′）との関係が念頭に置かれ，後者に対する干渉を正当化するのである。

V　むすびにかえて

以上論じてきたように，ニカラグア事件判決以前の集団的自衛権の援用事例とされるもののうち，そのほとんどの事例については，安保理においても総会においても，なんらの判断も示されておらず，同概念自体に関する理解も必ずしも一様ではなかった。時代を下るにつれて，武力攻撃の発生を必須の要件とする議論が増えていったように思われるが，そうした形で明確化されていたと言うことは困難であろう。

そうした中で下されたニカラグア事件判決は，集団的自衛権概念をきわめて明確な形で示すこととなった。その際には，国家実行に依拠した帰納的な方法

---

95)　森・前掲注(12)37-38頁（但し，援助要請という外形的な行為ではなく援助を要請する意思こそが重要という点について，同，40頁参照）。集団的自衛権の行使にあたって第三国（C）が被攻撃国（B）の領域内に入る場合には，それに関する要請ないしは同意が必要となるであろう（高野・前掲注(16)論文213頁（前掲注(16)書62頁）参照）。

ではなく，武力行使禁止原則とその例外としての集団的自衛権の位置づけなどから演繹的に導いたと解される96)。同事件以前の援用事例について本稿のように理解することが適切ならば，国家実行に依拠することは困難だったとも考えられよう。さらに，同判決で示された集団的自衛権概念を前提とするならば，その援用事例として挙げられるもののうちいくつかはそうした概念には合致せず，また，援助要請がもつ意義も一様ではないと言わざるを得ないであろう。

　他方で，援用事例の概観を背景として同判決をあらためて検討するならば，同判決においては，集団的自衛権概念がきわめて明確な形で整理されたのに対し，ある国の政府による要請に基づいて当該国において行われる干渉については，ほとんど何も明確化されなかったことにも留意が必要であろう97)。それはこの点を明確にすることが裁判所に求められなかったためと考えられるが，その結果として，集団的自衛権概念はきわめて明確となったが，対照的に，要請による干渉は不明確なままに残されたのである。

　こうした点は，小寺彰教授によって，一方では，「具体的な武力行使が裁判所で判断されるような状態になれば裁判所は法的なテクニックを駆使して適法性のいかんを決定できるし，またそのようにしてきた（「ニカラグア事件」……)」98)が，他方で，「法規範の解釈適用が分かれた状況において，裁判所

---

96) 森・前掲注(12)38頁。同論文で対象としたのは主として援助要請要件だが，武力攻撃要件についても国連憲章51条の文言に依拠し，帰納的な論証は行っていない（*Nicaragua Judgment, supra* note 82, para. 195)。
97) 前掲注(92)参照。たとえば，実効性ある政府の要請に基づく干渉は許されるが実効性を失った政府の要請に基づく干渉は許されないという議論や，Lauterpachtが強調した，要請による干渉一般と内戦に対する干渉との区別などにはなんら触れられていない（Le Mon, *supra* note 32, pp. 749-751)。政府の要請による干渉という問題自体を本稿で扱うことはもとよりできないため，今後の課題としたい。Gray, *supra* note 3, pp. 75-119; Doswald-Beck, *supra* note 11, pp. 189-252; Le Mon, *supra* note 32, pp. 741-793; Gregory H. Fox, Intervention by Invitation, Marc Weller (ed.), *The Oxford Handbook of the Use of Force in International Law* (Oxford University Press, 2015), pp. 816-840; Committee of the Use of Force of the International Law Association, "Final Report on Aggression and the Use of Force", pp. 18-20 〈http://www.ila-hq.org/images/ILA/DraftReports/DraftReport_UseOfForce.pdf〉を参照。
98) 小寺彰・パラダイム国際法（有斐閣，2004）234頁。なお，ニカラグア事件判決の先例性に関する懐疑的な見解として，Jörg Kammerhofer, "The US Intervention in Nicaragua – 1981-88", Tom Ruys and Oliver Corten eds., *The Use of Force in International Law: A*

はそれを統一する機能をもつが，武力行使についてはそのような役割を裁判所が果たすことは［ほとんど］なかった。またその結果，裁判所の判断を通じて法が明確化（または定立）されるというメカニズムも武力行使の場合には働かなかった」[99]と指摘された通りであろう。本稿はそのことを確認したに過ぎないとも言える。

　小寺教授はさらに，武力行使を国際法の観点から議論する場合には，「武力行使に関する国際法の規制が限定的であることを認識し……，［武力行使］に関する法的制御が依然として困難な課題であることの自覚」[100]の必要性を指摘していた。この点を銘記して，本稿の結びとしたい。

［付記］本稿の準備にあたって，大庭あかり，岡本はな，加藤優一，川添松太朗，林樹各氏（いずれも当時東京大学公共政策大学院専門職学位課程学生）にリサーチ・アシスタントとしてご協力いただいた。また本研究はJSPS研究費26380057の助成を受けたものである。記して感謝したい。

Case-based Approach（Oxford University Press, 2018), pp. 359-360 を参照。
99) 小寺・前掲注(98)228-229 頁。
100) 同上，234-235 頁。

交戦の不法性と交戦者の不法性
——米国クヴィリン事件最高裁判決の理論構成

黒﨑 将 広

I 序　論
II 交 戦 性
III 不 法 性
IV 結　論

I 序　論

　1942年7月31日，米国連邦最高裁判所は，第二次世界大戦の最中に起こった敵国ドイツ軍による自国での破壊工作事件を審理した軍事審問委員会 (military commission) の管轄権を認め，同委員会で訴追されたドイツ人工作員たちによる人身保護令状 (writ of habeas corpus) の請願を棄却した 1)。クヴィリン事件 (*Ex parte* Quirin case) またはナチ破壊工作事件 (Nazi saboteur case) と呼ばれる本事件で下された最高裁判決は，2001年9.11事件以降の米国によるテロリスト抑留政策の法的基礎を担うものとして今日注目を集めているが 2)，

---

1) *Ex parte Quirin*, 317 U.S. 1 (1942) (Per curiam decision) (hereinafter: the *Quirin* case).
2) *See, e.g.*, Glenn M. Sulmasy, *The National Security Court System: A Natural Evolution of Justice in an Age of Terror* (Oxford University Press, 2009), pp. 47-48. 米国自身も，同判決を当該問題に関する自国の立場を示した最重要判例として頻繁に援用している。*See, e.g.*, Office of General Counsel of the Department of Defense, Law of War Manual, June 2015 (Updated December 2016) (hereinafter: US DoD Manual), § 4.3, § 4.19.4.1; *Hamdi v. Rumsfeld*, 542 U.S. 507 (2004).

とりわけ国際法学では,「不法戦闘員（unlawful combatant）」の概念とその法的地位を世に知らしめた最初の判例としてかねてより広く知られている3)。

「不法戦闘員」（または「不法交戦者（unlawful belligerent)」）とは，（国際的武力紛争において）戦闘員の資格なく敵対行為に従事する者をいう4)。具体的には，間諜（spy）や敵対行為に従事する私人，さらに場合によっては傭兵がこれに当たるものとされてきた5)。彼らは，少なくとも当該行為に従事している間は敵による攻撃と抑留の対象となり，また，敵に捕まれば公正な裁判を経て処罰に服する。その際，彼らは戦闘員に認められる国内処罰免除と捕虜待遇の両特権を享有しない。彼らの敵対行為が「非特権的交戦（unprivileged belligerency)」と称される所以である。ただし，それ以外の不法戦闘員の地位については，これを定めた明文規定が国際法上存在しないことも相まって，これまで国際法学者や国の間で長きにわたる論争を呼んできた6)。たとえば，彼らにどこまで国際法上の保護が具体的に認められるのか（とりわけ私人の場合に文民として保護される余地がどこまであるのか）はその最たる問題である7)。しかし，ク

---

3) *See, e.g.,* Claire Finkelstein, Jens David Ohlin and Andrew Altman (eds.), *Targeted Killings: Law and Morality in an Asymmetrical World* (Oxford University Press, 2012), p. 47.
4) US DoD Manual, § 4.3. なお，敵対行為の遂行（conduct of hostilities）については，具体的にどのような行為がそれに当たるのかをめぐり現在でも争いがある。この点につき，ジュネーヴ諸条約および追加議定書は，「敵対行為への直接参加（direct [active] participation [or taking a direct part] in hostilities)」という概念を採用している（ジュネーヴ諸条約共通3条，第一追加議定書43条2項および51条3項，ならびに第二追加議定書13条3項）。これに対して米国は，この概念を攻撃からの保護を文民が喪失する基準としてのみ採用し，戦闘員を含む個人の敵対行為一般については，「敵対行為の従事（engaging in hostilities)」と広く称してこれを当該行為への「直接参加」と区別している。*See* US DoD Manual, §§ 4.18.1, 5.8.1. 何が「敵対行為への直接参加」となるかについては，ICRCの立場を説明するものとして，Nils Melzer, *Interpretive Guidance on the Notion of Direct Participation in Hostilities under International Humanitarian Law* (International Committee of the Red Cross, 2009)（黒﨑将広訳・国際人道法上の敵対行為への直接参加の概念に関する解釈指針（2012））。また，米国の立場を説明するものとして，US DoD Manual, § 5.8.3.
5) 傭兵について米国は，関係条約上の定義，使用の禁止および国内犯罪化に反対した上で，その「不法戦闘員」としての地位を否定している。*See* US DoD Manual, § 4.21.
6) *See, e.g.,* Laura M. Olson, "Status and Treatment of Those Who Do Not Fulfil the Conditions for Status as Prisoners of War," in Andrew Clapham, Paola Gaeta and Marco Sassòli (eds.), *The 1949 Geneva Conventions: A Commentary* (Oxford University Press, 2015), pp. 911–937.
7) *See generally ibid.* 米国の立場については，US DoD Manual, § 4.19. 他方，イスラエル最

ヴィリン判決が現代で参照される文脈は、そうした問題よりもむしろ、不法戦闘員による敵対行為が国際法違反であるのか否かに集中している8)。この点につき、同判決は、次のように述べてその国際法違反の可能性を肯定した。

> 世界中の合意と慣行により、戦争法は、交戦国の軍隊と平和的住民との間を、また、合法戦闘員になる者と不法戦闘員になる者との間を、区別している。合法戦闘員は、捕虜として、敵対する軍隊による捕獲および抑留に服する。不法戦闘員も同様に捕獲と抑留に服するが、さらに自己の交戦を不法にする行為につき、軍事裁判所による審理と処罰に服する（傍点筆者）9)。

問題は、何が不法戦闘員の「交戦」を「不法」にするのかである。クヴィリン判決が後に批判される大きな原因となったのは、不法戦闘員を間諜になぞらえて「軍事裁判所による審理および処罰に服する戦争法違反者（offenders against the law of war）」10)と判示したことにある。

間諜とは、軍隊構成員であるか否かを問わず、虚偽の口実に基づき、または故意にひそかな方法によって、敵の支配する区域で軍事的価値のある情報を収集しこれを友軍に伝達する者をいう（ハーグ陸戦規則29条およびジュネーヴ第一追加議定書46条）。彼らは、諜報活動の最中に敵国に捕まった場合、特権的地位である捕虜として扱われることなく、当該活動が同国にもたらす安全上の脅威を理由に、国内犯罪者として処罰されうる。ただし、その行為自体は、奇計（ハーグ陸戦規則24条およびジュネーヴ第一追加議定書37条2項）に属するものとして、国際法上禁止されるわけではない。要するに、諜報活動は、敵国の国内犯罪になり得ても国際法違反とはならないのである。これが当時も今も変わら

高裁は「標的殺害（targeted killings）」事件で「不法戦闘員」概念を支持しつつも、その取扱いについては米国と異なる立場を示している。Supreme Court of Israel, *Public Committee against Torture in Israel v. Government of Israel*, Case No. HCJ 769/02, 13 December 2006, §§ 27-40, *at* http://elyon1.court.gov.il/Files_ENG/02/690/007/a34/02007690.a34.HTM.

8) *See, e.g.*, Olson, *supra* note 6, p. 920, § 27. 国際法違反説と国内法違反説との間の論争については、黒﨑将広「戦争犯罪処罰制度における『不法戦闘員』の位置」国際関係論研究24号（2005）を見よ。もっとも、クヴィリン判決などを援用して不法戦闘員の敵対行為が戦争法違反となりうることを説明する現在の米国の見解をはじめ、なぜ彼らの行為が国際法違反となるかについて十分な説明がこれまでなされてきたとはいい難い。*See also* US DoD Manual, § 4.19.4.1.

9) The *Quirin* case, pp. 30-31.

10) *Ibid.*, p. 31.

ない間諜の通説的理解である。

それにもかかわらず、クヴィリン判決で最高裁は、不法戦闘員による交戦を戦争法の違反であると判示し、間諜をそうした「戦争法違反者と一般的にみなされる交戦者の典型例（familiar examples）」と位置づけた 11)。その結果、本来は敵国の国内法違反者にすぎない間諜を同判決は国際法違反者と「誤解（misconstrue）していたのかもしれない」12) と後に評されることとなり、しかもその間諜を戦争法違反行為に従事した不法戦闘員の「典型例」と位置づけたことで、不法戦闘員の地位一般に対する裁判所の理解にまで、間諜の法的地位に対する「根本的な混乱（a fundamental confusion）」13) または「認識の誤り（a cognitive error）」14) から生まれたものとする批判が加えられるに至ったのである。

上述のように、クヴィリン判決は、不法戦闘員の地位を最初に定式化したものとして、米国のその後の実行の基礎を担う重要な支柱となっている。それだけに、もし、同判決による理由づけにこのような誤謬が存在するなら、同国の抑留政策の法的正当性が大きく揺らぐことはいうまでもない。しかしクヴィリン判決は、本当に間諜の地位に対する誤解から不法戦闘員による交戦を国際法違反と考えたのだろうか。同判決は、いかなる理由で間諜による場合をその「典型例」と理解したのだろうか。

以上の問題意識に基づき、本稿では、クヴィリン事件において米最高裁のいう「自己の交戦を不法にする行為」とは一体何であったのか、また、そこで間諜はなぜ戦争法違反者とされたのかに焦点を合わせることで、不法戦闘員の敵

---

11) Ibid.「戦時において、隠密に、かつ制服を着用することなく、ある交戦者の軍事線を通過して軍事情報を収集しそれを敵に伝達しようとする間諜、または生命もしくは財産の破壊によって戦争を遂行するために制服を着用せず秘密裏に前線を通過する敵の戦闘員は、捕虜の地位に対する資格がなく、軍事裁判機関による審理および処罰に服する戦争法違反者と一般的にみなされる交戦者の典型例である」。

12) Jonathan Hafetz, "Policing the Line: International Law, Article III, and the Constitutional Limits of Military Jurisdiction," *Wisconsin Law Review*, Vol. 2014, No. 4（2014）, p. 729.

13) Richard R. Baxter, "So-Called 'Unprivileged Belligerency': Spies, Guerrillas, and Saboteurs," in Detlev F. Vats, Theodor Meron, Stephen M. Schwebel, and Charles Keever (eds.), *Humanizing the Laws of War: Selected Writings of Richard Baxter* (Oxford University Press, 2013), pp. 52-53.

14) Jens David Ohlin, "The Common Law of War," *William & Mary Law Review*, Vol. 58, Issue 2（2016）, p. 508.

対行為に対する国際法上の評価を加えることとしたい15)。

II 交 戦 性

1 軍隊構成員性

　まず，検討を始めるに当たって前提として確認しておくべきは，本件で問題となるドイツの交戦行為が正規の軍隊構成員によって行われたものであったのかどうかという点であろう。というのも，当時の主要な戦争法条約であったハーグ陸戦条約の明文規定上は，正規軍隊の交戦者資格に条件が課されていなかったからである16)。したがってドイツ人工作員たちがもし正規軍隊の一員であったなら，彼らを無資格の不法戦闘員とみなすことはそもそもできなかった可能性がある。これは，後述するクヴィリン判決の理由づけを考える上で重要な意味を持つ。

　本事件は，ドイツ国防軍最高司令部からの指示を受けたリヒャルト・クヴィリン（Richard Quirin）を含む8名のドイツ人（うち2名は米国籍も保持していたとされる）によって引き起こされた。彼らはいずれも米国での長期移住経験を有していたことから同国における破壊活動（sabotage）の任務に適していると判断され，本国の軍学校で当該任務に関する教育訓練を受けた後，1942年6月に工作員として敵地の米国に送り込まれた。潜水艦（Uボート）で二手に分かれてニューヨーク州ロングアイランドとフロリダ州ジャクソンビルへと向かった彼らは，上陸の際，着用していたドイツ海軍歩兵部隊の制服またはその一部（軍帽）を脱ぎ捨て，文民の服装で米国に潜入している。もっとも，米国の戦争遂行努力を支える軍需産業および軍事施設を破壊するという彼らの任務――パストリウス作戦（Operation Pastorius）――は，その後の工作員1名の自首という離反行為によって米国政府の知るところとなり，残る全員が合流地点に到達する前に連邦捜査局（FBI）により逮捕されたことで失敗に終わった。自首

---

15)　なお，本稿では，クヴィリン判決における用語法に従い，交戦者（belligerent）および戦闘員（combatant）の諸概念を，同義のものとして互換的に用いる。
16)　ハーグ陸戦条約附属規則1条は次のように規定する。「戦争ノ法規及権利義務ハ，単ニ之ヲ軍ニ適用スルノミナラス，左ノ条件ヲ具備スル民兵及義勇兵団ニモ亦之ヲ適用ス。
　　一　部下ノ為ニ責任ヲ負フ者其ノ頭ニ在ルコト

した1名を除く工作員7名は，戦争法違反および米軍刑法違反（幇助および間諜行為）の罪ならびにこれら違反行為を共謀した罪により，フランクリン・ルーズベルト大統領（1942年7月2日大統領令）によって設置された軍事審問委員会で訴追され，全員が有罪判決を受けた（6名が死刑）17)。

彼らは，当局の命により，軍の制服またはその一部を着て米国に上陸したものの，ドイツ軍の階級を持つ正規構成員であったのか否かは必ずしも定かではない18)。ただし，裁判では，当事者双方ともに一貫して彼らを文民と位置づけていた点は注目に値する。実際，彼らの代理人は，ミリガン事件最高裁判決等の先例に基づき，戦時中であっても「実際の軍事作戦区域とは別の区域で行動した文民 (civil persons) は，文民裁判所 (civil courts) で刑法に基づいてのみ裁くことができる」と主張することで，軍事審問委員会の管轄権に異議を唱えていた19)。対する政府も，軍法会議とは異なるものとして「軍事審問委員会が最初に使用されたのは，まさに戦争犯罪について文民 (civilians) を審理するためであった」とこれに反論して同委員会の管轄権を正当化していた20)。こ

　　二　遠方ヨリ認識シ得ヘキ固著ノ特殊徽章ヲ有スルコト
　　三　公然兵器ヲ携帯スルコト
　　四　其ノ動作ニ付戦争ノ法規慣例ヲ遵守スルコト
　　　民兵又ハ義勇兵団ヲ以テ軍ノ全部又ハ一部ヲ組織スル国ニ在リテハ，之ヲ軍ノ名称中ニ包含ス。」

17) *See, e.g.*, the *Quirin* case, pp. 20-23; Federal Bureau of Investigation, Nazi Saboteurs and George Dasch, *at* https://www.fbi.gov/history/famous-cases/nazi-saboteurs-and-george-dasch. *See also* United States of America ex rel. Richard Quirin v. Cox, Provost Marshal, U.S. Army, in *Annual Digest and Reports of Public International Law Cases*, Vol. 10, p. 564. なお，本件ではドイツ人工作員のうち2名が米国籍を有していたとされることから，彼らについては，戦争法違反ではなく，戦時における国内犯罪としての反逆罪に問われるべきであるとの主張もなされた。しかし政府は，「敵政府の軍事機関とつながりを持ち，当該機関の支援，手引き，および指示を受けて敵対的行為を行おうとこの国に侵入する市民は，ハーグ条約および戦争法の意味における敵の交戦者である」と述べ（The *Quirin* case, pp. 37-38.），「たとえBurgerとHauptが米国市民であると仮定しても，このことが米国の『敵』としての彼らの地位を変えることはない」こと（*Ibid.*, p. 13），そして「敵の交戦者が持つ米国における市民権によって，戦争法に違反することで不法となる交戦の帰結からその者が解放されるわけではない」こと（*Ibid.*, p. 37）を強調した。
18) この点についてはドイツ軍構成員であったとする見解がある一方（*See* Ohlin, *supra* note 14, p. 503），ドイツの秘密工作員であったとする見解もある（*See* Baxter, *supra* note 13, p. 52）。
19) The *Quirin* case, p. 8. *See also Ex Parte Milligan*, 71 U.S. (4 Wall.) 2 (1866).

うしてドイツ人工作員たちの軍隊構成員性を否定する双方の主張も踏まえた結果，裁判所は彼らを軍隊の指示に従って行動した「敵軍の代理人（agents）」とするに留めている[21]。このようにドイツ軍との結びつきを認めつつもその構成員性についての言及を避けることで，裁判所は，正規軍隊以外が行う場合に問題となる不法戦闘員の地位を導き出す余地を作り出したとみることができる。

2　敵対的目的から敵陣に侵入すること

次に，ドイツ人工作員たちのいかなる行為が法的に「交戦」と評価されたのかについても確認しておく必要がある。事実，米国における彼らの破壊活動は実行に移されることなく失敗に終わっているため，彼らが交戦に従事したのかどうかをめぐり，この点が裁判でも問題になった。

彼らの代理人は，制服を着用した敵国ドイツ人が潜水艦から米国の沿岸に上陸したという事実だけでは，間諜罪の構成要件を満たすことはできず，また破壊活動についても，その目標すら選定されていない準備段階では未遂ですら構成しないと主張した[22]。これに対して政府は，破壊活動および諜報活動などのために「戦時に沿岸または国境の警備を潜り抜けて米国に侵入しまたは侵入しようと試みるすべての者」[23]が裁判の対象であるとする大統領布告に基づき，敵対的目的（hostile purpose）から米国の領域または軍事ラインに侵入した時点で交戦は成立すると反論した[24]。この点についてドイツ人工作員たちは，軍最高司令部からの命令に従う意図がなかった点を強調していたが[25]，裁判所はこれを否定し，「戦争を遂行する際に使用されるかまたは有益となる財産を破壊することを目的に，敵の交戦者が戦時に我が国領域に侵入することは，敵軍の指示に基づいて行動することも含めて，敵対的かつ戦争的行為（a hostile and warlike act）である」[26]と述べて政府の側の主張を認めた。

---

20)　*Ibid.*, p. 15.
21)　*Ibid.*, p. 37.
22)　*Ibid.*, pp. 7-8.
23)　*Ibid.*, pp. 22-23.
24)　*See ibid.*, p. 38:「犯罪は……敵対的目的から侵入した時点で完成した」. *See also ibid.*, pp. 11-12, 14-15.
25)　*Ibid.*, p. 25, n. 4.

このように，交戦性を評価するに当たっては，あくまで一方の交戦国が敵対的意図を持って敵国の支配する区域に侵入したという事実が重要なのであって，工作員たちが「通常兵器を携行していたとされなかった，あるいは，彼らの敵対的行為の計画では米国の軍隊と衝突することが必ずしも企図されていなかった，ということは重要ではない」[27]ことがわかる。

III 不法性

1 交戦の不法性——交戦者と文民の区別

(1) 「重大で，厳罰を要する」「戦争法で知られた最も危険な違反行為」

では，このようにして交戦と評価されたドイツ人工作員たちによる米国への侵入行為が国際法違反とされた理由とは一体何であったのか。

この点については，米国政府が英国との独立戦争（1775年～1783年）における有名なアンドレ少佐（Major John André）の処罰事例を援用している点が注目される。英国陸軍将校であったアンドレ少佐は，敵対する米大陸軍に対する謀略を企てるべく，同軍の支配する区域を文民の服装で通過しているところを拘束された。彼は，その後1780年9月29日に，ワシントン将軍（General George Washington）の設置した将官委員会（Board of General Officers）において，国際法に違反した間諜として有罪および絞首刑の判決を受けている[28]。

しかし，そこで問題とされた彼の国際法違反行為とは，間諜として行った諜報活動それ自体でなかった。むしろ，当該活動を含む「敵対的目的から，文民の服装で我が国陣内を通過する」その偽装手法こそが，「戦争法で知られた最も危険な違反行為の一つ」とされたのである[29]。「すべての敵対的行為の中でも，文民によるものは最も危険であり，最も厳しく罰せられるべきである」[30]との政府の主張が如実に示すように，米国にとってそれは通常の戦争法違反行為に留まるものではなかった。こうした独立戦争時の先例に従うなら，第二次

---

26) *Ibid.*, pp. 36-37.
27) *Ibid.*, p. 37.
28) *Ibid.*, pp. 31-32, n. 9.
29) *Ibid.*, p. 14.
30) *Ibid.*, p. 16.

世界大戦におけるドイツ人工作員の行為もまた,「敵対的目的から,我が国の軍事ラインを通過し,我が国領域内に文民の服装で現れたことで戦争法 (the common law of war) に違反」(傍点筆者)31) する交戦行為として,かつてのアンドレ少佐と「同様に重大で,厳罰を要するもの」に他ならなかったのである 32)。

　裁判所もまた,戦争法が「『軍隊』と『平和的住民』とに区別」してきたにもかかわらず 33),ドイツ人工作員たちが「文民の被服で,かつ敵対的目的を持って我が国の陸軍および海軍のラインおよび警備を突破した」ことを問題視し,交戦者(軍隊)と交戦に従事しない文民(平和的住民)との区別を否定する彼らの交戦手法を戦争法違反と位置づけた 34)。その際には,政府が援用したアンドレ少佐事件に加えて,南北戦争 (1861 年～1865 年) 時における同様の戦争法違反行為の処罰実行も検討し 35),「これが合衆国憲法採択以前の,そして米墨戦争と南北戦争の間における,我が国軍当局の慣行であった」と結論づけている 36)。

(2) 区別基準としての「制服その他の適当な身分証明の手段」
　ただし,このように「文民の服装で」ドイツ人工作員たちが交戦に従事した

---

31) *Ibid.*, p. 15.
32) *Ibid.*, p. 14.
33) *Ibid.*, p. 34.
34) *Ibid.*, pp. 36-38.
35) 南北戦争時に平和的住民への偽装が戦争法違反行為であるとされたものとして次のような先例が検討されている。①南軍兵士の一部が,自軍の巡洋艦とすることを目的としてパナマ港湾で停泊中の米国商船に「平和的乗客に偽装して」乗船したところを北軍に拘束され,1865 年 5 月 22 日に「文明戦争の法規慣例違反」により軍事審問委員会で裁かれた (Dept. of the Pacific, G.O. No. 52, June 27, 1865)。②南軍の海軍士官が,カナダの港で文民の服装で仲間とともに商船に乗船した後エリー湖で同船を乗っ取ったこと,ならびにニューヨーク州で列車脱線および軍事情報の収集を試みたことが「戦争法違反」を構成するとして 1865 年 1 月 17 日に軍事審問委員会で裁かれた (Dept. of the East, G.O. No. 14, Feb. 14, 1865)。また,裁判所は,当時の米国の戦争法理解を示す米国一般命令第百号 (リーバー法典) の関係規定も援用した。*See the Quirin* case, pp. 32-33, n. 10. この点については,さらに黒﨑将広「米国一般命令第百号における『ゲリラ』の地位——Francis Lieber の『戦争法』理論」国際法外交雑誌 104 巻 4 号 (2006) も見よ。
36) The *Quirin* case, pp. 31-34.

ことを戦争法違反とする際，裁判所はこれを文字通り文民の服装から判断したのではなく，戦争法上定義された交戦者の外観に照らして判断したことにも留意しておく必要がある。少なくとも当時において文民は明確な国際法上の定義を有していたとはいい難く，戦争法では，交戦者を軸に，それとは無関係の平和的な存在として消極的に位置づけられていたにすぎない37)。

　交戦に従事する者は，文民と自己とを区別することで戦争の被害を抑えるため，少なくとも敵に目撃されている間，そのような者として識別可能な外観を持つことが戦争法上求められる。本件において政府も裁判所も留意していたように，そのための基準を定めるべく「合法交戦者の定義が……ハーグ陸戦条約の締約国によって同条約附属規則1条で採用され，米国上院もこれを承認した」（斜体ママ）38)。以後，戦争法では「『公然と武器を携行し』『固着の特殊標章を有している』ことが合法交戦者の顕著な特徴となっている」39)が，これは，正規軍隊以外の者を，同条約上の定義に従うことを条件に合法交戦者として認めるものである40)。

　しかし，裁判所によれば，ドイツ人工作員たちは，交戦に従事していたにもかかわらず，そうした「合法交戦者の顕著な特徴」を有していなかった。「文民の服装で」交戦に従事するということとは，すなわち，合法交戦者であると敵が識別できる「制服その他の適当な身分証明の手段」を表示することなく行うことに他ならない41)。本件における「自己の交戦を不法にする行為」とは，このように交戦時に合法交戦者であると敵が認識できるように自己と文民とを区別する戦争法上の義務の懈怠にあったということができよう。

---

37) この意味において，今日のジュネーヴ第一追加議定書51条3項が規定するように，文民が敵対行為に直接参加するというのは，文民を平和的な住民と解してきた立場からすれば語彙矛盾に他ならない。米国はそうした混乱を避けるために「私人」という表現を用いている。See, e.g., US DoD Manual, para. 4.18.1.
38) The *Quirin* case, pp. 14, 34.
39) *Ibid.*, p. 34.
40) こうしたハーグ条約上の交戦者資格成立の背景については，黒﨑将広「戦闘員資格の法典化——『陸戦ノ法規慣例ニ関スル条約』成立の意味」防衛大学校紀要（社会科学分冊）(100) (2010) 1–70頁。
41) The *Quirin* case, p. 38.

(3) 米国の戦争法観念——「戦争コモン・ロー」の意味

以上の解釈を可能にする前提には，戦争法がすべての個人を拘束する国際法の一領域であると考える米国の戦争法観念が存在していた。国際法はもっぱら主権国家間を規律する法であるとみる国家中心的な当時の国際法観念からすれば，交戦国を法的に代表する合法交戦者でない文民による私的行為が戦争法違反になることはおよそ考えられない[42]。しかし政府は，「戦争法は……巨大な不文法（a great *lex non scripta*），すなわち独自のコモン・ローを有している。この『戦争コモン・ロー（common law of war）』とは，何百年にもわたり存在してきた，大部分が不文の国際法規則と原則の体系であり，戦時の間，兵士と文民の双方の行動を規律する」（傍点筆者）[43]と考え，ルーズベルト大統領もそのようなものとして戦時にはすべての者が戦争法に服することを宣言していた[44]。裁判所も同様に，戦争法を，合法交戦者であるか否かにかかわらず個人をも規律する国際法の一部として，これまで一貫して承認し適用してきたとの立場を確認している[45]。

2 交戦者の不法性——合法交戦者と不法交戦者の区別

(1) 区別基準としての捕虜特権

他方で，こうして「自己の交戦を不法にする」戦争法違反者だけが「不法交

---

42) See, e.g., Lassa Oppenheim, *International Law, A Treatise*, Vol. II: War and Neutrality (Longmans, Green, and Co., 1906), pp. 266-267：「国際法はもっぱら国家間のみの法であるから，私人が武器を取ることや敵対行動をとるのを禁ずる国際法諸規則は存在しえない。ただし，そのような行動をとる私人は，軍隊の隊員が有する特権を享受しないがゆえに，敵国は，慣習国際法規則に則り，当該個人を戦時犯罪人とみなして処罰する権利を有する。私人によってなされる敵対武装行為は，それが交戦行為について認められた諸規則に実際に反しているからではなく，敵が当該行為を違法な交戦行為とみなして処罰する権利を有していることから戦時犯罪となるのである」。

43) The *Quirin* case, pp. 13-14. *See also ibid.*, p. 15：「戦争法は，（敵であろうとなかろうと）外国人と自国民を，また兵士と文民を，その射程内に収めている」。*Hamdan v. United States*, 696 F.3d 1238, 1252（D.C. Cir. 2012）.

44) The *Quirin* case, p. 13.

45) *Ibid.*, pp. 27-28：「最高裁判所の歴史のまさに始まりより，同裁判所は，戦争行為，ならびに敵国および敵国個人の地位，権利および義務を規律する国際法の一部を包含するものとして戦争法を承認し適用してきた」。*See also* William Winthrop, *Military Law and Precedents*, 2nd ed.（Government Printing Office, 1920), pp. 773-774, §§ 1204-1205.

戦者」と分類されるわけではないことにも注意が必要である。クヴィリン判決における「不法」交戦者が意味する「不法」とは，戦争法違反を意味するわけではないからである。冒頭で引用した「戦争法は，交戦国の軍隊と平和的住民との間を，また，合法戦闘員になる者と不法戦闘員になる者との間を，区別している」とする裁判所の理解が示すように，交戦者（軍隊）と文民（平和的住民）の区別，そして合法交戦者（合法戦闘員）と不法交戦者（不法戦闘員）の区別は，それぞれ基準と局面を異にする問題なのである。

交戦者と文民の区別は，上述のように，交戦時においてハーグ陸戦条約が定める制服を含む識別可能な手段の有無を基準になされる。これに対して合法交戦者と不法交戦者の区別は，抑留時に捕虜特権の有無を基準になされる。この捕虜特権は合法交戦者に対して認められるが，彼らが間諜として行動する場合はこの限りでない46)。

以上のことを踏まえるなら，次のようになる。たとえば，仮に正規軍隊構成員以外の者（群民兵の場合を除く）が文民との区別義務に違反する方法（つまり文民の服装）で交戦に従事すれば，彼らに対する合法交戦者資格条件である，遠方より識別できる特殊標章の要件を満たさないことを理由に捕虜特権が否定され，彼らは不法交戦者となる。しかし，それが正規軍隊構成員によって行われるとなれば，文民との区別義務違反でその責任が同じく問われるとしても，合法交戦者の地位が彼らに無条件で認められる限りは，引き続き捕虜特権が彼らに認められる。したがってこの場合，彼らは戦争法違反者であるが，不法交戦者ではない。もちろん，その際に彼らが間諜として行動していたのであれば，話は別である。

このように，裁判所によれば，「世界中の合意と慣行により」認められた国際法上性格を異にする枠組みとして，交戦の不法性（戦争法違反）と交戦者の不法性（捕虜特権の否定）は区別されねばならない47)。ともに文民の服装で交

---

46) これは，クヴィリン判決が幾度となく援用した1863年米国一般命令第百号において，間諜が「正当で必要な敵対行為の手段として認められ」（101条）た「名誉ある処罰」の対象として強調された点である。黒﨑・前掲注(35)98-99頁を見よ。

47) See the Quirin case, p. 35:「政府は，捕虜として取り扱われる権利を持つ合法交戦者をこのように定義することで，戦闘員であるが『固著の特殊徽章』を着用しない者を含め，その特権に対する資格を持たない不法交戦者という分類が存在することを認めてきた」（傍点筆

戦に従事したという事実に基づくとはいえ、ドイツ人工作員たちが不法交戦者になったのは、彼らが文民との区別義務に違反したからというよりも、不法交戦者については「制服の欠如が決定的である」[48]と裁判所が述べたように、むしろ捕虜特権が認められる合法交戦者の資格条件を交戦時に満たさなかったからとみる方が正確であるように思える[49]。後に先行研究によって批判され、また米国自身も「不法戦闘員」を「非特権的交戦者」と改めたように[50]、この場合の交戦者の不法性が意味するのは非特権性に他ならない。確かに混乱を招く表現であったとはいえ、建国以来、一貫して米国「政府は、このようにして不法交戦者という分類の存在を認めてきた」(斜体ママ)のである[51]。

　もっとも、そうした「不法交戦者という分類」が当時の戦争法の中核をなすハーグ陸戦条約に存在しない概念であったのもまた事実である。このため、裁判所は、その戦争法上の根拠をマルテンス条項と呼ばれる同条約の前文に求めた[52]。同条項は、ハーグ陸戦条約の附属規則で規定されていない問題が引き続き慣習国際法によって規律されることを謳い、なかでも交戦者資格の文脈を重視して、「採用セラレタル規則ノ第1条及第2条ハ、特ニ右ノ趣旨ヲ以テ之ヲ解スヘキモノナルコトヲ宣言ス」と定めている[53]。こうした普遍的な慣習法基盤と結びつけることで、裁判所は、合法交戦者と不法交戦者の区別にかかる「この戦争法の原則 (precept) が、国の内外の実行でもそのように認められ、

者)。
48) *Ibid.*, p. 38.
49) *Ibid.*, p. 37:「敵対的目的から、自己の交戦者の地位を示す制服その他の標章を着用せずに我が国の境界を通過することにより、あるいは侵入後にそのような身分証明の手段を破棄することにより、そのような敵は裁判と処罰に服する不法交戦者となる」。*See also ibid.*, p. 12:「拘束される前に自己の制服を脱いだことによって、彼らは捕虜となりうる利点を失った」。
50) *See, e.g.*, Military Commissions Act of 2006, Pub. L. No. 109-366, 120 Stat. 2600 (October 17, 2006), § 948a.; Title XVIII of the National Defense Authorization Act for Fiscal Year 2010 (Military Commissions Act of 2009), Pub.L. 111-84, H.R. 2647, 123 Stat. 2190 (October 28, 2009).
51) The *Quirin* case, p. 14.
52) *Ibid.*, p. 35.
53) 交戦者資格とマルテンス条項の成立をめぐるハーグ陸戦条約の起草過程について、詳しくは、黒﨑将広「戦争法秩序の誕生——総加入条項とマルテンス条項の機能的連続性」国際関係論研究19号 (2003) を見よ。

また，国際法の権威たちもこれが妥当するものであることを広く受容してきた」と述べ，不法交戦者という概念が米国独自のものでないことを強調したのである 54)。

(2) 間諜の位置

しかし，このようにして自身が交戦の不法性（戦争法違反性）と交戦者の不法性（非特権性）を峻別していたにもかかわらず，裁判所がそれでも間諜を「戦争法違反者と一般的にみなされる交戦者の典型例」であると述べて，両者が同じであるかのように判示したのはなぜなのか。

それは，米国がこれまで処罰してきた間諜の用いた虚偽の口実または隠密の手法にある。裁判所が問題にしたのは，先述の独立戦争時におけるアンドレ少佐事件や南北戦争時の間諜処罰実行が示すように，被告人たちが用いた文民たる平和的住民を装った欺瞞手法であった。しかしながら他方において，自身が参照した米国一般命令第百号83条の定める「敵対する軍の制服」に偽装して行う場合がそうであるように，裁判所は，他の禁止されない欺瞞手法による場合をも含め，諜報活動それ自体を戦争法違反と明示的に述べたわけではない 55)。

戦争法は，文民との区別を否定する諜報活動までをも許容しているわけではない 56)。諜報活動も交戦行為である以上，間諜は，戦争法上許容される害敵手段方法でそれを実行しなければならない。裁判所が，判決で間諜を戦争法違反者の典型例として不法交戦者の中に位置づけたのは，あくまで米国によってそれまで処罰されてきた敵の間諜が文民との区別を否定する違法な交戦手法を用いていたからにすぎず，戦争法上の間諜の地位，ひいては不法交戦者の地位一般についてまで述べたわけではないのである 57)。

---

54) The *Quirin* case, p. 35.
55) *Ibid.*, p. 32.
56) 今日でも，1977年ジュネーヴ第一追加議定書39条3項が規定するように，文民または非戦闘員の地位を装う場合が諜報活動における欺瞞手法として認められているわけではない。
57) 事実，南北戦争では，北軍の支配するニューヨークで文民に偽装して交戦に従事した南軍の大尉（Robert C. Kennedy）や海軍士官（John Y. Beall）が1865年1月17日にそれぞれ有罪判決を受けたが（Dept. of the East, G.O. No. 14, Feb. 14, 1865; Dept. of the East, G.O.

IV 結　論

　米国クヴィリン事件最高裁判決は，不法交戦者（不法戦闘員）による交戦行為が戦争法違反であること，そして間諜をその典型例と位置づけたことから，当該行為が国際法違反でないと考える論者たちによって長きにわたる批判の対象となってきた。彼らの見解によれば，間諜による諜報活動は戦争法上禁止されないにもかかわらず，最高裁は，当該活動を戦争法違反であると「誤解」していたかもしれない判断を示したことで，現代の不法戦闘員の地位に関する「根本的な混乱」または「認識の誤り」をもたらした。しかし判決を子細に見れば，そうした批判に疑問を呈せざるを得ないような理論構成が裁判所によって展開されていたことがわかる。

　最高裁は，諜報活動と破壊活動の罪を問われたドイツ人工作員たちを，合法交戦者の地位が無条件で認められる敵国の正規軍隊の一員ではなく，同軍の指示を受けた代理人とみなした。その上で裁判所は，当初計画された破壊活動が失敗に終わったにもかかわらず，敵対的目的から敵国である米国の支配する区域に許可無く侵入した事実に基づき，彼らが交戦に従事していたと認定した。しかもその際，彼らは，合法交戦者であると敵が識別できる「制服その他の適当な身分証明の手段」を表示しておらず，それこそが「自己の交戦を不法にする行為」，すなわち，すべての個人を拘束する戦争法が求める交戦者と文民との区別を否定した，「重大で，厳罰を要する」「戦争法で知られた最も危険な違反行為」を構成するものであった。つまり彼らは，諜報活動ないし破壊活動それ自体を理由に戦争法違反が問われたわけではないのである。

　彼らはまた，不法戦闘員でもあった。ただし，それは戦争法違反者であったからではない。捕虜の特権が認められる合法交戦者の条件を満たしていなかったからである。捕虜の特権は戦争法上禁止されない諜報活動によっても喪失する反面，正規軍隊が戦争法に違反しても，引き続きその特権は少なくともハー

No. 24, March 20, 1865），そこでも，間諜と，平和的住民の偽装（「ゲリラ」行為）といった「不正規かつ不法の戦闘（irregular and unlawful warfare）」による戦争法違反とが明確に区別されていたことにクヴィリン事件最高裁判決は留意している。The *Quirin* case, pp. 32-33, n. 10.

グ陸戦条約上認められうる。このように不法戦闘員の地位は，戦争法違反の問題と性格を異にするものとして理解されるべきである。事実，裁判所は，彼らの戦争法違反行為ではなく，捕虜特権の欠如を理由に，ドイツ人工作員たちを不法戦闘員とみなしていた。

　それにもかかわらず，裁判所は，あたかも不法戦闘員が戦争法違反者を意味するかのように，間諜を「戦争法違反者と一般的にみなされる交戦者の典型例」と述べた。しかしそれは，米国の歴史の中で処罰されてきた敵の間諜の用いる典型的な交戦手法が文民との区別を否定する違法なものであったからにすぎず，戦争法上の間諜の地位，ひいては不法交戦者の地位一般についてまで裁判所は戦争法違反者と述べたわけではなかった。裁判所は，間諜自体が戦争法違反者であるという「誤解」の下，不法戦闘員の地位に関する「根本的な混乱」または「認識の誤り」から判決理由を述べたわけではないのである。つまり，ドイツ人工作員は，文民との区別義務に反する戦争法違反者であったと同時に捕虜特権を有しない不法戦闘員でもあった，というのが判決の論理に沿った理解ではないだろうか。このように考えると，裁判所は不法戦闘員を戦争法違反の交戦者と誤解しているとの先行研究によるクヴィリン判決への批判が生じたのは，文民の服装で交戦に従事したという事実が，判決で措定された交戦の不法性（戦争法違反性）と交戦者の不法性（非特権性）のいずれの枠組みにも同時に問題となる共通の争点であったがために，これら2つの枠組みが混同されてしまったからなのかもしれない。

　クヴィリン判決における不法戦闘員の敵対行為の評価を理解する上で重要な視点となる理論構成とは，交戦の不法性と交戦者の不法性である。これらは，戦争法上相異なる国際法枠組みとして，少なくとも当時の米国にとっては「合衆国憲法採択以前の，そして米墨戦争と南北戦争の間における，我が国軍当局の慣行」として一貫していただけでなく，マルテンス条項と「世界中の合意と慣行」に基づいた普遍的な国際法として妥当するものでもあった。

　もっとも，それが本当に建国時から一貫した立場といえるものであったのか，さらにそれが当時の「世界中の合意と慣行」に基づいた慣習国際法解釈として妥当するものであったのかについて，裁判所が十分に説得的な議論を判決で実証的に展開していたとはいい難い。しかし，こうしたアプローチは何もクヴィ

リン判決に限ったことではない。今日の米国の政府や裁判所でさえ,不法戦闘員の地位を支える解釈上の基礎を,現代戦争法の柱である1949年ジュネーヴ諸条約が成立する以前のクヴィリン判決という先例に求めてきたのもまた事実である。これらが示唆するように,慣習を基礎とした「戦争コモン・ロー」に象徴される米国の戦争法観念は,時代ごとに法が発展していくことを重視する国際法解釈論に逆行するかのごとく,正当性確保のために建国以来の歴史的一貫性を重視した,時代拘束性を超越する規範的ダイナミクスを持つコモン・ロー体系の中に位置づけられるものであるとみることができる58)。クヴィリン判決が,不法戦闘員という当時は未知の概念を用いてその地位を実定法上定式化することができた背景には,こうした米国建国以来続く普遍的な戦争法のダイナミクスが存在していたといっても過言ではない。

---

58) 実際,そうした建国以来の不変的なルールとして戦争法の一貫性を確保し,これを対外的な正当化の道具とするため,米国は時代ごとに異なる自国の政策に適合するよう戦争法を「書き換えてきた」ことを歴史的に論証するものとして,John Fabian Witt, *Lincoln's Code: The Laws of War in American History* (Free Press, 2012) がある。あわせて黒﨑将広「リンカンの法典——John F. Witt, Lincoln's Code: The Law of War in American History, Free Press, 2012, pp. viii + 498」アメリカ法 2 号 (2013) 300–308 頁も見よ。他方,こうした時代拘束性を無視する米国の戦争法観念を批判する見解として,Ohlin, *supra* note 14.

核不拡散条約6条の分析視座
——「パラダイム国際法」が示唆するもの

林　美　香

I　本稿の目的
II　NPT 6条の核軍縮等にかかわる交渉の義務：3つの説
III　NPT 6条に関する中間説及び積極説の課題
IV　結　び

I　本稿の目的

　本稿は，核不拡散条約（以下，NPT）6条の検討を行うことをその目的とするものである。NPTは，非核兵器国に核を所有させないことで（1条，2条）核の水平的拡散を防止する条約として最もよく知られている。しかしそれだけではなく，いわばその対価として，非核兵器国による核の平和的利用を認め（4条），さらに核軍縮にも言及する以下の規定（6条）を備えている。

　　「各締約国は，核軍備競争の早期の停止及び核軍備の縮小に関する効果的な措置（複数の措置：筆者注）につき，並びに厳重かつ効果的な国際管理の下における全面的かつ完全な軍備縮小に関する条約について，誠実に交渉を行うことを約束する。」

　この条文が核軍縮等に関して具体的にどのような行為（作為・不作為）を要求し，また禁止しているかについて，一般的に受け入れられた見解は存在しない。そのためNPT 6条は，条約解釈をめぐる理論的な問題を提起するだけでなく，今日的かつ実践的な問題をも提起しているものといえる。そうした問題

として，例えば，NPT 締約国である核兵器国が核兵器及び関連システムの更新やこれらのための新規投資を行うことが NPT 6 条の義務に違反するか否かという問題が挙げられよう¹⁾。また，2014-2016 年にかけて国際司法裁判所（以下，ICJ）で争われた「核の軍拡競争の停止および核軍縮についての交渉に関する諸義務」事件 3 件²⁾ も，NPT 6 条の今日的・実践的な側面をよく示す事案であろう。

　このような背景の下，当該条文に関する相対立する主張を一瞥すると，NPT で目指されている利益の性質や NPT 自体の条約構造や性質に関して異なる見解が存在することを確認できる。すなわち，利益や条約構造に関する見解の違いが，6 条の解釈に関する主張と密接に関係していることが見てとれるのである。そして，本稿は NPT 6 条の解釈をめぐるこれらの主張について，小寺彰教授が提示した国際法のパラダイムを利用して整理することを試みる。小寺彰教授の国際法の基本構造の解説では，国際社会には「国家利益」，「諸国の共通利益」及び「国際社会の一般利益」と分類されうる互いに性質の異なる利益が存在しており³⁾，そうした利益が国際社会で形成されるルールの性質を決定する重要な役割を果たすと考えられている。こうした理解に立脚するこ

---

1) 例えば Andrew J. Grotto, "Nuclear Bunker-Busters and Article VI of the Non-Proliferation Treaty", *ASIL Insights* 9(5)(5 February 2005), at https://www.asil.org/insights/volume/9/issue/7/nuclear-bunker-busters-and-article-vi-non-proliferation-treaty（最終閲覧日 2016 年 8 月 4 日）や，Joint Opinion of Rabinder Singh QC and Professor Christine Chinkin of Matrix Chambers, "The Maintenance and Possible Replacement of the Trident Nuclear Missile System" (19 December 2005), cited in Claire Mills, "Replacing the UK's 'Trident' Nuclear Deterrent", *Briefing Paper* 7353（12 July 2016), House of Commons Library, at www.parliament.uk/commons-library（最終閲覧日 2016 年 8 月 4 日）を見よ。
2) NPT 6 条を主軸に用いて「核の軍拡競争の停止および核軍縮についての交渉に関する諸義務」を扱おうとしたこの訴訟は，ICJ の管轄権の受諾宣言を行っているイギリス，パキスタン，インドを被告国とする 3 件の訴訟として成立し，2016 年 10 月に先決的抗弁の判決がくだされ，いずれにおいても，原告国マーシャル諸島が敗訴した。本稿が NPT 6 条に関する検討であることから，以下で本訴訟を取り上げる場合には，NPT 締約国である対イギリスの訴訟（先決的抗弁に関する 2016 年 10 月 5 日の決定）を取り上げ，これを「核軍縮」事件と称する。Obligations concerning Negotiations relating to Cessation of the Nuclear Arms Race and to Nuclear Disarmament (Marshall Islands v. United Kingdom), at http://www.icj-cij.org/docket/files/160/19198.pdf（最終閲覧日 2017 年 2 月 16 日）。
3) 小寺彰・パラダイム国際法（2004）6-7 頁。

とで，形成されるルールが条約という形式を採る場合，追求される利益の性質の違いに応じて契約条約ないし立法条約と分類され[4]，条約で実現が目指される利益の性質の違いや条約の分類がルールの運用・解釈等の場面で異なる帰結を生じさせうると説明されるのである[5]。この一連の発想は，以下で検討する通り，NPT 6条の解釈に関する論争における主要な争点を明確にする上で，非常に有益であると考えられる。そこで以下，小寺彰教授の国際法のパラダイムを利用してNPT 6条解釈の諸説を整理した上で（第Ⅱ章），核軍縮という観点からのNPT 6条の解釈の課題（第Ⅲ章1），さらにはNPT 6条の義務違反を主張することの課題（第Ⅲ章2）について，考察を加えることにしたい。

Ⅱ　NPT 6条の核軍縮等にかかわる交渉の義務：3つの説

　核兵器国が核兵器に関連して採る第Ⅰ章で例示したような諸措置が，NPT 6条に違反するという判断をするためには，核軍縮等に係わる効果的な諸措置に関する「交渉を誠実に行う」義務（6条）が，具体的にどのような行為を要求し，どのような行為を禁止しているのかを明らかにする必要がある。

　しかし，「交渉を誠実に行う」という文言は履行状況の判断に関する広範な裁量を許容する文言である。そのため，一切の交渉を拒否している場合や明白に悪意で遅延を狙った交渉を行っている場合等を除けば，核兵器国が「6条を履行している」と主張することは，ほぼ如何なる状況下においても可能であるように思われる。このように考えると，6条は交渉すること以外にはいかなる行為（作為・不作為）も要求しておらず，したがって核兵器国の行為や政策に実質的な制約を課すものではないという見解に行き着くことになる（消極説）。他方で，よく知られているように，1996年にICJが下した「核兵器使用・威嚇の合法性」事件の勧告的意見[6]では，そのような消極説とは対極的な見解が示されている。すなわち，NPT 6条に示される核軍縮等の誠実な交渉の義務とは，単に交渉する義務であるだけでなく，核軍縮等に関して一定の交渉結

---

4) 小寺・前掲注(3)6-7頁。
5) 小寺・前掲注(3)9-11頁。
6) Legality of the Threat or Use of Nuclear Weapons, Advisory Opinion, *ICJ Reports* 1996（以下「1996年勧告的意見」と称する）.

果を出す義務であるという見解である[7]（積極説）。さらに，NPT 6条の「交渉を誠実に行う」義務をめぐる解釈論争には，消極説・積極説のどちらとも一線を画するものの，核軍縮にNPT 6条が一定の役割を果たしうると考える，中間的な見解も存在する（中間説）。それでは，これら3つの説がNPTで追求される利益や条約体制の構造をどのように分析しているかに着目しながら，各説を概観していくことにしよう。

1 消極説
(1) 「交渉」を除き，いかなる具体的行為も要求していない条文

最も極端な見解として，NPT 6条には核軍縮に関する具体的な行為（作為・不作為）の義務は一切存在しないという見解がある[8]。すなわち，6条は交渉する義務ではあるが，それ以外のことを一切要求していないという説である（これを本稿では消極説と呼ぶことにする）。消極説はNPTの構造とNPTにおいて追求される利益について，以下のように分析する。

NPTには，核兵器の保有を望ましいものと考える核兵器国と，核兵器自体を望ましくない兵器と考える諸国とが混在する。望んでいることが根本的に対立している締約国によって構成されているNPTがかかえこむのはいくつかの意味での「矛盾」であって[9]，そこには共通利益と描写できるようなものは見出しがたい。

このような背景の下成立しているNPTにおいて，不拡散の扱いと核軍縮の扱いには明確な優劣の関係がある，と消極説は考える。換言すると，条約体制の中核となっているのは不拡散に関する諸規定（2条，3条）であって[10]，核軍縮に言及する6条には不拡散に関する諸規定と同等の重要性は，ない。非核兵器国がNPT 2条等の下で負う諸義務と比べて，核兵器国が負う義務は6条の「軽い」義務である[11]。さらに交渉という観点から3条と比較しても，国

---

[7] *Ibid.*, paras. 99, 105.
[8] Christopher Ford, "Debating Disarmament: Interpreting Article VI of the Treaty on the Non-Proliferation of Nuclear Weapons", *Nonproliferation Review* 14(3), 408 (2007).
[9] Serge Sur, «Les armes nucléaires au miroir du droit», in SFDI (dir.), *Le droit international des armes nucléaires* 20–21 (1998).
[10] Ford, *supra* note 8, 401.

際原子力機関（以下，IAEA）と保障措置を「交渉し」締結する義務を定める3条に対して，6条の交渉義務は「最低限の義務」でしかない12)。

NPT上の利益と条約構造についてこのように分析する消極説は，条約採択前の交渉の解説においても6条の挿入が核軍縮への言及にこだわる非核兵器国とこれを嫌った核兵器国の妥協の産物であることを強調する13)。そして，妥協として挿入された6条が核軍縮等に関して「いつ」「どのような」行為を要求する義務かという合意は存在せず14)，関係国もそのことを承知で条約を採択しNPT体制を発足させたと理解する。以上から，6条には交渉する義務以外のいかなる義務も見出すことはできないと結論付けるのである。

(2) 消極説の評価

消極説は，6条の下で核軍縮等に関して要求される，あるいは禁止される具体的な行為は不明確であり，NPT締約国間にもこれに関する合意がない点を突くものである。しかし，6条を交渉以外に何らの行為も要求しない規定であると理解する消極説は，NPT運用検討会議等の公式の場での発言から確認できる締約国の認識に必ずしも合致するものではない15)。なるほど核軍縮等に関する交渉を進展させたい非核兵器国が消極説を採用しないことは容易に想像できるが，核兵器国もまたNPT運用検討会議での発言を見る限り消極説を採用していないのである。

例えば，直近の運用検討会議である2015年の会議では，核兵器国のうちイギリス・ロシアが明示的に6条に言及した発言を行っている16)。イギリスは，

---

11) Jean Combacau et Serge Sur, *Droit international puiblic* 697 (12ᵉ éd., 2016).
12) Paul Reuter, *Le développement de l'ordre juridique international* 262 (1995), cited in Gilles Cottereau, «Obligation de négocier et de conclure ?» in SFDI (dir.), *Le droit international des armes nucléaires* 176 (1998).
13) Ford, *supra* note 8, 405-407.
14) Ford, *supra* note 8, 409. 鉤括弧内は原文における斜体の強調部分である。
15) 消極説の代表的な論考として頻繁に引用されるFord, *supra* note 8 の見解については，Committee on Nuclear Weapons, Non-proliferation and Contemporary International Law, International Law Association, "Nuclear Weapons, Non-Proliferation and Contemporary International Law: Second Report (Legal Aspects of Nuclear Disarmament)", *Report for the Washington Conference* 4 (2014)（以下，ILA 2014）が "a position not clearly attributable to the respective government （アメリカ政府：筆者注)" と釘を刺している。
16) NPTの2005年以降の運用検討会議での各国の発言は，国連軍縮部HPの該当セクショ

6条への言及箇所で「6条の下の諸義務」という表現を用いた上で，自国の潜水艦に搭載された核弾頭の総数を48から40にするという2015年1月の核軍縮措置の決定を紹介している17)。いうまでもなく，この核軍縮の措置は任意の措置として披露されているのではなくて，6条の義務履行の例として言及されているのである。ロシアも，「ロシアは6条を含むNPTのすべての規定を一貫して実施している」18)と述べ，そのことを示すため，具体的数値こそ出さないものの，イギリス同様に自国の核軍備の縮小に言及している19)。このような核兵器国の発言からは，6条の義務についてこれら締約国が，消極説のように核軍縮等の交渉を行うことのみとは考えていないことを確認できるであろう。

2 積極説
(1) 交渉し，かつ交渉を結実させる義務を規定した条文

消極説とは対照的に，NPT 6条の誠実な交渉の義務には，交渉する義務のみならず交渉を結実させる義務が含まれると考える見解がある。ICJの1996年勧告的意見が核軍縮に関して採用した見解20)は，この意味での積極説であると一般に考えられている21)。本節では，この結論に賛同する説だけでなく，この結論を理由付ける理論的な試みになりうる説も積極説としてまとめた上

ンで，各会議名のリンク先に Statements として掲載されている。United Nations Office for Disarmament Affairs, *NPT Review Conferences and Preparatory Committees*, at https://www.un.org/disarmament/wmd/nuclear/npt-review-conferences/（最終閲覧日2017年1月25日）.

17) Statement by the United Kingdom, NPT Review Conference 2015 (Geneva, 27 April—22 May 2015), at http://www.un.org/en/conf/npt/2015/statements/pdf/GB_en.pdf（最終閲覧日2017年1月25日）.
18) Statement by Russia, NPT Review Conference 2015 (Geneva, 27 April—22 May 2015), at http://www.un.org/en/conf/npt/2015/statements/pdf/RU_en.pdf（最終閲覧日2017年1月25日）.
19) *Ibid.*
20) 1996年勧告的意見・前掲注(6), para. 99.
21) NPT 6条に関する消極説も1996年勧告的意見・前掲注(6)をこのように理解しており，かつ当然のことながら，これを批判している。Ford, *supra* note 8, 402-403; Sur, *supra* note 9, 23.

で22），前節と同様に，NPTで追求される利益や条約体制の構造に関する分析を中心として，その特徴を概観することにする。

　積極説は，第一の特徴として，NPTにおいて締約国が実現しようとしている利益をこれら諸国の共通利益であると把握する。NPTにおいて核兵器国と非核兵器国は，一方が得をすれば他方が損をするような個別利益を追求しているのではなく，そこで追求されているのは安全保障という共通利益または一般利益であるとされる23)。

　積極説の第二の特徴は，上述の利益分析に立脚したNPTの構造に関する分析にある。積極説は，不拡散と核軍縮のNPTにおける重要性に消極説のような意味での差異を見出すことに批判的である24)。なぜなら，NPTは共通利益である安全保障を基盤として，核不拡散・平和的利用・核軍縮の三本柱の上に成立しているからである25)。積極説によれば，NPT体制では，非核兵器国だけが片務的に第一の柱（不拡散）と第二の柱（平和的利用）に関する重大な義務を負わされているわけではない。同様に重大な第三の柱（核軍縮）に関する義務は，核兵器国にも等しく課されている。NPTは核兵器国と非核兵器国を不平等に扱う条約ではあるが，これは核不拡散の義務と核軍縮の義務の間に優劣

---

22) Mohammed Bedjaoui, «La bonne foi, le droit international et l'élimination des armes nucléaires», in Mohammed Bedjaoui et al. (eds.), *Völkerrechtliche Pflicht zur nuklearen Abrüstung?* 105-109 (2009). 1996年勧告的意見提出時の裁判長であるBedjaouiは「核軍縮」事件・前掲注(2)の反対意見においても，6条に関する積極説の結論を支持している（Opinion dissidente de M. le Juge *ad hoc* Bedjaoui, para. 65)。Daniel Rietiker, "The Meaning of Article VI of the Treaty on the Non-Proliferation of Nuclear Weapons: Analysis Under the Rules of Treaty Interpretation", in Jonathan L. Black-Branch and Dieter Fleck (eds.), *Nuclear Non-Proliferation in International Law*, Volume I, 82 (2015)はこの点に関する明言を避けているものの，実質的にはこの結論に賛成と整理できる。またNigel White, "Interpretation of Non-Proliferation Treaties", in Daniel H. Joyner and Marco Roscini (eds.), *Non-Proliferation Law as a Special Regime* 118 (2012)はこの点に関する結論は不明であるが，積極説の根拠となりうるいくつかの示唆を含む論考なので，便宜的に積極説に整理して検討することとする。

23) E.g., Georges Fischer, *La non-prolifération des armes nucléaires* 72 (1969).

24) Rietiker, *supra* note 22, 56.

25) Rietiker, *supra* note 22, 48; Nigel White, *Advanced Introduction to International Conflict and Security Law* 16 (2014). 「三本柱」という表現は用いられないものの，Bedjaoui, *supra* note 22, 107も核軍縮・不拡散の等しい重要性を強調する。

があるという意味ではない。核不拡散・平和的利用・核軍縮の三本柱がNPTにおいて等しく重要であるという認識は，NPT運用検討会議が採択する最終文書等でも確認することができる 26)。

そして，NPT上の利益とNPTの構造について以上のような立場を採る積極説は，条約の分類に着目するという第三の特徴を有する。既に述べたように，条約上の利益と条約構造に即した条約の分類として，契約条約・立法条約という分類がある 27)。積極説はこの分類に着目して，NPTの構造と利益に関する前述の分析を踏まえ，NPTを契約条約と考えることは不適切であり，NPTは立法条約ないしそれに近い条約であると主張するのである 28)。さらに，契約条約・立法条約という分類を意識しつつも，NPTはそのいずれでも語り尽くせない特徴を有するという認識に基づいて，NPTは第3の範疇の条約であるとの解説も頻繁に見受けられる。例えば，NPTが「国際社会の中の諸勢力の，条約採択時点での均衡点を示す」条約であり，「国際法秩序のグローバルな構造を定義することに貢献する」条約であることから，NPTは契約条約でも立法条約でもなく「構造的条約」であるという指摘や 29)，「地球全体が生き延びることを確保するのに必要な諸規則と諸制度」30) を提供するNPTは契約条約でも立法条約でもなく「立憲的」条約であるといった解説 31) がこれにあたる。

---

26) White, *supra* note 22, 114-115.「三本柱」という表現は用いられないものの，Bedjaoui, *supra* note 22, 109 も運用検討会議の最終文書を引用して，核軍縮・不拡散の等しい重要性を確認している。

27) 小寺・前掲注(3)7頁では，契約条約・立法条約の解説において Arnold McNair, *Law of Treaties* 751-752（1961）が引用されている。

28) Rietiker, *supra* note 22, 62-63; Tom Coppen, *The Law of Arms Control and the International Non-Proliferation Regime* 85-94（2016）. ちなみに本引用部分では，NPTの「契約的」性質とともに「相互依存的」性質も否定されている。軍縮条約の「相互依存的」性質については，さしあたり岩沢雄司「国際義務の多様性——対世的義務を中心に」中川淳司ほか編・国際法学の地平（2008）134-135頁を参照。なお「相互依存的」性質を軍縮条約一般の特徴的な性質と考えることの批判として，Daniel Rietiker, *Le régime juridique des traités de maîtrise des armements* 213-215（2010）を参照せよ。

29) Ida Caracciolo, "The Limitations of the 1968 Treaty on the Non-Proliferation of Nuclear Weapons: International Law in Support of Nuclear Disarmament", in Ida Caracciolo et al. (eds.), *Nuclear Weapons: Strengthening the International Legal Regime* 4-5（2016）.

30) White, *supra* note 22, 117.

31) White, *supra* note 22, 106-109; White, *supra* note 25, 15-16.

こうした条約構造に基づく条約の分類への固執と積極説が主張する6条の解釈は，不可分の関係にあると考えられる。第Ⅰ章で引用したNPT6条の文言だけをいくら眺めても，核軍縮等に関する交渉を結実させる義務を読み取ることはできない。つまり，6条が交渉をする義務だけでなく交渉を結実させる義務をも定めているというためには，文言以外の要素を取り込める解釈手法を採用せねばならない。そこで積極説は，解釈手法の取捨選択の根拠として条約の分類を用いるのである[32]。すなわち，立法条約と分類される条約の解釈，あるいはそのほかの名称の下で特殊な条約と分類される条約の解釈に際しては，当該分類と合致する解釈手法が用いられるべきだという主張である。例えばRietikerの解説では，立法条約という分類が「NPTのような条約においては，趣旨目的に照らした目的論的な解釈が特別な役割を担う」[33] ことの根拠の一つとなっており[34]，またWhiteによる立憲的条約の解説では，立憲的条約であることがNPT採択以降の締約国による条約の「後の（再）解釈」[35] を可能にする鍵となっている。

さらに，積極説はこのような理解に基づく具体的な解釈手法として，運用検討会議に代表されるNPT採択以降の実行[36] やNPT体制の外での実行[37] を考慮の対象に含める点にその特徴を見出すことができるのである。

(2) 積極説の評価

ICJの1996年勧告的意見が積極説と分類できる見解を示しながらも，その根拠についてほとんど説明をしていないことに鑑みると，積極説を採ろうとする論者が様々な説明を試みていることには意義が認められよう。

積極説の6条の解釈手法については，中間説の解釈手法とあわせて，次章（Ⅲ1「解釈手法に関する課題」）で検討することにして，ここでは積極説の主張

---

32) E.g., White, *supra* note 22, 101-103; Coppen, *supra* note 28, 92-93.
33) Rietiker, *supra* note 22, 81. Coppen, *supra* note 28, 92-93 も見よ。
34) Rietiker, *supra* note 22, 61-63.
35) White, *supra* note 22, 113.
36) White, *supra* note 22, 113-115; White, *supra* note 25, 16; Caracciolo, *supra* note 29, 8-9; Coppen, *supra* note 28, 98-101, 184-185.
37) White, *supra* note 22, 113-115; Rietiker, *supra* note 22, 68-77; Caracciolo, *supra* note 29, 8-9.

自体に関する評価を行っておきたい。積極説の最大の問題は，次節で検討する中間説が明示的に批判するように，NPT 6 条の文言に照らして行き過ぎた，すなわち条約文言からの過度に乖離した主張ではないかという点にある[38]。加えて，第二の問題として，NPT 6 条の慣習法化の問題が挙げられる。NPT における利益を積極説のように理解する場合，その利益は NPT 締約国にとってだけでなく，NPT 非締約国を含む国際社会・国際秩序にとっても重要な利益となる。そこで，NPT 6 条の分析においては，条約体制の内部で共有されているという意味の共通利益にとどまらない，国際社会の一般利益にも言及することになる。このように国際社会の一般利益を強調していくと，NPT の一条文上の義務にとどまらない，慣習法における核軍縮の交渉と交渉結実の義務を論じることに行き着く[39]。確かに，ICJ の 1996 年勧告的意見もこの点に関する慣習法上の義務を認定したものと解釈でき[40]この点の一貫性はあるが，通説的に受け入れられている慣習法の二要件（国家実行および法的信念）に照らすと，積極説が唱えるような内容の 6 条の慣習法化の証明は，極めて困難であるといわざるを得ない[41]。

3 中間説

以上の NPT 6 条に関する消極説と積極説に対して，中間説とも呼ぶべき第三の見解がある。中間説に分類できる論者は，6 条が交渉以外に何らの行為（作為・不作為）も要求しないとする消極説には批判的である。さらに NPT の三本柱に依拠した 6 条解釈を展開する点など，積極説とは解釈手法等の面で重要な類似点・共通点が認められるが，交渉の結実の義務という積極説の主張には，中間説は懐疑的である。

---

38) 消極説として引用した前掲注(8),(11),(12) も参照せよ。
39) E.g., Bedjaoui, *supra* note 22, 98–102.
40) E.g., ILA 2014, *supra* note 15, 3. ICJ の見解をこのようにとらえた上での批判として，e.g., Natalino Ronzitti, *Diritto internazionale dei conflitti armati*, 357 (4th ed., 2011).
41) Marco Roscini, "On Certain Legal Issues Arising from Article VI of the Treaty on the Non-Proliferation of Nuclear Weapons", in Ida Caracciolo et al. (eds.), *Nuclear Weapons: Strengthening the International Legal Regime* 20–21 (2016); Ronzitti, *supra* note 40, 357. これらに対して，非常に慎重ながらも 6 条の慣習法化の議論に肯定的な見解として ILA 2014, *supra* note 15, 3–4.

(1) 交渉態度に諸条件が付けられた交渉の義務

中間説は，①条約の利益及び条約構造並びに②義務の性格・内容という 2 点において，消極説・積極説のまさに"中間的"な分析を提示するものと性格付けられる。

第一に，中間説に分類されうる論者は，核兵器国と非核兵器国の相反する利益の存在が NPT の基礎と考える。この点は，NPT の基礎を共通利益と表現する積極説とは明らかに異なっており，むしろ消極説に近い立場といえる。また，この利益の分析に基づいて，条約の分類の点でも中間説は積極説とは異なっており，NPT を相対する個別利益の取引を基礎とした契約条約であると理解する[42]。NPT が共通利益に立脚した立法条約であるという分類は，中間説と分類される論者では見られない。

このように NPT 上の利益の分析では，消極説と中間説に共通点が認められる。しかし，消極説が主張する条約構造の不平等（不拡散に関する義務は重要であり核軍縮等に関する義務は重要でないという意味での条約構造の不平等）は，中間説では受け入れられない。この条約構造の理解に関しては，中間説と積極説に共通性が認められる。なぜなら，この点につき中間説は，核兵器国・非核兵器国のそれぞれが追求する個別利益に対応して，不拡散（2 条ほか）と核軍縮（6 条）は NPT において等しく重要であって，NPT 体制はこれに平和的利用を加えた三本柱を基礎として成立している[43]と理解するからである。つまり，このように NPT の条約構造を理解し，三本柱という条約構造を 6 条の解釈の重要な基礎として用いようとする点では，中間説は積極説に近い立場と考えられるのである。

第二の点（義務の性格・内容）については，NPT 6 条の義務は「交渉を結実させる義務」とまではいえないと考える点で[44]，中間説は積極説とは明確に

---

[42] Daniel H. Joyner, *Interpreting the Nuclear Non-Proliferation Treaty* 99 (2011), 26-29.
[43] *Ibid.* 73; Roscini, *supra* note 41, 15.
[44] Daniel H. Joyner, "The Legal Meaning and Implications of Article VI of the Non-Proliferation Treaty", in Gro Nystuen et al. (eds.), *Nuclear Weapons Under International Law* 405, 407 (2014); Roscini, *supra* note 41, 17-18; Marco Roscini, "The Cases against the Nuclear Weapons States", *ASIL Insights* 19(10) (12 May 2015), at https://www.asil.org/insights/volume/19/issue/10/cases-against-nuclear-weapons-states（最終閲覧日 2016 年 9 月 2 日）.

異なっている。そして,「交渉を誠実に追求する」という 6 条の義務は,文言の通常の意味にしたがって解釈されることが強調される。ただし,中間説の強調点は消極説とも異なっていることに留意しなければならない。中間説は,交渉を「誠実に」「追求する (pursue)」という文言から,交渉の継続性,交渉に対する能動的・積極的・真摯な姿勢,交渉に対する一貫性など 45) が,6 条の下で求められていると考える。その結果,形式的に交渉が存在するだけでは,6 条の義務は履行されたとはいえないというのが中間説の主張であり 46),この点で消極説と明確に異なっている。そして,上記の文言の解釈の手法という点においては,NPT 運用検討会議に代表される NPT 採択以降の実行を積極的に考慮対象とする点 47) で再び積極説との共通性を確認できるのである。

(2) 中間説の評価

ICJ の 1996 年勧告的意見に代表される「交渉を結実する義務」という 6 条の解釈が,十分な理由付けを伴っておらず直ちに受け入れられるものではないという中間説の批判は,妥当なものと考えられる。実際,1996 年勧告的意見以前の通説的な理解は,NPT にある種の共通利益を見出す論者の間ですら「6 条は交渉する義務であって,(その交渉を)結実させる義務ではない」というものであったと思われる 48)。

中間説は NPT が立法条約ではなく契約条約であると主張するものの,その際には NPT の成立の基盤が互恵的な利益交換であるという点が強調される。つまり,契約条約という条約の分類が 6 条の解釈にとって特筆すべき効果を持つという発想は,そこには見られないのである 49)。この点は,条約の分類が

---

45) Joyner, *supra* note 42, 99; Joyner, *supra* note 44, 410; Roscini, *supra* note 41, 18; Roscini, *supra* note 44. Cottereau, *supra* note 12, 177 も参照せよ。

46) Daniel H. Joyner, *International Law and the Proliferation of Weapons of Mass Destruction* 57-58 (2009); Joyner, *supra* note 44, 407.

47) Roscini, *supra* note 41, 17; Joyner, *supra* note 42, 101-102, 105-107; Joyner, *supra* note 44, 412-413, 416; Joyner, *supra* note 46, 59-61.

48) 例えば Fischer, *supra* note 23, 162 や Göran Lysén, *The International Regulation of Armaments: The Law of Disarmament* 84 (1990) を見よ。1996 年勧告的意見の主文が「軍縮交渉遂行の義務に言及し,その完了の義務まで認めたことは画期的であるとされる」という判例評釈も,このことをよく示している。小寺彰ほか編・国際法判例百選 (2011) 231 頁 [真山全]。

49) 契約条約という特徴の帰結として中間説が明示的に論じる点は,(1)違反の効果 (Ⅲ 2 (2)

6条の解釈にとって重要な意味を有すると論じる積極説と大きく立場を異にしている。それでは，この点にも留意しつつ，中間説の6条の解釈手法について，積極説の解釈手法とあわせて，次の「解釈手法に関する課題」で検討することにしたい。

Ⅲ　NPT 6条に関する中間説及び積極説の課題

1　解釈手法に関する課題

既に述べたように，核軍縮等に係わる効果的な措置の交渉に関して6条が具体的にいかなる行為を要求する規定なのか，NPT採択時の締約国間には合意がなかった点を消極説は強調する。他方，中間説・積極説は，NPT採択時のこうした背景を否定しないものの，両説とも6条の解釈においては採択時の状況よりも条約採択以降の実行を重視する。

条約採択時以降の事実を解釈に反映させることを可能にする手法として，条約法条約[50] 31条3項は「(a)条約の解釈…につき当事国の間で後にされた合意」及び「(b)条約の適用につき後に生じた慣行であって，条約の解釈についての当事国の合意を確立するもの」を提示している。そこで，中間説及び積極説は，NPT運用検討会議が採択する文書で6条に関する部分を，NPT 6条の解釈におけるこのような「後の合意」「後の実行」と位置付けて，これに依拠した解釈を展開するのである[51]。その際，解釈で参照される文書の代表格が，2000年の運用検討会議の最終文書の一部（以下，「13項目」）[52]及び2010年の運用検討会議の最終文書の一部（以下，「核兵器国による明確な約束」）[53]である。

そこで，これらの文書が条約法条約にいう「後の合意」「後の実行」といえるかどうかが問題となる。軍縮・軍備管理条約の一般論として，運用検討会議

を参照せよ），(2)慣習法生成の阻害（Joyner, *supra* note 46, 68）の2点である。
50)　条約法条約4条（不遡及）の観点からはNPTへの条約法条約の適用は自明とはいえないが，3つの説に分類した代表的な論者である Ford, Rietiker, White, Joyner, Roscini はいずれも，条約法条約の解釈ルールを明示的に受け入れてNPT 6条の解釈を議論している。
51)　前掲注(36),(47)の参照部分。
52)　NPT/CONF.2000/28 (Parts I and Ⅱ), pp. 13-15, esp. para. 15.「13項目」については，黒澤満・軍縮国際法（2003），194-208頁の解説を参照せよ。
53)　NPT/CONF.2010/50 (Part I), Vol. I, Part I, p. 12, para. 79.

が採択する文書は「後の合意」「後の実行」として当該条約の解釈に利用しうるという見解は，確かに存在する[54]。しかし，「13項目」「核兵器国による明確な約束」を6条解釈に関する「後の合意」であるととらえること[55]は，条約法条約31条に照らして必ずしも自明とはいえない。問題は，条約法条約31条が「当事国の間で後にされた合意」や「条約の解釈についての当事国の合意を確立する」後の実行というとき，「当事国」とはすべての当事国であると考えられる点にある[56]。なぜならば，合意を基礎に成立する条約において，一部の締約国だけの支持がこれに同意しない締約国も拘束する解釈を生み出すという結論は，安易に出すことはできないからである。

　この点について中間説では，NPT運用検討会議の最終文書がコンセンサス採択された文書であることをもって，これらの文書が条約法条約の「後の合意」に「よく適合している (fit well)」と述べ，それ以上の確認をしていない[57]。しかし，コンセンサス採択という事実だけからは，NPT運用検討会議の最終文書を条約法条約が定める「後の合意」「後の実行」であるとは結論できないといわねばならない[58]。後の合意・後の実行に関して国際法委員会が現在行っている作業を見ても，コンセンサスという採択形式は，採択された文書が解釈に関する「合意」であるというための十分条件とは考えられていない[59]。またNPTの文脈においては，NPT締約国が再検討会議において最終

---

54) Mirco Sossai, "Disarmament and Non-Proliferation", in Nigel D. White and Christian Henderson (eds.), *Research Handbook on International Conflict and Security Law* 57 (2013). 当該箇所では化学兵器禁止条約を意識して "Convention" の後の実行に言及があるものの，当該章・節のタイトルからも明らかなように，軍縮条約の一般論である。
55) Joyner, *supra* note 44, 412-413.
56) Crawford, "A Consensualist Interpretation of Article 31(3) of the Vienna Convention on the Law of Treaties", in Georg Nolte (ed.), *Treaties and Subsequent Practice* 30 (2013).
57) Joyner, *supra* note 42, 83; Joyner, *supra* note 46, 59. Joyner, *supra* note 44, 411-412においては，最終文書が「後の合意」として想定されている形式に適合するかということだけが検討されている。コンセンサス採択が「後の合意」にいう合意を満足するものかどうかの検討は，そこでも行われていない。
58) 李禎之「核軍縮交渉義務の規範構造──NPT第6条と再検討会議における『合意』」県立長崎シーボルト大学国際情報学部紀要 7 (2006) 102頁。
59) 国際法委員会による *Subsequent agreements and subsequent practice in relation to the interpretation of treaties* の Conclusion 10(3)に関するコメンタリーを見よ。*Report of the International Law Commission*, pp. 205, 214-215, A/69/10 (2014). 本ILC報告書の元となっ

文書の採択に反対しないのは，あるいは賛成を表明するのは，これらの文書が条約解釈に関する合意でないという前提の上だからかもしれない。そこで「13項目」等はNPT 6条の解釈についての法的効力を有する合意ではないとの理解の上で，文書採択に反対しない締約国もありうる。これらの点に鑑みれば，コンセンサス採択の事実だけからは，核兵器国が6条の解釈としての「13項目」等に具体的に同意している，という結論を導くことはできない[60]。同様に，締約国が「13項目」等に掲げられる事項を6条の定める「効果的措置」とみなし，これらを実現していないことをもって6条の違反を構成するという効果[61]を是認しているということも，確認することは到底できない[62]。

したがって，「13項目」等が核軍縮等について定める内容を，NPT 6条の解釈の「後の合意」と評価するためには，何らかの追加的な説明・正当化が必要である。繰り返しになるが，「13項目」等は条約法条約が元来想定しているような当事国による合意とはいえない。それにもかかわらずNPT 6条の解釈において，これを「後の合意」と同等のものとして扱うならば，その理由の提示が必要と思われる。この点が中間説では抜け落ちており，中間説の解釈手法の課題であるといえる。

他方で，積極説による条約の分類とこれが解釈に与える効果の模索は，まさにこの点に関する説明を試みるものとして，評価することができる。条約あるいは条約が規律する事項に何らかの特殊性があり，そのことが解釈手法に影響を与えるという発想自体は，例えば人権条約と発展的解釈の関係に見られるように[63]，十分に首肯できる発想でもある。ただし積極説では，NPTの特殊性を強調するあまりNPTを結局 *sui generis* として扱う傾向も見られ，NPTのために展開している条約分類と解釈の議論にどこまで汎用性・一般性がある

た特別報告者の報告においても，コンセンサス採択という採択形式は，31条3項(b)にいう合意にとっての「必要条件ではあっても十分条件ではない」と明確に説明されている。Special Rapporteur, *Second Report on Subsequent Agreements and Subsequent Practice in Relation to the Treaty Interpretation*, para. 102, A/CN.4/671 (26 March 2014).

60) 李・前掲注(58)102頁。
61) Joyner, *supra* note 42, 107. Roscini, *supra* note 41, 17 も見よ。
62) 李・前掲注(58)102頁。
63) Robert Kolb, *The Law of Treaties: An Introduction* 162-164 (2016).

のかは不明である。

2 違反の帰結に関する課題

　仮に積極説や中間説の解釈を採用するならば，核兵器国の一定の行為（作為・不作為）がNPT 6条の義務に違反するという判断を下すことが可能になる64)。そのような判断をする場合，実践的な関心から次に検討しなければならないのは，6条の義務違反の効果・帰結である。したがって，NPT自体から導きうる効果・帰結と一般国際法上の効果・帰結について順に検討し，最後に，2016年のICJの「核軍縮」事件が示唆する課題を検討する。

(1) 6条違反に関するNPT体制での効果・帰結

　NPTには条約の運用検討会議が存在し，「条約の規定の遵守を確保するようにこの条約の運用を検討する」（8条3項）ことをその任務としている。したがって，締約国が同会議において6条を含む条約違反を問題として取り上げることは，理論的には可能である。

　しかし実際の運用検討会議では，自国のとる政策や措置が6条に合致していると主張する核兵器国と，核兵器国による対応が6条に照らして十分ではなく6条違反であると主張する非核兵器国との対立または平行線という構図が常態化してきた65)。既に言及したように，NPT運用検討会議はコンセンサス方式で最終文書を採択するので，違反に関する相対立する評価がある中で会議の最終文書が違反を断定することは考えられない。

---

64) 実際に積極説・中間説と分類できる論者の一部は，核兵器国による6条違反を主張する。E.g., Joyner, *supra* note 44, 417; Joyner, *supra* note 46, 65.

65) 例えば2015年運用検討会議では，2010年に6条の諸義務の遵守等を約束しながらその後も「引き続き，軍縮に関する諸義務やコミットメントの実施に進歩がない」と非同盟諸国（NAM）が嘆いているが，これに対する核兵器国5カ国の自己評価は「6条に関する非常に実質的な進歩があった」である。Statement by Iran on behalf of the NAM (Group of Non-aligned Movement), NPT Review Conference 2015 (Geneva, 27 April 2015), at http://www.un.org/en/conf/npt/2015/statements/pdf/NAM_en.pdf; Statement by the United Kingdom on behalf of the Five Nuclear-Weapon States, NPT Review Conference 2015 (Geneva, 30 April 2015), para. 5, at http://www.un.org/en/conf/npt/2015/statements/pdf/P5_en.pdf（いずれも最終閲覧日2017年3月21日）。

運用検討会議において義務違反の効果を議論するという非現実的な選択肢以外には，NPT 6 条の違反の効果や違反に関して NPT 体制下で採れる措置の示唆は，NPT には存在しない66)。この点，同じ大量破壊兵器の規制に係わる条約である生物兵器禁止条約（以下，BWC）や化学兵器禁止条約（以下，CWC）と NPT は，対照的である。BWC は，違反の際には締約国による国連安全保障理事会への苦情申立ての手続き（BWC 6 条）を，また CWC は「違反」という文言は使わないものの，「特に重大な場合」に安全保障理事会の注意喚起を明示する規定（CWC 12 条 4 項）を有している。さらに，すべての締約国が加盟する化学兵器禁止機構（以下，OPCW）という国際機構を具備する CWC では（CWC 8 条 2 項），違反国に対する条約上の権利・特権の制限・停止の措置や，締約国による集団的措置の勧告が，可能である。これらの措置は，CWC の締約国会議による違反等への対応の選択肢として明示されている（CWC 12 条 2-3 項）。CWC の締約国会議は，OPCW の全加盟国から成り（CWC 8 条 9 項），その一機関を構成する（CWC 8 条 4 項）。これと比較すると，NPT の運用検討会議は文字通り単なる会合にすぎない。また CWC の締約国会議とは対照的に，NPT の運用検討会議には不遵守に対する措置を勧告したり決定したりする明示の権限もない。

(2)　6 条違反に関する一般国際法上の効果・帰結
　以上のように，6 条違反の効果や帰結を NPT 自体から引き出すことは困難である。それでは，6 条違反の効果や帰結について，一般国際法上の国際義務違反の観点から何らかの効果・帰結を導くことはできるであろうか。一見したところ，一般国際法上の国際義務違反の効果や帰結を，6 条の議論から排除する理由はなく67)，この検討は形式的には妥当と思われる。しかし，「交渉を誠

---

66)　ただし NPT 6 条を離れて NPT 全般に関していえば，非核兵器国の義務履行を確保するための IAEA による保障措置制度（3 条）があり，保障措置協定の違反については IAEA 理事会等で対応する道がある。この手続きの詳細は Masahiko Asada, "The NPT and the IAEA Additional Protocol", in Jonathan L. Black-Branch and Dieter Fleck (eds.), *Nuclear Non-Proliferation in International Law*, Volume II, 95 (2015)を参照せよ。
67)　一般国際法の適用の排除がある自律的な法秩序を小寺彰教授は「国際レジーム」として分析しているが，NPT がこのような国際レジームにあたらないことは同教授の採用する定

実に追求する」義務の違反の効果や帰結を，一般国際法上の国際義務違反の効果や帰結に関する理論によって明らかにしようとする試みにも，実際的な課題がある。ここでは，条約法条約60条の「重大な違反」を例に，このことを確認することにしたい。

NPT 6条の義務違反の効果として，条約法条約60条の効果を示唆する先行研究が散見される68)。すなわち，6条の義務違反は条約法条約60条にいう「重大な違反」を構成しうるため，NPTのその他の当事国（想定されているのは，非核兵器国）がこれを根拠に，NPTの全部または一部の運用停止を主張しうる，という効果である。

「重大な違反」を利用したこの分析は，核軍縮を進展させない核兵器国に対する政治的な警告としての意義はあるかもしれない。また，核兵器国の態度にしびれを切らして，条約法条約の運用停止のルールを利用しうる潜在的な非核兵器国として，先行研究ではイランが頻繁にあげられる69)。しかし実際には，イランの核開発問題に関連して，条約法条約60条が援用されて，核兵器国の6条違反を理由とした条約の運用停止が主張された，という公式情報は確認できない。またイランと異なり，核開発を積極的に推進したいという意思がない大多数の非核兵器国にとっては，重大な違反を理由にしたNPTの運用停止という選択肢には，そもそもなんの魅力もない。

これらのことを考えると，NPT 6条の違反の効果を条約法条約の「重大な違反」から論じることは，あまり有益とはいえないであろう。

義等から明らかである。小寺・前掲注(3)9-11頁。

68) Joint Opinion of Rabinder Singh and Christine Chinkin, *supra* note 1; David A. Koplow, "Parsing Good Faith: Has the United States Violated Article VI of the Nuclear Non-Proliferation Treaty?", *Wisconsin Law Review* 1993, 379-380 (1993); Joyner, *supra* note 46, 66-67; Joyner, *supra* note 42, 108; Alessandra Pietrobon, "Nuclear Powers' Disarmament Obligation under the Treaty on the Non-Proliferation of Nuclear Weapons and the Comprehensive Nuclear Test Ban Treaty: Interactions between Soft Law and Hard Law", *Leiden Journal of International Law* 27, 184-185 (2013); Bedjaoui, *supra* note 22, 107.

69) Yaël Ronen, *The Iran Nuclear Issue* 21 (2010); Pietrobon, *supra* note 68, 185, footnote 68.

(3) 違反とその帰結を認定するフォーラム

　第Ⅲ章 2(1)で述べたように，NPT 自体には6条違反とその帰結を認定できる制度は実質的にないといってよい。そこで，核軍縮を推進するという観点からは，NPT の外のフォーラムでの核兵器国の6条違反の認定を目指すという戦略が考えられる。2016年の「核軍縮」事件[70]は，NPT 6条の違反とその効果の認定のフォーラムとして，ICJ を利用しようとした事件といえる。原告国であるマーシャル諸島は，NPT 締約国であるイギリスに対する訴訟において，「厳重かつ効果的な国際管理のもとでの全面的な核軍縮（nuclear disarmament in all its aspects）につながる交渉を，誠実に追求し結実させることをしないことによって，イギリスは，NPT の下での国際的な義務，中でも特に6条の下の諸義務に違反し，またその違反を継続している」と主張した[71]。この違反を前提として，原告国は「核不拡散条約第6条及び慣習法上のイギリスの諸義務を履行するのに必要なすべての措置（steps）を，判決から1年以内にイギリスがとること」を求めたのである[72]。そしてこの「諸義務の履行に必要なすべての措置」とは，原告国によれば，「厳重かつ効果的な国際管理のもとでの全面的な核軍縮に関する条約の締結を目的とした，場合によっては（if necessary）交渉開始による，交渉の誠実な追求を含む」[73]措置であった。

　しかし，NPT 6条違反を争うフォーラムとして ICJ を利用し，NPT 6条の違反の認定とその帰結に関する宣言を求めようとすると，ICJ が二国間の紛争を扱う裁判所であるために，以下の理論的及び実際的な問題が発生するであろう[74]。

　核軍縮に関する条約締結等の交渉は，当然ながら他の核兵器国を主たる相手方として進められるものである。しかし，ICJ の判決は裁判の当事国しか拘束しない[75]。したがって，たとえ ICJ が「核軍縮」事件の本案審理を行い交渉

---

70) 「核軍縮」事件・前掲注(2)。
71) 「核軍縮」事件における原告国の複数の請求のうち，これが最初の請求である。「核軍縮」事件・前掲注(2)paras. 11-12.
72) *Ibid.* マーシャル諸島の立論にある慣習法上の義務については，本稿では扱わない。
73) *Ibid.*
74) 「核軍縮」事件・前掲注(2)では「紛争」の欠如というイギリスの最初の抗弁が認められたので，以下で検討する交渉義務の諸問題は扱われなかった。

命令を出したとしても，さらにこれを受けてイギリスが交渉開始あるいは交渉を望んだとしても，交渉相手国がこれを拒むという事態は，十分にありうる76)。同様に，「判決から1年以内に」交渉を開始するという内容の命令がICJによって下されたとしても，訴訟の当事国でない各国は，判決が決定した「1年以内に」という期限で交渉に応じる義務を負うことはない。したがって交渉相手国がこの期限までに交渉することに反対するという事態も，十分にありうる77)。このように，「1年以内」という条件付きで「場合によっては交渉開始による，交渉の誠実な追求」を被告国に宣言することをICJに求める請求は，訴訟当事国でない交渉相手国の対応を視野に入れていない点で，法的にも実際的にも問題を抱えている。

以上のように考えると，ICJは6条違反の帰結を認定する紛争解決のフォーラムには適しておらず，またNPT6条違反の帰結を司法的に請求することは，現実の問題処理に必ずしも資さないように思われる。

IV 結 び

第II章で紹介したNPT6条の解釈に関する積極説・中間説は，核軍縮を推進する立場と合致する。しかし第III章での検討の通り，これらの説に依拠して核軍縮を推進したいと考える場合，NPT6条の解釈，実定法上の違法の効果，その認定や責任追及のフォーラムの特徴といった課題や困難に行き当たる。NPT6条と核軍縮について考える際に解釈手法等の伝統的な法的論点は意識的に棚上げしたアプローチの模索が存在することは，この点からも十分に納得がいくことである。ソフトローの観点から78) 核兵器国の行為を一定の方向へ誘導しようとする試み79) や，6条を軸としつつより実践的な観点から核軍縮の推進戦略を模索する試み80) は，そうしたアプローチの代表例といえるであ

---

75) ICJ規程59条。
76) 「核軍縮」事件・前掲注(2)におけるイギリスの主張を参照せよ。Preliminary Objections of the United Kingdom, para. 110.
77) *Ibid.*, para. 111.
78) 小寺彰教授によるソフトローの一般的な評価については，小寺彰「現代国際法学と『ソフトロー』」中山信弘ほか編・国際社会とソフトロー（2008）9-22頁を見よ。
79) Pietrobon, *supra* note 68.

ろう。

　こうした議論の傾向に関連して，最後に一点だけ指摘して筆を擱くことにしたい。それは，『パラダイム国際法』の最終章における国際法と戦争についての小寺彰教授の解説である。そこでは，概ね以下のように述べられている。このような分野，すなわち権力や政治が全面に出てくる国際協力が難しい分野において，国際法学者がやるべきことは，当該分野における「国際法の規制が限定的であることを認識した上で，一方では〔その分野に関する〕法解釈論を究め，また他方では国際紛争への国際社会の対処能力を強化するように努力すること」[81] である。そして，前者の知的な営みに対して後者は実践的な営みであって，「このことの重要性は言うまでもないが，主権国家体制の前で，どのような方策もその実現可能性がそれほど高くないことも否定できない」のだから，この困難を自覚した議論が必要だと指摘される[82]。この解説は武力行使・戦争に関するものではあるが，核兵器・核軍縮の議論に対しても一字一句あてはまるように思われるのである。

［付記］2017年4月脱稿後，核軍縮事件（注2）に関連して浅田正彦＝玉田大「判例研究・国際司法裁判所　核軍備競争の停止と核軍備の縮小に関する交渉義務事件」国際法外交雑誌116巻2号，玉田大「国際裁判における客観訴訟論」国際法外交雑誌116巻1号に接した。また「条約解釈に関する後の合意及び後の慣行」に関する国際法委員会の作業（注59）は2018年に結論草案としての採択に至った。

---

80) Treasa Dunworth, "Pursuing 'Effective Measures' relating to Nuclear Disarmament: Ways of Making a Legal Obligation a Reality", *International Review of the Red Cross* (2015), 97(899), 601-619.
81) 小寺・前掲注(3)234-235頁。
82) 小寺・前掲注(3)235頁。

小寺彰先生　略歴

1952 年（昭和 27 年） 4 月 5 日	出　生
1971 年（昭和 46 年） 3 月	洛星高等学校卒業
1973 年（昭和 48 年） 3 月	東京大学教養学部文科一類修了
1976 年（昭和 51 年） 3 月 27 日	東京大学法学部第二類（公法コース）卒業
1976 年（昭和 51 年） 4 月 1 日	東京大学法学部助手
1979 年（昭和 54 年） 4 月 1 日	東京大学教養学部助手
1980 年（昭和 55 年） 7 月 1 日	東京都立大学助教授
1983 年（昭和 58 年）10 月 24 日	安達峰一郎記念賞受賞
1989 年（平成 元 年） 4 月 1 日	東京都立大学教授
1989 年（平成 元 年）10 月 1 日	東京大学教養学部助教授
1994 年（平成 6 年）10 月 7 日	財団法人国際法学会評議員（1997 年 9 月 11 日まで）
	財団法人国際法学会雑誌編集委員
	（1997 年 9 月 11 日まで）
	財団法人国際法学会会計幹事
	（1997 年 9 月 11 日まで）
1995 年（平成 7 年）10 月 1 日	東京大学教養学部教授
	立教大学 非常勤講師（1996 年 3 月 31 日まで）
1996 年（平成 8 年）	世界貿易機関 補助金相殺措置専門家部会委員
	（1999 年まで）
1996 年（平成 8 年） 4 月 1 日	東京大学大学院総合文化研究科教授
	早稲田大学 非常勤講師（1997 年 3 月 31 日まで）
1997 年（平成 9 年）	外務省 専門職員採用試験委員
1997 年（平成 9 年） 9 月 12 日	財団法人国際法学会研究連絡委員
	（2000 年 10 月 12 日まで）
1997 年（平成 9 年）10 月 1 日	通商産業省 審議会臨時委員
	（1998 年 9 月 30 日まで）
	日本銀行金融研究所 国内客員研究員
	（1998 年 9 月 30 日まで）
	財団法人国際法学会理事（2012 年 9 月 30 日まで）
1997 年（平成 9 年）10 月 8 日	通商産業省 審議会臨時委員（1998 年 10 月 7 日まで）
1997 年（平成 9 年）11 月 1 日	財団法人産業研究所 研究会委員
	（1998 年 3 月 31 日まで）

	日本国際経済法学会研究副主任
	(2000年10月27日まで)
1997年(平成 9年)11月13日	ヒューズ・ジャパン・ブロードキャスティング株式会社 審議会委員(1998年11月12日まで)
1998年(平成10年) 2月 6日	スポーツ仲裁裁判所 長野臨時仲裁部メンバー
	(1998年2月23日まで)
1998年(平成10年) 2月25日	社団法人国際法協会日本支部英文年鑑編集主任
	(2012年3月31日まで)
1998年(平成10年) 3月16日	通商産業省 輸出入取引審議会委員
	(1999年3月15日まで)
1998年(平成10年) 3月24日	外務省 専門職員採用試験委員
	(1998年9月11日まで)
1998年(平成10年) 4月 1日	学位授与機構 審査会専門委員
	(1999年3月31日まで)
	東京大学大学院法学政治学研究科 非常勤講師
	(1999年3月31日まで)
	早稲田大学 非常勤講師(1999年3月31日まで)
	上智大学 非常勤講師(1999年3月31日まで)
1998年(平成10年) 6月 1日	名古屋大学 非常勤講師(1999年3月31日まで)
1998年(平成10年)10月29日	通商産業省 審議会臨時委員
	(1999年10月28日まで)
1999年(平成11年) 2月 1日	通商産業省 産業構造審議会臨時委員
	(2000年1月31日まで)
1999年(平成11年) 3月24日	外務省 専門職員採用試験委員
	(1999年9月20日まで)
1999年(平成11年) 4月 1日	通商産業省 輸出入取引審議会委員
	(2000年3月31日まで)
	学位授与機構 審査会専門委員
	(2000年3月31日まで)
1999年(平成11年) 9月10日	通商産業省 日本工業標準調査会委員
	(2000年3月31日まで)
1999年(平成11年)10月 1日	通商産業省 産業構造審議会臨時委員
	(2000年9月30日まで)
	立教大学 非常勤講師(2000年3月31日まで)

小寺彰先生 略歴

2000年(平成12年) 3月22日	外務省 専門職員採用試験委員
	(2000年9月18日まで)
2000年(平成12年) 4月 1日	大学評価・学位授与機構 学位審査会専門委員
	(2001年3月31日まで)
	慶應義塾大学 非常勤講師(2001年3月31日まで)
2000年(平成12年) 5月 1日	通商産業省 特別研究官(2001年1月5日まで)
2000年(平成12年) 6月 1日	財団法人国際コミュニケーション基金 選考委員
	(2002年5月31日まで)
2000年(平成12年)10月 5日	通商産業省 産業構造審議会臨時委員
	(2001年1月5日まで)
2000年(平成12年)10月13日	財団法人国際法学会研究連絡幹事
	(2003年10月9日まで)
2000年(平成12年)10月28日	日本国際経済法学会理事(2002年11月24日まで)
	日本国際経済法学会研究主任(2004年11月6日まで)
2000年(平成12年)11月27日	通商産業省 輸出入取引審議会委員
	(2001年1月5日まで)
2001年(平成13年) 1月 6日	経済産業省経済産業研究所 研究部特別研究官
	(2002年2月5日まで)
2001年(平成13年) 2月 5日	経済産業省 産業構造審議会臨時委員
	(2002年2月4日まで)
2001年(平成13年) 3月23日	外務省 専門職員採用試験委員
	(2001年9月10日まで)
2001年(平成13年) 4月 1日	大学評価・学位授与機構 学位審査会専門委員
	(2002年3月31日まで)
	独立行政法人経済産業研究所 ファカルティフェロー(2002年3月31日まで)
	名古屋大学 非常勤講師(2002年3月31日まで)
2001年(平成13年) 4月14日	社団法人国際法協会日本支部理事
	(2012年3月31日まで)
2001年(平成13年) 8月28日	龍谷大学 非常勤講師(2001年8月31日まで)
2001年(平成13年)12月20日	経済産業省 日本工業標準調査会臨時委員
	(2004年12月19日まで)
2002年(平成14年) 2月 5日	経済産業省 産業構造審議会臨時委員
	(2003年2月4日まで)

2002年(平成14年) 4月 1日	外務省 専門職員採用試験委員 (2002年9月5日まで) 大学評価・学位授与機構 学位審査会専門委員(法学政治学)(2003年3月31日まで) 大学評価・学位授与機構 学位審査会専門委員(社会科学)(2003年3月31日まで) 日本学術振興会 科学研究費委員会専門委員 (2002年12月31日まで)
2002年(平成14年) 6月 1日	独立行政法人経済産業研究所 ファカルティフェロー(2003年3月31日まで)
2002年(平成14年) 7月 1日	財団法人海上保安協会 海上保安体制調査研究委員会委員(2003年3月31日まで) 財団法人日中経済協会 委員(2003年3月31日まで)
2003年(平成15年) 1月 1日	日本学術振興会 科学研究費委員会専門委員 (2003年9月30日まで)
2003年(平成15年) 1月10日	環境省 中央環境審議会臨時委員 (2005年1月5日まで)
2003年(平成15年) 2月 7日	総務省 情報通信審議会専門委員 (2005年1月16日まで)
2003年(平成15年) 2月19日	経済産業省 産業構造審議会臨時委員 (2003年6月30日まで)
2003年(平成15年) 3月24日	外務省 専門職員採用試験委員 (2003年9月5日まで)
2003年(平成15年) 4月 1日	独立行政法人経済産業研究所 ファカルティフェロー(2004年3月31日まで) 財団法人海上保安協会 海上保安体制調査研究委員会委員(2004年3月31日まで) 名古屋大学 非常勤講師(2003年9月30日まで) 明治大学 非常勤講師(2004年3月31日まで)
2003年(平成15年) 5月21日	人事院 試験専門委員(2004年6月30日まで)
2003年(平成15年) 6月 1日	慶應義塾大学 中国経済法規制度研究委員 (2004年3月31日まで)
2003年(平成15年) 7月23日	日本機械輸出組合 国際通商投資委員会主査 (2004年3月31日まで)

小寺彰先生 略歴

2003年(平成15年)10月 1日	東京大学大学院法学政治学研究科 非常勤講師（2004年3月31日まで）
2003年(平成15年)10月10日	財団法人国際法学会庶務主任(2006年10月5日まで)
2003年(平成15年)10月21日	日本学術会議 研究連絡委員会委員（2006年10月20日まで）
2004年(平成16年) 2月24日	経済産業省 産業構造審議会臨時委員（2005年2月23日まで）
2004年(平成16年) 4月 1日	人事院 試験専門委員(2004年6月30日まで)
	外務省 海洋法及び海洋問題に関する研究会委員（2005年3月31日まで）
	外務省 専門職員採用試験委員（2004年8月27日まで）
	明治大学 非常勤講師(2005年3月31日まで)
2004年(平成16年) 4月28日	財団法人海上保安協会 海上保安体制調査研究委員会委員(2005年3月31日まで)
2004年(平成16年) 6月 8日	文化庁 文化審議会専門委員(文化政策部会文化多様性に関する作業部会)(2005年2月4日まで)
2004年(平成16年) 6月15日	人事院 試験専門委員(2005年6月30日まで)
2004年(平成16年) 8月25日	法務省 新司法試験問題検討会(選択科目)委員（2005年3月31日まで）
2004年(平成16年)10月 1日	東京大学大学院法学政治学研究科 非常勤講師（2005年3月31日まで）
2005年(平成17年)	法務省 第5次出入国管理政策懇談会委員（2010年まで）
2005年(平成17年) 1月 4日	独立行政法人経済産業研究所 ファカルティフェロー(2005年3月31日まで)
2005年(平成17年) 1月 6日	財務省 関税・外国為替等審議会委員（2007年1月5日まで）
2005年(平成17年) 1月31日	外務省 先の大戦に係る我が国の戦後処理に関する事例の取りまとめ(2006年1月30日まで)
2005年(平成17年) 3月15日	外務省 専門職員採用試験委員（2005年8月26日まで）
2005年(平成17年) 4月 1日	独立行政法人経済産業研究所 ファカルティフェロー(2006年3月31日まで)

	京都大学 非常勤講師(2005年9月30日まで)
2005年(平成17年) 4月 7日	名古屋大学 非常勤講師(2006年3月31日まで)
2005年(平成17年) 4月11日	法務省 平成18年新司法試験考査委員
	(2006年10月31日まで)
2005年(平成17年) 4月13日	財団法人海上保安協会 海上保安体制調査研究委員会委員(2006年3月31日まで)
2005年(平成17年) 6月 1日	海上保安大学校 国際海洋政策研究センター客員研究員(2006年3月31日まで)
2005年(平成17年) 8月29日	龍谷大学 非常勤講師(2005年9月10日まで)
2005年(平成17年)10月21日	税務大学校 非常勤講師(2005年12月9日まで)
2006年(平成18年)	スポーツ仲裁裁判所 トリノ臨時仲裁部メンバー
2006年(平成18年) 3月15日	日本学術会議 連携会員(2008年9月30日まで)
2006年(平成18年) 3月17日	外務省 専門職員採用試験委員
	(2006年8月29日まで)
2006年(平成18年) 4月10日	名古屋大学 非常勤講師(2007年3月31日まで)
2006年(平成18年) 4月24日	財団法人海上保安協会 海上保安体制調査研究委員会委員(2007年3月31日まで)
2006年(平成18年) 8月25日	独立行政法人経済産業研究所 ファカルティフェロー(2007年3月31日まで)
2006年(平成18年) 9月 1日	京都大学 非常勤講師(2006年9月30日まで)
2006年(平成18年)10月 6日	財団法人国際法学会研究連絡主任
	(2009年10月8日まで)
2006年(平成18年)10月10日	税務大学校 非常勤講師(2006年11月21日まで)
2006年(平成18年)10月29日	日本国際経済法学会会計主任
	(2009年11月13日まで)
2006年(平成18年)11月 1日	みずほ総合研究所株式会社 研究会委員
	(2007年3月31日まで)
	法務省 平成19年新司法試験考査委員
	(2007年10月31日まで)
2006年(平成18年)11月27日	財団法人海上保安協会 海上保安庁創立60周年記念書籍編集委員会委員(2007年11月26日まで)
2007年(平成19年) 3月16日	外務省 専門職員採用試験委員
	(2007年8月28日まで)
2007年(平成19年) 4月 1日	独立行政法人経済産業研究所 ファカルティフェ

小寺彰先生 略歴

	ロー(2008年3月31日まで)
	京都大学 非常勤講師(2007年9月30日まで)
	上智大学 非常勤講師(2007年9月30日まで)
2007年(平成19年) 4月13日	経済産業省 産業構造審議会臨時委員(2008年4月12日まで)
2007年(平成19年) 4月27日	財団法人海上保安協会 海上保安体制調査研究委員会委員(2008年3月31日まで)
2007年(平成19年) 8月 1日	独立行政法人日本学術振興会 特別研究員等審査会専門委員及び国際事業委員会書面審査員(2008年7月31日まで)
2007年(平成19年) 8月27日	龍谷大学 非常勤講師(2007年9月8日まで)
2007年(平成19年) 9月28日	日本機械輸出組合 原産地規則懇話会座長(2008年3月31日まで)
2007年(平成19年)10月12日	税務大学校 非常勤講師(2007年11月20日まで)
2007年(平成19年)11月 9日	法務省 平成20年新司法試験考査委員(2008年10月31日まで)
2007年(平成19年)11月27日	財団法人海上保安協会 海上保安庁創立60周年記念書籍編集委員会委員(2008年5月31日まで)
2007年(平成19年)12月17日	株式会社富士通総研 国際投資を巡る制度環境のあり方に関する研究会委員(2008年3月31日まで)
2007年(平成19年)12月20日	日本機械輸出組合 国際通商投資委員会主査(2008年3月31日まで)
2008年(平成20年) 3月14日	外務省 専門職員採用試験委員(2008年8月28日まで)
2008年(平成20年) 4月 1日	独立行政法人経済産業研究所 ファカルティフェロー(2008年6月30日まで)
	同志社大学 非常勤講師(2008年9月24日まで)
	京都大学 非常勤講師(2008年9月30日まで)
2008年(平成20年) 4月14日	経済産業省 産業構造審議会臨時委員(2009年4月13日まで)
2008年(平成20年) 5月11日	世界法学会理事(2014年2月10日まで)
2008年(平成20年) 6月 1日	財団法人海上保安協会 海上保安体制調査研究委員会委員(2009年3月31日まで)

2008年(平成20年) 7月 1日	独立行政法人経済産業研究所 ファカルティフェロー(2008年7月31日まで)
2008年(平成20年) 8月 1日	独立行政法人経済産業研究所 ファカルティフェロー(2008年9月30日まで)
2008年(平成20年)10月 1日	独立行政法人経済産業研究所 ファカルティフェロー(2008年10月13日まで)
2008年(平成20年)10月 9日	税務大学校 非常勤講師(2008年11月13日まで)
2008年(平成20年)10月14日	独立行政法人経済産業研究所 ファカルティフェロー(2009年10月13日まで)
2008年(平成20年)11月 4日	法務省 平成21年新司法試験考査委員(2009年10月31日まで)
2009年(平成21年) 5月28日	日本機械輸出組合 国際通商投資委員会主査(2010年3月31日まで)
2009年(平成21年) 6月 1日	財団法人海上保安協会 海上保安体制調査研究委員会委員(2010年3月31日まで)
2009年(平成21年) 6月10日	外務省 ODAの不正腐敗事件の再発防止のための検討会委員(2010年3月31日まで)
2009年(平成21年) 6月17日	財団法人日本国際問題研究所 「国際問題」編集委員(2010年3月31日まで)
2009年(平成21年) 8月 1日	経済産業省 競争法コンプライアンス体制に関する研究会委員(2010年7月31日まで)
2009年(平成21年) 8月24日	龍谷大学 非常勤講師(2009年9月5日まで)
2009年(平成21年)10月14日	独立行政法人経済産業研究所 ファカルティフェロー(2010年3月31日まで)
	税務大学校 非常勤講師(2009年11月30日まで)
2009年(平成21年)10月16日	法務省 平成22年新司法試験考査委員(2010年10月31日まで)
2009年(平成21年)11月14日	日本国際経済法学会理事長(2012年11月24日まで)
2010年(平成22年) 4月 1日	独立行政法人経済産業研究所 ファカルティフェロー(2010年12月31日まで)
2010年(平成22年) 4月 7日	神戸大学 非常勤講師(2010年9月30日まで)
2010年(平成22年) 4月14日	経済産業省 産業構造審議会臨時委員(2011年4月13日まで)
2010年(平成22年) 6月 1日	財団法人海上保安協会 海上保安体制調査研究委

小寺彰先生 略歴

	員会委員(2011年3月31日まで)
2010年(平成22年)10月 1日	内閣府 政府調達苦情検討委員会委員
	(2011年9月30日まで)
2010年(平成22年)10月 8日	財団法人国際法学会常務理事
	(2012年9月30日まで)
2010年(平成22年)10月15日	法務省 平成23年新司法試験考査委員
	(2011年10月31日まで)
	税務大学校 非常勤講師(2010年12月10日まで)
2011年(平成23年) 1月 1日	独立行政法人経済産業研究所 ファカルティフェロー(2011年3月31日まで)
2011年(平成23年) 4月14日	経済産業省 産業構造審議会臨時委員
	(2012年4月13日まで)
2011年(平成23年) 5月20日	日本機械輸出組合 原産地規則懇話会座長
	(2012年3月31日まで)
2011年(平成23年) 6月 3日	日本機械輸出組合 国際通商投資委員会主査
	(2012年3月31日まで)
2011年(平成23年) 9月16日	外務省 外務人事審議会委員
	(2013年9月15日まで)
2011年(平成23年)12月12日	独立行政法人経済産業研究所 ファカルティフェロー(2012年11月30日まで)
	政策研究大学院大学 博士論文審査委員
	(2012年2月7日まで)
2012年(平成24年) 4月 1日	一般社団法人国際法協会日本支部理事
	(2014年2月10日まで)
	一般社団法人国際法協会日本支部英文年鑑編集主任(2014年2月10日まで)
2012年(平成24年) 4月14日	経済産業省 産業構造審議会臨時委員
	(2013年4月13日まで)
2012年(平成24年) 5月17日	海上保安大学校 国際海洋政策研究センター客員研究員(2013年3月31日まで)
2012年(平成24年) 5月22日	日本機械輸出組合 国際通商投資委員会主査
	(2013年3月31日まで)
2012年(平成24年)10月 1日	内閣府 政府調達苦情検討委員会委員
	(2013年9月30日まで)

	一般財団法人国際法学会業務担当執行理事・社会連携部長(2014年2月10日まで)
2013年(平成25年) 2月 1日	法務省 第6次出入国管理政策懇談会委員
2013年(平成25年) 2月 8日	財務省 関税・外国為替等審議会委員 (2015年2月7日まで)
2013年(平成25年) 4月 3日	内閣官房 領土・主権をめぐる内外発信に関する有識者懇談会への参加(2013年7月31日まで)
2013年(平成25年) 4月15日	海上保安大学校 国際海洋政策研究センター客員研究員(2014年3月31日まで)
2013年(平成25年) 5月 8日	日本機械輸出組合 国際通商投資委員会主査 (2014年3月31日まで)
2013年(平成25年)10月 1日	独立行政法人経済産業研究所 ファカルティフェロー(2013年12月31日まで) 経済産業省 産業構造審議会臨時委員 (2014年3月31日まで)
2014年(平成26年) 1月 1日	独立行政法人日本学術振興会 科学研究費委員会専門委員(2014年12月31日まで)
2014年(平成26年) 2月10日	逝 去 瑞宝小綬章を授けられる 従四位に叙せられる

小寺彰先生 主要業績一覧

著　書

多国籍企業と国際法（総合研究開発機構，1985）
国際電気通信法制の現代的課題（総合研究開発機構，1987）
WTO 体制の法構造（東京大学出版会，2000）
パラダイム国際法：国際法の基本構成（有斐閣，2004）

共編著等

『国際関係研究入門』(岩田一政，山影進，山本吉宣と共編著，東京大学出版会，初版 1996／増補版 2003)「第 3 章　国際関係法」執筆
『国際法キーワード』(奥脇直也と共編著，有斐閣，初版 1997／第 2 版 2006)「Ⅱ 8　紛争処理手続の多元化：国際法の統一性はいかに確保されるか」「Ⅱ 10　承認：国際社会の相対性と正統性」「Ⅲ　国際法の法源」執筆
『国際連合』(平野健一郎と共同監修，朝倉書店，2000)
『東アジア自由貿易地域形成の課題と戦略：アジア地域経済圏形成調査研究』(木村福成と共著，日本機械輸出組合，2001)
『転換期の WTO：非貿易的関心事項の分析』(編著，東洋経済新報社，2003)「第 1 章　WTO 体制における『非貿易的関心事項』の位置：その鳥瞰図」執筆
『講義国際法』(岩沢雄司，森田章夫と共編著，有斐閣，初版 2004／第 2 版 2010)「第 5 章　国家・国家機関」執筆
『国際社会とソフトロー』(中山信弘，道垣内正人と共編著，有斐閣，2008)「はじめに（道垣内正人と共著）」「第 1 章　現代国際法学と『ソフトロー』」執筆
The Future of the Multilateral Trading System: East Asian Perspectives(荒木一郎，川瀬剛志と共編著，Cameron May，2009) 'How High Can the WTO Dispute Settlement Mechanism Aim?: A Legal Analysis of Its Effectiveness' 執筆
『国際投資協定：仲裁による法的保護』(編著，三省堂，2010)「第 1 章　投資協定の現代的意義：仲裁による機能強化」「第 5 章　内国民待遇」(松本加代と共著)「第 6 章　公正・衡平待遇：投資財産の一般の待遇」執筆
『国際法判例百選〔第 2 版〕』(森川幸一，西村弓と共編著，有斐閣，2011)「20　国内法の域外適用：ティンバレン事件」執筆
『エネルギー投資仲裁・実例研究：ISDS の実際』(川合弘造と共編著，有斐閣，2013)「第 1 章　エネルギー憲章条約」執筆

論文(邦文)

「国際機構の法的性格に関する一考察」(一)〜(四・完)国家学会雑誌 93 巻 1 = 2 号(1980),94 巻 3 = 4 号(1981),95 巻 5 = 6 号(1982),99 巻 9 = 10 号(1986) 安達峰一郎記念賞受賞(昭和 58 年 10 月 24 日)

「条約法条約への加入の意義と問題:国内法秩序との関連において」ジュリスト 755 号(1981)

「国際組織による多国籍企業の規制」月刊 NIRA8 巻 4 号(1986)

「新たな国際電気通信秩序の模索」NIRA 政策研究 1 巻 10 号(1988)

「平和維持と国際連合のあり方:『新たなビジョン:明日の国連』を手かがりにして」世界法年報 9 号(1989)

「GATT の国際法的地位」貿易と関税 38 巻 1 号(1990)

「電気通信と主権:国際電気通信業務分野を対象にして」国際法外交雑誌 90 巻 3 号(1991)

「国際すず理事会事件」NIRA 政策研究 4 巻 9 号(1991)

「経済のグローバリゼーションと通信・放送」ITU ジャーナル 22 巻 3 号(1992)

「国連による国際協力:経済社会分野」法学教室 144 号(1992)

「世界貿易機関(WTO)設立の法的意味」日本国際経済法学会年報 3 号(1994)

「国際コントロールの機能と限界:WTO/ガット紛争解決手続の法的性質」国際法外交雑誌 95 巻 2 号(1996)

「『国際組織』の誕生:諸国家体系との相剋」柳原正治編『内田久司先生古稀記念論文集 国際社会の組織化と法』(信山社, 1996)

「WTO 紛争解決手続における『紛争処理』の意味」杉原高嶺編『小田滋先生古稀祝賀 紛争解決の国際法』(三省堂, 1997)

「国際レジームの位置:国際法秩序の一元性と多元性」岩波講座・現代の法 2 『国際社会と法』(岩波書店, 1997)

「多数国間投資協定(MAI):投資自由化体制の意義と課題」日本国際経済法学会年報 7 号(1998)

「国家管轄権の域外適用の概念分類」村瀬信也 = 奥脇直也編『山本草二先生古稀記念 国家管轄権:国際法と国内法』(勁草書房, 1998)

「競争法執行の国際協力:日米独禁協力協定の性格」公正取引 590 号(1999)

「WTO と投資ルール」通産ジャーナル 337 号(1999)

「国際組織の『民営化』」ジュリスト 1175 号(2000)

「国際機構の法主体性:歴史的文脈の中の『損害賠償事件』」国際法学会編『日本

「と国際法の100年　第8巻：国際機構と国際協力』(三省堂，2001)

「独禁法の域外適用・域外執行をめぐる最近の動向：国際法の観点からの分析と評価」ジュリスト1254号(2003)

「セーフガードをめぐる法的課題：問題の所在」日本国際経済法学会年報12号(2003)

「WTO 紛争解決手続の性質とその課題」岩田一政編『日本の通商政策とWTO』(日本経済新聞社，2003)

「WTO 体制の本質：国際法秩序へのインパクト」法学教室281号(2004)

「大使館に対する課税免除：日本に所在する大使館に対して源泉徴収義務を課すことができるか」国際社会科学54輯(2005)

「経済連携協定の意義と課題：日本の通商政策は転換したか，『東アジア共同体』結成は間近か」法律時報77巻6号(2005)

「貿易・投資分野における国際紛争処理の新次元：正統性確保とその方向性」ジュリスト1299号(2005)

「自由貿易協定と知的財産権」相澤英孝ほか編『知的財産法の理論と現代的課題　中山信弘先生還暦記念論文集』(弘文堂，2005)

「電気通信サービスに関するGATSの構造：米国・メキシコ電気通信紛争・WTO 小委員会報告のインパクトと問題点」国際社会科学55輯 (2006)

「投資協定の新局面と日本　第1回：投資協定と仲裁」国際商事法務34巻8号(松本加代と共著，2006)

「投資協定の新局面と日本　第2回：サルカ事件」国際商事法務34巻9号(松本加代と共著，2006)

「投資協定の新局面と日本　第3回：『現時点』の日中投資保護協定：最恵国待遇条項の機能」国際商事法務34巻10号(松本加代と共著，2006)

「投資協定の新局面と日本　第4回：サハリンⅡと投資協定：実際の事例における投資協定の意義」国際商事法務35巻2号(松本加代と共著，2007)

「FTAとWTO：代替か，補完か？」国際問題566号(2007)

「投資協定仲裁(1) 投資協定仲裁の意義と課題：連載の開始に当たって」JCAジャーナル55巻6号(2008)

「投資協定仲裁(6) 内国民待遇：内国民待遇は主権を脅かすか？」JCAジャーナル55巻11号(松本加代と共著，2008)

「投資協定仲裁(7) 公正・衡平待遇：投資家・投資財産の一般的待遇」JCAジャーナル55巻12号(2008)

「投資協定仲裁の法的性質：投資協定における投資家の地位」日本国際経済法学

会年報 17 号（2008）

「投資協定と企業法務」西村あさひ法律事務所・西村高等法務研究所編『グローバリゼーションの中の日本法　西村利郎先生追悼論文集』（商事法務，2008）

「領域外沿岸海域における執行措置：接続水域・排他的経済水域・大陸棚における沿岸国権限とその根拠」及び「執行管轄権の域外行使と旗国管轄権：旗国管轄権の非旗国（沿岸国）による補完とその意義」山本草二編集代表『海上保安法制：海洋法と国内法の交錯』（三省堂，2009）

「国際通商分野における国際条約の位置：国内ダンピング法と WTO 協定」ジュリスト 1387 号（2009）

「現代国際法における WTO 法の位置」自由と正義 60 巻 2 号（2009）

「国際投資協定：現代的意味と問題点　課税事項との関係を含めて」藤田昌久＝若杉隆平編著『経済政策分析のフロンティア　第 3 巻』（日本評論社，2011）

「国際投資法の発展：現状と課題」日本国際経済法学会編『国際経済法講座Ⅰ』（法律文化社，2012）

「通商ルール定立の場としての WTO：今後の可能性」浦田秀次郎＝21 世紀政策研究所編著『日本経済の復活と成長へのロードマップ：21 世紀日本の通商戦略』（文眞堂，2012）

「タックス・ヘイブン対策税制と投資協定：両者の原理的矛盾」中里実ほか編著『タックス・ヘイブン対策税制のフロンティア』（有斐閣，2013）

論文（英文）

"Western Export Controls Affecting the Eastern Bloc: An International Law Viewpoint," in H. Oda ed., Law and Politics of West-East Technology Transfer (Martinus Nijhoff, 1991)

"Deregulation of the International Telecommunication Business in Japan," Japanese Annual of International Law, No.34 (1991)

"Imposition of Anti-Dumping Duties on Imports of Seamless Stainless-Steel Hollow Products," in Selected GATT Panel Reports (1994)

"Extraterritorial Jurisdiction of Antitrust Law in International Law," in M. Young and Y. Iwasawa eds, Trilateral Perspectives on International Legal Issues (Transnational Publishers, 1996)

"Regulatory Transparency," in P. Muchlinski, F. Ortino and Ch. Schreuer eds., The Oxford Handbook of International Investment Law (Oxford University Press, 2008)

報告書

財団法人電気通信政策総合研究所『国際第一種電気通信事業の競争問題』(1989)「第1章 国際第一種電気通信事業をめぐる国際規制」執筆

財団法人電気通信政策総合研究所『欧米諸国における電気通信事業の競争問題』(1990)「第4章 国際通信料金制度」執筆

財団法人電気通信政策総合研究所『国際第二種電気通信事業の法的諸問題』(1991)「第2章 ITUにおける国際VANの位置」執筆

日本エネルギー法研究所『原子力事故による越境損害の法的救済』(1991)「第5章 国際法上禁止されない行為と国際法上の責任」執筆

財団法人国際貿易投資研究所『ガットの紛争処理に関する調査 調査報告書』(1991) ガットパネル評釈4件担当

財団法人海洋協会『排他的経済水域に関する各国の国内法制と我が国の国内法整備の研究』(1992)「4. 排他的経済水域での海洋の科学的調査に関する各国法制」執筆

財団法人国際貿易投資研究所『ガットの紛争処理に関する調査 調査報告書Ⅱ』(1992) ガットパネル評釈2件担当

財団法人国際貿易投資研究所『ガットの紛争処理に関する調査 調査報告書Ⅲ』(1993) ガットパネル評釈2件担当

宇宙関係法制研究会『宇宙通信の自由化をめぐる国際・国内法制の整備とその影響』(1993)「トランスポンダをめぐる法律関係:責任及び管轄権の観点から」執筆

トラスト60『国際商取引に伴う法的諸問題:報告書2』(1993)「国際法と域外適用」執筆

トラスト60『国際商取引に伴う法的諸問題:報告書3』(1994)「国際法からみた競争法の域外適用」執筆

日本エネルギー法研究所「安全保障とエネルギー関連取引」(1994)「第4章 アメリカの法的対応」執筆

産業研究所「貿易と環境に関する調査研究」(1994)「Ⅲ 環境税の国境税調整」執筆

宇宙関係法制研究会『宇宙通信の自由化をめぐる国際・国内法制の整備とその影響』(1994)「通信衛星をめぐる許可・監督および管轄・管理権」執筆

公正貿易センター『日本の補助金相殺関税制度に関する改正の検討』「第1章 ウルグアイ・ラウンド『補助金相殺措置協定』の概要」「第2章第1節 補助金

の定義」執筆
財団法人国際貿易投資研究所『ガットの紛争処理に関する調査 調査報告書Ⅳ』(1994) ガットパネル評釈2件担当
公正貿易センター『適正価格規制の調和に関する諸問題』(1995)「第2章 ダンピングにおける正常価格の意味」執筆
公正貿易センター『ガット／WTOの紛争解決における手続法上の諸問題』(1995)「序章 ガット紛争解決手続の検討視座」「第6章 救済の方法」執筆
日本エネルギー法研究所『原子力施設・原子燃料の国際取引と安全保障』(1995)「第1章 国際法上の規制：多数国間規制」執筆
財団法人国際貿易投資研究所『ガットの紛争処理に関する調査 調査報告書Ⅴ』(1995) ガットパネル評釈1件担当
トラスト60『国際商取引に伴う法的諸問題：報告書4』「APEC紛争処理手続きの在り方」執筆
公正貿易センター『紛争解決手続・手段の諸類型』(1996)「序章 APEC紛争解決手続」執筆
財団法人国際貿易投資研究所『ガットの紛争処理に関する調査 調査報告書Ⅵ』(1996) ガットパネル評釈1件担当
外務省条約局法規課『大陸棚境界画定研究会（最終報告書）』(1997)「1. 自然延長」「8. 境界線設定の方法」「9. 大陸棚と排他的経済水域」「Appendix 1. (4) メイン湾境界画定事件，2. (1) カナダおよびアメリカにおけるメイン湾事件とサンピエール・ミクロン事件を中心とする海洋境界画定に関する意見聴取報告」執筆
トラスト60『国際商取引に伴う法的諸問題：報告書6』(1997)「GATSと電気通信」執筆
日本リサーチ総合研究所『APECの貿易自由化の経済的効果計測に関する緊急調査報告書』(1997)「紛争仲介」執筆
総合研究開発機構『NIRA研究報告書』(1997)「エネルギー憲章と多国間投資協定の意味」執筆
財団法人国際貿易投資研究所『ガット・WTOの紛争処理に関する調査 調査報告書Ⅶ』(1998) ガット・WTOパネル評釈1件担当
日本エネルギー法研究所『国際原子力利用法制の主要課題』(1998)「核物質の不正取引」執筆
日本エネルギー法研究所『投資紛争解決国際センター(ICSID)』(1998)「12章 国際海洋会社(MINE)対ギニア政府」「13章 アジア農産物会社(AAPL)対ス

リランカ社会主義共和国政府」執筆
トラスト60『国際商取引に伴う法的諸問題：報告書7』(1998)「国際経済体制への法構造」執筆
公正貿易センター『WTO紛争解決手続の改正提案の検討』(1998)「序章」「第一章 仮保全措置」執筆
財団法人国際貿易投資研究所『ガット・WTOの紛争処理に関する調査 調査報告書Ⅷ』(1998) ガット・WTOパネル評釈1件担当
日本銀行金融研究所 Discussion Paper No.99-J-45(1999)「金融分野におけるWTO規律の法構造」執筆
国際問題研究所『海洋の科学的調査と海洋法上の問題点』(1999)「政府船舶に対する沿岸国の措置」執筆
トラスト60『国際商取引に伴う法的諸問題：報告書8』(1999)「投資ルールとわが国の課題」執筆
財団法人国際貿易投資研究所『ガット・WTOの紛争処理に関する調査 調査報告書Ⅸ』(1999) ガット・WTOパネル評釈1件担当
国際開発高等教育機構『国際機関フォーラム報告書』(1999) 意見交換の記録(位田隆一と)
宇宙利用法制研究会『我が国の宇宙の平和利用に係る諸問題とその再検討』(1999)（発表 1998年6月23日）
国際問題研究所『EEZ内における沿岸国管轄権をめぐる国際法及び国内法上の諸問題』(2000)「排他的経済水域における油防除」執筆
日本エネルギー法研究所『原子力平和利用をめぐる国際協力の法形態』(2000)「核不拡散条約の保障措置強化の法構造」執筆
通商産業省通商産業研究所研究部『新時代の通商法研究会報告書(第一期)』(2000)「本研究会の課題」「WTO体制の法構造」執筆
公正貿易センター『地域経済統合検討委員会報告書』(2000)「第1章Ⅳ サービス貿易」「Ⅴ 投資ルール」執筆
日本機械輸出組合『投資とサービスの国際規律と自由貿易協定』(2000)「第一章 投資とサービス貿易の国際規律の現状およびWTOでの予想される主要論点とわが国の対応課題」執筆
財団法人国際貿易投資研究所『ガット・WTOの紛争処理に関する調査 調査報告書Ⅹ』(2000) ガット・WTOパネル評釈1件担当
トラスト60『国際商取引に伴う法的諸問題：報告書9』(2001)「自由貿易地域（FTA）の法的検討」執筆

日本機械輸出組合米州・欧州市場投資委員会『WTO 新ラウンドの行方と課題』(2001)

国際問題研究所『「海洋生物資源の保存及び管理」と「海洋秩序の多数国による執行」』(2001)「公海漁業規制と貿易措置」執筆

財団法人国際貿易投資研究所『ガット・WTO の紛争処理に関する調査　調査報告書 XI』(2001) ガット・WTO パネル評釈 1 件担当

日本国際フォーラム『競争法上の域外適用に関する調査研究』(2001)「国際法上の国家管轄権」執筆

スポーツ仲裁研究会『我が国におけるスポーツ仲裁機関の設置について』(2001)「アメリカにおけるスポーツ仲裁に関する調査報告書」執筆

日本機械輸出組合『WTO における投資ルール，開発途上国の実施問題』(2002)「第一章　WTO 投資ルールの意義と課題」執筆

財団法人国際貿易投資研究所『ガット・WTO の紛争処理に関する調査　調査報告書 XII』(2002) ガット・WTO パネル評釈 1 件担当

公正貿易センター『中国の WTO 加盟に伴う諸問題と動向』(2003)「国際通商体制と中国」執筆

『貿易救済措置研究会報告書：わが国の貿易救済措置に関する検討』(2003)「貿易救済措置をめぐる理論的課題」執筆

トラスト 60『国際商取引に伴う法的諸問題：報告書 11』(2003)「執行管轄権の域外行使」執筆

公正貿易センター『「貿易救済措置研究会」報告書』(2003)「序章　貿易救済措置をめぐる理論的課題」

日本機械輸出組合『WTO・FTA への取組とその課題』(2003)「第 1 章　通商政策の現代的意義：産業界の視点」執筆

日本エネルギー法研究所『エネルギーに関する貿易投資法制』(2003)「3 編 1 章　国際投資ルールの意義と課題：WTO 投資ルールの位置付けも含めて」「2 章　サービス貿易に関する一般協定(GATS)」執筆

財団法人国際貿易投資研究所『ガット・WTO の紛争処理に関する調査　調査報告書 XIII』(2003) ガット・WTO パネル評釈 1 件担当

トラスト 60『国際商取引に伴う法的諸問題：報告書 12』(2004)「国家間の法としての国際法」執筆

公正貿易センター『「TRIPS 研究会」報告書』(2004)「第 3 章 3.(2)　自由貿易協定における知的財産権の取り扱い」執筆

日本機械輸出組合『アジアにおける FTA の胎動，中国経過的レビュー』(2004)

「第 1 章　日本の通商政策の現状と課題」執筆

財団法人国際貿易投資研究所『ガット・WTO の紛争処理に関する調査　調査報告書 XIV』(2004) ガット・WTO パネル評釈 1 件担当

日本貿易振興機構海外調査部 3E 研究院事業総括報告書『中国経済法規制度研究』(2004)「WTO 体制の意義と課題」執筆

日本機械輸出組合「FTA 研究会」報告書『東アジア自由貿易地域の在り方』(2004)「序論」「第Ⅳ章　あるべき FTA の構成要素：政府調達，紛争処理手続，透明性，FTA の運用機関」執筆

RIETI Discussion Paper 05-J-021(2005)「投資協定仲裁の新たな展開とその意義：投資協定『法制度化』のインパクト」執筆

財団法人海上保安協会『海上保安体制調査研究委員会報告書：各国における海上保安法制の比較研究』(2005)「外国船舶拿捕の法的位置付け」執筆

公正貿易センター『「途上国問題研究会」報告書』(2005)「第Ⅳ章　WTO 体制の問題点と今後」執筆

公正貿易センター『中国アンチダンピング調査のケーススタディ委託事業報告書』(2005)「はじめに　中国のアンチ・ダンピング措置の評価軸」執筆

日本機械輸出組合『わが国の経済連携政策の現状と課題，WTO 貿易円滑化交渉の現状』(2005)「第 1 章　わが国の経済連携政策の現状と課題，WTO 貿易円滑化交渉の現状」執筆

財団法人国際貿易投資研究所『ガット・WTO の紛争処理に関する調査　調査報告書 XV』(2005) ガット・WTO パネル評釈 1 件担当

トラスト 60『国際商取引に伴う法的諸問題：報告書 14』(2006)「投資協定における『公正かつ衡平な待遇』」執筆

RIETI Discussion Paper 06-J-026(2006)「投資協定における『透明性』：位置付けと対処」執筆

日本機械輸出組合『EPA 投資ルールの考え方　WTO 紛争解決手続の活用』(2006)「第 1 章　EPA 投資ルールの考え方」執筆

財団法人国際貿易投資研究所『ガット・WTO の紛争処理に関する調査　調査報告書 XVI』(2006) ガット・WTO パネル評釈 1 件担当

日本機械輸出組合「北東アジア FTA 研究会」報告書『北東アジア FTA 推進の在り方』(2006)「第Ⅰ章　北東アジア FTA の意義と課題」執筆

RIETI Discussion Paper 07-E-017(2007) "On the Comparison of Safeguard Mechanisms of Free Trade Agreements"(北村朋史と共著)

日本機械輸出組合『多国間，地域及び二国間の貿易・投資協定の在り方』(2007)

「第1章 EPA政策の回顧と展望」執筆

財団法人国際貿易投資研究所『ガット・WTOの紛争処理に関する調査 調査報告書XVII』(2007) ガット・WTOパネル評釈1件担当

RIETI Discussion Paper 08-J-026 (2008)「投資協定における『公正かつ衡平な待遇』：投資協定上の一般的条項の機能」執筆

日本エネルギー法研究所『エネルギー憲章条約(中間的論点整理)』(2008)「10条(投資の促進，保護及び待遇)」執筆

トラスト60『国際商取引に伴う法的諸問題：報告書15』(2008)「租税条約の解釈におけるOECDコンメンタールの意義」執筆

財団法人海上保安協会『海上保安体制調査研究委員会報告書：海洋法の執行と適用をめぐる国際紛争事例研究』(2008)「排他的経済水域における外国公船に対する措置：外国公船の享受する『免除』の本質をふまえて」執筆

経済産業研究所『対外投資の法的保護の在り方研究プロジェクト論文集』(2008)「第4章 投資協定における『公正かつ衡平な待遇』」執筆

日本エネルギー法研究所エネルギー憲章条約研究班報告書『エネルギー憲章条約(中間論点整理)』(2008)「第3章 10条(投資の促進，保護及び待遇)」執筆

日本機械輸出組合平成19年度国際通商投資委員会報告書『多国間・地域・二国間協定の活用』(2008)「投資協定とは何か：効果と活用法」執筆

日本機械輸出組合「東アジアFTA研究会」報告書『我が国の東アジアにおけるFTA／EPA形成の在り方』(2008)「日本の東アジアFTA政策の視座と課題」執筆

公正貿易センター『「投資協定仲裁研究会」報告書』(2008)「III 内国民待遇違反を決定する要因は何か」執筆

『海上保安体制調査研究委員会報告書：海洋権益の確保に係る国際紛争事例研究(第1号)』(2009)「迅速釈放制度における『保証金およびその他の保証』：国際海洋法裁判所判決の構造とその意義」執筆

日本機械輸出組合『投資協定に関する日本の新政策，インドにおける国際経済ルールの活用』(2009)「第一部 投資協定に関する日本の新政策」執筆

日本機械輸出組合平成20年度国際通商投資委員会報告書『投資協定に関する日本の新政策，インドにおける国際経済ルールの活用』(2009)「第1部 投資協定に関する日本の新政策：新政策に何を期待し，どのように対処すべきか」執筆

公正貿易センター『「投資協定仲裁研究会」報告書』(2009)「III WTOにおけるamicus curiae：投資協定仲裁への示唆」執筆

日本機械輸出組合平成21年度国際通商投資委員会報告書『グローバル化時代の

通商政策，ロシアにおける国内制度・国際ルールの活用』(2010)「第 1 部　グローバル化時代の通商政策：その前提と課題」執筆

『海上保安体制調査研究委員会報告書：海洋権益の確保に係る国際紛争事例研究（第 2 号）』(2010)「排他的経済水域における『軍事調査』：『海洋科学的調査』との関係を手がかりにして」執筆

RIETI Policy Discussion Paper 10-P-024(2010)「国際投資協定：現代的意味と問題点：課税事項との関係を含めて」執筆

トラスト 60『国際商取引に伴う法的諸問題：報告書 16』(2010)「国内法の『域外適用』と国際法」執筆

2005～2008 年度科学研究費補助金(基盤研究(A))『「破綻国家」の生成と再生をめぐる学際研究』(2010)「法的観点からみた保護責任：その国際法上の評価」執筆

公正貿易センター『「投資協定仲裁研究会」報告書』(2010)「第Ⅵ章　米国 2004 年モデル BIT の評価」執筆

日本機械輸出組合「アジア・大洋州 FTA 研究会」『アジア太平洋における FTA の在り方』(2010)「序　研究会の目的と課題」執筆

RIETI Discussion Paper 11-J-036(2011)「租税条約仲裁の国際法上の意義と課題：新日蘭租税条約の検討」執筆

『海上保安体制調査研究委員会報告書：海洋権益の確保に係る国際紛争事例研究（第 3 号）』(2011)「大陸棚境界画定における非地理的要因の位置：衡平原則と非地理的要因」執筆

日本機械輸出組合平成 22 年度国際通商投資委員会報告書『投資協定に対する企業の向き合い方，ブラジルにおける国際経済ルール・国内制度の活用』(2011)「第一部　投資協定に対する企業の向き合い方」執筆

21 世紀政策研究所『日本の通商戦略の課題と将来展望』(2012)「第 10 章　通商ルール定立の場としての WTO：今後の可能性」執筆

RIETI Discussion Paper 14-J-006(2014)「投資協定仲裁における非金銭的救済」（西村弓と共同執筆）

RIETI Discussion Paper 14-J-007(2014)「国際投資協定における『一般的例外規定』について」（森肇志と共同執筆）

判例解説

「米軍基地内の個人用家屋に対する固定資産税の賦課徴収と住民訴訟」『昭和 55 年重要判例解説』ジュリスト 743 号(1981)

「在日朝鮮人と国籍」『昭和 56 年度重要判例解説』ジュリスト 768 号(1982)
「欧州共同体委員会の法的位置」『昭和 57 年度重要判例解説』ジュリスト 792 号(1983)
「裁判権免除：国際機関」池原季雄＝早田芳郎編『渉外判例百選〔第 2 版〕』(有斐閣, 1986)
「在日米軍軍人の職務行為に基づく民事請求と地位協定・民特法」『昭和 63 年重要判例解説』ジュリスト 935 号(1989)
「国際法判例の動き」『平成 3 年度重要判例解説』ジュリスト 1002 号(1992)
「国際法判例の動き」『平成 4 年度重要判例解説』ジュリスト 1024 号(1993)
「国際法判例の動き」『平成 5 年度重要判例解説』ジュリスト 1046 号(1994)
「国際法判例の動き」『平成 6 年度重要判例解説』ジュリスト 1068 号(1995)
「裁判権免除(2)」池原季雄＝早田芳郎編『渉外判例百選〔第 3 版〕』(有斐閣, 1995)
「国際法判例の動き」『平成 7 年度重要判例解説』ジュリスト 1091 号(1996)
「国際法判例の動き」『平成 8 年度重要判例解説』ジュリスト 1113 号(1997)
「国際法判例の動き」『平成 9 年度重要判例解説』ジュリスト 1135 号(1998)
「国際法判例の動き」『平成 10 年度重要判例解説』ジュリスト 1157 号(1999)
「国際法判例の動き」『平成 11 年度重要判例解説』ジュリスト 1179 号(2000)
「国際法判例の動き」『平成 12 年度重要判例解説』ジュリスト 1202 号(2001)
「国際河川委員会の管轄権の範囲：オーデル河の国際委員会に関する事件」山本草二ほか編『国際法判例百選』(有斐閣, 2001)
「国際法判例の動き」『平成 13 年度重要判例解説』ジュリスト 1224 号(2002)
「国際法判例の動き」『平成 14 年度重要判例解説』ジュリスト 1246 号(2003)
「国際法判例の動き」『平成 15 年度重要判例解説』ジュリスト 1269 号(2004)
「国際法判例の動き」『平成 16 年度重要判例解説』ジュリスト 1291 号(2005)
「最新判例批評（[2007] 61）国家の裁判権免除に関する制限免除主義の採用(最二判〔平成〕18.7.21)」判例時報 1968 号(2007)
「国内法の域外適用の制限：ティンバレン事件」小寺彰ほか編『国際法判例百選〔第 2 版〕』(有斐閣, 2011)

総説・解説等

「『欧州共同体(EC)』の法と現実」通産政策研究 4 号(1982)
「国際法委員会第 36 会期の審議の概要」国際法外交雑誌 84 巻 1 号(1985)
総合研究開発機構編『多国籍企業の法と政策』(三省堂, 1986)「多国籍企業と行

動指針：多国籍企業行動指針の背景とその機能」執筆
寺沢一ほか編『標準国際法』（青林書院，初版1989／新版1993）「Ⅴ 国際組織」執筆
舟田正之＝黒川和美編『通信新時代の法と経済』（有斐閣，1991）「第4章第1節 国際法的枠組み」執筆
「個別的利益・普遍的価値・国際的制度」日本エネルギー法研究所月報(1991)
「衛星が変革を迫る通信・放送秩序」週刊エコノミスト1993年6月22日号（1993）
総合研究開発機構編『経済のグローバル化と法』（三省堂，1994）「第1編第2章 多国籍企業行動指針の法的意味」「第3編第1章 国際通信法制の現代的課題」「第6編第4章 国際すず理事会事件」執筆
「国際法と公正：国際法の諸事例を通して」小林康夫＝船曳建夫編『知のモラル』（東京大学出版会，1996）
「WTOで何が変わったか(7)　WTO紛争解決手続」経済セミナー504号(1997)
「法曹養成と国際法：現代社会における国際法の意味」ジュリスト1131号(1998)
「新ミレニアム・ラウンドの今後」JMC Journal48巻1号(2000)
「WTO次期ラウンドと電力事業」日本エネルギー法研究所月報(2000)
「パラダイム国際法(1)〜(17)」法学教室247号〜265号（2001-2002)
「WTO新ラウンドの意義と課題」JMC Journal50巻1号(2002)
「アジアにおける国際経済法秩序」法律時報74巻4号(2002)
「視点 動き出した日本のFTA政策とその課題」ジュリスト1228号(2002)
「転換期のWTO：WTOの体制の現状と将来」経済産業ジャーナル36巻2号（2003）
「東アジアFTAの可能性：制度の観点から」日中経協ジャーナル109号(2003)
渡辺利夫編『東アジア市場統合への道：FTAへの課題と挑戦』(勁草書房，2004）「第1部5章 東アジアFTAの可能性：制度としてのFTAの観点から」執筆
「はじめに：特集のねらい(特集 新世紀の国際法：危機とその克服)」法学教室281号（奥脇直也と共著，2004）
「論壇　WTOドーハ開発アジェンダの行方とその課題」ジェトロセンサー54巻641号(2004)
「日本と『国際法問題』」ジュリスト1321号(奥脇直也と共著，2006)
「オリンピック仲裁にみる国際スポーツ界の現状」経済産業ジャーナル39巻7号（2006）
「国際公秩序への我が国の対応：本特集に寄せて（特集 日本と国際公秩序：集団

「的自衛権・国際刑事裁判所の原理的検討)」ジュリスト 1343 号(奥脇直也と共著,
 2007)
「小沢論文,私はこう読んだ:国際法の観点から」世界 772 号(2007)
「本特集に寄せて:企画の趣旨と問題の俯瞰(特集 海・資源・環境:国際法・国内
 法からのアプローチ)」ジュリスト 1365 号(奥脇直也と共著,2008)
「日本における国際法:企画の趣旨」ジュリスト 1387 号(奥脇直也と共著,2009)
「本特集のねらい(特集 用語で確認 国際法の『常識・非常識』)」法学セミナー 55
 巻 1 号(2010)
「多数国間条約体制の意義と課題:企画の趣旨」ジュリスト 1409 号(奥脇直也と
 共著,2010)
「国内法の『域外適用』と国際法:競争法(独禁法) 等について」自由と正義 61
 巻 5 号(2010)
「国際社会の裁判化」国際問題 597 号(2010)
「日本の通商政策のあり方:何が問題か」RIETI Highlight33 号(2011)
「海外での紛争への効果的対処法:国際法上の新たなツールの有効利用」JMC ジ
 ャーナル 8・9 月号(2012)
「領土紛争とは? 国際司法裁判所の役割とは?」孫崎享編『検証尖閣問題』(岩波
 書店,2012)

座談会・講演録等

「座談会 国際司法裁判所の活動の現況:ジェニングス所長と小田副所長に聞く」
 ジュリスト 999 号(サー・ロバート・ジェニングス,小田滋,杉原高嶺と,1992)
「講演 投資とサービスの国際規律の現状及び WTO での予想される主要論点と
 わが国の対応について」JMC Journal47 巻 10 号(1999)
「講演 我が国の自由貿易協定への課題」JMC Journal48 巻 10 号(2000)
「対談 WTO 新ラウンド立ち上げに向けた課題」通産ジャーナル 33 巻 2 号(豊田
 正和と,2000)
「講演懇談要旨 次期 WTO 交渉の見通しと課題」経済人 54 巻 3 号(2000)
「座談会 特集 動きだした新ラウンド:WTO 新ラウンドでの日本の役割」経済
 産業ジャーナル 35 巻 2 号(團野廣一,豊田正和と,2002)
「座談会 東アジア国家間秩序の展望:森嶋通夫著『日本にできることは何か:東
 アジア共同体を提案する』を素材に」法律時報 74 巻 4 号(須網隆夫〔司会〕,中
 村民雄,藤原帰一と,2002)
「座談会 司法制度改革におけるビジネスロー」Law & Technology: L & T15 号

（相澤英孝〔司会〕，落合誠一，中山信弘，水野忠恒，白石忠志，村上政博，中里実と，2002）

「座談会 日本法の国際化：国際公法の視点から」ジュリスト 1232 号(奥脇直也，齋木尚子，田中利幸，薬師寺公夫と，2002)

「座談会 国際社会の変容に法はどう対応していくか：国際秩序形成において日本のイニシアティブをいかに発揮するか」外交フォーラム 17 巻 4 号(山田中正，林景一ほかと，2003)

「座談会 転機を迎える WTO ドーハラウンド：WTO カンクン閣僚会議を振り返る」経済産業ジャーナル 36 巻 12 号(團野廣一，山下一仁ほかと，2003)

「座談会 FTA の課題と日本への影響」ESP: Economy, Society, Policy 459 号(本間正義，浦田秀次郎と，2003)

「座談会 自由貿易協定(FTA)とわが国の通商戦略」経済 Trend 51 巻 4 号(立花宏〔司会〕，槙原稔，森下洋一，堉義一，茂木友三郎と，2003)

「特別寄稿 カンクン閣僚会議後の産業界の取り組み」JMC Journal 52 巻 1 号(2004)

「基調講演 東アジア市場統合への道：目からウロコの論点整理」日中経協ジャーナル 128 号(2004)

「講演 経済連携交渉の基本戦略：過去の経験のレビューと今後の方向」JMC Journal 53 巻 9 号(2005)

「関税法研究会『とりまとめ』座談会」貿易と関税 54 巻 10 号(水野忠恒，中川丈久ほかと，2006)

「講演録 International Arbitration Symposium(April 18, 2006)：FTA/投資協定と国際仲裁(上)(下)」JCA ジャーナル 53 巻 9 号・10 号(2006)

「座談会 通商立国日本のグローバル戦略」経済 Trend 54 巻 7 号(角田博〔司会〕，谷津義男，宮原賢次，島上清明と，2006)

「座談会 真の貿易投資立国をめざした対外経済戦略」経済 Trend 55 巻 12 号(桑田芳郎〔司会〕，佐々木幹夫，大橋洋治と，2007)

「総括コメント What is DDA ?」『Quo Vadis the WTO?：ドーハラウンドの将来と国際通商レジームの管理』RIETI 政策シンポジウム (2007)

「ロー・クラス連続対談：21 世紀の国際社会と法：国際法の生きた姿を考える(11) 日本社会における国際法」法学セミナー 53 巻 10 号(大沼保昭と，2008)

「鼎談 最近の国際経済条約の動向とわが国の戦略」JCA ジャーナル 55 巻 1 号(中富道隆，畠山襄と，2008)

「園部元最高裁判事に聞く：最高裁判所と国際法」ジュリスト 1387 号(2009)

「座談会 特殊関税制度の改革とその意義:『特殊関税制度に関するワーキンググループ報告』をめぐって」国際商事法務37巻2号(松村武人,藤井敏彦,櫻井敬子,川合弘造,佐久間総一郎と,2009)

「座談会 仲裁手続の観点から見た投資協定仲裁」JCAジャーナル56巻9号(手塚裕之,中村達也と,2009)

「基調講演 国際スポーツ法とアジアの課題:アジア諸国はどのように対処すればいいか」日本スポーツ法学会年報17号(2010)

「対談 日本社会と国際法」大沼保昭編『21世紀の国際法:多極化する世界の法と力』(日本評論社,大沼保昭と,2011)

「座談会 強い日本をつくるための覚悟と決断」経済Trend59巻4号(久保田政一〔司会〕,佐々木幹夫,渡辺捷昭,小林栄三,下村節宏と,2011)

「座談会 法的観点からみたTPP」ジュリスト1443号(佐久間総一郎,柳赫秀,斎藤誠と,2012)

「座談会 棚上げによる解決は可能か」孫崎享編『検証尖閣問題』(天児慧,孫崎享と,岩波書店,2012)

「対談 HOT issue(NUMBER 02) TPP交渉参加の行方」ジュリスト1456号(中富道隆と,2013)

書 評

「国際問題文献紹介 経済相互援助会議の対外関係」Jerzy Rajski : Les relations extérieures du Conseil d'Aide Economique Mutuelle.(Journal du droit international <Clunet>, 105e, No.3, Juillet-Août-Sept., 1978, pp.534-552.) 国際問題232号(1979)

「国際問題文献紹介 概念としての国際法秩序」Nicholas Greenwood Onuf : International Legal Order as an Idea.(American Journal of International Law, Vol.73, No.2, April 1979, pp.244-266.) 国際問題233号(1979)

「国際問題文献紹介 国際機構と権限踰越」Ebere Osieke : Ultra Vires Acts in International Organizations: The Experience of the International Labour Organization.(British Year Book of International Law, 1976-1977 <XLVIII>, 1978, pp.259-280.) 国際問題234号(1979)

「国際問題文献紹介 ECと海洋法」Patrick Daillier : Les Communautés européennes et le droit de la mer.(Revue générale de droit international public, 1979, Tome 83-2, pp.417-473.) 国際問題238号(1980)

「国際問題文献紹介 東京ラウンドと米国内法」Robert E. Herzstein : The Role of

Law and Lawyers under the New Multilateral Trade Agreements.(Georgia Journal of International and Comparative Law, Vol.9, No.2, 1979, pp.177-205.) 国際問題 240 号(1980)

「国際問題文献紹介 条約に関する国家承継」D. P. O'Connell : Reflections on the State Succession Convention.(Zeitschrift für ausländisches öffentliches Recht und Völkerrecht, Vol.39, No.4, 1979, pp.725-739.) 国際問題 242 号(1980)

「国際問題文献紹介 国際通貨制度と IMF」Joseph Gold : The International Monetary System and Change : Relations between the Mode of Negotiation and Legal Technique.(Jus et Societas : Essays in Tribute to Wolfgang Friedmann, edited by Gabriel M. Wilner et al., Martinus Nijhoff, 1979, pp.116-133.) 国際問題 243 号(1980)

「国際問題文献紹介 EC の対外的権能に関する最近の EC 裁判所の判例動向」Pierre Pescatore : External Relations in the Case-Law of the Court of Justice of the European Communities.(Common Market Law Review, Vol.16, No.4, November 1979, pp.615-645.) 国際問題 245 号(1980)

Roger Fisher: Points of Choice: International Crises and the Role of Law (Oxford University Press, 1978) 国家学会雑誌 94 巻 5＝6 号(1981)

「国際問題文献紹介 EC における権能配分」Jean-Victor Louis : Quelques réflexions sur la répartition des compétences entre la communauté Européenne et ses états membres.(Revue d'intégration européenne, Vol.2, No.3, Mai 1979, pp.355-374.) 国際問題 250 号(1981)

「国際問題文献紹介 EC 対外関係の発展構造」Henri Etienne : Community Integration: The External Environment.(Journal of Common Market Studies, Vol.18, No.4, June 1980, pp.289-312.) 国際問題 252 号(1981)

「国際問題文献紹介 相互依存と統合」Paul Taylor : Interdependence and Autonomy in the European Communities : The case of the European Monetary System.(Journal of Common Market Studies, Vol.18, No.4, June 1980, pp.370-387.) 国際問題 255 号(1981)

「国際問題文献紹介 アメリカ大使館人質事件」E. Zoller : L'affaire du personnel diplomatique et consulaire des Etats-Unis à Téhéran.(Revue générale de droit international public, Vol.84, No.4, 1980, pp.973-1026); P. Bretton : L'affaire des 《otages》 américains devant la Cour Internationale de Justice.(Journal du droit international <clunet>, Vol.107, No.4, 1980, pp.787-828); R. A. Falk : The Iran Hostage Crisis : Easy Answers and Hard Questions.(American Journal of

International Law, Vol.74, No.2, 1980, pp.411-417.）国際問題 258 号（1981）

「国際問題文献紹介 EC の属人的管轄権」Albert Bleckmann : The Personal Jurisdiction of the European Community.（Common Market Law Review, Vol.17, No.4, November 1980, pp.467-485.）国際問題 260 号（1981）

「国際問題文献紹介 経済開発協定と国有化」Robin C. A. White : Expropriation of the Libyan Oil Concessions: Two Conflicting International Arbitrations. （International and Comparative Law Quarterly, Vol.30, No.1, January 1981, pp.1-19.）国際問題 264 号（1982）

「国際問題文献紹介 英国における新たな政府承認政策」Colin Warbrick : The New British Policy on Recognition of Governments.（International and Comparative Law Quarterly, Vol.30, No.3, July 1981, pp.568-592.）国際問題 270 号（1982）

「国際問題文献紹介 EEC 条約 115 条」Pierre Vogelenzang : Two Aspects of Article 115 E. E. C. Treaty : Its Use to Buttress Community-Set Sub-Quotas, and the Commission's Monitoring System.（Common Market Law Review, Vol.18, No.2, May 1981, pp.169-196.）国際問題 274 号（1983）

「国際問題文献紹介 七〇年代の EC」Paul Taylor : Intergovernmentalism in the European Communities in the 1970s : Patterns and Perspectives.（International Organization, Vol.36, No.4, Autumn 1982, pp.741-766.）国際問題 276 号（1983）

「国際問題文献紹介 政府承認存続論」M. J. Peterson : Recognition of Governments Should Not Be Abolished.（American Journal of International Law, Vol.77, No.1, January 1983, pp.31-50.）国際問題 279 号（1983）

「国際問題文献紹介 制限免除主義適用上の諸問題」M. Sornarajah : Problems in Applying the Restrictive Theory of Sovereign Immunity.（International and Comparative Law Quarterly, Vol.31, No.4, October 1982, pp.661-685.）国際問題 282 号（1983）

「国際問題文献紹介 宇宙法の基本問題」D. Goedhuis : The Problems of the Frontiers of Outer Space and Air Space.（Recueil des cours, 1982-I（Vol.174), pp.371-407.）国際問題 288 号（1984）

David O'Keeffe and Henry G. Schermers, eds., Mixed Agreements（Kluwer, 1983）国家学会雑誌 99 巻 1 = 2 号（1986）

岩沢雄司『条約の国内適用可能性』（有斐閣, 1985）ジュリスト 859 号（1986）

杉原高嶺ほか『現代国際法講義』（有斐閣, 1992）書斎の窓 423 号（1993）

Ko Swan Sik et al eds., Asian Yearbook of International Law. Vol. 1（Martinus

Nijhoff, 1991）国際法外交雑誌 93 巻 2 号(1994)

岩沢雄司『WTO の紛争処理』(三省堂, 1995) 日本国際経済法学会年報 4 号（1995）

荒木一郎＝川瀬剛志『WTO 体制下のセーフガード：実効性ある制度の構築に向けて』（東洋経済新報社, 2004) 日本国際経済法学会年報 14 号(2005)

山根裕子『知的財産権のグローバル化：医薬品アクセスと TRIPS 協定』（岩波書店, 2008) 貿易と関税 56 巻 8 号(2008)

翻　訳

J. マカーチェック「国際法と新国際経済秩序」法律時報 53 巻 3 号(1981)

辞典・条約集等

伊藤正己編『国民法律百科大辞典』(ぎょうせい, 1984)（国際組織, 国際連合, 国際連盟, 専門機関, 国際公務員, ユネスコ, 条約, の 7 項目担当）

国際機構条約・資料集(香西茂・安藤仁介ほかと共編, 東信堂, 1986)

竹内昭夫ほか編『新法律学辞典〔第 3 版〕』(有斐閣, 1989)（国際法関係約 200 項目担当）

西村俊一編『国際教育事典』(アルク, 1991)（安全保障理事会, 以下国際組織法関係 4 項目担当）

金子宏ほか編『法律学小辞典〔新版〕』(有斐閣, 1994)（国際法関係約 30 項目担当）

筒井若水編集代表『国際法辞典』(有斐閣, 1998)（編集委員）

金子宏ほか編『法律学小辞典〔第 3 版〕』(有斐閣, 1999)（国際法関係約 70 項目担当）

基本経済条約集(有斐閣, 初版 2002／第 2 版 2014)（中川淳司と共編）

金子宏ほか編『法律学小辞典〔第 4 版〕』(有斐閣, 2004)（国際法関係約 70 項目担当）

金子宏ほか編『法律学小辞典〔第 4 版補訂版〕』(有斐閣, 2008)（国際法関係約 80 項目担当）

国際条約集 2012 年版(有斐閣, 2012)（奥脇直也と共同編集代表）

国際条約集 2013 年版(有斐閣, 2013)（奥脇直也と共同編集代表）

国際条約集 2014 年版(有斐閣, 2014)（奥脇直也と共同編集代表）

その他

「ライデン大学国際エネルギー法研究所のこと」日本エネルギー法研究所月報（1987）

「オランダのクリスマス・新年」日本エネルギー法研究所月報(1988)

「わたしのオランダ留学体験記」KLM オランダ航空機内誌ウィンドミル No.46

「専門意見書」藤田久一ほか編『戦争と個人の権利』(日本評論社，1999)

スポーツ仲裁

Arbitration CAS ad hoc Division(OG Turin) 06/004 Deutscher Skiverband & Evi Sachenbacher-Stehle v. International Ski Federation(FIS), award of 12 February 2006(CAS)

Arbitration CAS ad hoc Division(OG Turin) 06/008 Isabella Dal Balcon v. Comitato Olimpico Nazionale Italiano(CONI) & Federazione Italiana Sport Invernali(FISI), award of 18 February 2006(CAS)

Arbitration CAS ad hoc Division(O.G. Nagano) 98/004-005 Czech Olympic Committee, Swedish Olympic Committee and S. / International Ice Hockey Federation(IIHF), award of 18 February 1998(CAS)

Arbitration CAS 2008/A/1452 Kazuki Ganaha v/ Japan Professional Football League, award of 26 May 2008(CAS)

JSAA-AP-2003-001(ウェイトリフティング) 日本スポーツ仲裁機構(2003)

JSAA-AP-2004-001(馬術) 日本スポーツ仲裁機構(2004)

あ と が き

　小寺彰先生が2014年2月に逝去されてから，早くも5年の月日が経過してしまいました。このたび，小寺先生に追悼の意を表し，先生からいただいた学恩に対してわずかでもお返しすべく，国際法学の論文集を刊行することになりました。
　先生に教えを受けた研究者・実務家は多数いますし，研究会や審議会などさまざまな機会に先生とつながりのあった方は数え切れません。本書の編集に際しては，国際法学の分野で，先生から直接に学問上の指導を受けた方や先生と親しく研究された方に寄稿を依頼することにしました。紙幅の制限があり，多くの方，とりわけ東京大学大学院で先生の薫陶を受けられた方全員に寄稿を依頼できなかったことは痛恨の極みです。ご海容を乞う次第です。

　小寺先生の研究に一貫するのは，そのときどきの現実的課題に対してすぐれて実践的な回答を導こうとする姿勢です。そして，現実問題に対するそうした回答が，問題となる法制度の根本的な趣旨や基盤に関する鋭い洞察に基づいて導かれる点が，先生の真骨頂であると思います。先生の研究姿勢には，国際法が「穴だらけ」であることを正面から認めたうえで，制度趣旨やこれを支える諸原則等からいかに規範を「作って」そうした穴を埋めるかを考える，というダイナミズムが際立っていました。だからこそ，細かなルールが確立していない分野においても，原則に立ち返ることによって説得的な議論を展開されましたし，当てはめ可能なレディメイドのルールが存在しない現実に直面する各所から，大きな信頼を得たのだと思います。
　先生は，大学院生の指導に際して常々，「一点突破・全面展開の論文を」と仰っていました。特徴的な紛争処理手続等から垣間見られるWTO体制のレジームとしての性格を浮き彫りにした『WTO体制の法構造』等の先生の業績は，まさにそうした手法を示すものであり，院生たちのお手本でした。具体的な規範内容から制度の性格や構造を導き，それらの理解に即して一見存在するように見える法の欠缺を補って解釈論を展開する見事な手さばきは，多くの若

手研究者を魅了しました。それは，国際判例の深い理解を背景とするものでもありました。

　先生は，制度趣旨を捉えて規範を導く際に，国内法をひとくくりで考えることが不適切であるのと同様に，国際法においても分野ごとに基本原理や解釈適用のあり方が異なるのではないかという問題意識を常に持っていました。先生が，国家利益・共通利益・一般利益が制度や規範構造に反映されるあり方に注目し，国際レジームやソフトロー，さらには組織化・制度化・裁判化といった諸現象・諸概念に関心を寄せた背景にも，分野ごとに異なるこれらの要素が，ルール導出や解釈基準の同定に影響するという問題意識があったように思われます。

　また，国際法学と国内法学との間の異質性と同質性をどう捉えるかという問題意識を背景として，国際法と日本との関わり，国内における国際法の実現・実施を考える視点もまた，先生の国際法学にとって重要な位置を占めていました。これは，先生が奥脇直也先生と共に，2002年から毎年企画されたジュリスト特集等に如実に現れていました。

　小寺先生を追悼する論文集は，以上のような先生の問題意識——欠缺の補充を含めた国際法(学)のダイナミズムに関する認識，制度や規範構造の趣旨への関心，普遍性と個別性への目配り，判例の深い理解，国内法との関わり——に少しでも応える内容のものにしたいと考え，寄稿を依頼しました。小寺先生の国際法学に敬意を表するものであると同時に，こうした問題意識を踏まえることによって，この論文集が今後長きにわたって参照に耐えるものとなると考えたからでもあります。結果として，国際法のほとんどの領域にまたがる形で，30篇の力作を収録することができました。ここに謹んで本書を小寺彰先生に捧げます。

　最後になりましたが，力作を寄せてくださった執筆者の方々に，心よりお礼申し上げます。諸般の事情から，企画以来かなりの月日が経ち，早くに寄稿してくださった方にご迷惑をおかけしたことをお詫びします。なお，本書に掲載した小寺先生の主要業績一覧の作成にあたっては，西元宏治専修大学教授，新

あとがき

倉圭一郎首都大学東京准教授，東京大学大学院の新谷里美さん，山野翔太さんにご尽力いただきました。どうもありがとうございました。また，本書の出版に際して格別のご配慮を賜りました有斐閣の高橋均氏，亀井聡氏，山宮康弘氏，笹倉武宏氏に心より感謝申し上げます。

2019年2月

岩沢雄司
森川幸一
森　　肇志
西村　　弓

国際法のダイナミズム――小寺彰先生追悼論文集

2019年3月20日 初版第1刷発行

編著者	岩沢雄司
	森川幸一
	森　肇志
	西村　弓
発行者	江草貞治
発行所	株式会社 有斐閣

郵便番号 101-0051
東京都千代田区神田神保町 2-17
電話 (03)3264-1314〔編集〕
　　(03)3265-6811〔営業〕
http://www.yuhikaku.co.jp/

印刷・株式会社理想社／製本・牧製本印刷株式会社
© 2019, 岩沢雄司・森川幸一・森肇志・西村弓. Printed in Japan
落丁・乱丁本はお取替えいたします。

★定価はケースに表示してあります。

ISBN 978-4-641-04681-8

[JCOPY] 本書の無断複写（コピー）は、著作権法上での例外を除き、禁じられています。複写される場合は、そのつど事前に（一社）出版者著作権管理機構（電話03-5244-5088, FAX03-5244-5089, e-mail:info@jcopy.or.jp）の許諾を得てください。

本書のコピー，スキャン，デジタル化等の無断複製は著作権法上での例外を除き禁じられています．本書を代行業者等の第三者に依頼してスキャンやデジタル化することは，たとえ個人や家庭内での利用でも著作権法違反です．